학교 문법과 문법 교육

개정판
학교 문법과 문법 교육

개정 1쇄 발행 2020년 2월 28일
개정 4쇄 발행 2023년 8월 21일

지은이 임지룡 · 이은규 · 김종록 · 송창선 · 황미향 · 이문규 · 최웅환
펴낸이 박찬익
펴낸곳 ㈜박이정출판사 **| 주소** 경기도 하남시 조정대로45 미사센텀비즈 8층 F827호
전화 031)792-1195 **| 팩스** 02)928-4683 **| 홈페이지** www.pijbook.com
이메일 pijbook@naver.com **| 등록** 2014년 8월 22일 제2020-000029호

ISBN 979-11-5848-450-7 93710

* **책값은 뒤표지에 있습니다.**

학교 문법과 문법 교육

개정판

임지룡 · 이은규 · 김종록 · 송창선
황미향 · 이문규 · 최웅환

(주)박이정

머리말

　언어의 세계를 탐구하여 그 참모습을 이해하는 것은 그것을 더 정확하고 효과적으로 부려 쓰는 데 도움을 줄 뿐 아니라, 그 언어를 쓰는 사람들의 삶과 문화를 이해하고 계승·발전시켜 나가는 데 필요한 자질과 태도를 길러 준다. 무엇보다도, 언어 탐구의 과정은, 우리의 삶에서 공기나 물만큼이나 중요함에도 평소에는 그것을 깨닫지 못하는, 모국어라고 하는 존재를 객관적으로 인식하는 기회를 가지게 해 준다. 세계의 여러 나라에서 일찍부터 모국어의 구조에 대한 교육 및 규범 차원의 지식 체계인 '학교 문법'을 정립하고, 교육을 통해 이를 널리 펴고 후대에 전수하고자 노력해 온 것은 이와 같은 언어 탐구의 가치를 깨달은 결과라 하겠다.

　우리나라에서도 문법을 초·중등학교 국어과 교육의 하위 분야로 포함시켜 가르쳐 왔다. 그런데 역대 국어과 교육과정과 교과서를 살펴보면 바탕 학문인 국어학과 국어 교육학의 발전 과정에 따라 문법 교육의 성격이나 방향이 꾸준히 변해 왔고 그에 따라 학교 문법의 내용과 범위도 조금씩 바뀌어 왔음을 확인할 수 있다. 초기에는 말소리, 단어, 문장 등 전통적인 언어학의 대상 언어 단위만 다루어지다가 어휘와 담화[이야기], 옛말의 문법 등이 추가되었고, 국어 문화, 어문규범, 남북한 언어와 국어의 미래 등에 대한 내용으로 범위가 넓어졌다. 그리고 문법 교육의 방향도 우리말에 대한 지식을 이해하는 데 그치는 것이 아니라 그런 지식을 도출해 내는 과정을 경험하게 하고 그 결과를 언어생활에 활용할 수 있는 능력을 길러주며, 국어 문화를 창조적으로 계승할 수 있는 태도를 기르는 것을 추구하는 쪽으로 넓어졌다.

　문법 교육을 제대로 하는 데에는 국어 교사의 안목과 역량이 가장 중요하다. 문법을 가르치기 위해서, 국어 교사는 방대한 학교 문법의 내용 전반을 체계적으로 이해해야 함은 물론, 문법 교육의 가치와 목표, 나아가 국어 및 국어 문화의 발전 방향에 대한 일정한 관점을 정립할 필요가 있다. 이를 위해 국어 교사는 끊임없이 우리말을 탐구하는 한편, 하루가 다르게 바뀌어 가는 언어 환경에 능동적으로 대처해 나가는 데 필요한 언어관을 가질 수 있도록 항상 노력해야 한다.

이 책은 국어 교사와 예비 교사들이 그러한 노력을 기울이는 데 도움을 줄 목적으로 기획되었다. 이에 따라 2005년에 출간된 이 책의 초판은 현대국어의 층위별 구조와 역사, 어문규범과 국어 문화 등을 가능한 한 당시의 제7차 국어과 교육과정에 따른 학교 문법서의 기술 내용을 중심으로 쉽게 풀이하는 데 중점을 두고 집필되었고, 문법의 교육적 가치, 문법 교육의 목표와 내용, 교수·학습의 방법과 평가 등도 당시의 교육과정을 중심으로 기술되었다.

이후 15년 사이에 교육과정이 여러 차례 바뀌면서, 문법 교육의 목표나 내용 체계, 성취 기준, 해당 교과목의 편제 등에도 변화가 있었고, 교과서도 국정 단일 체제에서 검정 복수 체제로 바뀌었다. 이번에 이 책의 개정판을 내는 것은 문법 교육을 둘러싼 이러한 다양한 층위의 변화를 반영하기 위한 것이다. 초판과 비교할 때, 전체 14장의 체제는 그대로 유지하였으나 장별 세부 내용은 상당 부분 수정·보완하였다. 학교 문법의 관점을 최대한 수용하여 쉽게 풀이하는 데 중점을 둔 초판의 기본 태도를 유지하되, 학문 문법의 일반적인 관점과 분명한 차이를 보이는 내용은 학문 문법의 관점을 받아들여 수정하거나, '더 알아보기'를 통해 그 내용을 소개하기도 했다. 아울러, 독자의 이해를 돕기 위해 대부분의 장에서 언어 자료를 추가하거나 설명을 보완하였고, 전반적인 내용의 체제를 바꾼 장도 있다.

이 개정판을 내기 위해, 집필자 7명은 먼저 교육과정 및 교과서를 참고하여 개정의 방향을 확인하고, 각자가 맡은 2장씩을 개정 집필한 후, 다시 몇 차례 돌려 읽으면서 내용을 다듬고 용어를 통일하는 작업을 하였다. 하지만 여전히 부족한 부분이 남아 있을 것이다. 그럼에도 불구하고, 이 책이 현행 국어과 교육과정에 따른 학교 문법의 내용 및 문법 교육의 방향을 일관성 있고 적절하게 반영하고 있다고 믿는다. 이 책이 앞으로 문법 교육을 담당할 국어 교사와 예비 국어 교사들이 학교 문법의 전반적인 내용을 개괄적으로 이해하고 문법 교육의 목표와 방법 등에 대한 인식을 세우는 데 도움을 줄 수 있기를 기대한다.

끝으로, 그 동안 이 책의 개정 작업을 꾸준히 독려해 주신 박이정 출판사의 박찬익 사장님과 성근 원고를 받아 이렇게 예쁜 책을 꾸며준 편집부에 감사의 말씀을 전한다.

2020년 2월 13일
지은이가 함께 씀

차 례

9장   중세국어 문법

10장 국어의 변화

1장

총론

이끄는 말

사람은 언어를 통해 세계를 인식하고, 언어를 매개로 삶을 엮어간다. 나아가 추상적·구체적인 현실 세계도 언어를 도구로 하여 끊임없이 재구성한다. 동시에 사람은 언어를 통해서 내적인 성장을 이루어 간다. 이처럼 언어를 떠나서는 잠시도 살 수 없는 것이 우리 인간이다. 한마디로 '사람임'과 '사람됨'의 유일한 징표가 바로 언어이다. 그렇다면 도대체 언어란 무엇일까? 이 질문에 답하기 위해, 언어의 본질과 그 내적 구조를 과학적으로 탐구하는 학문이 언어학이다. 그리고 언어학의 방법론으로 찾아낸 결과물을 총칭하여 '문법'이라 부르기도 한다.

언어에 대해 더 잘 알아내는 일은 언어학자만의 몫이 아니라 우리 모두의 일이기도 하다. 언어의 세계를 탐구하고 그 참모습을 밝혀 체계적으로 이해하는 것은 그 자체만으로도 가치를 지닐 뿐만 아니라, 그 언어를 쓰는 사람들의 삶과 문화를 온전하게 이해할 수 있는 길잡이가 되기 때문이다. 곧 언어를 아는 것이 '우리 자신'을 아는 일인 것이다. 또한 언어를 더 정확하고 효과적으로 부려 쓰는 데에 도움을 주고, 그 언어를 계승·발전시켜 나아가는 데 필요한 태도와 자질을 길러주기 때문이다. 세계의 많은 나라에서 일찍부터 모국어의 구조를 연구하고, 그 결과를 바탕으로 규범 차원의 지식 체계인 '학교 문법'을 정립하여, 교육을 통해 이를 널리 펴고 후대에 전수하고자 노력해 온 것은 이와 같은 언어 이해의 가치를 깨달은 결과이다.

이 장에서는 학교 문법의 전반적인 성격과 역사를 개괄적으로 이해하기 위해, 전체 내용을 '언어 탐구의 보람', '학교 문법의 뜻과 성격', '우리나라 학교 문법의 흐름'으로 나누어 살펴본다.

1. 언어관과 언어 탐구의 보람

　학교 문법이 무엇인지, 그 성격은 어떠한지를 살펴보기에 앞서, 지극히 자명한 사실 두 가지를 재확인하여 학교 문법의 대전제로 삼아둘 필요가 있다. 바로 '언어관'과 '언어 탐구의 보람'이다.

　첫째, 학교 문법은 '언어'를 전제로 한다. 이는 학교 문법의 내용이 '언어에 관한 지식'으로 구성된다는 사실로 설명이 충분하다. 언어를 전제로 하지 않는 '문법'은 존재하지 않으며, 학교 문법도 마찬가지이다. 그렇다면 학교 문법의 구체적인 내용을 살펴보기 전에 우리는 '언어를 어떻게 볼 것인가?'에 대해 먼저 말해야 한다. 왜냐하면, 언어를 바라보는 관점 곧 **언어관**에 따라 학교 문법의 필요성과 위상 그리고 범위와 내용이 달라지기 때문이다. 즉 언어를 '단순한 의사소통의 도구'로 볼 수도 있고, 의사소통은 물론 '사람됨의 역할'도 하는 것으로 인식할 수 있는데, 각각은 서로 다른 목적과 내용으로 학교 문법을 구성하는 결과를 낳는다.

　둘째, 학교 문법은 '탐구 과정'을 전제로 한다. 학교 문법은 교육을 위한 문법이다. 이때의 문법 교육은 '언어에 대한 탐구 과정'에 다름 아니다. 물론 언어 지식 자체도 교육적으로 가치를 지니지만, 여기서 말하는 문법 교육이 토박이 화자를 대상으로 하는 것이라면, 지식의 습득보다는 언어 현상을 분석하여 원리를 찾고 적용하는 탐구 과정에 더 큰 비중을 두어야 한다. 특히 오늘날의 교육이 지식덩이를 전달하고 무비판적으로 수용하는, 눈에 보이는 단순한 행위가 아니라, 탐구 과정을 통해서 보이지 않는 능력을 개발하는 데에 초점을 맞추고 있다는 사실을 고려할 때 더욱 그러하다. 따라서 학교 문법을 말하기 위해서는, 언어 탐구의 보람이 무엇인지를 먼저 살펴보아야 한다. 이 과정은 학교 문법의 방향성과 목표를 설정하는 바탕이 될 뿐만 아니라, 문법 교육의 방법론을 제시해 줄 수 있다.

1.1. 언어관

　사람은 언어를 통해서만 '존재'한다. 사람은 매일 맥박이 뛰는 수만큼 쉼 없이 말을 처리하면서 산다. 그리고 어느 한 순간도 말과 연결되지 않고는 살 수 없다. 대화 상황에서 벗어나 음성언어를 실현하지 않아도 되는 환경에 놓인다 하더라도, 사람은 최소한 '생각'

은 하게 되는데 그 생각이란 것도 오로지 언어로만 구성되며, 언어를 통하지 않고는 단편적인 생각조차도 떠올릴 수 없다. 따라서 언어는 사람이 '사람임'을 증명하는 가장 확실하고도 유일한 근거가 된다. 사람 이외의 동물은 전혀 그렇지 않다는 사실이 이를 명백히 증명한다.

아울러 언어는 '사람됨'의 유일한 수단이기도 하다. 그 어떤 영아도 언어를 통하지 않고서는 '인간으로서'의 성장이 불가능하다. 육체적으로 성숙한 사람이라도 그의 언어가 불완전할 때 우리는 '미숙하다'라고 규정한다. 이를 증명하는 사례는 수없이 많다. 사람의 생각과 사고가 말이 생성되는 원인자임에 틀림없지만, 그 말을 사용하면서 생각과 사고가 재구성되고 풍성해지며 더 발달한다는 것도 부인할 수 없는 사실이다. 이처럼 언어가 사람을 사람답게 만드는 기능을 가지고 있음을 부정하기 어렵다. 언어결정론에서 말하듯이 언어가 다름에 따라 세계관은 물론 사고 유형이 다를 수 있다는 사실 하나만으로도 '사람됨'의 과정에 끼치는 언어의 영향을 충분히 이해할 수 있다.[1]

언어를 '사람임'과 '사람됨'의 바탕으로 보는 것은, 언어를 사람살이를 위한 단순한 의사소통의 도구로 보는 것과는 다른 태도이다. 언어를 의사소통의 도구로만 보는 것은 '사고우위론'적 입장인 동시에 기능주의적 언어관에 해당한다. 이에 따르면 언어 교육이란, 의사소통 능력을 신장하는 것 이상도 이하도 아니다. 발화 장면마다 어떤 말을 어떻게 말하고 써야 하는지와, 또 어떻게 듣고 읽어야 하는지를 가르치는 것을 매우 중시하는 태도이다. 이런 관점에서 보면, 모국어 교육의 모든 하위 부면들은 - 이를테면 문학 작품조차도 - 의사소통 능력을 신장하는 수단에 불과하게 된다. 이와 같은 언어 도구관이 극단으로 치달으면, '사람됨'과 '사람임'을 증명하는 일도 언어를 통해서는 할 수 없게 된다. 어떤 공동체가 어떤 언어를 쓰느냐 하는 것은 문제가 되지 않기 때문이다. 결국에는 굳이 모국어를 쓸 필요가 없다는 논리에 빠지게 된다. 이른바 영어공용어화론은 이런 논리의 결과물이며, 국어나 한국어 교육에서 모국어와 외국어의 구분이 필요없다고 여기는 것도 마찬가지이다.

교육의 장에서는 언어를 의사소통의 도구로 인식하는 것도 필요할 뿐만 아니라, 추상적이기는 하지만 언어에 '~됨'의 기능도 있음을 수용하는 포괄적 언어관을 견지해야 한다. 말을 수단으로 삼아 잘 이해하고 표현하는 훈련을 함과 동시에, 말을 통해서 무엇인가가 꾸준히 '형성되고 있음'을 인정하고 그것을 교육 활동의 지향점으로 삼고서 그 목표

---

1 언어의 여러 가지 구실, 특히 '~됨'의 기능에 대해서는 이상태(1993: 8-22)에 자세히 설명되어 있다.

에 이를 수 있도록 다양한 방법을 모색하는 일이 필요한 것이다. 이를 위해서는 무엇보다도 먼저 언어가 가지는 다양한 구실을 인정하고 치우침 없이 균형 있게 받아들여 교육에 적극적으로 적용하는 자세를 가져야 한다.

1.2. 언어 탐구의 보람

학교 문법이 언어에 관한 내용으로 구성된다면, 학교 문법을 가르치고 배우는 행위는 결과적으로 언어에 대한 탐구 과정이 된다. 따라서 학교 문법이 지향해야 할 바를 찾기 위해서는 '언어 탐구의 보람'이 무엇인지 살펴보아야 한다. 그런데 흔히는 언어 탐구의 보람을 실용적인 데에서만 찾는 경향이 있다. 즉, 언어 학습의 효용성을 높이기 위한 것으로만 보는 것이다.[2] 그러나 앞서 살펴본 대로 언어는 '사람임'과 동의어적인 관계에 있는 것이므로 그러한 미시적 관점에서 벗어나 좀더 거시적인 안목으로 언어 탐구의 보람을 찾아볼 필요가 있다. 거시적 관점에서 볼 때 언어 탐구의 과정에는 지식적, 인간적, 사회·문화적 측면이라는 세 가지의 보람이 있다.

첫째, **지식적 측면의 보람**이란, 언어 탐구의 세 가지 보람 가운데 가장 구체적인 것으로, 언어를 탐구하는 일이 어떤 언어에 대한 체계적인 지식을 가져다준다는 것을 말한다. 모국어든 외국어든 특정 언어에 대한 탐구는 그 언어가 가지는 언어학적 지식 체계(이를 흔히 넓은 의미에서 '문법'이라고도 부른다.)를 알게 해 준다. 인류의 지성사에서 볼 때, 근대 이후 인문학 가운데 가장 과학적인 방법에 기초하여 발달한 학문이 바로 언어학이라는 점은 주지의 사실이다. 언어학적 지식 체계란 바로 그 과학적인 언어학 이론으로 특정 언어를 분석한 결과인 것이다. 따라서 그런 지식 체계에 대한 이해와 학습은 우선 그 자체로서 중요한 의미와 가치를 가진다.

그런데 흔히 언어학적 지식 체계를 비실용적인 것으로 폄하하는 경우가 있다. 복잡하고 수많은 언어학 용어와 그것으로 기술된 문법적 지식을 이해하는 것도 성가신 일이고, 힘들여 이해해 봐야 겨우 글쓰기를 할 때를 제외하고는 제대로 쓰일 데가 없다는 것이다. 그러나 모든 지식은 지식 그 자체로 가치를 가진다. 장미를 한 송이 사서 사랑하는 사람에게 전해 주는 일이 가치 있는 일인 것처럼, 장미의 생태에 대한 지식을 얻는 것도 가

---

2   다른 민족의 언어 체계를 기술할 때 흔히 취하는 태도이다. 대상 언어의 고유한 특성을 무시한 채 자신의 모국어 구조에 맞추어 기술하는 것이다. 국어 문법 기술이 이렇게 시작되었음은 주지의 사실이다.

치 있는 일이다. 장미의 실제적인 효용성이 존재하는 것과 마찬가지로 장미에 대한 지식 역시 존재하며 그 자체로 가치를 가진다. 더구나 어떤 대상에 관한 지식 체계가 그 대상의 실제적인 효용성을 더욱 높이기도 한다. 예를 들면, 그림을 감상할 경우 아무런 선입견 없이 그림 자체만을 즐길 수도 있지만, 그림과 관련된 여러 가지 지식들, 이를테면 작가에 관한 정보나 그림이 그려지게 된 배경 또는 미술에 대한 기초 지식 등을 알고서 그림을 보게 되면 '아는 만큼 본다.'는 말처럼 훨씬 더 깊은 차원의 감상을 할 수 있게 된다. 이와 마찬가지로 언어에 대한 탐구에는, 대상 언어에 관한 체계적인 지식 체계를 이해·학습하게 하는 보람이 있다.

둘째, **인간적 측면의 보람**이란, 특정 언어에 대한 탐구 과정에서 그 언어를 모국어로 하고 있는 '사람'에 대한 이해의 깊이를 더한다는 것을 말한다. 이는 언어 탐구의 세 가지 보람 가운데 가장 추상적인 것이다. 언어에는, 그 언어를 쓰는 사람 개인의 세계관과 사고 유형이 들어 있을 뿐만 아니라, 그 언어를 사용하는 공동체가 공통분모로 소유하고 있는 세계관이나 사고 유형도 함께 옹글게 들어 있다. 따라서 언어에 대한 탐구는 결과적으로 '인간'에 대한 탐구가 된다. 언어가 인간의 심리를 반영하는 것임은 많은 증거 자료를 통해서 확인할 수 있는데, 이를테면 음운론에서 말하는 '탈락', '교체', '첨가' 등과 같은 음운 현상도 전형적인 인간 심리의 반영에 다름 아니다. 우리가 어떤 사람을 이해하는 데에 가장 빠른 방법은 그 사람과 대화하는 것인데 이는 그 사람의 말이 그 사람의 모든 것을 잘 드러내기 때문이다. 또 우리는 끝없이 남을 판단하며 살아가는데, 남을 판단하는 것의 대부분은 사실 그 사람의 말에 대한 판단이다. 말과 사람의 관계가 이러하기 때문에, 근대 시기 제국주의자들이 다른 민족과 영토를 침범했을 때 효과적인 식민 지배를 위해 가장 먼저 연구한 것이 그 나라의 언어였음은 당연한 현상이었다. 언어를 지배하지 않고서는 그 민족을 지배할 수가 없었던 것이다. 가장 가까운 예를 일본 제국주의가 우리나라를 침범했을 때에서 찾을 수 있다.

언어와 언어 사이에서도 '사람'의 차이를 발견할 수 있다. 서술어를 주어에 가까이 놓는 언어를 쓰는 사람과 서술어를 주어와 멀리 놓는 언어를 쓰는 사람의 사고 유형이나 세계관은 분명 다르다. 이처럼 언어는 그 언어가 쓰이는 시간·공간상에 일어나는 현상은 물론 그 언어를 쓰는 사람의 '모든 것'을 말해 준다. 따라서 모국어에 대한 탐구가 깊이를 더하면 더할수록 결국은 모국어를 사용하는 스스로에 대한 탐구로 이어지게 되는데, 이것이 바로 우리가 바라는 모국어 교육의 궁극적인 목표의 하나이기도 하다.

셋째, **사회·문화적 측면의 보람**이란, 어떤 언어에 대한 탐구는 우리를 그 언어를 쓰는 사회 공동체와 그들의 문화 안으로 이끌어 새로운 사회와 문화를 이해하게 한다는 것을 말한다. 이를테면, 우리말의 역사에 대한 탐구는 우리 문화의 변천을 살피는 기본 토대를 우리에게 제공한다. 마찬가지로 특정 외국어에 대한 탐구는 그 외국어를 사용하는 사회 공동체와 그들의 문화에 대한 이해의 깊이를 더해 준다. 모든 문화의 흔적은 전적으로 언어에 의해 구축되고 유지되기 때문이다. 예를 들어, 각 언어의 인사법에는 그 나라의 문화가 반영되어 있다. 국어의 경우, 흔히 아는 이를 만났을 때 '식사하셨습니까?'라고 하는 반면, 영어는 태풍이 몰아치는 아침에도 '좋은 아침'이라는 인사부터 한다(물론 우리말로 옮긴다면 '좋은 아침'보다는 '안녕하십니까?'가 더 맞는 표현일 것이다.). 이처럼 언어마다 다른 인사법이 사용되는 배경에는 과연 어떤 문화적 차이가 있을까라는 의문에 대한 답을 우리는 해당 언어의 탐구 과정에서 찾게 된다. 따라서 언어에 대한 탐구는 어떤 사회와 문화를 이해하기 위한 기초 작업에 해당한다.

모국어의 구조와 체계를 탐구하거나, 처음 대하는 외국어를 공부하는 것 등을 실용적인 측면에서 피상적으로만 보면, 거기에는 그저 의사소통 능력을 향상시키는 보람 이외에는 아무것도 없는 것처럼 생각하기 쉽다. 그러나 모국어이든 외국어이든 간에 언어를 연구하거나 공부하는 일은, 언어에 대한 지식을 제공해 줄 뿐만 아니라, 그 언어를 사용하는 '사람'을 깊이 이해할 수 있게 해 주고, 나아가 그 사회와 문화 전반을 살필 수 있게 해 준다. 따라서 학교 문법을 계획하고 베푸는 자리에서는, 언어 탐구의 여러 가지 보람을 가장 먼저 생각하여 지향점으로 삼아야 한다.

2. 학교 문법의 뜻과 용어

학교 문법의 뜻을 말하려면 '문법'의 뜻풀이를 먼저 해야 한다. 언어학이나 국어학에서 문법이라고 하면 흔히, 형태소의 종류와 그 결합 방식을 따지는 '형태론(morphology)'과, 문장 구성의 원리를 체계화하는 '통사론(syntax)'을 아울러 일컫는다. 그래서 '문법'에서 파생된 '문법적'이라는 말이 어휘론적 혹은 통사론적 차원에서 언중들에게 '수용성(acceptability)'이 있느냐 없느냐를 따지는 개념으로 쓰인다. 어떤 언어 표현이 언중의 언어 직관으로 수용 가능하면 '문법적'인 것이, 그렇지 않으면 '비문법적'인 것이 된다. 이와 같이 이론 언어학에서 말하는 문법은 전체 언어학 영역 안에서의 일부분을 의미한다. 이를 학교 문법에 대립시켜 흔히 '**학문 문법**'이라고 부르기도 한다.

그런데 '학교 문법'이라고 할 때의 '문법'은 그 양상이 다르다. 학교 문법의 '문법'은 언어학이나 국어학 전반의 지식 체계를 총망라한다. 쉽게 말하면 '가르치기 위한 국어학'이라고 할 수 있다. 이러한 사정은 그 동안의 국어과 교육과정에 제시된, 문법 영역의 내용 체계를 보면 이해할 수 있다. 즉, 학교 문법의 '문법'이 내포하는 영역은, 음운, 단어, 문장, 담화 등 언어학이나 국어학의 하위 영역을 총망라하고 있을 뿐만 아니라, 음운론, 어휘론, 의미론, 통사론 등 순수한 전통적인 언어학의 영역에서 한 걸음 더 나아가 국어 규범과 국어에 대한 태도 영역까지 다루도록 되어 있다. 결국 학교 문법의 '문법'은 우리말에 관한 언어학적 지식 체계 전반을 가리키는 개념이다.

다음은 '학교 문법'의 '학교'라는 용어를 살펴보자. '학교'라는 개념에는 '학교 문법'이 존재하는 영역이 이미 전제되어 있다. 물론 '학교'라는 '장소' 개념이 문법 교육의 본질적인 면에 직접적으로 관계하는 것은 아니다. 오히려 '학교 문법'의 '학교'를 '교육'이라는 개념으로 옮겨서 이해하는 것이 옳다. 즉, '장소'보다는 '교육'에 무게 중심을 두는 것이 합리적이다. 최근에는 '학교'라는 용어가 가지는 제한성을 극복하고자 '교육 문법'이라는 개념을 설정하기도 한다. 그러나 '교육 문법'의 개념에는 '문법 교육'이 학교에만 한정되어서는 안 되며, 사회 전반에까지 확대되어야 한다는 뜻도 내포되어 있어서 학교 문법과는 엄밀한 의미에서 그 범위가 다르다. 결국 '학교 문법'은 '학교에서 가르치기 위한, 우리말과 관련된 언어학적 지식 체계'라는 뜻으로 정의될 수 있다.

학교 문법의 뜻에 덧붙여서 한 가지 살펴볼 것은 용어의 문제이다. 일반적으로 용어나 개념은 내용 자체를 다른 것과 배타적으로 한정하게 되는데, 초점이나 무게 중심을 어디에 두느냐에 따라 달라진다. 현재 사용되고 있는, 학교 문법과 관련된 용어는 아래 (1)과 같이 크게 세 가지로 분류된다.[3]

(1) '학교 문법' 관련 용어들

　ㄱ. 교육적 성격에 초점을 둔 것 : 학교 문법, 교육 문법

　ㄴ. 규범적 성격에 초점을 둔 것 : 표준 문법, 규범 문법

　ㄷ. 학문적 성격에 초점을 둔 것 : 국어 지식, 언어 지식

3　학교 문법, 표준 문법, 규범 문법의 개념에 대해서는 임홍빈(2000)이, 외국인을 위한 한국어 문법의 내용과 표준화에 대해서는 권재일(2000)과 민현식(2000)이 참조된다.

(1ㄱ)의 '학교 문법'과 **교육 문법**'은 언어 사용법의 계몽이라는 측면 즉 '교육'에 무게 중심을 둔 용어이다. 앞서 잠깐 언급했듯이 '가르치는 문법'이라는 점에서 '학교 문법'과 '교육 문법'은 공통 분모를 가진다. 다만, '학교 문법'은 그 대상 범위가 구체적으로 한정되는 데에 반해서 '교육 문법'은 '학교 문법'이 가지는 영역의 제한성을 넘어서려는 의도에서 붙여진 개념이다. 이 경우 '교육 문법'은, '문법 교육'을 언어 교육의 하나로 보고 그 내용과 대상을 좀더 넓게 잡아야 한다는 논리이다. 즉, 전통적 개념의 학교 문법을 포함하여 사회 전체에 적용될 수 있는 '언어 교육'이라는 뜻으로 '교육 문법'이라는 개념을 설정하려는 것이다.[4]

(1ㄴ)의 **규범 문법**'이나 **표준 문법**'은 '문법 교육'의 성격과도 깊이 관련되는 용어인데 '규범'이나 '표준'이라는 용어에서 보듯이, 문법이란 누구라도 인정할 수 있고, 쉽게 이해하거나 배울 수 있도록 '통일성을 지닌 문법'을 지향해야 한다는 관점에서 만들어진 용어이다. '규범 문법'이나 '표준 문법'에 따르면 문법 교육의 목적은 결과적으로 '올바른 한국어의 사용'에 놓이게 된다. 그런데 '규범 문법'과 '표준 문법'의 차이점은, 전자는 주로 한국어를 모국어로 가르치는 국어 교육의 장에서 흔히 사용되는 개념인 데 반해서, 후자는 최근 활발히 일어나고 있는, 외국인을 위한 한국어 교육에서 사용되는 개념이다.[5]

(1ㄷ)의 **국어 지식**'이나 **언어 지식**'은 국어를 언어학적으로 분석한 결과로 얻어지는 지식 체계 전반이 '학교 문법'의 모형이 된다는 관점에서 생겨난 용어이다. 이는 다분히 학교 문법의 '학문적' 성격에 무게 중심을 둔 개념이다. 2015 개정 국어과 교육과정의 문법 영역의 내용이 그러하듯이, 학교 현장에서의 문법 교육은, 국어의 언어학적 연구 성과가 골고루 반영된 지식 체계를 그 내용으로 삼는다는 인식에서 비롯된 개념이다. '국어 지식'이라는 용어는 7차 국어과 교육과정 시기에 보편적으로 사용하던 개념이다. 7차 교육과정에서는 국어과 교육 내용 체계를 의사소통의 네 가지 기능인 '듣기, 말하기, 읽기, 쓰기'에 '국어 지식'과 '문학'을 더하여 모두 여섯 영역으로 설정하였는데, '문법'에 대치되는 개념으로 '국어학과 관련한 일련의 지식 체계'를 일컫는 '국어 지식'이라는 용어를 쓰면서 보편화되었다.[6] 그러다가 2007 개정 교육과정부터 다시 '문법'으로 대치되었다. 한편, (1ㄷ)의 '국어 지식'과 '언어 지식'의 개념적 차이는 없다. 다만 포함되는 범위의 넓

---

4 '교육 문법'의 개념과 성격에 대해서는 이성영(1997) 참조.

5 최근에는 모국어와 한국어 두 영역을 포괄하는 뜻으로 '표준 문법'이라는 용어를 쓰는 경향이 있다.

6 개념어 '국어 지식'에 대해서는 김광해 외(1999: 61-78) 참조.

고 좁음이 있을 뿐이다.

지금까지 살펴본 대로 학교 문법과 관련된 용어들은 어느 측면을 더 강조하고 있느냐에 따라 달라진다. 따라서 이들 용어들의 적합성 여부를 따지는 것은 그리 유용한 일이 되지 못한다. 이 책에서 전통적인 개념이면서 가장 보편적인 용어인 '학교 문법'을 쓰는 것도 그 때문이다. 다만 이들 용어들을 되새겨 보아야 하는 이유는, 학교 문법을 어떻게 부를 것인가 하는 문제가 다음에서 살펴볼 학교 문법의 성격을 규정하는 일과 맞닿아 있기 때문이다.

3. 학교 문법의 성격

모든 교육은 명시적인 목표를 설정한 뒤에 이루어진다. 교육 목표는 교육 현장에서 이루어질 수 있는, 가능한 모든 교육 활동을 합리적으로 규합하고 통제하는 기능을 할 수 있어야 한다. 그렇기 때문에 교육 목표는 교육의 지향점은 물론 내용과 방법까지 내포해야 한다. 그러므로 어떤 교육 활동의 성격을 파악하는 지름길은 교육 목표를 먼저 살펴보는 데에 있다.

학교 문법의 성격도 우선 교육 목표에서 찾아야 한다. **2015 개정 국어과 교육과정**에 의한 〈언어와 매체〉[7]의 교육 목표에는 문법 교육에 관한 내용이 뚜렷이 제시되어 있다.

(2) 〈언어와 매체〉의 교육 목표
국어 문법과 매체 언어의 특성을 바탕으로 하여 국어와 매체 언어를 정확하고 효과적으로 사용하고 개인적·사회적 소통 능력과 태도를 길러 국어문화의 발전에 기여한다.
가. **언어 운용 원리로서의 문법**과 사회적 소통에 복합적으로 작용하는 매체 언어의 특성을 체계적으로 이해한다.
나. 다양한 국어 자료를 통해 **언어의 본질과 국어의 구조를 탐구하고** 이를 자신의 언어생활 개선에 **활용하는 능력**을 기른다.
다. 매체 자료를 비판적으로 수용하고 창의적으로 생산하며 사회적 소통과 문화 형성

---

7   교과목 이름은 〈 〉, 책 이름은 『 』로 표시한다.

에 참여하는 능력을 기른다.

    라. **국어생활과** 매체 언어생활에 대해 성찰하고 국어와 매체 **문화를 발전시키는 태도**
를 기른다.

(2)에 따르면, 문법 교육의 핵심은 '언어 운용 원리로서의 문법의 이해'와 '언어의 본
질과 국어 구조의 탐구와 활용' 그리고 '국어 문화 발전에 기여하는 태도 확립'에 있다.[8]
이는 7차 교육과정 이래 변함없이 견지해 온 문법 교육의 기본 방향이다.[9] 이런 내용은
2015 개정 국어과 교육과정의 전체 교육 목표에서도 확인된다.

또한 (2)의 교육 목표에는 문법 교육의 여러 층위가 제시되어 있는데 이를 정리하면
다음과 같다.

첫째, 문법 교육의 방법이다. '언어 운용의 원리로서의 문법을 이해하고', '언어의 본질
과 국어의 구조를 탐구하고'에서 볼 수 있듯이 문법 교육은 단순한 지식 전달 행위가 아
니며, 맹목적인 언어 학습 수단도 아님을 분명히 하고 있다. 문법 교육이 '탐구 과정'임을
선언하고 있는데, 문제를 제기하고 언어 자료를 분석함으로써 문제를 해결하는 법을 탐
구하여 스스로 답을 찾고 그 답을 또 다른 문제의 해결에 적용하는 과정임을 말하고 있
는 것이다.[10]

둘째, 문법 교육의 보람과 범위이다. 문법 교육의 보람은 두 가지인데 '언어 운용의 원
리로서의 문법에 대한 체계적인 지식을 이해하는 것'과 '언어생활 개선에 활용하는 능력'
을 키우는 것이다. 전자는 지식 그 자체로서 가치를 지니는데 교수·학습을 통한 지식의
습득을 말한다. 이를 거꾸로 말하면 문법 교육의 범위가 된다. 즉, 문법 교육에서 다루어
야 할 내용이 바로 '국어에 대한 지식 체계'라는 뜻이다. 후자는 문법 교육의 주요 방법론
인 탐구 과정을 통해서 자연스럽게 얻어지는 '삶의 힘'이다.

---

8   그 동안의 국어과 교육과정의 교육 목표는 '지식'과 '힘'과 '태도' 등 세 가지 차원에서 기술되어 왔다. 이와 관
련해서는 이상태(1993: 120~123)의 관점이 참조되는데, 국어과 교육의 목표 설정 문제를, 사람[삶]이 본질적
으로 지니는 세 가지 층위인 '지식·정보의 켜', '삶의 능력의 켜', '삶의 태도의 켜'와 관련짓고 있다. 즉 모든 교
육은 지식·정보 전달의 층위에서 출발해서 삶의 능력의 층위를 거쳐 궁극적으로 삶의 태도의 층위까지 나아
가야 한다고 본다. 이런 관점은 국어과만이 아니라 모든 교과에 적용된다.

9   7차 교육과정 〈문법〉의 교육 목표 전문은, "국어에 대한 탐구 과정을 통한 통찰력과 논리적 사고력을 바탕으로
언어와 국어의 문화적 가치 및 국어에 대한 체계적인 지식을 갖추고, 국어를 올바르게 사용하여 국어의 발전
에 기여하는 태도를 지닌다."로 되어 있다.

10 탐구 학습에 대한 내용은, 2015 국어과 교육과정의 학년별 성취기준에 제시되어 있는 '교수·학습 방법 및 유의
사항'에 구체적으로 잘 나타나 있다. 한편, 문법 교육에서의 '탐구'의 의미에 대해서는 황미향(2013) 참조.

셋째, 문법 교육의 지향점이다. '품위 있고 개성 있는 국어를 사용'할 수 있도록 하며, '국어문화를 향유하면서 국어의 발전과 국어문화 창조에 이바지하는 능력과 태도를 기르는' 것이 문법 교육의 궁극적인 지향점이다. 문법 교육이 체계적인 지식의 전달만이 아니라, 실용적인 측면에서의 품위 있고 개성 있는 우리 말글 사용과 사회·문화적인 측면에서의 '국어 발전과 국어문화 창조'에 기여하고자 하는 태도를 확립하는 데에까지 나아가야 함을 강조하고 있는 것이다.

이제 교육과정에 나타난, 문법 교육의 목표가 말하는 바를 바탕으로, 학교 문법의 성격을 규정하면 다음과 같다.[11]

첫째, 학교 문법은 **탐구적 성격**을 지닌다. 이것은 이미 여러 차례 지적된 대로 학교 문법의 가장 핵심적인 성격이다. 학습자는 언어에 대한 탐구 과정을 통해서, 학교 문법의 내용인 언어 지식 체계와 인간 그리고 사회·문화 등 세 가지 측면의 보람을 얻게 된다. 한국어라는 언어를 대상으로 하여 한국어가 가지는 언어학적 지식 체계 자체를 탐구하게 되며, 그것은 곧 한국인과 한국 사회 및 문화를 탐구하는 데에까지 나아가게 된다. 아울러 학교 문법이 탐구적 성격을 지닌다는 것은 문법 교육의 방법이 문법 지식의 전수에 국한된 것이 아님을 말해 준다. 한국어를 모국어로 하는 학생들에게 '굳이'가 [구지]로 소리 난다는 사실만을 가르치는 것은 아무런 의미를 지니지 못한다. 이러한 언어 현상에 대한 단순한 지식덩이는 한국어를 처음 배우는 외국인에게 필요할 뿐이다. 한국어를 모국어로 하는 학생은 그러한 지식을 배우지 않아도 이미 '굳이'를 굳이 다른 소리로 내는 일이 없이 늘 [구지]로 발음한다. 따라서 한국어가 모국어인 학생에게는 '왜 '굳이'가 [구지]로 소리나는가?'라는 질문에 답하도록 해야 한다. 곧 논리적인 추론 과정을 통해서, 왜 그런 소리가 나는지를 탐구하도록 해야 한다. 일상적인 언어 현상에서 추출된 지식을 그대로 전달하는 것은 더 이상 학교 문법의 범주에 들지 않는다. '한국어에 관한 언어학적 지식 체계'를 습득한다는 것이 단순히 지식 자체를 받아들이는 것이 아니라는 점을 분명히 인식해야 한다. 학교 문법은 '탐구를 통해 스스로 깨우치는 일'에 다름 아니다.

흔히 학교 문법은 '실용성'을 띠어야 한다는 주장을 하기도 한다. 어느 것을 더 우선되는 것으로 보느냐의 문제이기는 하겠지만, 문법 교육의 목표와 교육과정의 여러 곳에서 '탐구성'을 강조하고 있는 점과, '한국어에 관한 언어학적 지식 체계'는 내용에 따라서

---

11 사실 엄격하게 말하면, 학교 문법의 성격은 '교육의 대상이 되는 문법이기에 규범적인 것이다.' 하나로 요약되지만, 여기서는 이를 포함하여 그 성격을 좀더 포괄적으로 이해하고자 하였다.

'실용적'이지 않을 수도 있다는 점을 고려하면 '실용성'보다는 '탐구성'이 최우선되어야 한다. 한편, '실용성'을 '규범성'과 같은 개념으로 보기도 하는데, 물론 겹치는 부분도 있지만 '실용성'은 '쓰임'을, '규범성'은 '맞음'을 더 강조한다는 점에서 다르다.

둘째, 학교 문법은 **학문적 성격**을 지닌다. 학교 문법에 대립되는 개념으로 흔히 '학문 문법'이라는 용어를 쓴다. 그런데 위 (2)의 교육 목표에서 살펴보았듯이 학교 문법은 더 이상 '학문 문법'과 대립적이지 않다. 학교 문법의 내용이 '언어 운용 원리'와 '언어의 본질과 국어의 구조'라고 한다면 이는 우리말에 대한 국어학적 지식 체계와 다를 바 없으며, 따라서 학교 문법의 내용이 학문 문법과는 별도로 설정되어야 할 어떤 것이 아니다. 이른바 언어학이나 국어학에서 다루는 전 영역이 망라되어야 한다. 특히 순수 이론적인 면만이 아니라 사회·문화적인 면을 반영하는 빠롤(parole) 언어 현상까지 다룰 수 있도록 응용 언어학의 연구 성과도 포함되어야 할 것이다.[12] 특정 분야, 특히 전형적인 언어학 영역의 주요 이론들을 개략적으로 요약한 것이 학교 문법의 내용이 되어서는 안 된다는 말이다. 국어학이 다양한 측면에서 국어의 체계적인 원리를 찾아내는 것이므로 학교 문법의 내용도 국어학의 지평만큼 그 범위를 넓게 설정해야 한다.

학교 문법의 범위가 좁아지는 것은 흔히 학교 문법의 성격으로 '규범성'을 말하면서 그것의 강제성을 지나치게 강조하는 경우에 많이 발생한다. 규범성만을 강조하면 학교 문법의 범위가 매우 좁아지게 된다. 즉, '국어의 언어학적 지식 체계'와는 상당한 거리를 가지게 되어 학교 문법이 '맞춤법 교육'이 되고 만다. 특히 규범성을 강조하는 결과로 중·고등학교 교과서의 문법 관련 내용이 언어학이나 국어학의 발전과 성과를 따라잡지 못하는 경우가 많은데 이런 점은 지양되어야 한다.

셋째, 학교 문법은 **규범적 성격**을 지닌다. 학교 문법은 분명히 '품위 있고 개성 있는 국어를 사용'하고, '자신의 언어생활 개선에 활용하는 능력'을 기르는 데에 지향점을 둔다. 그런데 여기의 '규범적'이라는 말은 '강제성'이라는 의미보다는 '방향성'으로 이해하는 것이 옳다. 즉, 문법 교육의 결과가 '품위 있고 개성 있는 국어의 사용'이라는 보람을 얻게 한다는 측면에서 '규범성'을 이해해야 한다. 규범성을 지나치게 강조하여 '강제성'

---

12 그 동안의 문법 교육에서는 사회언어학이나 응용 언어학 등의 성과를 적극적으로 반영하지 못한 것이 사실이다. 이는 문법 교육이 교실 안에서만 이루어지도록 하는 원인이 되기도 했음을 부인하기 어렵다. 삶의 현장에서 만나는 '말' 곧 빠롤(parole)을 분석하고 탐구하는 것이 아니라 정제된 문장과 글만을 대상으로 하는 랑그(langue) 중심의 문법 교육이었던 것이다. 이렇게 볼 때, 2015 개정 국어과 교육과정 '문법'의 교육목표에서 '사회적 소통', '활용 능력', '창의적 표현', '문화 형성' 등을 강조하고 있는 것은 주목할 만하다.

이 두드러지게 되면, 학교 문법의 성과와 지향점으로 설정된 '활용 능력', '창의적 표현', '문화 형성'이나 '국어 발전에 기여하는 태도' 등은 물론이고 국어를 모국어로 하는 사람들에 대한 이해나 국어가 쓰이는 공동체의 사회와 문화에 대한 깊이 있는 이해는 어렵게 된다.[13] 따라서 학교 문법이 '규범적'이라고 할 때 그 의미는 언어 사용자가 가지는 언어 능력을 고려한 개념으로 이해할 필요가 있다. 즉, 언어의 '창조성'과 '생산성'을 적극적으로 끌어들이는 개념이어야 한다. 문법 교육을 통해서 학습자가 생득적으로 가지는 언어 능력을 극대화하게 된다는 방향에 '바른 언어 생활'이라는 목표를 놓아야 한다.

넷째, 학교 문법은 **모국어 교육적 성격**을 지닌다. 흔히 문법 시간에, 우리가 외국어를 학습하는 것과 같은 방식으로 국어의 문법을 가르치는 경우가 많다. 예를 들면, "'국물'은 [궁물]로 소리 나며 이는 비음동화 현상이다."라고 가르치고 이를 단순히 '알도록' 가르치는 데에서 머무는 것은 모국어 화자에게는 문법 교육으로서 큰 의미를 가지지 못한다. 한국어 학습자에게는 '국물'이 [궁물]로 소리 난다는 것을 지식적으로도 알아야 하고, 실제 발음도 연습해야 하지만 모국어 화자들은 아무도 가르쳐 주지 않아도 [궁물]로 자연스럽게 발음하기 때문이다. 따라서 국어를 전혀 모르는 사람에게 한국어를 습득시키기 위한 방법으로 행해지는 문법 교육은[14] 교육적 의미를 가지지 못한다. 국어 교육이 외국어 교육이 아니라 모국어 교육이라는 측면에서 이루어져야 하듯이 문법 교육 또한 마찬가지여야 한다.[15]

학교 문법은 분명히 외국어 교육이 아니다. 그것은 모국어 화자를 대상으로 하는 교육이다. 외국어로서의 문법 교육은 국어를 전혀 모르는 사람에게 국어에 관한 지식 체계를 습득시키는 데에 일차적인 목적이 있다. 따라서 모국어로서의 문법 교육과 외국어로서의 그것은, 그 내용은 같을 수 있지만 방법과 목표는 선명히 구분되어야 한다. 학교 문법이 '탐구성'을 띠어야 하는 이유도 바로 학교 문법이 모국어 교육적인 성격을 가지기 때문이다.

이와 함께 문법 교육을 말하면서 '의사소통 능력의 배양'이라는 측면을 지나치게 강조

---

13 이런 측면에서 7차 교육과정 시기 〈문법〉 교과의 교사용 지도서 1장 첫머리의 '문법 과목의 성격과 특성'에 서술된 내용인 "문법 과목은 국어 활동을 영위하는 데 필요한 국어 지식을 전반적으로 탐구하고, 국어에 관한 바람직한 태도를 기르며, 국어 사용자라면 누구나 알아야 할 언어 규범에 대하여 학습하는 내용들로 구성된다. 이는 제6차 교육과정 기간인 지난 5년 동안에 제기된 국어 지식 교육에 대한 반성을 수렴하고 ……"는 여전히 시사하는 바가 크다.

14 그 동안의 학교 문법의 교육 내용이나 방법이 이런 한계에서 크게 벗어나지 못했음은 사실이다.

15 김광해(1997: 46)에 따르면, 원래 학교 문법(school grammar)은 서양에서 외국어인 라틴어를 가르치기 위해 마련된 것이라 한다.

하는 것도 외국어 교육적인 성격에 바탕을 둔 생각이다. 사실 우리는 문법을 배우지 않아도 의사소통에 아무런 지장을 받지 않으며, 좀더 고상한 표현을 배우고자 하더라도 글 읽기나 쓰기 연습을 하면 충분하다. 굳이 그런 목적만을 위해서 문법을 배울 필요가 없는 것이다. 지금까지 이 장에서 말한 것, 즉 언어관과 언어 탐구의 보람, 문법 교육의 목표와 방법 및 성격 등도 모두 학교 문법이 모국어 교육적인 성격을 지니기 때문에 제기되는 내용들인 것이다.

4. 학교 문법의 흐름

우리나라에서 문법 교육이 공식적으로 시작된 것은 1895년이다. 최초의 근대 학교인 한성사범학교가 문을 연 해이기도 하거니와, 무엇보다 '소학교 교칙대강(小學校 敎則大綱)'이 공포된 해라는 점에서 그러하다. 고영근(2000: 27-28)에 따르면 '소학교 교칙대강'에서는 문법을 정규 교과목으로 지정하고 있다.

1895년 이후 학교 문법이 어떤 길을 걸어왔는지 그 대강을 살펴보려면, 국어과 교육과정의 변천 과정을 기준으로 하여, 형식적인 면에서 문법 교육의 도구가 되는 문법 교과서가 어떤 과정을 거쳐 교과서로서의 자격을 갖추었는지와, 내용적인 면에서 학교 문법의 내용이 어떻게 바뀌어 왔는지를 함께 살펴보아야 한다. 전자는 그 동안의 문법 교과서가 검인정이었는지 아니면 국정이었는지가 초점이 되고, 후자는 학교 문법 내용의 통일화 과정과 국어학적 연구 성과의 반영 양상이나 교육과정상에서 문법 영역을 어떻게 다루고 있는지 등이 관심의 대상이 된다.

그러므로 문법 교육의 흐름은, 형식적인 면을 기준으로 갈래지어 놓고 내용적인 면을 함께 살펴보는 것이 유리하다. 곧, 1895년 이래 문법 교과서가 어떤 방식으로 자격을 부여받았는지를 기준으로 시기 구분을 하는 것이 타당할 것으로 보인다. 기존의 연구에서도 이 준거로 시기 구분을 한 것이 대부분이다.[16]

이관규(2004: 25-42)에서는 기존의 논의를 종합·분석하여, 문법 교과서가 어떤 방식

---

16 김민수(1986), 왕문용·민현식(1993), 김광해(1997), 이관규(2004) 등이 그러하다. 한편, 고영근(2000)은 19세기 말 이후 이루어진 학교 문법 교육의 역사가 시간적, 공간적으로 어떻게 펼쳐졌는가를 자세히 기술하고 있다. 특히, 공간적인 전개 내용을 살피는 부분에서는 남한은 물론 북한과 재외 교민의 문법 교육 현황까지 함께 기술하고 있다.

으로 만들어졌는가를 기준으로 2006년 즉 7차 교육과정 시기까지의 문법 교육을 세 단계로 구분하고 각 단계별 구체적인 내용은 학교 문법의 통일화 과정과 문법 교과서 간행 경과 및 그 내용을 중심으로 기술하고(아래 (3)의 제1기 ~ 제3기가 여기에 해당함.), 이를 더 세분하여 학교 문법의 역사를 모두 여덟 단계로 구분하고 있다.[17] 이러한 흐름을 2015 개정 교육과정까지 연장하면 그간의 문법 교육은 다음과 같이 네 시기로 구분할 수 있다. 이와 같은 시기 구분은 형식적인 면을 기준으로 한 것이지만 문법 내용의 변화 과정과도 거의 일치한다.

(3) 학교 문법의 흐름
　　ㄱ. 제1기 혼성 시기: 1895 ~ 1949
　　ㄴ. 제2기 검인정 시기: 1949 ~ 1985
　　ㄷ. 제3기 국정 시기: 1985 ~ 2006
　　ㄹ. 제4기 검인정 시기: 2007 ~ 현재

　여기서는 각 시기별로 어떤 문법 교과서가 간행되었는지 그리고 그 구체적인 내용이 무엇인지에 대해서는 기존의 논의에 미루고, (3)을 중심으로 각 시기별 특징을 개략적으로 살펴보기로 한다.[18]

　제1기의 1895년에서 1910년까지는 어떤 문법 교과서가 만들어졌는지, 어떻게 문법 교육이 이루어졌는지 등 학교 문법의 현황에 대해서 자세히 알기 어렵다. 학교 문법이 구체적으로 드러나기 시작한 것은 1910년 이후인데, 이때부터 해방 공간까지는, 학교 문법의 내용이 이른바 세 가지 문법 모형 즉, 분석적 체계와 절충적 체계 그리고 종합적 체계의 유형으로 대표되는 시기였다. 조사와 어미를 단어로 인정하는 문제를 두고, 둘 다를 단어로 인정하는 분석적 체계와 조사만을 인정하는 절충적 체계, 그리고 둘 다 인정하지 않

17　한편, 고영근(1988)에서는 국어 문법 교육이 걸어온 길을, 문법 교육 내용의 통일화를 기준으로 하여 통일화 이전과 이후로 크게 나눈 바 있다. 구체적인 내용을 보면, 통일화 이전은 '서양인의 한국어 문법 연구 시기', '대한제국 시대(1895~1910)', '식민지 시대(1910~1945)', '미군정 시대(1945~1949)', '제1차 검인정 시대(1949~1955)', '제2차 검인정 시대(1955~1965, 1967)'로 나누었고, 통일화 이후를 '제1차 통일 문법 검인정 시대(1966, 1968~1978)', '제2차 통일 문법 검인정 시대(1979~1984)', '단일 국정 문법의 편찬 보급 시대(1985~)'로 분류하였다. 이 분류에서도 문법 교과서로서의 자격 인정 여부가 중심이 되고 있음을 알 수 있다.

18　시기별 내용은 김광해(1997: 48~58), 고영근(2000: 27~35), 이관규(2004: 31~42) 등의 내용을 중심으로 한 것이다. 그리고 교육과정과 관련된 내용은 이상태(1993: 108~117)을 참조하였다.

는 종합적 체계로 나뉘었다. 이와 함께 이 시기는 품사 체계 설정과 문법 용어 문제에 대한 논쟁이 시작되는 시기였다. 교과서마다 품사의 종류와 분류 결과가 달랐으며, 문법 용어 또한 고유어계와 한자어계가 두루 나타났다. 이런 와중에 1933년에는 '한글마춤법통일안'이 제정되었는데 이것은 문법 교육의 내용을 하나로 통일하는 데에 크게 작용하였다. 이 시기의 주요 문법서로는 주시경(1910)의 『국어문법』, 김두봉(1922)의 『깁더 조선말본』, 최현배(1934)의 『중등조선말본』, 최현배(1937)의 『우리말본』 등이 있다.

제2기는 검인정 제도가 시행된 시기이다. 문법 교과서가 집필자의 의도에 따라 자유롭게 기술되었으며, 인정만 받으면 제한 없이 보급되어 사용되었다. 검인정제에 의해 교과서가 만들어지다 보니 제1기에서 제기되었던 품사 체계나 문법 용어 등 문법 교육 내용이 통일되지 못한 채 혼란이 계속되었다. 이를 통일하고자 1949년에 문교부 주도의 '문법 용어 제정 위원회'에서 292항목의 문법 용어를 사정하게 되었다. 잠정적으로 문법 용어를 우리말 계통과 한자말 계통의 것을 모두 사용하게 하였다. 그럼에도 불구하고 국어학 이론이나 문법 용어 등은 학자마다 달라서 문법 교과서마다 다른 양상을 보이게 되었다.

1955년 제1차 교육과정이 시행되었는데 이에 맞추어 1956년에 중학교와 고등학교용 문법 교과서가 분리되어 만들어졌다. 그렇지만 여기서도 문법 체계나 용어는 통일되지 못한 채 1963년의 제2차 교육과정으로 이어졌다. 이를 통일하고자 1963년에 '학교 문법 통일안'을 만들게 되었다. 그 핵심 내용은 문법 용어로 말소리와 구두점을 제외하고는 한자어계 용어가 채택되었고, 조사만을 단어로 보는 입장을 취하였으며, 9품사 체계를 인정하는 것이었다. 이 통일안에 따라 1966년에 중학교 문법 교과서가 나왔고, 고등학교 교과서는 1968년에 검인정 교과서가 나왔다. 그러나 이 통일안이 전면적으로 지켜지지 않았다. 이 '학교 문법 통일안'이 완전히 적용된 것은 1979년이다. 이 때 중학교 과정에서의 문법 교육이 철폐되고, 검인정에 의해 채택되는 교과서의 수도 5종으로 제한되었으며, 교사용 지도서를 의무적으로 덧붙이도록 하는 등의 변화가 있었다.

제3기는 국정 교과서 시기로, 이 시기에 문법 교과서가 국정으로 단일화되었다. 단일화의 시작은 1985년의 『고등학교 문법』이었다. 이 교과서는 철저하게 1963년의 통일안에 따른 집필이었는데, 특히 지정사 '이다'를 서술격 조사로 정착시켰으며 문법 용어는 한자어와 고유어를 섞어서 사용하였다. 첫 번째 국정 교과서는 당시 국어학 연구에서 얻어진 성과를 대폭 반영하여 만들어졌다. 특히 통사론을 중심으로 문법 교과서가 짜여졌다. 전통적인 규범적 문법에서 벗어나 새로운 연구 성과들이 대폭 수용된 것이 특징이다.

1987년에 제5차 교육과정이 고시되었는데, 이 때에 고등학교 국어 교과 안에 〈문법〉이 〈국어〉, 〈문학〉, 〈작문〉과 더불어 독립된 과목으로 설정되었다. 그러나 문법 교과서는 1985년판을 그대로 사용하였다. 1991년에는 두 번째 국정교과서가 만들어졌다. 크게는 1985년판 『고등학교 문법』의 잘못을 고치고, 부록으로 '옛말의 문법'을 덧붙인 것이 특징이다. 이 시기에 문법 교육은 완전히 통일된 체계를 가지게 되었고, 국정 교과서였기 때문에 그 강제성이 매우 컸다.

1992년부터 제6차 교육과정이 시행되었다. 제6차 교육과정에 와서 학교 교육의 전반적인 방향이 새로운 길로 접어들게 된다. 이전 교육 과정과는 달리 '내용 체계표'가 만들어진 것과 교사가 보충 자료를 사용하도록 권장한 것이 특징인데 국어과의 교과목도 공통 과목인 〈국어〉와 영역별 심화 선택 과목 〈화법〉, 〈독서〉, 〈작문〉, 〈문법〉, 〈문학〉으로 체계화되었다. 문법도 지금까지의 문법 교육에 대한 전반적인 반성을 토대로 새롭게 구성되었다. 시대가 변했음에도 문법 교과서는 과거의 것을 그대로 첨삭하는 정도로 고쳐 온 점을 반성하고 문법 교육의 내용이 언어 지식 체계라는 폭넓은 영역을 아울러야 한다는 점을 인식한 결과에 따른 것이다. 이러한 문법 교육의 방향과 인식의 전환을 바탕으로 1996년에 새로운 문법 교과서가 나오게 되었다. 이전의 교과서에서 다루지 않았던, '이야기, 바른 언어생활, 표준어와 맞춤법' 등을 추가하여 국어에 대한 다양한 인식을 하도록 하는 데에 초점을 맞춘 것이다.

이런 학교 문법의 방향은 제7차 교육과정에 이어졌다. 제7차 교육과정을 준거로 개발되어 2002년에 적용된 교과서 『고등학교 문법』은, '언어와 국어, 말소리, 단어, 어휘, 문장, 의미, 이야기, 국어의 규범, 부록(국어의 옛 모습, 국어의 변화)'의 내용으로 구성되었다.

제4기는 문법 교과서가 다시 검인정 체제로 전환된 시기로, 2007 개정 교육과정부터 2015 개정 교육과정이 적용되고 있는 현재까지이다. 세 번의 교육과정 개정이 있었는데[19] 그 가운데 2011년, 2015년 두 차례에 걸친 교육과정 개정은 문법 교육의 위상에 크게 영향을 미쳤다. 특히 고등학교 선택 과목이 그러하다. 제5차 교육과정 이후 독립된 과목으로 유지되던 〈문법〉이 독자적인 지위를 잃고, 2011 개정 교육과정에서는 〈독서와 문법〉

---

19 개정 교육과정 각각을 8차, 9차, 10차 교육과정이라 하지 않고 해당 연도에 '개정'이라는 수식어를 붙여 부르는 것은, 7차 교육과정의 정신과 틀을 계승한다는 의미로 파악된다. 다만, 성취 기준의 내용과 수 그리고 선택 과목의 갈래 설정 등은 다르다. 그리고 2011년 개정 교육과정의 '총론'은 2009년에 시작되었다. 하지만 국어과 교육과정이 완성된 시점이 2011년인 점을 고려하여 '2011 개정 교육과정'이라 한다.

으로, 2015 개정 교육과정에서는 〈언어와 매체〉로 통합되었다.

내용 요소를 기준으로 볼 때, 제4기 문법 교육의 가장 큰 특징은 두 가지이다. 하나는, 그 동안 문법 교육의 중심으로서 가장 많은 부분을 차지해 오던 '국어의 구조'(구체적으로 말하면 '음운, 단어, 문장, 담화, 의미' 등) 영역이 축소되고, 그 대신 '국어 생활과 규범'과 '국어에 대한 태도' 영역이 강화된 점이다. 이는 시대 변화에 맞추어 문법 교육의 실용성을 강화한 것으로 보인다. 다른 하나는, 학습량을 줄이는 차원에서 성취 기준의 수가 2011 개정과 2015 개정에 와서 많이 줄었다는 점이다.[20] 문법 교육의 본질적 내용은 바뀌지 않았지만 양적인 면에서 조정을 한 것이다.[21]

지금까지 문법 교육의 변모 양상을 특징적 변화를 중심으로 요약하여 살펴보았다. 그런데 이러한 변화는 특정한 한 가지의 힘만이 추동 요인으로 작용하는 것이 아니다. 교과목 내부의 요인, 교과 관련 학문 영역의 패러다임 변화, 학습관 또는 학습자관의 변화, 사회·문화적 환경의 변화에 따른 시대적 요구 등이 복합적으로 작용한다.

제4차 교육과정기인 1985년에 '학교 문법 통일안'이 엄격하게 적용된 단일 국정 교과서『고등학교 문법』이 나온 것은 오로지 문법 교육 내부 요인보다는 문법 교육의 상위 생태계인 국어과 교육의 요구가 크게 작용한 결과이다. 국어 교육의 최상위 목표를 언어 사용 기능의 신장에 두고, 문법 교육도 이 목표 달성에 필요한 교육 내용의 하나로 상정되었기 때문이다. 효과적으로 언어 사용 기능의 신장에 기여할 수 있는 통일된 문법 교육 내용의 구성이 요구된 것이다.

문법 교육의 이론적 토대가 되는 관련 학문 영역의 패러다임 변화 역시 문법 교육에 영향을 미친다. 제4차 교육과정에서 국어과의 배경 학문으로 언어학, 수사학, 문학을 제시하였듯이[22] 언어학은 문법 교육의 배경 학문이다. 따라서 언어학 분야의 새로운 연구 방법론이나 새로운 연구 결과는 문법 교육에 영향을 미친다. 제6차 교육과정에서 내용

---

20 7차 교육과정 이후 국어과 교육과정 중에서, 2007 개정 교육과정의 성취 기준 수가 가장 많다. 이는 2007 개정 교육과정 〈문법〉의 얼개('앎'–'삶'–'얼')가 가장 체계적이라는 점과 무관하지 않다고 본다. 문법 교육의 전체적인 흐름으로 볼 때, 이 시기가 내적 변화의 분기점 역할을 하는 것으로 판단된다.

21 문법 교육의 핵심 내용 요소가 달라질 수 없다면, 문법 교육의 초점을 어디에 두어야 하는가를 따져보아야 하는데 이에 대한 답은, 문법 교육의 목표, 내용, 방법 등을 아울러 분석할 때 얻을 수 있다. 이와 관련해서는, 2011 개정 교육과정의 문법 교육을 분석한 이문규(2012), 2015 개정 교육과정의 문법 영역을 비판적으로 살핀 구본관(2016) 그리고 문법 교육의 새로운 학습체제를 제안한 최웅환(2018) 등이 참조된다.

22 『교육부 고시 제1992-19호('92.10.30)에 따른 고등학교 국어과 교육과정 해설』 참조.

체계에 '문장과 이야기' 범주가 설정되고, 1996년에 선보인 새로운 문법 교과서에서 '이야기' 단원이 추가된 것은 바로 새로운 언어학 연구 방법론의 영향이다. 즉, 20세기 중·후반에 국내에 소개된 화용론, 텍스트 언어학, 담화 분석 등의 연구 결과를 수용한 것이다.

교육이 사회의 산물인 만큼 시대적 요구 또한 문법 교육의 변화를 이끄는 요인이다. 2015 개정 교육과정에서 '통일 시대의 국어에 대한 관심'이 〈국어〉 과목의 '주요 내용 요소'로 선정된 것, 2011 개정 교육과정에서는 〈독서와 문법〉으로 편성되었던 일반 선택 과목이 2015 개정 교육과정에서는 〈언어와 매체〉로 편성된 것 등이 그 예이다. 앞의 것은 통일 시대를 염두에 둔 시대적 요구에 부응하는 것이며, 뒤의 것은 빠르게 변화하는 언어 사용 환경에 대처하는 능력 함양의 요구에 부응하는 것이다.

그 외 학습 또는 학습자를 보는 관점의 변화도 문법 교육에 영향을 비친다. 제7차 교육 과정 이후 '탐구'가 문법 교육의 내용 체계에서 하나의 독립된 범주로 자리를 잡을 정도로 강조된다. 이는 국어과 내적 요인의 영향이 크지만 한편으로는 학습자관의 변화와도 관련이 있다. 학습자를 채워야 할 빈 항아리로 보지 않고 스스로 지식을 구성할 수 있는 존재로 볼 때 탐구 활동이 설 자리를 찾을 수 있기 때문이다.

문법 교육은 앞으로도 끊임없이 변화할 것이다. 시대의 변화 속도가 빠른 만큼 문법 교육도 빠른 변화를 요구받을 것으로 짐작된다. 그러므로 어느 때보다 문법 교육의 본질에 대한 고민이 필요하다. 놓치지 말아야 본질이 무엇인지, 새롭게 등장하여 사용 영역을 무섭게 확장해 나가는 매체 언어를 어떻게 포섭할 것인지, 다양한 언어가 동시에 소통되는 사회에서 국어 문법 교육이 어떤 역할을 해야 하는지 등에 대한 탐색이 깊으면 깊을수록 문법 교육의 터가 그만큼 더 단단해질 것이다.

참고문헌

고영근(1988), "학교문법의 전통과 통일화 문제", 『선청어문』 16·17, 서울대 사범대 국어과, 1-22쪽.

고영근(2000), "우리나라 학교 문법의 역사", 『새국어생활』 10-2, 국립국어연구원, 27-46쪽.

교육부(1992), 『고등학교 국어과 교육과정 해설』.

교육부(1998), 『국어과 교육과정』, 대한교과서주식회사.

교육부(2007), 『국어과 교육과정』.

교육부(2011), 『국어과 교육과정』.

교육부(2015), 『국어과 교육과정』.

교육인적자원부(2002), 『고등학교 교사용 지도서 문법』, (주)두산.

교육인적자원부(2002), 『고등학교 문법』, (주)두산.

구본관(2016), "2015 교육과정 '문법' 영역에 대한 비판적 검토", 『국어교육학연구』 51-1, 국어교육학회, 89-133쪽.

권재일(2000), "한국어 교육을 위한 표준 문법의 개발 방향", 『새국어생활』 10-2, 국립국어연구원, 103-116쪽.

김광해(1997), 『국어지식 교육론』, 박이정.

김광해 외(1999), 『국어 지식 탐구』, 박이정.

김민수(1986), "학교문법론", 『서정범 박사 화갑기념논문집』, 집문당.

민현식(2000), "제2 언어로서의 한국어 문법 교육의 현황과 과제", 『새국어생활』 10-2, 국립국어연구원, 81-101쪽.

송현정(2016), "2009와 2015 개정 국어과 교육과정 문법 영역 비교", 『어문연구』 44, 한국어문교육연구회, 341-371쪽.

왕문용·민현식(1993), 『국어문법론의 이해』, 개문사.

이관규(2000), "학교 문법 교육의 현황", 『새국어생활』 10-2, 국립국어연구원, 47-61쪽.

이관규(2004), 『개정판 학교 문법론』, 월인.

이문규(1996), "국어과 '언어' 영역의 성격", 『국어교육연구』 28, 국어교육학회, 91-115쪽.

이문규(2008), "문법 교육의 성격과 학교 문법의 내용", 『언어과학연구』 46, 언어과학회, 23-41쪽.

이문규(2010), "문법교육론의 쟁점과 문법 교육의 내용", 『국어교육』 133, 한국어교육학회, 109-144쪽.

이문규(2012), "2011년 개정 국어과 교육과정과 문법 교육", 『국어교육연구』 50, 국어교육학회, 295-324쪽.

참고문헌

이문규(2017), "문법 교육의 내용 재구성 연구", 『국어교육연구』 65, 국어교육학회, 113−138쪽.

이상태(1993), 『국어교육의 길잡이』, 한신문화사.

이성영(1997), "교육문법의 필요성과 요건", 『한글사랑』 봄호, 한글사.

임홍빈(2000), "학교 문법, 표준 문법, 규범 문법의 개념과 정의", 『새국어생활』 10−2, 국립국어연구원, 5−26쪽.

최영환(1992), "국어교육에서의 문법지도의 위상", 『국어교육학연구』 2, 국어교육학회, 43-70쪽.

최웅환(2018), "국어과 문법교육의 재검토", 『우리말글』 77, 우리말글학회, 187−214쪽.

최웅환(2018), "문법교육 내용범주의 체계화에 대하여", 『어문학』 142, 한국어문학회, 505−531쪽.

황미향(2013), "문법 교육에서 '탐구'의 의미", 『국어교육연구』 53, 국어교육학회, 269-290쪽.

01. '학교 문법'을 정의하고 그 방법이 어떠해야 하는지를 예를 들어 설명해 보자.

02. 문법 교육이 왜 필요한지에 대해 각자의 생각을 말해 보자.

03. '언어'에 대해 탐구하는 것은 어떤 효용성이 있는지 말해 보자.

04. 학교 문법의 성격을 문법 교육의 목표와 관련지어 설명해 보자.

05. 학교 문법이 걸어온 길을 교육과정의 변천을 바탕으로 설명해 보자.

06. 학교 문법을 지칭하는 용어를 모두 들고, 각각의 특징을 중심으로 구분해서 설명해 보자.

2장

언어와 국어

이끄는 말

우리가 사용하는 '국어' 곧 한국어는 지구상에 존재하는 수많은 언어 가운데 하나이므로 '국어'를 올바로 이해하기 위해서는 '언어'의 일반적인 성격을 이해하는 일이 필요하다. 또한 '언어'는 '국어'와 같은 개별 언어를 통해서 그 보편성과 특수성이 드러나므로 이 둘은 상호 밀접한 연관관계를 맺고 있다.

이 장에서는 '언어'의 일반적인 성격과 '국어'의 특수한 성격 및 한글을 중심으로 다음 네 가지 사항에 대해서 살펴보기로 한다. 첫째, '언어의 본질'에서는 언어의 기호적 특성, 언어의 구조적 특성, 음성 언어와 문자 언어, 언어의 기능을 검토한다. 둘째, '언어와 인간'에서는 언어와 사고, 언어와 사회, 언어와 문화를 중심으로 그 상관성을 검토한다. 셋째, '국어의 특질'에서는 '특질'의 개념을 정의하고 이를 바탕으로, 음운·어휘·문법의 특질을 검토한다. 넷째, '한글'에서는 문자의 유형, 한글의 제자 원리, 한글의 우수성을 검토한다.

1. 언어의 본질

1.1. 언어의 기호적 특성

1.1.1. 기호의 유형

기호(記號, sign)는 형식과 내용으로 이루어지며 그 상호작용을 통해 기능을 수행한다 (G. Hudson 2000: 1 참조). 이 경우 기호의 형식은 깃발, 음성이나 몸짓, 그리고 문자에서 보듯이 구체적인 반면, 기호의 내용은 형식 안에 담긴 의미로서 심리적이고 추상적인 속성을 지닌다. 1930년대에 미국의 철학자 퍼스(C. Peirce)는 기호를 형식과 내용의 관계에 따라 '도상 기호, 지표 기호, 상징 기호'의 세 가지로 구별한 바 있다.

첫째, **'도상**(圖像, icon)' 기호는 기호의 형식과 내용 간에 '닮음', 즉 유사성이 존재하는 경우를 말한다. 예를 들어, 초상화나 사진, 화장실의 남녀 그림 등은 기호와 대상 간에 이미지가 유사하며, 설계도와 지도, 도로 표지판 등은 기호와 대상 간에 구조가 유사하다는 점에서 도상 기호이다.

둘째, **'지표**(指標, index)' 기호는 기호의 형식과 내용 간에 '자연적 관계', 즉 인접성이 존재하는 경우를 말한다. 예를 들어, 연기는 불, 풍향계는 바람의 방향, 수은주의 높이는 기온, 십자가는 교회, 문을 두드리는 소리는 방문객이 왔음을 뜻하는데, 이것은 인접성에 의한 지표 기호이다.

셋째, **'상징**(象徵, symbol)' 기호는 기호의 형식과 내용이 '관습'에 의해 확정되는 경우를 말한다. 예를 들어, 교통 신호등의 적색이 정지, 녹색이 통행, 황색이 주의를 표시하거나 군대의 계급장이 계급을 표시하는 것은 기호의 형식과 내용의 관계가 관습에 의한 것이라는 점에서 상징 기호이다. 언어 역시 형식(형태)과 내용(의미)의 관계가 주로 관습에 기초한 상징 기호에 속한다.

이상에서 살펴본 도상, 지표, 상징 기호의 관계를 도식화하면 〈그림 2-1〉과 같다.

그림 2-1 기호의 유형별 연관관계

이처럼 기호는 형식과 내용으로 되어 있지만, 그 기호를 유의미하게 수용하기 위해서는 해석자의 역할이 전제되어야 한다. 즉 도상 기호는 그 형식과 내용 간의 '닮음'이 해석자에 의해서 지각되는 닮음이어야 하며, 지표 기호는 형식과 내용의 '자연적 관계'가 해석자에 의해서 인식되는 경우에 성립되며, 상징 기호는 형식과 내용의 연상이 해석자에 의해서 관습화될 경우에 그 자격을 부여받게 된다.

1.1.2. 언어 기호의 특성

기호로서 언어가 갖는 특성에는 자의성, 사회성, 역사성, 분절성, 그리고 추상성 등이 있다.[1]

첫째, 언어 기호는 **자의성**(恣意性, arbitrariness)을 지니고 있다. 자의성이란 기호의 형식과 내용 간에 필연성을 찾을 수 없다는 것을 말한다.[2] 자의적 기호는 형식을 통해서 내용을 유추할 수도 없고 내용을 통해서 형식을 유추할 수도 없는데, 양자의 관계는 사회적 관습에 따라 규정된다. 언어 기호의 자의성은 다음 네 가지 측면에서 증명될 수 있다. 먼저, 단어의 의미에 대한 형식은 언어마다 다르다는 점이다. 예를 들어 '家'라는 개념은 한국어에서는 '집', 영어에서는 '하우스(house)', 이탈리아어에서는 '까사(casa)', 프랑스어에서는 '메종(maison)', 핀란드어에서는 '탈로(talo)', 러시아어에서는 '돔(dom)'으로 관습화되어 있다. 언어의 역사적 변화도 언어 기호가 자의적이라는 증거가 된다. 만약 기호의 형식과 내용이 지니는 관계가 필연적으로 맺어져 있다면 단어의 형태나 의미에 변화

---

1   미국 언어학자인 하켓(C. Hockett)은 언어의 '구성 자질(design features)'의 목록 13가지를 통하여 인간 언어와 동물의 의사소통 간의 상이점을 밝힌 바 있다. 그중 '자의성(arbitrariness), 생산성(productivity), 전위성(轉位性, displacement), 조형의 이중성(duality of patterning), 문화적 전달(cultural transmission)' 등이 인간 언어의 주요한 특성이다.

2   소쉬르는 언어 기호의 '형식'을 '시니피앙(signifiant)'이라 하고 '내용'을 '시니피에(signifié)'라고 하였으며, 언어 기호의 형식과 내용은 필연적이 아닌, '자의적(arbitrary)'인 관계에 있다고 하였다.

가 일어나지 않겠지만, 실제로 단어는 시간이 변화함에 따라 다양한 방식으로 변화를 수반하게 된다(기호의 역사성 참조). 동음이의어의 존재 역시 언어 기호의 자의성에 대한 증거가 된다. 예를 들어, '차다'라는 형태와 그 의미의 관계가 필연적으로 맺어져 독점적이라면 '(공을) 차다[蹴], (날씨가) 차다[寒], (노리개를) 차다[佩], (달이) 차다[滿]'와 같은 동음이의어의 존재가 불가능할 것이다. 마지막으로, 유의어의 존재도 언어 기호의 자의성에 대한 증거가 된다. 예를 들어, '메아리'라는 형태와 그 의미가 필연적인 관계로 맺어져 독점적이라면, '산울림'이라는 유의어가 공존할 수 없을 것이다.

둘째, 언어 기호는 **사회성**(社會性)을 지니고 있다. 언어 기호의 내용과 형식이 자의적으로 결합되었다고 해서, 누구나 그 관계를 마음대로 고치거나 없애거나 새로 만들 수 있는 것은 아니다. 한 언어 사회에서 어떠한 말소리에 어떠한 의미가 맞붙어서 그것이 그 언어 사회의 구성원들에게 인정을 받고 관습적으로 그 사회에 통용되어 있으면 그 사회의 모든 사람은 이에 따르지 않을 수 없는데, 이것을 언어 기호의 사회성이라고 한다. 따라서 언어 기호는 자의성을 가지는 동시에 사회 구성원에게 강제적이고 구속적인 면인 사회성을 함께 가지고 있다.

셋째, 언어 기호는 **역사성**(歷史性)을 지니고 있다. 언어 기호는 시간이 흐름에 따라 변화하기도 하는데, 이를 언어 기호의 역사성이라고 한다. 예를 들어, 'ᄆᆞᅀᆞᆯ'이 '마을'로 소리가 바뀌거나, '어리다'가 '어리석다[愚]'에서 '나이가 적다[幼]'로 의미가 바뀐 것은 언어 기호의 역사성에서 말미암은 것이다.

넷째, 언어 기호는 **분절성**(分節性)을 지니고 있다. 자연 현상은 특별한 경계선이 없이 연속적으로 존재하지만 언어는 이를 구분하여 표현하는데, 이를 언어의 분절성이라고 한다. 예를 들어, '무지개'는 본질적으로 명확한 경계선을 가지고 있는 것이 아니라 연속된 스펙트럼으로 존재한다. 그러나 우리는 '무지개'를 일곱 가지 색깔로 분절하여 파악한다. 또한 사람의 말소리는 동물의 울음소리와 달리 일정한 수의 단음이나 단어로 분석된다는 점에서 분절성을 지닌다. 예를 들어, '애국심(愛國心)'이라는 개념을 우리는 '나라를 사랑하는 마음'으로 표현한다. 이 말은 각각 일정한 의미가 있는 '나라, 를, 사랑하다, 마음'이라는 네 단위로 분절된다. 따라서 이 네 단위의 결합이 '애국심'이라는 개념을 표현하는 것이다. 그러나 동물의 외침은 어떤 상황을 표현한다 하더라도 그것은 한 덩어리이지 이처럼 몇몇 단위로 분절되지 않는다.

다섯째, 언어 기호는 **추상성**(抽象性)을 지니고 있다. 언어 기호의 대표적 유형인 단어는 다양한 방식의 추상화 과정을 거쳐 형성된 개념을 전달한다. 예를 들어, '나무'라는 단어는 '소나무, 밤나무, 낙엽송…' 등 그 대상의 범위가 매우 다양한데, 다른 종류의 나무와의 차이점에 주목하지 않은 채 수많은 나무의 공통 속성을 뽑아내는 추상화 과정을 통해서 형성된 것이다. 따라서 언어 기호는 개념과 관련하여 그 자체로 추상성의 속성을 지니고 있다.

더 알아보기

 언어 기호에는 자의성이란 특성만 있는가?

흔히 언어 기호의 특성으로 그 형식과 내용의 관계가 전혀 무관하다는 자의성만을 강조해 오고 있다. 그러나 언어 기호에는 자의성과 대립되는 '도상성(圖像性, iconicity)'의 특성이 존재하는데, 이는 언어의 형태와 의미, 또는 구조와 내용 간에 나타나는 유사한 성질을 말한다. 언어 기호의 도상성에는 다음 세 가지가 있다.

첫째, 양적 도상성으로서, 이는 개념의 복잡성 정도가 언어적 재료의 양과 비례하는 경우를 말한다.

(1) 아이 : 아이들, 규칙 : 불규칙, 붉다 : 붉어지다/붉게 하다

(1)에서 보듯이, 단수와 복수, 긍정과 부정, 상태와 상태 변화에서 개념상으로 전자보다 후자가 복잡하며, 따라서 형태상으로도 전자보다 후자의 길이가 길다.

둘째, 순서적 도상성으로서, 사건의 시간 순서가 언어 구조에 비례하는 것을 말한다.

(2) 어제오늘/작금(昨今), 여닫다/개폐(開閉)

(3) ㄱ. 그는 대문을 열고 집으로 들어갔다.

　　ㄴ. ?그는 집으로 들어가고 대문을 열었다.

(2)의 합성어는 시간의 선후와 관련된 보기이며, (3ㄱ)의 경우 두 절의 순서는 사건의 자연스러운 시간적 순서와 일치하는 반면, (3ㄴ)은 그렇지 않다. 즉 (3ㄴ)의 경우 두 절의 순서는 사건의 자연적인 순서를 따르지 않았기 때문에 이상한 표현이 되었다.

셋째, 근접적 도상성으로서, 이는 개념적 근접성이 언어 구조상의 근접성과 비례하는 것을 말한다.

(4) ㄱ. 소문나고 맛있는 울릉도 호박엿

　　ㄴ. the famous delicious Italian pepperoni pizza

（4)에서는 수식어가 중심어의 본유적 성분에 근접한 차례대로 놓여 있다. 즉 '엿'과 '피자'의 수식어가 한국이나 영어 양쪽 다 개념적 근접성에 따라 배열되어 있다.

요컨대 자의성은 한 언어에서 단일어의 경우에 있어서는 확실히 적용될 수 있지만, 새 말이나 합성어는 형태와 의미가 관련성을 띠고 있으며, 통사구조나 담화구조 역시 그 구조가 전적으로 자의적으로 구성된 것이라기보다는 기능과 언어 사용자의 경향성을 반영하고 있다고 하겠다.

1.2. 언어의 구조적 특성

자연 현상처럼 언어에도 일정한 작용 원리와 질서가 내재해 있다. 혹성은 훈련받지 않은 관찰자에게는 밤하늘을 무질서하게 떠도는 것처럼 보이지만, 실제로 그 운행은 맨눈에는 드러나지 않는 자연법칙의 통제를 받고 있다. 마찬가지로, 언어도 무질서하게 존재하는 것이 아니라 매우 규칙적이고 체계적으로 조직되어 있는데, 이를 언어의 구조적 특성이라고 부른다.

먼저, 언어의 구조적 특성인 '**규칙**(規則, rule)'에 대해서 살펴보기로 한다. 어떤 문장에 대하여 '문법에 맞다'거나 '문법에 어긋난다'라고 하는데, 이 경우 문법은 단어들을 엮어 올바른 문장을 구성하는 규칙을 말한다. 단어가 규칙에 따라 주어, 목적어, 서술어와 같은 성분을 형성하고 각 성분이 어순에 따라 제대로 배열되면 '문법적인 문장'이 만들어지는 반면, (1)과 같이 문장을 이루는 규칙을 어길 경우 비정상적이고 어색한 문장이 된다.

(1) ㄱ. [?]그는 어제 몸이 아프니까 결석했다.

　　ㄴ. *부자도 있고 살기 어려운 사람이 있습니다.

　　ㄷ. [?]예전에 저는 녹차를 좋아하지 않습니다.

　　ㄹ. *이 책을 아버지께 선물로 주겠습니다.

(1)의 네 문장은 우리의 문법적 직관에 따라 부자연스럽고 이상하다는 것이 곧 드러난다. 이러한 직관은 우리가 가진 언어 능력에서 비롯되는데, 이것은 곱셈의 원리에 비유할 수 있다. 즉 곱셈의 법칙을 알고 있으면 잘못 실행된 곱셈을 교정할 수 있는 것과 마찬가

지로, 정상적인 국어 사용자라면 자신이 가진 언어 능력에 의해 (1)의 비문법적 문장을 (1)′와 같이 문법적인 문장으로 바르게 고칠 수 있다.

(1)′ ㄱ. 그는 어제 몸이 <u>아파서</u> 결석했다.

　　ㄴ. 부자도 있고 살기 어려운 <u>사람도</u> 있습니다.

　　ㄷ. 예전에 저는 녹차를 좋아하지 <u>않았습니다.</u>

　　ㄹ. 이 책을 아버지께 선물로 <u>드리겠습니다.</u>

　다음으로, 언어의 구조적 특성인 '**체계**(體系, system)'에 대해서 살펴보기로 한다. 체계란[3] 둘 이상의 특성에 대한 상호 의존적·유기적인 관계를 뜻한다. 이러한 체계는 언어 단위의 음운, 형태소, 어휘, 문장 등에 걸쳐 광범위하게 확인된다. 그러면, 음운과 어휘의 체계를 보기로 한다.

　음운의 경우, 'ㅂ, ㄷ, ㄱ, ㅍ, ㅌ, ㅋ, ㅃ, ㄸ, ㄲ'라는 9개의 자음은 다음과 같은 점에서 상관성을 지닌다. 곧 이들은 모두 파열음이라는 점에서 공통성을 지니며, 조음방법에 있어서 'ㅂ, ㄷ, ㄱ'는 예사소리, 'ㅍ, ㅌ, ㅋ'는 거센소리, 'ㅃ, ㄸ, ㄲ'는 된소리이다. 또한 조음위치에 있어서 'ㅂ, ㅍ, ㅃ'는 두 입술, 'ㄷ, ㅌ, ㄸ'는 잇몸, 'ㄱ, ㅋ, ㄲ'는 여린입천장에서 조음이 이루어진다. 이처럼 이들 자음은 개별적으로 존재하는 것이 아니라, 상호 간에 공통적인 속성을 지님으로써 동류를 이루고 다른 음과 변별적인 속성을 지님으로써 대립을 이루어 그 조직이 체계적임을 알 수 있다.

　어휘의 경우, '총각, 처녀, 소년, 소녀'라는 4개의 단어는 다음과 같은 점에서 상관성을 지닌다. 곧 이들은 모두 '인간'이라는 점에서 공통성을 지니며, 성별의 측면에서 보면 '총각, 소년'과 '처녀, 소녀'는 각각 남성과 여성이라는 점에서, 그리고 성숙도의 측면에서 보면 '총각, 처녀'와 '소년, 소녀'는 성숙과 미성숙이라는 점에서 동류를 이루거나 대립을 이루어 그 조직이 체계적임을 알 수 있다.

3　언어 분석에서 '체계(system)'라는 용어는 소쉬르(1916)에서 본격적으로 사용되었다. 그는 "언어는 체계이며 체계로서 연구되어야 한다."라고 하였는데, 이때 '체계'는 요소들의 단순한 집합이 아니라, 요소들 상호 간의 관계 및 부분과 전체의 관계를 뜻하는 것이다.

더 알아보기

 계열 관계와 결합 관계

구조언어학에서는 언어의 구조를 '계열 관계(paradigmatic relation)'와 '결합 관계(syntagmatic relation)'로 구분하기도 한다. 이 경우 '계열 관계'란 종적으로 대치될 수 있는 세로 관계이며, '결합 관계'란 횡적으로 연결될 수 있는 가로 관계를 가리킨다. 예를 들어, '바지'와 '저고리'는 옷 한 벌을 구성하는데, 이 경우 '바지'와 이에 대치되는 '치마'는 계열 관계를 이루며, '바지'와 '저고리'는 결합 관계를 이룬다. 이러한 관계는 음운, 형태소, 단어, 문장 등의 모든 언어 단위에서 찾아볼 수 있다.

1.3. 음성 언어와 문자 언어

사람은 언어와 더불어 살아간다. 실제로 우리는 눈뜬 시간의 대부분을 말하고, 듣고, 쓰고, 읽으면서 보내고 있다. 구체적으로 언어 공동체의 생각 · 느낌 · 의견 · 상상력 등은 말하기와 쓰기를 통해서 표현되고, 듣기와 읽기를 통해서 이해된다.

'언어(言語)'라는 용어를 보면 음성 언어를 뜻하는 '언(言)'과 문자 언어를 뜻하는 '어(語)'가 합성되어 있음을 알 수 있다. 이처럼 '언어'는 음성 언어와 문자 언어로 대별되는데,[4] 말하기와 듣기는 음성 언어를 대상으로 하고, 쓰기와 읽기는 문자 언어를 대상으로 한다.[5] 음성 언어와 문자 언어는 '언어'라는 점에서 공통성을 지니기도 하지만, 이 둘은 여러 가지 측면에서 구별된다.[6]

---

4 또 하나의 '언어' 유형으로 '전자 언어(electron language)'를 들 수 있다. '전자 언어'는 100여 년의 역사를 갖는데, 음소를 음파로 보낸 뒤 문자 언어로 바꾸는 '전신', 음성 언어를 그대로 전선에 실어 보내는 '전화', 음성 언어를 키워서 널리 퍼지게 하는 '확성', 음성 언어를 저장한 뒤 재생하는 '녹음', 음성 언어와 문자 언어를 저장하고 재생하는 '컴퓨터'와 그 쌍방 전송의 '인터넷' 등이 있다.

5 '음성 언어(spoken language)'를 '구어(口語)', '소리말' 또는 '입말'이라고 하며, '문자 언어(written language)'를 '문어(文語)' 또는 '글말'이라고도 한다.

6 박창원(2004: 79-80)에서는 음성 언어와 문자 언어의 차별성을 '본능적 : 후천적, 자연적 : 창조적(창조, 수용, 변형), 무한대의 다양성으로 존재 : 인지 단위만이 존재, 시간 의존적 : 공간 의존적, 동적 : 정적, 청각적(발음 기관과 귀) : 시각적(손과 눈), 음소와 운소로 구성 : 자소와 특수 문자 · 구두점으로 구성, 음운 규칙의 지배 : 표기 규칙의 지배, 변화에 민감 : 변화에 보수, 개인성 · 지역성이 존재 : 개인성 존재 · 지역성 비존재, 진화의 단계가 존재 : 진보의 단계가 존재'의 11가지로 기술한 바 있다.

우선, 음성 언어가 일차적인데 비해 문자 언어는 이차적이다. 음성 언어와 문자 언어의 비대칭적인 성격은 다음 세 가지 측면에서 쉽사리 확인된다.

첫째, 정상적인 어린이는 서너 살이 되기 전에 언어를 자연스럽게 습득하기 시작하는데, 이것은 음성 언어를 뜻하며 문자 언어는 일정한 시간이 지난 뒤에 의도적인 노력을 통해서 학습된다. 둘째, 이 세상에는 수천 개의 언어가 존재하는데, 이것은 음성 언어를 가리키며, 문화권에 따라서는 문자 언어가 없는 경우도 적지 않다. 셋째, 문자 언어는 본질적으로 음성 언어를 문자로 옮겨 적은 것인데, 이것은 음성 언어의 특성인 공간·시간적 제약을 보완하기 위한 장치임을 뜻한다. 따라서 음성 언어는 언어 탐구의 일차적인 대상이 된다.

또한, 음성 언어와 문자 언어의 차이점은 전자를 '말'이라 하고 후자를 '글'이라고 하는 데서 잘 드러난다. '말'과 '글'의 전형적인 차이점은 '두 사람 이상의 참여자 : 한 사람의 필자, 비명시적: 명시적, 반복적 : 비반복적, 단편적인 언어 단위 : 완전한 문장, 단순한 구조 : 정교한 구조, 구체적이고 흔한 어휘 : 추상적이고 덜 흔한 어휘' 등으로 나타난다 (Aitchison 1999: 110-112 참조). 또한 말의 경우에는 상황, 몸짓, 억양 등이 뒷받침되는 반면, 글의 경우에는 이런 요소들의 도움을 받을 수 없다. '말'과 '글'이 지닌 이러한 속성 때문에 '말'을 '글'로 옮겨보면 글답지 않은 경우가 흔하며, 또한 '글'을 그대로 읽으면 말답지 않은 것을 종종 경험하게 되는 것이다.

1.4. 언어의 기능

언어는 여러 가지 기능을 수행하고 있다. 기본적으로 언어는 의사소통의 수단인데, 이러한 기능이 없다면 인간은 생존 자체가 어려울 것이고, 사회 구성원 간에 힘을 모아 원활한 공동체 생활을 해 나가기가 어려울 것이며, 문화를 형성하고 계승·창조해 내는 일이 불가능할 것이다. 실제로 인류가 오늘날과 같이 번성하고 지구촌이 강한 유대관계를 맺게 된 것은 언어의 힘과 기능에 의한 것이라 하겠다.

이와 관련하여 리치(G. Leech, 1981: 42)는 의사소통의 맥락에서 언어의 다섯 가지 기능을 그 지향과 관련하여 〈그림 2-2〉와 같이 도식화하고 있다. 이 도식을 중심으로 언어의 다섯 가지 기능에 대해서 살펴보기로 한다.

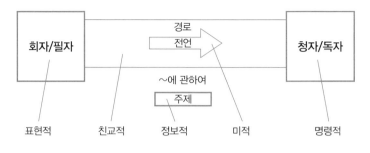

그림 2-2 지향에 따른 언어의 기능

첫째, '정보적 기능'이다. 이는 '주제'를 지향하는 것으로, 주제의 내용인 정보, 곧 생각·사실·의견 등을 전달하는 언어의 가장 중요한 기능이라 할 수 있다. 예를 들어, 어떤 상황의 정보를 얻기 위해 신문이나 방송의 뉴스를 보고 듣는 것은 언어의 정보적 기능에 해당된다.

둘째, '표현적 기능'이다. 이는 '화자'를 지향하는 것으로, 화자의 감정과 태도를 표현하는 언어의 기능을 말한다. 예를 들어, 어떤 상황에 대한 반응으로 감탄사나 욕설을 사용하는 것은 언어의 표현적 기능의 보기이다.

셋째, '명령적 기능'이다. 이는 '청자'를 지향하는 것으로, 청자의 행동이나 태도에 영향을 미치는 언어의 기능을 말한다. 예를 들어, 청자를 향한 명령이나 요청의 표현은 언어의 명령적 기능의 보기이다.

넷째, '친교적 기능'이다. 이는 의사소통의 '경로'를 지향하는 것으로, 대화의 경로를 열어 놓음으로써 사회적 관계를 원활히 유지하는 기능을 말한다. 예를 들어, 날씨 이야기를 하거나 의례적인 인사말을 주고받는 것은 언어의 친교적 기능의 보기가 된다.

다섯째, '미적 기능'이다. 이는 '전언'을 지향하는 것으로, 전언의 형식을 보다 더 미적으로 가다듬어서 표현 효과를 높이는 기능을 말한다. 예를 들어, "누비라로 누벼라."와 같이 운을 맞추거나 "죽어도 아니 눈물 흘리오리다."에서 문장의 성분을 도치시키는 것은 언어의 미적 기능에 충실하려는 노력이다.

2. 언어와 인간

2.1. 언어와 사고

언어와 사고는 어떤 관련성을 맺고 있는 것인가? 이 경우 '사고(思考, thought)'란 대략적으로 마음이나 정신의 작용 방식을 일컫는다. 아래에서는 언어와 사고의 관련성 여부에 대한 관점을 살펴보고, 언어가 사고에 관여하는 모습과 사고가 언어에 관여하는 모습을 비롯하여, 언어와 사고의 사령탑인 두뇌에 대해서 살펴보기로 한다.

2.1.1. 언어와 사고의 관련성 여부

먼저, 언어와 사고가 밀접한 관계를 맺고 있다는 주장을 보면 다음과 같다. 그리스어의 '로고스(logos)'는 '언어'와 '이성'의 두 가지 뜻을 지니고 있는데, 이것은 그리스인들이 언어와 이성, 즉 언어와 사고를 분리해서 인식하지 않은 증거이다. 서양의 철학자나 언어학자들은 줄곧 언어와 사고의 상관성을 주장해 왔다. 라이프니츠는 '언어는 인간 정신의 가장 좋은 반영'이라고 하였고 헤르더는 '사고는 언어를 통해 형성되는 것'이라고 하였으며, 훔볼트는 '언어의 다름은 세계관 자체의 다름', 그리고 '한 민족의 언어는 곧 그 민족의 정신'이라고 하였다. 또한 현대 언어학의 많은 학자들도 언어를 인간 사고의 반영이라고 주장한다.

반면에 언어 없이 사고가 가능하다고 주장하는 이들도 있다. 그 증거로는 베토벤이 교향곡에 대한 착상을 언어로 하지는 않았을 것이며, 피카소의 그림 '게르니카'에 대한 구상은 그의 여러 다른 작품에 반영되어 있으나 자신의 글 속에서는 나타나지 않는다는 점을 들곤 한다.

이러한 점을 인정한다고 하더라도 언어는 사고의 산물이며, 사고는 언어를 통해서 가능한 것으로 보아야 할 것이다.

2.1.2. 언어와 사고의 관련 양상

먼저, 언어가 사고에 관여하는 양상을 보기로 한다.

첫째, 기억에 대한 다음의 실험은 언어가 사고에 영향을 미치는 결정적인 증거가 된다. 한 심리 언어적 실험에서 실험 대상자들에게 ○―○라는 그림을 '안경'과 '아령'이라는 단어와 함께 보여 준 뒤, 그들이 봤던 것을 그려보게 했다. 제시된 그림을 '안경'이라는 단어와 함께 본 사람은 ○⌒○와 같은 모양으로 반응한 반면, '아령'이라는 단어와 함께 본 사람은 ○＝○와 같은 모양으로 반응하는 경향이 확인되었다. 이 실험의 결과에 따르면 사람들은 지각적인 정보와 함께 명칭을 기억하고, 명칭과 그 명칭이 나타내는 것으로부터 형태를 재구성한다는 것을 알 수 있다.

둘째, 존대법의 사용은 존대 의식의 사고를 형성하게 된다. 존대법과 존대 의식은 서로 간에 영향을 주고받기 마련인데, 어린이의 언어발달 과정에서 존대법을 통하여 존대 의식이 확립되는 사례를 흔히 보게 된다. 실제로, 아버지와 아들 간에 (2)의 비격식체를 사용하는 경우와 (3)의 격식체를 사용하는 경우를 살펴보면 아이의 의식과 행동에 큰 차이가 있다.

(2) 아빠: 영수야, 학교에 잘 다녀와.

　　아들: 응, 아빠 나 다녀올게.

(3) 아버지: 영수야, 학교에 잘 다녀왔니?

　　아들: 예, 학교에 잘 다녀왔습니다.

이 밖에도, 사피어-워프는 언어가 사고에 영향을 미친다는 생각을 '언어 상대성 가설'로 주장한 바 있다. 언어 순화를 역설하는 것 역시 바르고, 쉽고, 깨끗한 언어를 사용하면 사고의 세계도 그런 방향으로 순화되지만, 그릇되고, 어렵고, 더러운 언어를 사용하면 사고의 세계도 언어를 따라 혼탁해진다고 보기 때문이다.

다음으로, 사고가 언어에 관여하는 양상을 보기로 한다.

첫째, '복잡성의 원리'로서 사고의 복잡성이 언어 구조에 반영되는데, (4)에서 보듯이 '단수/복수, 단일어/복합어, 기본층위/하위층위, 상태/과정, 긍정/부정, 현재/과거'에서 후자는 전자보다 복잡한 사고이며, 따라서 언어 구조상으로도 후자가 전자보다 복잡하다.

(4) ㄱ. 아이 : 아이들

　　ㄴ. 눈/물 : 눈물, 개/살구 : 개살구

　　ㄷ. 나무 : 소나무 : 리기다소나무

　　ㄹ. 푸르다 : 푸르러지다

　　ㅁ. 자라다 : 모자라다, 규칙 : 불규칙

　　ㅂ. 먹다 : 먹었다

둘째, '나 먼저 원리'로서 우리의 사고방식은 '자아' 중심적인 요소에 일차적인 주의를 환기하는데, 다음에서 보듯이, (5ㄱ)의 지시어, (5ㄴ)의 시간적 거리, (5ㄷ)의 심리적 거리에 관련된 합성어에 이러한 경향성이 반영되어 있다.

(5) ㄱ. 이곳저곳, 이쪽저쪽, 이리저리, 이제나저제나, 여기저기, 그럭저럭

    ㄴ. 엊그제, 오늘내일, 내일모레

    ㄷ. 자타, 안팎, 국내외, 남북/북남 (고위급 회담)

셋째, '현저성의 원리'로서 우리의 사고방식은 현저하거나 적극적인 요소에 일차적인 주의를 환기하는데, 다음에서 보듯이 (6ㄱ)의 공간, (6ㄴ)의 집단, (6ㄷ)의 지명, (6ㄹ)의 성별에 관한 합성어에 이러한 경향성이 반영되어 있다.

(6) ㄱ. 장단, 고저, 심천, 원근, 광협

    ㄴ. 여야, 군신, 주종, 처첩, 적서

    ㄷ. 경부선, 경인선, 경춘가도, 구마고속도로

    ㄹ. 부모, 남녀, 부부, 신랑신부, 소년소녀, 형제자매, 자녀

2.1.3. 두뇌와 실어증

우리의 머릿속에는 수많은 단어가 저장되어 있다. '종이 사전'에 대응하는 '머릿속 사전'을 통하여 우리는 말을 하고 다른 사람이 말한 내용을 이해하게 된다. '머릿속 사전'은 사람의 왼쪽 대뇌에 위치하고 있으며, 이곳에 장애가 생기면 실어증이 유발되어 단어를 기억하지 못할 뿐만 아니라 추상적인 범주화와 계산 능력을 잃게 된다고 한다. 한편, 오른쪽 대뇌에 장애가 생기면 공간 지각력을 잃게 하며 음악이나 기하학적 감각력을 상실하게 된다고 한다. 그러면 언어와 사고의 사령탑인 두뇌와 두뇌의 손상에 의한 '실어증(失語症, aphasia)'에 대해서 살펴보기로 한다.

인간의 두뇌는 복숭아와 같이 내부 핵(뇌관)과 이를 둘러싸고 있는 큰 외부 층(대뇌)으로 조직되어 있다. 회색으로 된 외부 층은 광범위하게 겹쳐져 있으며, 의도적 사고와 운동의 근원이 된다. 외부 층은 두 개의 반구인 대뇌 반구(cerebral hemisphere)로 나누어지는데, 좌반구는 신체의 오른쪽 면을 통제하고, 우반구는 왼쪽 면을 통제한다. 이러한 사실은 발작 뒤에 신체의 오른쪽 면이 마비될 경우, 그 발작이 두뇌의 왼쪽 면에 영향을 미

치는 데서도 확인된다. 두 개의 반구는 유사해 보이지만, 좌반구가 훨씬 더 지배적인 역할
을 한다. 좌반구는 신체의 오른쪽 면을 통제할 뿐 아니라 언어를 통제한다. 실제로 인류
의 약 90%는 좌반구에 언어가 설비된 채로 태어난다고 하는데, 그 결과 대부분의 사람들
은 오른손잡이며, 좌반구에 언어를 가지고 있지 않은 사람들은 대부분 왼손잡이가 된다.

두뇌의 좌반구에 손상을 입으면 언어 장애, 즉 실어증에 걸린다. 실어증에는 다음과 같
은 두 가지 전형적인 유형이 있다.[7]

먼저, 1861년 프랑스의 외과의사 브로카는 왼쪽 귀의 앞쪽과 약간 위쪽의 대뇌 피질부
가 파괴된 환자에게서 실어증을 발견하였는데, 이후로 이곳을 '브로카 영역'이라고 하고
이 증상을 '**브로카 실어증**'이라고 한다(〈그림 2-3〉 참조). 브로카 실어증을 '실문법적 실
어증'이라고 하는데, 이 환자의 증상은 대체로 다른 사람의 말을 잘 이해하고 적절하게
대답할 수 있지만, 자신의 언어 표현에 문법적 장치를 제대로 사용하지 못한다. 즉 단어
를 결합해서 문장을 만드는 데 어려움을 겪으며, 특히 말을 할 때 명사를 나열할 뿐 관사
나 전치사와 같은 기능어를 빠뜨린다.

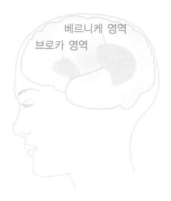

그림 2-3 브로카 영역과 베르니케 영역

한편, 1874년 독일의 신경학자 베르니케는 두뇌의 뒤쪽, 즉 왼쪽 귀의 아래와 주위의
대뇌 피질부에 심한 손상을 입은 환자로부터 실어증을 발견했는데, 이후로 이곳을 '베르
니케 영역'이라고 하고 이 증상을 '**베르니케 실어증**'이라고 한다(〈그림 2-3〉 참조). 베르
니케 실어증을 '유창적 실어증'이라고 하는데, 이 증상의 환자는 말을 유창하게 하지만 의
미와 목적이 불분명한 말을 한다. 이 환자는 이상한 인공적인 단어를 생산하며, 종종 질문

---

7   실어증 가운데 '실문법적 실어증'이 '유창적 실어증'보다 더 빈번하게 발견된다.

에 대해서 횡설수설함으로써 질문의 내용을 이해하는 데 심각한 문제점을 드러내곤 한다.

이상의 두 가지 실어증은 두뇌의 조직과 언어에 대한 다음 두 가지 사실을 시사해 준다. 첫째, 브로카 영역은 음운이나 문법 조직의 일부를 담당하고 있으며, 베르니케 영역은 의미 조직을 담당하고 있는 것으로 보인다. 둘째, 유창적 실어증은 언어 생산과 이해가 상당한 정도까지 구별될 수 있음을 뜻하는데, 왜냐하면 하나가 다른 하나 없이 존재할 수 있기 때문이다.

2.2. 언어와 사회

동일한 언어를 사용하는 사람들의 무리를 '언어 공동체(言語共同體, language community)'라고 한다. 언어 공동체 속에는 상당한 정도의 언어 변이가 존재하는데, 언어 변이의 사회적 요인에는 지리적 위치, 사회 계층, 성별, 세대 등이 있다. 아래에서는 사회적 요인에 의한 언어 변이의 양상을 살펴보기로 한다.

2.2.1. 지리적 변이

언어 공동체에서 가장 명백한 변이는 지리적 위치에 따른 변이, 즉 '방언'의 사용이다. 뿌리를 같이 하는 한 겨레의 말이 그 놓인 공간에 따라 음운, 어휘, 어법 등이 제각기 개성적인 모습으로 실현되는 것은 자연스러운 현상이다.[8]

현대국어의 표준어는 여러 방언 가운데서 정치적, 문화적 중심지인 서울의 말을 선택한 것이다. 표준어로 선정된 서울말도 기본적으로는 여느 방언에 비해 우월했던 것은 아니지만, 일단 표준어의 자격을 부여받음으로써 공용어로서 대표성을 지니게 되었다. 표준어와 방언에 대한 인식을 조사한 이정민(1981)의 연구에 따르면, 표준어에 대해서는 서울 사람과 다른 지역 사람 모두가 '듣기 좋다, 상냥하다'로 반응했다. 반면에 방언의 경우 자신의 방언에 대해서는 '친근하다, 믿음직하다, 점잖다' 등의 긍정적 반응이 많았지만 다른 방언에 대해서는 '무뚝뚝하다, 촌스럽다, 듣기 싫다, 간사하다' 등의 부정적 반응을 보인다는 점이 흥미롭다.

방언에 의한 언어적 변이가 심하면 의사소통이 어렵게 되는 경우도 생기게 마련이다.

---

8 일찍이 나비 연구가 석주명은 "새로운 나비가 나타나는 곳에 새로운 방언이 나타난다."라고 하였으며, 어류학자 정문기는 "새로운 어종(魚種)이 나타나는 곳에 새로운 방언이 나타난다."라고 하였다.

예를 들어, 표준어의 '다슬기'는 지역에 따라 '골뱅이, 고딩이, 올갱이, 사고둥'으로 사용되며, 표준어의 '달걀'을 어떤 지역에서는 '독새끼'라고 하며, 또 다른 지역에는 '독새끼'가 병아리를 가리키는 경우도 있다. 남북한의 방언은 정치적인 분단 상황으로 인해 언어 변이가 한층 심해졌다. 그리고 남한의 표준어와 북한의 문화어도 분단 이전보다 한층 현저한 차이를 지니게 되었다. 예를 들어, '도시락/곽밥, 반찬/건건이, 풋내기/생둥이, 구석구석/고삿고삿, 노려보다/지르보다, 살빼다/몸까다' 등에서 표준어와 문화어의 차이를 볼 수 있다. 또 '캐러멜/기름사탕, 커튼/창문보, 젤리/단묵, 아파트/살림집, 스위치/전기여닫개, 노크/손기척' 등에서도 남북한 언어적 차이의 현주소를 보게 된다.

2.2.2. 사회계층적 변이

언어 공동체에서 사회계층에 의해 언어의 변이가 나타나는 것은 흔한 일이다. 이에 따른 언어 변이의 다음 두 가지 사항이 주목된다.

먼저, 사회계층의 변이에 대한 흥미로운 사례는 영국 노리치(Norwich) 지방 주민들이 '-ing'로 끝나는 단어를 표준영어의 '-ing[ŋ]' 형과 변이형 '-in[n]'의 두 가지로 발음하는 데서 볼 수 있다. '-ing' 형태의 비율은 모든 사회 계층에서 일상적인 말에서보다 신중한 말에서 훨씬 더 높았다. 예를 들어, 하위 노동자 계층에서는 단어 목록을 읽도록 요청받았을 때 '-ing'를 약 70% 사용했지만, 일상적인 말에서는 거의 사용하지 않았다. 반면에, 중간 중류 계층은 단어 목록에서 '-ing'를 100% 사용했지만, 일상적인 말에서는 약 70%만 사용했다. 이 관계를 도식화하면 〈그림 2-4〉와 같다(Aitchison 1999: 113-115 참조).

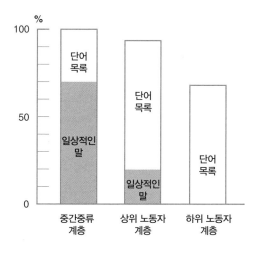

그림 2-4 노리치의 사회계층별 '-ing' 사용 양상

이 조사에서 주목되는 현상은 비교적 낮은 사회 신분을 가진 화자의 경우, 자신들이 일상적으로 사용하는 말보다 더 우수하다고 간주하는 문체로 말함으로써 신분을 향상시키고자 노력한다는 점이다. 또한 상위노동자 계층에서 여자들은 남자들보다 더 자주 '-ing'를 사용하는 것이 발견되었는데, 이것은 언어 변이의 '위로부터의 변화'[9]가 주로 여자들에 의해 시작됨을 시사해 준다.

또한, 경북 안동지방의 반촌의 경우, 사회계층에 따른 친족명칭의 변이에 흥미로운 양상을 띠고 있다. 이 마을은 전통적으로 남인 후손과 노론 후손의 두 가지 사회계층 집단이 살고 있었다. 이들은 서로 다른 친족명칭을 사용하고 있는데, '조부, 조모'에 대해 한쪽은 '큰아배, 큰어매', 다른 한쪽은 '할아버지, 할머니'라 하고, '백부, 백모'에 대해 한쪽은 '맏아배, 맏어매', 다른 한쪽은 '큰아버지, 큰어머니'라고 한다. 곧 이들에게 친족명칭은 남인과 노론이라는 사회집단의 정체성을 확인하고 유지하는 지표가 되는 셈이다.

2.2.3. 성별 및 세대별 변이

언어 공동체 내에서 성별 및 세대에 의해 발생하는 언어 변이 현상에 대해서 살펴보기로 한다.

먼저, 성별에 의한 언어 변이이다. 범세계적으로 남성과 여성의 성별에 의한 언어 변이 현상이 존재한다.[10] 국어의 경우 성별에 따른 언어 변이는 그다지 뚜렷하지 않다. 그런데 종결어미 '-습니다' 형과 '-요' 형에 대하여 방송과 소설에서 남성은 '-습니다' 형을 많이 쓰는 반면, 여성은 '-요' 형을 많이 쓴다는 것이 확인된 바 있다. 실제로, 신달자의 장편소설 『사랑에는 독이 있다』에서 부옥과 기준의 대화 장면 13개에서 '-요' 형과 '-습니다' 형의 종결어미의 사용 빈도를 보면 〈표 2-1〉과 같다. 즉 '-요' 형은 전체 274회 가운데 남성이 121회이고 여성이 153회로 여성이 조금 더 많이 사용하고 있으며, '-습니다' 형은 전체 54회 가운데 남성이 50회이고 여성이 4회로 남성이 현저하게 더 많이 사용하고 있다. '-요' 형의 경우 남녀 모두가 비슷한 비율로 사용하고 있지만 '-습니다' 형의 경우는 남성이 현저하게 더 많이 사용함을 보여 준다.

---

9   사회언어학자 라보프(W. Labov)는 화자들이 의식적으로 인식하는 변화를 '위로부터의 변화'라고 하였다.

10 예를 들어, 일본어의 경우 '물, 술, 음식'에 대한 남성어는 'mizu, sake, kuu'이며 여성어는 'ohiya, sasa, taberu'로 분화되어 있으며, 이러한 변이는 종결조사, 문말어미 표현, 감탄사 등에 두루 나타난다. 태국어의 경우 영어의 I, me에 해당하는 남성어는 phom이고, 여성어는 cam이며, 의문형 어미이 경우 남성어에는 -ry, 여성어에는 -kha가 붙는다. 남아프리카의 주르족 언어에서는 여성의 경우 [z] 음이 들어간 단어를 쓸 수 없다고 하는데, 실제로 '물'의 남성어는 'amanzi'이며, 여성어는 'amandabi'이다.

장면		1	2	3	4	5	6	7	8	9	10	11	12	13	계
−요	기준(남)	6	15	8	26	1	8	2	8	2	3	17	20	6	121
	부옥(여)	0	16	8	44	5	10	3	15	3	1	15	18	15	153
−습니다	기준(남)	4	10	5	9	0	1	0	0	2	2	5	11	1	50
	부옥(여)	2	1	0	0	0	0	0	0	0	0	0	1	0	4

표 2-1 『사랑에는 독이 있다』에서 '−요/−습니다' 형의 사용 빈도

다음으로, 세대에 의한 언어 변이이다. 오늘날 청소년층에서는 가상 공간뿐만 아니라 현실 공간에서 새로운 유행어나 은어를 만들어 사용하고 있다. 예를 들어, '서울'을 '설', '재미'를 '잼', '네'를 '넹, 넵' 등으로 바꾸어 쓰고 있다. 또한, 최애(가장 사랑함. 또는 그런 대상), 꾸안꾸(꾸민 듯 안 꾸민 듯), 갑분싸(갑자기 분위기 싸해짐), 핫템(유행하는 아이템이나 꼭 필요한 것들) 등의 새로운 말을 만들어 쓰고 있다. 이러한 말이 일상 언어 속으로 들어오면서, 세대 간 소통에 어려움을 겪는 경우도 생기게 되었다.

더 알아보기

 직업 명칭에는 남성, 여성이 어떻게 반영되어 있는가?

우리 사회의 직업 명칭은 성별에 따라 다음의 두 가지 유형이 있다.

(1) 의사/여의사, 교수/여교수, 기자/여기자, 판사/여판사, 왕/여왕, 운전수/여자 운전수, 군인/여군, 순경/여순경, 조종사/여조종사, 국회의원/여성 국회의원, 시인/여류 시인, 작가/여류 작가, 화가/여류 화가

(2) 간호사/남자 간호사, 미용사/남자 미용사, 요리사/남자 요리사

(1)에서 성별 표지가 없는 '의사, 교수' 등은 성별 대립이 중화된 상위어이거나 남성을 가리킨다. 그 반면, 여성을 지칭할 경우에는 '여의사, 여교수'라고 한다. 한편, (2)에서 성별 표지가 없는 '간호사, 미용사' 등은 성별 대립이 중화된 상위어이거나 여성을 가리킨다. 반면에, 남성을 지칭할 경우에는 '남자 간호사', '남자 미용사'라고 한다. 이것은 곧 전통적으로 우리 사회에 '의사, 교수' 등은 남성의 직업이었으며, '간호사, 미용사' 등은 여성의 직업이었음을 드러내고 있다.

2.3. 언어와 문화

언어와 문화는 불가분의 관계를 맺고 있다. 언어는 문화를 반영하며, 문화 또한 언어의 영향을 받게 마련이다.

우선, 언어가 문화를 반영하고 있는 양상을 살펴보기로 한다. 잘 알려진 바와 같이 에스키모 사람들은 '눈'에 대하여 다양한 어휘를 가지고 있으며, 아라비아 사람들의 언어에는 낙타에 관한 어휘가 발달되어 있다. 또, 몽골어에는 '말(馬)'에 관한 어휘, 그리고 바다로 둘러싸인 오스트레일리아의 원주민 언어에는 '모래'에 관한 어휘가 발달되어 있다. 이것은 사람들의 삶과 문화가 어휘 속에 녹아들어 있음을 뜻한다.

그러면 우리 문화가 언어 속에 반영된 모습을 보기로 한다. 2006년 문화관광부에서는 우리 민족문화를 대표하는 '100대 민족문화상징'을 선정하였는데 그 일부를 보면 (7)과 같다.

(7) 태극기, 독도, 백두대간, 세종대왕, 강릉단오제, 김치, 떡, 효(孝), 선비, 한글, 조선왕조실록, 탈춤

(7)에서 제시된 항목들은 우리 문화의 특징적인 모습을 담고 있으므로 그 자체가 우리의 문화유산일 뿐 아니라, 이들 상징을 지칭하는 각 항목들과 관련된 어휘들 또한 우리의 소중한 언어 문화유산이라 하겠다.

'김치'의 경우를 보면 (8)과 같이 계절별로 다양한 종류가 있다.

(8) ㄱ. 사철: 배추김치, 보김치, 오징어채김치, 궁중젓김치, 속깍두기, 파김치, 갓김치, 호박김치
   ㄴ. 봄·여름: 깍두기, 오이지, 갈치젓섞박지, 배추겉절이, 도라지김치, 무짠지
   ㄷ. 가을: 가지소박이, 나박김치, 부추김치, 오이소박이, 깻잎김치, 미나리김치, 우엉김치, 열무김치, 쑥갓김치
   ㄹ. 겨울: 동치미, 고들빼기, 골곤짠지, 채깍두기, 명태서리깍두기, 명태무섞박지, 총각무김치

'탈춤'의 경우를 보면, 국보 제121호인 '안동 하회탈 및 병산탈'은 (9)와 같이 10종이 있으며, 국가무형문화재 제69호인 '하회별신굿탈놀이'의 여덟 마당은 (10)과 같다.

(9) 주지, 각시, 중, 양반, 선비, 초랭이, 이매, 부네, 백정, 할미

(10) 무동마당, 주지마당, 백정마당, 할미마당, 파계승마당, 양반과 선비마당, 혼례마당, 신
    방마당

다음으로, 언어가 문화에 관여하는 모습을 보기로 한다. 한 문화권에서 언어가 쉽고 바르고 효율적으로 정비되면, 언어를 통하여 의사소통이 원활해지고 나아가 언중들의 힘을 한데 모을 수 있게 되어 찬란한 문화를 꽃피울 수 있다.

서양 근대사에서 한때 세계 최강대국으로서 국력을 떨치고 문화적으로 세계를 지배한 스페인·프랑스·영국의 사례를 통해, 언어의 통일이 국력과 문화의 개화에 절대적인 몫을 수행하고 있음을 보게 된다. 스페인은 15세기 말에 국위를 떨치기 시작하여 16세기에 전성기를 맞이하였는데, 이는 카스티야어가 라틴어와 아랍어를 몰아내고 혼란스럽던 지방 언어를 통일한 시기와 일치한다. 프랑스가 18세기에 국력과 문화에 있어서 세계 최강국이 된 것은 프랑스어의 통일이 큰 몫을 담당한 것으로 알려져 있다. 또한 영국의 경우를 보면, 영어가 라틴어와 프랑스어의 영향에서 완전히 벗어난 것이 18세기였고, 19세기에 영국의 국력과 문화가 세계 최강이 되었다.

요컨대 언어와 문화는 상호 밀접한 관계를 맺고 있다. 동서고금에 걸쳐 자신의 언어를 갈고 다듬고 사랑하는 집단은 국력이 강하고 문화가 발달한 반면, 그렇지 못한 집단은 국력과 문화가 함께 쇠약함을 보게 되는데, 이러한 사실은 시사하는 바가 매우 크다.

3. 국어의 특질

3.1. 특질의 정의

국어는 수많은 언어 가운데 하나이므로 다른 언어들과 공통되는 점뿐만 아니라 국어만이 가지고 있는 개별적인 특수성이 있다. 일반적으로 모든 언어들이 공통적으로 가지고 있는 특성을 보편성이라고 하고, 이에 상대되는 개별 언어들이 독자적으로 가지고 있는 특성을 특수성 또는 특질(特質)이라고 한다.

어떤 언어의 특질을 논의할 경우에는 다른 모든 언어들을 다 점검해 보아야 하겠지만,

그것은 현실적으로 매우 어렵다. 따라서 아래에서는 국어의 특질 중에서 인구어와 다르다고 지적된 것, 또는 일반언어학에서 언급되지 않았던 것을 중심으로 음운, 어휘, 문법에 대해 살펴보기로 한다.

3.2. 음운의 특질

국어의 주요한 음운적 특질에는 다음과 같은 것들이 있다.

첫째, 국어 자음은 'ㄱ, ㄲ, ㅋ', 'ㄷ, ㄸ, ㅌ', 'ㅂ, ㅃ, ㅍ', 'ㅈ, ㅉ, ㅊ'에서 보듯이 예사소리, 된소리, 거센소리의 삼중 체계로 이루어져 있다. 이것은 영어의 'k, g', 't, d', 'p, b'의 이중 체계나 산스크리트어의 'k, kh, g, gh', 't, th, d, dh', 'p, ph, b, bh'의 사중 체계와 대조되는 두드러진 특징이다. 국어에서 '불-뿔-풀, 달-딸-탈'의 쌍 각각이 변별되는 것은 자음의 삼중 체계에 의해서이다.

둘째, 국어에는 다른 언어에 비해 마찰음이 많지 않다. 국어의 마찰음에는 'ㅅ, ㅆ, ㅎ'의 세 가지가 있는 데 비해, 영어에는 'f, v, θ, ð' 등이 더 있다. 이와 관련하여, 국어에는 마찰음의 수가 파열음의 수보다 적은 데 비해 영어를 비롯한 인구어는 그 반대이다.

셋째, 국어는 첫소리의 자음에 제약이 있다. 즉 영어의 경우 'tree'나 'strike'와 같이 첫소리에 둘 이상의 자음이 올 수 있지만, 국어에서는 첫소리에 둘 이상의 자음이 올 수 없으므로 이들을 풀어서 '트리'나 '스트라이크'로 나누어 발음한다. 또한 첫소리에 'ㄹ'이나 'ㄴ'이 오지 못하기 때문에, '로인(老人)'을 '노인'으로, '녀성(女性)'을 '여성'으로 발음한다.

넷째, 국어의 자음들은 음절 끝 위치에서 완전히 파열되지 않는다. 예를 들어, '밭'이 [받]으로 발음되고 '꽃'이 [꼳]으로 발음되는 것과 같이 파열음이 음절 끝 위치에 올 경우 터뜨림의 단계를 거치지 않고 닫힌 상태로 발음된다.

다섯째, 국어는 음절의 끝소리에 하나의 자음만 발음된다. 예를 들어, '흙'이 [흑]으로, '값'이 [갑]으로 발음되는 현상이 있다.

여섯째, 국어에는 모음조화 현상이 있다. 예를 들어, '앉아~엊어', '졸졸~줄줄', '아장아장~어정어정' 등에서 보듯이, 용언의 어간과 어미의 결합에서나 의성어·의태어에서 양성모음(ㅏ, ㅗ)은 양성모음끼리, 음성모음(ㅓ, ㅜ)은 음성모음끼리 어울린다.[11]

---

11 '표준어사정원칙(문교부 고시 제88-2호, 1988.1.)'에서는 양성모음이 음성모음으로 바뀌어 굳어진 '깡충깡충, 발가숭이, 보퉁이, 봉죽, 뻗정다리, 아서/아서라, 오뚝이' 등의 단어는 음성모음 형태를 표준어로 삼는다.

3.3. 어휘의 특질

국어의 주요한 어휘적 특질에는 다음과 같은 것들이 있다.

첫째, 국어의 어휘는 고유어, 한자어, 서구 외래어, 그리고 그 혼합형태로 구성되어 있다.[12] 그중 한자어를 비롯한 외래어의 비중이 70%가량을 차지하는데, 전통적으로 한자어의 비중이 우세하여 고유어가 위축되어 왔으며, 최근에는 서구 외래어가 증가되고 있다.[13] 그 결과 고유어와 한자어, 그리고 서구 외래어 간에는 '탈-가면-마스크, 집-가옥-하우스, 아내-처-와이프'와 같이 유의어의 위상적 대립이 형성되어 있다.

둘째, 고유어의 조어 과정에서는 '배의성(配意性, motivation)'에 의지하는 경향이 현저하다. 이것은 기본어의 복합에 의한 합성이나 파생의 이차적인 조어법이 발달된 것을 가리킨다. 예를 들어, '손'과 '목'이 합하여 '손목'이라는 단어가 형성되며, '눈'과 '물'이 합하여 '눈물'이 된다. 대조적으로 영어의 경우에는 '손목'을 'hand-neck', '눈물'을 'eye-water'라고 하지 않고 'wrist', 'tear'라는 별개의 단어를 사용한다. 또한 붉은 계열의 색채어에 대해 영어에서는 'red, pink, scarlet', 중국어에서는 '赤, 紅, 朱, 丹, 紫'와 같이 별개의 단어가 사용되는 반면, 국어에서는 '붉다'라는 기본어를 중심으로 '불그스레하다, 불그스름하다, 불그죽죽하다, 발갛다, 빨갛다, 검붉다' 등의 파생이나 합성어가 형성된다.

셋째, 고유어에는 상징어가 발달되어 있다. 상징어는 '퐁당퐁당-풍덩풍덩'과 같은 의성어, '달랑달랑-덜렁덜렁'과 같은 의태어를 포괄하는데, 특히 의태어에 의한 상징이 주목된다. 상징어의 음성상징은 양성모음과 음성모음 간에 대립적 가치를 갖는데, 'ㅏ, ㅗ, ㅐ' 등의 양성모음은 가볍고, 밝고, 맑고, 작고, 빠른 느낌과 긍정적 의미 가치를 지니는 데 비하여 'ㅓ, ㅜ, ㅔ' 등의 음성모음은 무겁고, 어둡고, 흐리고, 크고, 느린 느낌과 부정적 의미 가치를 지닌다. 음성상징은 모음뿐만 아니라 자음에도 나타난다. 예를 들어, '감감하다-깜깜하다-캄캄하다'에서 된소리나 거센소리가 예사소리에 비해서 강도가 높은 것을 나타낸다.

넷째, 고유어에는 감각어가 발달되어 있다. 색채어의 경우 '희다, 검다, 붉다, 푸르다,

---

12 정호성(2000: 63-65)에 따르면 『표준국어대사전』의 표제어는 총 508,771개인데, 그중 고유어는 131,971(25.9%), 한자어는 297,916(58.5%), 외래어는 23,361개(4.5%)이며, 나머지는 혼합형이다.

13 어종이 차지하는 비율은 구어인지 문어인지, 문어의 경우 신문인지 문학 작품인지에 따라 달라질 수 있다. 조남호(2002: 481)에 따르면 전체 평균과 비교하여 구어와 문학 장르에서 고유어의 비율이 높게 나타났고, 신문에서 한자어의 비율이 높게 나타났다.

누르다'와 같은 오색을 중심으로 '하양, 검정, 빨강, 파랑, 노랑', '하얗다, 거멓다, 빨갛다, 파랗다, 노랗다' 등의 다양한 파생어가 형성된다. 미각어의 경우 '달다, 짜다, 맵다, 쓰다, 시다, 떫다'와 같은 여섯 가지 기본 미각어를 중심으로 '달짝지근하다, 달콤하다, 새콤달콤하다' 등의 다양한 파생어가 형성되며, 온도어의 경우 '덥다/뜨겁다, 춥다/차갑다, 따뜻하다/뜨뜻하다, 서늘하다/미지근하다' 등을 중심으로 수많은 파생어가 존재한다.

다섯째, 국어에는 친족어가 발달되어 있다. 예를 들어, '아버지'에 대해서 '아빠, 아버님, 가친, 선친, 춘부장, 선대인' 등의 다양한 어휘가 존재하며, 영어의 'uncle'에 해당하는 '백부, 숙부, 큰아버지, 작은아버지, 아저씨, 외삼촌, 이모부, 고모부' 등이 지칭 대상에 따라 분화되어 있으며, 영어의 'brother, sister'에 해당하는 어휘도 '형님/오라버니, 누나/언니, 동생, 아우, 누이' 등으로 분화되어 있다.

3.4. 문법의 특질

어의 주요한 문법적 특질에는 다음과 같은 것들이 있다.

첫째, 국어는 **첨가어**(添加語)의 특질을 잘 보여 준다.[14] '첨가어'를 '교착어(膠着語)'라고도 하는데 이는 하나의 문법 형태소가 하나의 문법적 기능을 갖는 것을 가리킨다. 이것은 곧 형태와 기능이 1 : 1 대응관계에 있음을 뜻한다. 이러한 특성을 굴절어인 영어와 비교해 보면, (11)에서 보듯이 영어의 'their'는 하나의 형태소에 세 개의 문법적 기능이 망라되어 있는 데 비해, 국어의 '그들의'는 세 개의 형태소 각각이 하나의 문법적 기능을 갖는다(송철의, 2001: 4-5 참조).

(11) 영어: their(3인칭 · 복수 · 관형격)

　　국어: 그(3인칭) + 들(복수) + 의(관형격)

첨가어의 이러한 특성과 관련하여, 국어 문법범주의 실현은 거의 문법 형태소에 의해 이루어진다. 즉 첨가어는 하나의 형태소가 하나의 기능을 갖기 때문에 어간에 문법 형태소를 계속 첨가하여 문법범주들을 실현한다.

14　국어는 어근에 파생접사나 어미가 붙어서 단어를 이루는 '첨가어'이며, 중국어는 어근이 그대로 한 단위의 단어인 '고립어'이며, 영어나 독일어는 문법적 기능이 단어 내부의 변화로 표시되는 '굴절어'이다.

(12) ㄱ. Tom is in the classroom. → Is Tom in the classroom?

　　　　영수가 교실에 있다. → 영수가 교실에 있니?

　　　ㄴ. Tom loved Mary. ≠ Mary loved Tom.

　　　　영수가 순희를 사랑했다. ≒ 순희를 영수가 사랑했다.

(12)에서 보듯이 문법범주의 실현이 영어에서는 통사론적 방식으로 이루어지는 반면, 국어에서는 형태론적 방식에 의해서 이루어진다. 즉 영어에서 의문법은 주어와 동사의 위치를 바꾸고, 주어나 목적어의 격이 문장구조에 의해 통사론적 방식으로 실현되는 데 비해, 국어에서는 평서문의 구조를 그대로 유지한 채 용언 어간에 의문형 어미를 결합시켜 의문법을 실현하고, 주어와 목적어의 격이 문법 형태소인 조사에 의해 형태론적으로 실현된다.

또한, 첨가어에서는 하나의 형태소가 하나의 기능을 가지기 때문에 어간에 여러 개의 문법 형태소가 결합되는 경우가 흔하다. 예를 들어, 〈그림 2-6〉에서 보듯이 서술어 '읽히시었습니다'의 구성요소는 문장성분과 구조적인 관련성을 맺고 있다.

아저씨, 어젯밤 아버지께서 동생에게 책을 읽 히 시 었 습니다.

그림 2-6 **서술어의 구성요소와 문장성분 간의 구조적 관련성**

둘째, 국어에는 단어 형성법이 발달되어 있다. '오르내리다, 굳세다, 검붉다, 검푸르다'와 같이 두 용언을 합하여 새로운 용언을 만들기도 하며, '옥니, 접칼, 덮밥, 넘보라살, 늦더위'와 같이 용언의 어간과 명사를 합하여 새로운 명사를 만들기도 한다.

셋째, 국어의 문장은 기본적으로 '주어-목적어-서술어'의 어순을 지닌다. 그리고 꾸미는 말이 꾸밈을 받는 말 앞에 온다. 이것은 영어 문장이 '주어-서술어-목적어'의 어순으로 나타나며, 꾸미는 말이 꾸밈을 받는 말 뒤에 오는 것과 대조된다. (13)에서 보듯이 국어와 영어의 어순은 '목적어'와 '서술어'가 반대이며, 중심어 '책'과 'book'에 대한 수식어의 위치가 반대임을 알 수 있다.

(13) ㄱ. 나는 그가 며칠 전에 나에게 말한 책을 샀다.

　　　ㄴ. I bought the book which he told me a few days ago.

넷째, 국어에는 높임법이 발달해 있다. 높임법은 어말 어미에 의한 문장 종결 표현, 선어말 어미 '-(으)시-', 조사 '께, 께서'와 같은 문법적 기제에 의해 상대 높임법, 주체 높임법, 객체 높임법으로 실현된다.

4. 한글

4.1. 문자의 유형

　언어는 나 자신을 알리고 남을 아는 지름길이며, 나아가 겨레의 얼을 이루고 힘을 모으는 동아줄이다. 그런 언어가 없다면 우리는 사람 구실을 할 수 없을 뿐 아니라 문화의 계승과 창조도 불가능하다. 그런데 음성 언어는 일정한 시간과 공간을 벗어나지 못한다. 그러한 제약을 극복하면서 음성 언어를 보존하고 전달하기 위하여 인류가 고안해 낸 것이 문자이다. 한마디로, 문자란 음성 언어가 지닌 시간적, 공간적 제약을 극복하기 위하여 마련된 시각적 기호 체계를 가리킨다.

　지구상에는 수백 가지 문자가 있다. 그중 한글을 비롯하여 몇 가지 예외를 제외하면 대부분의 문자들은 수천 년에 걸쳐 진화되어 왔다. 일반적으로 문자는 '그림 문자 → 상형 문자 → 표의 문자 → 음절 문자 → 음소 문자'로 발달되어 온 것으로 본다.

　먼저, **'그림 문자'**는 어떤 상황이나 완결된 생각 덩이를 하나의 그림으로 나타낸 것을 말한다. 이것은 의사소통을 위해 활용되었다는 점에서는 문자로서의 성격을 어느 정도 갖춘 것으로도 볼 수 있다. 그러나 단어나 소리와 같은 일정한 언어 단위에 대응하지 않는다는 점, 그리고 같은 그림이 상황에 따라 다른 의미를 나타내거나 같은 상황을 전혀 다른 그림으로 표현할 수도 있다는 점에서 아직 문자로 보기 어려운 측면도 있다.

　그림 문자의 단계로부터, 그림이 좀 더 추상화되거나 간소화되면서 동시에 그 의미도 실제 사물을 가리키는 데 두루 사용되는 상태를 **'상형 문자'**라고 부른다. 한자의 '山, 川, 日, 月' 등이 원래는 해당 사물의 모양을 본뜬 데서 출발했다는 점은 잘 알려진 사실이며,

최초의 문자로 알려진 수메르의 문자나 이집트 문자도 모두 상형 문자였다.

그런데 모든 사물을 일일이 그림으로 나타내는 데에는 한계가 있을 뿐 아니라 추상적인 개념이나 생각은 그림으로 표현하기 어렵기 때문에 상형 문자는 또 다른 단계로 발전하게 된다. 즉, 상형하는 사물의 형태를 더욱 간소화하거나 추상화하면서 사물 자체뿐 아니라 그 사물과 관련된 개념까지 나타내게 한다든지, 혹은 둘 이상의 문자를 결합하여 관련되는 새로운 개념을 가리키게 하는 쪽으로 발전하게 되었다. 이런 단계의 문자는 하나의 개념이나 의미에 대응하는 기호 단위가 되는데 이를 '**표의 문자**'라고 부른다. 예를 들어, '해'만을 가리키던 '日'이 '빛, 열, 낮'의 개념을 나타내게 되고, '日'과 '月'을 합친 '明'이 '밝음, 똑똑함'을 나타내게 되며 '나무에 걸린 해'를 뜻하던 '東'이 '동쪽'을 나타내게 된 것은 표의 문자의 단계라 할 수 있다.

상형 문자나 표의 문자는 어떤 사물 자체나 그와 관련된 하나의 의미에 하나의 문자 기호가 대응하는 방식으로 만들어지기 때문에 '**단어 문자**'라고도 한다. 이들 단어 문자는 사물이나 개념의 수효만큼 문자를 만들어야 한다. 따라서 변별성을 확보하기 위해서는 그 꼴이 매우 복잡해질 수밖에 없다는 점, 그리고 소리는 같으나 뜻이 다른 문자가 많이 있을 수 있다는 점 때문에 이를 익혀 쓰는 데 막대한 시간과 수고가 뒤따른다.

하나의 문자가 사물이나 개념에 대응하는 것이 아니라, 말소리 단위에 대응하게 된 상태를 '소리 글자'라 하는데, 여기에는 '음절 문자'와 '음소 문자'가 있다.

'**음절 문자**'는 한 문자가 한 음절 또는 두 음절 단위를 표기하는 문자를 가리킨다. 음절 문자는 상형 문자나 표의 문자의 모양을 단순화시켜 만든 것이다.[15] 음절 문자로 한 언어를 완전히 표기하려면 그 언어의 음절 수만큼 문자가 필요하므로, 음절이 많은 언어에는 문자로서의 효용성이 떨어지게 마련이다. 오늘날 사용되는 음절 문자의 하나인 일본의 '가나'는 한자에 바탕을 둔 것으로, 50개의 문자로 되어 있다.

'**음소 문자**'는 문자 하나가 소리의 최소 단위인 음소 하나를 표기하도록 만들어진 문자를 가리킨다. 음소를 단위로 하여 만든 문자이므로 문자 수가 적어 사용하기에 편리하다. 음소 문자는 종류가 매우 다양한데,[16] 셈족의 음절 문자에서 개량된 '알파벳'과 세종 대왕이 창제한 '한글'이 대표적인 보기이다. 특히 '한글'은 문자 발달사에서 수준이 가장

---

15 한자의 음과 훈을 빌어서 우리말을 표기한 향찰(鄕札)과 이두(吏讀)도 음절 문자의 일종이다.

16 음소 문자의 보기로는 '라틴문자(로마문자), 키릴문자(러시아문자), 아라비아문자, 데바나가리문자(인도문자), 벵골문자(방글라데시문자), 티벳문자, 몽골문자' 등이 있다.

높은 '자질 문자'의 단계에 도달하였는데, 발음 기관을 본떠 만든 자음들은 기본 문자에 가획함으로써 추가되는 음소 자질까지 드러내 준다.

더 알아보기

자질 문자

샘슨(Sampson)은 한글의 특성에 기초하여 문자의 분류에서 처음 시도된 '자질 문자(featural writing)'를 설정하였다. 자질 문자를 독립적인 문자의 유형으로 분류한 근거는 한 자모가 음소(음운)보다 작은 음성자질로 구성되어 있음에 착안한 것이다. 한글의 한 자모 안의 획은 무의미한 단순한 획이 아니라, 어떤 음성 자질을 대표하는 한글을 '자질 문자'라는 별개의 유형으로 분리해야 하느냐에 대해서는 의문이 제기되기도 한다. 곧 문자의 분류는 각 자모가 한 덩어리로서 언어의 어떤 단위를 대표하느냐에 따라 음절 문자, 음소 문자로 나누는데, 이 기준에 따르면 한글은 음소 문자이기 때문이다(이익섭·이상억·채완, 1997: 60–62 참조).

4.2. 한글의 제자 원리

한글은 세종대왕이 1443년(세종 25년) 음력 12월에 창제하였으며, 집현전 학자들에게 이에 대한 해례(解例)를 짓게 하여 1446년 음력 9월 상순에 반포하였다. 국보 제70호인 『훈민정음(해례본)(訓民正音(解例本))』의 구성은 (14)와 같다.

(14) ㄱ. 예의편(例義篇): 어제 서문(御製序文), 각 문자의 음가와 운용법

ㄴ. 해례편(解例篇): 제자해(制字解), 초성해, 중성해, 종성해, 합자해, 용자례

ㄷ. 정인지 서문(鄭麟趾序文)

그중 해례편에 따르면 각 문자의 기본적인 제자 원리는 상형(象形)이다. 초성은 일차적으로 발음기관을 본떠 만들었는데, 'ㄱ'은 혀뿌리가 목구멍을 막는 모양을, 'ㄴ'은 혀가 윗잇몸에 닿는 모양을, 'ㅁ'은 입 모양을, 'ㅅ'은 이의 모양을, 'ㅇ'은 목구멍의 모양을 각각 본뜬 것이다. 이러한 다섯 개의 기본 문자에 가획(加劃)의 원리로써 'ㅋ, ㄷ, ㅌ, ㅂ, ㅍ,

ㅈ, ㅊ, ㆆ, ㅎ'의 아홉 문자를 만들고, 'ㆁ, ㄹ, ㅿ'의 예외적인 문자 셋을 합하여 17자를 만들었다.

중성은 우주의 형성에 기본이 되는 천지인(天地人)의 삼재(三才)를 상형한 것인데, 'ㆍ'는 하늘을 본떠 둥글게 하고, 'ㅡ'는 땅을 본떠서 평평하게 하고, 'ㅣ'는 사람의 서 있는 모양을 본떠서 만들었다. 이 세 문자를 바탕으로 하여 'ㅗ, ㅏ, ㅜ, ㅓ'를 만들고, 다시 'ㅛ, ㅑ, ㅠ, ㅕ'를 만들어 기본 문자 11자를 완성하였다.

한편, 종성은 초성의 문자를 다시 쓰도록 하였다. 이로써 문자의 수가 초성 17자와 중성 11자의 28자가 되기에 이르렀다.

이 밖에도 초성, 중성, 종성을 합하여 음절을 이루는 방법을 규정하였다. 그리고 병서와 연서가 있는데, 병서(並書)는 두세 문자를 겹쳐 쓰는 것으로서, 'ㄲ, ㄸ, ㅃ, ㅆ, ㅉ'과 같이 같은 문자를 이어 쓰는 각자병서와 'ㅺ, ㅼ, ㅅㅐ, ㅄ, ㅴ'와 같이 다른 문자를 이어 쓰는 합용병서가 있으며, 연서(連書)는 'ㅇ'을 이용한 것으로서 순경음 'ㅸ' 등이 있다. 또한 성조를 표시하는 사성점, 즉 방점을 만들어 운소를 표기하였다.

4.3. 한글의 우수성

한글은 이 세상에 존재하는 수많은 문자 가운데서 만든 사람과 만든 시기, 만든 동기와 원리, 그리고 효용성을 투명하게 알 수 있는 유일한 문자이다. 이를 바탕으로 한글의 우수성을 검토해 보기로 한다.

첫째, 한글은 독창적인 문자이다. 오늘날 사용되고 있는 문자들은 오랜 세월에 걸쳐 진화·발전되어 온 것이다. 잘 알려진 바와 같이, 한자는 상형 문자에서 표의 문자로 변형되었으며, 음절 문자인 일본 문자 '가나'는 한자의 형태를 줄여서 만든 것이며, 음소 문자인 알파벳 역시 수천 년 동안 여러 문화권에서 변형되고, 차용되고, 확산되면서 오늘에 이르렀다. 그러나 한글은 독창적인 글자로서 (15)에서 보듯이 세종대왕께서 1443년(세종 25년) 음력 12월에 창제하고 집현전 학자들에게 이에 대한 해례(解例)를 짓게 하여 1446년 음력 9월 상순에 반포하였다.

(15) 계해년 겨울(1443년 음력 12월)에 우리 임금(세종대왕)께서 정음 스물여덟 자를 처음 만드시어 간략하게 보기와 뜻을 들어 보이시고 이름을 훈민정음이라 하시었다.

둘째, 한글은 과학적인 문자이다. 앞에서 보았듯이 '한글의 제자 원리'에 따르면 자음은 발음기관을 본떠서 기본 문자를 만들고 이에 가획의 원리를 적용한 것이며, 모음은 우주의 근본이 되는 하늘, 땅, 사람을 본떠서 기본 문자를 만들고 이를 조합한 것이다. 한글은 발음기관과 우주의 형상을 본떠서 각 문자와 그것이 표시하는 음소 사이에 존재하는 관련성을 체계적으로 반영시킨 것으로서, 자연 발생적으로 생겨나 변모 발전된 다른 문자와는 비교될 수 없을 만큼 과학적이다.

셋째, 한글은 백성을 위해 만든 문자이다. 한글 창제 당시의 양반들은 한평생 동안 중국의 한자를 배우는 대가로 지배계층으로서 특권을 누리게 되었지만, 대부분의 백성들은 살아가기에 벅차 어렵고 힘든 한자를 배울 수 없었다. 세종대왕은 당시 지배계층의 끈질긴 반대를 무릅쓰고, 까막눈이 백성의 설움을 불쌍히 여겨 '백성 가르치는 바른 소리(훈민정음)', 곧 한글을 만드신 것이다. 한글 창제의 동기를 세종대왕은 '어제서문(御製序文)'에서 다음과 같이 밝히고 있다.

(16) 나라의 말이 중국과 달라 한자와 서로 통하지 않으므로, (한자를 익히지 못한) 어리석은 백성이 말하고자 하는 바가 있어도 제 뜻을 펴지 못하는 사람이 많도다. 내가 이를 불쌍히 여겨 새로 스물여덟 글자를 만드나니 사람마다 쉽게 익혀 나날이 쓰기에 편하게 하고자 할 따름이니라.

넷째, 한글은 음성 언어를 가장 정확하고 쉽게 적을 수 있는 문자이다. 이것은 근본적으로 한글이 말소리의 가장 작은 단위인 음소를 문자 단위로 삼았기 때문이다. 음성 언어와 달리 문자 언어는 가치 우열을 갖는데, 그 기준은 음성 언어를 적는 데 있어서 어느 정도로 정확하고 편리한가에 있다. 그런 기준에서 볼 때 한글은 세상에서 가장 뛰어난 문자이다. 이 점은 정인지의 '훈민정음 해례 서문'에서 확인할 수 있는데, (17ㄱ)에서는 한글이 음성 언어를 적는 데 있어서 가장 빼어난 문자임을 (17ㄴ)에서는 한글이 익히기가 매우 쉽고 간편한 문자임을 확인할 수 있다.

(17) ㄱ. 훈민정음으로써 글을 풀면 그 뜻을 알 수 있고, 송사를 들으면 그 정상을 얻을 수 있다. 자운이 맑고 흐림을 능히 분간할 수 있고, 노래는 율려가 고르게 되며, 쓰는 데마다 온갖 것을 갖추어 통달되지 않는 것이 없다. 비록 바람 소리, 학의 울음소리, 닭의 울음소리, 개 짖는 소리라도 다 얻어 쓸 수 있다.

ㄴ. 스물여덟 자로써 굴러 바뀜이 끝이 없어 간단하고도 요긴하며 정묘하고도 통하는
　까닭에 슬기로운 사람은 아침을 마치지 않아도 깨우치고, 어리석은 사람이라도 열
　흘이 못 되어 배울 수 있다.

　한글의 이러한 우수성은 오늘날에 이르러서 더욱 그 진면목을 확인할 수 있게 되었다.
실제로 오늘날 상용되고 있는 컴퓨터에서 한글은 입력이나 출력이 쉽고, 속도가 빠르며
글꼴이 다채로워 문자 생활의 혁명을 가져오게 되었으며, 특히 글자의 입력이 간단하여
손전화에서 문자 메시지를 입력할 때 그 위력을 유감없이 발휘하고 있다.

　또한 한글의 우수성은 마침내 세계인에게 그 가치를 인정받기에 이르렀다. 대표적인
네 가지 사례를 들면 다음과 같다. 첫째, 샘슨은 『문자체계』에서 한글을 '어떤 나라에서
든지 일반적으로 사용할 수 있는 가장 과학적인 문자 체계'이며, '세계 최상의 알파벳'이
고 '의심할 바 없이 인류의 위대한 지적 업적의 하나'라고 극찬한 바 있다. 둘째, 과학전
문지 『디스커버리』 1994년 6월호에서 레어드 다이아몬드라는 학자는 한글이 독창적일
뿐만 아니라 기호 배합 등 효율 면에서 특히 돋보이는 세계에서 가장 합리적인 문자라고
하였다. 셋째, 1997년 유네스코에서 『훈민정음』을 세계기록유산으로 지정하였다. 넷째,
영국의 역사학자인 존 맨 교수는 『세상을 바꾼 문자, 알파벳』에서 "훈민정음은 모든 언어
가 꿈꾸는 최고의 알파벳이다."라고 하면서 한글을 가장 이상적인 음소문자라고 격찬하
였다.

참고문헌

김광해 외(1999), 『국어지식탐구』, 박이정.

김수업(2000), 『국어교육의 길』, 나라말.

김진우(2004), 『언어』, 탑출판사.

남기심·고영근(1985), 『표준 국어문법론』, 탑출판사.

박창원(2004), "방송언어의 순기능과 역기능", 『제47회 전국 국어국문학회 학술대회 논문집』, 국어국문학회.

서울대학교 국어교육연구소(2003), 『고등학교 문법』, 교육인적자원부.

송철의(2001), "국어의 형태론적 특질", 『배달말』 28, 배달말학회, 1–28쪽.

이익섭·이상억·채완(1997), 『한국의 언어』, 신구문화사.

이정민(1981), "한국어의 표준어 및 방언들 사이의 상호접촉과 태도", 『한글』 173·174, 한글학회, 559–584쪽.

이주행(1999), "한국 사회계층별 언어 특성에 관한 연구", 『사회언어학』 7(1), 사회언어학회, 51–76쪽.

임지룡(2006), "한글날의 참된 의미를 찾아서", 『새국어생활』 16, 국립국어원, 5–17쪽.

장영준(1999), 『언어의 비밀: 창조적 사고, 혹은 상상력을 위하여』, 한국문화사.

정호성(2000), "『표준국어대사전』 수록 정보의 통계적 분석", 『새국어생활』 10-1, 국립국어원, 55–72쪽.

조남호(2002), "국어 어휘의 분야별 분포 양상", 『관악어문연구』 27, 서울대학교 국어국문학과, 473–496쪽.

최상진 외(2003), 『언어 이야기』, 경진문화사.

허 웅(1981), 『언어학: 그 대상과 방법』, 샘문화사.

Aitchison, J.(1999), *Linguistics*, London: Hodder& Stoughton, Teach Yourself Books. (임지룡 옮김(2003), 『언어학 개론』, 한국문화사.)

Fromkin, V. & R. Rodman(1998), *An Introduction to Language*, New York: Holt, Rinehart and Winston.

Hudson, G.(2000), *Essential Introductory Linguistics*, Oxford: Blackwell Publishers. Inc.

Leech, G.N.(1981), *Semantics*, Harmondsworth: Penguin.

01. 음성 언어와 문자 언어의 비대칭성을 밝혀 보자.

02. 언어 기호의 자의성을 네 가지 관점에서 증명해 보자.

03. 다음의 스와힐리어에 관한 설명을 중심으로 '언어'와 '사람'의 관계에 대해 설명해
보자.

> 아프리카 동부 케냐의 스와힐리어(Swahili)에서는 '사람'을 '문투(muntu)'라 하고,
> '사물'을 '쿤투(kuntu)'라고 하는데, 어린아이의 경우 언어를 습득하기 전까지는 '쿤
> 투(kuntu)'로, 언어를 습득한 뒤에는 '문투(muntu)'로 지칭한다.
>
> (V. Fromkin & R. Rodman 1998: 4 참조)

04. 다음의 "책상은 책상이다."가 시사하는 바를 언어의 기호적 특성과 관련하여 설명
해 보자.

> 페터 빅셀의 "책상은 책상이다."는 주위의 모든 사물을 다른 이름으로 바꿔 부르기
> 로 한 어떤 외로운 남자가 자신이 마음대로 바꾼 언어 체계 때문에 주위와 의사소통
> 이 불가능해져서 결국 세상에서 완전히 고립되고 만다는 이야기이다.

05. 다음의 '바벨탑 이야기'에서 서양 사람들이 깨달은 바를 밝혀 보자.

> '바벨탑 이야기' (창세기 1, 1−9)는 바빌로니아 지방에 내려오던 신화이다. 즉 동쪽
> 에서 흘러온 사람들은 시날 지방에 모여서 한 가지 말을 쓰면서 돌을 벽돌로, 흙을
> 역청으로 바꾸어 도시를 세우고 하늘에 닿을 탑을 세웠다. 하느님이 이런 사람들의
> 도시와 탑을 보고 걱정스러워 말을 뒤섞어 버렸다. 그러자 사람들은 세우던 도시와
> 탑을 버리고 뿔뿔이 흩어졌다.

06. 자료를 바탕으로 다음 세 가지 과제를 해결해 보자.

> ① 국어: 그(3인칭)+들(복수)+의(관형격)
>
>   영어: their(3인칭, 복수, 관형격)
>
> ② 국어: 영수가 방에 있다.   →   영수가 방에 있느냐?
>
>   영수가 책을 읽는다. →   영수가 책을 읽느냐?
>
>   영어: Yeong−su is in the room.   →   Is Yeong−su in the room?
>
>   Yeong−su reads a book.   →   Does Yeong−su read a book?
>
> ③ 국어: 영수가 순희를 사랑하였다. = 순희를 영수가 사랑하였다.
>
>   영어: Yeong−su loved Sun−hui. ≠ Sun−hui loved Yeong−su.

(1) ①, ②, ③의 자료를 바탕으로, 국어의 언어 유형론적 특질을 한 단어로 기술해 보자.

(2) ①의 자료를 바탕으로 국어 문법 형태소의 특징을, 그 근거를 밝혀 기술해 보자.

(3) ②의 자료를 바탕으로 국어 문법 범주의 실현 방식에 대한 특징과 그 근거를 밝혀보
  자. 또한 ③의 자료를 바탕으로, 국어 어순의 실현 방식에 대한 특징을 살피고, 그 근
  거를 밝혀보자.

07. 브로카 실어증과 베르니케 실어증을 설명해 보자.

08. 다음 사례를 통해 뇌와 언어 간의 상관성에 대해서 이야기해 보자.

19세기 버몬트 주 캐빈디 시 근방에서 피니스 게이지라는 사람이 바위 속에 폭발물을 설치하기 위해 구멍을 철심으로 틀어막다가 사고로 약 1m 길이의 철심이 왼쪽 뺨을 뚫고 머리 위쪽으로 튀어 나갔다. 이러한 큰 사고에도 불구하고, 게이지는 감각이나 언어에는 손상을 전혀 입지 않았다.

09. 다음은 이주행(1999)의 연구 결과 중 일부이다. 자료를 분석하여, 사회계층별 언어적 특성에 대해서 설명해 보자.

	어두경음화	'ㄹ'음 첨가	비표준어	외래어	채움말
상류	10%	10%	60%	40%	24.2%
상중류	30%	10%	70%	40%	25.6%
중중류	30%	20%	70%	50%	36.7%
하중류	50%	50%	80%	70%	40.5%
상하류	40%	40%	80%	30%	51.9%

10. 다음 자료를 바탕으로 '말–사람–나라'의 상관성을 설명해 보자.

> 말은 사람과 사람의 뜻을 통하는 것이라. 한 말을 쓰는 사람과 사람끼리는 그 뜻을 통하여 살기를 서로 도와줌으로 그 사람들이 절로 한 덩이가 되고, 그 덩이가 점점 늘어 큰 덩이를 이루나니, 사람의 제일 큰 덩이는 나라라. 그러하므로 말은 나라를 이루는 것인데, 말이 오르면 나라도 오르고, 말이 내리면 나라도 내리나니라. 이러하므로 나라마다 그 말을 힘쓰지 아니할 수 없는 바니라. 글은 말을 담는 그릇이니 이 지러짐이 없고 자리를 반듯하게 잡아 굳게 선 뒤에야 그 말을 잘 지키나니라. 글은 또한 말을 닦는 기계니 기계를 먼저 닦은 뒤에야 말이 잘 닦아지나니라. 그 말과 그 글은 그 나라에 요긴함을 이루 다 말할 수가 없으나, 다스리지 아니하고 묵히면 덧거칠어지어 나라도 점점 내리어 가나니라.
>
> 독립기념관에 세운 "주시경 선생의 말씀비"에서

11. 문자의 본질에 비추어 한글의 우수성을 설명해 보자.

12. "세종대왕은 우리말을 만드셨다."라는 표현의 모순됨을 밝히고 말과 문자의 차이점을 설명해 보자.

3장

음운

이끄는 말

이 장에서는 언어 형식의 최소 단위인 말소리에 대해 알아본다. 말소리가 나는 과정과 여기에 관여하는 발음 기관, 우리말 음운의 체계와 변동 등을 주로 살피게 된다. 이 내용들을 공부함으로써, 말소리의 발음과 관련된 인간의 언어 능력을 확인하고 우리말 말소리의 특징을 이해할 수 있을 것이다.

말소리는 정연한 체계를 이루고 있다. 그리고 하나의 말소리가 다른 말소리로 바뀔 때에도 일정한 규칙을 따른다. 이와 같은 말소리의 체계와 규칙적인 바뀜에 대한 탐구를 통해, 우리는 우리말의 말소리와 관련된 체계적인 지식을 습득하고 과학적인 탐구 능력을 기를 수 있다.

말소리에 대해 체계적인 지식을 가지는 것은 언어 사용 능력의 가장 기초적인 측면과 직접적으로 연관된다는 점에서도 중요하다. 표준 발음법이나 한글 맞춤법 등 언어사용의 규범들은 우리말의 본질에 대한 언어학적 탐구 결과를 바탕으로 제정되는데, 그 중에서도 특히 말소리와 관련된 내용이 큰 비중을 차지한다. 따라서 이 규범들을 제대로 알고 효과적으로 활용하기 위해서는 세부 규정들을 맹목적으로 암기할 것이 아니라 그들의 바탕 원리가 된 말소리 차원의 지식을 이해하는 과정이 필요하다.

따라서 이 장은 우리말의 말소리 체계를 지배하는 규칙 및 원리에 대한 탐구와 이해에 중점을 두어 살피되, 이와 관련되는 어문 규범 제정의 원리, 그리고 말하기와 쓰기 등 실제 언어 사용 상황에 대한 활용적 측면을 고려하면서 공부하는 것이 좋다.

1. 음운과 음운 체계

1.1. 말소리와 발음 기관

1.1.1. 발음 기관

이 세상의 많은 소리들 중 인간의 언어를 이루는 소리를 '**말소리**' 혹은 '**음성**(音聲)'이라 하여 그 밖의 소리를 가리키는 '음향(音響)'과 구별한다. 말소리를 만드는 데 관여하는 기관을 '발음 기관' 혹은 '음성 기관'이라 하는데, 이 기관들은 대부분 원래는 숨을 쉬거나 음식물을 씹어 넘기는 것과 같은 기능을 위해 존재하는 것들이지만 이차적으로 말소리를 내는 데 이용되고 있다. 다음 그림은 사람의 얼굴과 목 부분을 발음 기관을 중심으로 나타낸 것이다.

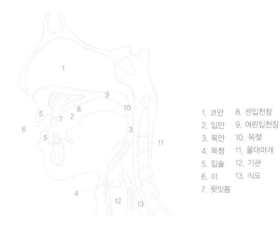

1. 코안	8. 센입천장
2. 입안	9. 여린입천장
3. 목안	10. 목젖
4. 목청	11. 울대마개
5. 입술	12. 기관
6. 이	13. 식도
7. 윗잇몸	

그림 3-1 **발음 기관**

1.1.2. 말소리가 나는 과정

말소리가 만들어지는 과정은 크게 세 단계로 나뉜다. 우선, 말소리는 호흡을 위해 드나드는 공기에 얹혀 나기 때문에 말소리가 나기 위해서는 무엇보다도 먼저 공기가 움직여야 한다. 이 단계를 **공기 움직이기**(airstream process, 발동 과정)라 하는데, 일반적으로 허파로부터 밖으로 나오는 공기가 말소리를 내는 데 이용되므로 허파를 발동부(發動部, initiator)라고 한다.

허파에서 불어낸 공기는 기관(氣管)을 타고 올라오다가 턱 바로 아래쪽에 있는 후두(喉

頭, larynx)[1]에 다다라 그 안에 있는 **목청(성대)**을 지나면서 비로소 소리가 나게 되는데, 이 단계의 일을 **소리내기**(phonation process, 발성 과정)라 하며, 목청을 발성부(發聲部, organs of voice)라고 한다. 목청을 가볍게 좁힌 상태에서 공기를 지나가게 하면 마주 보고 있는 목청이 떨게 되는데, 이 목청 떨림(성대 진동)에 의해서 나는 소리를 **유성음**(울림소리, voiced)이라고 한다. 특별한 경우가 아닌 한, 모음은 모두 유성음이고[2] 자음 중에도 유성음이 있는데, 우리말에서는 'ㄴ, ㅁ, ㅇ, ㄹ'이 유성 자음이다. 그런데 유성음도 발성 단계에서는 목청이 떨어 소리가 나기만 하고, 그것이 구체적으로 어떤 소리인가 하는 것은 다음 단계에서 결정된다. 한편, 대부분의 **무성음**(voiceless)은 벌어진 목청 사이로 그냥 지나간 공기가 후두 위쪽에 있는 여러 기관의 다양한 작용에 의해 소리가 나게 된다.

목청을 지난 공기는 울대마개(후두개, epiglottis)를 통과하여 목안(인두, pharynx)에 다다랐다가 다시 입이나 코를 지나 밖으로 나오게 된다. 하나의 말소리가 구체적인 소릿값(음가)을 가지기 위해서는 목청으로부터 말소리를 싣고 올라온 공기가 후두의 위쪽에 자리 잡고 있는 목안(인두), 입안의 여러 부위들(혀, 입천장, 이, 잇몸)과 입술, 코 등의 기관을 거치면서 필요한 작용을 받아야 한다. 이 작용을 **소리 다듬기**라고 하고 이 과정을 조음 과정(articulatory process)이라 하며, 이 과정에 참여하는 기관을 조음부(調音部, articulator)라고 한다. 조음부의 여러 기관들은 서로 협력하여 말소리의 구체적인 모습을 만들어내는데, 공기가 흘러나가는 통로를 기준으로 위쪽에 자리 잡은 기관, 즉 윗입술, 윗니, 윗잇몸, 입천장 등은 소리를 내는 동안에 제 자리를 지키고 있기 때문에 고정부라고 하고, 소리를 다듬기 위해 적극적으로 움직이는 아랫입술, 아랫니, 혀 등을 능동부라고 한다. 목청은 발성부와 조음부의 역할을 함께 수행한다.[3]

1.1.3. 말소리의 종류

목청에서 두 입술까지 말소리를 실은 공기가 지나가는 길, 즉 조음부의 여러 기관에 의해 만들어지는 통로를 '**공깃길**'이라고 하는데, 공기가 이 통로를 통과하는 모습에 따라 자음과 모음이 나누어진다.

---

1 남자들의 목 바로 아래 동그랗게 튀어 나온 부분이 후두이다. 후두의 앞부분 아래쪽에 있는 연골의 모양 차이로 인하여 그 부분에 남녀 차이가 생겼다.

2 속삭이는 말에서는 모음도 무성음이다.

3 발성부의 중심 기관인 목청은 조음부로서의 구실도 한다. 예를 들어 우리말의 'ㅎ'은 좁혀진 목청 사이로 공기가 지나면서 마찰을 일으켜서 나는 소리이다

자음은 공깃길의 어느 자리가 완전히 막히거나 매우 좁아져서 공기의 흐름이 방해를 받아 나는 소리이고, **모음**은 그런 방해를 받지 않고 나는 소리이다. '바'와 '도'를 발음하면서 조음부의 여러 기관이 움직이는 모습을 관찰해보면, '바'의 첫소리인 'ㅂ'을 발음하기 위해서는 먼저 두 입술을 닫아서 공기의 흐름을 일단 막아야 하고 '도'의 첫소리인 'ㄷ'을 발음하기 위해서는 혀끝을 윗니 뒤쪽이나 윗잇몸 근처에 갖다 대어 공기의 흐름을 막아야 한다. 이에 반해 모음 'ㅏ'와 'ㅗ'를 발음하는 동안에는 공기의 흐름을 막거나 방해하는 움직임은 일어나지 않는다. 다만 입이 벌어지는 정도나 혀의 전후 위치, 입술의 모양 등에 따라 **공깃길의 모양**이 달라질 뿐이다. 따라서 한 자음의 구체적인 소릿값은 공기의 흐름이 방해를 받는 자리와 방해를 받는 방법에 따라 정해지고 그 결과에 따라 자음의 종류가 나뉜다고 할 수 있다. 이에 반해, 모음은 공깃길의 모양을 결정하는 요인, 즉 혀의 전후 위치[4]나 높낮이, 입술의 모양 등에 따라 소릿값이 결정되고 또 그 결과에 따라 모음의 종류가 나뉘게 된다.

　　목안까지 다다른 공기가 입을 통해 나가느냐 코를 통해 나가느냐 하는 것은 목젖(구개수, uvula)의 움직임에 달려 있다. 목안(인두)의 위쪽 천장에 매달려 있는 듯이 보이는, 입천장의 안쪽 끄트머리 부분을 목젖이라고 하는데, 이것이 목의 뒤쪽 벽에 붙으면 코로 나가는 공깃길을 막게 되므로 입으로만 공기가 나가게 되고, 이것이 허공에 그냥 매달려 있는 상태가 되면 공기가 코로 나가게 된다. 우리말의 'ㄴ, ㅁ, ㅇ'과 같은 자음은 공기가 코로 나가면서 코 안을 울려서 나는 **비음**(콧소리)이다.

　　한편, 소리의 길이(length), 높이(pitch), 세기(stress), 억양(intonation) 등도 말소리의 한 부분이라고 할 수 있지만, 이들은 자음이나 모음과 같이 절대적이고 분절적(分節的)인 소릿값을 가지지는 않기 때문에 **초분절음**(超分節音)이라고 한다. 초분절음은 단어나 문장의 뜻을 구별하는 데 관여하기도 하고 그냥 정서 표현이나 잉여적인 요소로 쓰이기도 한다.

4　더 정확하게 말하자면 혀의 여러 부위 중에서 입천장을 향해 가장 높아지는 부위, 즉 최고점(最高點)의 전후 위치이다.

1.2. 국어의 음운 체계

1.2.1. 음성과 음운

말소리는 두 개의 차원에 존재한다. 하나는 실제로 있는 그대로의 물리적인 차원이고 다른 하나는 그 말을 쓰는 사람들이 심리적으로 인식하는 차원이다. 예를 들어, [p]와 [b]는 물리적으로는 분명히 다른 소리이다. [p]는 양순 무성 파열음이고 [b]는 양순 유성 파열음이다. 그런데 영어를 모국어로 쓰는 사람들은 이 두 소리의 다름을 쉽게 알아차리는 데 반해 우리 한국 사람들은 이 두 소리의 다름을 쉽게 알지 못하고 하나의 소리처럼 받아들인다. 그 이유는 영어에서는 이 두 소리가 같은 음성 환경에 나타나서 이들의 다름에 의해 분화된 낱말쌍이 존재하지만, 우리말에는 이 두 소리가 절대로 같은 음성 환경에 나타나지 않고 따라서 이들의 다름에 의해 분화된 낱말쌍이 존재하지 않기 때문이다. 예를 들어, 영어의 'peach[piːʧ](복숭아)'와 'beach[biːʧ](해변)'는 낱말의 첫머리 자리에 놓인 두 자음 [p]와 [b] 때문에 서로 다른 낱말이 되었다. 이에 반해 우리말은 '바보[pabo]'에서 보듯이 [p]는 낱말의 첫머리 자리에 올 수 있지만 [b]는 유성음 사이에만 쓰일 수 있기 때문에 이들의 다름에 의해 분화된 낱말쌍이 존재하지 않는다. 즉, 우리말에서 자음 [p]와 [b]는 낱말의 뜻을 구분하는 구실을 하지 않으며, 따라서 우리나라 사람들은 이 두 소리의 다름을 인식할 수도 없고 그럴 필요도 없는 것이다.

더 알아보기

 변이음과 상보적 분포

우리말에서 [p]와 [b]는 하나의 **음소** /ㅂ/인데 앞뒤의 음성 환경에 따라 [p]로 실현되기도 하고 [b]로 실현되기도 하는 것이다. 이 경우 [p]와 [b]를 음소 /ㅂ(p)/의 **변이음**(allophone)이라고 한다. 영어에서는 각각 다른 음소의 자격을 가지는 [l]과 [r]도 우리말에서는 음소 /ㄹ/의 변이음일 뿐이다. 위에서 보듯이, 한 음소의 변이음들은 서로 나타날 수 있는 환경이 겹칠 수가 없는데 이런 분포 관계를 **배타적 분포** 혹은 **상보적 분포**라고 한다.

음운론에서는 물리적인 상태의 말소리를 **음성**이라고 하고 모국어 화자가 인식하고 있는 말소리를 **음운**이라고 한다. 영어에서는 [p]와 [b]가 각각 음운의 자격을 가지지만 우

리말에서는 이 두 소리는 하나의 음운이다. 모국어 화자의 머릿속에는 음성이 아닌 음운의 목록이 저장되어 있다고 할 수 있다. 음운론에서 말소리를 분석하여 그 언어에서 음운의 자격을 가지는 말소리를 가려내는 작업을 **음소 분석**(音素分析, phonemic analysis)이라고 하는데, 아래에서 살필 우리말의 음운 체계는 이 작업의 결과 만들어진 음운 목록을 각 소리들 사이의 음운론적 관계를 고려하여 체계화한 것이다.

1.2.2. 모음 체계

모음의 구체적인 소릿값은 목청을 떨어서 난 소리가 목안과 입안을 통과할 때, 조음 기관의 작용에 의해 만들어지는 **공깃길의 모양**에 따라 결정된다. 이 때 혀나 입술 등 조음부의 기관들이 한 번 취한 자세를 끝까지 유지하면서 내는 모음, 즉 공깃길의 모양을 바꾸지 않고 내는 모음을 **단모음**(單母音, 홑홀소리, monophthong)이라 하고, 소리 나는 동안에 혀가 움직이거나 입술의 모양이 바뀌어야 낼 수 있는 소리를 **이중 모음**(二重母音, 겹홀소리, diphthong)이라 한다.

먼저 우리말의 단모음 체계에 대해 살펴보자. 앞에서 말했듯이, 모음의 소릿값을 결정하는 데에는 혀의 최고점(最高點)의 전후 위치, 혀의 높낮이, 입술 모양 등의 요인이 관여한다. 혀의 최고점의 전후 위치란, 조음할 때 혀가 가장 높이 올라가는 부분이 입천장의 가운데를 기준으로 볼 때 앞쪽에 놓이느냐 뒤쪽에 놓이느냐 하는 것을 말하는데, 이에 따라서 **전설 모음**(前舌母音, front vowel)과 **후설 모음**(後舌母音, back vowel)이 나누어진다.[5] 다음으로, 혀의 높낮이는 하나의 모음을 발음할 때 혀가 가장 높이 올라가는 부분, 즉 혀의 최고점의 높낮이를 말하는데 이것은 입이 벌어지는 정도 즉 개구도(開口度, 간극도, aperture)와 관계가 있다. 혀의 최고점의 높이가 가장 높은 모음은 고모음(高母音, high vowel)이라 하는데, 이는 입이 벌어지는 각도가 가장 적다는 말과 같으므로 폐모음(閉母音, close vowel)이라고 부르기도 한다. 그 다음은 중모음(中母音, mid vowel) 혹은 반개모음(半開母音, half-open vowel)이라 하고, 혀의 최고점이 가장 낮은 모음은 저모음(低母音, low vowel) 혹은 개모음(開母音, open vowel)이라 한다.

혀의 최고점의 전후 위치와 높낮이에 따라 각 모음이 조음되는 자리가 대강 정해지는데, 이를 모음 사각도로 나타내 보면 다음과 같다.

---

5   음성학적으로는 전설 모음, 중설 모음, 후설 모음으로 나눌 수 있지만 음운론적으로는 전설 모음과 후설 모음으로만 나눈다. 이것은 우리말에서 중설과 후설의 차이는 음운론적 의미를 가지지 않는다는 것을 뜻한다.

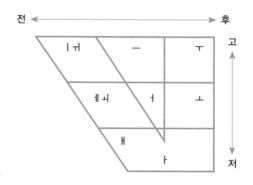

그림 3-2 모음 사각도 상의 국어 단모음

마지막으로, 모음의 소릿값은 입술 모양에 따라서도 달라지는데, 입술 모양을 둥글게 오므린 상태로 내는 모음을 **원순모음**(圓脣母音, rounded vowel)이라 하고 입술을 편 상태로 내는 모음을 **평순모음**(平脣母音, unrounded vowel)이라 한다.

이와 같은 세 가지 요인의 값에 따라 결정되는 우리말의 단모음 체계는 다음과 같다.

전후 고저 원평	전설 모음		후설 모음	
	평순	원순	평순	원순
고모음	ㅣ i	ㅟ y	ㅡ ɨ	ㅜ u
중모음	ㅔ e	ㅚ ø	ㅓ ʌ	ㅗ o
저모음	ㅐ ɛ		ㅏ a	

표 3-1 국어의 단모음 체계

더 알아보기

국어의 현실적인 단모음 체계

위의 단모음 체계는 현대국어의 단모음 수를 최대한 인정한 것으로 언어 현실과는 다소 차이가 있다. 무엇보다도 전설의 두 원순 모음 'ㅟ'와 'ㅚ'는 지금 많은 세대와 지역에서 각각 이중 모음 [wi], [we]로 발음되는 경향이 강하기 때문에 단모음으로 분류하기 어려울 정도이다. 그래서 지금의 표준 발음법(제4항의 '붙임')에서는 이 둘을 이중 모음으로 발음할 수 있도록 허용하고 있다. 아울러, 전설 모음인 'ㅔ'와 'ㅐ'도 젊은 세대로 갈수록 구별되지 않는 쪽으로 변해가고 있고, 방언에 따라서는 후설의 'ㅡ'와 'ㅓ'도 구분이 안 되는 등 방언과 세대에 따라 우리말의 모음 체계는 많은 차이를 보이고 있다.

앞에서도 말했듯이, 소리 나는 동안에 혀가 움직이거나 입술의 모양이 변하는 등 조음 기관의 자세 변화가 수반되어야 낼 수 있는 모음을 이중 모음(二重母音, 겹홀소리, diphthong)이라고 한다. 조음의 과정이 단모음 둘을 이어 내는 것과 비슷하기 때문에 이중 모음이라 하는 것이지만, 실제로는 두 모음을 한 모음처럼 축약시켜 조음한다. 즉, 이중 모음은 단모음으로 발음될 때와 거의 다름없는 모습으로 발음되는 주모음(主母音) 하나와 이 주모음에 딸린 것처럼 짧게 발음되는 **반모음**(半母音, semi-vowel)[6]의 결합으로 이루어진다. 예를 들어 이중 모음 'ㅑ'는 극히 짧은 순간 'ㅣ' 모음을 조음하는 자세를 취했다가 미끄러지듯 'ㅏ' 모음을 조음하는 자세로 바뀌는 움직임에 의해 만들어진다. 이 때 극히 짧게 조음된 'ㅣ' 모음 비슷한 소리가 반모음 'ĭ(j)'이다.[7] 'ĭ(j)'는 단모음 'ㅣ(i)'와 비슷하나 그 길이가 훨씬 짧고 혀의 위치도 더 높아서 경구개 쪽에 접근하는 정도가 더 가까우므로 평순 경구개 반모음이라고 부를 만하다. 반모음 'ĭ(j)'가 단모음과 결합하여 만드는 이중 모음, 즉 'ĭ(j)'-계 이중 모음에는 상향 이중 모음[8] 'ㅑ(ja), ㅕ(jʌ), ㅛ(jo), ㅠ(ju), ㅖ(je), ㅒ(jɛ)' 등과 하향 이중 모음 'ㅢ(ij)'[9]가 있다. 우리말의 반모음에는 'ĭ(j)' 외에 'ŭ(w)'도 있는데, 이 반모음은 단모음 'ㅜ(u)'와 비슷하나 그 길이가 훨씬 짧고 조음 위치가 연구개 쪽에 더 가까워서 원순 연구개 반모음이라고 부른다. 'ŭ(w)'-계 이중 모음에는 'ㅘ(wa), ㅝ(wʌ), ㅙ(wɛ), ㅞ(we)' 등이 있는데[10] 모두 상향 이중 모음이다.

1.2.3. 자음 체계

자음은 공깃길의 어느 지점을 막거나 좁혀서 공기의 자연스러운 흐름을 방해해서 내는 소리이다. 따라서 한 자음의 구체적인 모습은 공기의 흐름이 방해를 받는 자리와 방해 받는 방법에 따라 정해진다. 즉 어느 곳에서 어떤 식의 방해를 받느냐에 따라 각 자음의

---

6 자음과 같은 정도로 공기의 흐름이 방해를 받아서 나는 소리가 아니기 때문에 자음으로 보기는 어렵지만 그렇다고 단모음과 같은 정도의 모음성, 예컨대 단독으로 음절을 구성할 수 있는 성질을 갖추지 못했기 때문에 모음으로 보기도 어려워서 붙인 이름이다. 이를 '반자음'이라고 부르기도 한다. 또 이 소리는 조음 기관이 주모음을 조음하기 위한 자세로 옮아가는 도중에 나는 소리란 뜻에서 '과도음(過渡音)'이라 부르기도 하고, 순간적으로 주모음을 향해 미끄러지듯 짧게 나는 소리라 해서 '활음(滑音, glide)'으로 부르기도 한다.

7 반모음을 적는 기호가 따로 만들어져 있지 않을 때에는 반달표(˘, ̯)로 표시하는데 한글 모음 글자는 반달표를 위에 적고 국제 음성 기호는 반달표를 아래에 적는다.

8 반모음이 앞에 오고 주모음이 뒤에 오는 순서로 결합된 이중 모음을 상향 이중 모음(rising diphthong)이라 하고 반대 순서로 결합된 이중 모음을 하향 이중 모음(falling diphthong)이라 한다.

9 'ㅢ'를 반모음 /ɯ(ɨ)/와 단모음 /ㅣ/의 결합으로 이루어진 상향 이중 모음 'ɰi'로 처리하기도 한다.

10 단모음 'ㅟ'가 이중 모음으로 발음되면 [wi]가 되고 'ㅚ'가 이중 모음으로 발음되면 [ㅞ(we)]와 구별되지 않는다.

소릿값이 정해지고 또 그 차이에 따라 자음의 종류가 나누어진다는 것이다. 이 자리와 방법을 각각 '조음 위치'와 '조음 방법'이라고 한다.

자음의 **조음 위치**는 언어에 따라 다양하지만 우리말의 자음은 두 입술, 혀끝-윗잇몸, 앞혓바닥-센입천장, 뒷혓바닥-여린입천장, 목청 등의 다섯 곳에서 난다. 이 다섯 곳에서 나는 자음의 이름을 각각 입술소리(순음), 잇몸소리(치조음), 센입천장소리(경구개음), 여린입천장소리(연구개음), 목청소리(후음)라 한다.

우리말 자음의 **조음 방법**도 다섯 가지 정도가 있다. 먼저, 공깃길의 어느 한 곳에서 공기의 흐름을 완전히 막았다가 순간적으로 터뜨리듯 내는 소리를 **파열음**(破裂音, 터짐소리)이라 한다. 예를 들어, '바'를 발음하면서 조음 기관의 움직임을 관찰해보자. '바'의 첫소리 발음은 먼저 두 입술을 닫고(폐쇄), 극히 짧은 순간 동안 그 닫음을 유지하다가(지속), 모음 'ㅏ'를 발음하기 위해 두 입술을 급작스럽게 열어서 막혔던 공기를 일시에 내보내는(개방), 세 단계로 이루어진다는 것을 알 수 있다.[11] 자음 'ㅂ, ㅍ, ㅃ'은 두 입술, 'ㄷ, ㅌ, ㄸ'은 윗잇몸, 'ㄱ, ㅋ, ㄲ'은 여린입천장에서 나는 파열음이다.

다음으로, 파열음과 같이 능동부를 고정부에 닿게 하여 공기의 흐름을 한 순간 완전히 막았다가 터뜨리되, 그 터뜨리는 속도를 조금 더디게 하면 순간적으로 생기는 틈 사이로 마찰이 일어나게 되는데, 이런 방법으로 내는 소리를 **파찰음**(破擦音, 붙갈이소리, affricate)이라 한다. 'ㅈ(tɕ)', 'ㅊ(tɕʰ)', 'ㅉ(tɕ')'은 앞 혓바닥이 센입천장에 닿았다가 떨어지면서 나는 경구개 파찰음이다.

능동부를 고정부에 닿기 직전의 상태까지 최대한 접근시켜 만들어지는 좁은 틈으로 공기를 통과시키면 그 사이에 마찰이 일어나면서 소리가 나는데, 이 소리를 **마찰음**(摩擦音, 갈이소리, fricative)이라고 한다. 'ㅅ(s), ㅆ(s')'은 '혀끝-윗잇몸' 위치에서 나는 마찰음이고 'ㅎ(h)'은 목청 사이를 좁히고 그 사이로 공기를 통과시키며 마찰을 일으켜 내는, 성문 무성 마찰음이다.

파열음, 파찰음, 마찰음을 낼 때, 막히거나 좁혀졌던 공깃길을 여는 순간 성문을 힘주어 좁히면 조음 기관, 특히 후두의 근육들이 긴장되면서 밖으로 나가는 공기의 양이 매우 적은 상태로 소리가 나게 되는데, 이 소리는 청각적으로 단단하고 된 인상을 주기 때문에 흔히 **된소리** 혹은 경음(硬音, fortis)이라 한다. 우리말의 양순 파열음 중에서는 'ㅃ(p')'

---

11 '파열음'은 막혔던 공깃길을 '터뜨려 연다'는 점 때문에 붙여진 이름인데, '공깃길을 막아서 내는 소리'라는 점을 중시하여 '폐쇄음'이라고 부르기도 한다.

이, 치조 파열음 중에서는 'ㄸ(t')'이, 연구개 파열음 중에서는 'ㄲ(k')'이 된소리이며, 치조 마찰음인 'ㅆ(s')'이나 경구개 파찰음인 'ㅉ(tɕ')'도 된소리이다. 된소리는 음성학적으로 공깃길을 막거나 좁히고 있는 시간, 즉 '폐쇄 지속 시간'이 예사소리에 비해 훨씬 더 길다.

한편, 막혔던 공깃길이 개방되는 순간 성문이 넓게 열리고 그 사이로 강한 기류가 빠져 나가면 [ㅎ] 소리를 낼 때와 비슷한 무성의 마찰이 일어나게 되는데, 이런 무성의 마찰을 일으키며 분출되는 강한 공기의 흐름을 '기(氣, aspiration)'라고 한다. 파열음이나 파찰음 중에서 기를 수반하는 소리를 유기음(有氣音, aspirated)이라고 하는데, 거친 느낌을 주는 소리라는 뜻으로 **거센소리**나 격음(激音)이라고도 부른다. 우리말의 양순 파열음 중에서는 'ㅍ(pʰ)'이, 치조 파열음 중에서는 'ㅌ(tʰ)'이, 연구개 파열음 중에서는 'ㅋ(kʰ)'이 거센소리이고, 경구개 파찰음인 'ㅊ(tɕʰ)'도 거센소리이다.

조음 기관의 움직임은 같은 위치의 파열음과 같으나, 막혔던 공기를 터뜨리는 순간 코로 통하는 공깃길을 열어 그 속으로 공기를 통과시키며 내는 소리를 **비음**(鼻音, 콧소리, nasal)이라고 한다. 비음은 코 안을 울리면서 나는 소리인 동시에 목청을 떨어서 내는 소리이므로 모두 유성음이다. 'ㅁ(m)'은 양순 비음, 'ㄴ(n)'은 치조 비음, 'ㅇ(ŋ)'은 연구개 비음인데, 공기가 코 안을 통과하면서 난다는 점을 제외하고 나면 각각 'ㅂ, ㄷ, ㄱ'과 조음 위치와 조음 방법이 같다.

공기의 흐름을 방해하는 작용이 약해서 조음 과정에 공기가 자연스럽게 흘러나가는 소리를 **유음**(流音, 흐름소리, liquid)이라고 한다. 우리말의 자음 중에는 'ㄹ'만이 유음인데, 이 자음은 분포 환경에 따라 조음 방법이 달라진다. 즉, '물, 달'의 받침소리 'ㄹ'은 혀 끝을 윗잇몸 근처에 댄 상태에서 혀의 양 옆으로 공기를 흘려 내보내면서 내는 '설측음' [l]이고, '나라, 노래'의 'ㄹ'은 혀끝을 윗잇몸 쪽에 한번 가볍게 튀기듯 닿게 해서 내는 '탄설음'[r]이다.

위에서 살핀 우리말의 자음 체계를 표로 정리하면 다음과 같다.

조음 방법 \ 조음 위치		양순음	치조음	경구개음	연구개음	성문음
파열음	예사소리	ㅂ p	ㄷ t		ㄱ k	
	된소리	ㅃ p'	ㄸ t'		ㄲ k'	
	거센소리	ㅍ pʰ	ㅌ tʰ		ㅋ kʰ	
파찰음	예사소리			ㅈ tɕ		
	된소리			ㅉ tɕ'		
	거센소리			ㅊ tɕʰ		
마찰음	예사소리		ㅅ s			ㅎ h
	된소리		ㅆ s'			
비음		ㅁ m	ㄴ n		ㅇ ŋ	
유음			ㄹ l			

표 3-2 **국어의 자음 체계**

1.2.4. 운소

자음이나 모음처럼 절대적이고 분절적(分節的, segmental)인 소릿값을 가지지는 않지만 말소리의 한 부분을 이루는 것으로 길이(length), 높이(pitch), 세기(stress), 억양(intonation) 등이 있다. 이들은 절대적인 소릿값을 가지지 않기 때문에 단독으로는 실현되지 못하고 분절음, 특히 모음에 얹혀서 실현되는 경우가 많지만, 딱히 어느 한 모음에 소속된 것으로 보기 어려울 때도 있다. 이런 속성 때문에 이들을 **초분절음**(超分節音, suprasegmental) 혹은 비분절음, 자립 분절적 요소(autosegmental feature), 운율적 요소(prosodic feature), 뜨내기 소리 바탕 등으로 부른다.

초분절음은 정서 표현이나 잉여적인 요소로 사용되기도 하고 단어나 문장의 뜻을 구별하는 데 관여하기도 하는데, 한 언어에서 낱말의 뜻을 구별하는 구실을 하는 초분절음을 **운소**(韻素, prosodeme)라 하여 분절음과 함께 음운 기술의 대상으로 삼는다. '음운 체계'라고 할 때의 '음운'은 바로 '음소'와 '운소'를 함께 가리키는 말이다. 표준 발음법에서는 위의 초분절음 중 **길이**만을 운소로 인정하고 있다. 지금의 우리말에서는 길이만이 낱말의 뜻을 구별하는 구실을 하기 때문이다.[12] 다음은 첫음절 모음이 긴소리(장모음)인가

---

12 일반적으로 억양을 운소에 포함시키지 않는 것은 이 초분절음이 낱말의 뜻을 구별하는 구실을 하지 않기 때문이다. 억양은 구나 문장 단위에 얹혀서 화자의 감정을 전달하거나 문장 종결의 유형을 결정하는 구실을 한다.

짧은소리(단모음)인가에 따라 뜻이 달라진 낱말쌍의 보기이다.

  (1) 굴(石花)/굴:(窟), 눈(眼)/눈:(雪), 말(馬, 斗)/말:(語), 밤(夜)/밤:(栗), 솔(松)/솔:(刷),

     가정(家庭)/가:정(假定), 무력(無力)/무:력(武力), 사료(飼料)/사:료(史料),

     굽다(曲)/굽:다(炙), 말다(捲)/말:다(勿), 묻다(埋)/묻:다(問)

그런데 우리말에서 긴소리는 일반적으로 단어의 첫음절에서만 실현되고 둘째 음절 이하에서는 짧은소리로만 난다.[13] 다시 말해 긴소리와 짧은소리의 구분은 단어의 첫음절에서만 유지된다는 것이다. '굴:(窟), 눈:(雪), 말:(語), 밤:(栗), 솔:(刷)'의 긴소리가 '동굴[동:굴], 우리말[우리말], 봄눈[봄눈], 알밤[알밤], 구둣솔[구둔쏠/구두쏠]'에서는 짧은소리로 바뀐다는 점, 둘째 음절 이하에 긴소리를 가진 단어를 찾기 어렵다는 점 등에서 이 사실을 확인할 수 있다.

1.3. 음절

음운이 모여 이루는 소리 덩이 중 '발음할 수 있는 최소의 소리 단위' 혹은 '최소의 발음 단위'를 **음절**(音節, syllable)이라고 한다. 따라서 아래 [ ] 안과 같이 우리말을 소리 나는 대로 적었을 때 한 글자가 바로 한 음절이 된다.

  (2) 갑돌이가 밥을 먹었다.[갑또리가 바블 머걷따]

어떤 말소리들이 어떤 방식으로 결합하여 하나의 음절을 이루는가 하는 문제에 대한 답은 언어에 따라 다른데, 우리말의 경우 반드시 모음 하나가 있어야 한 음절을 구성할 수 있다. 단독으로 음절을 구성할 수 있는 소리의 성질을 **성절성**(成節性)'이라고 하는데, 우리말에서는 모음만 이 성질을 가진다. 이에 반해, 자음은 모음의 앞이나 뒤에 하나씩 붙을 수 있지만 음절을 구성하는 데 꼭 필요한 것은 아니다. 즉, 우리말의 한 음절은 모음 하나에 자음이 앞이나 뒤에 붙거나 붙지 않은 상태로 만들어지기 때문에, 다음과 같은 기

---

13 여기서 '일반적으로'라는 표현을 쓴 것은 일부 합성어의 경우 둘째 음절 이하에서도 긴소리가 인정되고 있기 때문이다. 표준 발음법 제6항에서는 '반신반의[반:신 바:늬]', '재삼재사[재:삼 재:사]' 등의 합성어에서 "둘째 음절 이하에서도 분명한 긴소리를 인정한다."라고 규정하고 있다.

본 구조를 가진다고 할 수 있다.

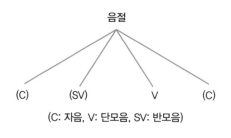

(C: 자음, V: 단모음, SV: 반모음)

그림 3-3 국어 음절의 기본 구조

위의 그림은 우리말의 한 음절이 필수 성분인 단모음 하나에, 초성 자음과 반모음이 각각 0개 혹은 1개, 종성 자음이 0개 혹은 1개 붙어서 이루어진다는 점을 나타내고 있다.[14]

더 알아보기

외래어의 음절 수

초성 자리에 자음이 둘 이상 오거나, 혹은 모음이 없거나, 혹은 종성 자리에 자음이 둘 이상 오는 소리 연쇄는 우리말의 음절이 되지 못한다. 따라서 이런 소리 연쇄를 가진 외국어 단어가 외래어로 들어오면 우리말의 음절 구조에 맞추기 위해 그 음절 수가 원어와 달라진다.

milk[milk](1음절) → 밀크(2음절)
strike[straik](1음절) → 스트라이크(5음절)
christmas[krismas](2음절) → 크리스마스 (5음절)

위와 같은 **음절 구조**로 인하여, 우리말에는 크게 나누면 4가지, 더 잘게 나누면 8가지의 음절 유형이 존재한다.

(3) ㄱ. 모음 하나로 된 것 ⇒ '중성'형

---

14 한 음절 안에서 모음 앞의 자음을 초성, 모음을 중성, 모음 뒤의 자음을 종성이라고 부른다.

· 단모음 하나로 된 것: 아, 이, 애 …

· 이중 모음 하나로 된 것: 야, 여, 와, 왜 …

ㄴ. 자음＋모음으로 된 것 ⇒ '초성＋중성'형

· 자음＋단모음으로 된 것: 가, 도, 코, 깨 …

· 자음＋이중 모음으로 된 것: 과, 며, 켜, 꿔 …

ㄷ. 모음＋자음으로 된 것 ⇒ '중성＋종성'형

· 단모음＋자음으로 된 것: 옥, 언, 압, 인 …

· 이중 모음＋자음으로 된 것: 역, 융, 왕 …

ㄹ. 자음＋모음＋자음으로 된 것 ⇒ '초성＋중성＋종성'형

· 자음＋단모음＋자음으로 된 것: 검, 난, 목, 톱 …

· 자음＋이중 모음＋자음으로 된 것: 광, 벽, 명 …

2. 음운의 변동

말소리의 소릿값은 음성 환경에 따라 바뀔 수 있다. 예를 들어 '달님'의 둘째 음절 초성 자음 'ㄴ'은 앞 음절 종성 자음 'ㄹ'에 동화되어 [달림]으로 발음되고, '닭만'의 첫 음절 종성의 자음군 'ㄺ'은 음절말 위치에서 'ㄱ'으로 단순화된 다음, 이 'ㄱ'이 다시 뒤 음절 초성 자음 'ㅁ' 앞에서 'ㅇ'으로 바뀌어, 최종적으로는 [당만]으로 발음된다. 이렇게 어떤 음운 이 그 놓이는 음성 환경에 따라 다른 음운으로 바뀌는 현상을 **음운 변동**(音韻變動, phono-logical alternation)이라고 한다.[15] 음운 변동은 보통 형태소와 형태소가 결합하면서 그 경 계에 놓이는 두 개의 음운 사이의 관계에 따라 나타나는 경우가 많은데, 그 결과 형태소 나 단어의 형태 변화를 초래하게 된다. 따라서 형태론의 처지에서 보면 음운 변동은 일종 의 변이 형태 실현 과정이라고 할 수 있다. 예를 들어, '/값＋만/ → [감만]'을 음운론의 관 점에서 보자면, '자음군 단순화'(/ㅄ/ → [ㅂ])와 '비음동화'(/ㅂ/ → [ㅁ])라는 음운 변동 이 일어나는 과정이지만 형태론적 관점에서 보면 {값}이라는 체언 형태소가, 조사 {만} 앞

---

15 보통 시간의 흐름에 따른 말소리의 바뀜, 즉 통시적인 말소리 변화를 '음운 변화(音韻變化)'라 하여 공시적인 현상인 '음운 변동(音韻變動)'과 구별한다.

에서 《감》이라는 변이 형태로 실현되는 과정인 것이다.

음운 변동에는 여러 가지 종류가 있고 이를 분류하는 방법에도 여러 가지가 있다. 그러나 일반적으로는 변동의 결과 표면적으로 나타나는 분절음 차원의 변동 양상에 따라 대치, 탈락, 첨가, 축약으로 나누거나, 변동이 일어나는 음운론적 동기에 따라 동화와 이화로 나누는 방법이 많이 쓰인다. 대치(代置, replacement)는 어떤 음운이 다른 음운으로 바뀌는 현상을 가리키고, 탈락(脫落, deletion)은 원래 있던 한 음운이 없어지는 현상을 말한다. 그리고 없던 음운이 추가되는 것을 첨가(添加, addition)라고 하고 두 개의 음운이 합쳐져서 하나로 되는 것을 축약(縮約, coalescence)이라고 한다. 동화(同化, assimilation)는 한 소리의 소릿값이 그 놓이는 음성 환경과 같아지는 쪽으로 바뀌는 것을 말하는데, 대개 인접음의 조음 위치나 조음 방법을 닮거나 이와 같아지게 된다. 반면, 이화(異化, dissimilation)는 한 소리가 주변의 음성 환경과 달라지는 쪽으로 바뀌는 것을 말한다.

아래에서는 우리말의 음운 변동 현상을 대치, 탈락, 첨가, 축약의 네 종류로 나누어 살피고, 이 네 가지에 포함되기 어려운 현상을 따로 모아 살피기로 한다.

더 알아보기

음운 변동의 분류 체계

전통적인 학교 문법의 음운 변동 분류 체계는 일관된 기준을 따르지 않는 경향이 있었다. 예컨대, 제7차 고등학교 문법 교과서의 '음운의 변동' 단원은 다음과 같은 네 개의 소절로 되어 있었다.

1. 음절의 끝소리 규칙
2. 음운의 동화(자음 동화, 구개음화, 모음 동화, 모음조화)
3. 음운의 축약과 탈락(축약, 탈락)
4. 사잇소리 현상

여기서 '음절의 끝소리 규칙'이나 '사잇소리 현상'은 '동화, 축약, 탈락' 등과 대등한 층위로 분류할 성질이 아니며, '동화' 역시 '축약'이나 '탈락' 등과는 다른 기준에 의한 분류 결과이다. 특히, '음절의 끝소리 규칙'은 변동 차원의 이름으로는 부적절할 뿐 아니라 대치에 속하는 평파열음화와 탈락에 속하는 자음군 단순화가 하나로 묶여 있다는 점에서도 불합리한 점이 있었다. 2009 개정 이후의 교육과정에 의한 교과서들에서는 음운 변동을 '대치, 탈락, 첨가, 축약'으로 분류하고 자음군 단순화를 탈락으로 분류한 교과서가 많아졌으나 평파열음화를 여전히 '음절의 끝소리 규칙'으로 부르는 경향은 남아 있다.

2.1. 대치

음운의 '대치'는 어떤 음운이 다른 음운으로 바뀌는 것을 말하는데, 여기에 해당하는 음운 변동으로는 평파열음화, 비음화, 'ㄹ'의 비음화, 유음화, 구개음화, 된소리되기, 조음 위치 동화, 반모음화, ㅣ-역행 동화 등이 있다.

평파열음화 평파열음화는 음절의 종성 자리에서[16] 어떤 장애음이 평파열음인 'ㅂ, ㄷ, ㄱ' 중 하나로 바뀌는 현상을 말한다.

(4) ㄱ. 늪 → [늡], 무릎 → [무릅], 덮고 → [덥꼬], 앞앞이[아바피]

　　ㄴ. 꽃 → [꼳], 낮 → [낟], 낫고 → [낟ː꼬], 팥알 → [파달], 히읗 → [히은], 밭어버
　　　　이 → [바더버이], 나았고 → [나안꼬], 젖어미 → [저더미]

　　ㄷ. 낚시 → [낙씨], 부엌 → [부억], 볶다가 → [복따가]

(4)는 음절의 종성 자리에서 'ㅍ → ㅂ', 'ㅅ, ㅆ, ㅈ, ㅊ, ㅌ → ㄷ', 'ㄲ, ㅋ → ㄱ'의 변동이 일어남을 보여 준다. 이 변동은 우리말에서 음절의 종성 자리에는 'ㄱ, ㄴ, ㄷ, ㄹ, ㅁ, ㅂ, ㅇ'의 7개 자음만 올 수 있다는 제약에 따라 일어난다. 그런데 이 7개 자음 중에서 공명음인[17] 'ㄴ, ㄹ, ㅁ, ㅇ'은 아무런 변동이 없이 그대로 발음되고, 실제로 일어나는 변동은 나머지 장애음들이 평파열음인 'ㅂ, ㄷ, ㄱ' 중 하나로 바뀌는 현상이기 때문에 '평파열음화'라고 부른다.

16　'음절의 종성'이란, 단독으로 발음되는 단어의 마지막 음절의 종성('꽃'의 'ㅊ'), 자음으로 시작하는 형태 앞에 결합하는 형태의 마지막 음절의 종성('덮고'의 'ㅍ'), 실질 형태소 앞에 결합하는 형태의 마지막 음절의 종성('젖어미'의 'ㅈ')을 말한다.

17　입안이나 코 안을 울려서 내는 소리를 공명음이라고 한다.

평파열음화의 음성학적 동기

음성학적으로 볼 때, 평파열음화는 음절의 종성 자리에서 모든 자음이 공깃길이 막힌 상태로 발음되기 때문에 일어나는 현상이다. 자음은 '폐쇄–지속–개방'의 세 단계를 모두 거쳐야 제 소릿값대로 발음될 수 있다. 그런데 우리말에서 음절의 종성 자리에 놓이는 자음은 '개방' 단계가 없이 발음되어야 한다. 따라서 개방 단계에서 소릿값이 완성되는 거센소리나 된소리가 제대로 발음될 수가 없고, 치조 마찰음인 'ㅅ, ㅆ'과 경구개 파찰음인 'ㅈ, ㅊ', 후두 마찰음인 'ㅎ' 등도 제 소릿값대로 발음될 수 없다. 따라서 파열음의 거센소리와 된소리는 같은 조음 위치의 평음으로 바뀌고, 'ㅅ, ㅆ, ㅈ, ㅊ, ㅎ' 등은 치조 파열음인 'ㄷ'으로 바뀌는 것이다.

평파열음화를 겪은 장애음은 음성 환경에 따라 다른 음운 변동의 대상이 되기도 한다.

(5) ㄱ. 부엌만 → 부억만 → [부엉만]

　　ㄴ. 꽃보다 → 꼳보다 → [꼽뽀다]

(5ㄱ)은 '부엌'의 'ㅋ'이 조사 '만'의 'ㅁ' 앞에서 'ㄱ'으로 변동했다가 다시 비음화를 겪음을 보여 주고, (5ㄴ)은 '꽃'의 'ㅊ'이 '보다'의 'ㅂ' 앞에서 'ㄷ'으로 변동했다가 다시 조음 위치 동화를 겪음을 보여 준다.

 평파열음화의 다른 이름

이 변동은 '평파열음화' 외에도 '평폐쇄음화', '음절 끝소리 규칙', '중화', '불파음화'(닫힘소리되기, 미파음화) 등의 이름으로 불려 왔는데, 그 중에서 음운 변동 차원의 이름으로 가장 적절한 것은 '평파열음화'와 '평폐쇄음화'이다. 이 두 이름은 'ㅂ, ㄷ, ㄱ'을 파열음으로 부르느냐 폐쇄음으로 부르느냐에 따라 달라진 것인데, 'ㅈ, ㅊ, ㅉ'을 보통 '파찰음'이라고 부른다는 점을 고려하면 '평파열음화'가 조금 더 자연스럽다. 이처럼 음운 변동의 이름을 고르거나 새로 지어보는 활동도 유익한 학습 내용이 될 수 있다.

비음화 비음화는 비음 앞에 놓인 장애음이 같은 조음 위치의 비음으로 바뀌는 현상이다.

(6) 쪽문 → [쫑문], 낚는 → [낭는], 부엌문 → [부엉문], 넋만 → [넝만], 흙냄새 → [흥냄새], 걷는 → [건ː는], 뱉는 → [밴ː는], 웃는 → [운ː는], 있는 → [인는], 벚나무 → [번나무], 쫓는 → [쫀는], 꽃망울 → [꼰망울], 낮만 → [난만], 넣는 → [넌ː는], 겹말 → [겸말], 앞 날 → [암날], 읊는 → [음는], 밟는데 → [밤ː는데], 값만 → [감만]

위의 자료에서 겉으로 드러나는 변동의 양상을 정리하면 다음과 같다.

(7) 'ㄱ, ㄲ, ㅋ, ㄳ, ㄺ'이 'ㅁ, ㄴ' 앞에서 'ㅇ'으로 바뀐다.
  'ㄷ, ㅌ, ㅅ, ㅆ, ㅈ, ㅊ, ㅎ'이 'ㅁ, ㄴ' 앞에서 'ㄴ'으로 바뀐다.
  'ㅂ, ㅍ, ㄼ, ㄿ, ㅄ'이 'ㅁ, ㄴ' 앞에서 'ㅁ'으로 바뀐다.

그런데 'ㄲ, ㅋ, ㄳ, ㄺ'은 평파열음화나 자음군 단순화에 의해 'ㄱ'으로 바뀐 다음에 다시 비음화에 의해 'ㅇ'으로 바뀐다. 마찬가지로 'ㅌ, ㅅ, ㅆ, ㅈ, ㅊ, ㅎ'은 'ㄷ'으로 바뀐 다음에 'ㄴ'으로 바뀌며 'ㅍ, ㄼ, ㄿ, ㅄ'도 일단 'ㅂ'으로 바뀌었다가 'ㅁ'으로 바뀐다.

(8) 부엌문 → 부억문 → [부엉문], 뱉는 → 밷는 → [밴ː는]
  꽃망울 → 꼳망울 → [꼰망울], 값만 → 갑만 → [감만]

따라서 실제로 일어나는 비음화는 'ㄱ, ㄷ, ㅂ'이 비음인 'ㅁ, ㄴ' 앞에서 각각 같은 조음 위치의 비음인 'ㅇ, ㄴ, ㅁ'으로 바뀌는 현상이라고 할 수 있다. 이 변동은 조음 위치는 그대로 둔 채 조음 방법만 뒤 자음에 동화되는 역행 동화이다.

더 알아보기

📝 음운의 동화

위의 비음화와 같이, 한 음운의 소릿값이 그 놓이는 음성 환경과 같아지는 쪽으로 바뀌는 현상을 **음운의 동화**(同化, assimilation)라고 한다. 동화는 말소리를 더 쉽게 조음하고

자 하는 노력의 산물이다. 이어 나는 두 소리를 같은 조음 방식으로, 혹은 같은 조음 위치에서 발음하면 아무래도 조음 기관의 부담을 많이 덜어 주어 발화 과정에 드는 노력이 절감되기 때문이다. 동화에 참여하는 요소 중에서 동화를 야기하는 소리를 동화주(同化主, trigger)라 하고, 동화되는 소리를 피동화주(被同化主, target)라고 한다. 아울러, 동화는 피동화주가 동화주에 가까워지는 정도에 따라 완전 동화(完全同化, complete assimilation)와 부분 동화(部分同化, partial assimilation)로 나뉘고, 동화의 방향, 즉 동화주와 피동화주가 놓이는 순서에 따라 순행 동화(順行同化, progressive assimilation)와 역행 동화(逆行同化, regressive assimilation)로도 나뉜다.

'ㄹ'의 비음화 'ㄹ'의 비음화는 유음인 'ㄹ'이 다른 자음 뒤에서 치조 비음인 'ㄴ'으로 바뀌는 현상이다.

(9) ㄱ. 공로 → [공노], 대통령 → [대:통녕], 중력 → [중:녁], 침략 → [침냑], 늠름 → [늠늠],
    박람회 → 박남회 → [방남회], 백로 → 백노 → [뱅노], 십리 → 십니 → [심니], 압력
    → 압녁 → [암녁]
  ㄴ. 결단력 → [결딴녁], 공권력 → [공꿘녁], 보존량 → [보:존냥], 의견란 → [의:견난],
    임진란 → [임:진난], 생산량 → [생산냥], 입원료 → [이:뭔뇨]

위에서 'ㄹ'을 제외한 자음 뒤에서 'ㄹ'이 'ㄴ'으로 바뀌고 있음을 알 수 있다. (9ㄱ)은 'ㄴ'을 제외한 비음과 장애음 뒤에서 일어나는 'ㄹ'의 비음화인데, 장애음 뒤에서는 'ㄹ'이 'ㄴ'으로 바뀐 다음에 앞의 자음이 이 'ㄴ'의 비음성에 동화되는 과정을 거친다. (9ㄴ)은 'ㄹ'의 비음화가 'ㄴ' 뒤에서 일어나는 예들이다. 이처럼 'ㄴ' 뒤에서 일어나는 'ㄹ'의 비음화를 따로 제시한 것은 '신라[실라]'나 '산란기[살:란기]'와 같이, 같은 환경에서 'ㄹ'의 비음화가 일어나지 않고 오히려 앞의 'ㄴ'이 뒤의 'ㄹ'에 동화되어 'ㄹ'로 바뀌는 경우도 있기 때문이다.[18]

'ㄹ'의 비음화는 변동의 결과가 비음이라는 점에서 장애음의 비음화와 같지만 이 두 변동의 성격은 다른 점이 많다. 장애음의 비음화가 비음 앞의 자음이 역행 동화되는 과정

---

18 이 변동을 유음화라고 하는데 이에 대해서는 아래에서 따로 살핀다.

인 반면, 'ㄹ'의 비음화는 앞 자음의 어떤 성질에 동화된 것인지 판단하기 쉽지 않다. 조음 음성학적으로 볼 때 'ㄹ의 비음화'는 유음이 아닌 자음과 유음을 이어 내기가 어려워서 유음의 다른 성질은 그대로 두고 '유음성'을 제거한 결과라고 할 수 있다.[19]

유음화 유음화는 'ㄴ'이 'ㄹ'의 앞이나 뒤에서 'ㄹ'로 바뀌는 현상이다. 보통 치조 비음인 'ㄴ'이 같은 조음 위치의 유음인 'ㄹ'의 유음성에 동화되는 과정으로 본다.

(10) ㄱ. 달나라 → [달라라], 물난리 → [물랄리], 줄넘기 → [줄럼끼], 닳는 → [달른], 훑는
　　　다 → [훌른다]
　　ㄴ. 권력 → [궐력], 신라 → [실라], 광한루 → [광:할루], 대관령 → [대:괄령], 탄력성
　　　→ [탈:력썽]

(10ㄱ)은 'ㄹ' 뒤에서 'ㄴ'이 'ㄹ'로 바뀌는 순행적 유음화의 보기이다. '닳는'이나 '훑는다'의 경우에는 'ㅀ → ㄹ' 및 'ㄾ → ㄹ'와 같은 자음군 단순화를 거친 후 순행적 유음화가 일어난다. 그런데 순행적 유음화와 같은 환경에서 앞의 'ㄹ'이 탈락하는 현상이 일어나는 경우도 있다.

(11) ㄱ. 알:+는 → [아:는], 가늘+네 → [가느네], 살:+느냐 → [사:느냐]
　　ㄴ. 따님(딸+님), 아드님(아들+님), 버드나무(버들+나무)

(11ㄱ)은 용언의 어간 말 자음인 'ㄹ'이 어미 첫 자음 'ㄴ' 앞에서 탈락하는 현상을 보여 준다.[20] 따라서 어간 말 자음 'ㄹ'과 어미 첫 자음 'ㄴ'이 만나는 경우에는 순행적 유음화가 일어나지 않고 'ㄹ' 탈락 현상의 적용을 받는다는 것을 알 수 있다. (11ㄴ)은 복합어에서 일어난 'ㄹ' 탈락의 예로, (10ㄱ)의 '달나라'류와는 상반된 모습을 보여 준다. 이 경우의 'ㄹ' 탈락은 '바느질(바늘+질)', '부삽(불+삽)', '부젓가락(불+젓가락)'에서 보듯이, 'ㅅ'이나 'ㅈ' 앞에서도 일어난다. 일반적으로 이처럼 'ㄹ' 탈락을 겪은 복합어들은 과거에

19　이렇게 볼 경우, 'ㄹ'의 비음화는 [−유음성]에 대한 동화라고 할 수도 있다.
20　'알:+으세 → [아:세]', '살:+으시니 → [사:시니]'에서 보듯이, 어간 말 자음 'ㄹ' 탈락은 'ㅅ'으로 시작하는 어미 앞에서도 일어난다.

'ㄹ' 탈락이 강한 세력을 가졌을 때 만들어진 것들로 보아서, 이 경우의 'ㄹ' 탈락은 지금은 힘을 잃은 것으로 설명한다.

(10ㄴ)은 'ㄹ'의 앞에서 'ㄴ'이 'ㄹ'로 바뀌는 역행적 유음화의 보기들이다. 그런데 역행적 유음화는 같은 환경에서 'ㄹ'이 'ㄴ'으로 바뀌는, (9ㄴ)의 'ㄹ'의 비음화가 일어나는 경우도 있다는 점이 문제이다. 'ㄴ+ㄹ'이 'ㄹㄹ'이 되기도 하고 'ㄴㄴ'이 되기도 하는 상황인데[21], 이 둘을 구별하기가 어렵기 때문에 'ㄴ+ㄹ'에 대해서는 역행적 유음화와 'ㄹ'의 비음화가 경쟁하고 있는 것으로 설명하기도 한다. 다만, (9ㄴ)과 (10ㄴ)을 비교해 보면, '결단+력'이나 '보존+량'과 같은 구조는 'ㄹ'의 비음화를 겪고, '권력'이나 '탄력' 같은 2음절 한자어는 역행적 유음화를 겪는 경향이 강함을 알 수 있다.

구개음화 구개음화는 치조음인 'ㄷ'과 'ㅌ'이 모음 'ㅣ' 앞에서 각각 경구개음인 'ㅈ'과 'ㅊ'으로 바뀌는 현상이다. 엄밀히 말하자면 경구개음화라고 해야겠지만 일반적으로 '구개음화'로 부른다.

(12) ㄱ. 굳이 → [구지], 맏이 → [마지], 미닫이 → [미다지], 해돋이 → [해도지]

　　ㄴ. 같이 → [가치], 밭이 → [바치], 붙이고 → [부치고], 샅샅이 → [산싸치], 솥이다
　　　 → [소치다]

　　ㄷ. 갇히고 → [가치고], 굳히다 → [구치다], 닫히다 → [다치다], 묻히다 → [무치다]

(12ㄱ, ㄴ)에서는 'ㄷ'과 'ㅌ'이 각각 'ㅈ'과 'ㅊ'으로 바뀌는 것을 확인할 수 있고, (12ㄷ)에서는 거센소리되기의 결과인 'ㅌ'이 'ㅊ'으로 바뀌는 것을 확인할 수 있다. 이 변동은 치조 자음이 전설 고모음인 'ㅣ'의 소릿값과 가장 가까운 경구개 자음으로 바뀌는 현상이다. 자음이 모음의 소릿값에 동화되는 현상인 것이다. 그런데 구개음화가 일어나기 위해서는 비음운론적인 조건도 필요한데, 피동화주인 자음은 체언이나 용언의 어간과 같은 실질 형태소의 끝소리라야 하고, 동화주인 'ㅣ'는 그 뒤에 결합되는 형식 형태소의 첫 모음이라야 한다. 다음 (13)을 보면 'ㄷ, ㅌ'과 'ㅣ'가 한 형태소 안에서 만나거나 실질 형태소와 실질 형태소가 만나는 경우에는 구개음화가 일어나지 않음을 알 수 있다.

---

21 '공권력[공꿘녁]/[공꿜력]'이나 '음운론[으문논]/[으물론]' 같은 단어는 두 발음이 다 나타나기도 한다.

(13) ㄱ. 견디다[견디다], 느티나무[느티나무], 마디[마디], 버티다[버티다], 잔디[잔디], 티끌
[티끌]

ㄴ. 밭이랑[반니랑], 홑이불[혼니불]

(13ㄱ)의 '견디다'류는 'ㄷ'과 'ㅣ'가 한 형태소 안에서 연속하고 있고 (13ㄴ)의 '밭이
랑'과 '홑이불'에서는 실질 형태소의 끝소리 'ㅌ'과 다른 실질 형태소의 첫소리인 'ㅣ'가
연속하는 경우여서 구개음화가 일어나지 않는다. 따라서 구개음화는 실질 형태소와 형식
형태소가 만날 때 일어나는 음운 변동이라고 정리할 수 있다.

앞에서 살핀 구개음화는 지금 우리말의 발음 과정에서 일어나는 현상이지만, 역사적으
로 일어난 구개음화도 있었다.

(14) 부텨 〉 부처(佛), 텬디 〉 천지(天地)

둏다 〉 좋다(好), 디다 〉 지다(落), 티다 〉 치다(打)

위와 같은 변화는 근대 국어 시기에 광범위하게 일어났는데 지금의 구개음화와는 그
적용 환경이 달랐다. 즉, 현대 국어의 구개음화가 실질 형태소와 형식 형태소가 결합할
때에만 일어나는 데 반해, 근대국어 시기의 구개음화는 그러한 제약이 없이 모음 'ㅣ'나
반모음 'ㅣ' 앞에 놓인 모든 'ㄷ, ㅌ'이 'ㅈ, ㅊ'으로 바뀌었다는 것이다. 그 결과 '부텨'는
'부쳐'를 거쳐 '부처'로, '둏다'는 '죻다'를 거쳐 '좋다'로 바뀌는 등 단어의 형태 자체가 구
개음화를 겪은 상태로 굳어졌다. 예를 들어, 현대국어에서 용언 어간 '굳-'은 '굳고[굳
꼬], 굳은[구든]' 등에서처럼 다른 환경에서는 '굳-'을 유지하다가 '굳이[구지]'처럼 뒤에
'이'로 시작하는 형식 형태소가 연결될 때에만 [굿]으로 바뀌지만, '둏-'으로부터 바뀐 형
태인 '좋-'은 그 자체가 기저형으로 고정되었기 때문에 어떤 경우에도 '둏-'형으로 실현
되지 않는다.

이와 같은 **역사적 구개음화**의 관점에서 바라보면 위 (13ㄱ)류에 대해서는 다른 방식
의 설명이 필요하다. 지금의 형태로 보면, 이들도 '둏-〉좋-'류의 구개음화를 겪지 않았
을 이유가 없기 때문이다. 이들의 경우, 역사적인 구개음화가 일어났던 시기에는 구개음
화의 적용을 받을 조건을 갖추고 있지 않았던 것으로 설명을 하고 있다. 즉, (13ㄱ)류 단
어들은 역사적 구개음화가 일어났던 시기에 다음과 같은 형태를 가지고 있었다.

(15) 견듸다, 느틔/느틔, 마듸, 바퇴다, 틧글

(15)에서 보듯이 이들은 'ㄷ, ㅌ' 뒤에 모음 'ㅣ'가 아닌 'ㅢ'나 'ㅚ'가 연결되었기 때문에 애초에 구개음화가 적용될 환경이 아니었던 것이다. 따라서, (13ㄱ)의 자료들은 역사적인 구개음화가 끝나고 난 뒤에 단모음화를 거쳐 지금과 같은 형태로 바뀌었기 때문에 구개음화의 적용을 받지 않은 것으로 설명할 수 있다.

된소리되기 '된소리되기'는 장애음의 예사소리가 된소리로 바뀌는 현상으로, 모두 네 가지 유형이 있다.

(16) ㄱ. 값도[갑또], 꽃고[꼳꼬], 덮개[덥깨], 밟고[밥ː꼬], 읽고[일꼬], 책상[책쌍], 핥다[할 따], 낯설다[낟썰다] 부엌도[부억또], 먹도록[먹또록], 찾도록[찯또록], 놓습니다 [노씀니다]

　　ㄴ. 굶기[굼ː끼], 담고[담ː꼬], 삼고[삼ː꼬], 신고[신ː꼬], 더듬지[더듬찌], 삶지만[삼ː찌 만], 안도록[안ː또록]

　　ㄷ. 할 것을[할꺼슬], 갈 데가[갈떼가], 할 바를[할빠를], 할 법하다[할뻐파다], 할성싶 다[할썽십따], 할 수는[할쑤는], 할 적에[할쩌게], 할 도리[할또리], 만날 사람[만날 싸람]

　　ㄹ. 갈등[갈뜽], 발달[발딸], 절도[절또], 말살[말쌀], 불소[불쏘], 일시[일씨], 갈증[갈 쯩], 물질[물찔], 열정[열쩡], 1#중대[일쭝대], 18#조[십팔쪼]

(16ㄱ)의 된소리되기는 평파열음 뒤에서 일어나기 때문에 '평파열음 뒤 된소리되기'라고 부른다. '꽃고[꼳꼬]'나 '덮개[덥깨]' 등은 평파열음화가 일어난 뒤에 된소리되기가 일어나고, '값도', '읽고', '핥다' 등은 평파열음화와 된소리되기가 먼저 일어난 후 자음군 단순화를 겪는 것으로 볼 수 있다. 후자의 경우, 자음군 단순화가 제일 마지막에 일어나는 것으로 보는 것은 순서가 바뀌면 된소리되기가 일어날 수 없기 때문이다. 예를 들어, '핥다'에서 자음군 단순화가 먼저 적용되면 음절말 자음군 중 'ㄹ'만 남는데 이 'ㄹ' 뒤에서는 된소리되기가 일어날 수가 없다. 따라서 '핥다[할따]'는 '핥다 → 핥다 → 핥따 → 할따'와 같은 과정을 거치는 것으로 설명하는 것이 가장 합리적이다.

(16ㄴ)의 자료에는 용언의 어간말 자음인 'ㄴ, ㅁ' 뒤에서 어미의 첫 자음이 된소리로

바뀌는 현상이 나타난다. '산(山)+도[산도]'나 '밤(夜)+과[밤과]' 등을 통해 '체언+조사'는 이 현상에 참여하지 않음을 알 수 있다.

(16ㄷ)에는 관형사형 어미 '-(으)ㄹ' 뒤에 놓이는 평장애음이 된소리로 바뀌는 현상이 나타난다. 이 된소리되기는 관형사형 어미 뒤에 의존명사가 결합할 때는 항상 일어나는 반면, '사람'과 같은 자립 명사가 결합할 때에는 용언의 관형사형과 그 명사가 하나의 발음 단위로 묶여서 발음될 때만 일어난다.

(16ㄹ)은 한자어에서 'ㄹ' 뒤에 놓이는 'ㄷ, ㅅ, ㅈ'이 된소리로 바뀜을 보여 준다. '물건[물건]', '출발[출발]' 등과 비교해 보면 양순음이나 연구개음은 같은 조건에서도 된소리로 바뀌지 않음을 알 수 있다.

조음 위치 동화 앞 자음의 조음 위치가 뒤 자음과 같아지는 현상을 조음 위치 동화라고 한다.

(17) ㄱ. 군불[군ː불/굼ː불], 꽃만[꼰만/꼼만], 냇물[낸ː물/냄ː물], 낮보다[낟뽀다/납뽀다], 밭부터[받뿌터/밥뿌터], 신문[신문/심문], 옷부터[옫뿌터/옵뿌터], 젖병[젇뼝/접뼝], 준비[준ː비/줌ː비]

　　 ㄴ. 같고[간꼬/각꼬], 곶감[곤깜/곡깜], 많고[만ː코/망ː코], 믿고[믿꼬/믹꼬], 신고[신ː꼬/싱ː꼬], 없고[언꼬/엉꼬], 반갑다[반갑따/방갑따]

　　 ㄷ. 감기[감ː기/강ː기], 임금[임ː금/잉ː금], 잡곡[잡꼭/작꼭], 밥그릇[밥끄른/박끄른], 옮기고[옴기고/옹기고]

(17ㄱ~ㄷ)의 [ ] 안에 있는 발음 중에서 왼쪽의 것은 표준 발음이고 오른쪽의 것은 표준 발음으로 인정되지 않는 것이다. 그러나 일상의 발화, 특히 빠른 속도의 발화에서는 오른쪽 발음도 자주 나타난다. 이 오른쪽 발음이 조음 위치 동화를 겪은 것이다.

(17ㄱ)은 양순음 앞의 치조음이 조음 방법은 유지한 채 양순음으로 바뀌는 현상을 보여 준다. '꽃+만 → 꼳만 → 꼰만 → 꼼만'에서 보듯이 이 현상은 평파열음화나 비음동화 뒤에 적용된다. '갈비[갈비]'에서 보듯이, 같은 치조음이라도 유음인 'ㄹ'은 이 현상에 참여하지 않는다. (17ㄴ)은 치조음이 연구개음 앞에서 연구개음으로 바뀌는 현상을, (17ㄷ)은 양순음이 연구개음 앞에서 연구개음으로 바뀌는 현상을 보여 준다. 한편, '감(柿)+도'가 [*간ː도]로, '악법'이 [*압뺍]으로, '먹-+-는'이 [*먼는]으로 발음되는 경우는 없는

것으로 보아 이 조음 위치 동화는 피동화주가 앞에 올 때만 일어난다는 것을 알 수 있다.

더 알아보기

조음 위치 동화의 교육적 가치

위에서도 말했듯이, 조음 위치 동화에 의한 발음은 표준 발음으로 인정받지 못하고 있다. 따라서 학교 문법에서도 이 현상을 교육 내용으로 거의 다루지 않는다. 그러나 자음 동화가 조음 방법 동화와 조음 위치 동화의 두 방향으로 일어난다는 사실을 탐구하도록 하기 위해서는 이 변동도 교육 내용으로 대등하게 포함시키거나 최소한 비교 자료로 활용하는 것이 좋을 것으로 본다.

반모음화 어간 모음 'ㅗ, ㅜ, ㅣ'는 어미 모음 'ㅏ, ㅓ' 앞에서 반모음으로 바뀌는 경우가 있는데 이를 반모음화라고 한다.

(18) ㄱ. 보아서 → 봐서[봐ː서], 쏘았다 → 쐈다[쏻ː따], 주어라 → 줘라[줘ː라], 가꾸어라 →
가꿔라[가꿔라]

ㄴ. 기어서 → 겨서[겨ː서], 지어라 → 져라[저라], 피었고 → 폈고[펻ː꼬], 덤비었다 →
덤볐다[덤볃따], 보이어서 → 보여서[보여서], 쓰이어서 → 쓰여서[쓰여서]

(18)에서 모음 'ㅗ, ㅜ, ㅣ'로 끝난 어간에 'ㅏ, ㅓ'로 시작하는 어미가 결합할 때에, 'ㅗ, ㅜ'는 반모음 'ㅜ(w)'로 바뀌고 'ㅣ'는 'ㅣ(j)'로 바뀌면서 각각 어미 모음과 함께 이중 모음 'ㅘ, ㅝ'와 'ㅕ'를 형성하는 것을 확인할 수 있다.

(19) po-+-asʌ(보아서) → [pwaːsʌ](봐서), ki-+-ʌsʌ(기어서) → [kjʌːsʌ](겨서)

이 변동의 결과 음절의 수는 하나가 줄고[22] 그것에 대한 보상으로 모음의 길이가 길어

---

22 학교 문법에서는 이러한 음절 수 감축을 중시하여 반모음화를 '축약'으로 분류하기도 했다. 그러나 음운을 단위로 보면 이 현상은 단모음이 반모음으로 바뀌는 대치 변동이다.

진다. 그러나 '지어라[저라]'처럼 경구개 자음 뒤에서는 'ㅣ'에서 바뀐 반모음 'ĭ(j)'가 탈락하고 장모음화도 일어나지 않는다.

반모음화는 필수적인 것이 아니어서, (18)에서 '→' 왼쪽의 발음, 즉 반모음화가 일어나기 전 상태의 발음도 가능하다. 그러나 '오-+-아 → 와', '배우-+-어 → 배워' 등과 같이 반모음화가 일어난 발음만 가능한 경우도 있다.

반모음화는 두 모음의 연속을 피하려는 조음 의도에 의해 일어난다. 두 모음을 이어내면서 각각을 독립적인 음절로 발음하려면 그 사이에 음절 경계를 부과해야 하기 때문에 자음이 개재될 때보다 더 큰 힘이 들게 된다. 그래서 형태소가 결합하는 과정에서 두 모음이 이어지게 되면 어떤 변동을 통해 모음의 연속을 피하려는 노력이 나타나게 되는데 그 방향 중 하나가 반모음화인 것이다.

'ㅣ' 역행 동화 모음과 모음 사이에도 음운 동화가 일어날 수 있는데 'ㅣ' 역행 동화가 그 좋은 보기이다.

(20) 가랑이 → [가랭이], 막히다 → [맥히다], 먹이다 → [메기다], 바람(風)이 → [바래미], 사람이 → [사ː래미], 아비 → [애비], 아지랑이 → [아지랭이], 잡히다 → [재피다], 지팡이 → [지팽이], 벗기다 → [뻳끼다], 어미 → [에미], 고기 → [괴기], 곰팡이 → [곰ː팽이], 오라비 → [오래비], 두루마기 → [두루매기], 죽이다 → [쥐기다], 끓이다 → [끼리다]

위에서 앞 음절의 후설 모음 'ㅏ, ㅓ, ㅗ, ㅜ, ㅡ'가 각각 전설 모음 'ㅐ, ㅔ, ㅚ, ㅟ, ㅣ'로 바뀌어 발음된다는 사실을 확인할 수 있는데, 이는 뒤 음절 'ㅣ' 모음의 전설성에 동화된 결과이다. 이 때 변동의 대상이 되는 것은 '혀의 최고점의 전후 위치'이고 다른 성질 즉, 혀의 높낮이나 입술 모양 등은 원래대로 유지된다.[23]

(20)의 자료를 살펴보면, 동화주인 'ㅣ'와 피동화주인 후설 모음 사이에는 입술소리(양순음)나 여린입천장소리(연구개음)가 끼어 있다는 점을 알 수 있는데 이것은 'ㅣ' 역행 동화가 가진 특성이다. 즉, 그 밖의 위치에서 발음되는 자음인 잇몸소리(치조음)나 센입

---

23 (20)의 변동 내용을 위의 〈표 3-1〉의 단모음 체계와 연계해서 살펴보면 'ㅣ' 역행 동화의 이러한 성격을 확인할 수 있다.

천장소리(경구개음)가 동화주와 피동화주 사이에 끼이면 이 변동이 잘 일어나지 않는다.

(21) 가지[가지][×개지], 까치[까:치][×깨:치], 날리다[날리다][×낼리다], 다시[다시]
[×대시], 밭이[바치][×배치], 어디[어디][×에디], 꽃이[꼬치][×꾀치], 옷이[오
시][×외시], 부리[부리][×뷔리]

2.2. 탈락

음운의 '탈락'은 원래 있던 음운이 없어지는 현상을 말하는데, '삭제'라고도 한다. 여기
에 해당하는 음운 변동으로는 자음군 단순화, 'ㄹ' 탈락(유음 탈락), 'ㅎ' 탈락, 어간 모음
'ㅡ' 탈락, 'ㅏ/ㅓ' 탈락(어미 초 'ㅏ/ㅓ' 탈락 포함) , 반모음 'ㅣ̯(j)' 탈락 등이 있다.

자음군 단순화 음절의 종성 자리에 두 자음이 오면 그 중 하나가 탈락하는데 이것을
자음군 단순화라고 한다. 이 변동은 음절의 종성에 놓이는 자음이 하나를 넘을 수 없다
는 우리말 음절 구조상의 제약에 따라 일어난다. 현대 국어의 기저 자음군으로는 'ㄳ, ㄵ,
ㄶ, ㄺ, ㄻ, ㄼ, ㄽ, ㄾ, ㄿ, ㅀ, ㅄ' 등 11가지가 있는데, 음절 종성 자리에서 두 자음 중 어
느 것이 탈락하는가 하는 것은 개별 자음군에 따라 다르다. 아래 (22ㄱ~ㅋ)은 음절 종성

의 자음군이 단순화되는 양상을 표준 발음법 규정에 따라 정리한 것이다.

(22) ㄱ. 몫[목], 넋과[넉꽈], 몫도[목또], 삯만[상만]

ㄴ. 앉고[안꼬], 앉는데[안는데], 앉다가[안따가], 얹지[언찌], 얹습니다[언씀니다]

ㄷ. 많네[만:네], 많소[만:쏘], 끊는[끈는], 끊습니다[끈씀니다]

ㄹ. 닭도[닥또], 기슭과[기슥꽈], 칡[칙], 흙만[흥만], 늙지[늑찌], 맑습니다[막씀니다],
   읽다가[익따가], 읽는데[잉는데]

   〈비교〉맑게[말께], 굵:고[굴:꼬], 붉거나[불꺼나], 늙고[늘꼬]

ㅁ. 삶도[삼:도], 앎[암:], 굶다가[굼:따가], 곪고[곰:꼬], 닮는[담:는], 옮고[옴:꼬], 삶지
   [삼:찌], 젊습니다[점:씀니다]

ㅂ. 여덟[여덜], 여덟만[여덜만], 넓고[널꼬], 떫겠다[떨:껜따], 섧지[설:찌], 얇습니다[얄:
   씀니다], 짧더라도[짤떠라도]

   〈비교〉밟다[밥:따], 밟지[밥:찌], 밟는[밤:는]

   〈비교〉넓적하다[넙쩌카다], 넓죽하다[넙쭈카다], 넓둥글다[넙뚱글다]

ㅅ. 물곬[물꼴], 옰만[올만]

ㅇ. 핥고[할꼬], 핥는[할른], 핥습니다[할씀니다], 훑더라도[훌떠라도], 훑지[훌찌]

ㅈ. 읊고[읍꼬], 읊는데[음는데], 읊지[읍찌]

ㅊ. 뚫네[뚤:레], 앓는[알른], 싫소[실쏘], 옳습니다[올씀니다]

   〈 비교 〉곯고[골코], 끓더라도[끌터라도], 잃지[일치]

ㅋ. 값[갑], 값도[갑또], 없고[업:꼬], 없네[엄:네], 없습니다[업:씀니다], 가엾더라도[가:
   엽떠라도]

(22ㄱ~ㅋ)에 나타난 자음군 단순화의 양상을 정리해 보면 다음과 같다.

ㄳ → ㄱ, ㄵ → ㄴ, ㄶ → ㄴ, ㄺ → ㄱ/ㄹ,
ㄻ → ㅁ, ㄼ → ㄹ/ㅂ, ㄽ → ㄹ, ㄾ → ㄹ,
ㄿ → ㅍ, ㅀ → ㄹ, ㅄ → ㅂ

먼저, 'ㄳ'과 'ㄵ'은 뒤쪽 자음인 'ㅅ'과 'ㅈ'이 탈락한다. 'ㄶ'과 'ㅀ'은 용언의 어간 끝에
만 나타나는데, '많다[만:타]'와 '앓고[알코]'에서 보듯이, 뒤에 'ㄱ, ㄷ, ㅈ' 등 거센소리

로 바뀔 수 있는 자음이 연결되면 거센소리되기가 먼저 일어나기 때문에 자음이 탈락하지 않는다. 'ㄺ'의 경우는, 'ㄹ'이 탈락하고 'ㄱ'이 남는 것이 일반적이지만, '맑게[말께]'나 '굵고[굴ː꼬]'에서 보듯이, 어간 끝의 'ㄺ'은 'ㄱ'으로 시작하는 어미 앞에서는 'ㄹ'로 발음된다. 'ㄻ'은 'ㅁ'으로만 발음되며 'ㄼ'은 'ㄹ'로 발음되는 것이 원칙이지만, 동사 '밟[밥ː]-'은 예외여서 '밟고[밥ː꼬], 밟는데[밤ː는데], 밟지[밥ː지]' 등으로 발음되며, '넓적하다[넙쩌카다], 넓죽하다[넙쭈카다], 넓둥글다[넙뚱글다]' 등도 예외이다. 'ㄳ'과 'ㄾ'은 둘 다 'ㄹ'이 남고, 'ㄿ'과 'ㅄ'은 각각 'ㅍ'과 'ㅂ'이 남지만 평파열음화를 먼저 겪기 때문에 둘 다 'ㅂ'으로 발음된다.

더 알아보기

자음군 단순화와 평파열음화

자음군 단순화는 음절의 종성 자리에서 일어나는 현상이라는 점, 변동의 결과 남는 자음이 'ㄱ, ㄴ, ㄷ, ㄹ, ㅁ, ㅂ, ㅇ'의 일곱이라는 점에서 평파열음화와 공통성을 가진다. 이런 점 때문에 학교 문법에서는 오랫동안 이 둘을 합쳐서 '음절의 끝소리 규칙'으로 다루기도 했다. 그러나 표면적으로 나타나는 음소 층위의 변동 양상으로 보면, 평파열음화는 대치 변동이고 자음군 단순화는 탈락 변동이기 때문에 이 둘은 서로 성격이 다르다. 즉, '평파열음화'는 음절말 위치에서 모든 자음이 7개 자음 중 하나로 바뀌는 현상인 반면, 자음군 단순화는 같은 위치에서 두 자음 중 하나가 탈락하는 현상이라는 것이다. 따라서 이 두 변동은 따로 다루는 것이 합리적이다.

'ㄹ' 탈락 'ㄹ' 탈락은 앞 형태의 끝 자음 'ㄹ'이 일정한 환경에서 탈락하는 현상을 가리키는데, '유음 탈락'이라고 부르기도 한다. 먼저, 다음은 어간의 끝 자음 'ㄹ'이 탈락하는 경우이다.

(23) ㄱ. 살ː+는 → [사ː는], 살ː+으니 → [사ː니], 둥글+으니 → [둥그니], 살ː+으세 → [사ː세], 살ː+으소서 → [사ː소서], 살ː+으시+고 → [사ː시고]

ㄴ. 살ː+으오 → [사ː오], 살ː+으오+니 → [사ː오니], 살ː+으옵+고 → [사ː옵고]

ㄷ. 살ː+은 → [산ː], 둥글+은 → [둥근], 살ː+을 → [살ː], 살ː+ㅂ니다 → [삽ː니다], 둥글+ㅂ니까 → [둥글니까], 살ː+읍시다 → [삽ː시다]

(23ㄱ)은 어간의 끝 자음인 'ㄹ'이 어미의 첫 자음 'ㄴ, ㅅ' 앞에서 탈락하는 현상을 보여 준다. 'ㄴ'과 'ㅅ'은 치조 위치에서 발음된다는 공통점을 가지기 때문에 이 경우의 'ㄹ' 탈락은 같은 조음 위치의 자음 앞에서 일어나는 것으로 볼 수 있다. '-으니, -으세, -으소서, -으시-' 등의 어미와 결합할 때는 '으' 탈락이 먼저 일어난 후에 'ㄹ' 탈락이 일어난다.

(23ㄴ)은 하오체 종결 어미 '-으오'와 '공손'의 의미를 가지는 어미인 '-으오-, -으옵-' 앞에서 'ㄹ'이 탈락하는 현상을 보여 준다. 이 어미들은 역사적으로 'ㅿ'을 가졌던 형태들이었다는 공통점을 가진다. 그러나 공시적으로는 특정한 형태소 앞에서 'ㄹ'이 탈락하는 경우로 설명할 수밖에 없다.

(23ㄷ)은 어미 첫 자음과의 결합에 의해 형성된 겹받침 중 하나를 줄이기 위해 'ㄹ'이 탈락하는 것이다. 예를 들어 '살-'에 관형사형 어미 '-은'이 결합한 후, 'ㅡ' 탈락이 일어나면 '삶'과 같은, 음절말 자음군을 가진 활용형이 만들어진다. 그런데 이것은 우리말의 음절 구조에 맞는 것이 아니어서, 이 때 자음군 중 하나를 탈락시키게 되는데, 어간의 끝 자음인 'ㄹ'이 탈락하게 된 것이다. 따라서 음운 변동의 동기를 중시하는 관점에서는 이 경우의 'ㄹ' 탈락을 앞의 자음군 단순화에 소속시키는 것이 합리적이라고 할 수도 있다.

한편, 'ㄹ' 탈락을 겪은 형태가 복합어에서도 나타난다.

(24) 다달이(달-달-이), 따님(딸-님), 마소(말-소), 바느질(바늘-질), 부삽(불-삽), 싸전(쌀-전), 여닫이(열-닫-이), 우짖다(울-짖다), 화살(활-살)

(24)는 'ㄹ' 탈락이 'ㄴ, ㄷ, ㅅ, ㅈ' 등 치조음과 경구개음 앞에서 일어나고 있음을 보여 준다. 그러나 이 복합어들에 적용된 'ㄹ' 탈락을 지금 우리말의 공시적인 음운 변동으로 보기는 어렵다. '달님[달림]', '불나비[불라비]', '불놀이[불로리]', '물새[물쌔]', '물소리[물쏘리]' 등에서 보듯이 같은 환경 조건에서도 'ㄹ' 탈락이 일어나지 않는 예들이 많기 때문이다. 따라서 (24)의 복합어들은 과거 'ㄹ' 탈락이 더 넓은 범위에서 일어났던 시기에 만들어져서 그대로 굳어진 것으로 설명할 수 있다.

'ㅎ' 탈락 용언 어간의 끝 자음 'ㅎ'은 뒤에 모음으로 시작하는 문법 형태소가 결합하면 탈락한다.

(25) ㄱ. 넣+어서 → [너어서], 놓+을 → [노을], 쌓+으면 → [싸으면], 놓+으니까 → [노으니

까], 놓+이+고 → [노이고]

　ㄴ. 끓+어서 → [끄너서], 끓+을 → [끄늘], 끓으니 → [끄르니], 끓+이+고 → [끄리고]

(25)에서 'ㅎ'은 모음과 모음 사이(25ㄱ)나 유성 자음과 모음 사이(25ㄴ)에서 탈락하고 있다. 우리말의 자음 'ㅎ'은 후두 마찰음이라고 하지만 실제로는 조음 위치가 뚜렷하지 않아서 그 소릿값은 뒤따르는 모음의 무성음에 가깝다. 따라서 이 자음이 유성음 사이에 놓이게 되면, 그 음성 환경 때문에 자신의 소릿값을 실현하지 못하고 약화, 탈락하는 것이다. 한편, '전화[전:화], 실학[실학], 올해[올해], 철학[철학], 팔힘[팔힘]' 등과 같은 단어에서도 'ㅎ'을 탈락시켜 '[저:놔], [시락], [오래], [처락], [파림]' 등으로 발음하는 경우가 많은데 이는 표준 발음으로 인정되지 않는다. 지금의 표준 발음법에서는 용언의 활용 과정에서 나타나는 'ㅎ' 탈락만을 표준으로 인정하고 있는 셈이다.

'ㅡ' 탈락 모음 탈락은 두 모음이 이어나는 것을 피하기 위한 노력의 결과 중 하나이다. 특히, 이어나는 두 모음 중 하나가 'ㅡ'일 경우에는 'ㅡ'가 탈락하는 경향이 강하다. 다음 (26)에는 어간의 끝 모음 'ㅡ'가 모음으로 시작하는 어미 앞에서 탈락하는 현상을 보여 준다.

(26) 끄+어라 → [꺼라], 쓰+었+고 → [썯꼬], 담그+았+고 → [담간꼬], 모으+아라 →

　　[모아라], 아프+아도 → [아파도], 예쁘+어서 → [예:뻐서]

'긋:+어→[그어]'에서 보듯이 'ㅅ' 불규칙 활용의 결과 나타난 어간 모음 'ㅡ'는 같은 환경에서도 탈락하지 않는다.

다음 (27)은 어미 첫 모음 'ㅡ'와 조사 '으로'의 'ㅡ'가 모음이나 'ㄹ'로 끝난 어간 및 체언 뒤에서 탈락하는 현상을 보여 준다.

(27) ㄱ. 가+은 → [간], 내:+으면 → [내:면], 들+으니 → [드니], 물+으면 → [물면], 보+으

　　려고 → [보려고], 건너+으면 → [건너면], 살:+으리라 → [살:리라], 가물+으면 →

　　[가물면], 따르+으리라 → [따르리라], 만들+을수록 → [만들쑤록], 모으+을수록

　　→ [모을쑤록], 흔들+으니 → [흔드니]

　　〈비교〉 들+으니 → [드르니], 묻:+으면 → [무르면]

ㄴ. 나무+으로 → [나무로], 차+으로 → [차로], 코+으로 → [코로], 물+으로 → [물로],

그물+으로써 → [그물로써], 바다+으로 → [바다로]

(27ㄱ)은 어미 첫 모음 'ㅡ'가 모음이나 'ㄹ' 뒤에서 탈락하는 현상을 보여 주는데, '듣+으니 → [드르니]'에서 보듯이 'ㄷ'불규칙 활용의 결과 나타난 'ㄹ' 뒤에서는 이 현상이 나타나지 않는다는 것을 알 수 있다. (27ㄴ)은 조사 '으로'의 첫 모음 'ㅡ'가 모음이나 'ㄹ' 뒤에서 탈락하는 현상을 보여 준다.

'ㅏ/ㅓ' 탈락 'ㅏ, ㅓ'로 시작하는 어미의 'ㅏ, ㅓ'는 'ㅏ, ㅓ', 'ㅐ, ㅔ'로 끝난 어간에 결합하면 탈락한다.

(28) ㄱ. 가+아서 → [가서], 서+어도 → [서도], 켜+었+고 → [켣꼬], 타+아라 → [타라], 펴+었+네 → [편네], 건너+어서 → [건너서], 만나+았+고 → [만낟꼬], 자라+아라 → [자라라]

ㄴ. 깨(破)+어 → [깨어/깨:], 내:+었+고 → [내얻꼬/낻:꼬], 매(繫)+어라 → [매어라/매:라], 베:(斬)+어 → [베어/베:], 새(漏)+어 → [새어/새:]

(28ㄱ)은 'ㅏ'나 'ㅓ'로 끝난 어간 뒤에 'ㅏ, ㅓ'로 시작하는 어미가 결합할 때, 'ㅏ, ㅓ'가 탈락하는 현상을 보여 준다. 이 때, 탈락하는 모음이 어간 모음인지 어미 모음인지 확실하지 않다. 어간 모음이 탈락하는 것으로 보면 '가+아(명령형) → [가]'와 같이, 최종 발음형에 어미의 의미 기능이 담긴 것을 설명하는 데는 유리하다. 반면에, 어미 모음이 탈락하는 것으로 보면 (28ㄱ)을 (28ㄴ)과 함께 어미 모음 탈락으로 설명할 수 있다는 장점이 있다.

(28ㄴ)은 'ㅐ, ㅔ'로 끝난 어간에 결합한 어미 모음 'ㅏ, ㅓ'가 탈락하는 현상을 보여 준다. 이 탈락 현상은 수의적이어서 어미 모음이 탈락하지 않은 활용형도 실현될 수 있다. 아울러, 탈락이 일어나는 경우 그것에 대한 보상으로 어간 모음이 장모음으로 실현된다. '매:(繫)+어라'나 '베:(斬)+어'의 경우, 모음으로 시작하는 어미 앞에서 어간 장모음이 단모음화되었다가 어미 모음의 탈락으로 다시 장모음화가 일어나 최종적으로 [매:라]와 [베:라]로 실현된다.

'ǐ(j)' 탈락 반모음 'ǐ(j)'는 경구개 자음 뒤에서 탈락한다.

(29) ㄱ. 가지+어 → [가저], 다치+었+고 → [다천꼬], 묻+히+었+으니 → [무천쓰니], 찌+었

　　　+으니 → [쩐쓰니], 치+어라 → [처라]

　　ㄴ) 가+지+요 → [가조], 먹+지+요 → [먹쪼], 책+이+지+요 → [채기조]

(29ㄱ)은 어간과 어미가 결합하면서 일어난 반모음화의 결과물인 'ǐ(j)'가 탈락하는 현상을 보여주는데, 그 환경은 경구개 자음 뒤이다. (29ㄴ)에서는 종결 어미 '-지'와 보조사 '요'가 결합하여 만들어진 '-지요'의 준말인 '-죠'도 이 현상을 겪는다는 것을 확인할 수 있다. 이 현상은 서로 조음 위치가 가까운 경구개 자음과 반모음 'ǐ(j)'가 연속적으로 발음될 수 없다는 제약 때문에 일어난다.

> **더 알아보기**
>
> ### 반모음 탈락과 한글 맞춤법
>
> 현행 한글 맞춤법에서는 (29)와 같은 부류에 대해서는 반모음화가 일어난 상태인 '가져'나 '가죠' 등으로 적도록 하면서도(제36항), '그렇잖은(←그렇지 않은)'이나 '적잖은(←적지 않은)' 등에 대해서는 반모음이 탈락된 상태로 적도록 하였다.(제39항) 한글 맞춤법 해설에서는 후자에 대해, '달갑잖다'나 '마뜩잖다' 등과 같이 이미 하나의 단어로 굳어져서 원형을 밝힐 필요가 없는 단어들과의 일관성을 유지하기 위한 것으로 설명하였다.

2.3. 첨가

변동의 결과 음운이 추가되는 것을 '첨가', 혹은 '삽입'이라고 한다. 이 변동에 속하는 현상으로는 'ǐ(j)' 첨가가 있다. 그리고 불규칙적인 첨가 현상으로 'ㅅ' 첨가와 'ㄴ' 첨가 등이 있다.

'ǐ(j)' 첨가 모음과 모음이 연속적으로 발음되는 것을 피하기 위해 반모음을 첨가하는 현상이 일어나기도 한다. 두 모음 사이에 반모음을 하나 끼움으로써 [모음-자음-모음]에 버금가는 자연스러운 소리 연쇄를 확보하려는 것이다. 다음 (30)은 전설모음과 다른

모음 사이에 반모음 'ㅣ(j)'가 첨가되는 현상을 보여 준다.[24]

(30) ㄱ. 괴:+어[괴여], 기+어[기여], 꾸미+어[꾸미여], 꿰:+어[꿰여], 되+어[되여], 뛰+어[뛰
여], 매:+어[매여], 물+리+어[물리여], 베:+어[베여], 살피+어[살피여], 세:+어[세
여], 쥐:+어[쥐여]. 피+어[피여]

ㄴ. 가+시+오[가시요], 사:람+이+오[사:라미요], 아니+오[아니요]

ㄷ. 차(車)+이+어서[차이여서], 나무+이+어야[나무이여야]

(30ㄱ)은 'ㅣ, ㅔ, ㅐ, ㅟ, ㅚ, ㅞ'로 끝난 어간 뒤에 '어'로 시작하는 어미가 결합할 때,
(30ㄴ)은 선어말 어미 '-시-'에 어미 '-오'가 결합할 때, (30ㄷ)은 조사 '이' 뒤에 '어'로
시작하는 어미가 결합할 때 반모음 'ㅣ(j)'가 첨가되는 현상을 보여 준다. 그런데 이 현상
은 수의적이어서 반모음 첨가가 일어나지 않는 발음도 가능하다. 현재의 표준 발음법에
서는 같은 환경에서 아무런 변동이 일어나지 않은 발음(괴:+어[괴어])이나 반모음화를
겪은 발음(살피+어[살펴]), 모음탈락이 일어난 발음(매:+어[매:])은 표준 발음으로 인정
하고 있으나, 'ㅣ(j)' 첨가는 'ㅣ, ㅟ, ㅚ'로 끝난 어간 뒤에서 일어나는 것만 표준 발음으로
인정하고 있다.

'ㅅ' 첨가 합성명사가 형성될 때, 원래의 단어가 가지고 있던 분절음 사이의 관계만으
로는 설명이 되지 않는 음운 변동 현상이 나타나는 경우가 있다. 다음 자료를 살펴보자.

(31) ㄱ. 가+길 → [가:낄/갇:낄], 내+가 → [내:까/낻:까], 재+더미 → [재떠미/잳떠미]],
초+불 → [초뿔/촏뿔], 코+등 → [코뜽/콛뜽], 해+살 → [해쌀/핻쌀]

ㄴ. 배+놀이 → [밴노리], 시내+물 → [시:낸물], 이+몸 → [인몸], 제사+날 → [제:
산날], 코+물 → [콘물]

ㄷ. 금+빛 → [금삗], 눈+사람 → [눈:싸람], 문+고리 → [문꼬리], 바람+결 → [바람껼],
발+바닥 → [발빠닥], 산+바람 → [산빠람], 술+잔 → [술짠]

ㄹ. 고(庫)+간(間) → [고깐/곧깐], 내(內)+과(科) → [내:꽈][25], 세(貰)+방(房) → [세:

---

24 '다리+에[다리예], 모자+에[모자예]' 등도 'ㅣ(j)' 첨가에 포함시킬 수 있다. 그리고 '꼬:+아[꼬와], '두+어[두워]'
와 같은 경우에는 'ㅜ(w)' 첨가가 일어나는데, 이들을 함께 '반모음 첨가'로 다루기도 한다.

빵/:셋빵](셋방), 수(數) + 자(字) → [수:짜/숟:짜], 차(車) + 간(間) → [차깐/찯깐],

초(焦) + 점(點) → [초쩜], 치(齒) + 과(科) → [치꽈]

먼저, (31ㄱ)의 '코+등'과 (31ㄴ)의 '코+물'을 살펴보면, '코+등'에는 앞말인 '코'가 모음으로 끝났음에도 불구하고 그 뒤에서 뒷말의 초성 자음 'ㄷ'이 된소리 [ㄸ]으로 바뀌었고, '코+물'에서는 모음으로 끝난 앞말과 비음으로 시작하는 뒷말 사이에 원래는 없던 [ㄴ]이 덧나고 있다. 여기서, '코+등'에 나타나는 된소리되기나 '코+물'의 'ㄴ' 덧나기는 역사적으로는 '사잇소리'라는 문법 요소의 개입에 의한 것으로 설명될 수 있으나, 공시적으로는 이들 합성어가 만들어지는 과정에서 어떤 자음이 첨가되기 때문으로 설명할 수밖에 없다. 이 때 첨가된 자음은 '등'의 'ㄷ'이 된소리로 바뀌는 선행 환경이 될 수 있어야 하고, '물'의 'ㅁ' 앞에서는 'ㄴ'으로 소리 날 수 있어야 한다. 이런 조건을 갖춘 자음은 치조음이나 경구개음일 수밖에 없는데, 흔히 위와 같은 합성 명사에 'ㅅ'(사이시옷)을 적어온 우리말 표기의 전통을 고려하여, 여기서 첨가되는 자음을 'ㅅ'으로 보고 표기에도 이를 반영하여 각각 '콧등'과 '콧물' 식으로 적는다. 위의 [코뜽]과 [콘물]은 다음과 같은 과정으로 설명된다.

(32) 코+등   코+물
 코ㅅ등 (ㅅ-첨가) 코ㅅ물 (ㅅ-첨가)
 코ㄷ등 (평파열음화) 코ㄷ물 (평파열음화)
 코ㄷ뜽 (된소리되기) 코ㄴ물 (비음동화)
 코뜽 (ㄷ탈락)[26]

(31ㄷ)에 나타나는 된소리되기도 위와 같은 'ㅅ' 첨가에 의한 것으로 보는데, 그 이유는 'ㄹ, ㄴ, ㅁ, ㅇ'과 같은 유성 자음은 된소리되기의 선행 환경이 될 수 없기 때문이다. '술잔'을 보기로 들면 이들에 나타나는 된소리되기는 다음과 같은 과정에 의한 것으로 설명된다.

---

25 국립국어연구원의 『표준국어대사전』에서는 한자어의 경우, 사이시옷 표기를 하는 합성어는 받침 [ㄷ]이 종성으로 발음되는 형도 표준 발음으로 제시하고 있으나, 사이시옷 표기를 하지 않는 단어는 종성 자리의 [ㄷ] 발음형을 제시하지 않고 있다. 예를 들어, '곳간'에 대해서는 [고깐]과 [곧깐]을 함께 표준 발음으로 제시하고 있으나, '내과'나 '초점'에 대해서는 [내꽈], [초쩜]만을 표준 발음으로 인정하고 있다.

26 지금의 표준 발음법은 '코+등'에 대해 'ㄷ' 탈락형인 [코뜽]을 올바른 발음으로, 'ㅅ'을 'ㄷ'으로 발음하는 [콘뜽]을 허용 발음으로 규정하고 있다.

(33) 술+잔 → 술ㅅ잔 → 술ㄷ잔 → 술ㄷ짠 → [술짠]

  현행 한글 맞춤법에서는 (31ㄷ)과 같은 부류는 앞 말이 이미 받침을 가지고 있기 때문에 'ㅅ'을 적지 않도록 규정하고 있다. (31ㄹ)은 한자어에도 'ㅅ' 첨가가 나타남을 보여준다. 한글 맞춤법은 이들 한자어에 대해서는 원칙적으로 사이시옷을 적지 않기로 정하면서도 '곳간, 셋방, 숫자, 찻간, 툇간, 횟수' 등의 여섯 단어에 대해서만은 'ㅅ'을 적어주기로 정하고 있다. 그리고 표준 발음법에서는 이 여섯 단어에 대해서는 'ㅅ'을 'ㄷ'으로 발음하는 형도 표준 발음으로 규정하고 있다.

  그런데 이 사잇소리 현상은 앞에서 살펴온 음운 변동들과는 다른 점을 가지고 있다. 앞의 다른 음운 변동 현상이 일정한 조건만 갖추어지면 항상 일어나는 데 비해, 'ㅅ' 첨가는 같은 조건에서도 일어나지 않는 경우가 있다. 아울러, 하나의 단어가 'ㅅ' 첨가가 일어난 발음과 일어나지 않은 발음이 공존하는 경우도 있다.

(34) ㄱ. 가로등[가로등], 개구멍[개구멍], 노래방[노래방], 돌담[돌:담], 반달[반:달], 빨래방[빨래방], 소가죽[소가죽], 오리발[오:리발], 이슬비[이슬비], 콩밥[콩밥]

    ㄴ. 김밥[김:밥/김:빱], 교과서[교:과서/교:꽈서], 효과[효:과/효:꽈]

  (34ㄱ)은 (31)과 같은 환경에서도 'ㅅ' 첨가가 일어나지 않은 단어들이고, (34ㄴ)은 같은 환경에서 'ㅅ' 첨가가 일어난 발음과 일어나지 않은 발음이 모두 표준 발음으로 인정되는 것들이다. 이들의 존재는 'ㅅ' 첨가가 그 발생 조건을 명시하기 어려운, 불규칙적인 음운 현상임을 말해 준다.

'ㄴ' 첨가 둘 이상의 형태가 결합할 때, 'ㄴ'이 첨가되는 현상이 나타나기도 한다.

(35) 꽃+잎 → [꼰닙], 눈+요기 → [눈뇨기], 들+일 → [들:릴], 마흔+여덟 → [마흔녀덜], 막+일 → [망닐], 물+엿 → [물렫], 버들+잎 → [버들립], 불+여우 → [불려우], 삯+일 → [상닐], 설+익다 → [설:릭따], 솔+잎 → [솔립], 솜+이불 → [솜:니불], 신혼+여행 → [신혼녀행], 짓+이기다 → [진니기다], 콩+엿 → [콩녇], 한+여름 → [한녀름], 한+입 → [한닙]

(35)는 두 말이 합쳐지면서 원래는 없던 'ㄴ'이 첨가되는 현상을 보여준다. '꽃잎'에서는 첨가된 'ㄴ'의 영향으로 앞말의 종성이 'ㄴ'으로 바뀌었고 '들일'에서는 첨가된 'ㄴ'이 앞말의 종성 'ㄹ'에 동화되어 'ㄹ'로 바뀌었다. 이 현상은 앞말이 종성 자음을 가지고 있고 뒷말 첫음절 모음이 'ㅣ'이거나 'ㅣ(j)'계 이중 모음일 때에만 일어난다.

이 'ㄴ' 첨가는 방언이나 개인의 발음 습관에 따라 달라지는 측면이 있기 때문에 같은 환경에서도 일어나지 않는 경우가 많다. 또 어떤 단어들은 'ㄴ' 첨가가 일어나는 발음과 그렇지 않은 발음의 우열을 가리기 어려워서 둘 다 표준 발음으로 인정하고 있는 것도 있다.

(36) ㄱ. 기념일 → [기녀밀], 삼일절 → [사밀쩔], 송별연 → [송:벼련], 절약 → [저략]

ㄴ. 검열 → [검:녈/거:멸], 금융 → [금늉/그뮹], 야금야금 → [야금냐금/야그먀금],

이글이글 → [이글리글/이그리글]

(36ㄱ)은 (35)와 같은 환경임에도 'ㄴ' 첨가가 일어나지 않는 단어들이고, (36ㄴ)은 현행 표준 발음법에서 'ㄴ' 첨가가 일어난 발음과 일어나지 않은 발음 둘 다를 표준 발음으로 인정하는 단어들이다. 따라서 'ㄴ' 첨가도 위의 'ㅅ' 첨가와 마찬가지로 불규칙적인 음운 현상이라고 할 수 있다.

더 알아보기

 '사잇소리 현상'의 성격

　학교 문법에서는 'ㅅ' 첨가 및 'ㄴ' 첨가와 관련된 현상을 싸잡아 **사잇소리 현상**으로 다루어 왔다. 이들이 둘 이상의 형태가 하나의 발음 단위로 결합하는 과정에서 나타난다는 점, 그리고 된소리되기나 비음화, 유음화와 같은 음운 변동이 복합된 음운 현상인 데다 '사이시옷'이라고 하는 표기법상의 문제까지 결부되어 있다는 점 때문에 이렇게 다루어 온 듯하다. 그러나 현대국어 음운 변동의 처지에서 볼 때 이 현상의 핵심은 합성의 과정에서 원래는 없던 자음이 하나 첨가되는 데 있다. 이론적으로 보면 된소리되기나 비음 동화, 유음화 등은 'ㅅ'이나 'ㄴ'이 첨가된 이후에 일어나는 별개의 음운 변동일 뿐이다. 따라서 엄격히 말하자면 이 현상을 음운 첨가의 일종으로 다루는 것이 옳고 그 안에서 'ㅅ' 첨가와 'ㄴ' 첨가를 구분하는 것이 좋겠다. 예를 들어, 역대 문법 교과서 중에서 '잇몸[인몸]'과 '콧날[콘날]'을 'ㄴ' 첨가를 겪은 자료와 함께 다룬 것이 있는데 이것은 사잇소리 현상의 음운론적 본질을 밝힌 것이라 하기 어렵다.

2.4. 축약

두 개의 음운이 하나로 합쳐지는 현상을 '축약'이라 하는데, 자음 'ㅂ, ㄷ, ㅈ, ㄱ'과 'ㅎ'의 연속으로 일어나는 거센소리되기가 이 변동에 해당한다.

(37) ㄱ. 놓고 → [노코], 노랗지 → [노라치], 많다 → [만ː타], 좋던 → [조ː턴], 싫다 → [실타], 옳지 → [올치]

　　 ㄴ. 국학 → [구칵], 굳히고 → [구치고], 낙하산 → [나카산], 눕히다 → [누피다], 늦호박 → [느토박], 닫히다 → [다치다], 닭하고 → [다카고], 막히면 → [마키면], 옷하고 → [오타고], 읽히고 → [일키고], 법학 → [버팍], 젖히다 → [저치다]

(37ㄱ)은 용언의 어간 끝 자음 'ㅎ'과 어미 첫 자음 'ㄱ, ㄷ, ㅈ'이 만나 각각 거센소리 'ㅋ, ㅌ, ㅊ'으로 축약되는 현상을 보여준다. 그리고 (37ㄴ)에서는 'ㄱ, ㄷ, ㅂ, ㅈ'이 먼저 오고 'ㅎ'이 뒤따를 때에도 축약에 의한 거센소리되기가 나타남을 보여 준다. 따라서 우리말의 거센소리되기는 'ㅎ'과 나머지 평장애음의 축약으로 일어난다는 것을 알 수 있다. 여기서 'ㅎ'이 장애음의 앞에 놓이는 경우인 (37ㄱ)을 순행적 거센소리되기라고 하고, 반대 경우인 (37ㄴ)을 역행적 거센소리되기라고 한다. 거센소리되기는 원칙적으로 평파열음화나 자음군 단순화가 일어나기 전에 일어나는 것으로 설명된다. 만약에 평파열음화나 자음군 단순화가 먼저 일어나면 실제와 같은 발음이 도출될 수가 없다. 예를 들어, '놓-+-고'에 평파열음화가 먼저 적용되면 '놓고 → 녿고 → [녿꼬]'가 되고, '밝히다'에 자음군 단순화가 먼저 적용되면 '밝히다 → 박히다 → [바키다]'가 되는데, [녿꼬]나 [바키다]는 실제 발음이 아니다. 그런데 (37ㄴ) 중에서 '늦호박'이나 '옷하고' 등은 평파열음화를 먼저 겪은 뒤에 거센소리되기를 겪는 것으로 설명할 수밖에 없다는 점에서 사정이 다르다.

(38) 늦+호박 → 는호박 → [느토박]

　　 닭+하고 → 닥하고 → [다카고]

　　 옷+하고 → 옫하고 → [오타고]

결과적으로 역행적 거센소리되기의 경우 환경에 따라 다른 음운 변동과의 적용 순서가 달라진다고 볼 수밖에 없다. (38)와 같이 평파열음화나 자음군 단순화가 역행적 거센

소리되기보다 먼저 적용되는 경우는 'ㅎ'이 실질 형태소나 조사의 첫 자음이라는 점이 공통적이다.[27]

2.5. 기타

여기서는 성격상 대치, 탈락, 첨가, 축약 중 하나로 분류되기 어려운 음운 현상 중에서 모음조화와 두음법칙에 대해 살펴보기로 한다.

모음조화 우리말의 모음들은 앞에서 살펴보았던 음성학적 기준에 따라 몇 무리로 나뉜다. 혀의 전후 위치에 따라서는 전설 모음과 후설 모음으로 나뉘고, 혀의 높낮이에 따라서는 고모음, 중모음, 저모음이 각각 무리를 이루며, 입술 모양에 따라서는 원순 모음과 평순 모음으로 나뉜다. 그런데 의성어와 의태어에 나타나는 모음의 연결 양상을 보면 우리말의 모음이 또 다른 어떤 기준에 의해 두 무리로 나뉨을 알 수 있다.

(39) 깨작깨작 ‖ 끼적끼적, 빼각빼각 ‖ 삐걱삐걱, 해롱해롱 ‖ 히룽히룽
　　 대각대각 ‖ 데걱데걱, 댕강댕강 ‖ 뎅겅뎅겅, 쟁강쟁강 ‖ 젱겅젱겅
　　 되똥되똥 ‖ 뒤뚱뒤뚱, 되작되작 ‖ 뒤적뒤적, 회창회창 ‖ 휘청휘청
　　 깔짝깔짝 ‖ 끌쩍끌쩍, 달싹달싹 ‖ 들썩들썩, 딸막딸막 ‖ 뜰먹뜰먹
　　 반짝반짝 ‖ 번쩍번쩍, 찰싹찰싹 ‖ 철썩철썩, 팔락팔락 ‖ 펄럭펄럭
　　 꼼작꼼작 ‖ 꿈적꿈적, 모락모락 ‖ 무럭무럭, 올록볼록 ‖ 울룩불룩

위에서 '‖'의 양쪽에 있는 말들은 기본적인 의미는 같으나 어감이나 미세한 표현 의도에서 차이를 가진다. 흔히 '작은말‖큰말'로 구분하는 이 두 부류의 어감 차이는 모음 무리 'ㅐ, ㅚ, ㅏ, ㅗ'와 'ㅣ, ㅔ, ㅟ, ㅡ, ㅓ, ㅜ'의 대립에 따라 생겨나는데, 이 모음의 무리들을 각각 '양성모음'과 '음성모음'으로 부른다. 이와 같은 양성모음과 음성모음의 대립은 용언의 어간과 어미 사이의 결합에서도 나타난다.

27　이 경우 평파열음화나 자음군 단순화는 'ㅎ' 앞에서 일어나는 것이 아니라 단어 경계 앞에서 일어나는 것으로 설명할 수 있다. 따라서 '하고'는 조사이지만 음운론적으로는 실질 형태소의 성격을 가지는 것으로 볼 수 있다.

(40) 막아 막아서 막아도 막아라 막아야 막았다

보아 보아서 보아도 보아라 보아야 보았다

먹어 먹어서 먹어도 먹어라 먹어야 먹었다

붙어 붙어서 붙어도 붙어라 붙어야 붙었다

비어 비어서 비어도 비어라 비어야 비었다

그어 그어서 그어도 그어라 그어야 그었다

세어 세어서 세어도 세어라 세어야 세었다

깨어 깨어서 깨어도 깨어라 깨어야 깨었다

되어 되어서 되어도 되어라 되어야 되었다

위 (40)은 용언의 어간에 어말 어미 '-아/-어', '-아서/-어서', '-아도/-어도', '-아라/-어라', '-아야/-어야'와 선어말 어미 '-았-/-었-' 등이 결합하는 양상을 보여주는데, 어간 모음이 'ㅏ, ㅗ'일 때에는 '아'형 어미가 결합하고 그 밖의 모음일 때에는 '어'형 어미가 결합하고 있다.

이와 같은 의성어·의태어 내부의 모음 연결 양상 및 용언의 어간과 어미가 결합할 때 나타나는 모음 연결의 양상을 통해, 우리는 우리말에서 양성모음은 양성모음끼리, 음성모음은 음성모음끼리 연결되는 경향이 있다는 점을 확인할 수 있다. 비록 두 경우에서 양성모음과 음성모음의 구분이 다소 차이가 나타나지만 전반적으로 모음 연결의 일정한 경향성이 있음은 틀림없는 것이다. 이렇게 일정한 언어 단위 안에서 같은 성질을 가진 모음끼리 어울리려는 경향을 모음조화(母音調和, vowel harmony)라고 하고 흔히 모음 동화에 의한 음운 변동의 일종으로 취급해 왔다.

그런데 모음조화를 일반적인 음운 변동과 같이 처리하는 데에는 한두 가지 어려움이 있다. 첫째, 양성 모음 무리와 음성 모음 무리를 이루는 모음의 자질이 무엇인지 규정하기 어렵다. 위의 (39)와 (40)에서 볼 수 있듯이, 의성어·의태어와 '어간+어미'의 두 경우에서 두 모음 무리에 속하는 모음의 종류가 다를 뿐 아니라, 각 모음 무리의 공통적인 특징을 명시하기도 어렵다. 예를 들어, 'ㅓ'와 'ㅗ'는 둘 다 중모음이지만 전자는 음성 모음에 속하고 후자는 양성 모음에 속한다. 모음조화를 변동으로 처리하자면 어떤 자질을 가진 모음이 어떤 자질의 모음으로 바뀐다고 설명할 수 있어야 하는데 그렇게 범주화하기가 어렵다는 것이다. 둘째, 양성형과 음성형 중 어느 쪽을 기저형으로 잡고 다른 쪽은 동화형으로 잡을 것인지 판단하기가 쉽지 않다. 앞선 연구들을 보면, 음성모음으로 된 쪽을 기저형으로 삼고 양성모음으로 된 쪽은 동화에 의한 변동의 결과로 처리하기도 했으나, 타당한 근거가 제시된 것은 아니었다.

모음조화는 우리말의 중요한 특질로 여겨져 왔는데, 시간이 갈수록 잘 지켜지지 않는 쪽으로 변해가고 있는 것으로 보인다. 우선 의성어·의태어에서 다음과 같은 종류의 예외가 많이 나타난다.

(41) ㄱ. 개골개골 ‖ 개굴개굴, 꼬물꼬물 ‖ 꾸물꾸물, 오물오물 ‖ 우물우물
　　 ㄴ. 반들반들 ‖ 번들번들, 보슬보슬 ‖ 부슬부슬, 산들산들 ‖ 선들선들
　　 ㄷ. 간질간질 ‖ 근질근질, 꼬깃꼬깃 ‖ 꾸깃꾸깃, 남실남실 ‖ 넘실넘실
　　 ㄹ. 깡충깡충 ‖ 껑충껑충

(41ㄱ)에서는 큰말과 작은말 중 하나가 '양성모음+음성모음'으로 연결되어 있고, (41ㄴ)과 (41ㄷ)에서는 각각 음성모음인 'ㅡ'와 'ㅣ'가 양성모음 뒤에 자연스럽게 연결되고 있어서 모음조화의 예외가 되고 있다. (41ㄹ)의 '껑충껑충'의 작은말인 '깡충깡충' 역시 '양성모음+음성모음'의 연결을 보여주고 있다.[28]

용언 어간과 어미의 결합에서는 단순한 예외 정도가 아니라 모음조화 체계 자체가 무너져가고 있음을 보이는 증거들이 나타난다. (34)의 '깨어'나 '되어'와 같은 부류가 그들이다. 'ㅐ, ㅚ'는 양성모음인데도 뒤에 '어'형 어미가 연결되고 있는 것이다. 따라서 용언 어간과 어미의 결합에서는 'ㅏ, ㅗ' 둘만이 양성 모음의 구실을 하고 있다. 더욱이 'ㅂ' 불규칙 용언의 활용형을 보면 이러한 모음조화의 붕괴 경향이 더 강하게 나타난다.

(42) 고와서, 도와라 ‖ 더워서, 주워라
　　 가까워서, 괴로웠다, 아름다워도, 뜨거워서, 어두워도

'ㅂ-불규칙' 활용에서는 단음절 어간의 경우에만 'ㅏ, ㅗ'가 양성 모음 구실을 하고[29] 다음절 어간의 경우에는 항상 'ㅓ'형 어미가 연결되고 있다는 점에서 모음조화가 지켜지고 있다고 말하기가 어렵게 되었다. 한글 맞춤법(제18-6항)에서도 '가까워, 괴로워, 아름

28　'양성모음+양성모음'의 연결형인 '깡충깡충'이 있었지만 지금은 표준어로 인정되지 않는다.
29　어간 모음이 'ㅏ'인 단음절 'ㅂ-불규칙' 활용 용언은 실제로는 존재하지 않는다.

다워' 등과 같이, 어간 모음이 'ㅏ, ㅗ'인 다음절 'ㅂ-불규칙' 어간의 모음과 어미 모음의 축약형을 'ㅘ'로 적지 않고 'ㅝ'로 적기로 정하였다. 요컨대, 지금의 우리말은 모음조화 현상의 규칙성이 많이 약화된 상태라고 할 수 있다.

두음법칙 두음법칙(頭音法則)이란 단어의 첫 머리에 'ㄴ'이나 'ㄹ'이 오는 것을 피하기 위해 일어나는 현상을 가리킨다.

(43) ㄱ. 내일(來日)[내일], 노인(老人)[노:인], 녹음(綠陰)[노금]

　　　〈비교〉 본래(本來)[볼래], 원로(元老)[월로], 신록(新綠)[실록]

　　ㄴ. 여자(女子)[여자], 연세(年歲)[연세], 염원(念願)[여:뤈], 익명(匿名)[잉명]

　　　〈비교〉 남녀(男女)[남녀], 금년(今年)[금년], 묵념(默念)[뭉념], 은닉(隱匿)[은닉]

　　ㄷ. 역사(歷史)[역싸], 유수(流水)[유수], 이론(理論)[이:론]

　　　〈비교〉 내력(來歷)[내력], 조류(潮流)[조류], 논리(論理)[놀리]

(43ㄱ)은 한자 형태소의 초성 'ㄹ'이 단어의 첫머리에서 'ㄴ'으로 발음되는 현상을 보여주고, (43ㄴ)은 한자 형태소의 초성 'ㄴ'이 모음 'ㅣ'나 반모음 'j' 앞의 단어 첫머리에서 탈락하는 현상을 보여주며, (43ㄷ)은 한자 형태소의 초성 'ㄹ'이 모음 'ㅣ'나 반모음 'j' 앞의 단어 첫머리에서 탈락한 상태로 발음되는 현상을 보여준다. 〈비교〉 자료를 통해, 이들이 단어 첫머리가 아닌 곳에서는 각각 'ㄹ', 'ㄴ', 'ㄹ'로 발음됨을 알 수 있다. 표면적으로는 단어 첫머리에서 'ㄹ → ㄴ'(43ㄱ)이나 'ㄴ' 탈락(43ㄴ), 'ㄹ → ㄴ' 후 'ㄴ' 탈락(43ㄷ)이라는 음운변동이 일어나는 것처럼 보이지만, 이들에 나타나는 음운 현상을 공시적인 변동으로 보기는 어렵다. '리을[리을]', '니은[니은], 녀석[녀석], 년[년], 님[님], 닐리리[닐리리]' 등의 고유어와 '라디오[라디오](radio), 레이저[레이저](laser), 로마[로마](Roma), 리그[리그](league)', '뉴스[뉴스](news), 뉴질랜드[뉴질랜드](New Zealand), 니켈[니켈] (nickel), 니코틴[니코틴](nicotine)' 등과 같은 외래어의 발음을 볼 때 지금 우리말에 위와 같은 음운 변동 현상이 존재한다고 말하기가 어렵다. 따라서 (43)의 현상은 역사적으로 존재했던 음운 현상에 따른 발음형이 단어로 굳어진 것으로 설명하는 것이 합리적이다.

참고문헌

역대 초·중·고 국어 교과서 및 고등학교 문법 교과서, 교사용 지도서.

역대 국어과 교육과정 및 해설서.

곽충구(2003), "현대국어의 모음체계와 그 변화의 방향", 『국어학』 41, 국어학회, 59–91쪽.

김광해(1997), 『국어 지식 교육론』, 서울대학교 출판부.

김무림(1992), 『국어음운론』, 한신문화사.

김차균(1998), 『나랏말과 겨레의 슬기에 바탕을 둔 음운학 강의』, 태학사.

리의도(2004), 『이야기 한글 맞춤법』, 석필.

배주채(2010), "현대국어 음절의 가짓수 연구", 『어문연구』 38, 한국어문교육연구회, 67–89쪽.

배주채(2013), 『(개정판) 한국어의 발음』, 삼경문화사.

송철의(1993), "자음의 발음", 『새국어생활』 3–1, 국립국어연구원, 3–22쪽.

신승용(2013), 『국어 음운론』, 역락.

이문규(2005), "국어과 발음 교육의 개선 방향에 대한 연구", 『국어교육연구』 38, 국어교육학회,
　　　129–148쪽.

이문규(2009), "음운 규칙의 공시성과 통시성–진행 중인 음운 변화의 기술 문제를 중심으로–",
　　　『한글』 285, 한글학회, 71–96쪽.

이문규(2015), 『(개정판) 국어교육을 위한 현대 국어 음운론』, 한국문화사.

이문규(2016), "음운변동의 개념과 유형", 『국어교육연구』 60, 국어교육학회, 269–288쪽.

이병근·최명옥(1997), 『국어음운론』, 한국방송통신대학교 출판부.

이승재(1993), "모음의 발음", 『새국어생활』 3–1, 국립국어연구원, 23–38쪽.

이진호(2014), 『(개정판) 국어 음운론 강의』, 삼경문화사.

이현복(1998), 『(개정판) 한국어의 표준발음』, 교육과학사.

이호영(1996), 『국어 음성학』, 태학사.

최현배(1955), 『우리말본』, 정음문화사.

허　웅(1985), 『국어 음운학: 우리말 소리의 오늘·어제』, 샘문화사.

국립국어원 표준국어사전 https://stdict.korean.go.kr/

국립국어원 한국어 어문 규범 http://kornorms.korean.go.kr/

01. 여러 가지 자음과 모음을 발음하면서 각각의 말소리가 만들어지는 과정, 조음 위치, 조음 방법 등을 자신의 발음 기관을 통해 관찰해 보자.

02. 다음은 세계적으로 널리 쓰이고 있는 음성 전사 기호인 국제 음성 기호(Intern ational Phonetic Alphabet)의 자음표이다. 이 표를 앞의 '〈표 3-2〉 우리말의 자음 체계'와 견주어 보고 다음의 활동을 해 보자.

CONSONANTS (PULMONIC)

	Bilabial	Labiodental	Dental	Alveolar	Postalveolar	Retroflex	Palatal	Velar	Uvular	Pharyngeal	Glottal
Plosive	p b			t d		ʈ ɖ	c ɟ	k g	q ɢ		ʔ
Nasal	m	ɱ		n		ɳ	ɲ	ŋ	N		
Trill	ʙ			r					ʀ		
Tap or Flap		ⱱ		ɾ		ɽ					
Fricative	ɸ β	f v	θ ð	s z	ʃ ʒ	ʂ ʐ	ç ʝ	x ɣ	χ ʁ	ħ ʕ	h ɦ
Lateral fricative				ɬ ɮ							
Approximant		ʋ		ɹ		ɻ	j	ɰ			
Lateral approximant				l		ɭ	ʎ	ʟ			

Symbols to the right in a cell are voiced, to the left are voiceless. Shaded areas denote articulations judged impossible.

(1) 우리말에는 있으나 국제 음성 기호에는 없는 자음과 그 반대 경우의 자음을 찾아 각각 조음 위치와 조음 방법에 따라 정리해 보자.

(2) 이를 바탕으로 우리말 자음 체계의 특징을 말해 보자.

03. 우리말 자음 동화의 보기를 20개 정도 찾아 다음과 같은 기준으로 정리해보자.

(1) 조음 위치 동화와 조음 방법 동화

(2) 순행 동화와 역행 동화

(3) 완전 동화와 부분 동화

04. 아래 자료를 바탕으로 '구개음화' 현상에 대한 다음의 물음에 답해 보자.

---

① 굳이 → [구지], 해돋이 → [해도지], 밭이 → [바치], 붙이다 → [부치다]

② 마디(節) → [마디], 어디 → [어디], 디디다 → [디디다], 티끌 → [티끌]

---

(1) ①을 바탕으로 동화 현상으로서의 구개음화의 개념과 성격을 설명해 보자.

(2) ①과 달리 ②의 예들이 구개음화를 겪지 않은 까닭을 현대국어와 국어사의 두 측면에서 설명해 보자.

05. 'ㅣ' 역행 동화에서 모음이 변동하는 양상을 바탕으로 할 때, 우리말 모음 체계에서 '혀의 최고점의 전후 위치'나 '혀의 높낮이'를 몇 단계로 나누는 것이 합리적인지 설명해 보자.

06. 아래 단어들의 발음을 관찰하고 다음 물음에 답해 보자.

달님 → [달림], 물새 → [물쌔], 물장난 → [물장난],

별나라 → [별:라라], 불놀이 → [불로리], 열달 → [열딸]

---

(1) 위의 단어들은 앞에서 살펴본 'ㄹ' 탈락 현상과 같은 조건을 갖추고 있음에도 불구하고 'ㄹ'이 탈락하지 않고 있다. 음운론적으로 이들을 어떻게 설명할 수 있을지 생각해 보자.

(2) 이들과 관련지어 'ㄹ' 탈락의 조건을 규정해 보자.

07. 우리말에서 두 모음이 이어나는 것을 피하기 위해 일어나는 음운 변동을 모두 들고, 이를 구체적인 언어 자료를 바탕으로 설명해 보자.

08. 아래 자료를 읽고 다음과 같은 활동을 해보자.

> 오솔길 끝으로 나룻터가 나타났다. 그 곳에는 사공 없는 배가 한 척 있었는데 고기배였다. 어릴 적 고향집 뒷뜰이나 뒷산에 오르면 멀리 고깃잡이 배들의 모습을 쉽게 찾아 볼 수 있었다. 그 배들은 밤새 등불을 밝히고 물고기를 잡다가 새벽녘에야 돌아왔다. 이맘때면 마을 사람들은 저녁마다 모여 놀다가 밤밥(夜食)을 먹기도 하였는데, 풋밤이 섞인 밤밥이나 메밀국수, 깻잎 김치에 조개살이 들어 있는 국이 그렇게 맛있을 수가 없었다. 시내물을 바라보며 이런 생각을 하고 있노라니 코날이 시큰해진다.

(1) 위의 자료글에서 '한글 맞춤법'의 사이시옷 표기 규정과 관련된 단어를 모두 찾고, 규정에 어긋난 것은 바르게 고쳐 보자.

(2) 이들을 바탕으로 하여 '한글 맞춤법'의 사이시옷 표기 규정을 설명해 보자.

(3) 사잇소리 현상과 사이시옷 표기의 관계에 대해 설명해 보자.

4장

단어

이끄는 말

　'음운' 단원이 언어 형식의 최소 단위인 말소리와 관련하여 '음운', '음절', '음운 변동'을 살핀 것이라면, '단어' 단원은 '형태소'가 모여서 '단어'가 만들어지는 원리와 문법적 성질에 따라 단어를 분류한 '품사'에 대해 주로 살펴본다. 학문 문법에서는 이러한 분야를 '형태론'이라 부른다. '단어' 단원에서 다루는 언어 단위는 일정한 의미 내용을 가지는 것이어야 한다는 점이 전제된다. 이 단원에서 다룰 내용을 좀 더 상세히 보면 다음과 같다.

　첫째, 형태소의 개념과 유형에 대해 살핀다. 형태소는 의미를 가지는 최소 단위이므로 그와 관련된 개념 이해가 필요하다. 또한 형태소가 어떠한 유형으로 나누어질 수 있는지를 살필 것인데 이는 단어의 구성을 이해하는 데 필요하다.

　둘째, 단어의 개념과 형성에 대해 살핀다. 단어는 형태소가 결합되어 이루어진 말의 단위이므로 그에 따른 개념 이해가 필요하다. 단어를 구성하는 단위로는 어떤 것이 있는지 그리고 단어의 짜임 방식을 고려할 때 단어는 어떻게 형성되는 것인지 살핀다.

　셋째, 품사에 대해 살핀다. 단어의 문법적 성질을 고려하여 분류해 놓은 것을 '품사'라고 한다. 단어의 분류 및 그에 따른 다양한 품사 명칭과 특징은 문장에서의 여러 언어 현상을 이해하고 설명하는 데에 중요한 역할을 한다.

1. 형태소와 단어

1.1. 형태소

형태소(形態素, morpheme)'는 뜻을 가지고 있는 최소 단위, 즉 '최소 유의미 단위 (minimal meaningful unit)'를 말한다.

(1) ㄱ. 꽃이 예쁘다.

　　ㄴ. 꽃, 이, 예쁘- , -다

(2) ㄱ. 풋사랑

　　ㄴ. 풋-, 사랑

(1ㄱ)은 '꽃이'와 '예쁘다'로 나누어지는데 그 각각은 다시 (1ㄴ)처럼 더 세분해서 이해할 수 있다. '꽃'은 '花'라는 실질적 의미를 가지고 있으며 '이'는 문장 내에서 '꽃'이 주어임을 나타내 주는 형식적 의미를 가지고 있다. 또한 '예쁘-'는 '꽃'의 상태가 어떠한지에 대한 실질적 의미를 가지고 있으며 '-다'는 문장을 끝맺게 하는 형식적 의미를 가지고 있다. 한편, (2ㄱ)의 '풋사랑'은 (2ㄴ)에서처럼 '미숙한, 덜 익은' 또는 '깊지 않은'이라는 의미를 가지는 '풋-'과 실질적 의미를 가지고 있는 '사랑'으로 나누어 볼 수 있다.

(1ㄴ)과 (2ㄴ)의 각 단위는 '음운' 단원에서 살펴본 음절이나 음소 단위로 다시 나누어볼 수도 있다. 예를 들면, '사랑'은 '사'와 '랑'이라는 음절로 나누어진다. 그러나 그 분석은 말소리 차원에서는 가능하지만 의미를 고려하는 단어 차원에서는 불가능하다. '사'와 '랑'은 '사랑[愛]'이라는 의미를 구성하는 데 필요한 각각의 의미를 가지지 못하기 때문이다. '사랑' 자체가 더 이상 분석될 수 없는 하나의 의미 단위가 된다. 이처럼 '의미를 가지는 가장 작은 말의 단위'를 '형태소'라고 부른다.

형태소는 특정 기준에 따라 몇 가지 유형으로 나눌 수 있다. 우선 위에서 살핀 것처럼 형태소는 그것이 가지고 있는 '의미' 특성에 따라서 두 가지 유형으로 나눌 수 있다. 각 형태소는 의미의 허실에 관련된 특징을 갖는데 의미의 허실이란 형태소의 의미가 실질적(어휘적)인가 아니면 형식적(문법적)인가를 말한다. 위 예에서 '꽃, 사랑'은 구체적인 대상을 가리키는, '예쁘-'는 대상의 상태를 나타내는 실질적 의미를 가지고 있다. 이러한 형태소를 '**실질 형태소**(實質形態素, full morpheme)' 또는 '**어휘 형태소**(語彙形態素, lexical morpheme)'라고 한다. 그러나 '이, -다', '풋-'은 형식적 의미를 덧보태어 주거나 문법적 기능을 한다. 이러한 형태소를 '**형식 형태소**(形式形態素, empty morpheme)' 또는 '**문법 형태소**(文法形態素, grammatical morpheme)'라고 한다.

다음으로, 형태소는 '자립성' 여부에 따라 두 가지 유형으로 나눌 수 있다. 자립성 여부란 형태소가 제 홀로 쓰일 수 있는가 아니면 다른 형태소에 의존되어 쓰여야 하는가를 말한다. 위의 예에서 '꽃, 사랑'은 다른 형태소의 도움이 없이도 홀로 쓰일 수 있다. 이러한 형태소를 '**자립 형태소**(自立形態素, free morpheme)'라고 한다. '이, 예쁘-, -다', '풋-'은 제 홀로는 쓰일 수 없고 항상 다른 형태소에 기대어 쓰인다. 이러한 형태소를 '**의존 형태소**(依存形態素, bound morpheme)'라고[1] 한다. 형태소의 유형을 구분하는 두 기준은 모든 형태소에 함께 적용된다.[2]

형태소는 동일한 기능을 가지면서 특정한 환경에서 꼴(형태)을 달리하여 나타나기도 하는데 그 각각을 '**이형태**(異形態, allomorph)'라고 한다.[3] 이형태는 실현되는 조건에 따라 '**음운론적 이형태**(音韻論的 異形態, phonologically conditioned allomorph)'와 '**형태론적 이형태**(形態論的 異形態, morphologically conditioned allomorph)'로 나눌 수 있다.

(3) ㄱ. 고양이<u>가</u> 생선을 먹는다.

ㄴ. 곰<u>이</u> 연어를 먹는다.

(3)에서 주어로 기능을 하게 하는 형태소가 '이'와 '가'로 형태를 달리하여 나타나 있

---

1 자립 형태소와 달리 의존 형태소는 '-었-', '-다', '풋-', '예쁘-'와 같이 의존하는 다른 형태소의 위치를 고려하여 앞이나 뒤에 '-' 표시를 한다. 그런데 조사는 의존 형태소이므로 '-이/가'와 같이 표시될 수 있지만 학교 문법에서는 조사를 단어로 보기 때문에 '-'표기를 하지 않는 방식을 취한다. '의존'이라는 것이 단어 내부에서의 특성임도 유의해야 한다. 예를 들어, '새 책', '새 것'에서 관형사 '새'나 의존 명사 '것'은 홀로 쓰이지 못한다. 그러나 그것은 문장 성분 간의 수식 구성에서 보이는 의존성으로 단어 내부의 한 요소로서의 형태소가 가지는 의존성과는 구분해야 한다.

2 '꽃'은 자립 형태소이면서 실질 형태소이다. '예쁘-'는 의존 형태소이면서 실질 형태소이다. '-다'는 의존 형태소이면서 형식 형태소이다. 그런데 국어의 모든 형식 형태소는 홀로 쓰이지 못하고 실질 형태소에 기대어 쓰인다. 따라서 국어에는 자립 형태소이면서 형식 형태소인 것은 없다고 할 수 있다.

3 '형태'와 '형태소'의 개념 및 용어 구분에 유의할 필요가 있다. '형태'는 각각의 구체적인 형식이라면 '형태소'는 각 형식이 갖는 공통적 속성을 집합적으로 추상화한 것이다. 예를 들면, 주격 '형태소'는 '가', '이'라는 각 주격 '형태'의 문법적 속성을 아울러 말하는 것이다.

고 목적어로서의 기능을 하게 하는 형태소가 '을'과 '를'로 형태를 달리하여 나타나 있다. '가'와 '를'은 앞 음절이 모음으로, '이'와 '을'은 앞 음절이 자음으로 끝나는 음운 환경에서 구별되어 나타난다. 이처럼 특정한 음운 조건에 따라 꼴을 달리하는 각 형태를 '음운론적 이형태'라고 한다.

(4) ㄱ. 쌓-아라 / *쌓-어라, 나누-어라 / *나누-아라

    ㄴ. 하-여라, 오-너라

(4ㄱ)에서 명령의 기능을 하는 '-아라'와 '-어라'는 앞 음절의 모음이 양성 모음인가 음성 모음인가에 따라 달리 나타나므로 음운론적 이형태이다. 그런데 (4ㄴ)에서 명령의 기능을 하는 어미가 '하-', '오-'와 결합할 때 음운론적 조건에 따른 '-아라/-어라'가 아닌 '-여라', '-너라'가 결합될 수 있음을 볼 수 있다. 더불어 '-여라'와 '-너라'는 각기 '하-', '오-'라는 용언 어간 형태와 결합할 때만 나타난다. 이처럼 특정한 형태 조건에 따라 꼴을 달리하여 나타나는 형태를 '형태론적 이형태'라고 한다.[4]

1.2. 단어

언어 일반론에 의하면 대체적으로 **단어**(單語, word)'는 '자립할 수 있는 말', 즉 자립 형식으로[5] 정의된다.

(5) ㄱ. 잡-았-다.

    ㄴ. 사기-꾼

(5ㄱ)에서 각각의 의미를 가지는 형태소 '잡-', '-았-', '-다'는 제 홀로 쓰일 수 없다. 따라서 그 형태소는 단어의 자격을 가질 수 없고 이들이 서로 결합된 '잡았다'가 자립성

---

4   동일한 기능을 하면서 다른 형태가 실현된다는 점에 초점을 두면, '산에/*산에게 가거라.'와 '철수에게/*철수에 가거라.'에서처럼 선행 체언이 유정물인가의 여부에 따라 그 꼴이 달라지는 조사 '에'와 '에게'도 이형태 관계에 있다고 볼 가능성이 있다.

5   좀 더 엄밀하게는 '최소 자립 형식(minimum free form)'으로 정의되는 것이 더욱 합리적이다. 예를 들어, '비가 내린다.'는 의미적으로 볼 때 자립 단위라고 할 수 있다. 이렇게 '자립'만을 고려하면 문장도 단어로 이해될 여지가 있는 것이다. 따라서 '최소'라는 특성을 고려한 '최소 자립'이라고 할 때 단어를 더욱 분명하게 정의할 수 있다.

을 갖는 하나의 단어가 된다. (5ㄴ)의 '-꾼'도 자립할 수 없으므로 단어가 되지 못한다. '사기'와 결합된 '사기꾼'이 자립적인 단어가 된다.

그런데 학교 문법에서는 '단어'를 '자립할 수 있는 말(자립 형식)이나 자립할 수 있는 형태소에 붙어서 쉽게 분리될 수 있는 말'로 정의하여 추가적인 규정이 보태어져 있다. '자립할 수 있는 형태소에 붙어서 쉽게 분리될 수 있는 말'이라고 한 것은 조사를 '단어'로 보기 위한 것이다. 위에서 보았듯이, 의존 형태소는 단어로 볼 수 없다. 그렇다면 조사는 단어가 될 수 없다. 그러나 조사와 결합하는 선행 요소가 자립 형태소이며 대부분의 의존 형태소가 그 의미를 드러내기 위해서는 생략될 수 없는 것과 달리 조사는 문장에서 그 기능을 유지하면서 실현되지 않을 수도 있다는 점에서 자립성에 준하는 특성을 갖는다고 볼 수 있다. 이를 받아들여 학교 문법에서는 조사를 (준)자립성을 갖는 단어로 다루고 있는 것이다.

더 알아보기

 조사와 어미의 문법적 지위

조사의 문법적 지위는 어미의 문법적 지위 인식과 밀접한 상관성을 갖는다. 조사와 어미의 문법적 지위에 대한 관점은 다음과 같다.

① 분석 체계: 조사와 어미를 모두 단어로 보는 입장
② 종합 체계: 조사와 어미를 모두 단어로 보지 않는 입장
③ 절충 체계: 조사는 단어로 보고 어미는 단어로 보지 않는 입장

분석 체계는 조사나 어미가 의존적인 것은 국어의 교착적 성질에 기인하는 것일 뿐 그 둘은 문장을 형성하는 데 중요한 문법적 기능을 가지고 있다는 점에서 단어로 보자는 입장이다. 그런데 어미를 단어로 본다면 '용언 어간'도 단어로 보아야 하는 부담이 있다.

종합 체계는 조사나 어미는 모두 자립성이 없으며 그 자체가 온전한 의미를 가지지 못한다는 점에서 둘 다 단어로 볼 수 없다는 입장이다. 이 입장은 모든 의존 형태소를 단어로 인정하지 않고 단어의 정의를 '자립성을 갖는 (최소의) 의미 단위'로 분명히 할 수 있다는 이점이 있다. 그러나 조사를 단어로 보지 않을 경우 국어의 곡용에 대한 이해가 혼란스러워진다는 부담이 있다. 국어에서 조사는 체언만이 아니라 부사나 절의 뒤에서도 나타날 수 있는데 이러한 것도 모두 곡용으로 보아야 하는 결과를 가져올 수 있다.

절충 체계는 학교 문법이 취하고 있는 입장으로서 조사는 선행 체언과 분리될 수 있는

준자립적 단어로 인정할 수 있지만 어미는 어간과 분리되기가 어렵다는 점을 들어 단어로 인정하지 않는다는 입장이다.

단어는 몇 개의 요소 즉 형태소로 구성될 수 있다. (6)의 '작은아버지'가 그러하다. 그런데 구성 요소만을 본다면 (7)의 '작은 아버지'도 같은 구성 요소를 가지고 있는 셈이다. 그러나 전자는 하나의 단어이고 후자는 두 단어 구성인 구로 구분돼야 한다.

(6) ㄱ. 작은아버지
   ㄴ. *작은 내 아버지

(7) ㄱ. 작은 아버지
   ㄴ. (눈이) 작은 내 아버지

단어인 '작은아버지'는 (6ㄴ)에서처럼 '작은'과 '아버지' 사이에 다른 성분을 끼워 넣을 수 없다. 그러나 두 단어로 구성된 '작은 아버지'는 (7ㄴ)에서처럼 두 단어 사이에 다른 성분을 끼워 넣을 수 있다.[6] 여기서 단어의 구성 요소끼리 가지는 분리 불가능성을 확인할 수 있다.

2. 단어의 형성

2.1. 단어의 구성과 유형

단어는 형태소가 일정한 규칙에 따라 결합하여 만들어진 것이다. 물론 하나의 형태소

---

6 구성 요소 사이에 쉼(pause)을 둘 수 있는지와 구성 요소를 띄어 쓸 수 있는지를 통해 단어인지의 여부를 확인할 수도 있다. 단어는 구성 요소 사이에는 쉼을 둘 수 없으며 구성 요소를 띄어 쓸 수 없기 때문이다.

가 어근으로서, 하나의 단어가 되기도 하지만 대체적으로 여러 형태소가 결합해서 새로운 의미를 갖는 단어가 만들어지는 것이다. 여기서는 단어를 구성하는 요소를 개념적으로 어떻게 이해할 수 있을지 그리고 단어가 어떻게 형성되는지를 살필 필요가 있다.

먼저, 단어의 구성을 살펴보자. 여러 형태소가 결합된 단어에서 각 형태는 일정한 역할을 한다. 단어의 구성 요소 중 실질적인 의미를 나타내는 중심 부분을 '**어근**(語根)'이라고 하며 그에 결합하여 그 뜻을 한정하는 주변 부분을 '**접사**(接辭)'라고 한다.

(8) ㄱ. 치-   뜨-   -다
        (파생 접사) (어근) (굴절 접사)

    ㄴ. 짓-   밟-   -히-   -었-   -다
        (파생 접사) (어근) (파생 접사) (굴절 접사) (굴절 접사)

'치뜨다'는 '감은 눈을 벌리다'라는 의미를 가지는 '뜨-'에 '위로 향하게'라는 의미를 가지는 '치-', 그리고 문장을 끝맺는 기능을 하는 '-다'가 결합되어 '뜨(다)'의 의미와는 다른, '눈을 위로 뜨다'라는 새로운 의미가 만들어졌다. 이 단어의 중심 되는 의미를 나타내는 것 즉 어근은 '뜨-'이며 그 뜻에 덧보태는 주변 부분인 '치-'와 '-다'는 각기 접사이다. 이때 '치-'는 단어를 파생시키는 역할을 하는데 이를 '**파생 접사**(派生接辭)'라고 하며, '-다'는 문법적 기능을 하는데 이를 '**굴절 접사**(屈折接辭)'라고 한다.[7] 이들 어근과 접사는 최소 유의미 단위로서의 형태소이다. 따라서 '치뜨다'는 세 개의 형태소가 결합된 단어이다. 그러한 분석 방법에 따르면 (8ㄴ)은 하나의 어근, 두 개의 파생 접사, 두 개의 굴절 접사로 구성된 단어가 된다.

이제, 단어의 유형을 살펴보자. 단어는 구성 요소의 수에 따라 크게 단일어와 복합어로 유형을 나눌 수 있다. '산, 강, 하늘, 가다'처럼 하나의 어근으로 이루어진 단어를 '**단일어**(單一語, simple word)'라고 한다. '밤-낮', '뛰어-들다', '풋-사랑', '사기-꾼'처럼 어근과 파생 접사 등 둘 이상의 구성 요소로 구성된 단어를 '**복합어**(複合語, complex word)'라고 한다. 복합어는 다시 구성 요소의 특성에 따라 합성어와 파생어로 나눌 수 있다. '밤-낮', '뛰어-들다'처럼 둘 이상의 어근끼리 결합하여 단어가 만들어지는 방식을 '합성법(合成

---

7 형태론은 크게 '조어론'과 '굴절론'으로 나눌 수 있다. 조어론은 단어의 형성법을 연구하는 것이고 굴절론은 조사나 어미가 선행 요소와 결합하는 방식을 연구하는 것이다. 학교 문법에서 다루는 '단어의 형성'은 어근끼리 또는 어근과 파생 접사의 결합을 대상으로 하는 조어론에 해당한다.

法)'이라고 하며, 그에 따라 만들어진 단어를 '**합성어**(合成語, compound word)'라고 한다. '풋-사랑', '사기-꾼'처럼 어근과 그 앞이나 뒤에 파생 접사가 결합하여 단어가 만들어지는 방식을 '파생법(派生法)'이라고 하며, 그에 따라 만들어진 단어를 '**파생어**(派生語, derived word)'라고 한다. 이를 정리하여 보이면 아래와 같다.

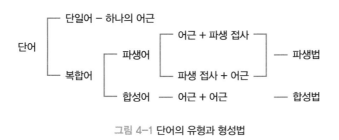

그림 4-1 단어의 유형과 형성법

2.2. 파생어

2.2.1. 접두 파생법

파생법 중 파생 접사를 어근 앞에 결합시켜 단어를 형성하는 방식을 '**접두 파생법**'이라고 한다. 이때의 파생 접사를 '**접두사**(接頭辭)'라고 한다. 국어의 접두사는 뒤에서 볼 접미사와 대비할 때 상대적으로 그 수가 많지 않고 문법적 역할이 활성화 되어 있지 않다.

(9) ㄱ. 군-: 군말, 군불, 군소리, 군손질, 군식구, 군침

　　　돌-: 돌배, 돌감, 돌미나리

　　　날-: 날고기, 날가죽, 날것, 날김치

　　　풋-: 풋나물, 풋사랑, 풋밤

　　ㄴ. 짓-: 짓구기다, 짓누르다, 짓밟다, 짓이기다, 짓찧다

　　　치-: 치뜨다, 치솟다

　　　내-: 내뛰다, 내받다, 내뿜다, 내치다

　　ㄷ. 새-/시-, 샛-/싯-: 새빨갛다/시뻘겋다, 새까맣다/시꺼멓다,

　　　　　　　　　　　샛노랗다/싯누렇다

(9ㄱ)은 명사 어근에, (9ㄴ)은 동사 어근에, (9ㄷ)은 형용사 어근에 접두사가 결합된

파생 명사, 파생 동사, 파생 형용사이다.[8] 위의 각 접두사는 대체적으로 '명사, 동사, 형용사' 중 어느 하나의 품사에만 결합되어 있다. 또한 대체적으로 접두사는 어근의 품사에 영향을 미치지 않기 때문에 각 파생어는 어근의 품사를 유지하면서 뜻을 덧보태는 **한정적 접사로서의**[9] 성격을 갖는다. 다만, 비록 소수이기는 하지만 아래 예에서의 접두사는 또 다른 특성을 가지고 있다.

> (10) ㄱ. 덧-: 덧가지, 덧거름 / 덧나다, 덧쓰다, 덧입다.
>
>   맞-: 맞고소, 맞상대 / 맞겨루다, 맞먹다
>
>   빗-: 빗금, 빗변 / 빗나가다, 빗대다
>
>   ㄴ. 드-: 드솟다, 드날리다 / 드넓다, 드높다
>
>   ㄷ. 엇-: 엇셈 / 엇나가다 / 엇비슷하다
>
>   ㄹ. 올-: 올벼, 오조
>
>   애-: 애호박, 앳되다
>
>   ㅁ. 메-마르다, 강-마르다, 숫-되다, 엇-되다

동일한 접두사가 (10ㄱ)에서처럼 명사 어근과 동사 어근에 결합되고 (10ㄴ)에서처럼 동사 어근과 형용사 어근에 결합되기도 한다. (10ㄷ)의 접두사 '엇-'은 명사 어근, 동사 어근, 형용사 어근에 결합되기도 한다. 한편, (10ㄹ)에서처럼 파생되는 과정에서 접두사의 형태가 변하기도 한다. '올벼'의 '올-'은 '조'와 결합할 때 '오-'가 되고 '애호박'의 '애-'는 '되다'와 결합할 때 '앳-'으로 나타난다.[10] 일반적으로 접두사는 단어의 품사에 영향을 미치지 못한다고 하였는데 (10ㅁ)의 예에서 동사인 '마르다'와 '되다'가 접두사 '메-', '강-', '숫-', '엇-'과 결합하여 형용사로 바뀌는 경우도 있다.

---

8   물론 이러한 유형으로만 국한되는 것은 아니다. 허웅(1995: 481)에는 부사를 어근으로 하는 접두 파생어로 '올-바로(부사), 맞-바로(부사), 대-미처(부사)' 등이 제시되어 있다.

9   파생 접사는 문장의 구조나 단어의 품사에 영향을 미치지 않고 실질 의미에 제한적인 의미만을 덧붙이는 '어휘적 접사' 또는 '한정적 접사'로 불리는 것과 문장의 구조를 바꾸거나 단어의 품사를 바꾸기도 하는 '통사적 접사' 또는 '지배적 접사'로 불리는 것으로 구분하기도 한다. 접두사는 대체적으로 전자의 특성을 갖는다.

10 형태소와 형태소가 결합할 때 일어나는 음운 교체를 '형태 음운론적 교체'라고 한다.

2.2.2. 접미 파생법

파생법 중 파생 접사가 어근 뒤에 결합되어 단어를 형성하는 방식을 '**접미 파생법**'이라고 한다. 이때의 파생 접사를 '**접미사**(接尾辭)'라고 한다. 국어의 접미사는 접두사와 비교할 때 그 수가 많고, 다양한 품사의 어근에 결합할 수 있으며 어근의 품사에 영향을 미쳐 새로운 품사의 파생어를 형성하기도 한다.

(11) ㄱ. 구경-꾼, 너-희, 셋-째[명사/대명사/수사 ⇒ 명사/대명사/수사]

　　 ㄴ. 슬픔(슬프-+-(으)ㅁ), 잠(자-+-(으)ㅁ)[형용사/동사 ⇒ 명사]

　　 ㄷ. 개구리(개굴-+-이)[부사 ⇒ 명사]

　　 ㄹ. 그-대, 두어-째[관형사 ⇒ 대명사, 수사]

(12) ㄱ. 밀-치-다, 먹-이-다, 먹-히-다[동사 ⇒ 동사]

　　 ㄴ. 좁-히-다[형용사 ⇒ 동사]

　　 ㄷ. 공부-하다[명사 ⇒ 동사]

　　 ㄹ. 출렁-거리다[부사 ⇒ 동사]

(13) ㄱ. 높-다랗-다[형용사 ⇒ 형용사]

　　 ㄴ. 미덥다(믿-+-업-+-다)[동사 ⇒ 형용사]

　　 ㄷ. 가난-하다[명사 ⇒ 형용사]

　　 ㄹ. 새-롭다[관형사 ⇒ 형용사]

　　 ㅁ. 차근차근-하다[부사 ⇒ 형용사]

(14) ㄱ. 다시-금[부사 ⇒ 부사]

　　 ㄴ. 마주 (맞-+-우)[동사 ⇒ 부사]

　　 ㄷ. 많-이[형용사 ⇒ 부사]

　　 ㄹ. 진실-로[명사 ⇒ 부사]

(15) 밖에, 부터(붙-+-어), 조차(좇-+-아)[명사/동사 ⇒ 조사]

위에서 파생 접미사가 결합될 수 있는 어근의 품사는 '명사, 대명사, 수사, 형용사, 동사, 관형사, 부사' 등 아주 다양함을 알 수 있다. (11)은 파생 명사인데 (11ㄱ)의 경우 어근의 품사를 유지하고 있지만 (11ㄴ,ㄷ,ㄹ)은 어근의 각 품사를 유지하지 못하고 파생 명사가 되었다. (12)는 파생 동사, (13)은 파생 형용사, (14)는 파생 부사이다. 마찬가지로 각 (ㄱ)에서, 접미사가 결합되더라도 어근의 품사가 유지되고 있지만 그 외의 예에서는 접미사가 각기 다양한 품사의 어근에 결합하면서 새로운 품사의 파생어를 생성하는 지배적 접사로서의 특성을 보인다.[11] (15)의 파생 조사도 어근의 품사를 유지하지 못한다.[12]

한편, 접미사의 형태가 동일하지만 그 의미나 기능이 다른 경우가 있다.

(16) ㄱ. 낱낱이, 더욱이, 뚜렷이, 많이

　　　ㄴ. 길잡이(사람), 목걸이(사물) 남의집살이(일)

(16)에서 파생 접미사 '-이'를 확인할 수 있다. (16ㄱ)에서 '-이'는 부사를 파생시키는데 1음절 명사의 반복 구성, 부사 '더욱', 부사 '뚜렷하다'의 어근 '뚜렷', 형용사 '많다'의 어간 '많-'을 단어 구성의 어근 요소로 하고 있다. (16ㄴ)에서 '-이'는 명사를 파생시키고 있어 그 기능이 다르다. 더불어 (16ㄴ)의 '-이'는 '사람, 사물, 일'이라는 각기 다른 의미를 가지고 있다.

더 알아보기

 파생 접사의 또 다른 모습

파생 접사의 몇 가지 다른 특성이 관찰된다. 첫째, 파생 접사는 새로운 의미의 단어를 한정적으로 생성시키는 것이라는 점에서 그 결합이 제한적이다. 이는 조사나 어미가 문법적 필요에 따라 체언이나 용언에 제한 없이 결합될 수 있는 것과 다르다.

둘째, 파생 접사의 단어 생산성에서 차이가 있기도 하다. '지붕(집+웅), 꼬락서니(꼴 + 악서니)'와 같은 파생어에서의 접미사 '-웅', '-악서니'는 거의 생산력이 없어 해당 파생어 정도만을 형성해 낼 뿐이다. 한편, '공부하다'에서 보이는 '-하다'와 같은 접미사는 그 생산성이 아주 높다고 할 수 있다.

셋째, 어근을 갖지 않고 파생 접사끼리 결합하여 단어를 파생시키기도 한다. 예를 들면

11　동사에 교착되어 사동사와 피동사를 생성하는 경우에 동사로서의 어근의 품사를 유지한다는 점에서 한정적 접사라 할 수 있지만 사동사와 피동사의 파생을 통해 주동, 능동의 문장 구조를 사동, 피동의 문장 구조로 바꾸게 한다는 것에 초점을 두면 지배적 접사로 이해할 수도 있다.

12　(14ㄹ)과 (15)의 예는 학교 문법에서 의도하는 '공시적인 관점에서, 접미사가 결합된 파생어의 형성'이라는 것과는 다름에 유의해야 한다. 각기 어근에 조사나 어미가 결합된 것이며 통시적 관점에서의 단어화로 이해되기 때문이다. 학문 문법에서는 이러한 유형을 통사적 구성의 단어 생성으로 다루기도 한다. 다만 그것을 합성어로 볼 수 없으며 새로운 품사의 단어를 생성하였다는 점에서 편의적으로 접미 파생어의 예로 제시해 둔 것임을 밝혀 둔다.

'풋내기'는 접두사 '풋-'과 '어떤 특성을 지닌 사람'이라는 의미의 접미사 '-내기'가 결합된 단어이다.

넷째, 대체적으로 접사는 어근과 결합한다. 그러나 일부의 접미사는 구적 단위에 결합하는 것으로 이해된다. 예를 들어, '[백 원]쯤/짜리'에서 '쯤, 짜리'와 같은 접미사는 '백 원'이라는 구성에 결합된 것으로 이해된다. '원쯤, 원짜리'가 하나의 단어가 되기 힘들기 때문이다. '참답다', '아름답다'에서의 '-답다'는 어근에 결합하는 것으로 이해되지만 '학생답다'와 같은 경우에는 '[진정한 학생]답다'와 같은 결합 관계가 가능해 보여 '-답다'의 접미사적 특성 판단에 의문이 제기되기도 한다.

2.3. 합성어

합성어는 두 개 이상의 어근이 결합하는 합성법을 통해서 형성되는 단어이다. 파생법이 새로운 단어를 형성해 내는 것과 마찬가지로 합성법도 어근끼리의 결합을 통해 새로운 의미를 가지는 단어를 형성해 낸다. 합성법에 의해 형성된 단어는 다음과 같은 기준에 따라 하위분류될 수 있다.

첫째, 품사를 기준으로 합성어를 나누어볼 수 있다. 대체적으로 합성어의 품사는 가장 나중의 어근이 갖는 품사에 따라 결정되는데[13] 그에 따라 '합성 명사', '합성 동사', '합성 형용사', '합성 관형사', '합성 부사' 등으로 나눌 수 있다.

(17) ㄱ. 돌다리, 새해, 늙은이, 볶음밥, 검버섯, 산들바람

ㄴ. 값나가다, 본받다, 들어가다, 쉬이보다

ㄷ. 낯설다, 높푸르다

(18) ㄱ. 한두, 두세, 온갖, 여남은, 기나긴

ㄴ. 곧잘, 하루빨리, 밤낮, 한참,

ㄷ. 울긋불긋, 어둑어둑, 퐁당퐁당, 구석구석, 하루하루

---

13 모든 합성어가 그렇지는 않다. 합성 부사(밤낮: 명사+명사), 합성 관형사(기나긴: 형용사+형용사), 합성 감탄사(웬걸: 관형사+명사) 등이 그것이다. 또한 부사와 부사의 결합인 '잘못'을 합성 명사로 본다면 이도 그러한 예에 속한다. 그리고 명사와 동사 결합의 합성 형용사, '줄기차다' '풀죽다', 부사와 동사 결합의 합성 형용사, '막되다', '덜되다', '못나다' 등도 이에 해당할 만하다.

(17ㄱ)은 합성 명사인데 '돌다리'는 '명사+명사'로, '새해'는 '관형사+명사'로, '늙은이'는 '형용사의 관형사형+명사'로, '볶음밥'은 '동사의 명사형+명사'로, '검버섯'은 '형용사 어간+명사'로, '산들바람'은 '부사(일부)+명사'로 구성되어 있다. (17ㄴ)은 합성 동사인데 '값나가다'와 '본받다'는 '명사+동사'로 구성되어 있지만 전자는 '주어+서술어'의 문장 구조와 유사하고 후자는 '목적어+서술어'의 문장 구조와 유사하다. '들어가다'는 '동사+연결어미+동사'로, '쉬이보다'는 '부사+동사'로 되어 있다. (17ㄷ)은 합성 형용사인데 '낯설다'는 '명사+형용사'로, '높푸르다'는 '형용사 어간+형용사'로 구성되어 있다.

(18ㄱ)은 합성 관형사인데 '한두'와 '두세'는 '관형사+관형사'로, '온갖'은 '관형사+명사'로, '여남은'은 '수사+동사의 관형사형'으로, '기나긴'은 '형용사+연결어미+형용사의 관형사형'로 구성되어 있다. (18ㄴ)은 합성 부사인데 '곧잘'은 '부사+부사'로, '하루빨리'는 '명사+부사'로, '밤낮'은 '명사+명사'로, '한참'은 '관형사+명사'로 구성되어 있다. (18ㄷ)은 합성 부사인데 앞의 예와는 달리 같은 말이 반복되어 형성되기 때문에 이를 **반복 합성어**(反復合成語)'라고 한다.[14] 반복 합성어 중에서 '구석구석'과 '하루하루'는 조사가 결합하는 명사로도 쓰인다.

둘째, 어근과 어근의 의미적 결합 방식에 따라 합성어를 나누어볼 수 있다. 의미적 결합 방식이란 어근과 어근의 의미적 통합 관계를 말하는데, 그 관계에 따라 '대등 합성어', '종속 합성어', '융합 합성어'로 나눌 수 있다. 이들은 주로 같은 품사의 어근끼리 결합할 때 잘 드러난다.

(19) ㄱ. 논밭, 여닫다

ㄴ. 돌다리, 갈아입다.

ㄷ. 강산, 돌아가다

(19ㄱ)에서는 '논'과 '밭'이, 그리고 '열-'와 '닫-'가 대등한 의미 관계로 결합되어 있는데, 이러한 것을 **대등 합성어**(對等合成語)'라고 한다. (19ㄴ)에서는 앞의 어근 '돌'과 '갈-'이 뒤의 어근 '다리'와 '입-'에 의미적으로 매이는 관계로 결합되어 있는데, 이러한 것을 **종속 합성어**(從屬合成語)'라고 한다. (19ㄷ)에서는 '강'과 '산'이 결합되어 원 의미에

---

14 '반복 합성어'를 '첩어(疊語)'라 부르기도 한다. 그러나 '첩어'라는 용어를 사용하는 것은 '첩어'를 복합어의 하나로 보는 입장에 설 때이다. 즉 복합어를 '파생어, 합성어, 첩어'와 같은 체계로 이해하는 것이다. 학교 문법에서는 그것을 합성어 중 하나로 기술하고 있다.

서 다소 멀어진 '국토'라는 새로운 의미를 가지고 있으며 '돌아가(시)다'도 '돌아서 가다' 는 의미와 달리 '죽다'라는 의미를 가지고 있다. 이러한 것을 **융합 합성어**(融合合成語)라고 한다.

셋째, 어근과 어근의 형식적 결합 방식에 따라 합성어를 나누어볼 수 있다. 형식적 결합 방식이란 어근과 어근의 배열 방식이 국어의 정상적인 단어 배열 방식, 즉 통사적 구성과 같고 다름을 고려한 것이다. 이에 따라 국어의 정상적인 단어 배열법과 같은 '통사적 합성어'와 정상적인 배열 방식에 어긋나는 '비통사적 합성어'로 나눌 수 있다.

(20) ㄱ. 새해, 작은형, 힘들다, 돌아가다

ㄱ´ 새 책, 작은 형, 힘(이) 들다, 돌아(서) 가다

ㄴ. 접칼, 오르내리다, 부슬비

ㄴ´ 접는 칼, 오르고 내리다, 부슬부슬 내리는 비

(20ㄱ)의 예들은 각기 '새+해', '작은+형', '힘+들-(-다)', '돌아+가-(-다)'와 같이 두 어근으로 구성되어 있는 합성어이다. 이들 어근의 구성을 살펴보면, (20ㄱ)에서 보이는 단어의 배열 방식과 같다. 즉 각각 '관형어+명사' 구성, '용언의 관형사형+명사' 구성, '주어+서술어' 구성, 그리고 '용언 어간+연결어미+용언'과 같은 국어 문장 성분의 단어 배열 방식과 일치되고 있다. 이러한 합성어를 **통사적 합성어**(統辭的 合成語)'라고 한다. (20ㄴ)은 '접+칼', '오르-+내리-(-다)', '부슬+비'와 같이 두 어근으로 구성되어 있는 합성어이다. 이들 어근의 구성을 살펴보면, (20ㄴ´)에서 보이는 단어의 배열 방식에 어긋남을 알 수 있다. 즉 '접칼'에는 관형사형 어미가, 그리고 '오르내리다'에는 연결 어미가 없어서 국어의 일반적인 통사적 구성과는 다르다. 또한 '부슬비'에서는 부사로서의 '부슬부슬'이 아니라 그 일부인 '부슬'이 명사와 결합하고 있어 국어의 일반적인 부사 수식 구성에 어긋나 있다. 이러한 합성어를 **비통사적 합성어**(非統辭的 合成語)'라고 한다. 국어에서는 비통사적 합성어가 생산적이지 않지만 이 특성은 어근끼리의 결합력을 강하게 하는, 즉 더 응집된 합성어를 생성시키는 하는 이유가 되는 것으로도 볼 수 있다.[15]

---

15 이러한 의미에서 임홍빈·장소원(1995: 184-185)에서는 통사적 합성어를 '구형 합성어'로, 비통사적 합성어를 '응결 합성어'로 부르기도 하였다.

합성어와 구(句)/절(節)의 구분

합성어는 두 개 이상의 어근으로 구성되어 있기 때문에 구성적 측면에서 '구'나 '절'과 유사하여 각 단위를 구분하는 것이 힘든 경우도 있다. 합성어와 구/절을 구분하는 몇 가지 검증 방법이 있다.

(1) ㄱ. 작은형: *눈이 작은 그 형이
    ㄴ. 작은 형: (눈이) 작은 그 형이
(2) ㄱ. 들것: 철수와 영희가 가서 같이 [들것]을 가져오너라.
    ㄴ. 들 것: 철수와 영희가 가서 [같이 들] 것을 가져오너라.

첫째, 의미 변화 유무를 점검하여 구별할 수 있다. 합성어는 새로운 의미의 단어를 형성하는 것이기 때문에 의미 변화를 수반하는 일이 많지만, '구'나 '절'은 이러한 의미 변화를 수반하지 않는다. 합성어 '작은형'은 '(눈이) 작은 형'이 아니라 '맏형이 아닌 형'이라는 의미를 가지게 되고, '들것'은 '들 물건'이 아니라 '환자나 물건을 운반할 때 쓰는 기구'라는 의미를 가지게 된다.

둘째, (1)에서처럼 구성 요소가 분리될 수 있는지를 점검하여 구별할 수 있다. 합성어의 구성 요소는 결합력이 강하다. 따라서 구성 요소를 분리하여 그 사이에 다른 성분 단위를 끼워 넣을 수 없다. 그러나 구나 절은 두 개 이상의 어절로 구성된 것이므로 어절 사이에 다른 성분을 넣을 수 있다.

셋째, (2)에서처럼 다른 성분 요소와의 통사적 결합 관계를 점검하여 구별할 수 있다. (2ㄴ)과 같은 관계에 놓여 있다면, '들 것'은 구(句)이다. 그러나 합성어로서의 '들것'에서 '들'은 '같이'와 결합 관계를 이룰 수 없다.

넷째, 특정한 합성어의 경우 의미의 배열 관계를 점검하여 합성어 여부를 판단해 볼 수 있다. 예를 들어, '건너뛰다'는 동작의 배열을 볼 때 '뛰어서 건너다'는 것이 되어야 하지만 그러한 의미 배열을 보이지 않는다. 이런 경우 새로운 의미 구성의 합성어로 볼 수 있다.

파생과 합성의 관계: 직접 구성성분 분석

파생어와 합성어를 설명하는 과정에서 대체적으로 두 개 정도의 형태소를 갖는 예를 주로 다루었다. 그러나 어떤 단어는 더 많은 형태소로 구성되어 파생과 합성의 과정을 유의해서 살펴야 하는 경우도 있다. 예를 들면, '해돋이'는 어근 '해', '돋-'과 접미사 '-이'로 구성되어 있으므로 파생과 합성 과정이 함께하는 것으로 예측할 수 있다. 이 경우 단어의 생성 과정을 계층적으로 이해할 필요가 있다. 어근 '해'와 '돋-'이 결합하여 '해돋-'이라는 합성어가 되고 이것을 다시 어근으로 하여 파생 접미사 '-이'와 결합한 것으로 보면 결과적으로 '해돋이'는 파생어가 된다. 이와 달리 '돋이'의 결합을 먼저 생각하면 그것은 파생어가 되고 이것을 어근으로 하여 어근 '해'와 결합한 것으로 보면 결과적으로 합성어가 된다. 또 다른 예를 들면, '맨-', '손', '체조'라는 구성요소를 갖는 '맨손체조'도 '맨-'과 '손'이 결합된 파생어 '맨손'이 다시 어근으로서 또 다른 어근 '체조'와 결합하여 최종적으로 합성어가 된 것으로 이해되어야 한다. 이처럼 결합 층위를 고려해 이해하거나 분석하는 것을 '직접 구성성분 분석'이라고 한다.

그러나 이러한 계층적 분석으로 설명되지 않는 경우가 있기도 하다. 예를 들어, '진선미'와 같은 단어는 '진선(진+선)+미' 또는 '진+선미(선+미)'와 같은 계층적 이해가 어렵다.

3. 품사

'품사(品詞, parts of speech)'는 단어를 문법적 성질이 공통된 것끼리 모아 갈래를 지어 놓은 것을 말한다. 단어는 천문, 지리, 풀이름 등과 같이 의미적 범주를 기준으로 분류하거나 사전에서처럼 단어의 초성을 기준으로 하여 분류할 수도 있다. 그러한 다양한 기준 중에서 문장 내에서 쓰일 때의 '문법적 성질'을 기준으로 하여 단어를 분류한 것을 품사라고 한다. 품사 분류는 세 가지의 세부적인 기준을 갖는다.[16]

---

16 품사 분류 기준을 설명하는 순서가 다를 수 있으며 그에 따라 설명 방식도 다를 수 있다. 여기서는 교과서에서 대체적으로 설명되는 방식 즉 '형태', '기능', '의미' 순서로 설명한다.

첫째, 문장에 쓰일 때 '형태(形態, form)'의 변화 유무를 기준으로 단어를 갈래지을 수 있다. 즉 단어가 문장에서 쓰일 때 형태에 변화가 있는지 없는지를 살펴 같은 유형끼리 묶는 것이다. '새 책을 많이 읽었다'에서 '새', '책', '을', '많이'와 같은 단어는 문장 속에 쓰일 때 형태가 변하지 않는데 이를 **'불변어**(不變語)'라고 한다. 이와 달리 '읽다'는 그 쓰임에 따라 '읽으니, 읽고, 읽었고, 읽으면서'와 같이 형태가 변하는데 이를 '**가변어**(可變語)'라고 한다.

둘째, 문장에 쓰일 때 '기능(機能, function)'이 어떠한가를 기준으로 하여 단어들을 갈래지을 수 있다. 문장 내에서 단어가 어떠한 문법적 기능을 하는지 알아보고 같은 기능을 하는 유형끼리 묶는 것이다. '기능'은 품사 분류의 가장 중심이 되는 기준이라고 할 수 있다.

'철수, 나[我], 오(五)'와 같은 단어는 문장 내에서 주어, 목적어, 보어 등의 기능을 할 수 있다. 이러한 부류를 '체언(體言)'이라고 한다. '먹다, 예쁘다'와 같은 단어는 문장 내에서 주어를 서술하는 기능을 한다. 이러한 부류를 '용언(用言)'이라고 한다. '(철수)이/가, 을/를, 에서, 야'와 같은 단어는 체언 뒤에 붙어서 체언이 문장 속에서 주어나 목적어, 보어, 부사어, 독립어로서의 관계를 가지고 있음을 나타내 주는 기능을 한다. 이러한 부류를 '관계언(關係言)'이라고 한다. '새 (책)'와 같은 단어는 체언 '책'을 수식하고, '많이 (먹다)'와 같은 단어는 용언을 수식하는 기능을 한다. 이러한 부류를 '수식언(修飾言)'이라고 한다. '와! (너무 예쁘다)'와 같은 단어는 문장 내에서 독립적으로 쓰이는데 이러한 부류를 '독립언(獨立言)'이라고 한다. 이처럼 문장 내에서의 기능을 중심으로 할 때, 크게 다섯 가지 유형으로 갈래지을 수 있다.

셋째, 문장에 쓰일 때 그 '의미(意味, meaning)'를 기준으로 하여 단어를 갈래지을 수 있다. 단어가 어떤 의미적 특성을 갖느냐에 따라 같은 의미 유형끼리 묶는 것이다. 여기서의 의미는 개별 단어의 어휘적 의미를 말하는 것이 아니라 형식적 의미를 말한다. 특정한 대상의 이름을 나타내는 단어를 '명사(名詞)'라고 한다. 사람, 사물, 장소의 이름 등을 대신하여 가리키는 단어를 '대명사(代名詞)'라고 한다. 수량이나 순서를 나타내는 단어를 '수사(數詞)'라고 한다. 사람이나 사물의 움직임이나 과정을 나타내는 단어를 '동사(動詞)'라고 한다. 사람이나 사물의 상태나 성질을 나타내는 단어를 '형용사(形容詞)'라고 한다. 주로 체언의 앞에 나타나서 그 체언의 의미를 더 자세하게 해주는 단어를 '관형사(冠形詞)'라고 한다. 주로 용언의 앞에 서서 그 용언의 의미를 더욱 자세하게 해주는 단어를 '부사(副詞)'라고 한다. 체언에 결합해서 주로 그 체언의 자격을 드러내 주는 단어를

'조사(助詞)'라고 한다. 감정을 넣어 말하는 이의 놀람, 느낌, 부름이나 대답을 나타내는 단어를 '감탄사(感歎詞)'라고 한다.

위와 같은 품사 분류 기준을 설명할 때 유의할 점이 있다. '조사'는 형태가 변하지 않는 불변어인데 조사 중 '서술격 조사'는 '학생이고, 학생이니, 학생이면'처럼 형태가 변한다는 점에서 '가변어'에 속한다.

각 단어는 '형태, 기능, 의미'적 특성을 종합적으로 고려하여 품사 이름이 매겨지면서 구분된다. 학교 문법에서는 아래와 같이 아홉 개의 품사를 설정하고 있다.

기준	형태	기능	의미[17]	9품사 명칭 및 예시	
갈래	불변어	체언	이름을 나타냄	명사	**하늘**이
			이름을 대신하여 가리킴	대명사	**너**는
			수량이나 순서를 나타냄	수사	**셋째**가
		수식언	(체언의 의미를 자세히 함)	관형사	**새** 책
			(주로 용언의 의미를 자세히 함)	부사	**매우** 크다
		독립언	놀람, 느낌, 부름 등을 나타냄	감탄사	**어이쿠!**
	가변어	관계언	(체언의 자격을 나타냄)	조사 (서술격 조사)	하늘이 (학생**이다**)
		용언	주어의 움직임이나 과정을 나타냄	동사	**먹다**
			주어의 상태나 성질을 나타냄	형용사	**예쁘다**

표 4-1 **품사의 분류**

3.1. 체언: 명사, 대명사, 수사

주로 문장의 몸, 즉 주체 자리에 오는 단어를 **'체언**(體言)'이라고 한다. 물론 체언은 목적어나 보어가 되는 자리에, 서술격 조사와 결합하여 서술어가 되는 자리에, 그리고 호격 조사와 결합하여 부름말이 되는 자리에도 나타나기도 한다. 체언은 문장 속에서 조사와

---

17 품사 분류 기준에서 '의미'는 부차적인 것으로 이해된다. 9품사 각각을 의미로 대비하여 기술하는 것이 쉽지 않다. 특히 '관형사, 부사, 조사'에 대한 설명은 '의미'보다는 '기능'에 가깝다. 또한 동사나 형용사에 대한 '움직이나 과정, 상태나 성질을 나타냄'과 같은 의미는, 예를 들어 '깊이'처럼, 특정한 부사나 명사로도 나타낼 수 있기 때문이다. 9품사의 전체 체계 속에서 각 품사를 대비적으로 보이기 위해 다소 편의적으로 기술해 둔 것임을 밝혀 둔다.

결합하여 쓰이고 관형어의 수식을 받을 수 있다. 또한 대부분 자립 형태소로서 형태가 변하지 않는다는 점에서 불변어이다. 이러한 체언에는 '명사', '대명사', '수사'가 있다.

3.1.1. 명사

명사(名詞)는 사람이나 사물과 같은 대상의 이름을 나타내는 단어를 말한다. 명사는 다음과 같은 기준에 의해서 하위분류 될 수 있다.

첫째, 사용 범위에 따라 **고유 명사**(固有名詞)'와 **보통 명사**(普通名詞)'로 나눌 수 있다. '고유 명사'는 하나의 개체를 다른 개체와 구별하기 위해 붙인 고유한 이름을 말하는 것으로, 인명, 지명, 상호 등이 그것이다. 예를 들면, 조선시대 인물 '이순신'을 가리키는 '이순신'은 고유 명사이다. '보통 명사'는 어떤 속성을 지닌 대상을 아울러 쓰는 이름을 말한다. 예를 들면, '나무'는 보통 명사이다. 그런데, 고유 명사와 보통 명사의 구분이 항상 엄밀한 것은 아니다.

(21) ㄱ. 우리 반에는 많은 에디슨들이 있다.

ㄴ. 이 명단에는 세 (명의) 홍길동이 있다.

(21ㄱ, ㄴ)의 '에디슨'과 '홍길동'은 특정인의 이름이므로 고유 명사로 쓰인 것이라 예측할 수 있지만 보통 명사로 쓰인 것이다. '에디슨'의 경우 '발명을 잘하는 사람' 또는 '노력하는 사람' 등과 같은 의미의 보통 명사로서의 의미적 특성을 보여주고 있다. 고유 명사는 유일한 개체를 가리키므로 하나 이상을 나타내는 '-들'이나 수 관형사와 함께 쓰일 수 없다. 위 예문에서 '-들'과 '세'가 함께 쓰이고 있다는 점에서도 고유 명사로 쓰이지 않았음을 알 수 있다.

둘째, 자립성 유무에 따라 **자립 명사**(自立名詞)'와 **의존 명사**(依存名詞)'로 나눌 수 있다. '자립 명사'는 관형어가 없이도 자립적으로 쓰일 수 있는 명사를 말한다. '의존 명사'는 관형어의 꾸밈을 받아야만 쓰일 수 있는 명사를 말한다. 국어에는 의존 명사가 발달해 있다.

(22) ㄱ. 철수가 [[가져 온] 것]은 책이다.

ㄱ´ *철수가 [   ] 것은 책이다.

ㄴ. 그가 고향을 떠난 지가 삼년이 되었다.

ㄷ. 오로지 최선을 다할 <u>따름</u>이다.

ㄹ. 모자를 쓴 <u>채</u>로 들어오지 말라.

(23) 사과 두 <u>개</u>(를), 구두 한 <u>켤레</u>(를), 선생님 열 <u>분</u>(이), 백 <u>원</u>(을), 오 <u>킬로그램</u>(이)

위의 예에서 보인 '것, 지, 따름, 채'와 '개, 켤레, 분, 원, 킬로그램' 등은 앞에 관형어가 오고 뒤에 조사가 올 수 있다는 점에서 명사로서의 특성을 가지고 있다. 다만 이들은 (22 ㄱ')처럼 관형어가 없이는 제 기능을 하지 못하기 때문에 자립 명사와 구분하여 '의존 명사'라고 한다.

의존 명사는 (22)와 같은 '형식적 의존 명사'와 (23)과 같은 '단위성 의존 명사'로 다시 나눌 수 있다. **형식적 의존 명사**는 실질적 의미가 다소 불분명한 것으로서 앞의 관형어와 어울릴 때에만 그 의미가 분명해지는 것을 말한다. 이 의존 명사는 어떠한 유형의 조사와 결합하느냐에 따라 몇 가지 하위 유형으로 또다시 나눌 수 있다. (22ㄱ)의 '것'은 '것이, 것을, 것이다, 것으로, 것만' 등과 같이 다양한 조사가 결합될 수 있는데 이러한 특성을 보이는 '것, 분, 이, 데, 바, 따위' 등을 **보편성 의존 명사**라고 부른다. (22ㄴ)의 '지'는 시간이나 기간을 드러내는 의존 명사인데 주격 조사와만 결합하고 '*지를, *지에게'처럼 목적격 조사나 부사격 조사와는 결합되지 않는다. 이러한 특성을 보이는 '지, 수, 리, 나위' 등을 **주어성 의존 명사**라고 부른다. (22ㄷ)의 '따름'은 서술격 조사와 결합하는데 이러한 특성을 보이는 '따름, 뿐, 터' 등을 **서술성 의존 명사**라고 부른다. (22ㄹ)의 '채'는 부사격 조사와 결합하여 주로 부사어로 쓰이는데 이러한 특성을 보이는 '채, 듯, 줄' 등을 **부사성 의존 명사**[18]라고 부른다.

---

18 의존 명사 '줄'은 '그는 올 줄을 모른다.'처럼 목적격 조사와 결합이 가능하다는 점에서 '목적어성 의존명사'로 분류해 내는 것도 생각해 볼 수 있다.

형식적 의존 명사의 또 다른 제약

형식적 의존 명사는 본문에서 보인 것 외에 또 다른 문법적 현상이나 제약을 보이기도 한다.

(1) 그가 오는 동안(지속), 가는 중(진행), 할 수(가능)

(2) 그가 오는/ *온 / *올/ *오던 바람에

(3) 두 말할 나위가 있나?, 그가 올 줄 알았다/몰랐다.

(4) 그가 올 듯하다/뻔하다/만하다

(5) 뛸 듯이 기뻤다, 느낀 대로 말해라.

첫째, (1)에서처럼 의존 명사는 시간적 의미나 양태적 의미를 가지기도 한다. 다만 의존 명사 중 '것'은 '저 사과는 어제 내가 산 것(사과)이다'처럼 앞의 '사과'라는 구체적인 사물을 대용하는 기능을 하기도 한다. 둘째, (2)에서처럼 특정한 의존 명사는 관형형 어미 실현에 일정한 제약을 갖는다. 셋째, (3)의 의존 명사 '나위'는 서술어 '있다/없다'와만 어울리며 '줄'은 '알다/모르다'와만 어울리는 서술어 결합 제약을 보인다. 넷째, (4)에서처럼 '듯, 뻔, 만'은 '듯하다, 뻔하다, 만하다' 등과 같이 보조 용언(형용사)으로 쓰인다. 다섯째, (5)의 '듯이, 대로'와 같은 의존 명사는 조사의 결합 없이 부사어의 기능을 나타내기도 한다.

'**단위성 의존 명사**'는 수량 단위라는 의미를 가지고 있는 것을 말한다. 수량 단위의 의존 명사는 다른 여타 의존 명사처럼 관형어를 가져야 하고 조사와 결합할 수 있지만 의미적으로 '대상이나 사물을 분류하는 셈 단위'라는 의미[19]를 제한적으로 갖는다는 점이 특징적이다.

셋째, 감정 표현 능력 유무에 따라 '**유정 명사**(有情名詞)'와 '**무정 명사**(無情名詞)'로 나눌 수 있다. 아래 (24)에서 '철수'는 감정 표현 능력을 갖는 유정 명사이며 '바다'는 그러한 능력을 갖지 못하는 무정 명사이다.

---

19 그러한 의미 특성을 갖는 것을 포괄하여 '분류사'라 부르기도 한다. 다만 '한 사람'의 '사람'이 자립적인 분류사인 것과 달리 (23)에서의 예들은 의존적인 분류사가 된다.

(24) <u>철수</u>는 <u>바다</u>를 좋아한다.

넷째, 구체성에 따라 '**구체 명사**(具體名詞)'와 '**추상 명사**(抽象名詞)'로 나눌 수 있다. 아래 (25)에서 '사랑'은 손으로 만지거나 볼 수 있는 구체적인 물건이 아니다. 이러한 명사를 '추상 명사'라고 한다.

(25) 철수는 영희에게 <u>사랑</u>을 주고 싶다.

더 알아보기

 조사 결합이 제한되는 체언

　일반적으로 체언은 조사와 자유롭게 결합할 수 있다. 그러나 조사 결합이 극히 제한되는 경우도 있다. 예를 들면, '불굴(不屈)'은 '불굴의 의지'처럼 조사 '의'와만 결합한다. '재래(在來), 무진장(無盡藏), 불가분(不可分)'와 같은 한자어가 그러하다. '미연(未然)'은 '미연에 (방지하다)'처럼 조사 '에'와만 결합한다. '얼떨결에, 홧김에, 노파심에, 덕분에, (−하는) 동시에, 순식간에' 등이 그러하다. 이들은 관형어의 수식을 받지 못한다는 제약도 가지고 있다.

3.1.2. 대명사

　대명사(代名詞)는 대상의 이름을 대신하여 그것을 가리키는(지시하는) 말로 사용되는 단어를 말한다. 대명사도 체언의 한 유형이라는 점에서 명사가 문장 내에서 갖는 기능을 거의 동일하게 갖지만 명사와는 다른 대명사 고유의 특징이 있기도 하다.

　첫째, 아래 (26ㄱ)에서 확인할 수 있듯이 명사는 관형사의 수식을 받는다. 그러나 (26ㄴ)에서처럼 대명사는 관형사의 수식을 받기 어렵다. 다만 (27)에서처럼 명사와 대명사는 동일하게 관형절의 수식은 받을 수 있다.

(26) ㄱ. 그 산이 더 낮아 보인다.

　　　ㄴ. *그 내가 갈게.

(27) ㄱ. 멀리 있는 산이 낮아 보인다.

ㄴ. 시간 있는 <u>내</u>가 갈게.

둘째, 대명사는 그 무엇을 대신하여 지시하는 특징이 있는데, 이때 그 무엇은 문맥이나 말하는 상황에 의해서 결정된다.

(28) ㄱ. 옛날 한 마을에 돌쇠가 살고 있었다. 마음씨가 착한 청년이다.

그러나 <u>그</u>는 나이가 들어도 장가를 들지 못했다.

ㄴ. 다른 곳은 청소가 다 되었는데, <u>여기</u>만 청소가 안 되었구나.

(28ㄱ)에서는 앞 문장의 '돌쇠'를 대신하여 대명사 '그'가 쓰이고 있다. (28ㄴ)에서의 대명사 '여기'는 구체적으로 어느 곳인지 앞 문장에서 확인되지 않지만 말하는 상황에서의 특정 장소, 예를 들면, '책상 위'를 대신 가리키고 있다고 해석될 수 있다.

대명사는 지시하는 대상이 사람인가의 여부에 따라 **인칭 대명사**(人稱代名詞)와 **지시 대명사**(指示代名詞)로 나눌 수 있다. 이 중 인칭 대명사는 사람을 가리키는 대명사이다. 이는 다시 '1인칭, 2인칭, 3인칭, 미지칭, 부정칭, 재귀칭'으로 나눌 수 있다.

(29) ㄱ. <u>나</u>는 숙제를 다 했다.

ㄴ. <u>저</u>는 숙제를 다 했습니다.

ㄷ. <u>우리</u>가 한 일은 비밀이다.

ㄹ. <u>저희</u>가 가겠습니다.

ㅁ. <u>소인</u>이 가겠습니다.

ㅂ. <u>짐</u>은 더 이상 문책하지 않겠노라.

(30) ㄱ. <u>너</u>는 숙제를 다 했니?

ㄴ. <u>자네</u>는 숙제를 다 했는가?

ㄷ. <u>그대</u>가 한 일은 위대한 일이었다.

ㄹ. <u>당신</u>께서 와 주십시오.

ㅁ. <u>너희</u>는 이 일을 다 마쳐야 한다.

ㅂ. <u>여러분</u>이 힘을 써 주십시오.

(31) ㄱ. <u>그</u>는 학생이다.

ㄱ'. <u>그이</u>는 선생님입니다.

ㄱ″. 그분은 선생님이십니다.

ㄴ. *이가 선생님입니다.

ㄴ′ 이이가 선생님입니다.

ㄴ″. 이분은 선생님이십니다.

ㄷ. *저가 선생님입니다.

ㄷ′. 저이가 선생님이십니다.

ㄷ″. 저분은 선생님이십니다.

(32) 누구니?

(33) ㄱ. 누군가 왔어.

　　　ㄴ. 아무나 오십시오.

(34) ㄱ. 철수는 아직 어려서 저(=자기)만 안다니까.

　　　ㄴ. 애들이 어려서 저희들(=자기들)밖에 모릅니다.

　　　ㄷ. 돌아가신 아버님ᵢ은 소나무를 좋아하셨어.

　　　　 저 소나무도 당신ᵢ께서 심으셨지.

(29~34)는 순서대로 화자를 가리키는 '1인칭 대명사', 청자를 가리키는 '2인칭 대명사', 화자나 청자가 아닌 제3자를 가리키는 '3인칭 대명사', 누구인지 모르는 대상을 가리키는 '미지칭(未知稱) 대명사', 특정하게 한정되지 않은 대상을 가리키는 '부정칭(不定稱) 대명사', 3인칭 주어를 되풀이 하는 '재귀칭(再歸稱) 대명사'를 보인 것이다.[20]

인칭 대명사와 관련된 특징 중 하나는 높임의 등급에 따라 대명사가 구분된다는 점이다.[21] 이를 참조하면서 각 인칭 대명사에 대해 좀 더 살펴보자.

(29)의 **1인칭 대명사**는 예사말의 '나, 우리'와 겸사말의 '저, 저희'로 구분할 수 있으며 공대말은 없다. 화자 자신을 높이는 것은 언어 예절에 어긋나는 것으로 여기는 문화적 이

20　학교 문법에서 '1, 2, 3인칭'과 분리하여 '미지칭, 부정칭, 재귀칭'을 나열하여 제시하고 있다. 여기서 '미지칭'과 '부정칭'은 특정 인물에 대한 지시 여부에 초점을 둔 것으로 1인칭이나 2인칭이 아닌 제3자로 이해할 수 있고, '재귀칭'은 대체적으로 3인칭 주어를 되풀이 한다는 점을 고려하면 이들 셋을 3인칭 대명사에 포함하여 인칭 대명사를 분류할 수도 있다.

21　인칭 대명사와 관련된 높임의 등급은 각 인칭별로 다소 다르며 또한 그 등급 구분도 연구자마다 다소 차이가 있다. 7차 국어과 교육과정에서 근거하는 『문법 교사용 지도서』(126쪽)에 따르면 '아주 낮춤', '예사 낮춤', '예사 높임', '아주 높임'으로 구분하고 있기는 하지만 여기서는 대표적인 대명사를 중심으로 고영근·구본관(2018: 72~74)에서 보인 '예사말, 겸사말, 공대말'의 개념을 이용하여 설명한다.

유 때문이라 할 수 있다. (30)의 **2인칭 대명사**는 예사말 '너, 너희'와 공대말 '자네, 그대, 당신, 여러분'으로 구분될 수 있다. (31)의 **3인칭 대명사**는 예에서 볼 수 있듯이 독립적인 3인칭 대명사형보다는 '이, 그, 저'와 명사가 결합하는 합성어가 주로 쓰인다. 결합되는 명사에 따라 예사말 '이자, 그자, 저자, 애, 걔, 쟤, 이애, 그애, 저애', '그, 이이, 저이, 그이', 그리고 공대말인 '이분, 그분, 저분'으로 구분할 수 있다. 특히 3인칭 대명사로 지시 대명사와 형태가 동일한 '그'가 단독으로 쓰이는 반면에 "*이, *저'는 단독으로 쓰이지 못한다.[22]

더 알아보기

인칭 대명사의 복수 표현

3인칭 대명사의 경우 '이분들, 그분들, 저분들' 등과 같이 접미사 '–들'을 결합시키는 방식으로 복수 표현이 실현된다. 그런데 1인칭의 경우 '우리, 저희', 2인칭의 경우 '너희'와 같은 별도의 복수형이 확인된다.

'우리'는 "야, 우리 저기 놀이 공원에 놀러가자."에서처럼 화자와 함께 청자 모두를 가리키는 의미로 사용되기도 하며, "우린 안 갈래"에서처럼 청자를 제외한 모든 사람을 가리키는 표현으로 이해되기도 한다. 이는 말하는 사람에 의하여 '우리'의 경계가 그어지기 때문으로 이해된다. 그러므로 '우리'는 단순히 '나'의 복수를 가리키는 것은 아니라고 할 수 있다. 복수형인 '저희, 너희'는 접미사 '–희'에 의해서 만들어진 복수형인데 '우리'와 함께 다시 복수 접미사 '–들'이 결합되어 '우리들, 저희들, 너희들'과 같이 실현되기도 한다. 한편, 인칭 대명사로 사용되지 않는 '이, 저'도 '그'와 함께 접미사 '–들'을 결합시키면 '이들, 그들, 저들'처럼 인칭 대명사로 사용되기도 한다.

(32)의 '누구'는 화자가 상대방이 누구인지를 모르기 때문에 상대방이 누구인가를 알기 위한 표현으로서 이를 **미지칭 대명사**라고 하는데 주로 의문문에 사용된다. (33ㄴ)의 '아무'는 **부정칭 대명사**로서 부정칭은 특정한 지시 인물이 정해져 있지 않다는 것을 의미

---

22 예에서 볼 수 있듯이, 국어에는 3인칭만을 위한 단일어는 발달되어 있지 않다. 대부분의 경우 지시 대명사와 형태가 같은 '이, 그, 저'가 다른 형태와 결합된 단어로 사용된다. 다만 학교 문법에서 단일어인 '그'를 3인칭으로 인정하고 있다. 그런데 '그'는 원래부터 대명사로 쓰이던 것이 아니라 근대 시기에 영어의 'he, she'를 번역하는 데서 비롯되었다는 점에서 우리말 고유의 3인칭 대명사로 보기에는 어려운 점이 있다.

한다. 그런데 미지칭의 '누구'는 (33ㄱ)에서처럼 평서문에서 '(이)나' 또는 보조사 '도'와 결합하거나('누구도 알지 못한다.') 의문문이더라도 '누구'에 강세가 놓이지 않으면 부정칭으로 쓰인다.[23] (34)에서는 **재귀 대명사**를 확인할 수 있다. 재귀칭은 문장이나 담화 속에서 앞서 나온 3인칭 유정명사 주어가 반복적으로 표현되어야 할 때 그것을 피하기 위해서 가리키는 것을 말한다. 재귀 대명사도 그 높임 등급에 따라 '저/자기', '당신'으로 구분할 수 있다. 1~2인칭과 마찬가지로 '자기/저들, 저희, 저희들'이 가능하다.

지시 대명사는 특정한 사물이나 공간 등을 가리키는 대명사를 말한다.

(35) ㄱ. 이것, 그것, 저것

ㄴ. 여기, 거기, 저기, 이곳, 그곳, 저곳

ㄷ. 무엇, 어느것/어디, 어느곳

ㄹ. 아무것, 아무곳

(35ㄱ)은 사물을 가리키는 지시 대명사이고 (35ㄴ)은 장소를 가리키는 지시 대명사이다.[24] (35ㄷ)은 미지칭 또는 부정칭으로 사용될 수 있는 지시 대명사이고 (35ㄹ)은 부정칭으로만 사용되는 지시 대명사이다.

더 알아보기

 국어의 복수 표현 방식

앞에서 인칭 대명사의 복수 표현을 알아보았다. 여기서는 그것을 포함하여 체언의 복수 표현 방법을 좀 더 알아보자. 국어는 복수와 관련된 문법적 체계가 그리 엄격하지 않은 편이기는 하지만 복수를 표시하는 몇 가지 방법이 있다.

---

23 이것을 강세와 억양의 차이로 이해하면 의문문에서 '누구'에 강세가 놓이면 내림 억양이 되는데 이때 '누구'는 미지칭으로 쓰인 것이 되며 '누구'에 강세가 놓이지 않고 서술어에 강세가 놓이면 올림 억양이 되는데 이때는 부정칭으로 사용된 것으로 구분된다.

24 공간의 개념이 있다면 시간의 개념도 가능하다는 점에서 공간을 가리키는 대명사와 함께 '접때, 입때, 어느때, 아무때' 등과 같은 시간을 지시하는 대명사의 설정도 고려해 볼 만하다. 한편 '이리, 그리, 저리'와 같은 방향성을 나타내는 단어도 지시 대명사의 후보가 될 수 있겠으나 조사 결합이 제약되는 것을 고려할 때 부사로 처리하는 것이 좋을 듯하다.

첫째, '철수네, 너희, 학생들' 등에서 보듯이 '-네, -희, -들'을 결합시키는 방법이 있다. '-네'는 '무리, 집안'이라는 의미를 갖는 것으로 보이고, '-희'는 '저희, 너희' 등으로 제한되어 쓰이며, '-들'이 보편적으로 쓰이지만 그 쓰임이 문법적으로 필수적이지 않은 경우도 적지 않다. 둘째, 수사나 수관형사 구성을 통해 복수를 표현하는 방법이 있다. 크게 네 가지 유형으로 나타나는데 '두 학생', '학생 둘', '학생 두 명', '두 명의 학생'이 그것이다.

이러한 복수 표현 방식에서 '-들'의 쓰임에 유의할 필요가 있다. 일반적으로 '-들'이 결합된다는 것은 그 선행 단어가 셈이 가능한 가산명사(可算名詞)이어야 한다. 그런데 가산명사가 아니지만 '들'이 결합되는 경우가 있다. 예를 들면, "빨리(들) 물(들) 길어(들) 오너라."에서 '빨리, 물, 길어-'는 가산명사가 아니므로 여기서 결합된 '들'은 선행 단위의 복수를 표현한 것으로 보기 힘들다. 이러한 쓰임은 해당 문장의 주어가 복수일 때 나타나는 현상이다. 즉 해당 문장의 주어는 '너희들'과 같은 복수형이어야 한다. 따라서 위 문장에서의 '들'은 '빨리, 물, 길어-'를 복수화 하는 것이 아니라 그 문장의 주어가 복수임을 표시해 주는 것이라고 할 수 있다. 학교 문법에서 '학생들'에서의 '-들'은 복수 표현의 접미사로 보지만 주어가 복수임을 표시하는 '들'은 보조사로 보고 있다.

3.1.3. 수사

수사는 사물의 수량이나 순서를 나타내는 단어이다. 수사 또한 조사와 결합할 수 있다는 점에서 체언의 하나이다. 그런데 명사나 대명사와 달리 수사는 복수 접미사 '-들'과 결합하지 못하며 특별한 경우가 아니라면 관형사의 수식을 받을 수 없다.

수사는 다시 수량을 나타내는 **양수사(量數詞)**와 순서를 나타내는 **서수사(序數詞)**로 나눌 수 있다. 양수사와 서수사는 고유어뿐만 아니라 한자어도 있다.

(36) ㄱ. 둘에 셋을 더하면 다섯이다.

ㄴ. 이(二)에 삼(三)을 더하면 오(五)이다.

ㄷ. 첫째는 진리이고 둘째는 정의이다.

ㄹ. 제일(第一)은 진리이고 제이(第二)는 정의이다.

(36ㄱ)은 고유어 양수사이며 (36ㄴ)은 한자어 양수사이다. (36ㄷ)은 고유어 서수사이며[25] (36ㄹ)은 한자어 서수사이다. 위와 같이 정해진 수를 표현하는 수사[定數]도 있지만

그 수가 꼭 정해지지 않은 수사[不定數]도 있다. '한둘, 서넛 / 이삼, 오륙 / 한두째, 서너째' 등이 그것인데 '어림수'라고도 한다.

3.2. 관계언: 조사

문장 내에서 단어의 문법적 관계를 표시해주는 것을 '**관계언**(關係言)'이라고 하는데 '**조사**(助詞)'가 이에 해당한다. 첨가어인 국어는 조사가 아주 발달되어 있다. 조사는 주로 체언 뒤에 붙어서 다양한 문법적 관계를 나타내거나 의미를 추가하는 의존 형태소인데 그 기능과 의미 역할에 따라 '격조사(格助詞)', '접속 조사(接續助詞)', '보조사(補助詞)'로 나눌 수 있다.

3.2.1. 격조사

격조사는 앞에 오는 체언이 문장 안에서 일정한 문법적 기능을 가지는 성분으로서의 자격을 가지도록 해주는 것을 말한다. 격조사는 문장 성분을 기준으로 할 때, 일곱 가지로 나눌 수 있다.

첫째, **주격 조사**(主格助詞)는 앞의 체언이 문장 속에서 주어로서의 자격을 가지도록 해 준다.

(37) ㄱ. 바다가/하늘이 참 푸르다.

　　 ㄴ. 아버지께서 이제 오셨다.

　　 ㄷ. 정부에서 담화문을 발표하였다.

주격 조사에는 '이', '가', '께서', '에서' 등이 있는데, (37ㄱ)의 '가'와 '이'는 음운론적 이형태이다. (37ㄴ)의 '께서'는 선행 체언이 높임의 의미를 가지는 대상일 때 쓰인다.[26] (37ㄷ)의 '에서'는 선행 체언이 단체일 때 사용되는 주격 조사이다. 형태상으로는 부사격 조

---

25 '하나, 둘, 셋...'에 대비해 '*하나째/첫째, 둘째, 셋째...'를 보면, '첫째'는 '하나째'가 나타날 수 없어서 그것을 대신하는, 즉 보충법에 의해 만들어진 것으로 볼 수 있다.

26 화자의 높임 의도는 화용적인 특성도 갖는다. 체언이 높임의 의미를 가지지만 '께서'가 아닌 '이/가'가 쓰일 수도 있기 때문이다. 한편 '아버지께서만이'와 같이 보조사보다 앞선 자리에 실현되고 다시 주격 조사 '이'가 나타난다는 점에서 '께서'를 주격 조사로 보지 않는 견해도 있다.

사 '에서'와 같지만 '정부에서'를 '정부가'로 대치할 수 있듯이 조사 앞에 오는 체언에 대해 주어의 자격을 가지도록 해 주고 있다.

둘째, **목적격 조사**(目的格助詞)는 앞의 체언이 문장 속에서 목적어로서의 자격을 가지도록 해 주는 것이다. 목적격 조사로는 아래 (38)에서처럼 음운론적 이형태인 '를'과 '을' 등이 있다.

(38) ㄱ. 나무꾼이 나무를 해 왔다.

ㄴ. 선녀가 두레박을 타고 하늘로 갔다.

셋째, **보격 조사**(補格助詞)는 앞의 체언이 문장 속에서 보어로서의 자격을 가지도록 해 주는 것이다.

(39) ㄱ. 물이 얼음이 되었다.

ㄴ. 그는 바보가 아니다.

(39)에서처럼 서술어 '되다', '아니다' 앞에 오는 성분이 보어인데, 보어의 자격을 표시하는 '이'와 '가'를 보격 조사라고 한다. 보격 조사는 형태로 보면 주격 조사와 동일하다.

넷째, **부사격 조사**(副詞格助詞)는 앞의 체언이 문장 속에서 부사어로서의 자격을 지도록 해 주는 것이다. 격조사 중 가장 다양한 형태를 가지고 있다.

(40) ㄱ. 그녀가 경주에 있다.

ㄴ. 그녀는 경주에서 왔다.

ㄷ. 그녀는 경주에서 공부를 한다.

ㄹ. 철수야, 영희에게 공책을 주어라.

ㅁ. 버리지 말고 필요한 곳에 기증해라.

ㅂ. 이것은 그것보다 크다.

ㅅ. 자갈이 모래로 변했다.

ㅇ. 손으로(써) 잡아라.

ㅈ. 학생으로(서) 해야 할 일이 무엇일까?

ㅊ. 나와 함께하자.

ㅋ. 오지 말라고 했다.

ㅌ. "오지 마."라고 했다.

부사격 조사의 형태가 아주 다양한 만큼 그 의미 또한 다양하다. (40ㄱ,ㄴ,ㄷ)의 '에', '에서'는 동일한 장소를 가리키는 체언에 결합되어 있지만 그 장소가 가지는 의미는 '있는 곳, 출발해 온 곳' 등으로 구분된다. (40ㄹ,ㅁ)의 '에게', '에'는 앞의 체언이 유정 명사인가 무정 명사인가에 따라 구분되어 쓰이는데 '지향'의 의미를 나타내고 있다. (40ㅂ)의 '보다'는 '비교'의 의미를 가지고 있으며 (40ㅅ)의 '로'는 '변성'의 의미를 가지고 있다. '로'는 '그녀가 경주로 갔다'처럼 '방향'의 의미를 나타내기도 한다. (40ㅇ)의 '으로(써)'는 '도구'의 의미를 나타내고 (40ㅈ)의 '으로(서)'는 '자격'의 의미를 나타낸다. (40ㅊ)의 '와'는 '동반'의 의미를 나타낸다.[27] (40ㅋ,ㅌ)에서 '고', '라고'는 인용의 부사격 조사로서 각기 '간접 인용', '직접 인용'에 사용된다.

다섯째, **관형격 조사**(冠形格助詞)는 앞의 체언이 관형어의 자격을 가지도록 하는 것이다.

(41) ㄱ. 역사의 흐름은 멈출 수 없다.

ㄴ. 아내의 손이 차갑다.

ㄷ. 외삼촌의 집이 외국에 있다.

관형격 조사는 체언과 체언의 관계를 나타내는 조사인데, '의' 하나뿐이기는 하지만 이것에 의해 연결되는 두 체언 사이의 의미 관계는 다양하다. (41ㄱ)에서는 '역사가 흐른다.'처럼 '주어-서술어'의 의미 관계를 나타내 주고 있으며 (41ㄴ)에서는 '전체-부분'의 의미 관계를 나타내 주고 있고 (41ㄷ)에서는 '소유자-대상'의 의미 관계를 나타내 주고 있다.[28]

여섯째, **호격 조사**(呼格助詞)는 앞의 체언이 부름말임을 나타내는 것이다.

---

27 '동반'이라는 점에서 수식하는 용언은 동반성을 담을 수 있는 '싸우다, 만나다, 비슷하다' 등과 같은 것이 요구된다. 이러한 용언을 '대칭 동사', '대칭 형용사'라 부른다.

28 관형격 조사를 요구할 만한 구성임에도 '의'가 실현되지 못하는 경우도 있다. 예를 들면, '황금 반지'는 '*황금의 반지'가 되지 못한다. 대체적으로 선행 체언이 후행 체언의 '재료, 속성'이라는 의미를 가질 때 그러한 것으로 보인다.

(42) ㄱ. 철민아/철수야, 큰 뜻을 가져 보아라.

ㄴ. 하느님이시여, 굽어 살피소서.

(42)의 '아/야', '이시여'는 특정 대상을 부를 때 사용되는 조사이기 때문에 호격 조사로 부른다. 이 중 '아/야'는 앞의 음운이 자음인가 모음인가에 따라 구분되어 쓰이는 음운론적 이형태이며 '이시여'는 존칭의 대상에 결합한다.

일곱째, **서술격 조사**(敍述格助詞)는 체언에 결합되어 '체언+이다'가 서술어의 자격을 가지도록 해주는 것이다.

(43) ㄱ. 철수는 이제 어엿한 학생이다.

ㄴ. 너는 학생이니 학생의 본분을 지켜야 한다.

(43ㄱ)에서 체언 '학생'에 '이다'가 결합된 '학생이다'는 문장의 서술어가 된다. 서술격 조사는 다른 조사에서는 볼 수 없는 특징이 있는데 (43ㄴ)에서처럼 활용을 한다.

더 알아보기

'이다'의 문법적 지위에 대한 다양한 관점

국어학의 큰 논쟁점 중 하나가 '이다'의 문법적 지위이다. 크게 대표적인 네 가지의 관점을 살펴보자. 첫째, 지정사로 보는 관점이다. 선행 성분을 지정하게 한다는 점에서 용언의 하나인 지정사로 보는 것이다. 전통 문법에서 설정한 '잡음씨'가 그것이다. 그런데 이 경우 '이다', '아니다'로만 한정된 단어를 위해 품사를 설정하는 것이 합리적이지 않으며 용언은 문장의 핵심 성분인데 선행 체언과 분리되지 못하는 이유가 분명하지 않고 여타 다른 어휘적 용언과 비교할 때 용언으로서의 의미가 분명하지 않다는 문제점이 있다.

둘째, 접사로 보는 관점이다. '이다'에서 '-이'를 용언이 아닌 것을 용언으로 만들어 주는 용언화 접미사로 보는 것이다. 그런데 이 경우 거의 모든 체언에 '-이'가 결합할 수 있어서 '-이'가 결합된 모든 것을 파생어로 보아야 한다는 문제점이 있다. 또한 거의 모든 체언에 제약 없이 결합될 수 있는 것은 조사가 가지는 특성이라는 점에서 접미사로 보는 관점의 설명력은 약화될 수 있다.

셋째, 서술격 조사로 보는 관점이다. 학교 문법에서 취하고 있는 관점으로서 체언에 결합한다는 점, 용언처럼 활용한다는 점을 들어 서술격 조사로 보는 것이다. 그러나 '서술격'이라는 것이 일반 언어학적 관점에서 보편적인 것이 아니라는 문제점이 있다.

넷째, 형용사로 보는 관점이다. '이다'를 '아니다'와 함께 고려할 때, 부정에 대한 긍정의 의미를 가지며 실현되는 통사적 환경이 동일하다. 또한 활용 양상이 거의 동일하다. 따라서 '아니다'를 형용사로 본다면 '이다' 또한 '형용사'로 보아야 한다는 관점이다.

이상에서 살핀 일곱 가지의 격조사는 선행 체언을 문장 내에서 특정한 문법적 자격을 가지도록 해 준다는 점에서는 동일하다. 그러나 그 자격이 매겨지는 문법적 관계는 일관되지 않음에 유의할 필요가 있다. 주격 조사, 목적격 조사, 보격 조사, 부사격 조사는 결합하는 앞의 체언이 문장의 중심이 되는 서술어와 일정한 문법적 관계를 맺도록 하고 있다. 그렇지만 관형격 조사는 두 체언 간의 문법적 관계를 나타내 주며 호격 조사는 체언을 독립어가 되게 하므로 문장 내 다른 성분과의 문법적 관계를 나타내 주는 것으로 보기 어려운 측면이 있다. 또한 서술격 조사도 체언을 서술어가 되게 하는 것이라는 점에서 문장 내에서 다른 성분과의 문법적 관계를 나타내 주는 것이라고 보기 어려운 측면이 있다.

3.2.2. 접속 조사

접속 조사(接續助詞)'는 두 단어를 같은 자격으로 이어주는 구실을 하는 것을 말한다.[29] 접속 조사로는 '와/과, (이)랑, 하고, (이)며, 에(다)' 등이 있다.

(44) ㄱ. 봄이 되면 개나리{와, 랑, 하고, 며, 에(다)} 진달래가 가장 먼저 핀다.

　　ㄴ. 여름이 되면 수박{과, 이랑, 하고, 이며, 에(다)} 참외를 먹을 수 있다.

(44)에서 볼 수 있듯이, 앞 음절이 모음으로 끝나면 '와, 랑, 며'로 나타나고 앞 음절이 자음으로 끝나면 '과, 이랑, 이며'로 나타난다. '와/과'는 문어체에서 잘 쓰이고, '(이)랑', '하고'는 구어체에서 잘 쓰인다.

---

29 '같은 자격'이라고 하는 것은 두 단어가 동일한 문장 성분이 되어야 함을 의미한다. 예를 들면, (44ㄴ)의 '수박'과 '참외'는 둘 다 체언형으로서 목적어이어야 한다. 부사와 명사의 접속 같은 것이 허용되지 않는다.

(45) ㄱ. *여름이 되면 수박과 참외와(를) 먹을 수 있다.

　　 ㄴ. 여름이 되면 수박이랑 참외랑(을) 먹을 수 있다.

　　 ㄷ. 여름이 되면 수박하고 참외하고(를) 먹을 수 있다.

　　 ㄹ. ?여름이 되면 수박이며 참외며(를) 먹을 수 있다.

　　 ㅁ. *여름이 되면 수박에다 참외에다(를) 먹을 수 있다.

(45ㄴ,ㄷ)에서 볼 수 있듯이, 접속 조사 '(이)랑', '하고'의 경우는 뒤의 체언에도 결합될 수 있다.[30] 그러나 '와, 에다'는 뒤의 체언에는 결합되지 못한다.[31] 접속 조사 '와/과'는 비교의 의미를 가지는 부사격 조사 '와/과'와는 구분되어야 한다.

(46) ㄱ. 나는 사과와 배를 좋아한다.

　　 ㄴ. 사과는 배와 다르다.

(46ㄱ)은 '나는 사과를 좋아한다.'와 '나는 배를 좋아한다.'라는 두 문장이 접속된 것으로서 이때의 '와'는 접속 조사이다. (46ㄴ)은 '사과는 배와 (비교할 때) 다르다'는 의미를 가지고 있는데, 이 때 '배와'에서의 '와'는 '배'에 비교의 부사격 조사 '와'가 결합된 것이다.

더 알아보기

📝 두 단어를 이어주는 구실

학교 문법에서 접속 조사는 '두 단어'를 이어주는 구실을 한다고 하였다. 이에 대해 좀 더 분명히 해 둘 필요가 있다. '단어'를 이어준다고 하는 것은 문장의 표층적인 모습에 근거한 것으로 그 심층적인 구조에서는 그렇지 않을 수 있음에 유의할 필요가 있다.

(1) 철수와 영희는 학생이다.

(2) 철수와 영희는 결혼했다.

---

30 현대 국어에서는 불가능하지만 중세 국어에서 '와/과'는 현대 국어의 '하고'와 마찬가지로 뒤의 체언에도 결합될 수가 있었다. 이에 대해서는 제9장을 참조.

31 (45ㄹ)의 경우 목적격 조사가 없을 경우에 더욱 자연스러운 문장이 되기도 한다.

위 두 문장에서 '와'는 표층적으로 보면 두 단어를 이어주고 있다. 그러나 (1)은 '철수가 학생이다'와 '영희가 학생이다.'라는 두 개의 문장이 이어지는 과정에서 동일한 표현이 생략되면서 만들어진 문장이다. 학교 문법에서 (1)을 겹문장으로 보는 것도 그 때문이다. 한편, (2)는 결혼한 두 당사자가 '철수와 영희'라는 의미를 가지고 있어서 (1)과 달리 홑문장이다. 물론 (2)도 (1)처럼 '철수'와 '영희'가 각기 다른 대상과 결혼했음을 의미하는 겹문장으로의 해석이 불가능한 것은 아니다.

3.2.3. 보조사

보조사(補助詞)'는 앞 말에 특별한 뜻을 더해 주는 기능을 하는 것이다. 보조사는 관계언이기는 하지만 격조사가 문법적 관계를 나타내 주는 것과 달리, 앞 말에 결합되어 의미를 첨가하는 기능을 한다는 점에서 다르다.

(47) ㄱ. 소설만 읽지 말고 시도 읽어라.

ㄴ. 소설만을 읽지 말고, 시도 읽어라.

(47ㄱ)에서 '만'은 앞 체언에 '한정'의 의미를 더해 주고 있으며 '도'는 앞 체언에 '역시'의 의미를 더해 주고 있다. 한편 (47ㄴ)의 '만을'에서 확인할 수 있듯이, 보조사와 격조사가 함께 나타날 수 있는데[32] 이때 문법적 관계는 격조사가 담당하고 보조사는 앞 말에 특정한 의미를 보태어 줄 뿐이다. 이처럼 보조사는 대부분의 경우 고유한 의미를 앞 말에 첨가시켜 주는데[33] 몇몇 보조사는 공통된 의미를 바탕으로 서로 간에 미세한 의미 차이를 보여주기도 한다.

---

[32] 모든 보조사가 격조사와 함께 나타날 수 있는 것은 아니다. '*사과는을 깎아서 먹는다.'처럼 '는'은 격조사와 함께 나타날 수 없다. '도', '는', '(이)야', '(이)야말로' 등이 그러하다. 이때 유의할 것이 있다. 격조사가 없다고 하여 보조사를 격조사로 보아서는 안 된다. '사과는 깎아서 먹다'에서 '는'을 목적격 조사로 보고 '사과는 맛있다'에서 '는'을 주격 조사로 본다면 하나의 조사가 주격과 목적격으로 쓰이는 것으로 기술해야 하는데 이는 받아들이기 힘들다.

[33] 일반적으로, '은/는'은 '대조'의 의미를, '도'는 '역시, 강조, 극단 양보와 허용'의 의미를, '만, 뿐'은 '단독'의 의미를, '까지, 마저, 조차' 등은 '극단'의 의미를, '부터'는 '시작, 먼저'의 의미를, '마다'는 '균일'의 의미를, '(이)야'는 '특수'의 의미를, '(이)나, (이)나마'는 '불만'의 의미를 앞 말에 더해주는 것으로 보고 있다.

(48) ㄱ. 너{도/마저/까지/조차} 나를 떠나는구나.

　　ㄴ. 나도 이제 늙었나 보다.

　　ㄷ. 노인과 아이들마저 전쟁에 동원되고 있다.

　　ㄹ. 이 작은 시골에서 장관까지 나오다니.

　　ㅁ. 그렇게 공부만 하던 철수조차 시험에 떨어졌다.

(48ㄱ)의 '도, 마저, 까지, 조차'는 '이미 어떤 것이 포함되고 그 위에 더함'이라는 공통된 의미를 가지고 있다. 그런데, (48ㄴ)의 '도'는 '극단적인 경우까지 양보하여, 다른 경우에도 더 말할 것도 없이 그러하다.'는 의미를 더해 주고 있으며 (48ㄷ)의 '마저'는 '하나 남은 마지막'이라는 의미를 더해 주고 있다. 또한 (48ㄹ)의 '까지'는 '극단'의 의미를 더해 주고 있으며, (48ㅁ)의 '조차'는 '일반적으로 예상하기 어려운 극단의 경우까지 양보하여 포함한다.'는 의미를 더해 주고 있다. 이처럼 '도, 마저, 까지, 조차' 상호 간에 미세한 의미 차이가 있다.

보조사의 가장 큰 특징은 보조사가 결합할 수 있는 앞 말이 체언으로 한정되지 않는다는 점이다.

(49) ㄱ. 우리만 왔어요.

　　ㄴ. 많이도 먹는구나.

　　ㄷ. 이곳에서는 취사를 하면 안 됩니다.

　　ㄹ. 그 집이 썩 마음에 들지도 않아요.

　　ㅁ. 그가 갔습니다마는.

　　ㅂ. 오늘은요 학교에서요 재미있는 노래를요 배웠어요.

(49ㄱ)은 보조사가 격조사나 접속 조사와 동일하게 체언에 결합됨을 보여주고 있다. 그런데 (49ㄴ)은 부사에, (49ㄷ)은 격조사가 결합되어 있는 부사어에, (49ㄹ)은 보조적 연결 어미에 보조사가 결합되어 있음을 보여 준다. 또한 (49ㅁ)에서처럼 종결 어미 다음에도 보조사가 결합될 수 있으며 (49ㅂ)에서처럼 보조사 '요'는 문장 안의 각 어절에 결합될 수도 있다.[34]

보조사의 형태와 의미

보조사가 의존 명사와 그 형태가 동일한 경우가 있다.

(1) ㄱ. 나는 나대로의 계획이 있다.

ㄴ. 네가 아는 대로 말해라.

(2) ㄱ. 너만큼 아는 사람도 드물다.

ㄴ. 너는 먹을 만큼만 먹어라.

(3) ㄱ. 날 알아주는 사람은 너뿐이다.

ㄴ. 그는 그냥 서 있을 뿐이다.

위의 각 예에서 '대로, 만큼, 뿐'은 현행 맞춤법에 따르면 (ㄱ)의 경우 (대)명사에 결합된다는 점 때문에 보조사로, (ㄴ)의 경우 관형어의 수식을 받는다는 점 때문에 의존 명사로 구분한다. 그러나 (ㄱ)에 대해 체언이 체언을 수식하는 관형 구성도 가능하며 조사와 결합할 수 있다는 점에서 (ㄴ)과 마찬가지로 의존 명사로 보는 탐구도 가능하다.

한편, 동일한 보조사가 다른 의미 기능을 갖기도 한다.

(4) 귤은 노랗다.

(5) 귤은 까서 먹고, 배는 깎아서 먹는다.

위의 두 '은/는'은 보조사인데 그 의미 기능이 서로 다르다. (4)는 '귤에 대해서 말한다면, 그것은 노란색을 띠고 있다.'는 의미를 가지고 있다. 여기서 '귤은'은 문장의 화제 또는 주제라고 한다. 즉 (4)의 '은/는'은 주제를 표시하는 보조사이다. (5)는 '귤은 까서 먹는데, 이와 달리 배는 깎아서 먹는다.'는 의미를 가지고 있다. 즉 (5)의 '은/는'은 '귤'과 '배'를 대조시켜 주는 의미를 더해 주고 있다. 따라서 (5)에서의 '은/는'은 대조의 의미를 더해 주는 보조사이다.

---

34 (49ㄱ~ㄹ)과 같은 경우의 보조사를 '성분 보조사', (49ㅁ)과 같은 경우의 보조사를 '종결 보조사', (49ㅂ)에서의 '요'와 같은 보조사를 '통용 보조사'라고도 부른다.

3.3. 용언: 동사, 형용사

문장의 주어를 서술해 주는 기능을 가지는 단어를 '**용언**(用言)'이라고 한다. 용언은 실질 형태소인 어간과 문법적 기능을 나타내는 굴절 접사인 어미로 구성된다. 어미는 '선어말 어미(先語末語尾)'와 '어말 어미(語末語尾)'로 나눌 수 있다. 체언이 조사와 결합하면서 일정한 문법적 기능을 하듯이, 용언은 어간에 여러 가지 어미가 번갈아 결합하는 현상, 즉 '**활용**(活用)'을 통해 문장에서 요구되는 기능을 수행한다. 이 때문에 용언을 가변어라고 한다. 용언에는 '동사(動詞)'와 '형용사(形容詞)'가 있다.

3.3.1. 동사, 형용사

동사는 주어의 동작이나 작용을 나타내는 단어를 말한다.

(50) ㄱ. 철수가 걷는다.
　　ㄴ. 철수가 공을 잡는다.
　　ㄷ. 해가 떠오른다.

(50ㄱ, ㄴ)의 '걷다', '잡다'는 주어의 움직임을 나타내고 (50ㄷ)의 '떠오르다'는 주어의 작용을 나타낸다. 동사는 서술어의 움직임이 미치는 대상을 기준으로 다시 '자동사(自動詞)'와 '타동사(他動詞)'로 나눌 수 있다. (50ㄱ,ㄷ)에서처럼 서술어의 움직임이나 작용이 주어에만 관련되는 것을 '자동사'라고 하며 (50ㄴ)에서처럼 서술어의 움직임이 주어가 아닌 다른 대상에 미치는 것을 '타동사'라고 한다.

형용사는 아래 (51)에서처럼 주어의 성질이나 상태를 나타내는 단어이다.

(51) ㄱ. 귤이 시큼하다.
　　ㄴ. 꽃이 아름답다.

형용사는 성질이나 상태를 나타내는 '**성상 형용사**(性狀形容詞)'와 가리킴을 나타내는 '**지시 형용사**(指示形容詞)'로 나눌 수 있다.

(52) ㄱ. 설탕이 달다.

ㄴ. 그는 그녀와 다르다.

ㄷ. 책상 위에 공책이 있다.

ㄹ. 철수는 학생이 아니다.

ㅁ. 그녀는 참 모질다.

ㅂ. 나는 그녀가 좋다.

ㅅ. 나는 마음이 아프다.

ㅇ. 모든 일이 그러하구나./이러하구나./저러하구나.

(52)의 예들은 성상 형용사인데 (52ㄱ~ㅁ)에서는 어떤 사물의 속성에 대한 '감각, 비교, 존재, 부정, 평가'를 표현한다. 또한 (52ㅂ,ㅅ)에서는 화자의 심리적 상태를 표현하는데 특히 이를 별도로 **심리 형용사**(心理形容詞)'라고 부르기도 한다. 이들 심리 형용사는 '좋아하다, 아파하다'처럼 '-어하다'를 결합하여 동사로 만들 수 있는데 다른 형용사에서는 볼 수 없는 특징이다. (52ㅇ)는 지시 형용사이다.

이상에서 살핀 동사와 형용사는 주어를 서술해 주는 서술어로서의 기능을 공통적으로 가지고 있는 용언이기는 하지만 몇 가지 서로 다른 특성을 보이고 있다.

첫째, 동사는 현재 시제의 선어말 어미 '-는-/-ㄴ-'과 결합될 수 있지만, 형용사는 결합될 수 없다.

(53) ㄱ. 철수가 밥을 먹는다.

　　ㄴ. 해가 떠오른다.

(54) ㄱ. 귤이 시큼하다(*시큼한다).

　　ㄴ. 꽃이 아름답다(*아름답는다).

둘째, 현재 시제의 관형사형 어미의 경우, 동사에는 '-는'이 결합되고 형용사에는 '-ㄴ/-은'이 결합된다.

(55) ㄱ. 철수가 먹는 밥

　　ㄴ. 떠오르는 해

(56) ㄱ. 시큼한(*시큼하는) 귤

　　ㄴ. 아름다운(*아름답는) 꽃

셋째, 동사는 '목적'를 나타내는 어미 '-(으)러' 또는 '의도'을 나타내는 어미 '-(으)려' 와 결합할 수 있지만 형용사는 그렇지 않다. 주어의 성질이나 상태는 의도나 목적의 대상 이 될 수는 없기 때문이다.

(57) ㄱ. 철수가 밥을 <u>먹으러</u> 간다. / <u>먹으려</u> 한다.

ㄴ. 해가 <u>떠오르려</u> 한다.

(58) ㄱ. *귤이 <u>시큼하려</u> 한다.

ㄴ. *꽃이 <u>아름다우려</u> 한다.

넷째, 감탄형 어미와 결합할 경우, 동사에는 '-는구나'가 결합되고 형용사에는 '-구나' 가 결합된다.

(59) ㄱ. 가는구나! / *가구나!

ㄴ. 예쁘구나! / *예쁘는구나!

다섯째, 동사는 명령형 어미 그리고 청유형 어미와 결합할 수 있지만 형용사는 그렇지 못한다. 주어의 성질이나 상태에 대해 명령을 하거나 청유를 할 수는 없기 때문이다.

(60) ㄱ. 먹어라, 떠올라라 / 먹자, 떠오르자

ㄴ. *시큼해라, *붉어라 / *시큼하자, *붉자

여섯째, 동사는 진행을 나타내는 보조 용언 구성 '-고 있다'가 결합할 수 있지만 형용 사는 결합하지 못한다.

(61) ㄱ. 가고 있다, 먹고 있다

ㄴ. *예쁘고 있다, *춥고 있다

'있다'와 '없다'의 품사는 무엇일까?

전통 문법에서 '존재사'라고 부르기도 했던 '있다'와 '없다'는 '존재'라는 의미 특성과 관련되므로 형용사로서의 활용형이 기대된다. 그러나 동사로서의 활용형도 나타난다.

(1) ㄱ. *여기에는 큰 교회가 있는다.

　　ㄱ´. 그는 내일 집에 있는다고 했다.

　　ㄴ. 탁자 위에 있는 (책)

　　ㄷ. 있느냐?

　　ㄹ. 있구나! /*있는구나!

　　ㅁ. 있어라. / 함께 있자.

(2) ㄱ. *오늘은 집에 없는다.

　　ㄴ. 돈이 없는 (사람)

　　ㄷ. 없느냐?

　　ㄹ. 없구나! / *없는구나!

　　ㅁ. *없어라. / *없자.

'있다'는 (1ㄱ,ㄹ)에서처럼 '-는-'과 결합이 불가능하고 감탄형 어미 중 '-구나'와 결합하는, 형용사로서의 활용형을 보여준다. 그런데 (1ㄴ,ㄷ)에서처럼 현재 시제의 관형사형 어미 '-는', 의문형 어미 '-느냐'와 결합할 수 있는 동사로서의 활용형도 보여준다. 특히 '없다'의 경우와 달리, (1ㅁ)에서처럼 명령형 어미 '-어라'와 청유형 어미 '-자'가 결합할 수 있는 것은 '있다'가 품사적으로 동사일 가능성이 크다. 또한 (1ㄱ´)에서처럼 현재 시제 선어말 어미가 결합된 '있는다'가 가능하다는 점에서 '있다'를 동사로 볼 여지가 있다.

'없다'는 (2ㄱ,ㄹ,ㅁ)의 활용형에서 알 수 있듯이, 형용사로서의 특성을 보여주고 있다. 그런데 (2ㄴ,ㄷ)에서처럼 현재 시제의 관형사형 어미 '-는', 의문형 어미 '-느냐'와 결합할 수 있는 동사로서의 특성도 있다.

위에서처럼 '있다'와 '없다'는 활용형으로 보면 동사와 형용사로서의 두 특징을 가지고 있어 어느 한 품사로 규정하기 어렵다. 『표준국어대사전』에서는 '있다'의 경우 다의어로서 동사로서의 자격과 형용사로서의 자격을 다 부여하고 있으며, '없다'의 경우는 형용사로서의 자격만 부여하고 있다.

3.3.2. 보조 용언

보조 용언(補助用言)'은 홀로 쓰이면서 서술어로서의 기능을 하지 못하고, 반드시 다른 용언의 뒤에 결합되어서 문법적 의미를 더해 주는 용언을 말한다.

용언 '싶다'는 (62ㄱ)처럼 단독으로 쓰이지 못하고 (62ㄴ,ㄷ)처럼 두 용언이 연결된 구성에서만 자연스럽게 쓰이고 있다. 또한 앞의 '먹다'에 '어떤 행동을 하고자 하는 마음이나 욕구를 갖고 있음을 나타낸다.'는 문법적 의미를 더해 주고 있다. (62ㄴ,ㄷ)과 같은 구성에서 문장의 서술어로서 기능을 하는 앞의 용언을 **본용언**(本用言)'이라고 하고 뒤의 용언을 '보조 용언'이라고 한다.

(62) ㄱ. *그는 (사과를) 싶다.

　　ㄴ. 나는 사과를 먹고 싶다.

　　ㄷ. 그는 사과를 먹을까 싶다.

보조 용언의 특징을 좀 더 살펴보자. 아래 (63ㄱ)의 '버리다'는 제 홀로 쓰이면서 '가지거나 지니고 있을 필요가 없는 물건을 내던지거나 쏟거나 하다'는 의미의 서술어로서 기능을 하고 있다. 그러나 (63ㄴ)의 '버리다'는 앞의 용언 '먹다' 뒤에 쓰이면서 그 행동이 이미 끝났다는 문법적 의미를 가지고 있다. 그리고 그 의미를 유지하면서 (63ㄴ')에서처럼 '먹다'를 생략한 채 제 홀로 쓰일 수 없다. (62)의 '싶다'가 보조 용언으로만 쓰이는 것과 달리 '버리다'라는 용언 형태는 서술어로 쓰이기도 하고 보조 용언으로도 쓰이기도 하여 그것을 구분할 필요가 있다. (63ㄷ)에서 두 용언형의 기능 차이를 분명히 확인할 수 있다. 앞의 '버리다'는 본용언으로 쓰인 것이며 뒤의 '버리다'는 보조 용언으로 쓰인 것이다.

(63) ㄱ. 그가 사과를 버렸다.

　　ㄴ. 나는 사과를 먹어 버렸다.

　　ㄴ'. *그가 사과를 ∅ 버렸다.

　　ㄷ. 그는 사과를 버려 버렸다.

위에서 보았듯이, 보조 용언은 항상 본용언 뒤에서만 쓰인다. 즉 본용언에 보조 용언이 연결되어 구성을 이루게 된다. 여기서 보조 용언 구성이 갖는 몇 가지 사실을 좀 더 확인해 보자.

(64) ㄱ. 그가 사과를 깎아 버렸다.

　　ㄱ′. *사과를 깎 버렸다.

　　ㄴ. 그가 사과를 그래 버렸다.

　　ㄴ′. *그가 사과를 깎아 그랬다.

　　ㄷ. 그가 사과를 먹어 버리지 싶다.

　　ㄹ. *그가 사과를 깎아 휴지통에 버렸다.

(64ㄱ,ㄱ′)에서 본용언에 보조 용언이 연결될 때 두 용언을 연결해 주는 어미가 본용언에 결합되어야 함을 알 수 있다. '-아/-어 (버리다), -게 (하다), -지 (마라), -고 (나다)'의 '-아, -게, -지, -고' 등이 그것인데 이를 '보조적 연결어미(補助的 連結語尾)'라고 한다.[35] 그러나 항상 보조적 연결어미가 있는 구성이어야 하지는 않다. (62ㄷ)과 같은 구성이나 아래 (66)의 '-기는 하다'와 같은 특정한 구성 속에서 보조 용언이 쓰이기도 한다. (64ㄴ,ㄴ′)에서 본용언은 '그러하다'와 같은 대치형(代置形)이 쓰일 수 있지만 보조 용언은 그것이 불가능함을 보여준다. 한편, 한 문장 안에서 보조 용언이 쓰일 때 항상 한 번만 쓰이는 것은 아니다. (64ㄷ)의 '(먹)-어 버리-지 싶다'처럼 여러 개의 보조 용언이 사용되면서 각각의 문법적 의미를 더해 줄 수 있다. 그리고 (64ㄱ)의 의미를 가질 때 (64ㄹ)처럼 두 용언 사이에 다른 성분이 삽입될 수 없다. 즉 본용언과 보조 용언이 이루는 구성이 긴밀한 편이어서 그 사이에 다른 요소가 개입되기 어려운 것이다.[36]

> **더 알아보기**
>
> **두 용언의 결합형**
>
> 　표면적으로만 볼 때, 두 용언의 연결은 몇 가지 모습으로 나타날 수 있다. '뛰어넘다'와 같은 복합어는 두 용언이 '-어'라는 어미와 함께 결합되어 있다. 그렇지만 이는 통사적 복합어 즉 하나의 단어로서 자격을 갖는다. 한편 '(그가 사과를) 깎아(서) 버리다.'와 같은 통사적 구성으로서의 두 용언 결합형이 있다. 이때 '그가 사과를 깎아서 (사과를) 버리다'

35 　아래 소절에서 다시 보겠지만, 보조 연결어미도 연결어미의 한 종류이다. 대등적, 종속적 연결어미와 달리 보조용언 구성을 이루는 데 사용된다는 점에서 보조적 연결어미로 구분한 것이다.

36 　다만 '그가 사과를 먹고는 싶다.'에서처럼 보조사가 앞의 본용언 활용형에 나타날 수 있다.

와 같은 의미를 가지는 것이라면 본용언으로서의 '깎다'와 본용언으로서의 '버리다'가 이루는 두 개의 절이 종속적 연결어미 '–아서'에 의해 연결되면서 동일한 '사과를' 중 뒤의 것을 생략해서 만들어진 '종속적으로 이어진 문장'이 된다. 한편 '깎아 버리다(깎는 동작이 끝나다)'는 의미를 가지는 것이라면 보조적 연결어미 '–아/어'에 의해서 결합된 구성이 된다.

학교 문법에서는 후자와 같은 보조 용언 구성을 하나의 서술어로 다루고 있다. 즉 '본용언+보조 용언'은 하나의 서술어로서 홑문장을 구성하는 것으로 다루고 있다. 한글 맞춤법에서 본용언과 보조용언 사이에 어떠한 요소도 개입되지 않은 경우 붙여 쓰는 것을 허용하고 보조사와 같은 요소가 개입된 경우 붙여 쓰지 못하도록 하고 있는데, 이는 보조 용언 구성이 복합어와 두 절의 용언 결합형과 비교할 때 복합어와 두 본용언 결합형으로서의 특성을 갖는 것으로 보는 것과 관련된다.

보조 용언에는 '**보조 동사**(補助動詞)'와 '**보조 형용사**(補助形容詞)'가 있다. 보조 용언도 용언으로서 활용을 하는데 (65)에서처럼 동사처럼 활용을 하면 '보조 동사', 형용사처럼 활용을 하면 '보조 형용사'로 이해할 수 있다.

(65) ㄱ. 공책을 책상에 얹어 <u>둔다</u>.

ㄴ. 나도 좋은 시를 많이 읽고 <u>싶다</u>. / *<u>싶는다</u>.

(66) ㄱ. 많이 먹기는 <u>한다</u>.

ㄴ. 산이 높기는 <u>하다</u>. / *<u>한다</u>.

(67) ㄱ. 꽃이 피지 <u>않는다</u>.

ㄴ. 꽃이 아름답지 <u>않다</u>. / *<u>않는다</u>.

(66)과 (67)의 경우, 동일한 구성 속에서 동일한 형태의 보조 용언 '하다'가 쓰이고 있는데 이 또한 활용을 통해 보조 동사와 보조 형용사로 구분할 수 있다. '–기는 하다'와 함께 '–기도 하다', '–기나 하다' 와 같은 구성에서 본용언이 동사이면 '하다'는 보조 동사로 쓰이고 본용언이 형용사이면 '하다'는 보조 형용사로 쓰인다는 점을 고려할 때 본용언의 품사를 통해 보조 용언 '하다'의 품사를 확인할 수도 있다. 그러나 이는 해당 구성일 때에만 그러함에 유의해야 한다. '–게 하다' 구성에서 '하다'는 보조 동사이지만, '먹게 하

다, 청결하게 하다'처럼 본용언이 동사이거나 형용사일 수 있다.[37]

3.3.3. 용언의 구성과 활용

여기서는 용언이 어떻게 구성되어 있는지를 살피고 그 구성 요소가 어떠한 활용 양상을 보이는지 살펴보자. 먼저, 용언의 구성을 보자. 용언이 문장에서 쓰일 때 변하지 않고 고정되어 부분을 **'어간**(語幹)'이라 하고 그 뒤에 붙어서 변화하는 부분을 **'어미**(語尾)'라고 한다. 어간은 문장의 구조를 만들어 내거나 의미를 담당하는 중요한 부분이며 어미는 문법적 기능을 하는 요소이다.

(68) ㄱ. 가시었겠더구나.

ㄴ. 가－　　　＋　　　－시었겠더구나

　　어간(어근)　　　　어미(굴절접사)

ㄷ. 가－　　＋　　－시었겠더－　　＋　　－구나

　　어간　　　　선어말 어미　　　　　어말 어미

(68ㄱ)에서의 '가시었겠더구나.'는 (68ㄴ)처럼 크게 '어간'과 '어미'로 나눌 수 있고 어미는 다시 (68ㄷ)에서처럼 **'선어말 어미**(先語末語尾)'와 **'어말 어미**(語末語尾)'로 나눌 수 있다. 선어말 어미는 어말 어미 앞에 놓이는 어미를 말한다. 어말 어미는 용어 그대로 단어의 마지막 자리에 놓이는 것을 말하는데, 종결의 유무에 따라 **'종결 어미**(終結語尾)'와 **'비종결 어미**(非終結語尾)'로 나눌 수 있으며 후자는 다시 **'연결 어미**(連結語尾)'와, **'전성 어미**(轉成語尾)'로 나눌 수 있다.

종결 어미는 문장을 끝맺는 기능을 하는 어말 어미이다. 종결 어미의 종류로는 '평서형 어미', '감탄형 어미', '의문형 어미', '명령형 어미', '청유형 어미'의 다섯 가지가 있다. 비종결 어미 중 연결 어미는 문장을 끝맺지 않고 선행절을 후행절에 연결시켜 주는 기능을 하는 어말 어미인데, **'대등적 연결 어미**', **'종속적 연결 어미**', **'보조적 연결 어미**'로 나눌

---

37 보조 용언은 본용언에 의미를 더해 주는데 그 의미가 다양하며 연구자마다 의미 매김이 다소 차이가 있기도 하다. 고영근·구본관(2018: 103-106)에서는 '완료'의 '-고 나다, -어/아 버리다', '진행'의 '-어/아 가다', '보유'의 '-어/아 두다', '시행'의 '-어/아 보다', '사동'의 '-게 하다', '피동'의 '-게 되다', '부정'의 '-지 아니하다', '당위'의 '-어/아야 하다', '짐작'의 '-어/아 보이다', '시인'의 '-기는 하다', '강세'의 '-어/아 대다', '봉사'의 '-어/아 주다', '상태지속'의 '-어/아 있다', '희망'의 '-고 싶다', '추측'의 '-ㄴ가 보다, -는가 보다, -나 보다' 등으로 정리해 주고 있다.

수 있다. 대등적 연결 어미는 앞뒤 절을 대등한 의미 관계로 연결시켜 주는 어미이며 종속적 연결 어미는 선행절을 후행절에 종속적인 의미 관계로 연결시켜 주는 어미이다. 보조적 연결 어미는 본용언을 보조 용언에 이어주는 어미이다. 전성 어미는 용언의 서술 기능을 또 다른 기능으로 바꾸어 주는 어말 어미인데, '관형사형 어미', '명사형 어미', '부사형 어미' 등으로 나눌 수 있다. 관형사형 어미는 문장을 관형사형으로 전성시켜 뒤의 명사를 수식하는 성분으로 만들어 주며 명사형 어미는 문장을 명사형으로 전성시켜 문장의 주체적 성분이 되게 한다. 부사형 어미는 문장을 부사형으로 전성시켜 뒤의 서술어를 수식하는 성분으로 만들어 준다. 이상의 구분을 정리하면 다음과 같다.[38]

구분			형태	보기
어말어미	종결 어미	평서형 어미	−다, −ㅂ니다, −습니다	그가 간다.
		감탄형 어미	−는구나, −는구려	그가 가는구나.
		의문형 어미	−느냐, −는가, −니	그가 가느냐.
		명령형 어미	−어라, −너라	빨리 먹어라.
		청유형 어미	−자, −세	우리 같이 가자.
	비종결 어미	연결 어미	대등적 연결 어미	−고, −(으)며, −지만 −(으)나, −거나, −든지	봄이 가고 여름이 온다.
			종속적 연결 어미	−자(마자), −(아/어)서, −(으)면, −(으)려, −(아/어)도, −는데, −면서	까마귀 날자 배 떨어진다.
			보조적 연결 어미	−아, −게, −지, −고	그가 졸고 있다.
		전성 어미	관형사형 어미	−(으)ㄴ, −(으)ㄹ, −ㄴ	예쁜 소녀
			명사형 어미	−(으)ㅁ, −기	공부하기가 너무 어렵다.
			부사형 어미	−게, −도록	꽃이 아름답게 피었다.

표 4-2 **어말 어미의 구분과 형태**

선어말 어미는 용언 어간과 어말 어미 사이에 놓이는 것이다. 선어말 어미만으로는 문장을 완성시킬 수 없으며 선어말 어미가 쓰이지 않을 수도 있다. 또한 어말 어미와 달리

---

38 표에서 형태로 보인 예는 대표형 몇 가지를 제시한 것이다. 형태 중에서는 동사나 형용사에 따라 그 실현형이 다를 수 있다. 한편 부사형 어미로 제시한 것 중 '−도록'은 견해에 따라 종속적 연결 어미로도 볼 수 있다. 이에 대해서는 제6장을 참조.

여러 개가 함께 쓰일 수 있는데, 아래 (69)에서처럼 선어말 어미가 결합하는 순서가 일정하게 정해져 있다.

(69) ㄱ. 오시었겠더구나.

　　ㄱ′. *오겠시었더구나.

　　ㄱ″. *오었더시겠구나.

선어말 어미는 주체 높임의 선어말 어미 '-시-', 과거 시제 선어말 어미 '-았-/-었-', '-았었-/-었었-', 미래 시제 선어말 어미 '-겠-',[39] '-(으)리-' 등이 있다.

 ### 선어말 어미의 또 다른 분류법

이론 문법에서는 '쓰이는 분포가 매우 넓고, 다른 어미와의 결합에 큰 제약이 없어서 다른 어미와 분리될 수 있는 경향이 높은 선어말 어미'를 '분리적 선어말 어미'로, '쓰이는 분포가 좁고, 다른 어미와 결합하는 비율이 낮은 선어말 어미'를 '교착적 선어말 어미'로 가르기도 한다. 전자로는 주체 높임의 선어말 어미 '-시-', 시제 관련 선어말 어미 '-는-, -었-, -겠-', 공손 선어말 어미 '-옵-' 등이 제시되고, 후자로는 '-느-, -더-'와 같은 서법 표시 선어말 어미, '-니-, -것-'과 같은 강조법 선어말 어미와 상대 높임 하십시오체 선어말 어미 '-ㅂ-, -습-' 등이 제시되고 있다.

이제, 용언의 활용에 대해서 살펴보자. 실질 형태소인 어간과 형식 형태소인 어미가 결합할 때 '가-+-고, 가-+-면, 가-+-니, 가-+-ㄴ'과 같이 어간에 여러 어미가 번갈아 결합하는 현상을 **활용**(活用)이라고 하고 활용한 각 형태를 '활용형'이라고 한다. 여러 가지 활용형 중에서 어간에 어미 '-다'가 결합한 것을 '기본형'으로 부르면서 활용을 구체적으로 살펴보자.

---

39 '할아버지께서 가셨겠네.'에서 '-겠-'은 화자의 추측을 나타내고, '내가 가겠다.'에서의 '-겠-'은 화자의 의지를 나타내는 것으로서 미래 시제로서의 '-겠-'과는 다르다.

웃다	젓다	묻다[埋]	묻다[問]	가다	오다
웃+고	젓+고	묻+고	묻+고	가+고	오+고
웃+다	젓+다	묻+다	묻+다	가+다	오+다
웃+지	젓+지	묻+지	묻+지	가+지	오+지
웃+어	저+어	묻+어	물+어	가+아	오+아
웃+어라	저+어라	묻+어라	물+어라	가+아라	오+아라
웃+거라	젓+거라	묻+거라	묻+거라	가+거라	오+너라
웃+은	저+은	묻+은	물+은	가+ㄴ	오+ㄴ

표 4-3 활용형의 비교

위에서 '웃다', '묻다[埋]', '가다'는 활용을 할 때, 어간과 어미의 형태가 유지된다. 이와
달리 '젓다'는 어간에 특정한 모음 어미가 결합하면 '저+어, 저+어라, 저+은'처럼 어간의
'ㅅ'이 탈락되고, '묻다[問]'는 '물+어, 물+어라, 물+은'에서처럼 어간의 'ㄷ'이 'ㄹ'로 변하
게 된다. 또한, '오다'의 경우는 명령형 어미 '-거라'와 결합할 때 '오+너라'가 될 수 있어
어미의 형태가 변하고 있다. 이처럼 용언이 활용할 때 어간과 어미의 형태가 변하지 않기
도 하지만 환경에 따라서 형태가 변하기도 한다. 형태가 변화는 경우 그것이 규칙으로 설
명될 수 있는 것과 규칙으로 설명될 수 없는 것이 있다.

용언의 '**규칙 활용**(規則活用)'이란 용언이 활용할 때 어간과 어미의 형태가 유지되거
나 형태가 변하더라도 규칙으로 설명될 수 있는 것을 말한다.

(70) ㄱ. 울다, 울고, 울지, 울면
　　ㄱ′. 우니?, 우느냐?
　　ㄴ. 쓰다, 쓰고, 쓰지, 쓰면
　　ㄴ′. 써

용언 '울다'는 (70ㄱ)에서와 같이 활용을 할 때 어간의 형태가 유지되지만 (70ㄱ′)에서
와 같이 어미 '-니', '-느냐'가 결합하는 환경에서는 'ㄹ'이 탈락한다. 그런데 이러한 'ㄹ'
탈락은 '울다'를 비롯한 몇몇의 특정 용언에만 국한되는 현상이 아니다. 'ㄹ'을 받침으로
가지는 용언에는 규칙적으로 적용되는 현상이다. 용언 '쓰다'도 (70ㄴ)에서처럼 활용을
할 때 어간의 형태가 유지되지만 (70ㄴ′)에서처럼 연결어미 '-어'가 결합하는 환경에서

는 '으'가 탈락한다. '으' 탈락 또한 특정 용언에만 국한되는 현상이 아니다. '따르-+-아', 치르-+-어 → 치러, 크-+-어 → 커'처럼 해당 조건에서 '으' 탈락 현상은 규칙적으로 일어난다. 규칙 활용에서 어간이나 어미의 형태 변화는 예외 없이 보편적으로 일어나는 것이라는 점에서 이를 **자동적 교체**'라고 부르기도 한다.

용언의 **불규칙 활용**(不規則活用)'이란 용언이 활용을 할 때, 어간과 어미의 형태가 일정하게 유지되지 못하는데 그 형태 변화를 예측하지 못하는 것을 말한다. 즉 특정한 환경이나 조건에서 특정한 용언에 국한해 불규칙적으로 어간이나 어미의 형태 변화가 일어나는 것이다. 그러한 용언을 불규칙 용언이라고 한다. 불규칙 활용에서는 어간이나 어미의 변화가 자동적으로 일어나는 것이 아니라는 점에서 이를 **비자동적 교체**'라고 부르기도 한다.

불규칙 활용은 크게 어간이 바뀌는 경우, 어미가 바뀌는 경우, 어간과 어미가 함께 바뀌는 경우 세 가지로 나누어 볼 수 있다.

먼저, 어간이 바뀌는 불규칙 활용을 살펴보면 다음과 같다. 첫째, 'ㅅ'이 모음 어미 앞에서 탈락하는 'ㅅ' 불규칙 활용이 있다. 일반적으로 '벗-+-어 → 벗어, 뺏-+-어 → 뺏어'와 같은 규칙 활용을 한다. 그런데 '잇다, 짓다, 낫다, 붓다'와 같은 용언은 모음 어미와 결합할 때 '이어, 지어, 나아, 부어'와 같이 'ㅅ'이 탈락하게 된다. 이를 'ㅅ' 불규칙 활용이라고 하며, 그 용언을 'ㅅ' 불규칙 용언이라고 한다.

둘째, 'ㄷ'이 모음 어미 앞에서 'ㄹ'로 변하는 'ㄷ' 불규칙이 있다. 일반적으로 '묻-+-어 → 묻어, 얻-+-어 → 얻어'와 같은 규칙 활용을 한다. 그런데 '듣다, 걷다, 깨닫다'와 같은 용언은 모음 어미와 결합할 때 '들어, 걸어, 깨달아'와 같이 'ㄷ'이 'ㄹ'로 변하게 된다. 이를 'ㄷ'불규칙 활용이라고 하며 그 용언을 'ㄷ' 불규칙 용언이라고 한다.

셋째, 'ㅂ'이 모음 어미 앞에서 '오/우'로 변하는 'ㅂ'불규칙이 있다. 일반적으로 '잡-+-아 → 잡아, 뽑-+-아 → 뽑아'와 같은 규칙 활용을 한다. 그런데 '눕다, 줍다, 돕다'와 같은 용언은 모음 어미와 결합할 때, '누워, 주워, 도와'와 같이 'ㅂ'이 '오/우'로 변하게 된다. 이를 'ㅂ'불규칙 활용이라고 하며 그 용언을 'ㅂ'불규칙 용언이라고 한다.

넷째, 용언 어간의 '르'가 모음 어미 앞에서 'ㄹㄹ'로 변하는 '르' 불규칙이 있다. 일반적으로 '따르-+-아 → 따라, 치르-+-어 → 치러'와 같은 '으'탈락 규칙 활용을 한다. 그런데 '흐르다, 이르다[謂, 早], 빠르다'와 같은 용언은 모음 어미와 결합할 때, '흘러, 일러, 빨라'와 같이 '르'가 'ㄹㄹ'로 변하게 된다. 이를 '르'불규칙 활용이라고 하며 그 용언을 '르'불규칙 용언이라고 한다.

다섯째, 용언의 어간 '우'가 모음 어미 앞에서 탈락하는 '우' 불규칙이 있다. 일반적으로 '주-+-어 → 주어, 누-+-어 → 누어'와 같은 규칙 활용을 한다. 그런데 '푸다'와 같은 용언은 모음 어미가 결합할 때, '퍼'처럼 어간의 '우'가 탈락하게 된다. 이를 '우' 불규칙 활용이라고 하며 그 용언을 '우'불규칙 용언이라고 한다.

다음으로, 어미가 바뀌는 불규칙 활용을 살펴보면 다음과 같다. 첫째, '하-' 뒤에 오는 어미 '-아/-어'가 '-여'로 변하는 '여'불규칙 활용이 있다. 일반적으로 '파-+-아 → 파'처럼 연결어미 '-아/-어'가 용언 어간과 결합할 때, 그 형태를 유지하는 규칙 활용을 한다. 그러나 '공부하-+-어 → 공부하여'처럼 '하다'와 '-하다'가 붙은 모든 용언은 연결어미 '-아/-어'와 결합하는 활용을 할 때, '-여'로 바뀌는 불규칙 활용을 한다.

둘째, 어간이 '르'로 끝나는 일부 용언에서, 어미 '-어'가 '-러'로 바뀌는 '러'불규칙 활용이 있다. 일반적으로 '치르-+-어 → 치러'와 같이 어미 '-어'의 형태가 유지되는 규칙 활용을 한다. 그러나 '이르다, 푸르다'와 같은 용언은 '이르러, 푸르러'와 같이 어미 '-어'가 '러'로 바뀌는 불규칙 활용을 한다.

셋째, 명령형 어미 '-거라'가 '-너라'로 변하는 불규칙 활용이 있다. 일반적으로 '가-+-거라 → 가거라, 있-+-거라 → 있거라'처럼 명령형 어미 '-거라' 형태가 유지되는 규칙 활용을 한다. 그러나 용언 '오다'는 '오너라'처럼 '-거라'가 '-너라'로 형태가 변화는 불규칙 활용을 한다.

넷째, 명령형 어미 '-어라'가 '-오'로 바뀌는 '오' 불규칙 활용이 있다. 일반적으로 '주-+-어라 → 주어라'처럼 명령형 어미 '-어라'의 형태가 유지되는 규칙활용을 한다. 그러나 용언 '달-/다-'는 '다오'처럼 어미 '-어라'가 '-오'로 형태가 변하는 불규칙 활용을 한다.

마지막으로, 어간과 어미가 함께 바뀌는 불규칙 활용을 살펴보자. 여기에는 'ㅎ' 불규칙 활용만이 있다. 일반적으로 '좋-+-아서 → 좋아서'처럼 'ㅎ'으로 끝나는 어간에 어미 '-아/-어'가 결합하면 어간이나 어미의 형태가 변하지 않는다. 그러나 '하얗다, 파랗다'와 같은 용언은 '하얘서, 파래서'처럼 어간의 일부인 'ㅎ'이 없어지고 어미의 형태도 변하는 불규칙 활용을 한다.

3.4. 수식언: 관형사, 부사

다른 단어를 자세히 꾸며주는 기능을 하는 단어를 **수식언**(修飾言)이라고 한다. 수식언에는 주로 체언을 수식하는 '관형사(冠形詞)'와 용언을 수식하는 '부사(副詞)'가 있다. 수식언은 용언처럼 활용하지 않는 불변어에 해당한다. 또한 체언과 달리 조사와 결합할 수가 없다. 다만, 부사는 보조사와 결합하기도 한다.

3.4.1. 관형사

관형사는 체언의 의미를 자세히 하고 한정하는 기능을 하는 단어 부류이다. 관형사는 수식 대상이 체언으로만 제한된다. 게다가 대명사나 수사가 관형사의 수식에 제약적이므로 관형사의 수식 대상은 명사로 더욱 한정된다. 관형사는 언어 유형적으로 보편적인 품사는 아니다. 명사만을 수식한다는 점을 감안하면 서구 문법의 관사나 형용사와 그 기능적 측면이 유사하다. 또한 관형사는 다른 품사와 비교할 때 고유한 단어 목록이 매우 적은데 '이, 그, 저, 요, 고, 조, 갖은, 딴, 무슨, 다른, 여느, 온, 웬, 새, 헌' 등 스무남은 정도이다.[40] 이상의 양상은 '관형사'를 국어 품사의 하나로 설정하는 것을 주저하게 하는 요인이 되기도 하지만[41] 국어에서 관형사를 설정해야 하는 특수성의 근거가 되기도 한다. 의미적 특성을 감안하여 관형사를 더 하위분류 하면 '지시 관형사', '성상 관형사', '수 관형사'로 나눌 수 있다.

(71) ㄱ. 그 사람들   ㄴ. 새 책   ㄷ. 여러 도시

(71ㄱ)의 '그'는 어떤 대상을 가리키는 **지시 관형사**인데 '이, 그, 저, 요, 고, 조, 어느, 무슨, 다른[他]' 등이 있다. '이, 그, 저'는 동일한 형태의 지시 대명사가 있지만 '요, 고, 조'는 주로 지시 관형사로만 쓰이다. '어느, 무슨'은 의문과 관련된 지시 관형사이다. 한편 '다른[他]'는 '다르다[異]'의 관형형과 형태가 같은데 이는 용언의 관형사형에서 굳어진 관형사로 볼 수 있다. (71ㄴ)의 '새'는 사물의 성질이나 상태성을 제한하는 **성상 관형사**인데 '새, 헌, 옛' 등이 있다. 이 중 '헌'은 '헐(다)'의 관형형과 형태적 유관성을 갖는 것으로 볼 수 있다. (71ㄷ)은 수량이나 순서를 표시하는 **수 관형사**인데, '여러, 온갖, 갖은, 한, 두, 세...' 등이 있다. 이 중 '한, 두, 세'는 수사와 그 형태를 달리하여 수 관형사로서의

---

40 물론 '별(別), 각(各), 전(全)' 등과 같은 한자어계 관형사나 수 관형사를 제외한 고유어 중심의 관형사만을 대상으로 할 때 그 수가 많지 않다. 근래에 '괜한, 애먼, 허튼' 등과 같은 용언의 굳은 관형사형을 관형사의 목록 편입하고자 하는 논의가 있기도 하였다.

41 지시 관형사류는 지시대명사로, 용언의 관형사형 모습을 보이는 성상 관형사는 용언으로 귀속시켜 관형사라는 품사를 별도로 설정하지 않으려는 시도도 있었다.

쓰임이 더 분명히 드러나지만 '여섯, 일곱...' 등은 수사와 형태적 동일성을 보인다. '여러, 온갖, 갖은'은 '부정(不定)'의 의미를 갖는다.

관형사의 세 하위 유형은 그것이 실현될 때 '저 헌 책', '이 세 책', '저 모든 새 책'과 같은 일정한 순서를 갖는다. 이에 따르면 관형사가 겹쳐 날 때 '지시 관형사-수 관형사-성상 관형사'라는 순서로 체언과 멀고 가까운 관계를 갖는다는 것을 알 수 있다.[42] 여기서 유의할 것은 세 관형사가 체언 앞에 선다고 해서 세 관형사 간의 수식 관계가 [[저 [모든 새]] 책]와 같은 방식으로 성립되는 것은 아니라는 점이다. 앞서 언급하였듯이 관형사는 명사만을 수식하므로 '[저 [모든 [새 책]]]'와 같은 수식 관계를 형성된다.

3.4.2. 부사

부사는 주로 용언의 의미를 자세히 하거나 한정해 수식하는 단어이다. 이 점에서 관형사와 대비되지만 용언 외에 다른 부사 또는 일부 체언과 같은 단어도 수식하며 문장을 수식하기도 하는 특성을 가지고 있다. 부사는 관형사와 마찬가지로 격조사나 접속조사와 결합할 수 없지만, 보조사와 결합할 수 있다. 이러한 수식 관계를 근거로 부사를 더 하위분류해 볼 수 있다. 용언, 다른 부사, 일부 체언을 수식하는 부사를 **성분 부사**라 하고 문장 전체를 수식하는 것을 **문장 부사**라고 한다. 성분 부사에는 그 의미에 따라서 '어떻게'라는 방식으로 용언을 꾸미는 **성상 부사** 그리고 '이리, 그리, 저리'와 같이 특정 대상을 가리키는 '지시 부사', '못, 아니(안)'과 같이 부정의 뜻을 가진 **부정 부사** 등이 있다. 특히 성상 부사 가운데 사물의 소리와 모양을 흉내 내는 부사를 **의성 부사, 의태 부사**라고 한다. 한편, 문장 부사 중에서 '그러나'와 같이 앞 문장과 뒤 문장을 이어 주는 것을 **접속 부사**라고 한다.

(72) ㄱ. 그는 이 근방에서 키가 가장 [크다].

　　ㄴ. 이리 [오]지 말고 그리 [가]거라.

　　ㄷ. 못 [먹]는 것이 아니라 안 [먹]는 것이겠지.

　　ㄹ. 데굴데굴 [굴러]서 사뿐사뿐 [넘]어라.

42　순서가 제약적인 이유를 분명히 말하기는 힘들다. 다만 세 관형사가 피수식어와 맺는 의미적 정도성/긴밀성의 차이에서 비롯된 것으로 이해해 볼 수 있다. 성상 관형사는 피수식어와 의미적으로 직접적인 관계를 맺기 때문에 피수식어 가장 가까이에 실현되었다면 다소 포괄적 의미 관계를 갖는 '지시 관형사'가 피수식어에서 가장 먼 위치에 실현된 것으로 이해해 볼 수 있다.

ㅁ. 올해는 눈이 참 [많이] 내린다.

ㅂ. 내가 찾은 사람은 바로 [너]야.

ㅅ. 아주 [새] 책

(73) ㄱ. 다행히 [다친 사람은 없었다.]

ㄴ. 비가 오기를 기다렸다. 그러나 [비는 내리지 않았다].

(72)의 예들은 성분 부사이다. (72ㄱ~ㄹ)은 서술어를 수식하는 성상 부사, 지시 부사, 부정 부사, 의태 부사를 보인 것이다. (72ㅁ)의 부사 '참'은 또 다른 부사 '많이'를 수식하고 있다. (72ㅂ)의 부사 '바로'는 대명사 '너'를 수식하고 있다. (73)의 '다행히'와 '그러나'는 문장을 수식하는[43] 문장 부사에 해당한다.[44]

부사도 관형사와 같이 피수식어 앞에 '저리 잘 안 먹는 아이'와 같이 겹쳐 날 수 있다. 그 결합 순서를 고려할 때, '지시 부사 – 성상 부사 – 부정 부사'의 순서로 용언과의 멀고 가까운 관계를 갖게 되는 것으로 보인다. 그러나 여기서 유의할 것은 이와 유사한 양상을 보였던 관형사의 결합 순서와 달리 부사의 경우는 '[[저리 [잘 안]] 먹]는 아이'와 같이 부사 간의 수식관계를 형성한다는 점이다. 부사 간의 의미적 관계가 중요함은 동일한 성상 부사 간에도 그 결합 순서가 정해지는 데서 확인할 수 있다. '[[너무 많이] 내린다]와 같은 부사 간의 수식 관계를 형성하는데 이 때 두 부사의 의미 관계 즉 '너무(정도성, 정도부사)–많이(상태성, 상태부사)'가 그 결합 순서를 정하는 요인이 된다고 할 수 있다.[45]

---

43 접속 부사와 관련해 탐구해 보아야 할 것이 있다. 서구어에서는 대체적으로 (문장) 부사와 구분해 별도의 접속사라는 품사가 설정되어 있다. 접속을 수식의 한 유형으로 인정할 수 있을지, 즉 접속 표현이 과연 문장을 수식하는 것인지에 대한 탐구가 필요해 보인다.

44 (72), (73)의 예를 볼 때, 부사가 수식할 수 있는 단위의 범위는 상당히 넓다. 그런데 그 중에서 부사가 체언을 수식한다는 특성은 관형사의 설정과 관련하여 쟁점이 될 수 있다. 같은 수식언으로서의 관형사와 부사를 구분되는 중요한 기준 중 하나가 그 수식 대상이 다르다는 점인데 부사가 체언을 수식한다면 그 구분이 무의미할 수 있기 때문이다.

45 문장 부사까지를 고려하면 "그런데 설마 이리 자주 못 오시나요?"에서처럼 더욱 많은 부사들이 겹쳐 날 수 있다. 이 경우 대개 문장 부사들이 서술어로부터 먼 거리에 위치하는데 문장 부사가 특정 성분이 아닌 문장을 수식한다는 점에 기인하는 것으로 이해될 수 있다.

품사 통용과 품사 전성

'지시 관형사, 지시 부사'는 '지시'라는 의미 및 형태 측면에서 '지시 대명사'와 유사점을 갖는다. '수 관형사'와 '수사'도 그러하다. 이 경우 아래에서처럼 '대명사'와 '수사'는 체언이므로 조사와의 결합이 가능한 반면 관형사와 부사는 조사와 결합되지 않는다는 점을 근거로 각 품사를 구분할 수 있다.

(1) ㄱ. 이는 우리가 생각하던 바입니다.(지시 대명사)

　　 ㄴ. 이 나무는 모양새가 아주 좋군요.(지시 관형사)

(2) ㄱ. 야구를 좋아하는 사람 다섯이 모였어요.(수사)

　　 ㄴ. 야구를 좋아하는 다섯 사람이 모였어요.(수 관형사)

(3) ㄱ. 여기에 물건을 놓아라.(지시 대명사)

　　 ㄴ. 물건을 여기 놓아라.(지시 부사)

위처럼 기능을 중심으로 품사를 구분하였지만 두 유형 간의 의미적 특성이나 형태 측면의 유사성은 설명될 필요가 있다. 두 가지 방식의 설명이 가능하다.

첫째, '**품사 통용**'으로 보는 방법이다. 동일한 형태의 한 단어가 문법적 환경에 따라 다른 품사적 기능을 한다는 것이다. 둘째, '**품사 전성**'으로 보는 방법이다. 둘 중 어느 하나에서 '영파생'을 통해 다른 품사로 전성된 것이라고 보는 것이다. 후자의 관점에서 보면 위 예는 비록 형태는 같지만 각기 다른 품사의 다른 단어가 된다. 학교 문법에서는 전자의 입장에 서 있는 것으로 이해된다. 단어의 형성 체계에서 '영파생'을 고려하지 않기 때문이다. 만약 그러한 입장이라면 본문의 (72ㅂ) 즉 부사의체언 수식 기능에 대해 또 다른 해석 가능성이 있을 수 있겠다. 즉 단어 '바로'가 부사로서의 기능과 관형사로서의 기능으로 통용되는 것으로 이해하는 방식이다.

3.5. 독립언: 감탄사

문장 속의 다른 성분에 얽매이지 않고 독립성을 지니는 단어를 독립언(獨立言)이라고 한다. 독립언으로서의 성격을 갖는 단어 부류가 **감탄사**(感歎詞)이다. 감탄사는 부름이나 대답, 느낌, 입버릇, 더듬거림 등을 나타내는 단어이다.

(74) ㄱ. 여보, 우리 아이도 이제 다 컸어요.

　　　ㄴ. 야, 빨리 일어나라.

(75) ㄱ. 예, 알았습니다.

　　　ㄴ. 네, 그래요.

(76) ㄱ. 아, 세월이 빠르구나!

　　　ㄴ. 어, 철수가 벌써 다섯 살이잖아.

(77) 그런데 말이에요. 철수가 말이에요. 갔다는 말이에요.

(78) 글쎄(요), 옳다, 그렇지, 빌어먹을, 만세...

(74)의 '여보, 야'는 '부름'을 나타내는, (75)의 '예, 네'는 '대답'을 나타내는, (76)의 '아, 어'는 '느낌'을 나타내는 감탄사를 보인 것이다. (77)의 '말이에요'는 군말에 해당하는데 학교 문법에서 감탄사로 다루고 있다. (78)의 예들은 대개 담화표지로 볼 수 있는 것인데 고유한 감탄사이기보다는 다른 품사로부터 만들어진 것으로 이해되는 것이다. 위의 다양한 감탄사는 의미 기능별로 다음과 같이 정리할 수 있다.

(79) ㄱ. 있지, 아서라, 자, 여보세요

　　　ㄴ. 어디, 허허, 에끼, 아이구

　　　ㄷ. 뭐, 말이지, 어, 에

(79ㄱ)처럼 상대방을 의식하며 화자의 생각을 표시하는 감탄사를 '**의지 감탄사**'라고 한다. (79ㄴ)처럼 상대방을 의식하지 않고 화자의 감정을 표출하는 감탄사를 '**감정 감탄사**'라고 한다. 그리고 (79ㄷ)처럼 화자의 입버릇이나 더듬거리는, 의미 없는 소리로서의 감탄사도 한 부류가 된다.

이상에서 감탄사로 다루어지는 단어를 관찰할 때 감탄사의 특징으로 몇 가지 사실을 정리해 볼 수 있다. 첫째, 감탄사는 독립성을 갖기 때문에 관계성을 요구하는 조사와의 결합이 불필요하다. 또한 일정한 의미를 보태는 보조사의 결합도 가능하지 않으며 형태 변화가 없는 불변어이다.

둘째, 감탄사는 그 자체만으로 화자의 감정이나 의사를 드러낼 수 있는 독립된 언어 단위로 이해된다.[46] 더불어 감탄사는 개념적인 단어를 사용하지 않고 직접 드러낸 말이라는 점에서 상황적 또는 담화 요소로서의 특성을 갖는다. 감탄사가 대화체에 많이 쓰인다는 점, 동일한 감탄사가 다양한 감정표현의 단어가 될 수 있다는 점 등에서 그 특성을 알 수 있다.

셋째, 감탄사는 그것이 나타나는 위치에 제약성을 갖지 않는다. 위의 예문에서 감탄사를 문두에 드러내었지만 문장 구조상의 제약에 의한 것이 아니다. 담화 상황에 따라 후행절 속에도 자유롭게 나타날 수 있다.

감탄사의 여러 특징을 관찰할 때 담화에서 사용되는 의성, 의태어적 특성과 유사한 점이 적지 않다. 이로 인해 감탄사를 하나의 품사 즉 단어 부류로 다룰 수 있을지에 대한 의문도 많다. 그러나 감탄사는 많은 언어에서 대표적인 단어부류로 설정해 품사에 해당한다.

---

46 감탄사가 문장의 일부로 다루어지는 단어 부류이지만 독립적인 발화 단위가 될 수 있다는 점에서 '소형문(minor sentence)'으로 설명하기도 하였다.

참고문헌 ──────────────────────────────

역대 초·중·고 국어 교과서 및 고등학교 문법 교과서, 교사용 지도서.

역대 국어과 교육과정 및 해설서.

강범모·김성도 옮김(1998), 『언어의 과학』, 민음사.

강범모(2005), 『언어』, 한국문화사.

고영근(1989), 『국어 형태론연구』, 서울대학교 출판부.

고영근(1983), 『국어 문법의 연구』, 탑출판사.

권재일(1992), 『한국어통사론』, 민음사.

고영근·구본관(2018), 『우리말문법론』, 집문당.

김계곤(1996), 『현대국어의 조어법 연구』, 박이정.

김광해(1997), 『국어 지식 교육론』, 서울대학교 출판부.

김광해 외(1999), 『국어 지식 탐구』, 박이정.

김영석·이상억(1992), 『현대형태론』, 학연사.

김정은(1995), 『국어 단어형성법 연구』, 도서출판 박이정.

김종록(2008), 『외국인을 위한 표준 한국어문법』, 도서출판 박이정.

김창섭(1996), 『국어의 단어형성과 단어구조 연구』, 태학사.

남기심·고영근·유현경·최형용(2019), 『(개정)표준국어문법론』, 한국문화사.

노대규 외(1991=2003), 『국어학서설』, 신원문화사.

민현식(2000), 『국어문법연구』, 역락.

서정수(1994), 『국어문법』, 한양대학교출판원.

손세모돌(1996), 『국어 보조용언 연구』, 한국문화사.

송영목·정원수·류현미 옮김(1994), 『형태론』, 태학사.

송창선(2007), "현대국어 '이다'의 문법적 처리", 『어문학』 98, 한국어문학회, 121−157쪽.

송철의(1992), 『국어의 파생어 형성 연구』, 태학사.

시정곤(1998), 『국어의 단어 형성원리』, 한국문화사.

유현경 외(2019), 『한국어 표준문법』, 집문당.

윤평현(1989), 『국어의 접속어미연구』, 한신문화사.

이관규(2010), 『(개정판) 학교 문법론』, 월인.

참고문헌

이광정(2003), 『국어문법연구』, 역락.

임홍빈 · 장소원(1995), 『국어문법론』, 한국방송대학교출판부.

전상범 · 김영석 · 김진형 공역(1994), 『형태론』, 한신문화사.

정원수(1992), 『국어의 단어 형성론』, 한신문화사.

최웅환(2000), 『국어문장의 형성 원리 연구』, 역락.

최현배(1955), 『우리말본』, 정음문화사.

하치근(1989), 『국어 파생 형태론』, 남명문화사.

허웅(1995), 『20세기 우리말의 형태론』, 샘문화사.

홍사만(2002), 『국어 특수조사 신연구』, 역락.

01. 다음 〈예문〉의 단어를 분석하여 형태소의 유형과 그에 해당하는 형태를 〈조건〉에
맞게 설명해 보자.

> 〈예문〉파란 안경을 쓰면 산이 새파랗게 보인다.
> 〈조건〉① 예문에 나타나는 형태소의 유형을 다 들 것
> ② ①의 각 유형에 해당하는 형태소를 빠짐없이 쓸 것

02. 주격 조사 '이'와 '가'는 음운론적 이형태의 관계에 있다. 이 둘 중 하나를 기본형으
로 잡고자 한다. 아래의 〈기준〉 중 어떤 기준을 선택하는 것이 가장 합당한가? 또
그 기준에 따른다면 '이'와 '가' 중 '어떤 것'이 그리고 '왜' 기본형이 될 수 있는지를
설명해 보자.

> 〈기준〉① 넓은 분포로 쓰이는 것을 기본형으로 잡는다.
> ② 통시적 변천 과정을 고려하여 기본형을 잡는다.
> ③ 이형태의 실현이 등가적일 때는 임의로 하나를 선택한다.

03. 조사와 어미를 단어로 보느냐 마느냐에 대한 관점은 세 가지로 나뉜다. 〈예문〉을
각 관점에 따라 분석하면 몇 개의 단어로 분석되는지 말해 보자.

> 〈예문〉하늘에 새하얀 구름이 있다.

04. 다음의 〈예문〉을 자료로 하여 통사적 합성어와 구의 차이를 설명해 보자.

> 〈예문〉 ① '큰 아버지'와 '큰아버지'
>
> ② (ㄱ) 그는 다리를 다쳐 줄넘기가 어렵다.
>
> (ㄴ) 그는 다리를 다쳐 줄 넘기가 어렵다.

05. 아래 〈보기〉의 예에서 (ㄱ)은 접두 파생어이고 (ㄴ)는 접미 파생어이다. 〈조건〉을 고려하여 살펴보고 〈물음〉에 답해 보자.

> 〈보기〉 (ㄱ) 짓구기다, 숫되다, 내뿜다, 덧나다, 맞겨루다, 빗대다
>
> (ㄴ) 미덥다, 높다랗다, 좁히다
>
> 〈조건〉 파생어 형성과 품사의 변화
>
> 〈물음〉 (1) (ㄱ)중에서 일반적인 접두 파생법으로 볼 때, 예외적인 것은 어떤 것이며 그 이유는 무엇인가?
>
> (2) (1)의 물음에서 찾은 파생어와 동일한 현상을 보이는 파생어를 (ㄴ)에서 찾아 그 이유를 말해 보라.

06. 다음 〈예문〉과 〈설명〉을 읽어보고 각 〈물음〉에 답해 보자.

> 〈예문〉 ① 여보, 이제 그만 떠나라.
>
>   ② 길동아, 이제 그만 떠나라.
>
> 〈설명〉
>
> • 독립언에는 감탄사가 있으며 감탄사는 놀람, 부름, 대답을 직접 나타내는 의미를
>   갖는다.
> • ①의 '여보'와 ②의 '철수야'는 다른 문장 성분과는 직접 관련이 없는 독립어로서
>   부름의 의미를 갖는다.
> • ②의 '철수야'는 감탄사의 일종이다.
>
> 〈물음〉
>
> (1) 〈설명〉에는 오류가 있다. 그 오류 부분을 수정하시오.
>
> (2) 〈설명〉의 내용과 수정한 내용을 근거로 '여보'와 '길동아'가 가지는 품사적 공통
> 점과 차이점을 기술하시오.

07. 용언 '있다'는 동사로 볼 수 있는 특성과 형용사로 볼 수 있는 특성을 함께 가지고
있다. 예를 들면서 그 특성을 구체적으로 설명해 보자.

08. 〈보기〉에서 용언 '주었다'는 보조 용언으로 볼 수도 있고 본용언으로 볼 수도 있다. 두 경우를 본용언과 보조 용언의 판별 기준을 이용해 설명해 보자.

> 〈보기〉 길동이가 사과를 깎아 주었다.

09. 다음 〈예문(1)〉에 대한 〈설명〉을 읽어 보고 〈예문(2)〉의 '바로'를 설명해 보자.

> 〈예문〉
> (1) ㄱ. 야구를 좋아하는 사람 다섯이 모였어요.
>   ㄴ. 야구를 좋아하는 다섯 사람이 모였어요.
> (2) ㄱ. 그 사람은 바로 떠났다.
>   ㄴ. 내가 원하는 것은 바로 그것이다.
>
> 〈설명〉
> (1)의 두 '다섯'은 의미와 형태 측면에서 동질적인 것으로 볼 수 있을 정도로 유관하다. 이에 대해 두 가지 시각으로 설명할 수 있다. 하나는 체언(수사)로서의 '다섯'을 설정하여 (1ㄱ)은 그 체언이 조사와 결합한 것이고 (1ㄴ)은 그 체언이 관형어의 기능을 한 것으로 설명할 수 있다. 다른 하나는 (1ㄱ)의 '다섯'은 체언(수사), (1ㄴ)은 수 관형사라는 별도의 품사를 부여하여 그에 합당한 기능을 보여준 것이라고 설명할 수 있다.

5장

어휘

이끄는 말

국어를 유창하고 수준 높게 구사하기 위해서는 무엇보다도 어휘력을 키우는 일이 필요하다. 어휘력이 바탕이 되지 않은 상태에서 수준 높은 국어 사용 능력을 키우는 것은 어렵기 때문이다. 음운이나 문법에 관한 능력은 대체적으로 어린 시절 완성되지만 어휘를 익히고 쓰는 능력은 평생 동안 이루어지는 것이기 때문에 끊임없는 어휘 학습이 필요하다. 또한 국어의 어휘는 우리말의 고유성을 보여주는 중요한 문화 자산이므로 그것을 잘 보존하고 가꾸어 나가는 일이 중요하다.

이 장에서는 2015 개정 국어과 교육과정의 내용에 근거하여, 어휘의 개념과 어휘의 분류 그리고 어휘의 양상을 살핀다. 이것을 통해 국어 어휘 전반에 대한 지식을 쌓고 어휘력의 중요성을 깨달아 국어 생활을 풍부하게 발전시키고자 하는 태도를 기르는 데 도움을 주고자 한다.

1. 어휘의 개념과 분류

1.1. 어휘의 개념

우리가 사용하는 단어의 수는 한정되어 있는 것이 아니다. 예전에 쓰이던 단어가 없어지기도 하고 새로운 단어가 만들어지기도 하여 단어의 목록은 상당히 유동적이다. 우리가 불편 없이 사용하거나 이해하는 단어의 수를 채록해 본다면 그 수가 얼마 되지 않을 것 같지만 『표준국어대사전』의 단어 표제어만 해도 무려 36만 개를 넘어선다.[1] 이와 더불어 사전에 아직 등재되지 않은 말도 많고, 새말도 끊임없이 만들어지고 있다.[2]

수많은 단어가 갖는 특성과 존재 양상을 개별적으로 살피는 일은 쉽지 않다. 무엇보다도 단어는 일정한 체계 속에서 의미를 가지고 존재하기 때문에 체계에 대한 이해를 통해 어휘를 탐구하는 것이 필요하다. 따라서 단어의 성격과 존재 양상을 쉽게 파악하기 위해서 단어를 일정한 집합체로 묶어 보는 것이 필요한데 일정한 기준에 의해서 묶이는 단어의 집합을 '**어휘**(語彙, lexis)'라고 한다.

(1) ㄱ. 아버지, 바깥어른, 아빠, 아버님, 아비

　　ㄴ. 어머니, 안어른, 엄마, 어머님, 어미

(1ㄱ)과 (1ㄴ)의 각 단어는 의미적 공통점을 가지고 있음을 확인할 수 있을 것이다. 그것을 고려하여 각각을 '아버지 어휘', '어머니 어휘'라고 묶어 볼 수 있다. 즉 '아버지[父]' 또는 '어머니[母]'를 지칭하거나 호칭하는 단어 집합(어휘)으로 묶을 수 있다. 또한 (1ㄱ)과 (1ㄴ)의 단어를 모두 함께 묶어 '부모(父母)'를 지칭하거나 호칭하는 단어의 집합으로 이해할 수 있으며 더 확대한다면 '친족(親族) 어휘'에 포함시켜 볼 수도 있다. 이처럼 단어는 각 개체를 의미하고 '어휘'는 일정한 기준에 따라 단어를 모은 집합을 의미한다. '집

1　국립국어원의 『표준국어대사전』에서 표제어로서의 '단어'만을 대상으로 확인한 수치이다.

2　국립국어원에서는 우리나라에서 매년 생산되는 새말[新語]들을 해마다 종합 정리하여 보고하고 있다. 조사 방법에 따라 그 수치가 다를 수 있지만 매년 꾸준히 늘어나고 있는 것으로 보인다. 특히 2000년 들어 인터넷 매체를 통한 신어 생산 폭이 커지고 청년 실업난이나 다양한 사회적 현상으로 인해 이전에는 보기 힘들었던 분야에서 많은 신어가 생산되고 있다.

합으로서의 어휘'를 연구하는 분야가 바로 '(국어) 어휘론'이다.[3]

1.2. 어휘의 분류

어휘는 탐구 목적에 따라서 다양한 기준으로 분류될 수 있다. 그 한 가지 방법으로 어휘가 가지고 있는 집합의 한정성 여부에 따라 크게 '**폐쇄 집합**(어휘)'과 '**개방 집합**(어휘)'으로 구분해 볼 수 있다.

폐쇄 집합(어휘)은 집합을 구성하는 단어가 줄어들거나 더 늘어나지 않는 것을 말한다. '국어 교과서의 어휘', '소설 배따라기의 어휘', 『표준국어대사전』의 어휘', '15세기 국어의 어휘'와 같은 것이 이에 해당한다. 이들 어휘의 단어 수는 한정적이다. 반면, 개방 집합(어휘)은 단어의 수가 명확히 정해져 있지 않거나 정할 수 없는 것을 말한다. '한국어의 어휘', '지식인의 어휘', '새말'과 같은 것이 이에 해당한다. 한국어의 어휘는 한국어의 범위를 어디까지로 하느냐에 따라서, 지식인의 어휘는 지식인을 어떻게 이해하느냐에 따라서 유동적이다. 특히 새말은 용어 그대로 새로 만들어지는 말을 의미하는 것이므로 그 집합의 한계를 정하는 것이 어렵다.[4] 단어는 그 수가 많기 때문에 일정한 질서에 따라서 분류하는 것이 결코 쉽지는 않지만 단어의 탐구를 위해서는 어휘 분류가 필요하다. 수많은 단어를 적절한 기준으로 분류해 내는 작업을 거쳐 얻어진 질서 잡힌 결과를 '**어휘 체계**'라고 한다.

---

3   김광해(1993: 21-34)에 의하면 어휘에 대한 연구는 크게 '분포 연구', '관계 연구', '정책 연구'로 나눌 수 있는데, '분포 연구'에서 '어휘의 계량', '어휘의 체계', '어휘의 양상'을 다룬다. 학교 문법은 이 중에서 '어휘의 체계'와 '어휘의 양상'만을 다루고 있는 셈이다. 한편, 김종택(1992)에서는 국어 어휘론의 연구 영역을 크게 '어휘 자료론, 어휘 조사론, 어휘 체계론, 음절 형태론, 어휘 형성론, 어휘 어원론, 어휘 의미론'으로 나누어 다양한 어휘론의 연구 분야를 제시해 주었다.

4   '개방'과 '폐쇄'의 명확한 기준을 마련하는 것은 쉽지 않다. 이전과 달리 지금의 『표준국어대사전』은 전산화가 돼 있고 분기마다 필요에 따라 새로운 단어가 등재된다. 오늘날과 같은 매체 시대의 전자사전은 어쩌면 개방 집합적 성격을 갖는다고 봄직도 하다. 국립국어원에서 2016년부터 시범 운영하고 있는 시민 참여형 사전인 '우리말샘'에는 몇 년 사이에 『표준국어대사전』에 등록되지 않은, 70여만 개가 넘는 언어 표현이 담겨 있는 것으로 확인된다.

'체계'에 대한 이해와 가치

일반적으로 어휘의 '체계'는 '친족 어휘의 대립 체계', '미각어장 또는 미각 어휘의 대립 체계' 등에서처럼 어휘 내의 단어들이 가지는 특정한 관계 개념으로 이해된다. 국어에는 의미장을 통해서 본 단어들의 종적·횡적인 관계, 정서, 의지, 주객, 위상, 생사·자타 대립 관계, 분류 어휘집의 어휘 분류 등 다양한 어휘 체계가 존재한다. 그런데 학교 문법에서는 체계를 '질서 잡힌 분류 결과 정도로 이해하고 그 예로 어종에 따른 국어의 어휘 분류 정도만을 기술하는 것으로 그치고 있어 학습자들이 국어 어휘 체계에 대해 충분한 이해를 하기는 부족하다고 판단된다.

7차 국어과 교육과정에 이은 현행 국어과 교육과정에서 어휘 단원(또는 관련 내용)은 유창하고 수준 높은 국어를 구사하기 위해서는 어휘력을 신장시켜야 한다는 내용 설정의 취지를 보이고 있다. 이러한 어휘력 신장은 어휘 체계에 대한 충분한 탐구와 이해를 통해서 이루어질 수 있다. 따라서 국어의 다양한 어휘 체계가 학교 문법에서 충분히 다루어져야 할 것이다.

어휘 분류의 예를 좀 더 살펴보자. 우선 '품사'를 기준으로 어휘를 분류해 볼 수 있다. 제4장에서 이미 살펴보았듯이, 품사는 단어의 문법적 특성을 기준으로 단어를 분류한 것이다. 이러한 분류는 주로 국어 문법 학습에 도움을 준다. 다음으로, **어종**(語種) 즉 말의 기원을 근거로 어휘를 분류해 볼 수 있다. 국어는 '고유어(固有語)', '한자어(漢字語)', '외래어(外來語)'라는 **삼중 체계**(三重體系)를 이루고 있다. 한편, '의미'를 기준으로 어휘를 분류해 볼 수 있다. 의미는 어휘 분류의 가장 기본적인 기준이기도 하다. '천문 용어, 지리 용어, 농업 용어, 법률 용어'와 같은 것이 이에 해당하는데 의미적 준거에 따른 분류 체계는 다양할 수 있다.[5]

어휘 분류의 가장 큰 목적은 어휘의 성격과 체계를 이해하는 데 있다. 특정 문학 작품

---

5   남영신(1987)의 『우리말 분류사전』에서는 의미 분야에 따라 열여덟 가지 대분류를 하고 있다. '건축, 토목, 생산, 공작, 도구', '가정에서 쓰이는 여러 가지 물건', '음식, 반찬, 여러 가지 식료품, 요리', '농업, 농사, 농기구, 농산물'과 같은 기준이 그 몇 예이다. 또한 임지룡(1991)에서는 국어의 기초 어휘를 의미에 따라 아홉 가지 대분류를 하고 있다. '사람에 관한 어휘', '의식주에 관한 어휘', '사회생활에 관한 어휘', '교육 및 예체능에 관한 어휘'와 같은 기준이 그 몇 예이다.

의 단어를 품사에 따라 나누어 보면 작가의 품사 사용 경향이나 문체 등을 파악할 수 있다. 어종에 따라 단어를 나누어 보면 국어에는 어떠한 어종의 말이 있으며 이들이 어떠한 비율로 사용되고 있는지 등을 비롯하여 국어 어휘 체계 전반을 일목요연하게 이해할 수가 있다. 의미 특성에 따라 단어를 나누어 보면 관련 분야의 단어에는 어떠한 것이 있는지를 쉽게 알 수가 있다. 이처럼 어휘를 분류할 때 분류의 목적이나 가치가 충분히 고려되어야 한다. 아래에서는 학교 문법 교육에서 다루고 있는 어종에 따른 분류에 대해서 좀 더 구체적으로 살펴본다.

1.2.1. 고유어와 한자어

『표준국어대사전』의 표제어를 어종에 따라 나누어 보면 그 비율이 대체적으로 아래와 같다.[6]

분류 어종	고유어	한자어	외래어	혼종어	합계
수(개)	74,854	190,810	20,333	74,026	360,023
백분율	20.8%	53%	5.6%	20.6%	100%

표 5-1 어종별 단어 비율

고유어와 한자어는 전체 어휘의 73.8%에 해당한다.[7] 고유어는 예로부터 우리가 써 오던 순 우리말이다. 고유어는 대개 그 의미 폭이 넓고 상황에 따라 여러 가지 다른 의미로 해석되는 '다의어(多義語)'로서의 성격을 가지고 있으며 정감적 의미를 잘 전달할 수 있다. 고유어는 혈통이 뚜렷한 언어 자산으로서의 가치를 가지고 있으며 우리 민족의 고유 문화와 정신이 스며들어 있기 때문에 우리 문화와 정신의 반영체이기도 하다.

한자어는 중국의 한자를 기반으로 하여 만들어진 것으로 단어 수에서 가장 높은 비율을 차지하고 있다. 고대국어 시기 동안 '국호, 왕명, 관명, 인명, 지명'과 관련된 고유 명사

---

6 해당 수치는 『표준국어대사전』에서의 통계 검색에 따른 것으로 표제어 중에서 관용구나 속담 등을 제외한 단어만을 대상으로 한 것이다. 물론 부표제어 단어의 포함 여부에 따라 그 수치는 달라질 수 있다. 대체적인 경향성을 확인하는 데 의의가 있다.

7 7차 국어과 교육과정 『문법』 교과서에 어종별 단어 비율에 대한 내용을 담고 있다. 약 20여 년이라는 시차와 단어 추출방식에 차이가 있기는 하지만, 두 자료를 비교할 때 고유어와 한자어의 비율이 낮아지고 외래어외 혼종어의 비율이 높아지는 것으로 보인다.

가 한자로 대체되면서 한자어가 대량으로 유입되었다. 일반적으로 어휘 체계는 언중의 언어 사용 양상에 따라 자연스럽게 변화할 수 있는데, 고유어의 한자어 대체는 인위적인 국어 어휘 체계의 변화를 가져 온 것이라고 할 수 있다. 뒤이어 고유 명사뿐만 아니라 대부분의 문화적, 지적 개념을 한자어에 의존하게 되었으며 고려 시대 이후는 한자어가 일상어에까지 깊이 침투되기도 하였다.

한자어는 중국의 한자에서 기원되었다는 점에서 외래어의 일종으로 볼 여지도 있다. 그런데 표기 차원에서 한자어가 한자 문화권에서 유입된 것이라고 할 수 있지만 발음 즉 소리 체계는 각 나라마다 다르다. 즉 문자로는 같지만[8] 아래 (2)에서 확인할 수 있는 것처럼 서로 자국의 소리 체계에 따라 사용하는 별도의 어휘로 보아야 한다.[9] 이런 점에서 국어의 한자어는 이미 귀화가 끝난 우리말이라고도 하는 것이다.

(2) 博物館: 한국어 소리-[방물관]

　　　　일본어 소리-[はくぶつかん 하쿠부츠칸]

　　　　중국어 소리-[bó wù guǎn 보우관]

대체적으로 고유어와 한자어의 구분은 그리 어렵지 않다. '국가(國歌), 학생(學生), 춘추(春秋), 사고(思考), 학습(學習)'과 같은 한자어는 비록 한자를 병기하지 않더라도 한자어임을 쉽게 알 수 있다. 그렇지만 그 구분이 쉽지 않아 한자어로 인식하지 못하는 것도 있다.

(3) ㄱ. 양말(洋襪), 어차피(於此彼), 사돈(査頓)

　　 ㄴ. 배추[白菜], 수수[蜀黍], 무명[木棉], 감자[甘藷], 붓[筆], 말[馬],

　　　　 가지[茄子], 김치[沈菜], 시금치[赤根菜]

(3ㄱ)은 한자어인지를 모르는 사람들이 비교적 많을 것으로 생각되는 것이고 (3ㄴ)은 어원적인 지식을 가지지 못한 경우라면 한자에서 들어온 말이라는 사실을 모를 것으

8　좀 더 엄밀히 보면 표기 차원에서도 많이 달라지고 있다고 할 수 있다. 현재 중국에서는 간체자(簡体字)를 많이 사용하고 있으며, 일본에서도 일본식 한자어를 사용하고 있기 때문이다.

9　한자어 중에는 '자장/짜장[炸醬], 난젠완쯔[南煎丸子]'와 같이 중국식 한자음으로 발음을 하는 것도 있으며, '라면[拉麵], 라조기[辣子鷄]'와 같이 일본식 한자음으로 발음을 하는 것도 있다.

로 생각되는 것이다. 한자어에는 우리가 직접 만들어 낸 것도 있다. 아래 예가 이에 해당한다.

(4) ㄱ. 감기(感氣), 고생(苦生), 식구(食口), 행차(行次)

　　ㄴ. 귀순(歸順), 장발족(長髮族), 성희롱(性戲弄), 공주병(公主病)

각 단어의 낱글자는 비록 한자이지만 우리나라에서 만들어져 사용되는 한자어 단어이다. 특히 (4ㄴ)의 예는 사회적 현상과 관련하여 그 당시에 우리나라에서 만들어진 한자어이다. '공주병(公主病)'이라는 한자어가 옛 우리나라나 중국에 있었을 리 없기 때문이다.

한자어에는 개념어나 추상어가 많다. 또한 그 의미가 고유어에 비해 좀 더 전문화되고 분화되기도 한다. 이는 한자가 뜻을 나타내는 표의 문자이기 때문인데 복잡한 개념을 집약하는 데에 한자어가 많이 쓰이기도 한다. 예를 들면, '광통신(光通信)'은 '전기 신호를 레이저 광선에 실어 광섬유 케이블을 통해서 보내는 통신'이라는 의미를 집약해 주고 있다.

위에서 고유어는 다의어로서의 의미 특성을 가지고 있고 한자어는 그 의미가 전문적이고 분화되어 있다고 하였다. 그 특성으로 인해 고유어와 한자어는 '일대다(一對多)'의 대응 관계가 만들어지기도 한다.

(5) ㄱ. 말[言語]은 우리의 사고를 반영한다.

　　ㄴ. 길동이가 말[發言]할 차례이다.

　　ㄷ. 우리 서로 말[對話]로 합시다.

　　ㄹ. 쓰지 말고 말[口述]로 답하시오.

　　ㅁ. 홍길동에 대해서 말[所聞]이 많다.

(6) ㄱ. 깊은 생각[冥想]에 빠져 있다.

　　ㄴ. 우리의 처지를 생각[考慮]해 보자.

　　ㄷ. 잘 더듬어 생각[記憶]해 보세요.

　　ㄹ. 생각[推測]해 보건대, 그 일은 잘못된 것 같다.

(7) ㄱ. 건물을 고치다[修理].

　　ㄴ. 옷을 고치다[修繕].

ㄷ. 병을 고치다[治療].

ㄹ. 제도를 고치다[改革].

ㅁ. 기록을 고치다[訂正].

'말', '생각', '고치다'라는 고유어에 대응할 수 있는 각각의 한자어는 다양하다. 고유어는 대응 한자어가 의미를 포괄하고 있고 반대로 각 한자어는 고유어의 뜻 넓이 중 일정 영역을 담당하고 있음을 알 수 있다. 이로 인해, 한자어는 고유어로 바꾸는 것이 쉽지만 고유어는 특정 한자어로 바뀌어 쓰여야 한다. 아래 (8)에서처럼 '건물/옷/병/제도를 고치다'의 '고치다'를 한자어로 바꿀 때 그 대상에 따라 각기 '수리하다. 수선하다, 치료하다, 개혁하다'로 한정되어 쓰이게 된다.[10]

(8) 고치다: 건물-수리(修理) / ?수선하다, *치료하다, *개혁하다

옷-수선(修繕) / *수리하다, *치료하다, *개혁하다

병-치료(治療) / *수리하다, *수선하다, *개혁하다

제도-개혁(改革) / *수리하다, *수선하다, *치료하다

그러나 고유어와 한자어의 대응 관계가 항상 '일대다(一對多)'의 관계를 갖거나 고유어가 세분되어 있지 못한 것은 아니다.

(9) 착용(着用)-(옷을) 입다. / *신다, *쓰다

(신발을) 신다. / *입다, *쓰다

(안경을) 쓰다. / *입다, *신다

(9)에서 보듯이, 한자어 '착용(着用)'은 고유어의 '(옷을) 입다, (신발을) 신다, (안경을) 쓰다' 등과 대응되는데 이 경우 한자어보다 고유어가 더욱 세분화되어 있음을 알 수 있다. '雨(비)'와 관련된 고유어의 경우, '비가 내리는 모양, 비의 양, 비가 내리는 기간' 등의 기준에 따라 '실비, 이슬비, 봄비, 소나기, 단비, 안개비, 는개, 이슬비, 가랑비, 억수, 장

---

10 '건물을 고치다'의 '고치다'는 '(건물을) 수리하다'로 바꿀 수 있는데 '건물 수선 충당금, 건물 수선비, 건물 수선유지비' 등에서처럼 '수선'이라는 한자어가 쓰이기도 한다.

대비, 작달비, 봄비, 가을비, 밤비, 칠석물, 여우비, 궂은비, 큰비, 장맛비, 약비, 웃비' 등 다양하고 세분된 고유어가 발달되어 있다.

고유어와 한자어의 정확한 의미와 용법을 알아 올바르게 사용할 수 있는 것도 중요한 일이지만, 위와 같은 고유어의 다양한 어휘를 살려 내고 의미와 용법에 맞게 사용할 수 있게 하는 것 또한 국어를 잘 보존하고 가꾸어 가는 길이 될 것이다.

더 알아보기

 고유어와 한자어에 대한 태도

이 장에서는 학교 문법의 어휘 관련 내용 근거하여 고유어와 한자어의 특성을 대비적 관점에서 설명하고 있다. 그렇지만, 이러한 단순한 대비는 학습자에게 고유어와 한자어의 관계를 비정상적인 것으로 받아들이게 할 여지가 있다는 것을 간과해서는 안 될 것이다(이문규 2003: 385–395 참조).

한자어는 국어 어휘 삼중 체계 중의 하나이며 우리말의 반 이상을 차지한다는 사실을 강조하는 것은 상대적으로 우리 고유어 중심의 어휘 체계에 대한 인식의 깊이를 더하지 못하게 하는 것이 될 수도 있다. 한자어는 주로 개념이나 추상어가 많은데, 이러한 말들은 대개 의미가 전문화되고 분화되어 있어서 전문적이고 세부적인 분야에 정밀한 의미를 나타내 주는 데 주로 사용된다. 또한 국어에서 한자어는 고유어에 대하여 존대어로 사용되는 경우도 많다는 의견은 결국 고유어에는 개념이나 추상어가 적으며 존대어로는 잘 쓰이지 못한다는, 고유어의 위상에 대해 잘못된 인식을 심어 줄 여지가 있다.

물론, 국어 어휘의 현실적인 사용 상황이 그러한 것이 사실이고 그것이 한자어를 포함하는 우리말 체계의 특징을 잘 알아 용법에 맞는 국어 사용능력을 키우고자 한다는 교육 취지에 어긋난 것은 아니다. 그러나 한자어보다 고유어를 더욱 많이 부려 쓰지 못하였고 우리 고유어를 추상어로까지 발전시키지 못하였으며 전문화되고 분화된 어휘를 생산해 내지 못하였다는 반성적 태도가 더욱 필요하다. 그 바탕에서 고유어의 어휘를 풍부하게 발전시키고자 하는 태도를 기를 수 있는 내용 체계가 문법 교과서에 충분히 담겨지고 교육 현장에서 중요하게 다루어져야 할 것이다.

외래어는 원래 외국어였던 것이 국어의 언어 체계에 동화되어 사회적으로 사용이 허용된 어휘를 말한다. 외래어라고 하면 일반적으로 영어와 그 외의 서구어에서 들어온 서구 외래어와 일본어 등을 가리킨다. 기원이 외국에 있고 들어온 말이라는 점에서 **차용어**(借用語)'라고도 한다.

〈표 5-1〉에서 확인하였듯이, 우리말에는 약 5.6%에 이르는 외래어가 있다. 외래어는 역사적으로 오랜 기간 동안 여러 다른 나라와 문화·경제적으로 교류를 하는 과정에서 들어오게 된다. 우리말에는 '불교문화', '근대 문물', '의상', '예술', '고대 철학', '음악', '음식', '기후' 등과 관련된 외래어들이 많이 들어와 있다. 특히, 우리말에 외래어가 양적으로 많이 들어오게 된 것은 근대화 시기 서양 문물과의 접촉 때문이라고 할 수 있다.

외래어 중에는 아주 오래 전에 유입되어 이미 외래어라는 인식마저 잃어버릴 정도의 것도 있다. '불타(佛陀)', '찰나(刹那)'와 같은 불교문화 관련 용어는 번안 한자어로서, 그 기원은 'buddha', 'ksana'라는 범어 즉 산스크리트이다. 이런 말을 **귀화어**(歸化語)'로 부르기도 한다.

상대적으로 발전한 문화와 접하였을 때, 관련 외래어가 유입되는 것을 막기는 쉽지 않다. 그러나 우리말의 위상을 무너뜨리면서까지 외래어를 받아들이는 것은 피해야 할 것이다. 그렇지 못하면, 우리의 문화적 자긍심을 손상시키고 고유어의 정체성마저 위협하는 결과를 초래할 수도 있다. 우리말의 아름다움을 인식하고 외래어를 무분별하게 사용하는 습관을 경계하는 것이 필요하며 기존의 외래어나 새로이 들어오는 외래어를 우리말로 대체하여 사용하는 태도와 실천이 필요할 것이다.

2. 어휘의 양상

어휘가 가지고 있는 공통적 또는 차별적 특성에 주목하면 국어의 어휘들이 어떠한 양상으로 존재하고 사용되는지를 확인할 수 있다. 연구자에 따라서 분류 기준이 다소 다르기는 하지만 어휘 양상의 전반적 면모를 살피는 데에는 아래 김광해(1993)에서 제시한 국어 어휘의 양상을 참조할 수 있다.

그림 5-1 국어 어휘의 양상

　어휘는 크게 기존 어휘와는 그 모습이나 기능을 서로 달리하는 변이형으로서의 어휘 집합과 어휘적 팽창을 경험하는 어휘 집합으로 나눌 수 있다. 어휘의 위상적 변이형은 다시 지리적 변이형으로서의 '지역 방언(地域方言)'과 각종 사회 집단별 어휘로 나눌 수 있다. 사회 집단별 어휘는 다시 사용 과정에서 '은비성(隱秘性)'을 기준으로 나눌 수 있는데 은비성을 가지는 어휘를 '은어(隱語)'라고 한다. 화용적 변이형은 언어 사용 상황과 언어의 사용에 따라 나타나는 변이형을 말한다. 이에는 대우 표현의 어휘인 '공대어(恭待語), 하대어(下待語)'와 대우의 기능을 가지지 않는 '속어(俗語), 완곡어(緩曲語), 관용어(慣用語)' 등이 있다. 어휘의 팽창은 문명의 발달과 함께 일어나는 현상이다. 산업 사회의 발전과 국제적 교류 과정에서 어휘의 증가가 더욱 현저해졌다. 어휘의 증가는 '전문어(專門語)' 분야에서 두드러진다. '새말[新語]'은 새로운 사물이나 제도 및 개념의 등장에 따른 필요성과 관련하여 나타난다. 한편, 유행어는 사회적인 요인으로 일시적으로 나타나는 것을 말한다.

　2015 개정 국어과 교육과정에서 어휘는 언어 사용의 양상에 따라 '지역적 언어 사용(방언)', '연령이나 세대별 언어 사용', '문화적 언어 사용' 등으로 구분하여 교육하도록 하고 있으며 대개의 검인정 『국어』와 『언어와 매체』 교과서 내용도 그에 따르고 있다. 아래에서도 그에 준하여 〈그림 5-1〉에서 보인 어휘 유형 중 중요한 몇 가지를 대상으로 그 양상을 살필 것이다.

2.1. 지역 방언

어휘 체계의 변화는 두 가지 방향성으로 진행된다. 그 하나는 '분화(分化)'이고 다른 하나는 '통일(統一)'이다. 분화와 통일은 서로 상반되는 성질의 것임에도 불구하고 언어는 동시에 이 두 가지 힘에 이끌려 변화한다. '**방언**(方言)'은 특정 요인에 의해 분화되면서 생긴 언어 체계이다.[11] 분화 요인을 한 언어에서 사회, 계층적 특징에서 보면 직업, 연령, 성별 등에 따라 분화되는 **사회 방언**과 산맥이나 큰 강과 같은 지리적 요인에 의해 분화되는 '지역 방언'으로 나눌 수 있는데 여기서는 지역 방언을 중심으로 살펴본다.

지역 방언은 함경남도 지역의 '동북 방언', 평안도 지역의 '서북 방언', 서울, 경기도, 충청도 등이 포함되는 '중부 방언', 경상도 지역의 '동남 방언', 전라도 지역의 '서남 방언', 그리고 '제주 방언'으로 나눌 수 있다.[12] 각 방언은 소리나 문법 그리고 의미적 측면에서 다른 면모를 보여준다. '우예(어찌), 백지(괜히)'와 같은 어휘는 경상도 방언에서, '겁나다(굉장하다)'와 같은 방언은 전라도 방언에서 사용된다. 특히 제주도 방언에는 '비바리(처녀)'와 같은 독특한 어휘가 있다. 지역별 방언 어휘의 양상을 좀 더 살펴보자.

(10) '여우'와 관련된 지역별 어휘[13]

여위, 여웨, 영쾡이(황해도), 영끼, 여끼, 에끼(함경도), 영우, 영호, 영이(평안남도)

여수, 예수 야수, 여시, 야시(영호남), 영호(제주도) 등 29가지

(10)은 표준어 '여우'가 지역 방언으로 어떻게 사용되고 있는지를 보여준다. 각각의 경우 대체적인 음성적 개연성이 확인된다. 방언은 분화 과정에서 형태가 변하기도 한다. 또한 인접 지역의 새로운 형태를 받아들이기도 한다. 이런 과정을 거치면서 각 방언에서 사용되는 단어가 현저하게 달라지는 일이 있는데 그 단어들을 **방언 어휘**라고도 한다. 방언 어휘가 다양하게 분화되는 가장 직접적인 이유는 지리적으로 서로 격리되어 있었기

---

11 분화의 정도가 심하면 각 언어는 서로 이질적인 것으로 느껴질 수도 있다. 우리나라의 제주도 방언은 제주도 사람이 아니라면 알아듣기가 힘든 것이 그 예이다. 만약 이 분화의 정도가 심해지면 동일한 기원의 언어라 하더라도 결국 서로 배우지 않고는 알 수 없는 다른 언어가 될 수도 있다.

12 이 분류는 지리적 속성에 기댄 것이다. 구체적인 단어나 어휘를 중심으로 보면 지역은 세분될 수도 있고 통합될 수도 있다.

13 학술원(1993), 『한국언어지도집』의 내용을 따온 것이다.

때문이다. 공간적으로 격리된 채 시간이 오래 흐르면서 자연스럽게 방언 어휘가 달라지는 것이다. 이와 반대되는 현상이 방언의 통합이다. 이 통합은 교통의 발달, 방송 및 통신의 발달, 도시의 발달 등에 기인하는데 이 요인에 의해 지역 간 격리 상태가 완화되고 각 지역의 방언이 확산되면서 방언 어휘 간의 통합이 이루어지기도 한다.

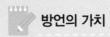

더 알아보기

방언의 가치

표준어를 선정하고 표준어의 중요성을 강조하다 보면 방언을 경시하기가 쉽다. 방언은 단지 지역에서 쓰는 사투리가 아니라 그 말을 쓰는 지역의 고유한 문화와 역사적 배경을 담고 있는 것이며 그 지역 특유의 향토적인 정감이 배어있는 말로서의 가치를 가지고 있다. 같은 고향 사람들끼리 만나는 자리에서는 표준어를 쓰는 것보다는 자기 고향의 방언으로 대화하는 것이 일체감과 소속감을 더 많이 느낄 수 있다.

각 지역의 방언에는 표준말에서는 찾아볼 수 없는 우리 옛말의 자취가 남아 있어서 국어의 역사를 연구하는 데에도 큰 도움이 된다. '의붓어미, 계모'를 가리키는 말이 중세 국어에서는 '다숨어미, 다슴어미'로 나타났는데, 이 말이 경상도 방언에서 '다삼어미'라는 형태로 지금도 남아 있다. 이처럼 방언이 갖는 보수성은 역으로 옛 시대의 언어를 찾아내고 재구하는 데 큰 역할을 한다는 점에서도 귀중한 자료가 아닐 수 없다.

방언은 문학적인 측면에서도 중요하다. 김유정의 소설 '동백꽃'은 표준어로서의 '붉은색 동백꽃'이 아니라 '산 중턱에 한창 피어 흐드러진 노란 동백꽃(생강나무 꽃)'이라 한다. 정지용의 시 '향수'에 등장하는 '얼룩백이 황소'는 젖소가 아니라 흰 점이 박힌 모습을 하고 있는 토종 한우라고 한다. 그러한 지역어의 의미를 이해하지 못하면 문학 작품의 정서를 제대로 이해하기 어렵다. '봄내음 물씬 풍기는 이 꽃다운 계절'의 '내음'이나 '상상의 나래'의 '나래'는 '냄새'나 '날개'에 대한 비표준어였는데 그것을 사용하는 데에는 문학적 이유도 있을 수 있다. 이러한 어휘를 문학 작품에서 잘 살려 쓰면 문학적 가치를 높일 수 있음은 물론이다. 이처럼 아름다운 방언을 표준어로 채택한다면 우리말의 어휘가 더욱 풍부해지는 효과를 거둘 수 있을 것이다. 다행히 지금은 '내음'과 '나래'가 표준어로 사전에 등재돼 있다.

방언은 국어의 역사에 대한 귀중한 보고(寶庫)이며 각 지역의 향토적인 정감과 문화를 담는 말이다. 무엇보다 누대로 쓰여 왔던 우리의 말이다. 이를 아끼고 보존하려는 노력은 어쩌면 당연한 일이며 이를 교육적 가치로 두는 일은 더욱 강화돼야 할 것이다.

2.2. 사회 방언: 성별, 세대/연령, 직업(전문분야) 어휘

  사회적 그리고 계층적 특성을 담는 어휘 유형으로서의 '성별, 세대/연령, 직업어(전문어)'가 어떠한 양상으로 사용되고 있는지 살펴보자.[14] 먼저, **성별**에 따른 어휘 양상이다. 사용자 또는 대상자의 성별에 따라 사용 어휘의 차이가 생기기도 한다.

  (11) ㄱ. 언니, 누나 : 오빠, 형

      ㄴ. 미녀, 숙녀답다 : 미남, 신사답다

      ㄷ. 여의사 : 기생오라비

  (11ㄱ)의 예는 사용 주체와 호칭의 대상자가 갖는 성별에 근거해 달리 사용되는 어휘를 보여준다. (11ㄴ)의 예는 대체적으로 대상자의 성별에 따라 선호되는 어휘를 보여준다. 한편 (11ㄷ)의 예는 성별과 관련된 개인 또는 특정 집단에 대한 인식을 드러내는 말로 이해할 수 있다.[15]

  다음으로, **연령**이나 **세대**에 따른 어휘 양상이다. 어릴 적 '엄마, 아빠'라고 부르던 것이 나이가 들어서 '어머니, 아버지'라고 부르게 되는 데서 연령별 어휘 사용이 다름을 알 수 있다. 연령에 따른 어휘는 '유아어, 어린이어, 청소년어, 장년어, 노인어' 등으로 나누기도 하지만 그 경계와 특징을 분명히 하기는 힘들다. 한편, 세대에 따른 어휘 간의 차별성은 각 세대에서 사용빈도가 높은 사용 어휘들을 통해서 확인할 수 있다. '백부, 계씨' 등과 같이 한자어나 옛 말을 쓰는 세대와 매체 언어에 익숙한 세대의 언어는 그 차별성이 분명해 보인다. 다만 해당 어휘가 특정 세대의 절대적 어휘가 될 수는 없어 보인다. 한 세대의 언어는 시간이 경과됨에 따라 다시 다른 세대와의 차별성을 만들 수 있기 때문이다.

  마지막으로, 전문(직업) 분야 특성에 따른 어휘 양상이다. **전문어**(專門語)는 특정 분야의 일을 효과적으로 수행하기 위하여 도구처럼 사용하는 어휘이다. 현대 사회가 개방화되면서 새로운 전문 분야가 생기고 있다. 이러한 상황은 언어 사용에도 영향을 미치게 되는데 전문인으로서의 역할을 위한 소통도구 즉 전문어를 요구하게 된다. 전문어는 크게

---

14 사회적 요인에 초점을 두고 있다는 점에서 '사회 언어학'에서도 해당 어휘의 제반 양상이 논의되기도 하였다.

15 성별에 따른 것은 어휘 외의 다른 언어적 표현에서도 보고되고 있다. 여성의 경우 남성에 비해 부가 의문문이나 감탄사 등을 많이 사용한다든지 여성의 경우 '해요체'를, 남성의 경우는 '하십시오체'를 많이 사용한다든지 하는 것이 그것이다. 그러나 그 차이는 경향성일 뿐 절대적인 것은 아니다.

'**학술 전문어**'와 '**직업 전문어**'로 나누어 볼 수 있다.

(12) ㄱ. 국어: 소리, 음운, 단어, 형태소, 문장, 구, 절, 이야기, 담화 등

ㄴ. 물리: 마찰력, 중력가속도, 포물선운동, 탄성, 만유인력 법칙 등

ㄷ. 음악: 높은음자리표, 홑박자, 화음, 돌림노래, 소프라노 등

(13) ㄱ. 의학분야: 인턴, 드레싱, 에피네프린, 헤파린 등

ㄴ. 법률분야: 피고, 원고, 재판, 미필적 고의 등

ㄷ. 경제분야: 인플레이션, 디플레이션, 유가 증권, 채권 어음 등

ㄹ. 어업분야: 갯물, 어로장, 통발, 쌍대구리 등

ㅁ. 언론분야: 오프 더 레코드, 게이트 키퍼, 보도 관제 등

(12)는 각 전문 학술 분야에서 사용하는 학술 전문어를 보인 것이다. (13)은 각종 직업 분야에서 전문적으로 사용하는 직업 전문어를 보인 것이다. 어떤 사람이 전문가인지 아닌지를 판단할 때 해당 분야의 전문어를 얼마나 많이 알고 있는가를 보기도 한다. 해당 분야의 전문어를 많이 알고 있다는 것은 해당 분야의 지식이 풍부하다는 것을 의미하기 때문이다. 전문어는 일반인에게는 생소한 면이 있다. 이로 인해 일반인에게 비밀을 유지하기 위한 방편으로 전문어를 사용하기도 한다.

전문어는 아래와 같은 몇 가지 특징을 갖고 있다(김광해 1993: 171-173).

첫째, 전문어는 의미의 다의성이 적다. 둘째, 그 의미가 문맥의 영향을 적게 받는다. 셋째, 감정적인 의미가 개입되지 않는다. 넷째, 그에 대응하는 일반 어휘가 없는 경우가 많다. 이러한 특징은 전문어가 전문 분야에서 필요한 정확한 개념을 표현하는 것이어야 하기 때문이다. 물론 '염화나트륨 : 소금, 지방 : 기름'처럼 외래어나 한자어 전문어에 대응하는 고유어 일반 어휘가 있기도 하다. 다섯째, 새말의 생성이 활발하다. 여섯째, 의미에 의도적인 규제가 가해져 있는 경우가 많다. 이는 새로운 전문 분야의 생성과 함께 그에 적합한 새로운 전문어가 계속해서 요구되기 때문이다. 일곱째, 외래어로부터 차용된 어휘가 많다. 전문 분야의 어휘를 고유어나 한자어로 대치하기 어려운 경우 외래어를 그대로 수용할 수밖에 없는데 그 때문에 외래어가 많아지게 된다. 그런데 외국어가 무분별하게 수용되는 경우가 많다는 것을 고려하면 이를 대상으로 하는 국어 순화 문제를 생각해 볼 필요가 있다. 의학 용어를 우리말로 바꾸거나 법률 용어를 쉬운 우리말로 바꾸는 등

의 일련의 작업은 그런 의미에서 의의가 있다.

 '공대어'와 '하대어'

　어휘 사용 양상의 변인을 볼 때 문화에 따른 언어를 생각해 볼 수 있다. 대우 표현이 그 하나가 될 수 있다. 대우 표현은 문법적 방법으로 구현되기도 하지만 대우 표현을 담는 어휘 즉 '공대어, 하대어'도 발달해 있으며 이는 우리의 문화적 특성에 기인한 것으로 이해할 수 있다. 공대어는 상대방을 높여 대할 때 사용하는 어휘이며 하대어는 낮추어 대할 때 사용하는 어휘로 정의할 수 있다. 공대나 하대의 의미를 가지지 않는 것을 평대라고 한다. 국어의 어휘는 '잡수시다(공대어)―먹다(평대어)―처먹다(하대어)', '돌아가시다(공대어)―죽다(평대어)―뒈지다(하대어)'와 같은 '삼원적 대립 체계'를 이루는 모습이 확인된다. 대우 표현으로서의 어휘는 다양하게 나타난다. 호칭이나 지칭에서 사용되는 공대어나 하대어도 다양함을 익히 알고 있다. 한편, '모시다, 여쭙다, 계시다, 뵙다' 등과 같은 용언 어휘에서도 대우 인식이 담겨 있음을 알 수 있다.

2.3. 은어

　은어(隱語)는 비밀 유지의 기능 즉 '은비성'을 가지는 어휘이다. 은어는 일반적으로 폐쇄성을 유지하기 위한 집단에 속한 사람들이 다른 집단으로부터 자신들을 방어하려는 목적으로 발생한다. 자신들을 방어하려 한다는 것은 자신들이 사용하는 말의 뜻을 상대방이 알 수 없게 하여 자신들만의 결속성을 갖게 하는 것을 의미한다. 이 때문에 은어를 '비밀어(秘密語)'라고도 부른다. 그렇지만 이러한 은어가 폐쇄적 집단에서만 발생하는 것은 아니다. 은어로서의 특성은 다른 집단이나 대상에게 무언가를 숨길 목적을 가질 때 나타날 수 있기 때문에 의사가 중환자 앞에서 정신적 충격을 주지 않기 위해서 환자가 알아들을 수 없는 전문적인 의학 용어를 사용한다면 그 전문어는 은비성을 가지는 은어로 쓰인 것이다.

　일반 어휘가 은어가 되는 것은 비밀 유지나 방어라는 언어 사용 목적이나 의도 때문이다. 앞서 보았듯이 다른 부류의 어휘도 은어로 사용될 수 있음에서 그 점을 확인할 수 있다. 은어는 그 특성이 사라지면 즉시 소멸되거나 변경된다는 점에서도 그 목적이나 의도가 중시됨을 확인할 수 있다.

　은어는 '**위장**(僞裝, disguise)'의 기능을 가지고 있다. 은어의 은비성이 계속적으로 유지되는 것은 쉬운 일은 아니다. 따라서 상대 집단이 은어라는 사실을 알지 못하도록 하기 위해서 일상적인 단어를 사용하게 된다. 이를 은어의 위장 기능이라고 한다. 서정범 (1989)에서 '곡차(穀茶, 曲茶 술), 영산마지(靈山麻旨, 담배), 도끼나물(쇠고기), 천리다(穿離茶, 닭고기)와 같은 승려의 은어를 제시하고 있다. 이들은 대체적으로 종교적인 면에서 금기시 하는 것에 대해 종교적 은어를 통해 숨기려는 목적이나 의도를 유지하는 것으로 이해된다. 이렇게 함으로써 은어의 생명이 길어지고 최대한 비밀 유지의 기능을 다할 수 있게 한다. 이러한 은어가 발생하는 동기는 크게 네 가지로 다시 정리해 볼 수 있다.

　첫째, 특정 행동에 관련하는 초인간, 신적인 대상을 인식하여 위험을 피하고 행운을 기원하기 위하여 은어가 발생한다. 아래 심마니 은어는 최범훈(1984)에서 제시한 것으로, 아래 (14ㄱ)은 고유어에 해당하며 (14ㄴ)은 만주어(滿洲語)에 해당한다.

(14) ㄱ. 부리시리 · 심메(山蔘), 심멧군(산삼을 캐는 사람), 찌기(岩), 주청이 · 잘메(斧)

　　　노대(頭), 도루바리 · 산개(虎)

　　ㄴ. 토하리(火), 우케(水), 너페(熊), 송쿠(鼠), 얘리(魚)

　둘째, 상업적인 목적으로 은어가 발생할 수 있다. 주로 청과상, 우시장의 은어[16] 등이 이에 해당한다. 아래의 예는 청과물 시장과 우시장에서 상인들이 사용하는 은어이다.[17]

(15) ㄱ. 먹주(1), 대(2), 삼패(3), 을씨(4), 을씨본(5), 주(10)

　　ㄴ. 적은질러(50), 너머짝(100), 너머질러(150), 명이(200), 명이질러(250)

　셋째, 특정 집단에서 자신들을 보호하고 집단 구성원들의 귀속 의식을 형성시키며 집단의 기능을 유지하기 위한 강력한 통제를 목적으로 은어가 발생할 수도 있다. 아래 (16)은 장충덕(2009)에서 제시한 것으로, 남사당패에서 사용했던 은어이다.

16　청과물 시장이나 우시장에서 판매자가 소비자, 혹은 경쟁자에게 물건 값을 정확하게 밝히고 싶지 않아서 사용하는 숫자 은어들을 '암호(暗號 cryptograph)', 또는 '암구호'라고도 한다.

17　은어는 '어떤 계급이나 직업에 속하는 사람들 사이의 특수어로 다른 사람이 모르게 저희들끼리만 쓰는 암호인 말, '변' 또는 '변말'로도 정의되는데, 특히 수와 관련된 은어를 '셈변말'이라고도 한다.

(16) ㄱ. 삐리(재주를 배우는 어린이), 어름산이(줄타기 재주를 보이는 사람)

ㄴ. 몽내완디기(남편), 몽내가리내(아내), 앵무(벙어리)

ㄷ. 굴쇠(구씨(具氏)), 논달쇠(피씨(皮氏))

ㄹ. 제(1), 죽은(4), 웃은(5), 맛땅(10), 대맛땅(100), 대대맛땅(1,000)

(16ㄱ)은 남사당패의 일원에 대한 은어이며 (16ㄴ)은 남사당패 일원이 아닌 사람에 대한 은어이며 (16ㄷ)은 성씨(姓氏)에 대한 은어이다. 그리고 (16ㄹ)은 셈씨에 대한 은어이다. 여기서 흥미로운 것은 '성씨'에 대한 은어이다. 장충덕(2009: 240)에 의하면, '굴쇠[具씨]'는 한자 '구(具)'가 비슷한 모양의 한자 '조개 패(貝)'로 대치되고, '貝'의 훈인 '조개'에서 다시 '굴'로 변하여 '굴쇠'가 된 것이라고 한다. '논달쇠'는 '피(皮)씨'의 한자 '皮'를 우리말 '피[血]'로 대치한 후 '피'를 뜻하는 은어인 '논달'을 이용하여 '논달쇠'가 되었으며 심마니 은어나 범죄 집단 은어에서 피를 '논달이(논다리)'라고 한다고 보고하고 있다.

넷째, 긴장을 완화시키고 생활의 단조로움에서 벗어나기 위해서 일종의 풍자나 말장난에서 은어가 발생할 수 있다. 주로 군인 집단에서 많이 사용되곤 하는데, 이 은어는 집단 내의 결속을 다지는 구실도 한다. 아래 (17)은 박재현(2018)에서 제시한 것으로, 군인 집단의 은어이다.[18]

(17) 깎새(이발병), 깔깔이(방상 내피), 땡보(편한 보직), 뽀글이(봉지 라면),

아들(자신보다 1년 늦게 입대한 후임병), 짬(식사, 군 경력), 짬찌(신병, 이등병),

삥이치다(고생하며 힘든 일을 하다)

2.4. 속어

속어(俗語)는 일반적인 표현에 비해 비속하고 천박한 어감을 주는 어휘이다. 이러한 의미에서 속어는 '비속어(卑俗語)' 또는 '비어(卑語)'라고도 한다. 어른 앞이라든가 점잖은 자리에서는 잘 사용되지 않는 표현이지만 친구끼리 자유롭게 대화를 할 때 사용되기

---

18 은어는 북한에서도 많이 발달해 있다고 한다. '개타이(개고기 파티), 겁소리(거짓말), 공드살이(기가 센 왈가닥), 꽃제비(가출한 불량배), 따당수법(한 번의 타격으로 상대를 쓰러뜨리고 물건을 훔쳐 달아나는 수법) 등이 그것이다.

도 한다.[19] 속어에는 (18ㄱ, ㄴ)과 같은 서술형, (18ㄷ)과 같은 체언형 등 다양한 유형이 있다.

(18) ㄱ. 골 때린다(어이없다), 쪽 팔린다(창피하다, 부끄럽다),
　　　ㄴ. 끝내주다(최고다), 날르다/토끼다(몰래 빨리 도망가다),
　　　　　새끈하다/깔쌈하다(세련되다, 근사하다)
　　　ㄷ. 캡/짱(최고, 최상), 깜씨(얼굴이 까만 사람) 등

속어는 몇 가지 특성을 가지고 있다. 먼저, 속어는 은어와 일정한 관련성을 갖는다. 첫째, 속어는 은어와 넘나듦이 가능하다. 어떤 집단에서 사용되던 은어가 일반 사회에 공개되어 은비성이 사라지면 속어로 분류되기도 한다. 둘째, 속어는 이를 사용하는 언어 사용자를 강하게 결속시킨다는 점에서 은어와 유사하게 보이지만 강한 폐쇄성과 은비성이 없다는 점이 은어와 다르다. 셋째, 속어는 일반인이 들을 때, 그것이 속된 말이라고 쉽게 판단되기 때문에 은어가 가지는 위장의 기능을 가지지 못한다. 이 때문에 은어가 특수한 집단에서 많이 사용되는 것과 달리, 속어는 다소 더 광범위하고 덜 폐쇄적인 집단에서 많이 사용되는 경향이 있다. 다음으로, 속어는 그 의미적 특성상 대우의 의미를 갖는 어휘와 대립적 관계에 있다. 속어는 비어라는 점에서 대우 표현과는 대립되기 때문이다. 마지막으로, 속어는 개인적인 성향에 따라 절제되기도 하고 과대 사용되기도 한다. 속어는 특히 표현 효과를 중요하게 생각하여 그 신선한 느낌을 생명으로 한다. 표현 자체는 속된 것이면서도 대화자 간에 작은 미소를 갖게 하는데, 이것이 곧 속어가 가지는 중요한 특성이다. 일상 언어에 대한 진부함과 싫증에서 생성되는 속어는 그 신선미가 감소되면, 유행어와 마찬가지로 소멸하게 되므로 생명력이 짧다.

속어는 서로 흉허물이 없는 사람들 간에서 장난기 어린 표현이나 사람의 주목을 끌기 위한 표현을 구사함으로써 대화에 신선한 느낌을 주기 위한 언어의 유희에 해당하는 것으로 정의될 수도 있다. 여기서 속어의 발생 동기를 확인할 수 있다. 일상어가 너무 진부하게 느껴져서 만족을 느끼지 못하는 경우, 흥미롭게 말을 하고자 할 때, 단정한 표현이나 권위에 반항하고자 하는 심리에서 말을 하고자 할 때, 신기한 표현을 사용하여 타인을 놀라게 하고자 하는 의도가 있을 때, 사실적인 표현을 해서 구체성을 강하게 반영하고

19　해당 예는 7차 국어과 교육과정에 근거하는 『문법』 교과서의 『교사용 지도서』에서 가져온 것이다.

자 하는 욕망이 있을 때, 대화를 쉽고 정답게 해서 친밀감을 더 강하게 하는 욕망이 있을 때 사용되는 어휘를 속어라고 할 수 있다.

그러나 유의해야 할 것은 속어는 사람의 품성에 대한 평가와 관계가 있으므로 가급적 사용하지 않는 것이 좋다는 사실이다. 속어를 무분별하게 사용하면 상대방이 자신의 인격을 낮추어 볼 수도 있으므로 절제할 필요가 있다. 나아가 속어를 정상적인 표현이나 바른 말로 바꾸어 사용하는 노력이 필요하다.

2.5. 금기어와 완곡어

금기어(禁忌語)는 불쾌한 연상을 동반하거나 속되고 점잖지 못하다는 느낌을 주는 어휘이며, **완곡어**(婉曲語)는 금기어의 부정적 느낌을 제거하는 수단으로 사용되는 대체형의 어휘이다.

(19) 천연두(마마/손님), 변소(화장실/측간/해우소), 노래기(망나니), 유방(가슴),
    똥누다(뒤보다), 후진국(개발도상국), 보신탕(영양탕/사철탕), 운전수(기사)

위의 예에서, '천연두, 변소' 등이 금기어에 해당하며, 그 금기어의 부정적 느낌을 피하기 위해서 부드러운 의미로 사용되는 '마마, 화장실' 등이 완곡어이다.

금기어는 속어와 함께 화용적 변이형에 해당한다. 속어가 언어 표현의 참신성, 동료 간의 결속을 위해서 장난스러운 느낌을 줄 수 있는 것과 달리, 금기어는 사회적으로 두려움이나 불쾌감을 준다는 차이가 있다.

금기어는 일반적으로 신체의 명칭이나 성 행위, 배설 행위 등을 표현하거나 죽음, 질병, 형벌 등과 관련된 것이 많다. 그러나 금기어 자체가 부정적 어휘인 것은 아니다. 그것이 지시하는 사물이나 사건에 대한 우리의 부정적 경험에서 금기어가 되는 것이다. 예를 들어, 천연두는 과거에 무서운 질병으로 공포의 대상이었기 때문에 금기어가 된 것이라고 할 수 있다.

완곡어의 사용은 금기어에 대한 부정적 인식을 덜어내기 위한 것이다. 완곡어가 사용되는 것은 일반 사람들이 불쾌하고 두려운 것을 연상하게 하는 단어를 입에 담지 않으려는 데에 그 이유가 있다. 일상적인 언어생활에서 금기어보다 완곡어가 더 많이 사용되는 것도 바로 그 때문이다.

금기어와 완곡어는 일대다(一對多)의 관계를 가질 수 있다. 위 (19)의 예에서 볼 수 있듯이, 금기어 '천연두'에 대해 '마마'나 '손님' 또는 '마마손님' 등 다양한 완곡어가 사용될 수 있다. 특정 금기 대상에 대해 불쾌감이나 부정적 느낌을 덜어주는 언어 표현 방식이 어느 하나로 고정되어야 하는 것은 아니기 때문이다.

특정 어휘가 금기어가 되거나 완곡어가 되는 것은 어휘 사용자의 경험에 의한 인식의 정도에 따라 다를 수 있다.

(20) ㄱ. 감옥 → 형무소 → 교도소,

ㄴ. 식모 → 가정부 → 파출부 → 가사 도우미

위의 예에서, 일반적인 의미로 쓰이던 '감옥'이나 '식모'라는 단어에 대해 언중들이 불쾌감을 갖게 되면서 즉 금기어가 되면서 '형무소', '가정부'라는 완곡어가 나타난 것이라고 할 수 있다. 그러나 그 완곡어가 가지는 인상이 지속되지 못하고 다시 동일한 이유에서 '교도소'와 '파출부, 가사 도우미'와 같은 완곡어가 생산되는 과정을 거친 것으로 볼 수 있다. 이러한 현상은 금기어와 완곡어가 사용되는 상황에 따라서 상대적 가치를 갖게 된다는 것을 잘 보여준다.

완곡어의 사용이 국어 생활에서 중요한 것은 바로 표현 효과 때문이다. 상대방에게 불쾌감을 주는 금기어를 사용하는 것은 올바른 언어생활이라고 할 수 없다.

2.6. 관용어, 속담

관용어(慣用語)와 속담(俗談)은 둘 이상의 단어가 결합하여 의미가 특수화되고 구성 방식이 고정되어 있는 것(임지룡 1993: 193)을 말한다. 관용어와 속담은 그 의미 특성상 하나의 단어와 동일하게 취급된다.[20]

관용어는 엄밀한 의미에서 구성 단어들의 총화적 의미가 아닌 제 3의 의미를 지닌다. 즉 관용어는 새로운 의미를 띠면서 관습적으로 굳어진 표현이라고 할 수 있다. '미역국을

---

20 관용어가 둘 이상의 단어들로 결합된다는 점에서 '관용구' 또는 '관용 표현'으로 부르기도 한다. 또한 관용어는 둘 이상의 구성이 고정되어 관습적으로 사용되는 것이라는 점에서 '숙어, 익은말, 익힘말' 등으로 부르기도 한다. 한편, 관용어는 합성어와 함께 새로운 의미를 가진다는 공통점이 있다. 그러나 관용어는 두 개 이상의 단어들이 통사적으로 구성된 구 결합체이지만 합성어는 형태적인 결합체라는 차이가 있다.

먹었다.'라는 관용어는 '(시험에) 떨어지다, 낙방하다'와 같은 의미를 가질 수 있으며, '미역국을 맛있게 먹었다'처럼 확장하면 관용어로서의 의미를 가질 수 없다.

속담은 하나의 완결된 문장형 구조를 지니며, 그 의미 구조는 단순한 서술에 그치는 것이 아니라 상징을 통하여 의사가 결집되는 형태를 취한다(천시권·김종택 1971: 371-373). 속담은 대개 구체적이고 일상적인 상황에서 삶의 교훈을 전달하는 내용으로 되어 있기 때문에, 우리의 전통적인 생활 문화와 농축된 삶의 지혜가 완결된 문장의 형태로 들어 있는 표현이라고 할 수 있다. '아는 길도 물어 가라.', '아니 땐 굴뚝에 연기 나랴?', '백지장도 맞들면 낫다.', '가는 정이 있어야 오는 정이 있다.'와 같은 것들은 바로 그러한 특성들을 잘 보여준다.

관용어와 속담은 몇 가지 차이점이 있다. 첫째, 속담은 완결된 문장의 형태로 드러난다는 점에서 구적 단어인 관용어와 다르다. 둘째, 속담은 비유성, 풍자성, 교훈성이 강한 반면, 관용어는 그러한 특성이 약하거나 없다고 할 수 있다.

(21) ㄱ. 닭 잡아먹고 오리발 내민다.

　　ㄴ. 오리발 내민다.

　　ㄷ. 그 사람이 이번에도 오리발을 내밀었다.

(21ㄱ)은 속담이고 (21ㄴ)은 관용어인데, 이 관용어는 (21ㄷ)에서 쓰일 때처럼 속담에서 가졌던 본래의 비유와 풍자적 기능을 잃은 채 직설적으로 쓰이고 있다. 셋째, 속담은 그 구성 요소의 의미나 풍유적 지시를 이해함으로써 전체적인 의미를 추정할 수 있는 반면, 관용어는 그와 같은 방식으로 의미 파악이 어렵다. 속담은 상황을 매우 압축적이고 효과적으로 표현하는 기능이 있어서 신문 기사에서 표제어로 많이 사용되기도 한다.

관용어와 속담은 다채로운 표현 효과를 지니고 있다는 공통점이 있다.

(22) 발이 넓은 사람이다, 발 벗고 나서다, 발 뻗고 자다, 발에 채이다, 발을 구르다, 발을 끊다, 발을 들여 놓을 자리 하나 없다, 발을 빼다, 발이 내키지 않다, 발이 넓다

(23) 가물에 콩 나듯 한다, 거미도 줄을 쳐야 벌레를 잡는다

(22)에서 볼 수 있듯이, '발'과 관련된 관용어가 아주 다양하다. '적극적으로 나선다.'는

의미를 가지는 '발이 넓은 사람이다.', '마음이 내키지 않거나 서먹서먹하여 선뜻 행동에 옮겨지지 않는다.'는 의미를 가지는 '발이 내키지 않다.' 등 각각의 표현마다 다채로운 제 각각의 의미가 있어 표현 효과를 높이고 있다. 한편, (23)의 '가물에 콩 나듯 한다.'는 속 담은 '그 수가 너무 적다'는 의미를 가지고 있고, '거미도 줄을 쳐야 벌레를 잡는다.'는 속 담은 '모든 일은 준비가 되어 있어야 결실을 얻을 수 있다'는 의미를 담고 있다. 이처럼 속담은 추상적 관념을 구체적인 사실로, 고도의 논리를 평이한 직관으로, 일상적인 설명을 고도의 상징으로 드러냄으로써 정서적 쾌감을 얻게 하는 표현 효과를 낸다. 말을 하거나 글을 쓸 때, 관용어나 속담을 사용하면 같은 내용이라도 재미있고 효과적으로 전달할 수 있다. 따라서 관용어와 속담을 포함하는 적절한 문맥을 만들어 봄으로써 그 의미를 올바르게 이해하고 사용할 필요가 있다. 관용어와 속담은 우리 민족 문화나 사고방식을 파악할 수 있는 우리의 귀중한 문화 자산이라는 사실을 잊어서는 안 될 것이다.

2.7. 새말

 '**새말**'은 새롭게 만들어지는 말이다. 사회가 변하고 발전함에 따라 국어 생활 속에 새로운 개념이나 사물을 대신하기 위해 새롭게 만들어지는 말인데 '신어(新語), 신조어(新造語)'라고도 한다.
 '새말'의 정의와 관련해서 개념적으로 검토해야 할 몇 가지 한계가 있다. 첫째, '새롭다'는 것의 시간적 이해와 개념적 한정이 요구된다. '새로움'이 현재적 시점으로만 국한되지 않을 수 있다. 그 시기가 언제더라도 각각의 시기나 시대에 새롭게 만들어진 말은 모두가 새말의 범주에 든다. '(현재) 만들어지는' 말뿐 아니라 '만들어진' 말도 어느 시기 새말이었기 때문이다. 이관규(2010: 225)에서 국어의 시대별 새말을 든 것은 그것을 보여준다. 이러한 논리에서 보면, 극단적으로 국어의 대부분 단어는 어느 시기 만들어진 새말이 된다. 둘째는 여타의 어휘 양상과의 분명한 개념적 구분이 요구된다. 새로운 어휘의 생산은 그 성격상 특정 언어 공동체만의 것이 될 수밖에 없다. 새말이 생산되면서부터 언중 대다수에게 알려지는 것은 쉽지 않기 때문이다. 특정 언어 공동체만의 것으로 시작되는 새말은 특정 집단에서만 사용돼 타 집단에게는 은어적 표현이 된다는 뜻에서 은어로서의 성격, 매체 세대에서 보편화되는 세대어로서의 성격, 사회적 변화나 공인과 관련해 유행어 또는 임시어로서의 성격도[21] 가질 수 있다. 이는 외래어와의 관계에서도 마찬가지다. 새로운 개념이나 사물이라는 것은 역사적으로 볼 때 타문화의 유입과 밀접한 관계가 있다.

그 유입에 따른 새말 생산은 자연스럽게 곧 외래어(또는 그것의 변형형)가 되고 외래어 범주의 확대를 초래하게 된다. 그 동안 우리나라 어휘 중 외래어와 혼종어가 확대되었는데 그것이 새말의 생산과 연관성이 있어 보인다. 물론 모든 새말이 외래어로서의 성격을 갖는 것은 아니지만 상대적으로 큰 비중을 차지하고 있는 것은 사실인 듯하다.

이제, 새말이 만들어지는 계기와 새말의 유형 및 사회적, 문화적 의의나 가치를 살펴보자.

먼저, 새말이 만들어지는 계기를 정리해 볼 수 있다. 첫째, 새로운 대상이나 개념에 대해 명명할 필요성이 있을 때 새말이 만들어진다. 이는 가장 보편적인 새말 생산의 동인일 것이다. 둘째 기존의 개념이나 특정 사물을 나타내던 어휘의 표현력 감소에 따른 보강이나 대치라는 언중의 욕구가 있을 때 새말이 만들어진다. 셋째, 언어 정책에 따라 계획적으로 새말을 만들 수 있다. 예를 들면, 외래어 대한 순화 및 보급 정책에 따른 새말이 이에 해당할 것이다.

(24) ㄱ. 견출지 → 찾음표, 식비 → 밥값, 잔업 → 시간외일, 해중림(海中林) → 바다숲

ㄴ. 뉴트로 → 신복고, 마이크로미디어 → 개인매체, 쓰키다시 → 곁들이찬,

패스트힐링 → 자투리휴식

(24ㄱ)은 한자어를 우리말로 다듬는 과정에서 생성된 새말이며, (24ㄴ)은 서구 외래어를 우리말로 다듬는 과정에서 생성된 새말이다.[22]

다음으로, 새말의 유형을 살펴보자. 첫째, 사용되는 언어 재료의 관점에서 볼 때, 전혀 새로운 형식(어근이나 단어)으로서의 새말과 기존의 것을 이용한 새말로 나눌 수 있다. 전에 없던 형식으로서, 완전히 새로운 새말을 만드는 것은 쉬운 일이 아니다. 새로운 음성형식을 취하는 것은 언어 단위의 창조에 빗댈 수 있는 것이기 때문이다.『한국민족문화대백과』에서 "예전에 노로 젓던 나룻배나 돛배가 기계동력에 의해서 추진되는 배로 바뀌면서 이 배가 움직일 때 나는 소리를 본떠서 '똑딱이·똑딱선·통통배' 등의 말이 생겨난 것이 그 예"라고 보고하고 있다. 기존의 것을 이용한 새말은 기존의 음성형이나 어근,

---

21 2005년 국립국어원 신어 조사에서 '파일보기폰'이 보고되었다. PC가 아니라 핸드폰으로 파일을 보게 되는 시대 변화에 따라 새롭게 나타난 말이다. 그러나 그 변화가 급작스럽게 사회 전체로 일반화됨으로써 해당 단어 사용의 필요성을 잃게 되고 2006년도 신어 보고에서는 사라지게 되었다.

22 국립국어원에서는 국민 참여 형식을 통해 이에 대한 과정이나 결과를 '다듬은 말'로 공개하고 있다.

접사, 단어 등을 통해 새로운 형식의 결합형으로 새말을 만드는 것을 의미한다. 대부분의 새말이 이에 해당한다. 남길임 외(2015)에 따르면 각 재료를 이용하여 만든, '뇌섹녀, 요섹남, 노푸(노+샴푸), 셰프테이너(셰프+엔터테이너)'와 같은 형태적 신어 외에도, '완전'('정말, 아주'라는 강조의 의미를 가지는 부사) ← '완전하다, 완전히'와 같은 문법적 신어, '훈훈하다'(외모가 준수하다 ← 마음을 부드럽게 녹여 주는 따스함이 있다) 같이 형태를 유지하면서 의미만 새롭게 부여하는 의미적 신어를 보고하고 있다.

둘째, 언어 단위의 관점에서 볼 때, 음성형, 단어형, 구절이나 문장형으로 나눌 수 있다. 음성형은 아래 (25)와 같은, 음소나 소리형식으로서의 음절로 만들어진 새말이다. 인터넷 새말에서 대체적으로 확인된다. 단어형은 아래 (26)과 같이[23], 새말의 대체적인 언어 형식에 해당한다. 구절이나 문장형은 아래 (27)과 같이, 구절이나 문장형식을 취하면서 새로운 의미를 담는 새말이다.

(25) ㅈㅈ ←지지/GG(포기하다): 'Give up Game'의 약자.

ㅋㅋ ← '쿄쿄쿄쿄', '켜켜켜켜'('키키' '크크'로 발음하며 웃는 소리)

(26) 취업낭인(취업+낭인(浪人)), 돌취생(돌아온 취업준비생),

인구론(인문계의 구십(90)%는 논다), 문송합니다(문과여서 죄송합니다)

(27) 취업 9종세트(취업을 위해 갖춰야 할 9가지 스펙), 일해라 절해라

셋째, 조어법의 관점에서 볼 때, 기존의 파생이나 합성 방식의 새말과 그와는 다른 방식의 형성법을 가지는 새말로 나눌 수 있다.

(28) ㄱ. 꿀피부(꿀+피부), 꽃미남(꽃+미남), 대략난감(대략+난감)

ㄴ. 대인배(대인+-배), 몸치(몸+-치), 생얼(생-+얼), 불수능(불-+수능)

(29) ㄱ. 개취(개인 취향), 부먹(부어서 먹다), 말잇못(말을 잇지 못하다)

ㄴ. 짜빠구리(짜빠게티+너구리), 라볶이(라면+떡볶이)

위 단어들은 아직 『표준국어대사전』에 등록되지 않은 것이다. (28ㄱ)의 새말은 두 어근의 결합인 합성법을 따르고 있다. (28ㄴ)의 새말은 어근에 기존의 접두사나 접미사가

---

23 해당 자료는 취업난과 관련해 취업준비생들에 의해 양산되어 회자 되는 새말을 따온 것이다.

결합된 파생법을 따르고 있다. 이와 달리, (29)는 파생법이나 합성법으로 설명하기 어렵다. 전자는 각 단어(또는 구나 문장)의 머리글자를 따와 하나의 단어를 만들고 있다. '두음절어'라고 불리기도 한다. 후자는 꼭 머리글자가 아닌 각 단어의 일부를 따와서 하나의 단어를 만들고 있다. '혼성어'로 불리기도 한다. 이 두 방식은 파생법이나 합성법과 비교한다면 표현 수단을 줄이는 방식으로 만들어진 것으로 볼 수 있다. 이처럼 기존의 파생법이나 합성법으로 이해될 수 없는 방식으로는 '두문자어'(ㅇㅈ ← 인정), '절단어'(즐← 즐겁다)나 단일어적 성격의 '신생어'(헐, 짜지다, 짬) 등을 더 들어볼 수 있다.

마지막으로 새말의 의의와 가치를 짚어보자. 2000년대 들어 본격적인 인터넷, 대중 매체 시대가 되면서 새말의 생산이 증가하고 사회적으로 다양한 변화 과정 속에서 각계각층의 다양한 새말이 생산되고 있다. 이러한 양상은 학생을 비롯한 청소년들에게도 전이되고 확산되고 있는 것으로 보인다. 이것이 언어의 역동성을 보이는 것이고 언어 사용의 시대상을 반영하는 것이라고 한다면 자연스러운 현상일 수 있다. 또한 새말은 그 시기의 시대적 상황을 읽어 낼 수 있는 중요한 단서가 될 수 있다는 의의도 있을 것이다. 그러나 새말의 급증 속에서 기존 국어의 어휘 질서에 부정적 영향을 미치는 점이 있음을 간과해서는 안 될 것이다. 새로운 개념과 사물의 등장에 따라 새말이 생기는 것은 어쩌면 당연한 현상이다. 국어의 단어 형성법을 잘 이해하고 그 특성에 부합하는 새말 만들기가 이루어진다면 국어 어휘 및 그 체계의 확산을 꾀할 수 있고 어휘 사용과 관련하여 더욱 풍성한 국어 생활을 유도할 수 있을 것이다. 어휘 교육에서의 새말 교육은 이에 초점을 두어야 할 것이다.

 '새말'의 교육적 가치

제7차 국어과 교육과정에서도 '새말'을 교육내용으로 하고 있었으며 지금의 교육과정에서도 '새말'을 교육 내용으로 하고 있다. 이전 시기 '새말'은 다분히 어휘적 차원의 내용으로 간략히 다루어졌다면 현행 교육과정에서는 그와 함께 단어 형성법의 차원에서도 다루도록 하는 변화가 엿보인다. 그 이유는 두 가지로 보인다. 첫째는 국어 생활의 현실적 모습을 보여주기 위함으로 이해된다. 즉 학교 교육에서 단어의 형성이 파생법과 합성법 중심으로 교육되고 있는 것과 달리 '새말'은 그러한 형성법에 어긋나면서도 단어로서의 실제적인 쓰임새를 갖는 경우가 많기 때문이다. 둘째는 올바른 국어 생활에 대한 강조를 위함으로 이해된다. '새말'에 관심이 증폭된 것은 2000년대를 접어들면서인 것으로 판단된다. 매체가 활성화 되는 시대를 맞이하면서 매체를 통한 해당 세대의 '새말' 생산이 늘었고 그것이 일상적인 국어 생활 속에 확대되면서 국어 문법에 부정적 영향도 주게 되는 현상으로 나타남으로써 국어 교육 차원에서 올바른 조어법을 통한 필요한 새말 생산 유도가 필요했던 것으로 이해된다. 학생들이 중심이 되는 인터넷 새말의 생산 및 일상어로의 확대 과정에서 나타났던 부정적 측면과 2018년 즈음 학생 층위에서 확산된 '급식체(給食體)'와 같은 다소 비정상적인 표현 단위의 양산에 대한 우려 등도 관련 근거가 될 것이다. 새말에 대한 개념과 이해가 국어학적으로도 분명하게 정리되지 않고 있다는 점에서 새말을 문법 교육 내용의 일부로 선정할 때 다방면의 검토가 필요해 보인다.

참고문헌

강범모(2005), 『언어』, 한국문화사.

곽은하(2015), "동음·유사음을 활용한 새말 형성 연구", 『한글』 310, 한글학회, 235-260쪽.

김광해(1993), 『국어 어휘론 개설』, 집문당.

김종택(1992), 『국어 어휘론』, 형설출판사.

남길임 외(2015), 『2014신어자료보고서』, 국립국어원.

노용균(2002), 『한국어 기본 숙어 사전』, 한국문화사.

박재현(2018), "군대 언어의 사용 양상과 개선 방안", 『한글』 319, 한글학회, 165-199쪽.

서정범(1989), 『어원별곡(語源別曲)』, 범조사.

심재기(1982), 『국어 어휘론』, 집문당.

이관규(2010), 『(개정판) 학교 문법론』, 월인.

이문규(2003), "국어 교육의 이념과 어휘 교육의 방향", 『배달말』 32, 배달말학회, 383-402쪽.

임지룡(1993), 『국어의미론』, 탑출판사.

장소원 외(2002), 『말의 세상, 세상의 말』, 월인.

장충덕(2009), "남사당폐의 은어에 대하여", 『한국어의미학』 28, 한국어의미학회, 227-256쪽.

정신문화연구원(1995), 『한국방언자료집 I -IX』.

천시권·김종택(1971), 『국어의미론』, 형성출판사.

최범훈(1984), "심마니 은어 연구", 『한국문학연구』 6·7, 동국대 한국문학연구소, 95-123쪽.

최웅환(1998), "사회 속의 한국어", 『한국의 언어와 문화』, 경북대학교 출판부.

학술원(1993), 『한국언어지도집』, 성지출판사.

01. '단어'와 '어휘'의 차이점을 설명해 보자.

02. 아래의 어휘를 개방 집합과 폐쇄 집합으로 나누고 그 근거를 설명해 보자.

> 신문 기사의 어휘, 16세기 국어의 어휘, 소설 토지의 어휘,
> 청소년의 어휘, 수학의 용어, 10대의 어휘, 지식인의 어휘

03. 국어 어휘의 삼중 체계를 말하고 그 특징을 설명해 보자.

04. 고유어 '생각'에 대응하는 한자어를 찾아 문장을 만들어 보고, 이를 자료로 하여 고유어와 한자어의 대응 관계를 설명해 보자.

05. 방언은 국어의 어휘 체계에서 어떠한 가치를 가지는지 설명해 보자.

06. 은어의 발생동기에 대해서 예를 들어 설명해 보자.

07. 은어와 속어의 관계를 설명해 보자.

08. 관용어의 특징을 말하고 합성어와 어떤 차이점이 있는지 말해 보자.

09. 다음은 새말들이다. 이들이 어떻게 만들어진 것인지 말해 보자.

> 제크, 가그린, 누네띠네, 짜파게티, 지크(ZIC), 가파치, 드비어스, 무크, 참 眞이슬露,
> 래미안, 엔크린, 참존

6장

문장

이끄는 말

　문법 단위 가운데서 우리의 생각이나 감정을 완전하게 표현할 수 있는 것은 문장이다. 문장보다 작은 문법 단위인 형태소나 단어도 우리의 생각을 표현할 수 있지만, 이는 단편적인 표현을 하는 데 불과하다. 이 단원에서는 우리의 생각이나 감정을 완결된 내용으로 표현하는 가장 작은 언어 형식인 문장이 어떻게 만들어지는지를 다루게 된다.

　제4장에서 살펴본 형태론은 형태소가 모여서 단어가 만들어지는 원리를 규명하는 분야인 데 비해, 문장론은 어절이 모여서 문장이 만들어지는 원리를 규명하는 분야이다. 즉 문장론에서는 어절이 모여서 구나 절을 이루고, 구나 절이 모여서 문장을 이루는 원리를 밝히는 것을 목적으로 한다. 이와 같은 문장 형성 원리를 파악함으로써 문장 형성 원리에서 어긋난 비문법적인 문장을 쓰지 않고, 문법적으로 적절한 올바른 문장을 사용할 수 있다.

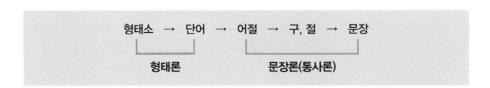

형태소 → 단어 → 어절 → 구, 절 → 문장

형태론　　　　　문장론(통사론)

1. 문장의 성분

1.1. 문장과 문법 단위

문장은 우리의 생각이나 감정을 완결된 내용으로 표현하는 최소의 언어 형식인데, 문장은 구성상으로 볼 때 주어와 서술어를 갖추어야 하며, 형식상으로 볼 때 문장이 끝났음을 나타내는 표지가 있어야 한다.

문장을 구성하는 문법 단위로는 어절, 구, 절이 있다. **어절**(語節)은 문장을 구성하는 기본적인 문법 단위로, 대체로 띄어쓰기 단위와 일치한다. 아래 문장은 여섯 개의 어절로 이루어져 있다.

(1) 할아버지께서는 손자가 대학에 합격했음을 미리 아셨다.

그런데 위 문장에서 여섯 개의 어절이 단순히 선후 관계로만 나열되어 있지는 않다. 인접한 어절들이 아주 긴밀하게 묶이기도 하고, 느슨하게 연결되기도 한다. 어절 '할아버지께서는'과 '손자가', '합격했음을'과 '미리'는 아주 느슨하게 연결되어 있다. 이에 비해, '손자가 대학에 합격했음을'의 세 어절, '미리 아셨다'의 두 어절은 아주 긴밀하게 연결되어 있다.

(2) 할아버지께서는 [손자가 대학에 합격했음을] [미리 아셨다].

한편, 둘 이상의 어절이 결합하여 더 큰 문법 단위를 이루면 이 문법 단위는 '구(句, phrase)'나 '절(節, dause)'이 되는데, '미리 아셨다'와 같이 둘 이상의 어절이 모여서 하나의 의미 단위를 이루면서 주어와 서술어를 가지지 못하는 문법 단위를 '**구**'라고 한다. 아울러, '손자가 대학에 합격했음을'처럼 둘 이상의 어절이 모여서 하나의 의미 단위를 이루면서 주어와 서술어를 갖고 있기는 하지만, 문장의 일부분으로 쓰이는 문법 단위를 '**절**'이라고 한다.

1.2. 문장 성분의 종류

문장은 일정한 문법적 기능을 하는 문장 성분들로 이루어지는데, 문장 성분은 대체로 어절 단위와 일치한다. 일반적으로는 어절이 문장 성분으로 쓰이지만, 어절이 모여서 이루어진 구나 절이 하나의 문장 성분으로 쓰이기도 한다.

문장 성분에는 문장을 구성하는 데 골격이 되는 필수적인 **주성분**과, 주성분의 내용을 수식하는 **부속 성분**, 다른 문장 성분과는 직접 관련이 없는 **독립 성분**이 있다.

(3) 주성분-주어, 서술어, 목적어, 보어
　　부속 성분-관형어, 부사어
　　독립 성분-독립어

영어에서는 주성분인 주어(S), 동사(V), 목적어(O), 보어(C)만으로 기본적인 문장 유형 다섯 가지(SV, SVC, SVO, SVOO, SVOC)를 제시한다. 그렇지만 국어의 경우 주성분만으로 짜여진 기본적인 문형을 제시할 수가 없다. 왜냐하면 영어에서는 직접 목적어와 간접 목적어를 모두 목적어로 설정하지만, 국어에서는 간접 목적어를 인정하지 않고 부사어로 다루기 때문이다. 즉 부속 성분으로 간주되는 부사어 중의 일부는 문장을 구성하는 데 꼭 필요한 필수적인 성분으로 쓰이기도 하기 때문에 기본 문형을 설정하는 데 어려움이 따른다.

 기본 문형의 설정

서울대학교 국어교육연구소(2002ㄱ)에서는 국어 문형을 다음과 같은 세 가지로 제시한 바 있다.

(1) ㄱ. 무엇이 어찌한다.　　ㄴ. 무엇이 어떠하다.　　ㄷ. 무엇이 무엇이다.

이 세 가지 문형은 서술어의 종류에 따라 문형이 달라지는 것만 보여줄 수 있을 뿐, 국어의 문장 구조를 파악하는 데는 그다지 도움이 되지 못한다.

최근에 국립국어원(2005: 54–55)에서는 국어의 기본 문형으로 다음과 같은 다섯 가지를 설정하였다.

(2) 제1 유형: 주어 + 서술어

제2 유형: 주어 + 보어 + 서술어

제3 유형: 주어 + 부사어 + 서술어

제4 유형: 주어 + 목적어 + 서술어

제5 유형: 주어 + 목적어 + 부사어 + 서술어

이와 같은 기본 문형은 국어 교육이나 한국어 교육의 쓰기와 읽기 지도에서 유용하게 활용될 수 있을 것이다. 글을 쓸 때 문장의 골격인 필수 성분을 쓰지 않거나, 문장의 주술 관계나 호응 관계를 놓치는 학생들을 지도할 때 기본 문형을 적극적으로 활용할 수 있다. 아울러, 복잡한 문장의 의미를 제대로 파악하기 위해서는 먼저 문장의 골격을 파악하는 것이 도움이 될 것이다.

1.2.1. 서술어와 주어

서술어(敍述語, predicate)는 주어의 동작이나 성질, 상태 따위를 풀이하는 기능을 하는 문장 성분이다. '무엇이 어찌한다', '무엇이 어떠하다', '무엇이 무엇이다'에서 '어찌한다(동사), 어떠하다(형용사), 무엇이다(체언 + 서술격 조사)'에 해당하는 부분이 바로 서술어이다.

(4) ㄱ. 철수가 <u>간다</u>.

ㄴ. 산이 <u>높다</u>.

ㄷ. 그는 <u>대학생이다</u>.

서술어는 이처럼 품사를 기준으로 보면, 동사가 쓰인 경우, 형용사가 쓰인 경우, 체언에 서술격 조사가 결합한 경우[1]로 나누어 볼 수 있다. 그리고 동사가 쓰인 경우는 자동사

---

1   학교 문법에서는 '무엇이다'를 '체언 + 서술격 조사'로 보아 '무엇이다' 전체를 서술어로 다루었지만, 유현경 외 (2018)에서는 '무엇'을 보어로 다루고 '이다'를 서술어로 다루었다.

가 쓰인 경우와 타동사가 쓰인 경우로 더 세분할 수 있다.

서술어는 성격에 따라서 그것이 반드시 필요로 하는 문장 성분의 숫자가 다른데, 이 때 꼭 필요한 문장 성분의 숫자를 '**서술어의 자릿수**'라고 한다.

(5) ㄱ. 그녀는 예쁘다.

ㄴ. 비가 내린다.

(6) ㄱ. 창수가 소설책을 읽었다.

ㄴ. 그는 과학자가 되었다.

ㄷ. 그의 눈동자가 별과 같다.

(7) ㄱ. 영수가 친구에게 편지를 보냈다.

ㄴ. 교장 선생님께서 반장에게 임명장을 주셨다.

ㄷ. 부인은 용감한 젊은이를 사위로 삼았다.

(5)의 '예쁘다, 내리다'는 주어 하나만을 필요로 하기 때문에 **한 자리 서술어**라고 한다. (6)의 '읽다, 되다, 같다'는 각각 주어 이외에도 목적어, 보어, 부사어가 반드시 필요하므로, 이들 서술어를 **두 자리 서술어**라고 한다. (7)의 '보내다, 주다, 삼다'는 주어와 목적어, 부사어의 세 가지 문장 성분을 필요로 하는데, 이를 **세 자리 서술어**라고 한다.

문장의 주성분인 서술어, 주어, 목적어, 보어 가운데서 가장 중요한 문장 성분은 서술어라고 할 수 있다. 국어를 서술어 중심 언어라고 말할 정도로 서술어가 중요한데, 서술어의 자릿수에 따라 문장의 주성분 가운데 어느 것이 쓰이는지가 결정되며, 필수적으로 요구되는 부사어의 쓰임도 서술어의 영향을 받는다.

주어(主語, subject)는 동작 또는 상태나 성질의 주체가 되는 문장 성분이다. 즉 '무엇이 어찌한다', '무엇이 어떠하다', '무엇이 무엇이다'에서 '무엇이'에 해당하는 것이 바로 주어이다.

(8) ㄱ. 슬기가 공부를 한다.

ㄴ. 물이 맑다.

ㄷ. 영미가 학생이다.

주어가 문장의 주성분이기는 하지만, (9)에서처럼 이야기의 장면 속에서 주어가 무엇인지 알 수 있을 때는 주어를 생략할 수 있다. 그뿐만 아니라 국어에는 주어가 어떤 것인지 분명하지 않아서, 주어가 아예 없는 문장으로 다룰 만한 예들이 더러 있다. 예문 (10)의 문장에 주어를 만들어 넣게 되면 오히려 어색한 문장이 되고 만다. 이처럼 문장에서 주어를 생략할 수 있거나 주어가 분명치 않은 문장이 있다는 것도 국어가 가진 특징 중의 하나이다.[2]

(9) 민수: (당신은) 언제 오셨습니까?

　은혜: (저는) 어제 왔습니다.

(10) ㄱ. 도둑이야!　　　ㄴ. 불이야!　　　ㄷ. 적이다!

　주어는 대체로 체언이나, 체언 구실을 하는 구 또는 절에 주격 조사 '이/가', '께서', '에서'가 결합하는데, 주격 조사는 (11)처럼 구어체에서 주격 조사가 없이도 주어임을 파악할 수 있을 때 생략될 수 있다. 그리고 보조사가 주어에 붙을 때는 (12ㄱ,ㄴ)처럼 주격 조사와 보조사가 함께 붙기도 하고, (12ㄷ,ㄹ)처럼 주격 조사는 생략되고 보조사만 붙기도 한다.

(11) 너 언제 서울 가니?

(12) ㄱ. 국어 선생님께서만 그 사실을 말씀해 주셨다.

　　ㄴ. 정애만이 숙제를 다 해 왔다.

　　ㄷ. 민아는 노래를 잘 부른다.

　　ㄹ. 민아도 노래를 잘 부른다.

　그런데 (12ㄷ)의 보조사 '는'을 주격 조사로 착각하기 쉬운데, 그 까닭은 보조사 '는'이 (13)처럼 주어 자리에 흔히 나타나기 때문이다. 이처럼 '는'이 주어 자리에 자주 나타나더라도, '는'은 보조사일 뿐이며 주격 조사가 될 수는 없다.

2　예문 (10)의 문장을 무주어문으로 보기도 하지만, '이다'가 나타날 뿐만 아니라 '(저기 도망가는 사람이) 도둑이다.'와 같이 발화 상황을 파악할 수 있기 때문에 주어가 생략된 것으로 보기도 한다.

　한편, 영어에서는 이야기의 장면 속에서 말하는 이와 듣는 이에게 이미 알려진 정보라고 하더라도 주어를 생략하는 일은 있을 수가 없으며, 심지어는 'It rains today.'에서 보듯이 비인칭 주어 'it'를 쓰기까지 한다.

　A: Can you speak Korean?

　B: *Yes, can.

(13) ㄱ. 나는 그림 그리기를 좋아한다.

ㄴ. 토끼는 앞발이 짧다.[3]

ㄷ. 그는 과학자가 아니다.

1.2.2. 목적어와 보어

문장의 주성분인 주어, 서술어, 목적어, 보어 중에서, 온전한 문장이라면 주어와 서술어는 반드시 쓰여야 한다. 이에 비해 목적어와 보어는 서술어의 자릿수에 따라 쓰임이 결정된다는 점에서 주어, 서술어와는 문장 내에서 차지하는 지위가 다르다고 하겠다.

목적어(目的語, object)는 서술어의 동작 대상이 되는 문장 성분인데, 이 때 목적어를 요구하는 서술어는 타동사이다.

(14) ㄱ. 현수는 바다를 좋아한다.

ㄴ. 승민이는 어제 모래성을 쌓았다.

목적어는 체언에 목적격 조사 '을/를'이 붙어서 만들어지는데, (15)에서처럼 주격 조사와 마찬가지로 그것이 생략되어도 목적격이 분명하게 드러나는 경우에는 '을/를'이 생략될 수 있다. 그리고 보조사가 목적어에 붙을 때는 (16ㄱ)처럼 목적격 조사와 보조사가 함께 붙기도 하고, (16ㄴ,ㄷ)처럼 목적격 조사는 생략되고 보조사만 붙기도 한다.

(15) ㄱ. 나 오늘 상 탔어.

ㄴ. 돈 좀 빌려 줘.

(16) ㄱ. 영원히 당신만을 사랑해.

ㄴ. 그는 과일도 좋아한다.

ㄷ. 술은 마시지만 담배는 안 피운다.

목적어도 주어와 마찬가지로, 이야기의 장면 속에서 목적어가 무엇인지 분명할 때는 이를 생략할 수 있다.

---

3   이 문장을 주어가 두 개 나타나는 이중 주어 문장으로 볼 수도 있지만, 학교 문법에서는 '앞발이 짧다'를 서술절로 처리하여 서술절을 안고 있는 겹문장으로 다룬다. 이에 대해서는 '문장의 짜임'에서 자세하게 논의하기로 한다.

(17) 영철: 너 밥 먹었니?

　　　희영: 응, (밥) 먹었어.

한편 국어에는 한 문장 안에 목적어가 둘 이상 나타나는 예가 있다. 영어에서는 간접 목적어와 직접 목적어를 모두 인정하기 때문에 한 문장 안에 목적어가 두 개 쓰일 수 있다. 그렇지만 국어에서는 간접 목적어를 인정하지 않고 부사어로 보기 때문에, 한 문장 안에서 목적어가 두 개 나타나는 것은 특이한 현상임에 틀림없다.

(18) ㄱ. 명수는 <u>선물을</u> 진영이에게 주었다.

　　　ㄴ. 명수는 <u>선물을</u> <u>진영이를</u> 주었다.

현행의 학교 문법에서는 목적격 조사 '을/를'이 붙으면 모두 목적어로 보기 때문에, (18ㄴ)을 목적어가 두 개 나타나는 문장으로 다루고 있다. 아울러 학교 문법에서는 (19ㄴ)의 '학교를'도 목적어로 간주하고 있다.[4]

(19) ㄱ. 그는 학교에 갔다.

　　　ㄴ. 그는 <u>학교를</u> 갔다.

 모든 '을/를'이 목적격 조사인가?

　현행의 학교 문법과 같이 '을/를'을 무조건 목적격 조사라고 하는 것은 무리가 있다. 왜냐 하면 '주다'는 (18ㄱ)처럼 일반적으로 목적어와 필수적 부사어를 요구하는 서술어인데, (18ㄴ)에서는 목적어 두 개를 요구하는 서술어라고 해야 하기 때문이다.

　다음 예문에서도 '잡다'라는 타동사가 왜 목적어를 두 개 가지게 되는지를 합리적으로 설명할 수 있어야 한다.

4　서울대학교 국어교육연구소(2002ㄴ: 191-192)에서는 이 경우의 '을/를'을 목적격 조사로 보되, 목적격 조사의 보조사적 용법으로 설명하고 있다.

ㄱ. 슬기는 지혜를 손목을 잡았다.

위 예문에서 '손목을'을 목적어로 보는 까닭은 오로지 외형적으로 목적격 조사 '을/를'
이 쓰였기 때문이지, '지혜를'과 '손목을'이 둘 다 목적어라는 것을 입증할 다른 방법이 없
다. (ㄱ)의 '손목을'을 목적어로 보기 어렵다는 점은, 이 문장을 피동문으로 만들어 볼 때
분명하게 드러난다.

ㄴ. 지혜가 슬기에게 손목을 잡혔다.

ㄷ. *손목이 슬기에게 지혜를 잡혔다.

현행의 학교 문법에서 목적어가 두 개 나타나는 것으로 간주하는 (ㄱ)을 피동문으로 변
환시킬 때, (ㄷ)처럼 '손목을'은 피동문의 주어가 될 수 없으며, (ㄴ)처럼 '지혜를'만 피동
문의 주어가 될 수 있다. 물론 (ㄴ)에서도 '손목을'이 목적어라면 어떻게 자동사인 피동사
가 목적어를 취할 수 있는가 하는 문제가 생긴다.

따라서 우리는 예문 (ㄱ)이 '슬기는 지혜의 손목을 잡았다.'라는 문장과 깊은 관련이 있다
고 본다. 이 문장은 슬기가 지혜의 손목을 잡았다는 중립적인 문장인데, 예문 (ㄱ)은 다른
사람의 손목이 아니라 바로 지혜의 손목이라는 점을 강조하기 위해 '지혜의 손목을'을 '지
혜를 손목을'로 바꾸었다고 보며, 이때 '지혜를'을 목적어라고 본다.

학교 문법에서는 '을/를'을 모두 다 목적격 조사로 보기 때문에, 아래의 '가다'를 (ㄹ)에
서는 자동사로, (ㅁ)에서는 타동사로 처리한다. 표면적인 격 형태에 집착한 이러한 처리
방식으로 말미암아, (ㄹ)과 (ㅁ)의 구조적 연관성을 간과하고 있다. 그리하여 '가다'가 일
반적으로는 자동사로 쓰이지만 (ㅁ)과 같은 특수한 경우에는 타동사로 쓰인다고 보는 것
이다.

ㄹ. 수진이는 학교에 갔다.

ㅁ. 수진이는 학교를 갔다.

이러한 문제점을 해결하기 위해서는 표면적인 격조사의 형태에 집착하지 말고 '강조'의
의미를 지니는 경우에는 '을/를'을 보조사로 인정하는 것이 바람직하다고 본다.

보어(補語, complement)는 주어와 목적어 외에 서술어가 요구하는 필수적인 문장 성
분이다. 현행의 학교 문법에서는 서술어 '되다', '아니다' 앞에 오는 문장 성분만을 보어로
인정하고 있다.

(20) ㄱ. 나는 <u>학생이</u> 아니다.

　　ㄴ. 영희는 <u>배우가</u> 되었다.

위에서 '학생이'와 '배우가'라는 성분이 없는 '*나는 아니다.'와 '*영희는 되었다.'만으로는 완전한 문장이 되지 못한다. 서술어 '되다', '아니다' 앞에는 주어 외에 문장 성분 하나가 반드시 와야 하는데, 이 문장 성분을 보어⁵라고 한다. 그리고 보어인 '학생이', '배우가'에 붙은 '이/가'를 보격 조사라고 하는데, 보격 조사로는 '이/가'만을 인정하고 있다.

(21) ㄱ. 물이 얼음<u>이</u> 되었다.

　　ㄴ. 물이 얼음<u>으로</u> 되었다.

(21ㄱ)에서 '얼음이'는 보어이고 '이'는 보격 조사이지만, (21ㄴ)의 '얼음으로'는 부사어이며 '으로'는 부사격 조사로 본다. 만약 (21ㄴ)의 '으로'를 보격 조사로 본다면 다음 (22)의 '으로'도 보격 조사라고 해야 한다.

(22) 물이 얼음<u>으로</u> 변했다.

그리하여 '되다', '아니다' 앞에 오는 문장 성분만을 보어로 다루고, 보격 조사는 '이/가'로 제한하였다. 따라서 (21ㄴ)과 (22)의 '얼음으로'는 필수적 부사어로, 그리고 이 때의 '으로'는 부사격 조사로 다룬다.

더 알아보기

 보어의 범위

　유현경 외(2018: 419-425)에서는 '아니다, 되다'가 서술어로 쓰이는 경우 외에도 '이다'가 서술어로 쓰인 (1)뿐만 아니라, (2), (3)에서도 두 번째 명사구를 보어로 다루었다. 특

5　나중에 살펴볼 동격 관형절을 '보문(補文)'이라고 하기도 하는데, 관계 관형절은 생략해도 문장이 성립하지만, 동격 관형절을 생략하면 문장이 성립하지 않는다. 여기서 우리는 보문과 보어가 문장 구성상 꼭 필요한 요소라는 점을 알 수 있다. 아울러 현행의 학교 문법에서는 문장이나 단어를 이어주는 문장 성분도 부사어로 다루고 있다.

히 심리 형용사가 쓰인 (3)에서 첫 번째 명사구는 경험주의 의미역을 갖는 주어이며, 두 번째 명사구는 대상의 의미역을 갖는 보어라고 주장하였다.

(1) ㄱ. 철수는 학생이다.
(2) ㄱ. 나는 어깨가 결린다.
ㄴ. 그 사람이 범인이 맞아.
(3) ㄱ. 나는 잡곡밥이 좋아요.

1.2.3. 관형어, 부사어, 독립어

문장 성분 중에서 서술어, 주어, 목적어, 보어는 문장을 구성하는 골격이 되는 성분이다. 이들 주성분의 내용을 수식하는 부속 성분에는 관형어와 부사어가 있는데, 관형어는 체언을 수식하고 부사어는 주로 용언을 수식한다. 한편 다른 문장 성분과는 직접 관련이 없는 독립 성분으로는 독립어가 있다.

먼저 체언을 수식하는 **관형어**(冠形語)는 아래와 같은 두 가지 유형이 있다.

(23) ㄱ. 신입생들은 새 양복을 입었다.
ㄴ. 어른들은 시골의 생활을 그리워한다.

(23ㄱ)은 관형사('새')가 체언을 수식하는 유형이고, (23ㄴ)은 체언에 관형격 조사 '의'가 결합하여 뒤에 오는 체언을 수식하는 유형이다. (23ㄴ)의 '시골의 생활'은 관형격 조사 '의'가 생략되어 '시골 생활'로 쓰이기도 한다.

부사어(副詞語)는 주로 용언을 수식하는 문장 성분인데, 관형어나 다른 부사어를 수식하기도 한다.[6]

(24) ㄱ. 단풍 색깔이 퍽 곱다.
ㄴ. 수진이는 아주 새 자전거를 타고 간다.
ㄷ. 비행기가 무척 높이 날고 있다.

---

6 아울러 현행의 학교 문법에서는 문장이나 단어를 이어주는 문장 성분도 부사어로 다루고 있다.

(24ㄱ)의 '퍽'은 용언 '곱다'를 수식하고, (24ㄴ)의 '아주'는 관형사 '새'를 수식하며, (24ㄷ)의 '무척'은 부사(부사어) '높이'를 수식한다.

부사어는 문장의 주성분이 아니라 부속 성분이다. 따라서 부사어는 대체로 문장에서 반드시 필요한 성분이 아니다. (24)의 부사어들처럼 문장에서 반드시 필요로 하지는 않은 일반적인 부사어를 '수의적 부사어'라고 한다.

그런데 서술어에 따라서는 부사어를 필수적으로 요구하기도 하는데, 이처럼 반드시 필요한 부사어를 **필수적 부사어**라고 한다. 부사어를 필수적으로 취하는 경우는 세 자리 서술어인 '주다, 삼다, 넣다, 두다' 등과 두 자리 서술어인 '같다, 비슷하다, 닮다, 다르다' 등이 쓰일 때이다.

(25) ㄱ. 교장 선생님께서는 지혜에게 선행상을 주셨다.

ㄴ. 왕은 용감한 기사를 사위로 삼았다.

ㄷ. 슬기는 어머니와 닮았다.

ㄹ. 어제 본 것은 이것과 명백히 다르다.

더 알아보기

 필수적 부사어

영어의 경우에는 모든 부사어가 문장에서 꼭 필요한 성분이 아니다. 따라서 영어에서 필수적 부사어란 있을 수가 없으며, 모든 부사어는 수의적 부사어이다. 이에 반해, 국어의 경우에는 대체로 부사어가 수의적 부사어이지만, (25)와 같은 필수적 부사어도 있다.

그런데 서울대학교 국어교육연구소(2002ㄱ: 154)에서는 '그 사람 멋지게 생겼네.'의 '멋지게'를 필수적 부사어로 보고 있다. 제6차 교육과정까지는 '멋지게' 따위를 필수적 부사어로 다루지 않았는데, 제7차 교육과정에서 처음으로 필수적 부사어로 다루었다. 부사어인 '멋지게'를 없애게 되면 '*그 사람 생겼네.'라는 비문이 되기 때문에 '멋지게'를 반드시 필요한 필수적 부사어로 다룬 것이다.

부사어는 문장 속의 특정한 성분을 꾸미는 **성분 부사어**와 문장 전체를 꾸며주는 **문장 부사어**로 나눌 수 있다. (24), (25)에서 보듯이 용언, 관형어 혹은 다른 부사어와 같은 문장의 특정한 성분만을 수식하는 성분 부사어와는 달리, (26)의 부사어는 말하는 사람의

문장 전체가 갖는 의미에 대한 심리적 태도를 나타내는 문장 부사어이다.

(26) ㄱ. <u>틀림없이</u> 그들은 살아서 돌아올 것이다.

ㄴ. <u>확실히</u> 어머니의 말씀이 효과가 있었다.

ㄷ. <u>모름지기</u> 청년은 야망을 가져야 한다.

현행의 학교 문법에서는 접속 부사를 문장 부사어에 포함시켜서, '그러나, 그리고, 그러므로'와 같은 문장 접속 부사와 '및'과 같은 단어 접속 부사가 문장에서 이어주는 기능을 하는 것으로 보아, 문장 부사어로 다루었다.

(27) ㄱ. <u>그러나</u> 그는 그녀의 곁을 떠나지 않았다.

ㄴ. 정치, 경제 <u>및</u> 문화가 발달하였다.

독립어(獨立語)는 문장의 어느 성분과도 직접적인 관련이 없는 문장 성분이다. 감탄사는 모두 독립어이며, 체언에 호격 조사가 결합된 형태가 독립어로 쓰이기도 한다.

(28) ㄱ. <u>야!</u> 드디어 기다리고 기다리던 방학이다.

ㄴ. <u>글쎄</u>, 그 문제에 대해서는 더 생각을 해 보겠네.

ㄷ. <u>영희야</u>, 동생들과 잘 지내렴.

2. 문장의 짜임

2.1. 문장의 짜임새

문장은 주어와 서술어가 몇 번 나타나느냐에 따라 홑문장과 겹문장으로 나누어진다. 주어와 서술어가 한 번만 나타나는 문장은 **홑문장**이고, 두 번 이상 나타나는 것은 **겹문장**이다. (29ㄱ,ㄴ)은 주어와 서술어가 한 번만 나타나는 홑문장의 예이고, (29ㄷ,ㄹ)은 주어와 서술어가 두 번 나타나는 겹문장의 예이다.

(29) ㄱ. 그 자동차가 이 쪽으로 온다.

　　　ㄴ. 오늘 형준이가 방에서 국어 책을 읽었다.

　　　ㄷ. 미선이가 노래를 부르고, 영철이가 장단을 맞춘다.

　　　ㄹ. 가을이 오면 낙엽이 떨어진다.

그런데 홑문장인지 겹문장인지 판별해 내기가 쉽지 않은 경우도 있다. (30ㄱ)은 주어가 둘인 것처럼 보여서 겹문장으로 다루어질 듯도 하지만, 이 문장은 '*철수가 닮았다.'와 '*영수가 닮았다.'라는 두 홑문장이 연결된 것으로 볼 수가 없다. '닮다'가 두 자리 서술어이기 때문에 문장 성분이 두 개 필요한 것이며, (30ㄱ)은 두 문장이 이어진 겹문장인 것은 아니다. 이와는 달리 (30ㄴ)은 '철수는 대학생이다.'와 '영수는 대학생이다.'라는 두 문장이 이어진 겹문장이다.

(30) ㄱ. 철수와 영수는 닮았다. (홑문장)

　　　ㄴ. 철수와 영수는 대학생이다. (겹문장)

한편 (31ㄱ)은 주어와 서술어가 한 번만 나타나는 것으로 오해하기가 쉽다. 그렇지만 이 문장은 '꽃이 예쁘다.'와 '꽃이 피었다.'라는 두 문장이 연결된 겹문장이다. 즉 두 개의 홑문장이 이어질 때, '꽃이 예쁘다.'라는 홑문장의 주어가 생략된 채 관형절을 이룬 것이다. (31ㄴ)도 서술어가 하나인 홑문장으로 보기 쉽지만, 현행의 학교 문법에서는 '앞발이 짧다'를 서술절로 보며, 이 서술절에서도 주어와 서술어의 관계가 나타나므로 겹문장으로 본다. (31ㄷ)의 경우에도 '소리가 없이'를 부사절로 보기 때문에 겹문장으로 다룬다.

(31) ㄱ. 예쁜 꽃이 피었다.

　　　ㄴ. 토끼는 앞발이 짧다.

　　　ㄷ. 비가 소리도 없이 내린다.

이처럼 홑문장이 모여서 하나의 겹문장을 만드는 과정을 **문장의 확대**라고 하는데, 겹문장은 둘 이상의 홑문장이 이어지는 방식에 따라 **이어진 문장**과 **안은 문장**으로 나뉜다. 이어진 문장은 홑문장과 홑문장이 대등하게 이어지거나 종속적으로 이어진 것이고, 안은 문장은 홑문장이 다른 문장 속의 문장 성분이 된 것이다.

위에서 살펴본 문장의 유형을 정리하면 다음과 같다.

그림 6-1 문장의 유형[7]

2.2. 안은 문장과 안긴 문장

다른 문장 속에 들어가서 한 성분처럼 쓰이는 홑문장을 **안긴 문장**이라 하고, 이 홑문장을 안고 있는 문장을 **안은 문장**이라고 한다. 안긴 문장은 명사절, 관형절, 부사절, 서술절, 인용절의 다섯 가지로 나누어진다.

2.2.1. 명사절을 안은 문장

명사절은 안긴 문장을 명사형으로 바꾸어 주는 구실을 하는 명사형 어미 '-(으)ㅁ, -기'가 붙어서 만들어진다. 명사절은 문장 속에서 (32ㄱ), (33ㄱ)과 같이 주어로 쓰이거나 (32ㄴ), (33ㄴ)처럼 목적어로 쓰이는데, 때로는 (33ㄷ)처럼 부사어로 쓰이기도 한다.

(32) ㄱ. 그 사람이 마을 사람들을 속였음이 드러났다.

　　 ㄴ. 어머니의 사랑이 따스했음을 절실히 느낄 수 있었다.

(33) ㄱ. 우리나라가 월드컵에서 우승하기가 쉽지 않다.

　　 ㄴ. 농부들은 비가 오기를 간절히 기다린다.

　　 ㄷ. 아직은 집에 가기에 이른 시간이다.

7　현행의 학교 문법에서는 '종속적으로 이어진 문장'을 '부사절을 안은 문장'으로 볼 수 있다고 하였다. 그렇게 되면 '이어진 문장'에는 오로지 '대등적으로 이어진 문장'만 남게 된다.

한편 명사형 어미 '-(으)ㅁ'과 '-기'는 의미상 차이를 보이는데, (32)의 '-(으)ㅁ'은 완료 의미를 나타내는 데 비해, (33)의 '-기'는 미완료의 의미를 나타낸다. '-(으)ㅁ'과 '-기'의 의미 차이는 다음 문장에서 명확하게 나타난다.

(34) ㄱ. 우리는 <u>그가 정직한 사람임</u>을 알았다.

　　　ㄴ. 우리는 <u>그가 정직한 사람이기</u>를 바랐다.

(34ㄱ)에서 보듯이 그가 정직한 사람이라는 것이 확정적인 사실인 경우에 '-(으)ㅁ'이 쓰이는 데 반해, (34ㄴ)에서처럼 그가 정직한 사람인지 아닌지가 현재로서는 확실하지 않으며, 따라서 앞으로 그렇게 되기를 바라는 경우에 '-기'가 쓰이고 있음을 알 수 있다.[8]

명사형 어미 '-(으)ㅁ'이 쓰인 문장은 '것'이 쓰인 문장으로 바꾸어 쓸 수 있다. 구어체에서는 '-(으)ㅁ'보다는 '것'을 더 많이 사용한다.

(35) ㄱ. <u>인호가 축구에 소질이 있음</u>이 학교에 알려졌다.

　　　ㄴ. <u>인호가 축구에 소질이 있다는 것</u>이 학교에 알려졌다.

제6차 교육과정에 따른 문법 교과서에서는 '-는/은 것'을 '명사절을 안은 문장'에서 다루었으나, 제7차 교육과정에서는 이 부분을 '관형절을 안은 문장'에서 다루게 되었다. 그 까닭은 (35ㄴ)의 밑줄 친 부분을 '관형절 + 것'으로 분석할 수 있기 때문이다.

2.2.2. 관형절을 안은 문장

관형절은 안긴 문장을 관형사형으로 바꾸어 주는 구실을 하는 관형사형 어미 '-(으)ㄴ', '-는', '-(으)ㄹ', '-던'[9]이 붙어서 만들어진다. 이들 어미는 각각 '과거, 현재, 미래, 회상'을 표현하는 데 쓰인다.

8　명사형 어미 '-(으)ㅁ'은 이미 이루어진 일에 주로 쓰이기 때문에 '결정성, 사실성, 과거성'의 의미 특성을 지니고, '-기'는 아직 이루어지지 않은 일에 주로 쓰이기 때문에 '비결정성, 비사실성, 미래성'의 의미 특성을 지니는 것으로 보았다. 이러한 의미 특성의 차이는 '-(으)ㅁ'과 '-기'가 어울리는 서술어의 종류에서도 차이를 드러낸다. '-(으)ㅁ'은 '보다, 느끼다' 등의 지각(知覺) 동사, '알다, 모르다, 깨닫다, 의식하다' 등의 인식 동사, '마땅하다, 당연하다, 분명하다, 확실하다' 등의 평가 형용사와 잘 어울린다. 한편 '-기'는 '좋다, 나쁘다, 쉽다, 바라다, 빌다, 기다리다, 기대하다' 등의 서술어와 잘 어울린다.

(36) ㄱ. 이 책은 내가 어릴 때 <u>읽은</u> 책이다. (과거)

ㄴ. 이 책은 내가 요즘 <u>읽는</u> 책이다. (현재)

ㄷ. 이 책은 내가 앞으로 <u>읽을</u> 책이다. (미래)

ㄹ. 이 책은 내가 전에 틈틈이 <u>읽던</u> 책이다. (회상)

그런데 관형절은 안긴 문장 내에 생략되는 성분이 있는지 여부에 따라 관계 관형절과 동격 관형절[10]로 나누어 살펴볼 필요가 있다.

(37) ㄱ. <u>빨간</u> 장미가 한 송이 피었다.

ㄴ. <u>내가 어제 본</u> 영화가 참 재미있었다.

ㄷ. <u>네가 태어나던</u> 2001년에 가뭄이 심했다.

(38) ㄱ. [[장미$_i$ 가 빨갛다] 장미$_i$ 가 한 송이 피었다]

ㄴ. [[내가 어제 영화$_i$ 를 보았다] 영화$_i$ 가 참 재미있었다]

ㄷ. [네가 2001년$_i$ 에 태어났다] 2001년$_i$ 에 가뭄이 심했다]

(37)은 관계 관형절을 보인 것인데, 관형절에 해당하는 부분을 보면 (37ㄱ)에서는 주어가, (37ㄴ)에서는 목적어가, (37ㄷ)에서는 부사어가 생략되어 있다. 이들 생략된 성분은 (38)에서 보듯이 안은 문장의 어떤 성분과 동일한 대상을 지시하는 성분이다. 그러므로 관계 관형절은 그 자체로는 온전한 문장이 되지 않는다.

9　현행의 학교 문법에서는 '-던'을 관형사형 어미라고 하면서, 하나의 형태소로 다루고 있다. 그 이유는 '-던'이 아래에서 보듯이 '-더-'와는 다른 모습을 보이기 때문이다. 즉 '-더-'는 (ㄱ)에서 보듯이 평서문에서 주어가 말하는 이라면 쓰이지 못하고, (ㄴ)에서 보듯이 의문문에서는 주어가 듣는 이라면 쓰이지 못한다. 그렇지만 (ㄷ)에서 보듯이 '-던'에서는 이런 제약이 나타나지 않는다. 그리하여 '-던'을 더 이상 분석하지 않고 '-더-'와는 별개의 형태소로 처리하였다.

　　ㄱ. {* 내가, 네가, 그가} 어제 방에서 책을 읽더라.

　　ㄴ. { 내가, *네가, 그가} 어제 방에서 책을 읽더냐?.

　　ㄷ. 어제 방에서 책을 읽던 { 내가, 네가, 그가} 갑자기 밖으로 뛰쳐 나왔다.

　그렇지만 '-던'에서 우선 형태상으로 '-더-'를 확인할 수 있으며, 의미상으로 보더라도 '-던'이 "회상"의 의미를 지니고 있어서 '-더-'와 다르지 않다. 결국 주어 인칭 제약이 다르다는 이유만으로 '-던'을 '-더-'와는 다른, 별개의 형태소로 다룬 것은 문제가 있다.

10　관계 관형절을 '관계절(relative clause)', 동격 관형절을 '보문절(complement clause)'라고 부르기도 한다. 여기서 '보문'이라는 명칭을 사용하는 이유는, 동격 관형절이 쓰이지 않으면 문장이 성립하지 않기 때문이다. 문장 성분 가운데 '보어'의 개념과 관련지어 생각해 볼 수 있다.

한편 (39)는 동격 관형절을 보인 것인데, 안긴 문장이 그 자체로 온전한 문장이 될 수 있다는 점에서 관계 관형절과는 차이가 있다. 동격 관형절의 수식을 받을 수 있는 명사로는 '소문, 소식, 생각, 주장, 약속, 보고, 고백, 요청, 믿음' 등이 있다.

(39) ㄱ. <u>그가 지금까지 불우한 이웃을 도와 주었다는</u> 소문이 마을에 돌았다.

　　 ㄴ. 나는 <u>그녀가 좋은 사람이라는</u> 생각을 했다.

　　 ㄷ. <u>우리 학교 농구부가 전국체전에서 우승했다는</u> 소식이 들렸다.

(40) ㄱ. [[그가 지금까지 불우한 이웃을 도와 주었다.] 소문이 마을에 돌았다.]

　　 ㄴ. [나는 [그녀가 좋은 사람이다.] 생각을 했다.]

　　 ㄷ. [[우리 학교 농구부가 전국체전에서 우승했다.] 소식이 들렸다.]

관계 관형절과 동격 관형절의 가장 두드러진 차이는, 관계 관형절이 임의적인 수식 성분이지만, 동격 관형절은 필수적인 수식 성분이라는 점이다. 그리하여 관계 관형절은 없어도 문장이 자연스럽지만, 동격 관형절을 삭제하면 문장이 성립하지 않거나 불완전해진다.[11]

(37)′ ㄱ. 장미가 한 송이 피었다.

　　 ㄴ. 영화가 참 재미있었다.

　　 ㄷ. 2001년에 가뭄이 심했다.

(39)′ ㄱ. [?]소문이 마을에 돌았다.

　　 ㄴ. [?]나는 생각을 했다.

　　 ㄷ. [?]소식이 들렸다.

2.2.3. 부사절을 안은 문장

부사절은 안긴 문장을 부사형으로 바꾸어 주는 구실을 하는 '-이', '-게', '-도록', '-(아)서' 등이 붙어서 만들어진다.

---

11 '멀리서 철수가 피아노 치는 소리가 들렸다.' 등과 같이 관계 관형절인지 동격 관형절인지 구분하기 어려운 예들도 있다.

(41) ㄱ. 그는 <u>소리도 없이</u> 내게 다가왔다.

ㄴ. 꽃이 <u>아름답게</u> 피었다.

ㄷ. 우리는 <u>아이들이 지나가도록</u> 길을 비켜 주었다.

ㄹ. 도로가 <u>차가 많아서</u> 혼잡하다.

(41ㄱ)은 '소리도 없이'가 부사절로 안긴 문장이다.[12] 그리고 (41ㄴ)은 부사형 어미 '-게'가 쓰인 문장인데, '아름답게'는 '(색깔이/모양이) 아름답게'와 같이 부사절의 기능을 하는 것으로 본다. 그런데 (41ㄷ,ㄹ)의 경우에는 '부사절로 안긴 문장'으로 볼 수도 있고, '종속적으로 이어진 문장'으로 볼 수도 있다. 만일 이들을 부사절로 안긴 문장으로 본다면 '-도록, -아서'를 부사형 어미로 다루어야 하며, 종속적으로 이어진 문장으로 본다면 이들을 종속적 연결어미로 다루어야 한다.

2.2.4. 서술절을 안은 문장

절 전체가 서술어의 기능을 할 때, 이 절을 **서술절**이라고 한다. 서술절을 안고 있는 문장 전체는 주어가 두 개 있는 것처럼 보이는데, 앞에 나오는 주어를 제외한 나머지가 서술절에 해당한다.

(42) ㄱ. 하영이는 <u>마음씨가 착하다</u>.

ㄴ. 토끼는 <u>앞발이 짧다</u>.

ㄷ. 나는 <u>철수가 싫다</u>.[13]

ㄹ. 뱀은 <u>다리가 없다</u>.

---

12 '소리도 없이, 예전과 달리, 형과 같이'의 '-이'를 부사형 어미로 볼 수도 있고 부사화 접미사로 볼 수도 있는데, 현행의 학교 문법에서는 '-이'를 부사화 접미사로 다룬 바 있다. '-이'를 부사화 접미사로 보면 이들이 왜 부사절에 쓰이는지를 설명하기 쉽지 않고, '-이'를 부사형 어미로 보면 왜 '~가 없이, ~와 달리, ~와 같이'에만 이 어미가 결합할 수 있는지를 설명하기가 쉽지 않다.

13 서술어 가운데 '좋다, 싫다, 고프다, 아프다, 밉다, 귀엽다' 등은 심리 형용사 혹은 주관성 형용사라고 하는데, 이들 형용사에는 '-어 하다'를 붙여서 동사로 바꿀 수 있다. 이처럼 심리 형용사에 '-어 하다'를 붙여서 동사로 만들 수 있는 현상과, 심리 형용사 앞에 주어 두 개가 자연스럽게 나타나는 현상 사이에 밀접한 관련이 있다고 본다.

　나는 철수가 싫다. (← 나는 철수를 싫어한다.)

　나는 네가 좋다. (← 나는 너를 좋아한다.)

(42ㄱ)의 주어는 '하영이는'이며 서술어가 '마음씨가 착하다'인데, 서술어인 '마음씨가 착하다'가 주어와 서술어를 갖추고 있기 때문에 서술절이라고 보는 것이다. (42ㄴ~ㄹ) 에서도 밑줄 친 부분이 주어와 서술어를 갖추고 있는 서술절이라고 보았다. 이처럼 주어가 두 개 이상 나타나는 것처럼 보이는 문장을 학교 문법에서 서술절로 다루는 까닭은 서술어 하나에 주어가 여럿 나타나는 것으로 보지 않기 위해서이다. 이른바 이중 주어 문제를 해결하기 위하여 서술절을 도입한 것이다.

더 알아보기

이중 주어 문장은 주어가 두 개인가?

국어의 특질 중의 하나로, 한 문장 안에 주어가 둘 이상 잇달아 나타나거나, 목적어가 잇달아 나타나는 점을 든다. 이런 점은 다른 언어에서는 찾아보기 어려운, 국어가 지니는 아주 특별한 현상이다. 지금까지 국어학자들이 이중 주어(혹은 주격 중출) 문제를 해결할 수 있는 여러 가지 방안을 제시해 왔다.

(1) 두 개의 주어 중에서 앞에 오는 것은 대주어이고, 뒤에 오는 것은 소주어라는 견해가 있다. (42ㄴ)에서 '토끼는'이 대주어이고, '앞발이'가 소주어이다.

(2) 두 개의 명사구 사이에 대소 관계가 존재한다고 보는 견해도 있다. 예를 들면 '토끼'와 '앞발' 사이에는 '전체-부분'의 관계가 있다는 것이다.

(3) 두 개의 주어가 나타나는 문장은 원래 기저에서는 주어가 하나뿐이라고 보는 견해도 있다. 즉 (42ㄱ)은 '하영이의 마음씨가 착하다.'라는 문장에서, (42ㄴ)은 '토끼의 앞발이 짧다.'라는 문장에서 각각 도출된 것으로 보았다.

(4) 두 개의 주어 중 하나를 주제어로 보는 견해도 있다. 즉 '토끼는(주제어) 앞발이(주어) 짧다(서술어).'로 보기 때문에, 주어가 두 개 나타나는 구조가 아니라는 것이다. 겉으로 보기에는 주어가 두 개 나타나는 것 같지만, 실제로 한 문장의 주어는 한 개뿐이라고 설명하였다.

(5) 두 번째 주어와 서술어가 서술절을 이루고, 첫 번째 주어는 전체 문장의 주어라는 견해이다. 현행의 학교 문법에서는 이 견해를 따르고 있다.

위의 (1)~(4)는 이른바 이중 주어 문장을 홑문장으로 본 데 비해, 학교 문법에서 채택한 (5)는 겹문장으로 본다는 점에서 큰 차이가 있다.

그런데 서술절로 보는 방법이 지니고 있는 가장 큰 문제점은, 서술절이 다른 절과는 전혀 다른 성격을 지닌다는 점이다. 즉 명사절은 명사형 어미 '-(으)ㅁ, -기', 관형절은 관형사형 어미 '-는, -(으)ㄴ, -(으)ㄹ', 부사절은 부사형 어미 '-게', 인용절은 인용 조사 '고, 라고'에 의해 만들어진다. 그렇지만 서술절은 특별한 매개체가 없다는 점에서 다른 안긴 문장과는 차이를 보인다.

2.2.5. 인용절을 안은 문장

다른 사람의 말을 인용한 것이 절로 나타날 때, 이 절을 **인용절**이라고 한다. 다른 사람의 말을 인용하는 방법에는 두 가지가 있다. (43)과 같이 다른 사람의 말을 그대로 끌어오는 것을 직접 인용이라고 하는데, 직접 인용을 나타내는 조사로는 '라고'[14]가 쓰인다. (44)와 같이 다른 사람의 말을 그대로 전하는 것이 아니라 전하는 사람의 말로 바꾸어 표현하는 것을 간접 인용이라고 하는데, 간접 인용을 나타내는 조사로는 '고'가 쓰인다.

(43) ㄱ. 친구는 나에게 "다음 주에 서류를 주겠다."라고 하였다.

　　ㄴ. 그는 나에게 "어디에 사니?"라고 물었다.

　　ㄷ. 선생님께서는 "내일 학교에 와!"라고 하셨다.

　　ㄹ. 영주는 나에게 "밥 먹으러 가자."라고 말했다.

　　ㅁ. 어머니께서는 아기에게 "꽃이 참 예쁘구나."라고 하셨다.

(44) ㄱ. 친구는 나에게 다음 주에 서류를 주겠다고 하였다.

　　ㄴ. 그는 나에게 어디에 사느냐고 물었다.

　　ㄷ. 선생님께서는 내일 학교에 오라고 하셨다.

　　ㄹ. 영주는 나에게 밥 먹으러 가자고 말했다.

　　ㅁ. 어머니께서는 아기에게 꽃이 참 예쁘다고 하셨다.

14　서울대학교 국어교육연구소(2002ㄱ)에서는 인용의 조사를 '인용격 조사'라고 하였으나, 조사의 분류에는 '인용격 조사'가 없다. 인용의 조사는 부사격 조사로 보는 것이 바람직하다고 보는데, 그 까닭은 인용하는 부분을 '그렇게'로 대치할 수 있기 때문이다.

직접 인용인 (43)에서는 문장 종결법의 다섯 유형이 각각 다르게 나타난다. 그러나 간접 인용인 (44)를 보면 평서형은 '-다고', 의문형은 '-냐고', 명령형은 '-라고', 청유형은 '-자고'로 각각 다른 형태가 쓰이지만, 감탄형의 경우에는 간접 인용을 나타내는 별도의 형태가 없이 평서형의 '-다고'를 그대로 쓰고 있음을 확인할 수 있다.

2.3. 이어진 문장

이어진 문장은 홑문장 두 개가 어떤 의미 관계로 이어지느냐에 따라 대등하게 이어진 문장과 종속적으로 이어진 문장으로 나눌 수 있다.

2.3.1. 대등하게 이어진 문장

홑문장이 이어질 때 대등한 의미 관계로 이어진 문장을 **대등하게 이어진 문장**이라고 하는데, 앞 절은 뒤 절과 '나열, 대조, 선택' 등의 의미 관계를 가진다. 대등적 연결어미로는 '-고, -(으)며 / -지만, -(으)나 / -거나, -든지' 등이 있다.

(45) ㄱ. 비가 억수같이 내리고, 바람이 세차게 분다. (나열)

　　ㄴ. 아내는 일을 하지만, 남편은 집에 있다. (대조)

　　ㄷ. 네가 집에 가든지, 철수가 가든지 마음대로 해라. (선택)

대등하게 이어진 문장은 두 홑문장의 의미 관계가 대등하기 때문에 앞 절과 뒤 절의 위치를 바꾸어도 의미 차이가 거의 없다.

(46) ㄱ. 바람이 세차게 불고 비가 억수같이 내린다.

　　ㄴ. 남편은 집에 있지만, 아내는 일을 한다.

　　ㄷ. 철수가 가든지, 네가 가든지 마음대로 해라

뿐만 아니라 대등하게 이어진 문장에서는 앞 절이 뒤 절 속으로 이동할 수 없다.

(47) ㄱ. *바람이 비가 억수같이 내리고 세차게 분다.

　　ㄴ. *남편은 아내는 일을 하지만 집에 있다.

ㄷ. *철수가 네가 가든지 가든지 마음대로 해라.

2.3.2. 종속적으로 이어진 문장

앞 절과 뒤 절의 의미가 대등하지 못하고 앞 절이 뒤 절에 종속적인 관계에 있는 문장을 종속적으로 이어진 문장이라고 한다. **종속적으로 이어진 문장**에서 뒤 절에 대해 앞 절이 갖는 의미 관계는 다음과 같이 다양하다.

(48) ㄱ. 원인(이유): -(아)서, -(으)니, -(으)니까, -(으)므로

ㄴ. 조건: -(으)면, -거든, -(아)야, -던들

ㄷ. 목적(의도): -(으)러, -(으)려고, -고자, -게, -도록

ㄹ. 양보: -(아)도, -더라도, -(으)ㄴ들, -(으)ㄹ지라도, -(으)ㄹ망정, -(으)ㄹ지언정

ㅁ. 배경(상황): -는데, -진대

ㅂ. 동시(시간 관계): -며, -면서, -(아)서, -고서, -자, -자마자

종속적으로 이어진 문장은 두 홑문장의 의미 관계가 대등하지 않기 때문에 앞 절과 뒤 절의 위치를 바꾸게 되면 문장의 의미가 완전히 달라져서 수용하기 어려운 문장이 된다.

(49) ㄱ. 비가 와서, 우리는 소풍을 연기했다.

ㄴ. 강물이 오염되면, 물고기가 더 이상 살지 못한다.

ㄷ. 책을 빌리려고, 영수는 도서관으로 갔다.

(50) ㄱ. *우리는 소풍을 연기해서, 비가 왔다.

ㄴ. *물고기가 더 이상 살지 못하면, 강물이 오염된다.

ㄷ. *영수는 도서관으로 가려고, 책을 빌렸다.

종속적으로 이어진 문장에서는 대등적으로 이어진 문장과 달리, 앞 절이 뒤 절 속으로 이동할 수 있다.

(51) ㄱ. 우리는 비가 와서 소풍을 연기했다.

ㄴ. 물고기가 강물이 오염되면 더 이상 살지 못한다.

ㄷ. 영수는 책을 빌리려고 도서관으로 갔다.

바로 이런 특성 때문에 국어학계에서는 종속적으로 이어진 문장을 부사절로 보기도 했는데, 현행의 학교 문법에서는 이런 태도를 반영하여 종속적으로 이어진 문장을 부사절로 볼 수 있다고 하였다.[15]

더 알아보기

 종속적으로 이어진 문장을 부사절로 보는 이유

종속적으로 이어진 문장을 현행 문법 교과서에서 부사절로 다루는 것도 허용한 것은, 종속적으로 이어진 문장이 대등적으로 이어진 문장과는 달리 부사절과 비슷한 모습을 보이기 때문이다.

먼저 종속적으로 이어진 문장의 앞 절을 뒤 절 속으로 이동할 수 있는데, 이런 현상을 앞 절이 뒤 절에 안긴 것으로 본 것이다.

ㄱ. 비가 오더라도 내일은 소풍을 가겠다.
ㄴ. 내일은 비가 오더라도 소풍을 가겠다.

둘째로, 대등적으로 이어진 문장에서는 앞 절과 뒤 절 사이에 재귀화가 허용되지 않는데, 종속적으로 이어진 문장은 재귀화가 일어날 수 있기 때문에 이를 부사절로 다룬 것이다.

ㄷ. *창수는 책을 보고, 자기 동생은 신문을 본다.
ㄹ. 창수는 마음씨가 착해서 자기 동생을 잘 보살펴 준다.

---

15 현행의 학교 문법에서는 종속적으로 이어진 문장을 부사절로 볼 수 있다고 하면서, 종속적으로 이어진 문장에는 아래와 같이 명사절이나 관형절로 된 것도 있다고 하였다.
　　ㄱ. 비가 오기 때문에, 길이 질다.
　　ㄴ. 비가 오는 가운데, 행사는 예정대로 열렸다.
　　그런데 이들 예문은 이어진 문장이 아니다. 위의 문장들은 안긴 문장임에 틀림이 없는데, 이들이 종속적으로 이어진 문장인 것처럼 잘못 기술하고 있다. 게다가, 위의 문장에서는 명사절이나 관형절을 논의할 필요가 없다. 왜냐하면 '비가 오기 때문에'와 '비가 오는 가운데'는 부사어로 쓰인 명사구이기 때문이다. 이 명사구 속에 다시 명사절이나 관형절이 안겨 있는 것을 마치 종속적으로 이어진 문장에 명사절이나 관형절로 된 것이 있는 것처럼 서술한 것은 잘못이다.

3. 문법 요소

3.1. 문장의 종결 표현

국어는 문장의 종류가 종결 어미에 의해 표현되기 때문에, 말을 끝까지 들어 보아야 전체 문장의 의미를 알 수 있다. 국어에서는 (52)에서 보듯이 문장의 종류가 어떤 것인지를 알아내기 위해서는 마지막 순간까지 참고 기다려야 한다. 그렇지만 영어에서는 (53)에서 보듯이 문장의 한두 단어만 들으면 그 문장의 종류를 바로 알아챌 수 있다. 국어와 영어 사이의 큰 차이를 엿볼 수 있는 부분이다.

(52) ㄱ. 너는 교실에서 책을 읽고 있다.

ㄴ. 너는 교실에서 책을 읽고 있니?

ㄷ. 교실에서 책을 읽어라!

ㄹ. 교실에서 책을 읽자.

ㅁ. 교실에서 책을 읽는구나!

(53) ㄱ. You are reading books in the classroom.

ㄴ. Are you reading books in the classroom?

ㄷ. Read books in the classroom!

ㄹ. Let's read books in the classroom.

ㅁ. What a lovely day it is!

이렇듯 국어에서는 문장의 종류가 문장의 맨 끝에 오는 종결 어미에 의해 결정된다. 그런데 종결 어미는 **문장을 끝맺는 기능**을 할 뿐만 아니라, 청자에 대한 **화자의 의향을 표현하는 기능**도 한다.[16]

먼저 **평서문**은 말하는 이가 듣는 이에게 하고 싶은 말을 진술하는 문장이다. 평서문의 대표적인 종결어미는 '-다'인데, 현행의 학교 문법에서는 약속을 나타내는 '-마'도 평서문에 속하는 것으로 본다.

(54) ㄱ. 오늘은 함박눈이 펑펑 쏟아진다.

ㄴ. 네가 열심히 공부하면, 내가 너에게 컴퓨터를 사 주겠다.

ㄷ. 네가 열심히 공부하면, 내가 너에게 컴퓨터를 사 주마.

평서문의 종결 어미는 직접 인용절에서는 (55)에서 보듯이 다양하게 나타난다. 그렇지만, 간접 인용절로 안길 때면 (56)처럼 이들이 모두 '-다'('이다'일 경우에는 '-라')로 바뀐다.

(55) ㄱ. 민수는 "수영이가 오늘 학교에 안 왔다."라고 말했다.

ㄴ. 민수는 "수영이가 오늘 학교에 안 왔어요."라고 말했다.

ㄷ. 민수는 "수영이가 오늘 학교에 안 왔습니다."라고 말했다.

(56) 민수는 수영이가 오늘 학교에 안 왔다고 말했다.

더 알아보기

약속법을 문장 종결법으로 설정하자고 주장하는 근거

서정수(1996: 342-344)에서는 약속법을 독립된 문장 종결법으로 내세우는 근거를 다음과 같이 제시하였다.

첫째로, 약속법은 형태적인 면에서 독자적인 체계를 갖추고 있다. 상대 높임법에서 '-마, -ㄹ게, -ㅁ세, -리다, -ㄹ게요, -오리다'와 같이 등급별로 서법 형태를 두루 갖추고 있다.

둘째로, 약속법은 다른 문장 종결법과는 구분되는 색다른 특징을 지닌다.

1) 서술법이나 의문법과는 달리 동사성 용언하고만 어울린다.

2) 명령법, 청유법과 공통되는 점은 과거 시제와 어울리지 못한다는 점이다.

그러나 명령법과 청유법의 행동 주체가 듣는 이 혹은 듣는 이와 말하는 이임에 비해, 약

---

16 허웅(1983: 225), 권재일(1992: 89)에서는 문장 종결법을 화자가 청자에게 무언가를 요구하는지 여부와 행동의 수행을 요구하는지 여부에 따라 다음과 같이 구분하였다. 현행의 학교 문법에서는 약속법을 문장의 종류에서 인정하지 않고 평서법에 포함시키고 있다.

요구함 없음 ···서술법 (평서법, 감탄법, 약속법)

요구함 있음

    ┌ 행동 수행을 요구하지 않음 ···················의문법

    └ 행동 수행을 요구함   ┌ 청자 ·············명령법

                       └ 청자 + 화자 ······청유법

속법에서는 언제나 말하는 이 자신이다. 또한 부정 방식에서도 명령법이나 청유법에서는 '말다'를 쓰지만, 약속법에서는 '안'이나 '–지 않–'을 쓴다.

셋째로, 약속법은 간접 인용에서 독자적인 문장 종결법임을 확인할 수 있다. 약속법의 기본 형태 '–마'와 간접 인용의 부사격 조사 '고'가 결합할 수 있다는 점이 독자성을 드러내는 것이다.

의문문은 말하는 이가 듣는 이에게 질문을 하여 그에 대한 대답을 요구하는 문장이다. 의문문에는 '몇, 얼마, 누구, 언제, 어디, 무엇, 왜' 등의 물음말이 포함되어 있어서 듣는 이에게 대답을 요구하는 **설명 의문문**과 단순히 긍정이나 부정의 대답을 요구하는 **판정 의문문**이 있다. 그리고 물음에 대한 대답을 군이 요구하지 않고 서술이나 명령의 효과를 내는 **수사 의문문**(또는 반어 의문문)도 있다.

(57) ㄱ. 너는 언제 도착했<u>니</u>?

　　ㄴ. 너는 한 시에 도착했<u>니</u>?

　　ㄷ. 그가 나에게 돌아온다면 얼마나 좋<u>을까</u>?

(57ㄱ)은 물음말 '언제'가 포함되어 있어서 설명하는 대답을 요구하는 설명 의문문이며, (57ㄴ)은 듣는 이에게 긍정 혹은 부정의 대답을 요구하는 판정 의문문이다. (57ㄷ)은 듣는 이에게 질문을 한 것이 아니라 자기의 소망을 서술한 수사 의문문이다.

그런데 (57ㄱ,ㄴ)의 종결 어미를 보면 설명 의문문과 판정 의문문에 '–니'라는 같은 형태가 쓰임을 알 수 있다. 현대국어에서는 두 가지 의문문의 종결 어미가 다르지 않지만, 중세국어에서는 설명 의문문과 판정 의문문의 종결 어미가 서로 달랐다.

(58) ㄱ. 어시 아들 離別이 엇<u>던고</u> (월인천강지곡 144)

　　ㄴ. 西京은 편안<u>ᄒᆞᆫ가</u> 못<u>ᄒᆞᆫ가</u> (두초 18: 5)

설명 의문문인 (58ㄱ)의 종결 어미 형태는 '–ㄴ고'인데, 판정 의문문인 (58ㄴ)의 종결 어미 형태는 '–ㄴ가'임을 알 수 있다.[17]

부정 의문문에 대한 대답의 차이

영어의 경우 부정 의문문을 써서 묻더라도 대답하는 사람이 자기 입장에서 긍정이면 'Yes'로 대답하고 부정이면 'No'로 대답한다. 그렇지만 국어에서는 부정 의문문에 대한 대답을 할 때 상대방의 입장에 대해 긍정이면 '예'로 대답하고 부정이면 '아니요'로 대답하는 점이 특이하다. 즉, 영어는 답을 하는 자기 자신의 입장에서 대답을 하지만, 국어는 묻는 사람의 입장에 서서 대답을 하는 차이를 보인다.

	질 문	오늘 날씨가 참 안 좋지?	Isn't it a lovely day?
대답	날씨가 좋을 경우	아니요, 날씨가 좋아요.	Yes, it is.
	날씨가 좋지 않을 경우	예, 날씨가 좋지 않아요.	No, it isn't.

의문문의 종결 어미는 다양하게 나타나지만, 간접 인용절로 안길 때에는 '-느냐' 또는 '-으냐'로 바뀐다.

(59) ㄱ. 선생님께서 오십니까?

ㄴ. 선생님께서 오시니?

(60) 그가 선생님께서 오시느냐고 물었다.

명령문은 말하는 이가 듣는 이에게 어떤 행동을 하라고 요구하는 문장이다. 명령문의 주어는 반드시 듣는 이라야 하며, 서술어는 동사만 쓰일 수 있고,[18] 과거 시제의 선어말

---

17 이런 구분은 현대국어의 경상도 방언에 남아 있다.

(1) ㄱ. 어디에 가는고? (설명 의문문)

ㄴ. 시장에 가는가? (판정 의문문)

(2) ㄱ. 어디 가노? (설명 의문문: 어디에 가는지 몰라서 물을 때)

ㄴ. 어디 가나? (판정 의문문: 어딘지는 몰라도 어디엔가 가는지를 물을 때)

18 다음과 같이, 시에서 형용사 다음에 명령형 어미를 붙이는 경우가 있지만 이는 시적 허용에 불과하며, 맞는 표현은 '부지런해져라, 새로워져라'이다.

해마다 봄이 되면 / 어린 시절 그분의 말씀 / 항상 봄처럼 부지런해라. ……

오, 해마다 봄이 되면 / 어린 시절 그분의 말씀 / 항상 봄처럼 새로워라. ……

(조병화, 해마다 봄이 되면)

어미 '-았-/-었-'은 함께 쓰이지 못한다.

(61) ㄱ. 길이 막히니 서둘러 출발하십시오.

ㄴ. 길이 막히니 서둘러 출발해라.

(62) 그분이 나에게 길이 막히니 서둘러 출발하라고 하셨다.

명령문도 (61)에서처럼 종결 어미가 다양하게 쓰이지만, (62)와 같이 간접 인용절로 안길 때에는 이들 종결 어미가 모두 '-(으)라'로 바뀐다.

청유문은 말하는 이가 듣는 이에게 어떤 행동을 함께 하자고 요청하는 문장이다. 청유 문의 주어는 말하는 이와 듣는 이가 함께 포함되어야 하며, 서술어는 동사만 쓰일 수 있고, 과거 시제의 선어말 어미 '-았-/-었-'과 함께 쓰이지 못한다.

(63) ㄱ. 우리 함께 생각해 봅시다.

ㄴ. 우리 함께 생각해 보자.

(64) 선생님께서는 우리 함께 생각해 보자고 하셨다.

청유문의 경우에도 어떤 종결 어미로 종결되었더라도 간접 인용절로 안길 때에는 종결어미가 모두 '-자'로 바뀐다.

감탄문은 말하는 이가 듣는 이를 별로 의식하지 않고 자신의 느낌을 표현하는 문장이다.

(65) ㄱ. 벌써 날이 밝았구나!

ㄴ. 아이고, 더워라!

(66) ㄱ. 그는 나에게 벌써 날이 밝았다고 말했다.

ㄴ. 그는 나에게 참 재미있다고 말했다.

감탄문은 간접 인용절로 안길 때, 감탄문 고유의 종결어미 형태가 없이, 평서문의 종결어미 '-다'를 쓴다. 국어의 종결 표현 중에서 다른 문장은 간접 인용절로 안길 때 고유한 형태가 있는 데 비해, 감탄문에서만 유독 고유한 형태가 없다.[19]

3.2. 높임 표현

높임법이란 말하는 이가 듣는 이나 다른 대상을 높이거나 낮추는 정도를 언어적으로 구별하여 표현하는 체계를 말한다. 영어를 비롯한 다른 언어에서는 높임법을 거의 찾아보기 어렵다. 잘 알려져 있듯이, 프랑스어에서는 2인칭 대명사 'tu'를 쓰는데, 공손하게 표현하고자 할 때는 'vous'를 쓰며, 중국어에서도 2인칭 대명사 '你[ni]'가 있는데, 상대방을 높이고자 할 때는 '您[nin]'을 쓰는 것을 확인할 수 있다. 그렇지만 이런 표현은 어휘적인 차원에 머무른 것일 뿐이며 문법적인 범주로 나타난 것은 아니다. 자연계의 현상인 시간을 문법적인 범주로 표현해야만 시제라고 하듯이, 높임 표현도 문법적인 범주로 실현되어야 높임법이라고 할 수 있다.

국어는 높임을 문법적인 범주로 표현한 높임법이 아주 잘 발달한 언어로 알려져 있다. 국어의 높임법은 높이는 대상이 누구인가에 따라 높임을 실현하는 방법이 달라지는데, 상대방 즉 듣는 이를 높이는 상대 높임법, 문장의 주어를 높이는 주체 높임법, 문장의 목적어나 부사어에 해당하는 대상을 높이는 객체 높임법의 세 가지가 있다.

3.2.1. 상대 높임법

국어의 높임법 가운데 가장 잘 발달된 것이 **상대 높임법**인데, 이것은 말하는 이가 상대방, 즉 듣는 이를 높여 말하는 방법이다. 서울대학교 국어교육연구소(2002ㄱ: 173)에서는 상대 높임법의 등급을 아래와 같이 구분한다.

		종 결 표 현	특 성
격 식 체	하십시오체	−십시오, −습니다, −십시다, −습니까?	듣는 이를 가장 높여 대접하는 방식임.
	하오체	−오, −소, −구려, −ㅂ시다, −는구려, −오?	아랫사람이나 친구를 높여 대접하는 방식으로, 요즘은 잘 쓰지 않음.
	하게체	−게, −네, −ㅁ세, −세, −는구먼, −는가?	아랫사람이나 친구를 어느 정도 대접해 주는 방 식으로, 요즘 잘 쓰지 않음.
	해라체	−아라, −다, −는다, −자, −렴, −느냐? −니?	듣는 이를 높이지 않는 방식으로, 해체와 비슷 한 등급임.

---

19 이런 점을 중시한 학자들은 감탄문을 독립된 문장 유형으로 인정하지 말고, 평서문의 한 가지로 보자는 주장을 하기도 했다.

		종 결 표 현	특 성
비격식체	해요체	-아요, -군요, -ㄹ게요, -아요?	듣는 이를 윗사람으로 대접하여 높이는 방식으로, 일상적으로 가장 많이 쓰이는 방식임.
	해체(반말)	-아, -지, -야, -ㄹ게, -아?, -지?	해라체와 거의 같은 등급인데, 해라체보다 덜 권위적이고, 더 친밀한 느낌을 줌.

표 6-1 상대 높임법의 등급

격식체는 의례적이어서 심리적인 거리를 느낄 수 있는 데 반해, **비격식체**는 격식을 덜 차림으로써 친근감을 줄 수 있다. 격식체에는 '하십시오체, 하오체, 하게체, 해라체'가 있고, 비격식체에는 '해요체, 해체'가 있다.

(67) ㄱ. 철수가 이 자리에 왔습니다. (하십시오체)

ㄴ. 철수가 이 자리에 왔소. (하오체)

ㄷ. 철수가 이 자리에 왔네. (하게체)

ㄹ. 철수가 이 자리에 왔다. (해라체)

ㅁ. 철수가 이 자리에 왔어요. (해요체)

ㅂ. 철수가 이 자리에 왔어. (해체)

위 (67)은 각 등급별로 예를 보인 것이다. 오늘날 높임법이 사용되는 모습을 보면, 이 여섯 가지 등급 가운데 격식체의 하십시오체와 비격식체의 해요체가 비슷한 등급이어서 두루 섞여 쓰이고, 격식체의 해라체와 비격식체의 해체가 섞여 쓰이기도 한다. 한편 하오체는 편지글에서 명맥을 유지하고 있고, 하게체는 장인, 장모가 사위에게 사용하거나 선생님이 장성한 제자에게 사용할 뿐이며, 젊은 층은 하게체를 잘 쓰지 않고 있다.

더 알아보기

 상대 높임법의 체계에 대한 여러 가지 견해

상대 높임법의 체계는 학자에 따라 무척 다양하게 설정되었는데, 서정수(1984) 등에서는 '해라체'를 '아주낮춤'으로, '하게체'를 '예사낮춤'으로 다룸으로써, 상대 높임법을 '높임(존칭) : 낮춤(비칭)'의 대립으로 파악하였다.

이와는 달리, 김종택(1981)에서는 국어의 상대 높임법을 존대와 하대의 대립체계가 아니라 존대와 평대의 대립체계로 파악하였으며, 하대는 어휘적 차원으로 존재하기 때문에 문법적 차원의 높임법에서는 제외시켰다. 이 체계에서 수상존대는 '하오체', 수하존대는 '하게체', 평대는 '해라체'가 대표적인 형태이다.

3.2.2. 주체 높임법

주체 높임법은 서술의 주체에 해당하는 문장의 주어를 높이는 방법이다. 주체 높임법은 서술어에 선어말 어미 '-(으)시-'가 붙어서 실현되는 것이 일반적이다. 이때 주격 조사는 '이/가' 대신에 '께서'가 쓰이는 것이 자연스럽다.

(68) ㄱ. 아버지께서 신문을 보신다.

ㄴ. 선생님께서 오늘 우리집에 오셨다.

'-(으)시-'는 일반적으로 높여야 할 주체가 주어일 경우에 사용되지만, 높여야 할 주체가 주어가 아니라 주어와 밀접한 관련을 맺고 있는 경우에도 쓰일 수 있다. 아래 예문에서 '귀'와 '말씀'에는 '-(으)시-'를 붙일 수가 없지만, '할아버지'와 '선생님'을 높이기 위해 '-(으)시-'를 붙인 것이다.

(69) ㄱ. 할아버지께서는 아직 귀가 밝으십니다.

ㄴ. 선생님의 말씀이 타당하십니다.

한편, 주체 높임법이 '계시다', '주무시다', '편찮다'와 같은 특수 어휘에 의해 실현되는 경우도 있다. 이런 경우에는 특수 어휘 대신에 '-(으)시-'를 붙이는 것만으로는 높임법이 실현되지 않는다.

(70) ㄱ. 선생님께서는 지금 댁에 {계신다, *있으시다}.

ㄴ. 어머니께서는 오늘 일찍 {주무신다, *자신다}.

ㄷ. 할아버지께서는 조금 {편찮다, *아프시다}.

그렇지만 이런 특수 어휘도 상황에 맞게 적절하게 써야 한다. (70)과 같이 주어를 직접 높이는 경우를 **직접 높임**이라 하는데, (71)과 같이 주어를 직접 높이지 않고 주어와 관련된 대상을 높이는 **간접 높임**의 경우에는 특수 어휘를 쓰지 않고 '-(으)시-'를 붙인다.

(71) ㄱ. 교장 선생님의 인사 말씀이 {있으시겠습니다, *계시겠습니다}.

  ㄴ. 사장님, 시간 좀 {있으십니까, *계십니까?}

  ㄷ. 할머니께서는 손가락이 {아프시다, *편찮으시다}.

(71)은 주어와 관련된 대상을 높이는 간접 높임의 예인데, '계시다'는 주어를 직접 높일 때 사용하기 때문에, (71ㄱ,ㄴ)처럼 '말씀'이나 '시간'을 높일 때는 '있으시다'를 쓰며, (71ㄷ)처럼 주어를 직접 높이는 표현은 '할머니는 편찮다'이고, 할머니의 손가락에는 '편찮다'를 쓸 수가 없다.

3.2.3. 객체 높임법

객체 높임법은 서술의 객체에 해당하는 목적어나 부사어가 지시하는 대상을 높이는 방법이다. 이 때 부사어는 필수적 부사어를 가리키는데, 객체를 높이기 위해서는 부사어에 붙은 조사 '에게'를 '께'로 바꾸어 쓰는 것이 바람직하다.

(72) ㄱ. 나는 친구를 데리고 학교에 갔다.

  ㄴ. 나는 부모님을 모시고 학교에 갔다.

(73) ㄱ. 나는 동생에게 선물을 주었다.

  ㄴ. 나는 선생님께 선물을 드렸다.

현대국어에서는 객체 높임법이 '모시다, 드리다'와 같은 몇몇 특수 어휘에 의해 실현되지만, 중세국어에서는 객체 높임의 선어말 어미 '-습-, -줍-, -습-'에 의해 실현되었다. 다시 말해서 중세국어에서는 매우 광범위하게 사용되던 객체 높임법이 오늘날에 이르러서는 쓰임이 극도로 축소되었다. 현대국어에서 객체 높임을 나타내는 동사는 '모시다, 드리다, 뵙다, 여쭙다(여쭈다)' 등 몇몇이 있을 뿐이다.

3.3. 시간 표현

시제는 자연계에 존재하는 현상인 시간을 인위적으로 구분한 언어 표현이다. 시간은 자연의 흐름이므로 나눌 수 없지만, 우리는 시제라는 문법 범주로 과거, 현재, 미래로 나누어 표현할 수 있다.

우리는 시제를 과거, 현재, 미래로 구분하는데, 이는 발화시와 사건시라는 시점을 기준으로 나눈 것이다. **발화시**는 말하는 이가 발화를 수행하는(즉 말하는) 시점을 가리키며, **사건시**는 어떤 동작이 일어나거나 상태가 나타나는 시점을 가리킨다. 그리하여 발화시보다 사건시가 앞서면 과거 시제, 발화시와 사건시가 일치하면 현재 시제, 발화시보다 사건시가 나중이면 미래 시제라고 한다.

3.3.1. 과거 시제

과거 시제는 사건시가 발화시보다 앞서는 시제인데, 주로 선어말 어미 '-았-/-었-/-였-'에 의해 실현된다. 물론 과거 시제임을 더 분명하게 하기 위하여 '어제', '옛날', '지난' 등의 표현을 쓸 수 있다.

(74) ㄱ. 우리는 <u>지난</u> 주말에 멋진 영화를 보았다.

ㄴ. 영희는 <u>어제</u> 책을 한 권 읽었다.

ㄷ. 민수는 꿈을 이루기 위해 대학에서 열심히 공부하였다.

과거 어느 때를 기준으로 하여, 그 때의 일이나 경험을 돌이켜 생각할 때에는 아래와 같이 '-더-'를 사용한다. 그런데 평서문에서는 주어가 말하는 이 자신일 때, 그리고 의문문에서는 주어가 듣는 이일 때 '-더-'를 쓸 수가 없다.[20]

---

20 물론 특수한 상황을 가정하면 아래 (ㄱ)처럼 평서문에서 주어가 말하는 이 자신이라도 '-더-'를 쓸 수 있다. 아울러 '-더-'는 미래 상황을 표현하는 데는 쓰이지 못지만, 역시 특수한 상황을 가정하면 (ㄴ)과 같이 표현할 수 있다. 그렇지만 이런 용법은 일반적인 용법이 아니라 특수한 상황을 가정하여야 하는 '-더-'의 특별한 쓰임에 불과하다.

ㄱ. (내가 정신을 차려 보니까) 내가 혼자서 학교에 가더라.

ㄴ. 철수는 내년에 미국으로 가더라. (내년에 미국으로 가는 사람들의 명단을 우연히 내가 며칠 전에 본 뒤에, 그 사실을 남에게 알려줄 때)

(75) ㄱ. {*나는, 너는, 그는} 어제 학교에 가더라.

ㄴ. { 내가, *네가, 그가} 어제 학교에 가더냐?

관형절로 안긴 문장에서는 과거 시제가 관형사형 어미로 실현되는데, (76ㄱ)에서처럼 동사 어간에는 '-(으)ㄴ'이 쓰이고, (76ㄴ,ㄷ)에서 보듯이 형용사나 서술격 조사 다음에는 회상 선어말 어미 '-더-'와 관형사형 어미 '-(으)ㄴ'이 결합된 '-던'이 쓰인다. 물론 동사 어간 다음에도 (77)과 같이 '-던'이 쓰일 수 있는데, '-(으)ㄴ'이 쓰인 것과는 의미 차이가 있음을 알 수 있다.

(76) ㄱ. 어제 우리가 읽은 책은 무척 감동적이었다.

ㄴ. 그렇게 곱던 꽃이 벌써 시들어 버렸구나.

ㄷ. 그 때 어린애이던 네가 벌써 이렇게 컸다니, 믿을 수가 없구나.

(77) ㄱ. 왜적을 무찌른 충무공은 적의 총탄을 맞고 돌아가셨다.

ㄴ. 왜적을 무찌르던 충무공은 적의 총탄을 맞고 돌아가셨다.

ㄷ. 왜적을 무찔렀던 충무공은 적의 총탄을 맞고 돌아가셨다.

한편 '-았었-/-었었-/-였었-'도 과거를 나타내는 표현이다. 이는 어떤 사건이 발화시보다 앞서 일어나서 현재와는 단절되어 있음을 표현하기 위해 쓰인다.

(78) ㄱ. 그 때 이곳에는 코스모스가 피었었지.

ㄴ. 어릴 때 우리는 이 언덕에서 뛰어 놀았었지.

더 알아보기

 '-았-/-었-'과 '-았었-'의 용법

선어말 어미 '-았-/-었-'은 주로 과거 시제를 나타낼 때 쓰인다. 그런데 '-았-/-었-'이 단순히 과거 시제를 나타내는 것으로 볼 수 없는 경우가 있다.

(1) ㄱ. 길수는 어머니를 닮았다.　　ㄴ. 이 참외가 잘 익었다.

ㄷ. 영숙이가 빨간 옷을 입었다.　　ㄹ. 그 아이는 퍽 귀엽게 생겼다.

ㅁ. 거기 섰거라.   ㅂ. 썩 물렀거라.

(1)의 '-았-/-었-'은 '완료' 또는 '완결 지속'을 나타내며, 과거 시제가 아니라 현재 시제를 나타내고 있다. 이처럼 현대 국어에서 '-았-/-었-'이 '완결 지속'을 나타내는 것은, '-았-/-었-'이 중세국어에서 '완결 지속'을 나타내던 '-아/어 이시-'에서 문법화된 것과 관련이 있다.

또한 '-았-/-었-'이 미래 상황을 표현하는 경우에 쓰이기도 한다. 즉 미래에 어떤 일이 실현될 것을 인식함을 나타내는 경우에도 '-았-/-었-'을 쓸 수 있다.

(2) ㄱ. 너는 내일 소풍은 다 갔다.

  ㄴ. 너 이제 장가는 다 갔다.

  ㄷ. 넌 오늘 집에 들어오면 혼났다.

한편, 서울대학교 국어교육연구소(2002ㄴ: 217)에서는 '-았었-'에 대하여 다음과 같이 설명하였다.

"특히 '-았었-'은 '중학교 때의 꿈은 대통령이었었고, 고등학교 때의 꿈은 장군이었는데, 지금은 기업 경영인이 되는 것이 꿈이다.'처럼 과거 이전, 즉 대과거나 현재와 강하게 단절된 상황에 쓰이는 것이므로, '어제 영화 보러 갔다.'고 해도 될 것을 '어제 영화 보러 갔었다.'처럼 써서 단순한 과거를 '-았었-'으로 표현하는 오용을 삼가도록 지도한다."

그러나 위의 설명에서 중학교 때에는 '-았었-'을 쓰고 고등학교 때는 '-았-'을 쓰는 것처럼 설명한 것은 문제가 있다. 그리고 '-았었-'이 대과거를 표현한다고 하여, 마치 국어에 대과거 시제가 있는 것처럼 기술한 것은 큰 문제가 있다.

(3) ㄱ. 이곳에는 코스모스가 피었지.

  ㄴ. 이곳에는 코스모스가 피었었지.

(4) ㄱ. 나는 오늘 일찍 학교에 왔다.

  ㄴ. 나는 오늘 일찍 학교에 왔었다.

(3ㄱ)처럼 '-았-'만 쓰면 현재 이곳에 코스모스가 피어 있는 것으로 해석된다. 그리하여 지금 이곳에는 코스모스가 피어 있지 않음을 즉 단절되어 있음을 표현하기 위해 '-았었-'을 쓴 것으로 본다. (4ㄱ)도 내가 오늘 학교에 일찍 와서 지금까지 학교에 있음을 나타내지만, (4ㄴ)은 내가 오늘 학교에 일찍 왔다가 다시 집으로 가서 숙제를 가지고 다시 학교로 온 경우에 쓸 수 있다. 즉 (3ㄴ)과 (4ㄴ)은 단절된 상황을 나타낸다는 것이다.

이처럼 (3ㄴ)과 (4ㄴ)이 과거를 나타내지만 '-았었-'과 같은 겹친 형태를 쓰는 까닭은 (3ㄱ)과 (4ㄱ)의 '-았-' 하나만으로는 현재의 상태를 나타낼 수도 있기 때문이다. 즉 시제가 과거라는 점을 명백히 하기 위해 '-았었-'을 쓴 것으로 볼 수 있다.

3.3.2. 현재 시제

현재 시제는 발화시와 사건시가 일치하는 시제이다. 현재 시제 역시 주로 선어말 어미에 의해 표현되는데, '지금'과 같은 부사어를 써서 현재 시제를 나타낼 수도 있다.

현재 시제를 나타내는 선어말 어미로는 동사의 경우에 (79ㄱ,ㄴ)과 같이 '-는-, -ㄴ-'이 실현되고, 형용사나 서술격 조사의 경우에 (79ㄷ,ㄹ)과 같이 선어말 어미가 결합하지 않는 영형태(ø)가 쓰인다.

(79) ㄱ. 학생들이 식당에서 밥을 먹는다.

   ㄴ. 학생들이 운동장에서 축구를 한다.

   ㄷ. 입학 시험을 치르는 날은 해마다 춥다.

   ㄹ. 기철이는 우리 학교 학생회장이다.

관형절로 안긴 문장에서는 현재 시제가 관형사형 어미로 실현되는데, 동사 어간에는 (80ㄱ,ㄴ)처럼 '-는'이 쓰이고 형용사와 서술격 조사에는 (80ㄷ,ㄹ)처럼 '-(으)ㄴ'이 쓰인다. 다만 '있다'와 '없다'는 형용사이지만 (80ㅁ)처럼 관형사형 어미 '-는'이 쓰인다.

(80) ㄱ. 식당에서 밥을 먹는 학생들이 많다.

   ㄴ. 운동장에서 축구를 하는 학생들은 신이 나서 소리를 지른다.

   ㄷ. 해마다 추운 입학 시험 날이지만, 올해는 다행히 날씨가 따스하다.

   ㄹ. 우리 학교 학생회장인 기철이는 다른 학생들의 입장을 잘 대변해 준다.

   ㅁ. 책이 있는 학생들은 이리 오고, 책이 없는 학생들은 저리 가거라.

3.3.3. 미래 시제

미래 시제는 발화시보다 사건시가 나중에 오는 시제이다. 미래 시제는 주로 선어말 어미 '-겠-'에 의해 표현되는데, '내일'과 같이 미래를 나타내는 시간부사가 쓰이면 미래 시제가 더 분명하게 드러난다. '-겠-'은 주로 미래 시제를 나타내지만 추측이나 의지, 가능성 등을 함께 표현하기도 한다.

(81) ㄱ. 내일은 눈이 내리겠다. (추측)

ㄴ. 저는 이번 시험에 반드시 합격하겠습니다. (의지)

ㄷ. 그런 일쯤은 삼척동자라도 알겠다. (가능성)

미래 시제는 '-겠-' 대신에 '-(으)리-'로 실현되기도 하는데, '-(으)리-'는 '-(으)리다, -(으)리까, -(으)리니' 등에서만 쓰인다. '-(으)리-'는 중세 국어에서 활발하게 쓰이다가 오늘날은 잘 쓰이지 않게 되었다.

(82) ㄱ. 두 손 모아 그녀의 행복을 빌리라.

ㄴ. 내가 당신의 부탁을 꼭 들어 드리리다.

또 관형사형 어미 '-(으)ㄹ'과 의존 명사 '것'이 결합된 '-(으)ㄹ 것'도 널리 쓰인다.

(83) ㄱ. 내일은 눈이 내릴 것이다. (추측)

ㄴ. 저는 이번 시험에 반드시 합격할 것입니다. (의지)

관형절로 안긴 문장에서는 미래 시제가 관형사형 어미 '-(으)ㄹ'로 실현된다.

(84) ㄱ. 내일 우리 집에 올 사람은 미리 나에게 말해 줘.

ㄴ. 비가 오는데도 불구하고 소풍을 떠날 가능성은 극히 적어.

이상에서 국어 시제에 대해 논의 하였는데, 이를 도표로 정리하면 다음과 같다.

시제 어미	과거 시제		현재 시제		미래 시제
	동사	형용사, 서술격 조사	동사	형용사, 서술격 조사	
선어말 어미	–았–/–었–/–였–, –더–, –았었–/–었었–/–였었–		–는–/–ㄴ–[21]	Ø	–겠–, –(으)리–
관형사형 어미	–(으)ㄴ	–던	–는	–(으)ㄴ ※'있다, 없다'에 는 '–는'이 쓰임	–(으)ㄹ

표 6-2 시제를 나타내는 어미의 형태

더 알아보기

국어에 미래 시제가 있을까?

　현행 학교 문법에서는 국어의 시제 체계를 '과거, 현재, 미래'의 3분 체계로 보고 있다. 그런데 과거 시제를 나타내는 형태소는 '–었–'이 있고 현재 시제를 나타내는 형태소는 '–는–' (혹은 Ø)이 있지만, 미래만을 나타내는 형태소가 따로 없다는 데 문제가 있다.

　위에서도 살펴보았듯이 '–겠–'은 미래를 나타내기도 하지만 '–겠–' 자체가 미래를 표시하기 위한 형태소라기보다는 '추측'이나 '의지'라는 의미 속에 미래라는 의미가 포함되어 있다고 볼 수도 있다. 게다가 '–겠–'은 과거 상태나 현재 상태에 대한 추측을 나타내기도 한다.

　ㄱ. 어제 사람들이 많이 다쳤겠다.

　ㄴ. 지금 서울에는 비가 내리겠다.

　또한 미래 시제를 표시하는 것으로 알려진 형태소인 '–(으)리–'는 생산성이 극히 낮으며, '–(으)ㄹ 것'은 한 형태소가 아니라 통사적 구성이다. 이렇게 보면 국어에는 미래를 표시하는 별개의 형태소가 없는 셈이다.

　그렇다면 국어의 미래는 어떻게 표현되는가? 바로 현재 시제를 나타내는 '–는–'이 미래 시제를 나타내는 데 쓰인다는 점에 주목할 필요가 있다.

21　이 표에서는 '과거:현재:미래'의 대립을 보여주기 위해 현재 시제를 나타내는 선어말 어미 '–는–/–ㄴ–'을 제시하였지만, 학교 문법에서는 '먹는다, 간다'에서 선어말 어미 '–는–/–ㄴ–'을 분석하지 않고 '–는다, –ㄴ다'를 어미로 다루고 있음에 주의할 필요가 있다.

ㄷ. 나는 오늘 서울에 간다.

ㄹ. 나는 내일 서울에 간다.

즉, 현재 시제 형태소만으로도 충분히 미래 시제를 표현할 수 있다. 이런 관점에 서면, 국어의 시제를 '과거: 현재' 혹은 '과거: 비과거'의 이원 체계로 볼 수도 있다.

더 알아보기

절대 시제와 상대 시제를 구분할 필요성

국어의 시제를 효과적으로 설명하기 위해서는 절대 시제와 상대 시제의 개념을 도입할 필요가 있다. 절대 시제는 발화시를 기준으로 하는 시제를 말하며, 상대 시제는 사건시를 기준으로 하는 시제를 말하는데, 상대 시제는 관형절로 안긴 문장이나 이어진 문장의 시제 현상을 설명하는 데 유용한 개념이다.

ㄱ. 그는 집 앞을 지나가는 사람에게 말을 건넨다.

ㄴ. 그는 집 앞을 지나가는 사람에게 말을 건넸다.

(ㄱ)의 안긴 문장에 관형사형 어미 '-는'이 쓰인 것은 문제가 되지 않는다. 안은 문장과 안긴 문장의 시제가 모두 현재(절대 시제)이기 때문에, 현재 시제의 관형사형 어미가 쓰인 것이다. 그런데 (ㄴ)의 경우에는 안은 문장의 시제가 과거이므로 안긴 문장도 분명히 과거(절대 시제)를 나타내는데, 현재 시제의 관형사형 어미가 쓰이는 점을 설명하기가 쉽지 않다.

이와 같은 관형절의 시제를 설명하기 위해서 상대 시제의 개념을 도입할 필요가 있다. 상대시제의 관점에서 보면 (ㄴ)의 안긴 문장의 시제가 현재 시제가 된다. 왜냐 하면 상대 시제는 사건시를 기준으로 보는 시제이기 때문에, 안은 문장의 시제인 과거가 바로 기준시가 된다. 따라서 기준시가 사건시인 과거이기 때문에, 과거를 기준으로 보면 안긴 문장의 시제는 현재가 되며, 현재를 나타내는 관형사형 어미 '-는'이 쓰일 수 있다고 설명한다.

3.3.4. 동작상

동작상(動作相)은 어떤 동작이 시간적으로 변화하는 양상을 말한다. 즉 시간의 흐름

속에서 그 동작이 끝나지 않고 지속되고 있는지, 아니면 완전히 끝났는지를 표현하는 것을 동작상[22]이라고 한다.

(85) ㄱ. 경수가 의자에 앉고 <u>있</u>다. (시제-현재, 동작상-진행)

　　ㄴ. 경수가 의자에 앉아 <u>있</u>다. (시제-현재, 동작상-완료)

　　ㄷ. 경수가 의자에 앉고 <u>있</u>었다. (시제-과거, 동작상-진행)

　　ㄹ. 경수가 의자에 앉아 <u>있</u>었다. (시제- 과거, 동작상-완료)

　　학교 문법에서는 국어의 동작상으로 '완료상'과 '진행상'을 설정하였는데, 동작상은 위에서 보듯이 보조용언 구성에 의해 실현된다. 즉 '-고 있-'이 진행상을 나타내고, '-어 있-'은 완료상을 나타냄을 알 수 있다.

　　한편 현행의 학교 문법에서는 다음과 같은 연결 어미에 의해서도 동작상이 표현될 수 있다고 하였다.

(86) ㄱ. 그녀는 얼굴에 웃음을 지으<u>면서</u> 대답하였다. (진행상)

　　ㄴ. 그녀는 밥을 다 먹<u>고서</u> 집을 나섰다. (완료상)

3.4. 피동 표현

　　문장은 동작이나 행위를 누가 하느냐에 따라 능동문과 피동문으로 나뉘는데, 주어가 자기 힘으로 동작을 하는 것을 **능동**(能動)이라 하고, 주어가 스스로 행동하지 않고 남의 동작을 받는 것을 **피동**(被動)이라 한다.

　　피동문은 '-이-, -히-, -리-, -기-, -되-'[23]와 같은 파생 접미사에 의한 **파생적 피동문**과, '-어지다, -게 되다'에 의한 **통사적 피동문**으로 나눌 수 있다.

　　먼저 파생적 피동문은 다음과 같은 과정을 통해 만들어진다.

22 　앞에서 살펴본 시제는 '과거, 현재, 미래' 등과 같이 시간의 외적인 시점을 가리키는 데 비해, 동작상은 '완료, 진행' 등과 같은 시간의 내적 양상을 가리킨다는 점에서 차이를 보인다. 동작상은 현재, 과거 또는 미래라는 시간 영역 속에서 어떤 동작이 진행 중인지, 혹은 완료되었는지를 나타낸다.

23 　현행의 학교 문법에서는 체언 뒤에 '-되-'가 붙는 경우도 파생적 피동문의 한 유형으로 설정하였다. 즉 '체포되나, 연결되나' 등을 피동으로 간주하였는데, '체포당하다'의 '당하다'는 피동에서 제외하고 '체포되다'만 피동으로 간주한 것은 재론의 여지가 있다.

(87) 사냥꾼이 호랑이를 잡았다. (능동문)

　　　주어　　목적어　서술어

　　　호랑이가 사냥꾼에게 잡히었다. (피동문)

　　　주어　　　부사어　　서술어

능동문이 피동문으로 바뀔 때는, 위에서 보듯이 능동문의 목적어가 피동문의 주어가 되고, 능동문의 주어는 피동문의 부사어가 된다. 피동문에는 피동사가 쓰이는데, 피동사는 (88)과 같이 능동사의 어간에 피동 접미사 '-이-, -히-, -리-, -기-'가 결합하여 만들어진다.

(88) ㄱ. -이-: 놓다-놓이다, 보다-보이다, 쓰다-쓰이다

　　　ㄴ. -히-: 묻다(埋)-묻히다, 박다-박히다, 잡다-잡히다

　　　ㄷ. -리-: 듣다-들리다, 물다-물리다, 풀다-풀리다

　　　ㄹ. -기-: 감다-감기다, 끊다-끊기다, 안다-안기다

그렇지만 (89)에서 보듯이 국어에서는 모든 타동사 어간에 피동 접미사 '-이-, -히-, -리-, -기-'가 결합할 수 있는 것은 아니다.[24]

(89) 피동사가 없는 능동사

　　　수여 동사(주다, 드리다, 바치다 등), 수혜 동사(얻다, 잃다, 찾다, 돕다, 입다 등),

　　　경험동사(알다, 배우다, 바라다, 느끼다, 참다 등), 대칭 동사(닮다, 만나다 등),

　　　'-하다' 동사(공부하다, 생각하다, 사랑하다 등)

24　영어에서는 피동문이 형성되는 것이 아주 규칙적이며 예외가 거의 없어서, 'have, resemble, lack'과 같은 특수한 동사를 제외하면 거의 모든 타동사 문장을 피동문으로 변환할 수 있다. 아울러 영어의 피동문은 능동문의 목적어가 피동문의 주어 자리에 오게 되고 능동문의 주어는 피동문에서 'by' 다음에 놓이며, 능동문의 동사는 피동문에서 'be + 과거분사' 형태로 바꿈으로써 만들어진다.

　　(1) ㄱ. John opened the door.
　　　　ㄴ. The door was opened by John.
　　(2) ㄱ. I gave him a book.
　　　　ㄴ. He was given a book by me.
　　　　ㄷ. A book was given him by me.

한편, 위에서 살펴본 파생적 피동문과는 달리, '-어지다, -게 되다'에 의해 피동문이 만들어지기도 하는데, 이를 **통사적 피동문**이라고 한다.[25]

(90) ㄱ. 새로운 사실이 밝혀졌다.

ㄴ. 곧 사실이 드러나게 된다.

더 알아보기

능동문과 피동문의 의미 차이

변형 생성 문법이 발전해 나가는 과정에서, 변형이 의미를 바꿀 수 있는지에 대한 논쟁이 일어난 적이 있다. 그 당시에는 능동문에서 변형을 통해 피동문을 유도해 낸다고 보았는데, 능동문과 피동문을 비교할 때 의미 차이가 있음이 드러나게 되었다.

즉 능동문인 '사냥꾼이 사슴을 잡았다.'와 피동문인 '사슴이 사냥꾼에게 잡혔다.'라는 두 문장을 비교해 볼 때, 능동문은 사냥꾼에게 초점을 맞추었고, 피동문은 사슴에 초점을 맞추었음을 쉽게 확인할 수 있다.

한편, 능동문과 피동문에 수량 표현이 나타날 때, 두 문장 사이에 의미 차이가 확연히 나타난다. 능동문인 '학생 열 명이 책 두 권을 읽었다.'와 피동문인 '책 두 권이 학생 열 명에게 읽혔다.' 사이에는 학생들이 읽은 책의 숫자에서 차이가 난다. 능동문에서는 적게는 두 권에서 많게는 스무 권을 읽었지만, 피동문에서는 학생들이 책 두 권만 읽은 것을 표현한다.

요컨대 능동문과 피동문은 일반적으로는 의미 차이가 거의 없지만, 수량 표현이나 부정 표현이 쓰일 때는 의미 차이가 확연하게 드러난다.

---

25 현행의 학교 문법에서는 '-어지다'에 의한 피동문을 통사적 피동문으로 다루고 있다. 그런데 '-어지다'가 남의 동작을 받는 것을 의미하는지 면밀히 검토할 필요가 있다. 예를 들면 '구두끈이 저절로 풀어졌다.'와 같은 문장에서 다른 사람의 동작을 상정하기가 어렵다. 뿐만 아니라 '방이 갑자기 밝아졌다.'에서도 상태의 변화를 나타낼 뿐이며, 피동의 의미는 확인할 수가 없다. 요컨대 '-어지다'는 타동사나 형용사에 붙어서 자동사로 만들어 주는 기능을 하며, 그 의미는 '피동'이 아니라 '상태의 변화'를 나타내는 것으로 보는 것이 좋다.

또한 '-게 되다'를 통사적 피동으로 다루었는데, 서울대학교 국어교육연구소(2002ㄴ: 222)에서는 탈행동적으로 해석되어 동작주를 상정하기 어려운 경우가 많다고 하여, '-게 되다'를 피동으로 다루는 데 문제가 있음을 밝히고 있다. 위에서 제시한 '곧 사실이 드러나게 된다.'라는 문장과 '곧 사실이 드러난다.'라는 문장이 피동문과 능동문의 관계가 아닐 뿐만 아니라 '-게 되다'에서 피동의 의미를 찾을 수 없기 때문에, '-게 되다'를 통사적 피동문으로 다루는 것은 문제가 있다.

파생 접사에 의한 피동문의 몇 가지 특성

국어에서 파생 접사에 의한 피동은 몇 가지 특이한 점을 보여 준다.

먼저 영어의 모든 피동사는 타동사에서 파생되지만, 국어의 경우 특이하게도 자동사에서 파생된 피동사가 있다. '날다 – 날리다, 울다 – 울리다, 졸다 – 졸리다, 걷다 – 걷히다'가 그 예이다.

(1) ㄱ. 낙엽이 바람에 난다.   ㄴ. 낙엽이 바람에 날린다.

(2) ㄱ. 종이 운다.   ㄴ. 종이 울린다.

다음으로 피동사가 능동적인 의미를 지닌다. 피동은 주어 스스로가 행동하지 않고 남의 동작을 받는 것을 말하는데, 국어의 일부 피동사는 주어 스스로가 동작을 하는 경우에 쓰이기도 한다.

(3) ㄱ. 아이들이 그의 팔에 매달렸다.   ㄴ. 그의 팔에 매달려라.

(4) ㄱ. 아이는 내 품에 안겼다.   ㄴ. 얘야, 내 품에 안겨라.

끝으로, 대응되는 능동문의 동작주를 상정하기 어려운 경우가 있다.

(5) ㄱ. 날씨가 풀렸다.   ㄴ. $^{??}$누군가가 날씨를 풀었다.

(6) ㄱ. 그녀는 슬픔에 싸여 있다.   ㄴ. $^{??}$누군가가 그녀를 슬픔에 쌌다.

3.5. 사동 표현

문장은 동작이나 행위를 주어가 직접 하느냐 아니면 다른 사람에게 하도록 하느냐에 따라 주동문과 사동문으로 나뉜다. 사동문에도 접미사로 실현되는 **파생적 사동문**과 '-게 하다'로 실현되는 **통사적 사동문**이 있다.

먼저 파생적 사동문에는 사동사가 서술어로 쓰이는데, 사동사는 주동사의 어간에 사동 접미사 '-이-, -히-, -리-, -기-, -우-[26], -구-, -추-' 등이 붙어서 만들어진다.

---

26 서울대학교 국어교육연구소(2002ㄱ: 186)에서는 사동사 '세우다'는 '서다'에 두 개의 사동 접미사가 연속되어 있는 '-이우-'가 붙은 것으로 설명하고 있다. 공시적으로 볼 때 사동 접미사가 두 개 연속되었다고 하는 설명은 있을 수가 없다. 이런 관점에 서면 '영숙이가'는 주격 조사가 두 개 연속되어 있다고 해야 할 것이다.

(91) ㄱ.　　　　　담이　　　높다. (주동문)

　　　　　　　　주어　　　서술어

　　　　　　　　↓　　　　↓

　　　사람들이　　담을　　높인다. (사동문)

　　　　주어　　목적어　　서술어

　　ㄴ.　　　　　아이가　　밥을　　먹었다. (주동문)

　　　　　　　　주어　　목적어　서술어

　　　　　　　　↓　　　　↓

　　어머니가　아이에게　밥을　먹이었다. (사동문)

　　　주어　　　부사어　목적어　서술어

　　위에서 보듯이 주동문이 사동문으로 바뀔 때는, 먼저 사동문의 주어가 새로 도입된다. 아울러 주동문의 주어는 사동문의 목적어나 부사어가 된다. 주동사가 형용사나 자동사 이면 주동문의 주어('담이')는 사동문의 목적어('담을')가 되고, 주동사가 타동사이면 주동문의 주어('아이가')가 사동문의 부사어('아이에게')가 된다. 물론 주동문의 목적어는 사동문에서도 그대로 목적어로 쓰인다.

　　사동사는 아래 표에서 보듯이 형용사, 자동사 및 타동사의 어근에 사동 접미사 '-이-, -히-, -리-, -기-, -우-, -구-, -추-'가 붙어서 만들어지는데,[27] 피동사와 마찬가지로 사동사의 숫자도 그리 많지 않다. 예를 들면 '가다, 오다, 만들다' 등의 동사에는 사동 접미사가 결합할 수 없다.

접미사의 종류	형용사 + 접미사	자동사 + 접미사	타동사 + 접미사
-이-	높다 – 높이다	녹다 – 녹이다	보다 – 보이다
-히-	밝다 – 밝히다	앉다 – 앉히다	입다 – 입히다
-리-		울다 – 울리다	듣다 – 들리다
-기-		웃다 – 웃기다	감다 – 감기다

27　현행의 학교 문법에서는 접미사 '-시키다'에 의해서도 사동법이 실현되는 것으로 보았다. (예) 정지시키다, 훈련시키다, 교육시키다 등. 하지만 이관규(2003: 292)에서는 '차를 정지시키다'와 '차를 정지를 시키다' 사이의 차이를 발견하기 어렵다고 하면서 '정지시키다'를 합성어로 다루어야 한다고 주장하였다. 이 책에서도 '-시키다'를 사동 접미사로 다루는 것은 문제가 있다고 본다.

접미사의 종류	형용사 + 접미사	자동사 + 접미사	타동사 + 접미사
-우-		깨다 - 깨우다	차다 - 채우다
-구-		솟다 - 솟구다	
-추-	낮다 - 낮추다		

표 6-3 사동 접미사에 의한 파생

한편 국어의 사동문은 보조적 연결어미 '-게'와 보조 용언 '하다'가 결합한 '-게 하다'에 의해 실현되기도 하는데, 이를 통사적 사동문이라고 한다. 학교 문법에서는 (92)와 같은 통사적 사동문에서 '먹게 하다'를 하나의 서술어구로 본다.

(92) ㄱ. 어머니는 아이에게 밥을 먹게 하였다.

ㄴ. 어머니는 [아이에게 밥을 먹]게 하였다.

그렇지만 통사적 사동문에는 서술어가 두 개 나타나는데, 서술어 '먹-'의 주어는 '아이'이고 '-게 하-'의 주어는 '어머니'로 볼 수밖에 없다. 다른 보조 용언이 쓰인 경우에는 '아이가 밥을 먹지 않는다'에서 보듯이 새로운 주어가 도입되지 않지만, '-게 하-'의 경우에는 새로운 주어(사동주)가 도입되는 점이 특이하다. 이런 점 때문에 '-게 하다'를 보조 동사로 다루지 말고 본 용언으로 다루어야 한다는 주장을 제기하는 경우도 있다.

더 알아보기

 파생적 사동문(단형 사동)과 통사적 사동문(장형 사동)의 차이

파생적 사동문과 통사적 사동문은 다음과 같은 차이를 보인다.

첫째, 파생적 사동문에는 동사가 하나밖에 없는데, 통사적 사동문에는 동사가 둘이라는 점에서 차이를 보인다. 그리하여 파생적 사동문에서는 피사동주에 항상 '에게'가 붙는 데 비해, 통사적 사동문에서는 피사동주에 '에게'가 붙기도 하고 주격 조사 '이/가'가 붙기도 한다. 아울러 주체 높임의 선어말 어미 '-시-'가 파생적 사동문에서는 한 군데만 나타날 수 있지만, 통사적 사동문에서는 두 군데 나타날 수 있다.

(1) ㄱ. 누나는 동생{*이, 에게} 밥을 먹이었다.

ㄴ. 누나는 동생{ 이, 에게} 밥을 먹게 하였다.

둘째, 파생적 사동문은 대개 '직접 사동'을 표현하고, 통사적 사동문은 대개 '간접 사동'을 표현한다. 직접 사동은 사동주가 피사동 행위를 직접 수행하는 것을 말하며, 간접 사동은 사동주의 사동 행위가 피사동주의 피사동 행위를 일으키는 것을 말한다. 아래 (2ㄱ)의 파생적 사동문은 직접 사동을 나타내고, (2ㄴ)의 통사적 사동문은 간접 사동을 나타낸다. 그렇지만 두 가지 사동문의 의미를 엄격하게 구분하기는 어렵다. (3ㄱ)과 (3ㄴ)의 경우에는 직접 사동 대 간접 사동의 차이를 보이지 않고, 둘 다 간접 사동을 표현하고 있다.

(2) ㄱ. 어머니는 아이에게 옷을 입혔다.

ㄴ. 어머니는 아이에게 옷을 입게 하였다.

(3) ㄱ. 선생님께서는 영지에게 책을 읽혔다.

ㄴ. 선생님께서는 영지에게 책을 읽게 하였다.

셋째, 두 가지 사동문은 부사(혹은 부사구)의 수식 범위에 있어서 차이를 보인다. (4)에서 보듯이 통사적 사동문에서는 사동 사건과 피사동 사건의 시간 차이가 있을 수 있지만, 파생적 사동문에서는 시차가 있을 수 없다. (5ㄱ)에서는 '자기 방에서'가 '명수의 방'만 되지만, (5ㄴ)에서는 '명수의 방'과 '동생의 방' 모두 될 수가 있다.

(4) ㄱ. *토요일에 영희는 일요일에 철수를 죽였다.

ㄴ. 토요일에 영희는 일요일에 철수를 죽게 했다.

(5) ㄱ. 명수는 동생을 자기 방에서 울렸다.

ㄴ. 명수는 동생이 자기 방에서 울게 했다.

3.6. 부정 표현

부정 표현은 긍정 표현에 상대되는 개념으로, 부정 부사 '안, 못'이나 부정 용언 '아니하다, 못하다'를 써서 나타낸다.[28]

(93) ㄱ. 그는 밥을 안 먹었다.　　ㄴ. 그는 밥을 먹지 않았다.

28　'아니다'는 '아니 + 이다'로 볼 수 있지만 학교 문법에서 '아니다'를 '이다'의 부정으로 다루지 않고 있으며, 국립국어연구원(1999)에서도 '이다'와 '아니다'가 서로 관련이 없는 것처럼 다루었다.

(94) ㄱ. 그는 밥을 못 먹었다.　　ㄴ. 그는 밥을 먹지 못했다.

(93)과 같이 '안'이나 '아니하다'가 쓰인 부정문은 주어의 의지에 의해 어떤 동작이 일어나지 않았음을 나타내는 **의지 부정**을 주로 나타내고, (94)와 같이 '못'이나 '못하다'가 쓰인 부정문은 주어의 능력이 부족하여 어떤 일이 일어나지 못함을 나타내는 **능력 부정**을 주로 나타낸다.

한편 부정 표현에는 용언 앞에 부정 부사 '안, 못'을 넣는 **짧은 부정문**과 용언의 어간에 보조적 연결어미 '-지'를 결합하고 그 뒤에 '아니하다, 못하다'를 쓰는 **긴 부정문**이 있다. (93ㄱ)과 (94ㄱ)은 짧은 부정문이고 (93ㄴ)과 (94ㄴ)은 긴 부정문이다.

'아니하다, 못하다'는 명령문이나 청유문에는 쓰이지 못하는데, 이 때는 그 대신에 '말다'가 쓰인다.

(95) ㄱ. 이번 토요일에는 만나지 *않자. / *못하자. / 말자.

　　ㄴ. 이제 더 이상 다투지 *않읍시다. / *못합시다. / 맙시다.

그리고 '알다, 모르다'와 같은 일부 동사와 '아름답다, 날카롭다, 가파르다' 등의 형용사는 반드시 긴 부정문으로만 쓰인다.[29]

(96) ㄱ. *저는 그 학교의 위치를 안 모릅니다.

　　ㄴ. 저는 그 학교의 위치를 모르지 않습니다.

(97) ㄱ. *이 칼은 안 날카롭다.

　　ㄴ. *그 꽃이 안 아름답다.

부정문에서는 부정이 미치는 범위에 따라 그 의미가 달라질 수 있다. 긴 부정문이든 짧은 부정문이든 부정의 범위가 달라지는 것은 마찬가지이다.

(98) ㄱ. 창수가 어제 학교에서 책을 안/못 읽었다.

29　명령형 어미 '-아, -아라'가 결합하는 경우 '말아, 말아라'와 '마, 마라'를 모두 인정한다. 다만 간접 명령인 하라체의 경우에는 '-(으)라'가 결합한 '말라'만 쓸 수 있다.

ㄴ. 창수가 어제 학교에서 책을 읽지 않았다/못했다.

위의 두 문장은 각각 부정의 대상이 '창수가', '어제', '학교에서', '책을', '읽었다'가 될 수 있어서 여러 가지 의미로 해석된다. 이러한 중의성은 부정하려는 대상에 강세를 주거나 보조사 '는'을 넣어서 해소할 수 있다.

(99) ㄱ. 창수는 어제 학교에서 책을 안/못 읽었다.
     ㄴ. 창수가 어제 학교에서 책을 안/못 읽었다.
(100) ㄱ. 창수가 어제는 학교에서 책을 안/못 읽었다.
      ㄴ. 창수가 어제 학교에서 책을 안/못 읽었다.

한편 부정의 형식을 취하고 있지만 부정을 나타내지 않고 '확인, 의심'을 나타내는 경우도 있다. 이런 경우에는 '-지 않-'이 '-잖-'으로 축약되어 쓰일 수 있다는 것이 일반적인 부정문과는 다른 점이다.

(101) ㄱ. 내일 비가 내리지 않을까/내리잖을까 걱정이다.
      ㄴ. 그가 너를 좋아했지 않니/좋아했잖니?

참고문헌

고영근(2004), 『한국어의 시제 서법 동작상』, 태학사.

고영근(2004), "국어문법교육의 방향 탐색 ―현행 고등학교 『문법』을 검토하면서―", 『우리말 연구』 15, 우리말학회, 23-51쪽.

고영근·구본관(2018), 『한국어 통사론』(개정판), 집문당.

국립국어연구원(1999), 『표준국어대사전』, 두산동아.

국립국어원(2005), 『외국인을 위한 한국어 문법 Ⅰ―체계편』, 커뮤니케이션북스.

권재일(1992), 『한국어 통사론』, 민음사.

권재일(1994), 『한국어 문법의 연구』, 서광 학술 자료사.

김광해 외(1999), 『국어 지식 탐구』, 박이정.

김종록(1994), 『국어 접속문의 통사론적 연구』, 경북대 박사학위논문.

김종택(1984), 『국어 화용론』, 형설출판사.

남기심·고영근(1993), 『표준 국어 문법론』, 탑출판사.

류구상 외(2001), 『한국어의 목적어』, 월인.

민현식(2000), 『국어 문법 연구』, 도서출판 역락.

배희임(1988), 『국어 피동 연구』, 고려대학교 민족문화연구소.

서울대학교 국어교육연구소(2002ㄱ), 『고등학교 문법』, 교육인적자원부.

서울대학교 국어교육연구소(2002ㄴ), 『고등학교 교사용 지도서 문법』, 교육인적자원부.

서정수(1984), 『존대법의 연구: 현행 대우법의 체계와 문제점』, 한신문화사.

서정수(1996), 『국어 문법』, 한양대학교 출판원.

송창선(2010), 『국어 통사론』, 한국문화사.

유현경 외(2018), 『한국어 표준 문법』, 집문당.

안주호(2003), 『국어교육을 위한 문법 탐구』, 한국문화사.

이관규(2003), 『학교 문법론』, 월인.

이남순(1998), 『시제, 상, 서법』, 월인.

이상태(1995), 『국어 이음월의 통사·의미론적 연구』, 형설출판사.

이영택(2003), 『학교 문법의 이해』, 형설출판사.

이은규(1984), "국어 피동법 연구", 경북대 석사학위논문.

이익섭·임홍빈(1983), 『국어 문법론』, 학연사.

참고문헌

이익섭·채완(1999),『국어 문법론 강의』, 학연사.

임홍빈(1978), "국어 피동화의 의미",『진단학보』45, 진단학회, 95-115쪽.

최웅환(2000),『국어 문장의 형성 원리 연구』, 역락.

최재희(2004),『한국어 문법론』, 태학사.

최현배(1937=1980),『우리 말본』(여덟번째고침), 정음사.

한영목(2004),『우리말 문법의 양상』, 역락.

허웅(1983),『국어학-우리말의 오늘·어제』, 샘문화사.

황미향(1986), "국어 관형절 연구", 경북대학교 석사학위논문.

01. 국어에는 겉으로 보기에 주어가 둘 이상 나타나는 특이한 현상이 있다. 학교 문법
에서는 〈보기〉와 같은 경우를 어떻게 다루고 있는지 설명해 보자.

> (가) 영희는 친구가 많다.
>
> (나) 나는 고양이가 좋다.
>
> (다) 코끼리는 코가 길다.

02. 학교 문법에서는 목적격 조사가 쓰인 경우를 모두 목적어로 다루고 있다. 아래 〈보
기〉를 참고로 하여 그 문제점을 찾아보자.

> (가) ① 영미가 극장에 간다.
>
> ② 영미가 극장을 간다.
>
> (나) ① 철수는 영미를 손을 잡았다.
>
> ② 영미가 철수에게 손을 잡혔다.
>
> ③ 영미가 철수에게 손이 잡혔다.
>
> (다) ① 저 꽃은 예쁘지가 않다.
>
> ② 저 꽃은 예쁘지를 않다.

03. 국어 상대 높임법의 여섯 등급을 구분하고, 각 등급의 특성을 설명해 보자.

04. 아래 자료를 참고로 하여 주체 높임의 선어말 어미 '-(으)시-'의 특성을 설명해 보자.

> (가) 아버지께서 회사에서 돌아오셨다.
>
> (나) 할아버지께서는 밥을 잘 {잡수신다. *먹으신다.}
>
> (다) 교장 선생님의 축사가 {있으시겠습니다. *계시겠습니다.}
>
> (라) 할머니께서는 손이 참 고우시다.
>
> (마) *고객님께서 주문하신 커피가 나오셨습니다.

05. 학교 문법에서는 국어 시제를 '과거, 현재, 미래'로 구분하는 삼분법적인 체계를 채택하고 있다. 아래 자료를 바탕으로 하여 삼분법적인 체계를 비판해 보자.

> (가) ① 철수가 어제 책을 읽었다.
>
>   ② 철수가 지금 책을 읽는다.
>
>   ③ 철수가 내일 책을 읽겠다.
>
> (나) ① 철수가 어제 책을 읽었겠다.
>
>   ② 철수가 지금 책을 읽겠다.
>
>   ③ 철수가 내일 책을 읽겠다.
>
> (다) ① 나도 그 정도는 들겠다.
>
>   ② 이번에는 기필코 이기겠다.

06. 절대 시제와 상대 시제의 개념을 설명하고, 상대 시제의 개념이 어떤 경우에 유용한지를 밝혀 보자.

07. 다음 예문을 활용하여 국어 피동문의 특성을 설명해 보자.

> (가) ① 범이 사슴을 잡았다.　　　② 사슴이 범에게 잡혔다.
>
> (나) ① 학생 열 명이 책 세 권을 읽었다.　　② 책 세 권이 학생 열 명에게 읽혔다.
>
> (다) ① 오늘은 차가 밀린다.　　　② *오늘은 (누군가) 차를 밀었다.

08. 파생적 사동문과 통사적 사동문을 설명하고, 두 유형이 어떤 차이를 보이는지 밝혀 보자.

09. 〈보기〉에 제시된 자료를 바탕으로 하여 다음 물음에 답해 보자.

> (가) ① 내일은 텔레비전을 보지 {*않자. *못하자. 말자.}
>
> 　　② 나는 그를 {*안 모른다. 모르지 않는다.}
>
> 　　③ 그녀는 {*안 아름답다. 아름답지 않다.}
>
> (나) ① 철수가 학교에 안 왔니?　　　예, 안 왔어요.　　　아니오, 왔어요.
>
> 　　② Didn't you sleep last night?　　Yes, I did.　　　No, I didn't.

1) (가)를 근거로 하여 국어 부정문의 제약을 설명해 보자.

2) (나)를 참고로 하여 우리말 부정 의문문의 특성을 설명해 보자.

7장

의미

이끄는 말

언어는 형식과 내용으로 이루어져 있다. 언어의 형식 속에 담겨 있는 내용을 '의미'라고 하며, 언어의 의미를 탐구하는 학문 분야를 '의미론'이라고 부른다. 이 장에서는 의미의 이해에 기본이 되는 다음 네 가지 사항에 대해서 살펴보기로 한다.

첫째, '언어의 의미'에서는 의미의 정의, 의미의 종류, 단어 의미의 올바른 용법을 중심으로 의미의 기본 개념과 그 효용성을 검토한다. 둘째, '단어의 의미 관계'에서는 유의 관계, 반의 관계, 상하 관계를 중심으로 단어가 어떤 의미 관계를 맺고 있는지 검토한다. 셋째, '의미의 확장'에서는 다의적 확장, 그리고 은유와 환유의 비유적 확장을 중심으로 언어의 의미가 어떤 원리와 양상으로 확장되는지 검토한다. 넷째, '문장의 의미'에서는 문장의 동의성, 중의성, 전제와 함의를 중심으로 어휘 차원에서 규명할 수 없는 문장의 의미 현상들을 검토한다.

1. 언어의 의미

1.1. 의미의 정의

'**의미**(意味, meaning)'가 무엇인지를 한 마디로 규정하기란 매우 어렵다.[1] 그 까닭은 의미가 본질적으로 추상적이고 심리적인 성격을 띠고 있기 때문이다. 이러한 전제 아래에서 의미의 정의에 대한 전통적 관점 세 가지를 살펴보면 다음과 같다.

1.1.1. 지시설

의미의 '**지시설**(指示說, referential theory)'은 언어 표현이 사물을 가리킨다는 견해로서, 플라톤의 『대화편』에서 그 기원을 찾아볼 수 있다. 예를 들어, '서울, 한라산, 세종대왕, 김영수'와 같은 고유명사, 가게에 진열된 상품의 상표, 실험실에 부착된 시약 명칭, 페인트 통에 쓰인 색채 명칭 등이 그 대상을 바로 지시한다.

그러나 다음 세 가지 측면에서 볼 때 수많은 언어 표현의 의미를 지시설로 포괄할 수는 없다. 첫째, '지시'와 '지시물'의 의미적 동일성이 보장되기 어려운데, '샛별, 개밥바라기, 금성'에서 세 단어의 지시 대상은 모두 동일한 별이지만, '샛별'은 새벽녘 동쪽 하늘에서 나타나는 경우에 사용되며, '개밥바라기'는 저녁에 서쪽 하늘에서 나타나는 경우에 사용되는 데 비해, '금성'은 일반적인 명칭으로 사용된다. 둘째, '솔, 차, 칠판' 등과 같이 단어의 형식은 고정되어 있는 반면, 지시물이 변화하는 경우를 설명하기 어렵다. 셋째, '전통, 진리'와 같은 추상명사나 '용, 귀신'과 같이 지시물 자체가 존재하지 않는 경우에는 지시설로써 의미를 규정하기 어렵다.

1.1.2. 개념설

의미의 '**개념설**(概念說, conceptual theory)'은 언어 표현이 사물과 직접적으로 연결되

---

1   '의미(意味)'에 대한 토박이말은 '뜻'과 '맛'의 합성체인 '뜻맛'이다. 그중 '뜻(意)'은 '마음(心)'의 소리(音)'로서 사람의 마음속 의도를 드러내는 속성을 지니고 있는 반면, '맛(味)'은 외부 감각을 사람의 혀로써 지각하는 것인데 '맛보다'라는 동사에서 보듯이 바깥의 감각을 받아들이는 속성을 지니고 있다. 이 경우 '뜻(意)'은 영어의 'meaning'에, '맛(味)'은 'sense'에 가깝다. 이를 의사소통의 과정에 비추어 보면, '의미' 또는 '뜻맛'은 의사소통 과정에서 화자가 언어적 표현을 통해 자신의 의도를 표출하는 것이며, 청자가 이를 감각기관으로 수용해서 해석하는 것이다(임지룡 2018: 34-35).

는 것이 아니라, 우리의 마음속에 있는 '개념'을 통해 연결된다는 것으로, 의미를 '개념'으로 보는 견해이다. 오그덴 & 리차즈는 이 관계를 〈그림 7-1〉의 의미의 기호 삼각형으로 도식화하였다.

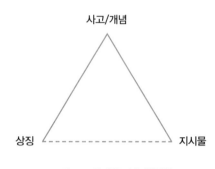

그림 7-1 **의미의 기호 삼각형**

〈그림 7-1〉에서 '상징'은 단어로 지칭되는 언어 표현이며, '지시물'은 경험 세계 속의 대상이며, '사고'는 개념이다. 이 경우 '상징'과 '지시물' 사이를 점선으로 표시한 것은 그 관계가 직접적이지 않고 '사고' 즉 '개념'을 통해 간접적으로 연결됨을 나타낸다. 예를 들어, '개'라는 언어적 상징은 현실 세계의 '개'라는 지시물의 경험에서 추상화된 '사고', 즉 '개념'을 환기하여 그 의미를 부여하게 된다는 것이다.

의미의 개념설은 언어 표현이 '사고' 즉 '개념'을 통해 지시물로 연결된다고 보는데, 이는 인간의 사고가 개념을 통해 이루어진다는 우리의 직관과 일치한다. 그러나 개념설의 경우 '개념'의 실체가 불명확할 뿐 아니라 실체를 확인하기 어려우며, '개념'에 대한 정의가 학자에 따라 매우 다르다. 또한, 지시물에 대한 '개념'의 추상도에 차이가 날 뿐 아니라, 단어의 상징에 대해 언중들이 환기하는 개념 간에 일관성이 확보되기 어렵다는 문제점을 지니고 있다.

1.1.3. 자극-반응설

의미의 **자극-반응설**(刺戟-反應說, stimulus-response theory)'은 블룸필드(1933)에 의해 주창된 것으로 언어 표현의 의미를 '자극-반응'의 행동 양상으로 보는 견해인데, 이를 '행동주의설'이라고도 한다. 이 견해에 따르면, 언어 표현의 의미는 화자가 그것을 말하는 상황인 '자극' 및 그 언어 표현이 청자에게 불러일으키는 '반응'으로 정의된다. 즉 〈그림 7-2〉에서 보듯이, 의미는 현실적 자극(S)에 의한 언어적 반응(r) 및 언어적 자극(s)의 결과로 나타난 현실적 반응(R)의 과정에서 추론된다는 것이다.

그림 7-2 '자극-반응' 모형

〈그림 7-2〉의 '자극-반응' 모형에 의하면, 배가 고픈 소녀가 사과를 보고(S) "사과다!"라는 언어적 반응(r)을 하였으며, 이 언어적 자극(s)을 통해 소년이 사과를 따 주게 된다(R). 이 경우 실제 발화인 'r-s'의 의미는 그것을 동반하는 사건, 즉 화자의 상황과 청자의 반응을 관찰함으로써 추론할 수 있다는 것이다.

의미의 '자극-반응설'은 추상적이고 심리적인 의미의 세계를 '자극-반응'과 같은 관찰 가능한 객관적 대상으로 파악한 데서 의의를 지닌다. 그러나 이 견해는 수많은 상황에서 자극-반응의 적합한 요소를 증명해 내기 어렵고, 발화에 대한 화자의 언어적 자극과 청자의 언어적 반응이 한결같을 수 없다는 점에서 한계에 부딪치게 된다.

더 알아보기

 의미의 정의에 대한 새로운 모색

1970년대 이후 의미의 정의를 새롭게 규정해 보려는 관점이 등장하였는데, 특히 다음 세 가지 입장이 주목된다.

첫째, '점검표설(checklist theory)'은 단어의 의미를 필요충분 자질의 집합으로 본다. 예를 들어, '정사각형'은 '닫힌 도형, 네 개의 변을 가짐, 변의 길이 및 각이 동일함'이라고 하는 '기준 조건' 또는 '기준 속성'을 갖춘 것으로 보는데, 이러한 조건이나 속성을 의미라고 가정한다. 이 견해에 따르면 우리의 마음속에는 각 단어에 대한 필수적 속성의 목록이 구비되어 있는데, 화자는 그 속성을 잠재의식적으로 점검하여 기준적 속성에 부합될 때 '정사각형'이라는 이름을 붙이게 된다는 것이다.

둘째, '원형설(prototype theory)'은 단어의 의미는 범주 원소의 원형을 통하여 인지되며, 범주의 판정은 원형과의 대조를 통하여 결정된다는 관점이다. 여기서 '원형'이란 그 범주를 대표할 만한 가장 '전형적, 적절한, 중심적, 이상적, 좋은' 보기로서 인지적 참조점 역할을 한다. 즉, 원형적인 보기는 중심적 보기이며 비원형적인 보기는 주변적 보기가 된다.

셋째, '해석설(construal theory)'은 의미란 객관적 대상의 개념적 내용에 국한되는 것이 아니라, 그러한 개념적 내용에 대하여 의미를 부여하는 인지 주체의 '해석'을 포함한다고 보는 입장이다. 이 경우 '해석'은 대안적 방식으로 장면이나 상황을 파악해서 언어로 표현하는 화자의 선택을 가리킨다. 이렇게 볼 때 언어의 의미는 개념적 내용과 해석을 포함한 다면적 현상이 된다.

1.2. 의미의 종류

의미의 종류는 관점과 층위에 따라 여러 가지로 나뉜다. 그중 다의어의 중심적 의미와 주변적 의미, 개념적 의미·연상적 의미·주제적 의미를 중심으로 살펴보면 다음과 같다.[2]

1.2.1. 중심적 의미와 주변적 의미

하나의 단어가 관련된 여러 가지 의미를 함께 지니고 있는 것을 다의어라고 한다. 다의어의 의미는 중심적 의미와 주변적 의미로 나뉜다.

(1) ㄱ. 법을 제정하다.
　　ㄴ. 음식 만드는 법.
　　ㄷ. 바다의 아침은 일찍 오는 법이다.
　　ㄹ. 그는 좀처럼 서두르는 법이 없다.
　　ㅁ. 그런 일이 있을 법하다.

(1)에서 '법'은 다양한 의미를 지니고 있다. 그 가운데서 (1ㄱ)의 '법'은 '법률'을 뜻하는데, 이와 같이 한 단어의 가장 기본적이며 핵심적 의미를 그 단어의 **중심적 의미**(中心的 意味)'라고 한다. 그에 비해 (1ㄴ-ㅁ)의 '법'은 각각 '방법, 이치, 버릇, 가능성'을 뜻하는데, 이와 같이 한 단어의 중심적 의미에서 확장된 의미를 그 단어의 **주변적 의미**(周邊的 意味)'라고 한다.

2　아래에서 제시할 내용 외에도 '의미'의 종류에는 '문자적 의미(글자 그대로의 의미)'와 '비유적 의미'가 있는데, 이에 대해서는 3.2.1.에서 다룬다.

리치는 의미를 7가지 유형으로 나누었는데, 그중 내포적 · 정서적 · 반사적 · 사회적 · 연어적 의미를 묶어 '연상적 의미'라고 하였다.

먼저, **'개념적 의미**(概念的 意味, conceptual meaning)'는 중심적이며 핵심적 의미를 말한다. 이것은 감정 가치나 문맥적 용법이 배제된 상태의 의미로서, 사전의 일차적 의미라는 뜻에서 '사전적 의미(辭典的 意味)'라고도 하며, '외연적 의미' 또는 '인지적 의미'라고도 한다. 개념적 의미는 의미성분으로 표시되는데, '소년'은 [+인간] [+남성] [−성인]으로, '소녀'는 [+인간] [−남성] [−성인]으로 규정된다.

다음으로, **'연상적 의미**(聯想的 意味, associative meaning)'는 개념적 의미에 대립되는 '내포적 · 정서적 · 반사적 · 사회적 · 연어적 의미'를 포괄한 용어로서, 개방적이며, 가변적인 특성을 지닌다. 연상적 의미의 구체적인 유형을 보면 다음과 같다.

첫째, **'내포적 의미**(內包的 意味, connotative meaning)'는 개념적 의미에 덧붙은 전달 가치로서, 주변적 · 가변적 · 개방적인 특성을 지닌다. 예를 들어, '소년'과 '소녀'에 대해 개념적 의미는 [±남성]이라는 기준에서 구분되지만, 물리적인 힘, 성격 등에서 연상되는 내포적 의미는 매우 다르다. '내포적 의미'를 '함축적 의미(含蓄的 意味)'라고도 하는데, 이는 사전적 의미에 덧붙어서 연상이나 관습 등에 의하여 형성되는 의미이다. 예를 들어, '달걀'의 사전적 의미는 '닭의 알'이지만, '달걀로 바위치기'에서 '달걀'의 함축적 의미는 '연약함'이다.

둘째, **'정서적 의미**(情緒的 意味, affective meaning)'는 언어 표현에 화자의 감정이나 태도가 부가된 의미를 말한다. 예를 들어, "잘 논다!"라는 표현에서 음성이나 억양의 변화를 통해 칭찬이나 감탄 또는 비난이나 비아냥거림을 나타내게 된다. 또 '촐랑촐랑/찰랑찰랑/철렁철렁/출렁출렁'에서는 모음에 따른 어감의 차이가 나타난다.

셋째, **'반사적 의미**(反射的 意味, reflective meaning)'는 동일한 지시물에 대해 둘 이상의 언어 표현이 존재할 때, 이들 언어 표현의 개념적 의미는 동일하지만 의미적 뉘앙스가 다른 것을 말한다. 예를 들어, '아버지'가 중립적인 뉘앙스를 갖는 데 비해, '아빠'는 친근함이, '엄친'은 위엄의 의미가 반사된다.

넷째, **'사회적 의미**(社會的 意味, social meaning)'는 '문체적 의미'라고도 하는데, 언어가 사용되는 사회적 변인이 반영된 의미를 말한다. 이러한 변인에는 지리적 방언뿐만 아니라, 성별 · 세대 · 계층 · 직업에 따른 사회적 방언이 포함된다. 예를 들어, 폭우가 내리는 상황을 보고 "바깥 날씨가 조금 궂지요?"와 "저놈의 염병할 비 좀 보소!"라는 표현에서 두

화자의 사회적, 문체적 의미가 다르게 실현됨을 볼 수 있다.

다섯째, '**연어적 의미**(連語的 意味, collective meaning)'는 어떤 단어의 의미가 다른 단어와의 배열된 환경에 의해서 특징적인 모습으로 실현되는 것을 말한다. 예를 들어, '짙은 {빨강/눈썹/그늘/안개/커피/향기/의혹}' 등에서 '짙다'의 의미는 후속되는 명사와의 연어적 환경에 따라 달라진다.

한편, '**주제적 의미**(主題的 意味, thematic meaning)'는 화자나 필자에 의해 의도된 의미로서, 어순, 초점, 강조 등을 통해 실현된다. 예를 들어, "그는 영수를 때리지 않았어."에서 '그는, 영수를, 때리지' 중 어느 부분을 강하게 발음하느냐에 따라 주제적 의미가 달라진다. 또한 "경찰이 도둑을 쫓는다."와 "도둑이 경찰에게 쫓긴다."에서 두 문장의 개념적 의미는 같지만, 화자나 필자가 의도한 바는 다르다. 이는 화자나 필자가 무엇을 주제로 삼는지에 따라 다른 어순을 선택하였기 때문이다.

더 알아보기

 기술적·표현적·사회적 의미

한 언어 표현의 의미 양상은 기술적, 표현적, 사회적 의미로 분류될 수 있다(Cruse 1990: 148-149, Löbner 2002: 41-87 참조).

첫째, '기술적 의미(descriptive meaning)'는 어떤 실체(entity), 사건, 상황에 관한 사실적 정보를 전달한다. 곧 어떤 것을 지시하고 그것의 참을 진술하는 행동을 포함한다. 예를 들어, '그것은 개이다.'가 '그것은 동물이다.'를 함의하는 것은 문장의 기술적 의미에 의해서이다.

둘째, '표현적 의미(expressive meaning)'는 화자가 표현하는 감정, 태도, 의견, 판단 등 주관적 반응을 반영한다. 기술적 의미와 표현적 의미의 차이점은 "갑자기 심한 통증을 느꼈다."와 "아야!"라는 두 가지 발화를 통해서 드러난다. 전자는 통증을 기술한 것이고 후자는 통증을 표현한 것이다. 첫 번째 발화를 한 사람은 거짓말을 하였다고 비난받을 수도 있지만, 두 번째 발화는 서술을 한 것이 아니기 때문에 그럴 가능성은 없게 된다.

셋째, '사회적 의미(social meaning)'는 대화 참여자들 간의 사회적 관계를 드러낸다. 즉, 어떤 표현이나 문법적 형태가 사회적 상호작용을 수행하는 역할을 하는 것을 말한다. 영어의 "Where are you going?"에 대해 한국어는 "어디 가니?, 어디 갑니까?, 어디 가십니까?" 등으로 표현할 수 있는데, 이 문장에서 사용된 '-니, -ㅂ니까, -시-'와 같은 어미는 정중함의 정도를 드러내는 표지로서 사회적 의미를 실현해 준다.

1.3. 단어 의미의 올바른 용법

의미 학습의 효용 가운데 하나는 단어의 올바른 사용이다. 단어가 제대로 사용되었는지를 알기 위해서는 문장이나 문맥 속에서 그 단어의 의미를 검토해 보아야 한다.

첫째, 유사한 의미에서 비롯된 용법상의 혼동이 가져온 몇 가지 보기를 들면 다음과 같다.

(2) 지진이 일어난 이유가 무엇이냐?

(3) 그 사람은 나와 생각이 틀린다.

(4) 이 일대에 풍란이 서식하고 있다.

(2)에서 '이유'는 어떤 주장이나 행동의 근거를 뜻하므로, '지진'과 같이 어떤 객관적 사실을 유발한 까닭의 경우에는 '원인'이 적합하다. (3)에서 '틀리다'는 'A와 B의 생각에 대한 가치'를 판단하는 경우에 사용하는 반면, 'A와 B의 생각'을 비교할 경우에는 '다르다'가 적합하다. (4)에서 '서식(棲息)하다'는 동물이 무리지어 사는 경우에 사용하며, 식물이 무리지어 사는 경우에는 '자생(自生)하다'가 적합하다. 따라서 위의 문장들은 다음과 같이 고쳐야 의미적으로 자연스러운 문장이 된다.[3]

(2)′ 지진이 일어난 원인이 무엇이냐?

(3)′ 그 사람은 나와 생각이 다르다.

(4)′ 이 일대에 풍란이 자생하고 있다.

둘째, 의미적으로 중복된 단어의 사용에 따른 부자연스러운 표현의 몇 가지 보기를 들면 다음과 같다.

(5) 우리 인류는 힘들고 어려운 고난의 시기를 잘 극복해 왔다.

(6) 그 광경을 보고 우리는 박수를 치며 환호했다.

3　최근에 『표준국어대사전』 인터넷판에서는 '서식하다'의 의미를 '생물 따위가 일정한 곳에 자리를 잡고 살다.'로 수정하여 제시하였다.

(7) 길이 막혀 더 이상 <u>앞으로 전진할</u> 수 없었다.

(8) 그 문제를 <u>다시 재론하여</u> 보아도 소용이 없다.

(5)에서는 같은 뜻인 '힘들고 어려운'과 '고난의'가 되풀이되며, '우리 인류'의 '우리'도 군더더기이다. (6)~(8)의 '박수를 치다'와 '앞으로 전진하다', '다시 재론하다'에서는 각각 두 성분 간에 의미가 중복되어 있다. 즉 한자어 '박수(拍手)'의 '박'은 '치다'를 뜻하며, '전진(前進)'의 '전'은 '앞'을 뜻하며, '재론(再論)'의 '재'는 '다시'를 뜻하므로 간결하지 못하다. 이들 표현에서 의미적으로 중복된 요소를 없애면 다음과 같다.

(5)′ ㄱ. 인류는 힘들고 어려운 시기를 잘 극복해 왔다.

ㄴ. 인류는 <u>고난의</u> 시기를 잘 극복해 왔다.

(6)′ ㄱ. 그 광경을 보고 우리는 손뼉을 치며 환호했다.

ㄴ. 그 광경을 보고 우리는 <u>박수를 보내며</u> 환호했다.

(7)′ ㄱ. 길이 막혀 더 이상 앞으로 나아갈 수가 없었다.

ㄴ. 길이 막혀 더 이상 <u>전진할</u> 수가 없었다.

(8)′ ㄱ. 그 문제를 <u>다시 논의하여</u> 보아도 소용이 없다.

ㄴ. 그 문제를 <u>재론하여</u> 보아도 소용이 없다.

셋째, 의미적으로 모순된 표현의 몇 가지 보기를 들면 다음과 같다.

(9) 마산과 진주 <u>등</u> 서부 경남 일대에 폭우가 내렸다.

(10) 이 공장에서는 <u>정화한 폐수를</u> 내보낸다.

(11) 선생님께서 <u>자율 학습을 감독</u>하러 오셨다.

(9)에서는 '등'이라는 의존명사로 보아 '서부 경남 일대'에 '마산'이 포함된 것으로 해석되는데, 실제로 '마산'은 서부 경남이 아니다. (10)에서 '정화시킨 폐수'는 의미적으로 모순이다. (11)의 경우 '자율 학습'을 감독하는 것은 이치에 맞지 않다. 이처럼 잘못된 정보가 포함된 경우 올바른 문장이 될 수 없는데, 이들 표현을 논리에 맞게 고치면 다음과 같다.

(9)′ <u>진주를 중심으로</u> 한 서부 경남 일대와 마산에 폭우가 내렸다.

(10)′ 이 공장에서는 <u>폐수를 정화하여</u> 내보낸다.

(11)′ <u>선생님께서</u> 자율 학습을 지도하러 오셨다.

2. 단어의 의미 관계[4]

2.1. 유의 관계

2.1.1. 유의 관계의 정의

'**유의 관계**(類義關係)'는 같거나 유사한 의미를 지닌 둘 이상의 단어가 맺는 의미 관계를 말하며, 이런 관계에 있는 단어들을 '**동의어**(同義語)' 또는 '**유의어**(類義語)'라고 부른다. 곧 둘 이상의 단어가 동일한 의미를 지닌 경우를 '동의어'라 하며, 유사한 의미를 지닌 경우를 '유의어'라 한다.

그런데 '동의어'는 문체를 다양하게 해 준다는 데 의의가 있지만, 일상 언어생활에서는 불편함을 낳게 되어 그 수가 극히 제한되게 마련이다. 이와 관련하여, 울만(S. Ullmann, 1962)은 이른바 '절대적 동의 관계'의 가능성을 인정하면서, 과학 분야와 같은 전문용어의 경우는 의미가 명확히 제한되어 있고 감정 가치에 있어서 중립적이므로 완전 교체가 가능한 절대적 동의 관계가 성립될 수 있다고 하였다. 그렇지만 일반적으로 객관적 의미, 감정적 어조, 환기적 가치를 조금도 바꾸지 않고 완전히 교체될 수 있는 동의어는 거의 없다고 하였다.[5]

한편, '유의어' 또는 '비슷한 말'은 다음 두 가지 측면을 포괄하고 있다. 첫째, 단어 간에 개념적 의미가 동일하고 문맥상 치환이 가능한 경우이다. 예를 들어, '아버지'와 '아빠', '어머니'와 '엄마'가 그 보기이다. 둘째, 특정한 문맥에 한정하여 단어 간에 개념적 의미뿐

---

4 단어의 의미 관계는 크게 '계열 관계'와 '결합 관계'로 대별된다. 그중 '계열 관계'는 단어의 의미가 종적으로 대치되는 관계로서, '유의 관계, 반의 관계, 상하 관계'가 있으며, '결합 관계'는 단어의 의미가 횡적으로 연관되는 관계로서, '합성 관계, 관용 관계, 연어 관계'가 있다.

5 이와 관련하여 크루스(Cruse 1986: 270)에서는 "자연이 진공 상태를 싫어하듯이 자연언어도 절대적 동의어를 싫어한다."라고 하였다.

만 아니라 감정 가치가 동일하고 치환이 가능한 경우이다. 예를 들어, '틈'과 '겨를'의 경우 "놀 {틈/겨를}이 없다."와 "문 {틈/*겨를}으로 바람이 들어온다."에서처럼 시간적 문맥에 한정하여 교체가 가능하다.

2.1.2. 유의 관계의 유형

유의 관계는 '방언, 문체, 전문성, 내포, 완곡어법'과 같은 기준에 따라 다음과 같은 다섯 가지 유형이 있다.

첫째, '방언'의 차이에 따른 유의어의 존재이다. 이는 한 언어에서 지리적으로 형성된 이질적인 화자 집단이 동일한 대상을 두고 서로 다른 명칭을 사용할 때 형성되는 유의어이다. 이 경우 특정한 방언권에만 속해 있는 화자들은 유의어의 존재를 의식하지 못하게 된다. 예를 들어, 중부 방언의 '부추'에 대해 경상도 방언에서는 '정구지', 전라도 방언에서는 '솔', 제주도 방언에서는 '세우리'라고 한다. 또한 '백부(伯父)'에 대하여 동남 방언권인 대구에서는 '큰아버지'라고 하는 데 비하여 안동에서는 '맏아버지'라고 한다.

둘째, '문체'의 차이에 따른 유의어의 존재이다. 고유어와 외래어가 공존하는 경우 문체에 있어서 서로 다른 층을 형성하는데, 언어장면에 따라 언중들의 선택을 받게 된다. 예를 들어, '이-치아, 고치다-교정하다, 우유-밀크, 탈-가면-마스크' 등은 고유어와 외래어 사이에 형성된 문체적 유의어이다.

셋째, '전문성'의 차이에 따른 유의어의 존재이다. 직업이나 전문 분야에 부합되는 많은 단어가 끊임없이 개발되고 있다. 이처럼 관련된 활동 분야에 관해서 정밀하게 기술하는 수단으로 쓰이는 단어를 전문어라고 하는데, 이는 전문직종 구성원임을 드러내는 표지가 되며 비전문가에게 자신들의 비밀을 유지하기 위한 수단이 된다. 전문어가 일상어와 접촉하게 될 경우 유의 관계가 형성되는데, '캔서-암, 염화나트륨-소금' 등이 그 보기이다.

넷째, '내포'의 차이에 따른 유의어의 존재이다. 유의 관계로 맺어진 두 단어에서 한 쪽이 갖는 내포를 다른 쪽에서는 갖지 않는 경우를 말한다. 내포가 다른 유의어 간에는 화자의 심리적 태도가 반영되어 있다. 예를 들어, '즐겁다-기쁘다'에서 전자는 중립적이고 객관적인 데 비하여 후자는 주관적이며, '친구-동무'에서 전자는 중립적인 데 비하여 후자는 부정적인 내포를 지니고 있다.

다섯째, '완곡어법'에 따른 유의어의 존재이다. 어느 문화권에나 금기어가 있게 마련인데, 특히 죽음, 질병, 성에 관해서는 직설적인 표현을 피하고 완곡어법을 사용하여 두려움이나 어색함을 완화시킨다. 예를 들어, '죽다-돌아가다, 변소-화장실' 등은 직설적인 표현과 완곡어법에 의한 유의어이다.

2.1.3. 유의 관계의 검증

유의 관계의 의미와 용법상의 상관성을 검증하는 데는 교체 검증, 반의 검증, 배열 검증이 사용된다.

첫째, '교체 검증'은 문맥 속에서 한 단어를 다른 단어로 바꾸어 보는 방법이다. '놓다'와 '두다'의 경우를 보면 다음과 같이 용법의 차이가 드러난다.

(12) ㄱ. 택시에 우산을 {놓고/두고} 내렸다.

ㄴ. 개울에 다리를 {놓는다/*둔다}.

ㄷ. 징검다리를 헐지 않고 그대로 {*놓았다/두었다}.

둘째, '반의 검증'은 반의어를 사용하여 유의 관계를 식별하는 방법이다. 예를 들어, '맑다/깨끗하다'는 '물, 공기, 시야' 등의 상태를 표현하는 경우에 그 한계가 분명하지 않은데, 이들과 반의 관계에 있는 '흐리다/더럽다'를 대비시키면 '맑은 물/흐린 물, 깨끗한 물/더러운 물'에서 보듯이 '흐리다'와 '더럽다'의 거리만큼 '맑다'와 '깨끗하다'의 의미 차이가 드러난다.

셋째, '배열 검증'은 유의성의 정도가 모호한 단어들을 하나의 계열로 배열하는 방법이다. '실개천-개울-시내-내-하천-강-대하'에서 보듯이 정도성의 차이에 따라 하나의 선위에 관련된 단어들을 배열하게 되면 '개울'과 '시내'의 의미 차이가 드러난다.

2.1.4. 유의 관계의 비대칭성

일반적으로 유의 관계를 형성하는 둘 이상의 단어는 의미적 가치가 동일한 것이 아니라, 한 쪽이 다른 쪽에 비해 분포가 넓으며, 빈도상으로 더 자주 사용되며, 인지적으로 더 뚜렷하다.

첫째, 분포적 비대칭성이다. 예를 들어, (13)의 '잡다 - 쥐다'에서 '공, 권력'의 경우는 유의 관계가 형성되지만, '도둑, 자리, 날짜, 마음'의 경우에는 '잡다'만 가능하므로, '잡다'가 '쥐다'에 비해 적용 분포가 더 넓다.

(13) ㄱ. {공/권력/도둑/자리/날짜/마음}을 잡다.

　　ㄴ. {공/권력/*도둑/*자리/*날짜/*마음}을 쥐다.

둘째, 빈도적 비대칭성이다. '메아리/산울림, 멍게/우렁쉥이'는 유의 관계를 형성하고 있지만, 전자가 후자에 비해 사용 빈도수가 높다.

복수 표준어	빈도수	빈도 순위
보조개/볼우물	15/0	10060/-
수수/강냉이	33/4	5527/22366
천둥/우레	11/2	12913/35206
여태/입때	41/1	4625/52135

표 7-1 복수 표준어의 사용 빈도(『현대 국어 사용 빈도 조사(2002)』)

셋째, 인지적 비대칭성이다. 유의 관계를 형성하는 한 무리의 단어들 간에는 〈그림 7-3〉에서 보듯이 왼쪽에서 오른쪽으로 갈수록 언어 습득 및 학습이 어렵고, 기억 부담의 정도는 증가하여 인지적 차이를 드러낸다(김광해 2003: 20 참조).

쉬움			어려움
기쁨	환희(歡喜)	법열(法悅)	희락(喜樂)
글	문자(文字)	문적(文籍)	문부(文簿)
기르다	양육(養育)하다	보육(保育)하다	번육(蕃育)하다
하늘	창공(蒼空)	궁창(穹蒼)	공명(空冥)

그림 7-3 유의 관계 어휘의 인지적 차이

2.2. 반의 관계

2.2.1. 반의 관계의 정의

　'반의 관계(反義關係)'는 의미상으로 대립되는 단어를 가리킨다. '반의 관계'에 대해서는 '반대말, **반의어**(反義語), 상대어, 대립어, 맞선말, 짝말' 등의 술어가 혼용되어 왔는데, 이는 곧 의미적 대립에 여러 종류의 다른 유형이 존재함을 뜻한다. 의미적 대립은 크게

'이원대립'과 '다원대립'으로 구별할 수 있다. 그중 '반의 관계'는 주로 이원대립에 국한된다. '반의 관계'의 의미 특성은 동질성과 이질성의 양면성을 지니는데, 공통된 의미 특성을 많이 지님으로써 의미상 동질성을 드러내며 하나의 매개변수가 다름으로써 의미상 이질성을 드러낸다.

2.2.2. 반의 관계의 유형

반의 관계는 정도 반의어, 상보 반의어, 방향 반의어의 세 가지 유형으로 대별된다.

먼저, 정도 반의어는 정도나 등급에 있어서 대립되는 단어 쌍으로서, 전형적인 보기는 '길다/짧다, 쉽다/어렵다, 덥다/춥다' 등과 같은 형용사 무리이다. 이러한 반의어의 특성은 다음과 같다.

첫째, '단언'과 '부정'에 대한 일방 함의관계가 성립된다. 곧 한 쪽의 단언은 다른 쪽의 부정을 함의하나, 한 쪽의 부정은 다른 쪽의 단언을 함의하지는 않는다. 예를 들어, "X는 길다."는 "X는 짧지 않다."를 함의하지만, 그 역은 성립되지 않는다. 둘째, 반의 관계에 있는 두 단어를 동시에 부정해도 모순되지 않는다. 예를 들어, "X는 길지도 않고 짧지도 않다."와 같은 표현이 가능한데, 이것은 중립지역이 존재하기 때문이다. 셋째, 정도부사로 수식될 수 있으며, 비교 표현이 가능하다. 예를 들어, "X는 {조금/꽤/매우} {길다/짧다}."나 "X는 Y보다 더 {길다/짧다}."에서 보는 바와 같다. 넷째, 평가의 기준이 상대적이라는 점이다. 곧 '길이, 속도, 무게' 등과 같은 가변적인 속성의 정도에 적용되는 기준은 대상이나 장면에 따라 달라지게 마련이다. 예를 들어, "X는 {길다/짧다}."라고 했을 때 X가 '연필'인 경우와 '강'인 경우를 상정해 보면 절대적인 길이가 아니라 상대적인 길이임을 알 수 있다. 그 결과 '짧은 강'은 '긴 연필'보다 길다.

다음으로, 상보 반의어 곧 '상보어'는 반의 관계에 있는 개념적 영역을 상호 배타적인 두 구역으로 철저히 양분하는 단어 쌍으로서, 전형적인 보기는 '남성/여성, 참/거짓, 합격하다/불합격하다' 등이다. 반의어와 대조되는 상보어의 특성은 다음과 같다.

첫째, 단언과 부정에 대한 상호함의 관계가 성립된다. 곧 반의 관계에 있는 단어 쌍에서 한 쪽의 단언은 다른 쪽의 부정에 연결될 뿐 아니라, 한 쪽의 부정 또한 다른 쪽의 단언에 연결된다. 예를 들어, "갑은 남자이다."는 "갑은 여자가 아니다."를 함의하며, 그 역도 가능하다. 둘째, 반의 관계에 있는 단어 쌍을 동시에 긍정하거나 부정하게 되면 모순이 일어난다. 예를 들어, "*갑은 남자이기도 하고 여자이기도 하다."나 "*갑은 남자도 여자도 아니다."는 모순적이다. 셋째, 정도어의 수식이 불가능하며, 비교표현으로 쓰일 수 없다.

예를 들어, "³갑은 매우 {남자/여자} 이다."나 "³갑은 을보다 더 {남자/여자} 이다."는 모순된다. 넷째, 평가의 기준이 절대적이라는 점이다. 이를테면, '남자'와 '여자', '살다'와 '죽다' 등의 대립은 어떤 시대 어떤 지역에서도 뚜렷이 구별되는 절대적 사항이다.

한편, 방향 반의어는 맞선 방향을 전제로 하여 관계나 이동의 측면에서 대립을 이루는 단어 쌍으로서, 전형적인 보기로는 공간적 관계의 '위/아래, 앞/뒤, 오른쪽/왼쪽', 인간 관계에서 '부모/자식, 남편/아내, 스승/제자', 이동의 '가다/오다, 사다/팔다, 입다/벗다' 등이다. 그중 '관계'의 대립은 기준점을 중심으로 한 상대적 개념이라 할 수 있다.

2.2.3. 반의 관계의 비대칭성

반의 관계를 맺고 있는 단어 쌍은 그 의미가 등가적이지 않고, 비대칭적이다. 이러한 비대칭성을 세 가지 사항을 중심으로 보면 다음과 같다.

첫째, 정도 반의어의 '공간' 어휘를 보기로 한다. '길다/짧다, 높다/낮다, 깊다/얕다, 멀다/가깝다, 넓다/좁다, 굵다/가늘다, 두껍다/얇다, 크다/작다'에서 적극적인 의미를 지닌 전자가 소극적인 의미를 지닌 후자에 비해, 중립적으로 의문문에서 사용되고, 사용 빈도가 높으며, 결합관계에서 앞자리에 놓이고, 파생에 있어서 더 생산적이다. 이러한 비대칭성은 '길다'와 같은 적극적인 쪽이 '짧다'와 같은 소극적인 쪽보다 물리적으로 현저함으로써 언어적으로나 인지적으로 우월성을 띠게 된 것이다.

둘째, 방향 반의어의 '착탈(着脫)' 어휘를 보기로 한다. '입다-쓰다-신다-두르다-끼다'에 대한 '벗다', '끼우다-꽂다'에 대한 '빼다', '매다-차다-드리다'에 대한 '풀다'의 경우에서 보듯이, '착'에 관한 쪽은 매우 다양하고 분화되어 있는 반면, '탈'에 관한 쪽은 제한되어 있다. 이러한 구조상의 비대칭성은 세상사에 대한 우리의 경험과 관련된 것이라 하겠는데, '착'에 관한 동작을 발생시키는 데나 그 상태를 유지하는 데에는 에너지의 양이 많이 요구되므로 더 활성적인 반면, '탈'에 관한 동작을 발생시키는 데나 유지하는 데 에너지의 양이 적게 요구되므로 덜 활성화된 것으로 볼 수 있다. 따라서 '착'에 관한 어휘는 '탈'에 관한 어휘보다 더 구조적이며 분화된 것이라 하겠다.

셋째, 방향 반의어의 '방향' 어휘를 보기로 한다. '위/아래, 앞/뒤, 오른쪽/왼쪽'의 경우, 그 쓰임새를 보면 '한 수 {위/아래}다.' '의식 수준이 {앞섰다/뒤처졌다}.' '그는 내 오른팔이다', '왼 고개를 젓다.' 등에서 보듯이 '위-앞-오른쪽'은 긍정적으로, '아래-뒤-왼쪽'은 부정적으로 사용된다. 이러한 비대칭성은 일차적으로 우리의 신체적 경험에서 비롯되며, 이차적으로 사회 문화적 경험에 의해서 강화된다.

한편, 반의어는 빈도에 있어서 비대칭적이다. 1,531,966 어절을 대상으로 한 『현대 국어 사용 빈도 조사』(국립국어연구원)에서 대립어에 대한 빈도수를 보면 다음의 (14)와 같다. 즉 대립어 쌍의 빈도수 및 한 쌍의 반의어 속에서 빈도의 비대칭성이 나타나는데, 이러한 비대칭성은 대립어의 활성화 정도를 보여 주는 척도가 된다.

(14) 주다(6,418)/받다(2,566), 가다(5,861)/오다(5,024), 크다(2,835)/작다(738), 좋다(2661)/나쁘다(256), 살다(2,297)/죽다(843), 여자(1,645)/남자(1,160), 사다(957)/팔다(332), 입다(550)/벗다(207), 밝다(174)/어둡다(155), 기쁘다(139)/슬프다(94)

더 알아보기

 복합적 반의어

반의어 가운데는 하나의 단어에 여러 개의 단어들이 대립하는 복합적 반의어도 있다. 복합적 반의어는 주로 그 단어가 다의적인 경우에 나타난다.

(1) 열다: (입) 열다/다물다, (문) 열다/닫다, (뚜껑) 열다/덮다, (마개) 열다/막다, (자물쇠) 열다/잠그다
(2) 벗다: (모자) 벗다/쓰다, (안경) 벗다/끼다 · 쓰다, (옷) 벗다/입다, (신발)벗다/신다, (빚) 벗다/지다
(3) 서다: (제자리에) 서다/앉다, (달리던 기차가) 서다/가다, (체면) 서다/깎이다, (날) 서다/무디다

2.3. 상하 관계

2.3.1. 상하 관계의 정의

상하 관계(上下關係)'는 단어 의미의 계층적 관계로서, 한 쪽이 의미상 다른 쪽을 포함하거나 다른 쪽에 포함되는 관계를 말한다. 예를 들어, '사과'와 '과일', '가다'와 '들어가다'에서 '사과'와 '들어가다'는 각각 '과일'과 '가다'의 **하위어**(下位語)'이며, 역으로 '과일'과 '가다'는 '사과'와 '들어가다'의 **상위어**(上位語)'이다. 한편, '과일'에 대한 '사과'와

'배', '가다'에 대한 '들어가다'와 '나가다'를 '공하위어(共下位語)' 또는 '동위어(同位語)'라고 한다.

2.3.2. 상하 관계의 논리

상하 관계의 논리를 다음 두 가지 측면에서 살펴보기로 한다.

첫째, 외연과 내포에 따른 상하 관계의 논리이다. '상하 관계'는 종종 포함 관계로 묘사되는데, 무엇이 무엇을 포함하는가는 의미를 외연적으로 보는지 혹은 내포적으로 보는지에 달려 있다. 외연적인 관점에서 볼 때, 상위어가 지시하는 부류는 하위어가 지시하는 부류를 포함한다. 그 결과 '과일'은 '사과'를 하위어로 포함한다. 한편, 내포적인 관점에서 볼 때, '사과'의 의미는 '과일'의 의미보다 더 풍부하므로 '과일'의 의미를 포함한다고 할 수 있다. 이것은 의미의 성분을 통해서 명백히 드러나는데, '상위어'인 '과일'에 비해서 '하위어'인 사과'의 의미 성분 수가 많다. 또한 '과일'의 '공하위어'인 '사과'와 '배'는 의미 성분의 수가 동일하다. 따라서 '상위어'는 의미의 외연이 넓고 내포가 좁은 반면, '하위어'는 의미의 외연이 좁고 내포가 넓다.

둘째, 함의에 따른 상하 관계의 논리이다. 상하 관계는 일방적 함의가 성립된다. 이 경우 '일방적 함의'란 '이것은 A이다.'가 참일 때 '이것은 B이다.'가 참이며, '이것은 B가 아니다.'가 참일 때 '이것은 A가 아니다.'가 참인 관계를 가리킨다.

(15) ㄱ. '이것은 A이다.'는 '이것은 B이다.'를 일방적으로 함의한다.

ㄴ. '이것은 B가 아니다.'는 '이것은 A가 아니다.'를 일방적으로 함의한다.

(15)에 따라 '이것은 개(A)이다.'는 '이것은 동물(B)이다.'를 일방적으로 함의하며, '이것은 동물(B)이 아니다.'는 '이것은 개(A)가 아니다.'를 일방적으로 함의하는 경우, '개(A)'는 '동물(B)'의 하위어가 된다. 곧 하위어는 상위어를 함의하지만, 역으로 상위어는 하위어를 함의하지 않는다.

2.3.3. 상하 관계의 비대칭성

상하 관계를 이루는 단어 쌍들은 다음 세 가지 측면에서 비대칭적이다.

첫째, 상하 관계를 이루는 상위 층위, 기본 층위, 하위 층위의 가치가 동일한 것이 아니라, 기본 층위가 특징적인 성격을 띠고 있다. 이 경우 '기본 층위(基本層位, basic level)'는 사람들이 보편적으로 사물을 지각하고 개념화하는 층위를 말하는데, 이를테면 우리가 한 사물을 보고 "저것이 무엇이냐?"라는 질문에 대해 '생물-동물-개-삽살개-청삽사리' 가운데 기본 층위인 '개'를 선택하는 것이 보편적이다. 기본 층위는 상위 층위나 하위 층위에 비하여 기능적, 인지적, 언어적으로 우월성을 갖는다. 곧, 발생빈도가 높고 지각상 현저하며 형태가 단순하다. 이러한 우월성은 계층구조를 파악하는 인간의 인지 책략과 관련되어 있다.

둘째, 상하 관계의 이행성(移行性) 정도에 관한 비대칭성이다. 논리적인 관점에서 볼 때 상하 관계는 이행적 관계(移行的 關係)이다. 즉 A가 B의 하위어이고 B가 C의 하위어이면 A는 반드시 C의 하위어이다. 예를 들어, '과일-사과-홍옥'의 계층구조에서 모든 하위어는 상위어에 대해 이행적이다. 그러나 (16)에서 보듯이 '비행기-글라이더-행글라이더'의 이행적 관계는 불완전하다.

(16) ㄱ. 행글라이더는 일종의 글라이더다.

ㄴ. 글라이더는 일종의 비행기다.

ㄷ. [?]행글라이더는 일종의 비행기다.

셋째, 상하 관계를 이루는 어휘 쌍 가운데서 상위어와 하위어의 관계가 더 뚜렷한 보기와 그렇지 않은 보기 간에 비대칭성이 존재한다. 예를 들어, 상위어 '과일'의 하위어 가운데 '사과'는 다른 보기에 비해 언어 습득 과정에서 더 이른 단계에서 나타나며, 단어 연상 실험에서 더 빨리 활성화되며, 사용 빈도수가 높다. 또한, 통상적으로 일컫는 상하 관계와 '애완동물-개'나 '무기-칼'과 같은 '유사 상하 관계'에서도 이러한 비대칭성이 드러난다.

요컨대 상하 관계의 의미 작용 방식은 대칭적인 관계가 아니라, 종적, 횡적으로 비대칭적이다.

3. 의미의 확장

3.1. 다의적 확장

3.1.1. 다의어의 정의

'**다의 관계**(多義關係)'는 한 단어가 둘 이상의 관련된 의미를 지닌 것으로서, 다의 관계를 형성하고 있는 단어를 '**다의어**(多義語)'라고 한다. 다의어는 '중심적 의미' 또는 '기본적 의미'와 이것에서 확장된 '주변적 의미' 혹은 '파생적 의미'로 이루어져 있다. 동사 '가다'를 보면 사람이 두 발로 이동함을 뜻하는 (17ㄱ)의 '가다'가 기준점이 되어 의미가 확장되는데, 이 경우 (17ㄱ)의 '가다'는 '중심적 의미' 혹은 '기본적 의미'가 되며, (17ㄴ, ㄷ)의 확장된 의미는 '주변적 의미' 혹은 '파생적 의미'가 된다.

(17) ㄱ. 학생이 학교에 간다.
　　 ㄴ. {시간/금/맛/동정/판단}이 간다.
　　 ㄷ. 벼가 익어 간다.

다의어의 정의를 보다 더 명확히 하기 위해서는 다의어와 단의어, 다의어와 동음이의 어의 관계를 이해할 필요가 있다.

먼저, 다의어와 단의어(單義語)의 관계를 보기로 하자. 일반적으로 중의성과 모호성의 기준에 의해 다의어와 단의어를 구별한다. (18ㄱ)의 '돼지'는 '짐승'과 '게걸스럽게 먹는 사람'을 가리키므로 중의성을 띠며, (18ㄴ)의 '새'는 '참새, 까치, 비둘기'를 동시에 지칭할 수 있으므로 모호성을 띠는데, 이 경우 중의성을 가진 '돼지'는 다의어이며 모호성을 가진 '새'는 단의어로 처리된다.

(18) ㄱ. 정원에 돼지가 있다.
　　 ㄴ. 정원에 새가 있다.

또한 다음과 같은 문맥적 변이는 단의어로 처리된다. (19)의 '선생님'은 성별에 의한 문맥적 변이이며, (20)의 '차'는 부분–전체 관계에 의한 문맥적 변이로서 단의어이다.

(19) ㄱ. 그 선생님은 수염을 길렀다.

ㄴ. 그 선생님은 임신했다.

(20) ㄱ. 정비공이 차를 닦는다.

ㄴ. 정비공이 차에 기름을 친다.

다음으로, 다의어와 동음이의어의 관계를 보기로 하자. "책을 읽다"와 "경기의 흐름을 읽다"에 있어서의 '읽다'는 의미적으로 관련된 다의어인 반면, '차(車), 차(茶)'는 의미가 다른 둘 이상의 단어가 우연히 동일한 형태를 취한 '동음이의어(同音異義語)'이다. 그러나 이러한 구별이 항상 명확한 것은 아니다. '못'에 대한 『표준국어대사전』의 처리 방식을 보면 (21)과 같다.

(21) 못¹: 목재 따위의 접합이나 고정에 쓰는 물건. 쇠, 대, 나무 따위로 가늘고 끝이 뾰족하게 만든다.

못²: 주로 손바닥이나 발바닥에 생기는 단단하게 굳은 살. 물건과 접촉할 때 받는 압력으로 살갗이 단단하게 된다.

못³: 넓고 오목하게 팬 땅에 물이 괴어 있는 곳. 늪보다 작다.

즉 사전에서는 '못'을 3개의 표제어로 된 동음이의어로 처리하고 있다. 그러나 '못¹'과 '못²'는 의미적으로 연관된 것이므로, (21)′와 같이 '못¹'은 다의어로, '못¹'과 '못²'는 동음이의어로 처리하는 것이 타당해 보인다.

(21)′ 못¹: ① 목재 따위의 접합이나 고정에 쓰는 물건. 쇠, 대, 나무 따위로 가늘고 끝이 뾰족하게 만든다.

② 주로 손바닥이나 발바닥에 생기는 단단하게 굳은 살. 물건과 접촉할 때 받는 압력으로 살갗이 단단하게 된다.

못²: 넓고 오목하게 팬 땅에 물이 괴어 있는 곳.

3.1.2. 다의적 확장의 유형

다의어의 의미 확장은 중심 의미의 용법을 다른 '국면'에 적용한 것으로서, 다음과 같은 여섯 가지 유형이 있다.

첫째, '사람 → 짐승 → 생물 → 무생물'로의 확장이다. 여기서 확장의 기준점은 '사람'이며, '사람'에게 사용된 단어를 이용하여 '짐승, 생물, 무생물'로 확장하게 된 것이다. 예를 들어, '먹다'라는 동사는 '사람이 음식물을 먹는 행위'에서 '짐승이 먹이를 먹는 행위'로 확장되며, '물 먹은 나무'에서처럼 생물로 확장되며, '기름 먹은 종이'에서처럼 무생물로 확장된다.

둘째, '구체성 → 추상성'의 확장이다. 여기서 확장의 기준점은 '구체성'인데, 이를 바탕으로 '추상성'으로 진행되는 것이 일반적이다. 예를 들어, '밝다'의 경우를 보면 '빛'을 중심으로 '색 → 표정 → 분위기 → 눈·귀 → 사리(事理)'의 밝음으로 확장된다.

셋째, '공간 → 시간 → 추상'의 확장이다. 여기서 확장의 기준점은 '공간'인데, 이는 우리가 가장 쉽게 지각할 수 있는 범주이며, 공간을 바탕으로 시간, 추상의 범주로 확장된다. 예를 들어, '짧다'라는 단어는 '길이'의 척도인 '연필이 짧다'에서 '시간이 짧다, 경험이 짧다' 등으로 확장된다.

넷째, '물리적 → 사회적 → 심리적' 확장이다. 여기서 확장의 기준점은 '물리적' 공간인데, 이를 바탕으로 사회적, 심리적 공간으로 진행된다. 예를 들어, '그는 {서재/회사/마음속} 에 있다.'의 '-에 있다'에서 보는 바와 같다.

다섯째, '일반성 → 비유성 → 관용성'의 확장이다. 이 경우 확장의 기준점은 '일반성'이다. 언어는 일차적으로 글자 그대로의 용법이 중심적으로 쓰이며, 이차적으로 비유성을 획득하는데, 비유가 한층 굳어져서 관용표현으로 진행되기도 한다. 예를 들어, '짧다'에서 '연필이 짧다'는 글자 그대로의 일반적인 표현이며, '경험이 짧다'는 추상적인 비유 표현이며, '입이 짧다'는 관용표현이 된다.

여섯째, '내용어 → 기능어'의 확장이다. 어휘적 의미를 갖고 있는 '내용어'는 '기능어'로 확장되는 경향이 있는데, 이를 '문법화'라고 한다. 예를 들어, '종이를 버리다' '종이를 찢어서 버리다'의 '버리다'는 어휘적 의미를 지니는 내용어인 반면, '종이를 찢어 버리다'의 '버리다'는 문법적 의미로 확장된 기능어이다.

3.1.3. 다의어의 비대칭성

다의어의 중심 의미와 주변 의미는 구조적, 빈도적, 인지적으로 비대칭성을 띤다. 즉 중심 의미는 주변 의미에 비해 구조적으로 제약을 덜 받으며, 사용 빈도가 높고 인지적으로 더 쉽고 단순하다.

예를 들어, '사다, 팔다'가 (22ㄱ), (23ㄱ)과 같이 중심 의미로 사용될 때는 구체적인 상품에 대한 상거래 행위의 의미를 표시하며, '사다'와 '팔다' 사이에 반의 관계가 성립하지만, (22ㄴ), (22ㄴ)의 주변 의미로 쓰일 때는 그렇지 않음을 알 수 있다.

(22) ㄱ. 책을 사다.

　　ㄴ. 병(病)을 사다, 인심을 사다, 공로를 높이 사다.

(23) ㄱ. 책을 팔다.

　　ㄴ. 양심을 팔다, 한눈을 팔다, 아버지의 이름을 팔다

또한, '사다'와 '팔다'의 중심 의미와 주변 의미 간에는 다음과 같이 구조적, 빈도적, 인지적 비대칭성이 확인된다.

구조적인 측면에서 (24)와 같이 '사다, 팔다'의 중심 의미는 통사적 제약이 없는 반면, 주변 의미는 제약을 지니는데, 가격 표시나 장소, 그리고 '싸게/비싸게, 잘/잘못' 등의 평가 부사어가 올 수 없다.

(24) ㄱ. 수박을 {오천 원에/시장에서/싸게/비싸게/잘/잘못} {샀다/팔았다}.

　　ㄴ. [?]병을 {오천 원에/시장에서/싸게/비싸게/잘/잘못} 샀다.

　　ㄷ. [?]한눈을 {오천 원에/시장에서/싸게/비싸게/잘/잘못} 팔았다.

빈도적인 측면에서 '사다, 팔다'의 중심 의미와 주변 의미 간의 비대칭성을 보기로 한다. 제6차 교육과정에 따른 초등학교 『국어』 교과서 30권(1997, 교육부)의 경우 '사다'는 254회, '팔다'는 44회의 빈도수를 갖는데, 그 용법에 따른 빈도수의 양상은 (25), (26)과 같다.[6]

(25) 사다(254회): ① 사는 이가 파는 이에게 돈을 주고 상품을 소유하다. 〈254회: 100%〉

(26) 팔다(44회): ① 파는 이가 사는 이에게 상품을 주고 돈을 소유하다. 〈41회: 93.18%〉

　　　　　　　② 감각 기관의 집중력을 다른 곳으로 돌리다. 〈3회: 6.82%〉

6　참고로, 100만 어절을 대상으로 한 『한국어 교육 기초 어휘 의미 빈도 사전의 개발』(2000, 문화관광부 한국어 세계화 추진 위원회)의 경우 '사다'는 872회, '팔다'는 287회의 빈도수를 갖는데, '사다'의 중심 의미 즉 '돈을 주고 그 물건을 제 것으로 만들다'는 823회(94.38%)이며, '팔다'의 중심 의미 즉 '(돈을 받고) 어떠한 물건을 남에게 넘겨주다'는 261회(90.94%)이다.

인지적 측면에서 중심 의미는 주변 의미에 비해 습득이나 학습이 빠르며, 일상 언어 생활에서 더 쉽게 이해되고 연상되는데, 이것은 곧 중심 의미가 주변 의미보다 더 기본이 됨을 뜻하는 것이다. 이와 관련하여 초등학교 『국어』 교과서 30권의 사용 용례를 보면 '사다, 팔다'의 대부분이 물건을 사고파는 중심 의미로 쓰이며 '팔다'는 (27)과 같이 5학년 2학기 책에서 '정신'이나 '시선'과 함께 사용되는 주변 의미가 3회 나타날 뿐이다. 또한 '사다, 팔다'를 머릿속에 떠올리게 될 때 중심 의미가 주변 의미보다 더 뚜렷이 부각된다. 이상의 두 가지 사항은 중심 의미가 주변 의미보다 더 기본적임을 시사한다.

(27) ㄱ. 다른 아이들은 온통 꽃에 <u>정신</u>을 <u>팔았</u>지만, 상호는 위험을 무릅쓰고 가파른 산비탈을 계속 올라갔다. (『읽기』 5-2: 10)

ㄴ. 이번 경우에는 파울 볼을 피하지 않고 <u>한눈</u>을 <u>판</u> 영호에게도 잘못이 있으니까 영호는 손해 배상을 받을 수 없다고 생각합니다. (『읽기』 5-2: 110)

ㄷ. 영호의 경우는 본인이 <u>한눈</u>을 <u>팔다</u>가 생긴 일이므로 다른 사람에게 손해 배상을 청구할 수 없다고 생각합니다. (『읽기』 5-2: 112)

3.2. 비유적 확장

3.2.1. 비유의 성격

일상 언어 표현에는 형식 논리상으로 볼 때 수많은 비약과 변칙이 존재하고 있다. 그런 사례 중의 대표적인 보기 가운데 하나가 비유 표현인데, 이 점을 (28)에서 살펴보기로 한다.

(28) ㄱ. 온 동네가 슬픔에 잠겼다.

ㄴ. 온 동네 사람이 슬퍼했다.

(28)의 두 문장에서 (28ㄱ)은 '**비유적 의미**(比喩的 意味, figurative meaning)'로서, '**문자적 의미**(文字的 意味, literal meaning)'인 (28ㄴ)과 대조를 이룬다. 현실적으로 '동네가 슬픔에 잠기는' 것은 있을 수 없을 것이다. 그럼에도 불구하고 언중들은 (28ㄱ)과 같은 비유적 의미를 자연스럽게 생산하고 이해한다. 즉 (28ㄱ)에서 '동네'는 '동네 사람'을 가리키는데, 이것은 '동네'와 '동네 사람' 간에 '인접성'의 기제가 작용한 '환유적 확장'이며,

'슬픔에 잠기다'는 추상적인 감정인 '슬픔'을 구체적인 대상인 '그릇 속의 액체'로 파악함으로써 '그릇 속의 액체'에 잠기는 경험과 '슬픔'에 잠기는 경험 간에 '유사성'의 기제가 작용한 '은유적 확장'이다.

본질적으로 환유 및 은유와 같은 비유는 우리가 이 세상의 다양한 상황에 적응해 나가기 위해서 새로운 언어적 범주를 만드는 대신에, 글자 그대로의 용법을 활용해서 그 의미를 확장하는 것이다.

3.2.2. 환유

환유(換喩, metonymy)'는 하나의 개념 영역에 있는 어떤 양상이나 요소를 언급하면서 그것과 인접성 관계에 있는 다른 양상이나 요소를 대신하여 지칭하는 것인데, 그 유형은 확대지칭 양상과 축소지칭 양상으로 대별된다.

먼저, 확대지칭 양상이다. 이것은 인접한 두 요소 가운데 부분이 전체를 지칭하는 것으로서, 다음 두 가지 경우가 주목된다.

첫째, 신체의 한 '부분'이 '전체', 곧 사람을 지칭한다.

(29) ㄱ. 그는 우리 당의 입(→ 대변인)이다.

　　　ㄴ. 정가에서 젊은 피(→ 정치가)를 찾고 있다.

둘째, '소유물'이 '소유자'를 지칭한다.

(30) ㄱ. 선글라스(→ 선글라스를 낀 사람)는 신이 났다.

　　　ㄴ. 제1바이올린(→ 제1바이올린 연주자)이 과로로 입원했다.

셋째, '하나의 사물'이 '사물 부류 전체'를 지칭한다.

(31) ㄱ. 사람은 빵(→ 양식)만으로 살 수 없다.

　　　ㄴ. 아아, 온갖 윤리, 도덕, 법률은 칼(→ 무력)과 황금(→ 재물)을 제사 지내는 연기인 줄을 알았습니다. (한용운의 '당신을 보았습니다'에서)

넷째, '사건의 한 부분'이 '사건 전체'를 지칭한다.

(32) ㄱ. 그녀가 드디어 면사포를 썼다(→ 결혼식을 올리다).

　　 ㄴ. 도서관 건립의 첫 삽을 떴다(→ 공사가 시작되다).

다음으로 축소지칭 양상이다. 이것은 인접한 두 요소 가운데 전체가 부분을 지칭하는 것으로서, 다음 다섯 가지 경우가 주목된다.

첫째, 사물의 '전체'가 한 '부분'을 지칭한다.

(33) ㄱ. 기능공이 차(→ 차의 부품)에 기름을 칠했다.

　　 ㄴ. 장미(→ 장미 가시)에 찔렸다.

둘째, '그릇'이 '내용물'을 지칭한다.

(34) ㄱ. 도시락(→ 도시락의 내용물)을 먹었다.

　　 ㄴ. 주전자(→ 주전자의 물)가 끓고 있다.

셋째, '생산자/생산지'가 '생산품'을 지칭한다.

(35) ㄱ. 이중섭(→ 이중섭의 그림)이 벽에 걸려 있다.

　　 ㄴ. 순창(→순창표 고추장) 하나 주세요.

넷째, '장소/건물/기관'이 '관련된 사람'을 지칭한다.

(36) ㄱ. 안동(→ 안동 사람)은 인심이 좋다.

　　 ㄴ. 옆집(→ 옆집 사람)이 이사를 갔다.

　　 ㄷ. 30·40대 43% … 젊어진 국회(→ 국회의원)

다섯째, '계절'이 '계절에 관련된 산물'을 지칭한다.

(37) ㄱ. 백화점에 벌써 여름(→ 여름 상품)이 전시되었다.

　　 ㄴ. 공원 벤치에 가을(→ 가을 낙엽)이 뚝뚝 떨어져 있다.

그러면, 환유의 원리와 동기를 보기로 한다.

먼저, 환유가 가능한 까닭은 무엇인가? 환유는 동일한 틀 안에 있는 '매체물'을 통해서 '목표물'을 표현하는 것이다. '매체물'이 '목표물'을 대신 지칭할 수 있는 것은 이 둘이 인접 관계에 놓여 있기 때문이다. 그중 '금배지'가 '금배지를 단 사람', 즉 '국회의원'을 지칭하는 확대지칭 양상은 목표물의 부분인 매체물이 이해, 기억, 인식에 현저한 참조점이 되기 때문이다. 역으로 '도시락'이 '도시락의 내용물'을 지칭하는 축소지칭 양상은 전체인 매체물이 그 부위의 목표물에 대한 현저한 참조점 역할을 하기 때문이다. 이 경우 '참조점'은 매체물을 목표물에 정신적으로 접근시켜 주는데 이 과정을 '사상(寫象, mapping)'이라고 한다.

다음으로, 환유를 사용하는 동기는 무엇인가? 한마디로, 환유적 표현은 글자 그대로의 표현에 비해 효율성과 유연성의 측면에서 커다란 장점을 지니고 있기 때문이다. 이 점을 다음 두 표현을 통해서 살펴보자.

(38) 갑: 서울까지 어떻게 왔습니까?

　　을: 고속철(KTX)을 탔습니다.

(39) ㄱ. 영수가 개에게 물렸다.

　　ㄴ. 영수의 다리가 개의 이빨에 물렸다.

(38)에서 '갑'의 물음에 대한 '을'의 대답에는 환유의 확대지칭 양상이 작용하고 있다. 곧 '을'의 대답에는 서울에 오기까지 많은 과정에 대해 비약과 생략이 내포되어 있지만, 우리는 탑승이라는 부분을 통해 전체를 이해하게 됨으로써 효율성, 즉 경제성의 효과를 얻게 된다. 한편, (39ㄱ)에서 '영수'는 '영수의 다리', '개'는 '개의 이빨'을 가리킴으로써 환유의 축소지칭 양상이 작용하고 있다. 이 경우 전체를 통해 부분을 이해하게 됨으로써 효율적이며, 필요에 따라서 정보의 양을 조정할 수 있기 때문에 유연성의 효과를 얻게 된다.

3.2.3. 은유

'**은유**(隱喩, metaphor)'는 유사성 관계에 있는 두 경험 영역 가운데 근원영역을 이용해서 목표영역을 구조화하는 것을 말하는데, 그 유형은 구조적·존재론적·방향적 은유의 세 가지로 대별된다.

첫째, '구조적 은유'는 근원영역이 목표영역에 대하여 풍부한 지식을 제공함으로써 추상적인 목표영역이 근원영역 수준으로 구조화되는 것이다. 즉 추상적인 '시간'은 관습적 표현 (40)을 통해 '공간'으로 이해되며, (41)의 추상적인 '논쟁'은 관습적 표현 (41)을 통해 '전쟁'으로 이해된다.

(40) ㄱ. 내일은 시간이 빈다.

ㄴ. 일어나 보니 정오에 가까운 시간이었다.

(41) ㄱ. 그들은 서로 상대편 주장의 허점을 공격했다.

ㄴ. 이번 논쟁에서 우리가 패배했다.

둘째, '존재론적 은유'로서, 추상적인 목표영역을 사물, 그릇이나 그 내용물로써 존재론적 지위를 부여하는 것을 말한다. 즉 (42)~(43)과 같이 우리의 경험 가운데, '사랑'이나 '이론'과 같이 눈에 보이지 않는 추상적 개념을 구체적 존재인 사물로 파악하게 되는데, '사랑'은 관습적 표현 (42)를 통해 '액체가 담긴 그릇'으로, '이론'은 관습적 표현 (43)을 통해 '건물'로 그 존재가 구체화된다.[7]

(42) ㄱ. 사랑이 {뜨겁다/식다/넘치다/깨지다}.

ㄴ. 사랑을 {쏟다/붓다/나누다}.

(43) ㄱ. 이론이 {튼튼하다/약하다/새롭다/낡다}.

ㄴ. 이론을 {다지다/쌓다/세우다/완성하다/고치다/무너뜨리다/허물다}.

셋째, '방향적 은유'로서, 공간적 방향과 관련하여 하나의 전체적 개념구조를 이루는 것을 말한다. 즉 (44)~(46)의 관습적 표현을 통해서 볼 때 '위'는 '많음, 좋음, 힘 있음', '아래'는 '적음, 나쁨, 힘없음'의 방향적 은유가 성립된다.

(44) ㄱ. 봉급이 {올라가다/내려가다}.

ㄴ. 저축률이 {높다/낮다}.

7　'의인화'도 손재본석 은유의 일종인데, "삶이 그내를 속일지라도 노하거나 슬퍼하지 말라.", "사랑에 속고 돈에 운다."에서 보듯이 추상적인 '삶, 사랑'을 가장 확고한 근원영역 가운데 하나인 '사람'으로 개념화한 것이다.

(45) ㄱ. 사기가 {올라가다/내려가다}.

ㄴ. 분위기가 {들뜨다/가라앉다}.

(46) ㄱ. 지체가 {높다/낮다}.

ㄴ. 상급생은 하급생을 잘 지도해야 한다.

그러면, 은유의 원리와 동기를 보기로 한다. 먼저, 은유가 가능한 까닭은 무엇인가? 은유는 근원영역을 통해 목표영역을 표현하는 것이다.[8] 이 경우 근원영역과 목표영역 간에는 체계적인 대응관계가 형성되며, 이들 요소 간에 사상(寫象)이 일어난다. 이 경우 근원영역과 목표영역 간에 본질적이거나 필연적인 유사성이 존재한다기보다 두 영역 간에 유사성을 부여할 수 있는 창조적 능력이 우리에게 있다고 보아야 할 것이다. 예를 들어, '화가 폭발했다'라는 표현은 〈화는 그릇 속 액체의 열이다〉라는 생각을 드러낸 것인데, 이 경우 '화'와 '액체의 열' 사이에 나타나는 존재론적 대응관계를 보면 (47)과 같다.

(47) 근원영역('액체의 열') ─────── 목표영역('화')

그릇	몸
그릇 속의 압력	경험화된 압력
끓는 액체의 소동	경험화된 소동
그릇의 저항에 대한 한계	화를 참는 인간 능력의 한계
폭발	자제력의 상실

다음으로, 은유를 사용하는 동기는 무엇인가? 이것은 다음 세 가지로 간추릴 수 있다. 첫째, 글자 그대로의 용법으로 표현하기 불가능한 대상을 표현한다. 둘째, 표현의 생생함을 제공한다. 셋째, 복잡한 개념에 대해서 간결성을 제공한다. 실제로 은유의 기제가 아니면 '시간, 이론, 사랑'과 같이 추상적인 개념을 제대로 표현하거나 생생하게 전달할 수 없으며, '감정'과 같이 복합적이고 강렬한 개념을 제대로 포착해 낼 수 없게 된다.

---

8 경험의 측면을 기준으로 볼 때 '근원영역'과 '목표영역'은 대조적인 개념이다. 즉 '근원영역'은 우리의 일상 경험에서부터 나온 것이므로 구체적·물리적이며, 명확하게 윤곽이 주어지고 구조화된 경험인 반면, '목표영역'은 표현하려는 영역으로서 추상적·비물리적이며, 그 윤곽이 불명확하고 구조화되지 않은 경험이다.

비유의 두 가지 관점

비유의 문제는 아리스토텔레스 이래로 2000년 동안 문학과 수사학의 주요 관심사였지만, 언어학에서 비유가 본격적으로 논의된 것은 인지언어학의 출현과 때를 같이하고 있다. 그중 은유에 대한 아리스토텔레스의 '전통적 관점'과 '인지언어학적 관점'을 대비해 보면 다음과 같다.

(1) 전통적 관점

   ㄱ. 은유는 단어의 속성, 즉 언어적 현상이다.

   ㄴ. 은유는 미적, 수사적 목적을 달성하기 위해 사용된다.

   ㄷ. 은유는 비교되고 동일시되는 두 개체 사이의 닮음에 기초한다.

   ㄹ. 은유는 단어의 의식적이고 고의적인 사용이며, 따라서 그렇게 사용할 수 있는 특별한 능력을 지녀야 잘 사용할 수 있다.

   ㅁ. 은유와 같은 비유는 언어 표현에서 반드시 필요한 것은 아니다.

(2) 인지언어학적 관점

   ㄱ. 은유는 단어의 속성이 아니라, 개념의 속성이다.

   ㄴ. 은유는 예술적, 미적 목적을 달성하기 위해서 뿐만 아니라 어떤 개념을 더 잘 이해하기 위해 사용된다.

   ㄷ. 은유는 반드시 닮음에 기초하지는 않는다.

   ㄹ. 은유는 특별한 재능의 소유자뿐만 아니라 평범한 사람들도 일상생활에서 별다른 노력 없이 사용할 수 있다.

   ㅁ. 은유는 인간의 사고와 추론의 불가피한 과정이다.

4. 문장의 의미

4.1. 문장 의미의 성격

문장은 생각을 온전히 드러내는 언어 단위이다. 우리의 머릿속에 들어 있는 생각의 덩이는 문장을 통해서 구체적인 모습을 드러내게 된다. 이러한 문장의 외형적인 조직을 탐구하는 것이 통사론의 몫이라면, 그 내면적인 작용 방식을 탐구하는 것이 문장 의미론의 몫이다. 실제로 문장은 개별적인 단어보다 언어적 대상으로서 한층 더 구체적이며 직접적인 의미를 제공해 준다. 여기서는 문장의 성격과 문장 의미론의 관심사에 대해서 살펴보기로 한다.

우선, '문장'은 '발화'나 '명제'와 구분되는 개념이다. 발화란 화자를 고려한 언어 단위를 말한다. 예를 들어, 어떤 사람이 "가을이 왔다."라고 하는 것은 하나의 발화이며, 동일한 장면에서 다른 사람이 "가을이 왔다."라고 하면 하나의 문장을 두고 두 개의 발화가 이루어진 셈이다. 따라서 문장은 발화에 비해서 중립적이며 잠재적인 문법 단위라 할 수 있다. 한편, 문장보다 더 추상적인 언어 단위를 '명제'라고 하는데, 타당한 추론의 규칙을 만들기 위하여 논리학자들은 문장에서 핵심적인 정보만을 정선하게 된다. 예를 들어, "경찰이 범인을 잡았다."와 "범인이 경찰에게 잡혔다."는 능동문과 피동문의 두 개 문장이지만, 이는 동일한 일의 상태를 기술한 하나의 명제로 취급한다. 따라서 명제는 문장 의미의 기본적이고 핵심적 요소를 뜻한다.

그러면 문장의 의미에 대해서 주목해 보기로 한다. 문장의 의미는 문장을 구성하는 단어의 의미뿐만 아니라, 구성 요소들 간의 통사적 관계와 용인성에 의해서 확보된다. 문장의 의미와 구성 요소인 단어 각각의 의미와는 밀접한 관련이 있지만, 구성 요소의 의미 총화가 문장의 의미라는 논리는 성립되지 않는다. 예를 들어, "영수가 철수를 때렸다."와 "철수가 영수를 때렸다."의 두 개의 문장은 동일한 구성 요소 '영수, 철수, 때리다, 가, 를'로 되어 있지만 그 의미는 다르다. 이것은 곧 주어와 목적어라는 통사적 기능이 문장의 의미에 관여하고 있음을 뜻한다. 한편, "영수가 철수를 때렸다."와 "철수가 영수에게 맞았다."는 구성 요소는 다르지만, 진리 조건적 측면에서 그 의미 값은 동일하다고 볼 수 있다.

이러한 몇 가지 사례를 포함하여, 어휘 차원에서 규명할 수 없는 많은 현상들이 문장

의미론의 관심사이다. 이 가운데 아래에서는 문장의 동의성, 중의성, 전제와 함의에 대해서 살펴보기로 한다.

4.2. 문장의 동의성

문장의 '**동의성**(同義性, synonymy)'이란 형식을 달리한 둘 이상의 문장이 동일한 의미 값을 갖는 것을 말하며 이러한 문장을 '동의문'이라고 한다. 여기서 동의문의 의미 값이 같다는 것은 진리 조건적 측면에 국한된 것일 뿐 형식이 다른 만큼 의미가 완전히 같을 수는 없다. 이러한 생각을 바탕으로 다음 네 가지 측면에서 문장의 동의성 여부를 검증해 보기로 한다.

첫째, 능동문과 피동문의 동의성 여부이다.

(48) ㄱ. 사냥꾼이 사슴을 쫓았다.

　　 ㄴ. 사슴이 사냥꾼에게 쫓겼다.

(48)과 같은 능동문과 피동문은 이제까지 전형적인 동의문의 보기로 인정되어 왔다. 능동문과 피동문의 의미 값은 진리 조건적 측면에서 볼 때 동일한데, 한쪽이 참이라면 다른 쪽도 참이며, 한 쪽이 거짓이면 다른 쪽도 거짓이 된다. 따라서 (48)에서 '사냥꾼이 사슴을 쫓았지만, 사슴이 사냥꾼에게 쫓기지 않았다.'는 성립되지 않는다는 것이다. 그러나 (49), (50)의 예문을 통해서 볼 때 능동문과 피동문의 진리 조건적 의미가 반드시 동일하다고 볼 수는 없다. 또한 능동문과 피동문은 각각의 주어에 의미의 초점이 놓인다고 하겠다.

(49) ㄱ. 영희가 영수를 흔들었다. = 영수가 영희에게 흔들렸다.[9]

　　 ㄴ. 영희가 영수를 흔들었지만, (뚱뚱한) 영수는 영희에게 흔들리지 않았다.

(50) ㄱ. 영희가 영수를 밀었다. = 영수가 영희에게 밀렸다.

　　 ㄴ. 영희가 영수를 밀었지만, (힘센) 영수가 영희에게 밀리지 않았다.

---

[9] 통사적으로도 능동문과 피동문의 교체가 항상 가능한 것은 아닌데, "동생이 상을 받았다." ≠ "*상이 동생에게 받히었다.", "*일이 늘 그를 쫓는다. ≠ 그는 늘 일에 쫓긴다."에서 보는 바와 같다(임지룡 1992: 306-307 참조).

둘째, 반의 관계에 있는 단어 쌍의 어순 변형에 의한 동의성 여부이다.

(51) ㄱ. 갑이 을에게 집을 샀다.

ㄴ. 을이 갑에게 집을 팔았다.

(51)은 'X가 Y에게 Z을 …하다'라는 틀 속에서 X, Y의 선택이 '사다/팔다'의 반의어 선택과 상관성을 지님으로써 진리 조건적 의미는 동일하다. 그런데, 이 경우 역시 능동문과 피동문에서처럼 주어가 초점을 받는다. 이러한 사실은 다음과 같이 '좋은 값으로'와 같은 부사어를 넣으면 그 의미 차이가 확연히 드러난다. 즉, (52ㄱ)′의 경우는 갑이 을에게 싼 값으로 집을 산 반면, (52ㄴ)′에서는 을이 갑에게 비싼 값으로 집을 판 것이다.

(52)′ ㄱ. 좋은 값으로, 갑이 을에게 집을 샀다.

ㄴ. 좋은 값으로, 을이 갑에게 집을 팔았다.

셋째, 언어적 거리의 차이에 대한 동의성 여부이다.

(53) ㄱ. 영수가 그 새를 죽였다.

ㄴ. 영수가 그 새를 죽게 했다.

(53)의 두 문장은 부분적인 동의성이 인정되지만, 언어적 거리의 차이가 의미 차이를 반영하고 있다. (53ㄱ)의 파생접사 '-이-'에 의한 단형 사동과 (53ㄴ)의 '-게 하다'에 의한 장형 사동에서 전자는 직접적이며, 후자는 간접적으로 해석된다. 곧 '새'의 죽음에 대한 책임과 비난이 직접적인 경우에는 (53ㄱ)의 단형 사동이 쓰이는 반면, 모이를 주지 않았거나 제대로 돌보지 않음으로써 새가 죽게 된 간접적인 경우에는 (53ㄴ)의 장형 사동이 쓰인다.

넷째, 참조점과 목표 선택의 동의성 여부이다.

(54) ㄱ. 회사가 우체국 뒤에 있다.

ㄴ. 우체국이 회사 앞에 있다.

(54)의 두 문장은 '회사'와 '우체국'의 위치에 대한 기술로서, 진리조건적 의미는 동일하다. 그러나 참조점과 목표의 선택에서는 차이가 나는데, (54ㄱ)에서는 '우체국'을 참조점으로 하여 '회사'를 파악하는 반면, (54ㄴ)에서는 그 역이 된다. 이 경우 참조점은 화자와 청자가 공유하고 있는 배경 요소로서, (54ㄱ)은 "회사가 어디 있니?"라는 물음에 대한 답이 되며, (54ㄴ)은 "우체국이 어디 있니?"라는 물음의 답이 된다.

4.3. 문장의 중의성

문장의 '**중의성**(重義性, ambiguity)'이란 하나의 문장이 둘 이상의 의미로 해석되는 것을 말한다. 중의성은 이른바 문장의 심층에서는 별개의 구조를 가졌지만 표층에서는 동일한 구조를 띠게 된 것이다. 문장을 생산하는 화자나 필자의 입장에서는 중의성을 의식하지 못하는 것이 일반적이지만, 청자나 독자의 측면에서는 해석의 과정에 혼란을 겪게 된다. 여기서는 문장의 구조를 중심으로 중의성의 양상을 살펴보기로 한다.

첫째, 수식의 범위에 따른 중의성이다. (55ㄱ)에서 관형어 '사랑하는'은 '친구'와 '여동생'을 수식할 수 있으며, (55ㄴ)에서 부사어 '어제'는 '고향에서 온'과 '친구를 만났다'를 수식할 수 있다는 점에서 중의적이다.

(55) ㄱ. 내가 사랑하는 친구의 여동생을 만났다.
ㄴ. 그는 어제 고향에서 온 친구를 만났다.

둘째, 주어와 목적어의 범위에 따른 중의성이다. (56ㄱ)은 '영희가 보고 싶어 하는 동창생이 많다'와 '영희를 보고 싶어하는 동창생이 많다.'의 두 가지 의미를 지니며, (56ㄴ)은 '영수와 철수가 창수를 도왔다.'와 '영수가, 철수와 창수를 도왔다.'의 두 가지 의미를 지닌다는 점에서 중의적이다.

(56) ㄱ. 영희가 보고 싶은 동창생이 많다.
ㄴ. 영수는 철수와 창수를 도왔다.

셋째, 비교의 범위에 따른 중의성이다. '보다'에 의한 비교구문에서는 비교의 대상과 주체가 중의적이다. 예를 들어, (57ㄱ)은 "어머니는 아버지와 아들을 사랑하는데, 그중에서 아들을 더 사랑한다."와 "어머니와 아버지는 아들을 사랑하는데, 어머니가 더 사랑한다."의 두 가지 의미를 지니며, (57ㄴ) 역시 "남편은 아내와 낚시를 좋아하는데, 그중에서 낚시를 더 좋아한다."와 "남편과 아내는 낚시를 좋아하는데, 남편이 더 좋아한다."가 되어 중의적이다.

(57) ㄱ. 어머니는 아버지보다 아들을 더 사랑한다.

ㄴ. 남편은 아내보다 낚시를 더 좋아한다.

넷째, 부정의 범위에 따른 중의성이다. (58ㄱ)은 '몇 문제를 못 풀었다'와 '몇 문제밖에 못 풀었다'의 두 가지 의미를 지니며, (58ㄴ)은 '소풍을 모두 가지 않았다'와 '소풍을 가지 않은 학생이 일부이다'의 두 가지 의미를 지닌다는 점에서 중의적이다.

(58) ㄱ. 이번 시험에서 몇 문제 풀지 못했다.

ㄴ. 학생들이 소풍을 다 가지 않았다.

다섯째, 동작의 진행과 완료에 따른 중의성이다. (59)에서 보듯이 '착탈'에 관한 '-고 있다' 구문은 동작의 진행과 완료된 상태의 두 가지 의미를 지닌다는 점에서 중의적이다.

(59) ㄱ. 그때 그는 {모자를 쓰고/넥타이를 매고/외투를 입고/양말을 신고} 있었다.

ㄴ. 그때 그는 {모자·외투·장갑·구두를 벗고/넥타이를 풀고} 있었다.

4.4. 전제와 함의

언어의 주된 기능은 정보의 전달에 있으므로, 전달된 정보의 내용을 적절하게 추론하는 과정이 필요하다. 이 과정을 통해 문장 속에 포함된 정보를 찾아내고, 그 내용의 참과 거짓을 밝히게 된다. 이와 관련하여 문장의 전제와 함의에 대해서 살펴보기로 한다.

먼저, 문장의 '**전제**(前提, presupposition)'를 보기로 한다. 문장의 참과 거짓을 따지기 위해서는 당면한 정보가 참이라는 조건이 보장되어야 하는데, 이러한 조건을 '논리적 전제' 혹은 '의미적 전제'라고 한다. (60)을 통해서 전제의 특성을 검토해 보자.

(60) ㄱ. 영수는 어제 산 책을 읽었다.

　　ㄴ. 영수가 어제 책을 샀다.

(60ㄱ)에서 우선적으로 전달하려는 의미 정보는 '영수가 책을 읽었다.'인데, 이 문장 속에는 (60ㄴ)의 '영수가 어제 책을 샀다.'라는 부수적인 정보를 추론할 수 있다. 이 경우 핵심적인 정보 이외에 추론되는 정보가 전제이다. 전제의 중요한 특징은 주명제가 부정되어도 참이 된다는 점이다. 즉 '영수가 어제 산 책을 읽지 않았다.'라고 하더라도 전제는 그대로 보존된다.

다음으로, 문장의 '**함의**(含意, entailment)'를 보기로 한다. 한 문장 속의 부수적인 정보 가운데 전제와 구별되는 또 다른 정보를 '논리적 함의' 혹은 '의미적 함의'라고 한다. (61)을 통해서 함의의 특성을 검토해 보자.

(61) ㄱ. 그 사자가 토끼를 죽였다.

　　ㄴ. 토끼가 죽었다.

(61ㄱ)에서는 부수적으로 (61ㄴ)의 '토끼가 죽었다'는 정보를 포함하고 있다. 이 경우 (61ㄱ)의 주명제를 부정하게 되면 부수적인 정보는 참도 거짓도 아니게 된다. 즉 '사자가 토끼를 죽이지 않았다.'라고 할 경우 토끼가 죽어 있을 수도 있고 그렇지 않을 수도 있기 때문이다.

요컨대 전제는 주명제가 부정될 경우 영향을 받지 않는 데 비해, 함의는 주명제가 부정될 때 그 의미가 보존되지 않는 특성을 지닌다.

더 알아보기

 문장의 변칙성·모순성·잉여성

다음의 (1)-(3)에서 제시된 세 가지 문장은 통사적으로는 별다른 이상이 없지만, 의미적으로 변칙성, 모순성, 잉여성을 포함하고 있다.

(1) 그 돌이 죽었다.

(2) 선생님께서 자율 학습을 감독하러 오셨다.

(3) 더 이상 뒤로 후퇴할 수 없었다.

즉 (1)은 의미상으로 변칙적인데, '돌'은 [−유정성], '죽다'는 [+유정성]의 의미 성분을 지님으로써 선택제약을 어긴 것이다. (2)는 의미상으로 모순적인데, '자율 학습'을 감독하는 것이 이치에 맞지 않기 때문이다. (3)은 의미상으로 잉여적인데, '뒤로 후퇴하다'에서 '후퇴(後退)'의 '후'가 '뒤'를 뜻하기 때문이다.

참고문헌

김광해(2003), 『등급별 국어교육용 어휘』, 박이정.

김광해 외(1999), 『국어지식탐구』, 박이정.

노대규(1988), 『국어 의미론 연구』, 국학자료원.

박영순(1994), 『한국어 의미론』, 고려대학교 출판부.

박영순(2001), 『한국어 문장의미론』, 박이정.

박종갑(1996), 『토론식 강의를 위한 국어의미론』, 박이정.

서상규(2014), 『한국어 기본어휘 의미 빈도 사전』, 한국문화사.

서울대학교 국어교육연구소(2003), 『고등학교 문법』, 교육인적자원부.

신현숙(1986), 『의미분석의 방법과 실제』, 한신문화사.

신현숙(1990), 『한국어 현상-의미 분석』, 상명여자대학교 출판부.

심재기·이기용·이정민(1984), 『의미론 서설』, 집문당.

이성범(1999), 『언어와 의미』, 태학사.

이승명 외(1998), 『의미론 연구의 새 방향』, 박이정.

이익환(1984), 『현대의미론』, 민음사.

임지룡(1992), 『국어 의미론』, 탑출판사.

임지룡(1997), 『인지의미론』, 탑출판사.

임지룡(2018), 『한국어 의미론』, 한국문화사.

천시권·김종택(1973), 『국어의미론』, 형설출판사.

홍사만(1994), 『국어의미론연구』, 형설출판사.

Cruse, D. A.(1986), *Lexical Semantics*, Cambridge: Cambridge University Press. (임지룡·윤희수 옮김(1989), 『어휘의미론』, 경북대학교 출판부.)

Cruse, D. A.(1990), "Language, meaning and sense: Semantics." In N. E. Collinge(ed.), *An Encyclopedia of Language*, 139-172. London/New York: Routledge.

Cruse, D. A.(2000), *Meaning in Language: An Introduction to Semantics and Pragmatics*, Oxford: Oxford University Press. (임지룡·김동환 옮김(2002), 『언어의 의미: 의미·화용론개론』, 태학사.)

Löbner, S.(2002), *Understanding Semantics*, Oxford: Oxford University Press. (임지룡·김동환 옮김(2010), 『의미론의 이해』, 한국문화사.)

Palmer, F. R.(1981), *Semantics*(2nd.), Cambridge: Cambridge University Press. (현대언어학연구회 옮김(1984), 『의미론』, 한신문화사.)

01. 단어의 의미를 고려하여, 다음 문장을 더 자연스럽게 고쳐 보자.

> (가) 독자란에 원고를 투고해 주십시오.
>
> (나) 하루에 이 약을 한 알 이상은 복용하지 마십시오.
>
> (다) 가족과 헤어져 쭉 홀몸으로 지내왔다.

02. 아래의 (가)와 (나)에 제시된 단어들의 관계를 설명해 보자.

> (가) 아기의 손은 매우 귀엽다.
>
>   농촌에서는 지금 손이 모자란다.
>
>   나는 지금부터 그 사람과 손을 끊겠다.
>
> (나) 배[船] / 배[腹] / 배[梨] / 배[倍]

03. 다음은 중의성을 가진 문장들이다. 이들이 중의적으로 해석되는 이유를 간략히 설명하고, 중의성이 해소되도록 문장을 고쳐 보자.

> (가) 언니는 차를 좋아한다.
>
> (나) 그는 무릎을 꿇었다.
>
> (다) 슬픈 곡예사의 운명은 여기서 끝나는 것인가?
>
> (라) 나는 모자를 쓰고 있었다.
>
> (마) 학생들이 다 출석하지 않았다.
>
> (바) 어머니는 아버지보다 아들을 더 사랑하신다.

04. 다음의 동일한 지시 대상에 대한 의미 차이를 밝혀 보자.

> (가) 엔이아이에스(NEIS) : 나이스 : 네이스
>
> (나) 동해(東海, East Sea) : 일본해(日本海, Sea of Japan)
>
> (다) 조갈병(燥渴病) : 소갈병(消渴病) : 당뇨병(糖尿病)
>
> (라) 금강산 : 봉래산 : 풍악산 : 개골산/설봉산

05. '길다/짧다'와 '살다/죽다'를 활용하여 정도 반의어와 상보 반의어의 차이점을 기술하고, '길다'와 '짧다' 간에 나타나는 비대칭성을 밝혀 보자.

06. '기본 층위'의 특성을 밝혀 보자.

07. '사다'와 '팔다'가 중심적 의미로 사용된 용례를 찾아 쓰고, '사다'와 '팔다'가 중심적 의미로 사용되었을 때의 의미 특성을 '사다'와 '팔다'의 의미 관계를 고려하여 설명해 보자.

08. 다음 문장에서 사용된 '자리'에 대해서 탐구해 보자.

> 구경꾼이 너무 많아서, 자리^{1}를 깔고 앉을 자리^{2}가 없었다.

(가) '자리^1'과 '자리^2'의 형태와 뜻의 관계를 생각하면서, 이들을 동음이의어로 처리할 것인지 다의어로 처리할 것인지에 대해서 타당한 근거를 밝혀 설명해 보자.

(나) 사전에서 '자리^1'과 '자리^2'를 어떻게 처리하고 있는지 조사해 보고 그 타당성을 설명해 보자.

09. 은유와 환유의 공통점과 차이점을 밝혀보자.

10. 전제와 함의의 차이점을 밝혀보자.

11. 다음 반의 관계에 대한 자료를 분석하여, 반의관계의 특성에 대해서 이야기해 보자.

> (1) (가) 장 끼: [+(㉠)][+꿩][+새]
>
>   (나) 까투리: [−(㉠)][+꿩][+새]
>
> (2) (가) 입을 열다 − 입을 다물다
>
>   (나) 문을 열다 − 문을 닫다
>
>   (다) 뚜껑을 열다 − 뚜껑을 덮다
>
>   (라) 마개를 열다 − 마개를 막다
>
>   (마) 자물쇠를 열다 − 자물쇠를 잠그다

(1) 에서 ㉠에 들어갈 말이 무엇인지 생각해 보고, 이들을 반의관계로 볼 수 있는 이유가 무엇
  인지 설명해 보자.

(2) 의 예를 분석하여 일대다(一對多)의 반의관계가 성립하는 이유가 무엇인지 설명해 보고,
  비슷한 예를 더 찾아보자.

12. 『한국어 기본어휘 의미 빈도 사전』에 나타난 '먹다'의 다의적 용법에 따른 빈도는 다음과 같다(서상규 2015: 116 참조). 다음 자료를 바탕으로 다의어의 특성에 대해서 설명해 보자.

'먹다' 전체 빈도(1,778회)

① 밥/과자를 먹다. (1,439/82.3%)

② 물/커피를 먹다. (89/5.1%)

③ 약을 먹다. (58/3.3%)

④ ㉼ 먹고 살다. (39/2.2%)

⑤ 부려/장사해 먹다. (26/1.5%)

⑥ 나이를 먹다. (26/1.5%)

⑦ 마음/양심을 먹다. (22/1.3%)

⑧ 구전/뇌물을 먹다. (11/0.6%)

⑨ 남의 돈/재산을 먹다. (8/0.5%)

⑩ 겁/쇼크를 먹다. (7/0.4%)

⑪ 화투판에서 피를 먹다. (7/0.4%)

⑫ 그에게 욕/핀잔을 먹다. (5/0.3%)

⑬ 버짐/벌레가 먹다. (5/0.3%)

⑭ 대회에서 일등을 먹다. (4/0.2%)

⑮ 구류/벌점을 먹다. (3/0.2%)

8장

담화

이끄는 말

언어의 가장 긴요한 구실은 의사소통을 위한 도구로서의 쓰임이고, 의사소통은 늘 특정한 상황 아래 이루어진다. 그러므로 의사소통의 상황을 고려하지 않으면 언어의 본질과 속성을 온전하게 밝히기 어렵다. 가령 "너는 강하다."라는 단순한 표현도 의사소통의 상황을 염두에 두지 않으면 그 의미나 기능을 남김없이, 그리고 정확하게 이해할 수 없다. 이 표현은 철자적으로만(orthographically) 보면 주어 하나와 서술어 하나로 이루어진 문장으로 사실을 진술하는 것으로 이해된다. 그러나 구체적인 의사소통의 상황을 부여하면 "너는 강하지만 나는 약하다. 그러니 네가 나를 도와주어야 한다."와 같은 복잡한 의미를 지닐 수 있는 것이다.

앞서 여러 장에 걸쳐서 우리말의 음운, 형태, 어휘, 문장의 특성을 살폈다. 이 장에서는 이러한 특성을 지닌 우리말이 실제로 의사소통의 상황에서 어떻게 부려 쓰이는지를 생각해 볼 것이다. 먼저 발화와 담화의 개념을 이해하고 이를 토대로 담화의 구성 요소가 무엇인지 검토한다. 다음으로 담화의 특성인 담화성의 요소로 무엇이 있는지, 담화의 구조는 어떻게 설명될 수 있는지를 알아보고, 마지막으로 담화의 기능에 대하여 검토한다.

1. 담화의 개념

1.1. 발화의 개념

전통적인 문법 연구에서는 문장을 연구 대상으로 삼아 그것의 구조와 의미를 탐구하였다. 문장의 성분, 문장을 이루는 단어들의 분류, 문장의 짜임, 문장의 종류 등에 대한 연구가 그러하다. 이 때 문장은 생각이나 감정을 말과 글로 표현할 때 완결된 내용을 나타내는 최소의 단위로 규정되며 문장의 의미는 그 구성 성분들 간의 의미 관계에 의해 결정된다.

　(1) 동호가 사과를 좋아한다.

　(1)은 주어와 서술어 및 서술어가 요구하는 목적어를 갖추고 있는 문법적으로 적격한 문장이다. 또한 문장의 꼴은 평서문이고 따라서 그것의 의미는 [동호가 사과를 좋아한다]는 사태를 진술하는 것으로 이해된다.

　그런데 다음과 같은 대화 장면에서는 이 문장의 의미가 각기 다르게 해석된다. 예 (2)에서는 단순히 객관적 사태의 서술이 아니라 사과를 사서 병문안을 가자는 의미를 전달하며, 예 (3)에서는 하나 남은 사과를 동호에게 주라는 의미로 해석된다. 동일한 문장이 어떤 대화 장면에서 사용되었는가에 따라 전달하는 의미가 달라지는 것이다.

　(2) 갑: 동호 병문안 갈 때 뭘 사 갈까?
　　　 을: 동호가 사과를 좋아한다.
　(3) 갑: 사과가 하나 남았는데 누구 줄까?
　　　 을: 동호가 사과를 좋아한다.

위의 두 예로부터 알 수 있듯이 문장의 의미는 실제로 특정한 상황에서 입 밖으로 내어 말하여짐으로써 구체화된다. 그러므로 언어의 연구에서 이처럼 사용을 고려하는 것은 당연한 일이다. 탈맥락적이고 추상적 언어 단위로서의 문장과 달리 이렇게 실제로 사용된 언어(또는 언어 행위)를 **발화**(發話, utterance)[1]라고 한다.

언어 행위로서의 발화^{2}는 대개 문장의 형태를 띠지만 반드시 그렇지는 않다. 하나의 감탄사, 하나의 단어, 하나의 구절도 구체적인 의사소통 상황에서 특정한 의미를 전달하기 위해 사용된다면 그것은 발화이며, 때로는 문법적으로 적격하지 않더라도 유의미한 발화가 된다.

(4) ㄱ. (위험한 곳에 발을 디디려는 아이에게) 어허.
    ㄴ. (약속 장소에서 친구를 발견하고 손을 들며) 여기.
(5) (일과 후 식당에서)
    갑: 뭐 먹지? 나는 볶음밥. 너는?
    을: 나는 짜장면.

(4)의 두 예는 모두 문장보다 작은 언어 단위가 사용되었지만 하나의 발화이다. (4ㄱ)은 감탄사 하나로 이루어져 있지만 아이에게 위험하니 가지 말라는 의미를 전하고 있는 발화이고, (4ㄴ)은 대명사 하나로 이루어져 있지만 자신이 여기 있다 또는 이쪽으로 오라는 의미를 전달하는 발화이다. 한편 (5)에서 '갑'의 발화 "나는 볶음밥."과 '을'의 발화 "나는 짜장면." 은 문장 중심의 연구에서 보면 문법적으로^3 적격하지 않다. 그러나 '갑'과 '을' 두 사람은 이를 자연스럽게 수용하고 이해한다. 이것은 예 (5)가 일과 후 식당에서 저녁 음식을 주문할 때 주고받은 대화이기 때문이다. 요컨대 발화의 의미를 정확하게 이해하기 위해서는 언어 표현의 의미뿐만 아니라 말하는 이와 듣는 이, 의사소통 상황 등에 대한 이해가 함께 이루어져야만 한다.

1.2. 담화의 개념

일련의 발화가 의미적 완결성을 지니고 의사소통 상황에서 부려 쓰일 때 이를 '**담화**'라고 한다. 발화가 그렇듯이 담화는 문법적 단위가 아니라 사용의 단위이다. 앞의 예 (4)에서 보듯이 하나의 단어로 이루어진 발화 하나만으로도 담화가 성립될 수 있고, 문법적으로 적격하지 않은 발화로 이루어진 (5)의 대화가 하나의 담화로 성립하는 것도 사용 상황에 부합하기

---

1   '발화'는 대개 입말 연구에서 주로 사용하는 개념이다. 그러나 여기에서는 '담화'를 입말과 글말을 포괄하는 개념으로 사용하므로 '발화'도 역시 입말과 글말의 담화의 하위 단위를 포괄하여 가리키는 개념으로 사용한다.
2   언어 사용이 하나의 행위임을 분명하게 드러내기 위해 발화 행위라고 하기도 한다.
3   '문법'의 뜻넓이는 문맥에 따라 다양하게 정의될 수 있지만 여기서는 통사 규칙을 의미한다.

때문이다.

담화는 또한 의미 단위이다. 아래 두 예를 비교해 보자.

(6) 조건적 지식은 '왜, 그리고 언제에 관한 지식'으로 상황적 지식이라고도 한다. '요약(要約)'을
예로 들어보면 언제, 그리고 왜 요약을 하는 것이 좋은가에 관한 지식을 조건적 지식이라고
할 수 있다. 실험적 증거에 의하면 조건적 지식에 관한 진술이 학습에서 중요한 역할을 한다
고 한다. 즉, 학생들에게 왜 이 학습이 유용하며 언제 이것을 적용할 것인가를 명시적으로 지
시해 주는 조건적 지식이 추가 되었을 때, 전략이 교수된 대로 사용될 가능성이 증가함이 밝
혀졌다.

                                                                    – 이은희, '조건적 지식'에서

(7) 조건적 지식은 '왜, 그리고 언제에 관한 지식'으로 상황적 지식이라고도 한다. 상황이 민수에
게 유리하지 않다. 민수가 다니는 대학은 시외에 위치하고 있다. 대학이 교육 기관으로서의
책무성을 다하고 있는지는 여전히 의문이다. 우리나라에는 교육 기관으로 초등학교, 중학
교, 고등학교, 대학교가 있다.

(6)과 (7)은 모두 다섯 개의 문장으로 이루어진 글말 담화인데, 이 둘은 담화로서의 용인
성 정도에 차이가 있다. 앞의 문장 연쇄는 자연스럽게 하나의 담화로 수용되지만 뒤의 문장
연쇄는 담화로서의 수용 가능성이 현저하게 떨어진다. 이는 (6)의 다섯 문장은 모두 '조건적
지식'에 대한 정보를 전달하고 있다는 점에서 의미상으로 긴밀하게 관련되어 있지만 (7)은
다섯 개 문장을 관통하는 일관된 의미를 찾기 어렵기 때문이다.

요컨대, 담화는 표면적으로 드러나는 문장의 수나 길이 등의 형태적 특징에 의해 규정되는
단위가 아니다. 그것은 의미 단위이다[4]. 앞에서 예로 든 (4)나 다음 (8)과 같은 짧은 글말 발
화가 담화로 용인되는 것도 이들이 특정한 상황에서 전달하고자 하는 의미를 충분하게 표현
하고 있기 때문이다.

(8) ㄱ. (출입문 앞) 주차 금지

    ㄴ. (연구실 앞 복도에) 조용히!

---

4 "텍스트는 문장으로 구성되는 것이 아니라 문장에 의해 실현된다."라는 할러데이와 하산(Halliday & Hasan,
   1976: 2)의 설명은 잘 알려진 바다.

담화가 사용의 단위이며 의미 단위라는 것은, 어떤 발화 연결체가 담화인지 여부에 대한 판단이 정도의 문제임을 함의한다. 문장의 문법성을 판단하는 통사 규칙은 탈맥락적으로 작용하지만 담화의 의미는 사용 상황에 따라 해석이 달라질 수도 있어서 수용 가능성 또한 상황에 따라 달라질 수 있기 때문이다. 담화가 무엇인지를 명확하게 정의하기 어려운 것도 이러한 이유에서 비롯된 바가 크다.

더 알아보기

용어의 문제: 담화, 텍스트, 이야기

담화(discourse)와 텍스트(text)는 문장보다 더 큰 언어 단위를 일컫는 용어로 전자는 주로 입말을, 후자는 주로 글말을 가리키지만, 연구자에 따라 또는 문헌에 따라 이 두 개념의 용법이 달라 혼란을 빚고 있다. 이 둘의 쓰임은 대개 다음과 같이 세 가지 유형으로 나타난다. 그러나 어느 쪽이든 텍스트 또는 담화가 완결된 의미를 지닌 의사소통의 단위이며 발화의 연속체라고 규정한다는 점은 동일하다.

첫째, 텍스트를 상위 개념으로 쓰고, 담화는 텍스트의 하위 갈래로 보는 입장
둘째, 담화를 상위 개념으로 쓰고, 텍스트를 담화의 하위 갈래로 보는 입장
셋째, 이 둘을 구분하여 글말은 텍스트, 입말은 담화로 보는 입장

국어과 교육에서는 교육과정 시기에 따라 담화 또는 텍스트를 대신하여 '이야기'를 사용하기도 하였는데, 세부 내용을 살펴보면 다음과 같다.

먼저 제5차 교육과정에서는 해설서에서 담화 분석을 개관하면서 '담화'를 '텍스트'의 상위 개념으로 사용한다. 제6차 교육과정에서는 〈국어〉의 언어 영역과 〈문법〉에서 '이야기'가 나타난다. 이때는 이야기를 "담화 문법(discourse grammar)의 '화(話)'에 해당하는 말이기도 하고, 텍스트 문법(text grammar)의 '텍스트'에 해당하는 말이기도 하다."라고 설명한다. '이야기'를 상위 개념, 담화와 텍스트를 '이야기'의 하위 개념으로 보는 입장을 취한 것이다. 제7차 교육과정은 '담화'를 최상위 개념으로 설정하고, 그 하위 범주로 '구어 담화'와 '문어 담화'를 두고 있다. 물론 이 때 구어 담화란 입말을 가리키고, 문어 담화란 글말을 가리킨다. 〈국어〉 교육과정의 국어 지식 영역은 물론이고 〈문법〉 교육과정에서도 이런 범주화를 그대로 따르고 있다. 그렇지만 〈문법〉 교과서에서는 '담화'를 '이야기'로 바꾸어 표현하여 다소 혼란을 빚는다.

2007 개정 교육과정 이후 현행 교육과정에 이르기까지는 '담화'를 상위 개념으로 하고,

필요한 경우에 구어 담화, 문어 담화로 구분하여 사용하고 있다. 이 글에서도 이러한 구분을 따르되, 구어 담화, 문어 담화를 대신하여 입말 담화, 글말 담화로 사용한다. 또한 이 글에서는 담화의 분석 단위인 '발화'도 글말 담화에 대하여서는 맥락에 따라 '문장'으로 표현하기도 하는데, 이 역시 교육과정의 용법을 따른 것이다.

2. 담화의 구성 요소

담화의 성립에 필요한 요소를 이해하기 위해 의사소통의 장면을 머릿속에 그려보자. 먼저 행위자, 즉 담화를 주고받는 참여자인 발신자와 수신자가 필요하다. 다음으로 행위의 목적과 행위가 이루어지는 배경이 필요하다. 담화에서 행위의 목적은 담화의 내용으로 실현되며, 행위의 배경은 담화가 소통되는 구체적인 시·공간적 맥락이다. 요컨대 참여자, 내용, 맥락은 담화의 성립에 필수적인 요소이다. 여기에서는 이러한 담화의 구성 요소에 대하여 알아보자.

2.1. 참여자: 발신자와 수신자

담화는 **참여자**들이 서로 협력하여 목적을 달성하는 의사소통 행위(transaction)이다. 참여자란 입말 담화에서는 화자와 청자이고,[5] 글말 담화에서는 필자와 독자인데, 화자와 필자를 **발신자**, 청자와 독자를 **수신자**라고 한다.[6] 수신자와 발신자는 담화 행위가 이루어지려면 반드시 필요할 뿐만 아니라 이들이 공유하고 있는 배경 지식, 심리적 거리, 성별, 나이, 사회적 지위 등은 담화의 구성에 밀접하게 영향을 미친다. 발신자와 수신자가 일대 일의 관계인지 일대 다(多)의 관계인지에 따라서도 담화의 구성이 달라진다.

다음 예를 보면서 수신자와 발신자가 담화의 구성에 미치는 영향을 생각해 보자.

---

5 독백을 예로 들어 입말 담화에서 청자가 반드시 필요한 요소는 아니라고 하는 이도 있으나, 독백은 청자가 없는 것이 아니라 화자와 청자가 같은 인물이라고 보는 것이 타당하다.

6 입말 담화 중에서 대면 대화는 발신자와 수신자의 역할이 고정되어 있지 않다. 참여자들은 대화의 맥락에 따라 발신자가 되기도 하고 수신자가 되기도 한다.

(9) (중학교 교실에서 수업에 늦은 학생에게)

　　교사: 지금 몇 시니?

　　학생: 죄송합니다.

　　교사: 일찍 다니자.

　　학생: 예.

　　(9)의 처음 대화쌍, 즉 "지금 몇 시니?"라는 질문과 "죄송합니다."라는 반응은 표면적으로 실현된 문장의 의미만을 생각하면 매우 어색하다. 그렇지만 이어지는 발화를 보면 이 대화 쌍은 교사와 학생 두 사람의 담화 참여자에게 아무런 혼란을 일으키지 않고 용인됨을 알 수 있다. 교사가 수업 시간에 늦은 것에 대해 에둘러 질책하는 것은 학생이 그러한 자신의 발화를 충분히 이해할 것이라는 판단에서이고, 학생은 교사의 발화를 표면적으로 수용하지 않고 그러한 발화의 의도를 이해했기 때문이다. 그런데 만일 초등학교 1학년 교실에서라면 교사가 "지금 몇 시니?"라는 발화로 동일한 의미를 전달하기 어려울 것이다. 초등학교 1학년에게는 "왜 늦었니?", "늦었네." 등과 같이 말해야만 교사가 원하는 반응을 학생으로부터 얻어낼 수 있다.

　　설령, 독자와 직접 대면하지 않은 채 생산되는 글말 담화라고 하더라도 필자는 독자의 이해 정도를 고려하여 담화를 구성한다. 우리말의 단어 형성법을 설명하고자 할 때, 고등학생이 독자인 경우는 단일어, 합성어, 파생어, 복합어 등의 개념을 중심으로 담화를 구성할 수 있지만 초등학생이 독자인 경우는 담화 내용의 구성을 달리해야만 독자가 이해할 수 있다.

　　참여자들 간의 **배경 지식** 공유 여부도 담화 구성에 영향을 미친다.

(10) 인주: 너도 거기 갈래?

　　장희: 어디?

　　인주: 얘기 못 들었어?

　　장희: 무슨 이야기?

(11) 인주: 너도 거기 갈래?

　　장희: 응, 갈 거야.

　　인주: 그럼 주말에 보자.

　　예 (10)과 (11)은 참여자 간 배경 지식의 공유에 따라 담화가 어떻게 달라지는지를 잘 보여준다. (10)에서 발신자인 인주의 첫 발화는 주말 일정에 관하여 장희도 자신과 동일한 배경 지식을 지니고 있다는 판단을 전제로 하고 있다. 그렇지만 이어지는 발화를 보면 이러한 인주의 판단이 잘못된 것임이 드러난다. 따라서 다음 대화쌍에서 두 참여자는 의사소통의 목적을 달성하기 위해 서로 추가적인 정보를 교환하게 된다. 만일 인주의 판단처럼 두 사람이 동일한 배경 지식을 공유하고 있었다면 대화가 (11)처럼 진행되었을 것이다.

발신자와 수신자의 **심리적 거리** 역시 담화의 구성에 영향을 미친다. 아래 예는 발신자와 수신자가 동일한 경우임에도 불구하고 의사소통의 과정에서 두 사람 간의 심리적 거리에 따라 발화 형식이 달라질 수 있음을 보여준다.

(12) 여자: 김영민 씨. 지금 몇 십니까?

남자: 야, 왜 그래. 그래도 30분밖에 안 늦었잖니. 길이 얼마나 막히는지 말도 마라.

여자: 그럼 이 시간에 길 막히는 거 몰랐냐?

남자: 미안해. 다음엔 안 늦을게.

예시 담화 (12)에서 우리는 참여자인 여자와 남자가 평소 '해체'를 쓰는 친근한 사이임을 알 수 있다. 그렇지만 첫 발화에서 여자는, 약속 시간보다 30분 늦게 도착한 남자에게 '하십시오체'를 사용함으로써 심리적으로 거리를 두면서 자신이 화가 났음을 표현한 것이다.

참여자 간의 거리는 담화의 내용뿐만 아니라 담화의 구성에도 영향을 미친다. 홀링워즈(H. L. Hollingworth, 1972: 150-152)는 입말 담화에서 수신자를 다섯 가지 집단으로 분류하고, 수신자의 특징에 따라 담화의 내용과 구성이 어떻게 달라져야 하는지를 다음과 같이 보여준다.[7]

무관심 집단	무작위 참여 집단	선별된 이질 집단	동질 집단	공동작업 집단
시선 끌기	–	–	–	–
관심 유발	관심 유발	–	–	–
긍정적 인상	긍정적 인상	긍정적 인상	–	–
확신	확신	확신	확신	–
행동 지침	행동 지침	행동 지침	행동 지침	행동 지침

표 8-1 청중의 유형에 따른 담화의 구성

7   이창덕·임칠성·심영택·원진숙(2000: 38)에서 다시 인용하였다.

가령, 그저 지나가는 행인이 수신자라면 시선을 끌기 위한 발화로 시작해야 하지만 오랫동안 함께 작업을 해 온 동료라면 단순하게 행동 지침을 제시하는 것으로도 의사소통의 목적을 달성할 수 있다는 것이다.

발신자에 대한 수신자의 판단도 담화의 이해에 영향을 미친다. 예를 들어, 같은 정보를 전달한다 하더라도 화자 또는 필자가 그 분야의 전문가인지 비전문가인지에 따라 수신자의 반응이 달라질 수 있다. 또 발신자가 수신자로부터 신뢰를 얻고 있느냐 그렇지 않으냐에 따라서도 해당 담화를 대하는 수신자의 태도가 달라진다. 발신자와 수신자 모두가 담화의 주요 요소가 되는 이유가 여기에 있는 것이다.

2.2. 내용(message)

내용은 목적 달성을 위해 언어로 실현된 담화의 속살이다. 의사소통에 참여하는 이들은 특정한 정보, 자신의 느낌이나 생각, 상대방에 대한 요구 등 담화에 실어 전하고자 하는 바가 있게 마련인데, 이를 **내용**(message)이라고 한다.[8]

담화의 내용은 두 가지 층위로 나누어 생각해 볼 수 있다. 하나는 언어 기호를 빌어 표층에 실현된 철자적 의미이고, 다른 하나는 그러한 표층 의미 뒤에 숨은 참여자의 의도이다.[9] 길 가에서 놀고 있는 어린이에게 어머니가 "자동차 온다."라고 하는 경우를 보자. 이 표현은 표층적으로는 단순히 자동차가 오고 있다는 사실을 서술하는 의미를 담고 있지만 상황을 고려하면 이 발화에 담긴 어머니의 의도는 자동차가 오니 조심하라는 것이다.

담화의 철자적 의미와 참여자의 의도는 일치할 수도 있고 일치하지 않을 수도 있는데, 이는 담화가 사용의 단위, 즉 언어 행위임을 고려하면 쉽게 이해될 수 있다. 돌부리를 차거나 주먹으로 책상을 치는 행위를 생각해 보자. 그저 그러한 행동 자체가 목적일 수도 있지만 자신이 화가 났음을 전달하는 것이 목적일 수도 있음을 우리는 잘 알고 있다. 담화 역시 그러하다는 것이다.

글말 담화에서는 담화의 내용이 발신자에 의해 크게 좌우된다. 글말 담화는 필자와 독자의 접촉이 간접적이기 때문이다. 이에 비해 참여자들이 직접 대면하여 이루어지는 입

---

8 그림이나 선율 등이 특정한 내용을 전달하는 도구가 되기도 하며, 담화에서도 입말인 경우는 손짓이나 몸짓 등의 비언어적(非言語的: nonverbal) 표현을 통해 내용의 일부를 표현하기도 한다.

9 일반적으로 철자적 의미는 담화의 주제로, 발신자의 의도는 담화의 기능으로 분석된다.

말 담화에서는 청자, 즉 수신자의 개입이 더 적극적이다. 대화의 시작은 화자의 의도 중심으로 이루어지지만 청자가 직접 개입하거나 또는 화자가 청자의 반응을 적극적으로 고려함으로써 대화의 주제가 변화되기도 한다. 공적 상황에서 이루어지는 입말 담화에서도 청자의 반응으로 인해 내용이 변화될 수 있다.

2.3. 맥락(context)

맥락(context)은 담화의 생산과 수용에 영향을 미치는 제반 배경 요소인데, 그 중요성은 앞에서도 이미 어느 정도 암시되어 있다. "동호가 사과를 좋아한다."라는 표현이 의사소통의 상황에 따라 사과를 사서 동호 병문안을 가자는 의미로 해석되기도 하고, 사과를 동호에게 주라는 의미로 해석됨을 보았다. 발신자와 수신자가 직접 대면하여 이루어지는 입말 담화에서는 언어로 실현된 표현 이외에도 담화에 영향을 끼치는 배경 요인들이 다양하게 존재하므로 맥락에 대한 이해가 더욱 필요하다.

맥락은 크게 **언어적 맥락**과 **비언어적 맥락**으로 구분된다. 언어적 맥락이란 담화 내에서 생성되는 언어적 환경이며, 비언어적 맥락이란 발신자와 수신자의 존재를 규정하고 담화가 소통되는 현실 세계, 즉 언어를 제외한 사회·문화적 환경이다.

(13) 동생이 그것을 달라고 한다.

(14) ㄱ. 지난 주말에 신발을 새로 샀는데, 동생이 그것을 달라고 한다. 동생은 어릴 때부터 늘 내 것을 탐냈고 나는 그때마다 어쩔 수 없이 동생에게 양보했다. 그렇지만 이번에는 나도 참을 수 없다.

ㄴ. 지난 주말에 신발을 새로 샀는데, 동생이 그것을 달라고 한다. 사실 동생은 지금까지 내 물건을 물려 썼다. 새 신발이 마음에 들기는 하지만 이번에는 동생에게 양보해야겠다.

(13)의 발화는 문법적으로 적격하지만 그 의미가 모호하다. 이 발화의 의미는 우선 '그것'이 지시하는 바가 명시적으로 파악되어야 분명해진다. 담화에 따라서 '그것'의 지시 대상이 인접한 발화, 즉 언어적 맥락에 존재할 수도 있고, 외부 세계인 비언어적 맥락에 존재할 수도 있다. 만일 수신자가 '그것'이 가리키는 바를 정확하게 이해하지 못하면 발신자는 담화 구성을 달리 해야 한다. 그렇지 않으면 성공적인 의사소통이 이루어지지 않

기 때문이다. 다음으로 '동생이 그것을 달라고 한다.'라는 전체 발화의 의미도 맥락에 따라 달라진다. (14ㄱ)의 맥락에서는 신발을 동생 눈에 띄지 않는 곳에 두겠다는 의미로 해석되고, (14ㄴ)의 맥락에서는 신발을 동생에게 주겠다는 의미로 해석된다.

비언어적 맥락은 **상황 맥락**과 **사회·문화적 맥락**으로 다시 구분할 수 있다. 상황 맥락이란 담화가 소통되는 구체적인 시간과 공간을 가리킨다. 오후 늦은 시간에 만나서 나누는 인사말로 "점심 먹었니?"가 적절하지 않은 것은 상황 맥락에 적절하지 않기 때문이고, 다음 (15)와 같은 입말 담화가 자연스럽게 소통되는 것은 상황 맥락에 대한 이해를 공유하고 있기 때문이다.

(15) 인주: 그날 기억나? 거기서 그 사람 만났잖아.
　　장희: 당연히 기억나지.

사회·문화적 맥락은 담화의 구성이나 해석 등에 영향을 미치는 제도적 배경, 담화 공동체의 공통 신념이나 언어적 관습 등을 의미한다. 사회·문화적 맥락에서 오는 제약이 클수록 담화의 철자적 의미와 참여자의 진짜 의도의 간극이 커지는 것이 보통이다. 아래예 (16)은 '풀'과 '바람'이라는 자연물의 작용을 노래하고 있다. 그렇지만 우리는 당시의 사회·문화적 맥락을 토대로 이를 권력의 억압에 맞서 싸운 민중의 끈질긴 생명력을 노래한 시로 읽는다. 비를 몰아오는 '바람'은 권력의 상징으로, 바람에 나부껴 눕고 울지만 바람보다 더 빨리 일어나는 '풀'은 '민중'의 상징으로 해석하는 것이다.

(16) 풀이 눕는다.
　　비를 몰아오는 동풍에 나부껴
　　풀은 눕고
　　드디어 울었다.
　　날이 흐려서 더 울다가
　　다시 누웠다.

　　풀이 눕는다.
　　바람보다도 더 빨리 눕는다.
　　바람보다도 더 빨리 울고

바람보다 먼저 일어난다.

날이 흐리고 풀이 눕는다.
발목까지
발밑까지 눕는다.
바람보다 늦게 누워도
바람보다 먼저 일어나고
바람보다 늦게 울어도
바람보다 먼저 웃는다.
날이 흐리고 풀뿌리가 눕는다.

– 김수영, '풀'

　지금까지 살펴본 참여자, 내용, 맥락은 다양하게 상호작용하여 담화를 역동적으로 구성한다. 동일한 맥락에 처해도 참여자에 따라 담화의 내용이 다르고, 참여자가 동일해도 맥락이 달라지면 담화의 구성이 달라진다.

(17) (동창회에서) 영민: 2학년 때 갈매기 알지?
　　　　　　　성규: 알지, 그 이상한 놈.
(18) (회사에서) 영민: 전무님, 결재 부탁드립니다.
　　　　　　성규: 이 부장, 수고했어요.

　위의 예는 맥락이 담화에 어떻게 영향을 미치는지를 잘 보여준다. 고등학교 동창인 영민과 성규가 동창회에서 나누는 사적 대화의 내용과 회사에서 나누는 공적 대화의 내용이 다르다. 또한 각 맥락에서 사용하는 높임 표현이 다르다. 동창회에서는 두 사람이 서로 '해체'를 사용하지만 공적 상황인 회사에서는 그렇지 않다. 영민은 '하십시오체'를, 성규는 '해요체'를 사용하는 것이다. 그러므로 담화를 구성하거나 해석할 때는 이들 세 요소를 함께 고려하여야 한다.

3. 담화의 특성

3.1. 담화성

단어를 여럿 그저 늘어놓았다고 해서 문장이라고 하지는 않는다. 일련의 단어 연쇄가 문장 구성 규칙에 부합할 때에만 그것을 문장이라고 한다. 모국어 화자에게 어떤 문장이 문법적인 문장인지 여부, 즉 문장으로서의 적격성을 판단하는 일은 그리 어렵지 않으며, 특수한 경우를 제외하면 판단의 내용이 대개 일치한다. 아래 예에서 (19ㄱ)은 문법 규칙에 어긋남이 없는 적격한 문장이고, (19ㄴ)은 선행절의 시간 부사어 '어제'와 서술어 선어말 어미의 호응이 적절하지 않아 비문법적인 문장이 된다는 데 쉽게 동의한다.

(19) ㄱ. 어제 민주가 학교에 가서, 짝에게 생일 선물을 주었다.

　　ㄴ. *어제 민주가 학교에 가겠는데, 짝에게 생일 선물을 준다.

담화도 마찬가지이다. 발화를 여럿 연결해 놓았다고 해서 모두 담화가 되는 것은 아니다. 아래의 발화 연속체를 담화라고 할 수 있겠는가? 아마도 대부분의 우리말 화자들은 이것을 하나의 담화라고 받아들이기 힘들 것이다.

(20) 우리는 어제 영화를 보았다. 영민은 오늘 대구로 출장을 갔다. 오늘은 날씨가 겨울 답지 않게 포근하고 하늘이 맑다. 그것은 도대체 무엇이었을까?

그런데 앞에서 담화는 의미 단위이며, 그것의 의미가 맥락에 의해 달리 해석될 수 있음을 살폈다. (20)의 담화에 맥락을 부여해 보자. 필자는 어린 시절부터 단짝이었던 친구를 만나 영화를 보고 헤어졌고, 지금(오늘) 차 한 잔을 마시면서 생각이 흐르는 대로 쓴 글이라고 상황 맥락을 부여해 보자. 독자는 예 (20)이 필자의 쓸쓸하고 허전한 마음을 표현하고 있다고 해석할 수도 있다. 이로써 알 수 있는 것은 단어의 연쇄가 문장인지 여부는 배타적 문제이지만 발화의 연쇄는 담화 또는 비담화의 배타적 문제가 아니라 담화다움(담화성)의 문제로 귀결된다는 점이다.

담화의 이러한 특성으로 인해 일군의 연구자들은 담화를 명시적으로 정의하지 않고 특정한 담화성의 기준을 제시하고, 그러한 기준에 부합하는 발화 연쇄를 담화로 규정하기도 한다. **담화성**의 기준으로 가장 대표적으로 논의되는 것은 **응집성**(cohesion), **통일성**(coherence), **의도성**(intentionality), **수용가능성**(acceptability), **상황성**(situationality), **정보성**(informativity), **상호텍스트성**(intertextuality)의 일곱이다.[10] 이 일곱 기준은 담화성의 기준이기도 하지만 문장과 대비되는 담화의 특성을 잘 보여주는 것이어서 아래에서 더 자세히 살피고자 한다.

3.2. 담화성의 기준

3.2.1. 응집성(cohesion)

하나의 단어나 구절, 또는 하나의 발화만으로 구성된 담화도 있지만 대부분의 담화는 둘 이상의 발화로 구성되어 있다. 그러므로 이들 발화는 여러 가지 방식으로 서로 관련을 맺고 있다고 볼 수 있다. 응집성이란 담화의 하위 단위들이 문법적인 수단을 매개로 얻는 표층적 관련성이다.

아래 두 예를 비교해 보자.

(21) ㄱ. [김 선생$_i$이 길 건너편에 서 있었다. 그$_i$(=김선생)는 비도 오지 않는데 우산을 들고 있었다.]

　　ㄴ. $^?$[김 선생$_i$이 길 건너편에 서 있었다. 그$_{ii}$(≠김선생)는 비도 오지 않는데 우산을 들고 있었다.]

(21ㄱ)과 (21ㄴ)의 담화를 구성하는 두 하위 구성소는 동일하다. 그러나 전자는 두 발화가 자연스럽게 하나의 담화를 이루지만 후자는 그렇지 않다. (21ㄱ)은 후행 발화의 대명사 '그'가 선행 발화의 '김 선생'을 대신하여 쓰였고, 이로써 두 발화가 김 선생에 관한 내용을 담고 있는 까닭에 자연스럽게 서로 관련을 맺게 된다. 반면 (21ㄴ)은 대명사 '그'가 '김 선생'이 아닌 다른 제 삼의 인물을 지시하고 있는 까닭에 선행 발화와 후행 발화 사이에 문법적 의존 관계가 형성되지 않는다. 곧, 두 발화는 각기 다른 행위자의 행위 내

---

10 이 일곱 기준은 보그란데와 드레슬러(Baugrande & Dressler, 1981/김태옥 · 이현호 공역, 1991: 5)의 것이다. 이들은 텍스트(글말 담화)를 "텍스트성의 일곱 가지 기준에 부합되는 통화성 발화체"로 정의한다.

용을 전하고 있어서 다른 맥락 정보가 제시되지 않는 한 이 둘이 하나의 담화를 이룬다고 보기 어렵다.

(21ㄱ)의 '그'처럼 발화 간의 응집성을 유도하는 데 활용되는 장치는 여럿 있는데, 대표적인 것을 들면 다음과 같다.

(22) 응집성을 유도하는 장치

    ㄱ. 반복: 단순 반복, 함축적 반복

    ㄴ. 대용형: 지시 표현, 일부 의존 명사(것, 데) 등

    ㄷ. 생략

    ㄹ. 접속: 그리고, 그러나, 왜냐하면, 따라서, 요컨대 등

    ㅁ. 기타: 보조사(는, 도 등), 부사어(이미, 더욱이, 가령, 결국 등), 일부 구절 또는 문장

가) 반복

발화와 발화를 연결하는 가장 간단한 방법은 **반복**이다. 반복은 다시 두 가지로 구분된다. 하나는 단순 반복으로 동일한 언어 형식을 그대로 되풀이함으로써 앞뒤의 발화가 서로 관련이 있음을 나타내는 방법이고, 다른 하나는 의미상으로 관련된 다른 언어 형식을 사용하여 발화와 발화를 연결하는 방법이다.

아래 (23)과 (24)는 동일한 표현을 반복하여 발화를 연결한 예이다. 동일어 반복은 단순하고 이해하기 쉬워 어린아이들이 읽는 동화나 구전 문학에서는 주로 이 방법을 사용한다.

(23) 경민: 정작 상을 받아야 할 철수는 왜 참석 안 했다니?

    영민: 응, 철수는 그날 심하게 몸살이 났대.

(24) 길을 가다가 엽전 한 닢을 주웠네. 주운 엽전을 가지고 바늘전에 들렀네. 바늘전에 들러서 그냥 갈까. 무얼하지…….

그러나 이처럼 같은 말을 반복하는 것은 이야기를 단조롭고 지루하게 만들기 쉽다. 그래서 동일한 의미를 지닌 다른 어휘(동의어, 유의어, 상·하의어 등)를 대신하여 쓰기도 한다. 가령 예 (25)에서 '두꺼비'의 사전적인 의미만을 기준으로 판단하면 경민과 영민의 발화는 서로 관련성이 있다고 보기 어렵고, 따라서 이 두 발화의 연쇄는 담화가 되지 못한다. 그러나 '두꺼비'가 철수의 별명이어서, '철수' 대신에 '두꺼비'를 썼다면 사정은 달

라진다. 이 때에는 '철수'와 '두꺼비'가 동일한 인물을 지시하므로 두 사람이 주고 받은 대화는 하나의 담화를 이루는 유의미한 발화 연쇄가 된다.

(25) 경민: 영민아, 철수 만났니?
　　　영민: 응, 두꺼비 만났어.

또 다음과 같은 방법도 있다. 예 (26)에서 '집 안'과 '거실, 지하실, 이층'의 관계를 보자. 이들은 전체와 부분의 관계에 있다. 거실, 지하실, 이층이 모두 다른 대상을 지시함에도 불구하고 이들은 하나의 의미덩이로 묶일 수 있다. '집 안'이라는 상위 개념(전체)이 이들을 모두 끌어안기 때문이다.

(26) 그들은 정원을 가로질러 집 안으로 들어갔다. 거실은 은그릇, 값비싼 도자기, 갓 들여온 소파 등으로 가득 차 있어 마음 놓고 놀만한 장소가 없었다. 그래서 두 소년은 지하실로 내려가 보았지만 지하실은 습기가 차고 어두워 오래 있을 수 없었다. 하는 수 없어 이층으로 올라가 보기로 했다.

특히 글말에서는, 유의어나 상의어 또는 하의어 등 함축적 의미가 동일한 어휘를 이용하여 발화를 연결하는 이러한 방법을 많이 쓴다. 이는 담화의 전개에 변화를 주어 단조로움을 극복하면서 동시에 각 발화를 긴밀하게 묶어 주기 때문이다.

(27) 여름밤 동네 아낙들을 따라 멱을 감으러 강으로 나갔다가 달빛 아래 만개한 달맞이꽃이 하도 고와 꽃덤불 속으로 뛰어 들던 이모는 중공군이 남하하던 겨울에 시집을 갔다. 고향을 떠나려는 사람들이 피난 짐을 둘러맨 채 잠시 마당에 모여 관솔불을 밝혀 둔 가운데 입던 옷 그대로 냉수 소반을 앞에 놓고 머리를 올렸다. 신랑은 신부에게 사랑한다는 말 한 마디 건네지 못하고 총총히 전쟁터로 떠나고 …….
　　전쟁도 신랑도 세월도 자신의 운명마저도 원망할 줄 모르는 열아홉의 착한 처녀는 시부모의 상복만을 번갈아 6년을 입으며, 언제나 소복인 채 성황당 고갯길을 올려다 보며 끝내 돌아오지 않는 신랑을 기다리며 나날을 보냈다. 달맞이꽃 속에서 눈물 글썽이며 달을 우러르던, 저리도록 외롭던 이모의 모습.

　　　　　　　　　　　　　　　　　　　　　　　– 변해명, '달맞이꽃'에서

이 예에서 작중 화자는 달맞이꽃에서 이모를 연상하고, 이모에 대한 기억을 떠올린다. 따라서 이야기의 주인공인 이모가 여러 번 등장한다. 그런데 '이모'라는 표현을 그대로 되풀이하지 않고 '신부, (열아홉의 착한) 처녀' 등으로 바꾸어 썼다. 주인공을 '이모– 신부– (열아홉의 착한) 처녀– 이모'로 바꾸어 표현함으로써 각각의 발화를 의미상으로 이어줄 뿐만 아니라 이야기의 내용을 풍부하게 하고 있음을 알 수 있다.

나) 대용형

반복에서 한 걸음 더 나아가 잉여적인 정보를 제거하고 간략하게 **대용형**(代用形)을 쓰기도 한다. 대용형의 가장 대표적인 부류는 **지시 표현**이다. 지시 표현은 문법적 장치인 까닭에 언어에 따라 다를 수 있는데, 우리말에는 다음과 같은 지시 표현이 있다,

(28) 우리말의 지시 표현

    ㄱ. 지시 대명사: 이/그/저, 이이/그이/저이, 이것/그것/저것, 여기/거기/저기 등

    ㄴ. 지시 용언: 이리하다/그리하다/저리하다, 이러하다/그러하다/저러하다 등

    ㄷ. 지시 관형사: 이/그/저, 이런/그런/저런 등

    ㄹ. 지시 부사: 이렇게/그렇게/저렇게 등

이런 지시 표현들은 앞의 여러 예에서 보았듯이 비언어적 맥락에 존재하는 무엇을 가리킬 수도 있고, 언어적 맥락(담화)의 일부분을 가리킬 수도 있다. 응집성을 유도하는 기능을 하는 것은 이 중 후자이다. 아래 예를 보자. (29)에서 영민은 '아니, 동창회 못 갔어.'라고 동일한 어휘를 반복하여 대답할 수도 있지만, 지시대명사 '거기'를 '동창회' 대신 사용하였다.

(29) 경민: 동창회 갔다 왔니?

    영민: 아니, 거기 못 갔어.

지시 대명사나 지시 용언은 앞선 발화의 일부분을 대신함으로써 담화를 구성하는 각 부분을 명시적으로 연결하는 것은 물론이고, 군더더기 정보를 제거하여 담화를 간결하게 구성할 수 있게 한다. 다음의 예를 보자.

(30) ㄱ. 달리는 기차의 마룻바닥을 내려다보면 기차가 달리는지 정지해 있는지를 알 수 없

고, 기차의 속도가 어느 정도 되는지도 알 수 없다. 그와 비슷하게, 우리가 우리 자

신만 들여다본다 해서 우리 자신을 정확하게 알 수는 없다.

— 손봉호, '나는 누구인가'에서

ㄴ. 산을 정복하는 것은 산을 바라보고 얻는 교훈이나 기쁨보다 더 의의가 크다 아니

할 수 없다. 더욱이 겨울철에 산에 오르고 산에 안기우는 일은 더욱 그렇다.

— 김현승, '겨울산'에서

(30ㄱ)에서 첫 발화는 기차의 속도, 둘째 발화는 자신의 정체성 인식을 내용으로 하고 있지만 후행 발화의 대명사 '그'가 앞선 발화 전체를 지시함으로써 두 발화를 하나의 담화로 꿰어낸다. 이 경우 대명사 '그'를 활용하지 않는다면 후행 발화에서 선행 발화를 되풀이하여 써야 한다. (30ㄴ)에서는 지시 용언 '그렇다'가 선행 발화와 조응함으로써 응집성을 확보하고 동시에 간결한 담화를 이루어낸다. 앞선 발화의 서술부인 '산을 바라보고 얻는 교훈이나 기쁨보다 더 의의가 크다 아니할 수 없다.'를 '그렇다'가 대신함으로써 두 발화를 연결할 뿐만 아니라 동일한 내용을 반복하지 않고 간결하게 담화를 구성하도록 하는 것이다.

담화에서 대용형들은 단어나 문장은 물론이고 문단, 또는 그보다 더 큰 언어 형식을 대신하여 쓰이기도 한다. 이런 까닭에 이들의 내용을 파악하는 것은 담화의 의미 구조를 이해하는 단서가 된다. 다음 예 (31)을 보자.

(31) 사람은 큰 체구를 가진 고등 동물(高等動物)이지만, 강한 뿔이나 날카로운 이빨이나

발톱 같은 무기(武器)가 없고, 추위를 막는 털이나 질긴 가죽도 없으며, 레이더와 같은

감각기(感覺器)도 없고, 비둘기처럼 밝은 눈이나 개처럼 예민한 코도 가지지 못한 불

완전한 동물이다. 그러나 인간이 동물로서의 이처럼 불리한 조건을 극복(克服)하고

고등 동물이 된 것은 그 까닭이 어디에 있는가?

(중 략)

첫째, 인간은 직립 보행(直立步行)을 한다. 직립 보행으로 말미암아 인간은 손의 자

유를 얻고, 이로 인하여 도구(道具)를 제작하고 사용할 수 있게 되었다. 일부 유인원(

類人猿)은 흩어진 궤짝을 쌓고 올라가, 높은 곳에 있는 먹이를 집는다든지, 긴 막대기

로 나무의 열매를 딴다든지 하고, 조류(鳥類)의 경우도 많은 새들이 풀이나 나뭇가지를 물어다 둥지를 짓기도 하지만, 이들이 사용하는 것들은 이미 만들어졌거나 자연물 그대로의 것이므로 인간의 그것과는 구별된다.

(중   략)

이와 같이, 인간은 그 원초적인 특징 이외에 언어 생활을 하고, 사회를 구성(構成)하며, 문화라는 대기 속에 사는 높은 차원의 특징을 가지고 있다. 이런 특징을 가짐으로써, 인간은 다른 동물과 구별되는 인간으로서의 위치를 굳건히 지키게 되는 것이다.

— 이광규, '인간의 특징'에서

위의 예에서 '이(와 같이)'는 '첫째, 인간은 직립보행을 한다.' 이후 인간의 고차원적 특징을 진술한 부분을 뭉뚱그려 지시함으로써 하나의 의미 덩이로 묶는 구실을 한다. 즉, '이(와 같이)'가 바로 앞 부분의 이야기 내용을 요약하고, 마무리하는 내용이 다음에 이어질 것임을 표시하고 있는 것이다.

일부 의존 명사도 발화를 연결하는 구실을 한다. 예를 들어 "방바닥에 가방이 둘 팽개쳐져 있었다. 하나는 동생 것이었지만 다른 하나는 처음 보는 것이었다."에서 '것'이 앞에 나온 '가방'을 대신하여 쓰였음을 볼 수 있다.

다) 생략 표현

역설적이기는 하지만 반복되는 성분의 **생략**이 발화와 발화를 연결하는 수단이 되기도 한다. 생략은 발화 간에 특정한 요소가 반복해서 나타날 때 발생한다. 앞의 예 (23)을 다시 가져와 보자.

(32) 경민: 정작 상을 받아야 할 철수ᵢ는 왜 참석 안 했다니?
영민: 응, 그날 Øᵢ 심하게 몸살이 났대.

(32)에서 영민의 발화를 온전하게 완성하려면 주어가 필요하다. 여기서 생략된 주어는 '철수'이다. 만일 그날 심하게 몸살이 난 사람이 철수가 아니라면 두 사람의 발화는 서로 관련을 맺기 어렵다. 앞의 예 (25)에서도 철수를 만났느냐는 질문에 영민이 그저 "응, 만났어."라고 대답할 수 있고, 예 (27)에서도 둘째 발화의 주어가 생략되어 있다. (27)에서 생략된 주어는 앞 문장의 주어와 일치한다. 그러므로 더 자세히 보면 (27)의 담화에서는

'이모- Ø - 신부- (열아홉의 착한) 처녀- 이모'의 연쇄가 발화와 발화를 연결하는 중요한 장치로 작용하는 것이다.

라) 접속 표현
'그리고, 그러나, 또, 가령, 왜냐하면, …' 등의 **접속 표현**도 담화의 하위 요소들을 서로 연결해 주는 장치이다. 다음 (33)의 두 발화는 '그래서'라는 접속어로 인해 원인과 결과라는 관계를 맺게 된다. 물론 '그래서'가 없어도 일반적인 **배경 지식**(스키마, schema)에 근거하여 어제 눈이 내린 것과 우리가 외출을 하지 못한 것이 인과 관계일 것이라고 짐작할 수는 있다.

(33) 어제 눈이 내렸다. 그래서 우리는 외출을 하지 않았다.

그러나 때로는 일반적인 배경 지식으로 발화 내용 간의 관계를 정확하게 유추할 수 없는 경우도 있다. 가령 아래 (34)의 두 발화는 어떤 논리·의미적 관계를 맺고 있는지 불분명하고, 심지어는 이들이 과연 하나의 이야기인지조차 의심스러울 수 있다. 그러므로 이때에는 접속 표현을 사용하여 의미 관계를 구체적으로 한정해 주어야 한다. (35ㄱ)~(35ㄷ)처럼 접속 표현을 사용하면 응집성이 확보되고 나아가 두 발화의 의미 관계가 분명해진다.

(34) 철수가 도착했다. 우리는 떠났다.
(35) ㄱ. 철수가 도착했다. 그리고 우리는 떠났다.
     ㄴ. 철수가 도착했다. 그래서 우리는 떠났다.
     ㄷ. 철수가 도착했다. 그러나 우리는 떠났다.

접속 표현도 역시 담화의 다양한 층위에서 작용한다. 개별 발화 간은 물론이고, 그보다 더 큰 담화의 형식 요소인 문단과 문단 간의 의존 관계를 표현하기도 한다. 그러므로 접속 표현을 잘 부려쓰는 것은 정확하고 효율적인 의사소통을 하기 위해 필수적으로 갖추어야 할 능력이라 하겠다.

마) 그 외

우리말에서는 '는, 도, 만' 등 일부 조사[11]와 '우선, 먼저, 역시, 더욱이, 반면(에), 특히, …' 등의 부사, 그리고 '첫째, 둘째'와 같은 수사도 발화와 발화를 연결하는 수단이 된다. (36)의 두 예를 비교하면 이런 **연결어**들의 기능을 잘 알 수 있다.

(36) ㄱ. 이제 지게에 스며 있는 우리의 정서를 간추려 보자.

지게는 순박하고 꾸밈이 없다. 처음부터 지게 모양의 나뭇가지를 베어다가 대강 다듬고, 몇 군데 구멍을 뚫었을 뿐 쇠못 하나 박은 흔적이 없다. 지게에 노래가 있다. 작대기로 지게 다리를 치며 그 장단에 맞춰 부르는 노래는 외로운 숲길, 한적한 논두렁에서 다시없는 위안이다.

ㄴ. 이제 아래에서 지게에 스며 있는 우리의 정서를 간추려 보자.

우선 지게는 순박하고 꾸밈이 없다. 처음부터 지게 모양의 나뭇가지를 베어다가 대강 다듬고, 몇 군데 구멍을 뚫었을 뿐 쇠못 하나 박은 흔적이 없다. 둘째, 지게에는 노래가 있다. 작대기로 지게 다리를 치며 그 장단에 맞춰 부르는 노래는 외로운 숲길, 한적한 논두렁에서 다시없는 위안이다.

– 이어령, '지게'에서

(36ㄱ)은 무언지 모르게 어색하다. 물론 글말 담화의 일반적인 짜임이나 내용 전개 방법에 대한 우리의 배경 지식을 동원하여 발화들 간의 관계와 전체의 의미를 대강 짐작은 할 수 있다. 그러나 발화 간의 연결이 촘촘하고 자연스럽다고 하기 어렵다. 이에 비해 연결어 '우선'과 '둘째'를 보충해 넣은 (36ㄴ)은 누구라도 잘 짜인 완성된 담화라고 받아들일 것이다.

담화에서는 때로 구절이나 문장이 연결어의 구실을 하기도 한다. '다시 말하면', '요약해 보자면', '자세히 말하면'이라든지 '예를 들어', '덧붙이자면' 등도 발화와 발화를 연결하여 의미상으로 한 덩어리로 만들어 주는 구실을 한다. '다음의 예를 보자.'라는 문장은 앞뒤의 발화를 '주지-예시'의 관계로 묶어줌으로써 그들이 하나의 담화를 이룰 수 있도록 해 준다. 그 외에도 '다음과 같다.' '앞에서 이야기했듯이~', '지금까지 살펴본 바에 의

---

11 발화를 연결하는 표지는 문법적 장치이기 때문에 언어마다 다를 수 있다. 굴절어인 영어나 고립어인 중국어에는 당연히 이런 역할을 하는 조사가 없다.

하면~' 등 많은 표현들이 담화의 내적 구조에 기여한다.

이와 같이 연결어는 발화의 연쇄를 통일성 있고 자연스러운 이야기가 되도록 하는 중요한 형식적 요건이다. 그러므로 입말 담화나 글말 담화를 구성할 때 이런 연결어를 적절하게 잘 사용할 수 있어야 한다. 마찬가지로 상대방의 말을 듣거나 글을 읽을 때에도 연결어의 사용을 귀담아 듣고, 눈여겨보아야 한다. 특히 전문적이고 논리적인 내용은 발신자와 수신자의 배경 지식이 일치하지 않는 경우가 많고 내용의 전개도 복잡하기 일쑤이므로, 연결어를 효과적으로 사용할 수 있어야 한다.

더 알아보기

 ### '이것, 그것, 저것'의 쓰임은 대칭적인가?

'이/그/저, 이것/그것/저것'이 모든 장면에서 대칭적으로 쓰일 수 있는 것은 아니다. '이것'이나 '저것'은 쓸 수 있지만 '그것'은 쓸 수 없는 장면이 있는가 하면 '이것'이나 '그것'은 쓸 수 있지만 '저것'은 쓸 수 없는 장면도 있다.

철수: 어제 영호 만났니?

민수: 아니.

철수: 그럼 {이 녀석, 그 녀석, *저 녀석} 이 어제 어딜 간 거지?

위의 예에서 이야기의 대상인 영호는 철수와 민수 모두로부터 멀리 떨어져 있다. 이런 상황에서는 민수를 가리켜 '이 (녀석)'이나 '그 (녀석)'으로 표현할 수는 있지만 '저 (녀석)'으로 표현할 수는 없다. 의사소통의 장면에 존재하지 않는 대상을 가리킬 때 '이, 이것'과 '그, 그것'은 쓸 수 있지만 '저, 저것'은 쓸 수 없기 때문이다.

이들 지시어의 대상이 언어 내적 장면에 존재할 때, '저, 저것'의 쓰임은 더욱 제한된다. 가령 "무용의 몸짓은 시각적이지만, {그것, 이것, *저것} 과 어울린 음악은 청각적인 요소이다."에서 보듯이 앞 구절인 '무용의 몸짓'을 지시하는 데 '그것'과 '이것'은 쓰일 수 있지만 '저것'은 쓰일 수 없다. 언어 내적 장면에 지시어가 가리키는 대상이 존재한다는 것은 결국 필자와 독자가 이들 대상을 이야기 안에서 인식할 수 있다는 것이므로, 이 경우에는 필자와 독자 둘 모두로부터 멀찌감치 존재하는 것을 가리키는 '저것'은 쓰일 수 없다.

3.2.2. 통일성(coherence)

담화성의 요인으로 응집성을 논의했지만 때로는 응집성이 충분히 확보되었음에도 불구하고 하나의 담화로 수용되기 어려운 발화 연쇄가 있다. 아래 발화 연쇄를 보자.

(37) 그 사람의 시에 매혹되지 않는 사람이 없다. 시는 1음절로 된 낱말이다. 낱말을 익히는 것은 쉬운 일이다. 사람들은 대개 어려운 일보다 쉬운 일을 선택한다.

(37)에서 각 발화는 앞 발화의 한 부분을 반복함으로써 의존 관계를 형성하고 있다. 그러나 이들 발화 연쇄가 전달하고자 하는 의미(또는 발신자의 의도)를 전혀 짐작할 수 없다. 이를 통해 표층적 연결 관계인 응집성은 담화성의 필요조건이기는 하지만 그것만으로는 충분하지 않음을 알 수 있다.

담화가 의미 단위라는 말은 담화를 이루는 발화 연결체를 관통하는 의미가 존재함을 의미한다. 통일성이란 담화 전체를 아우르는 일관된 의미가 있어야 함을 가리킨다.[12] 응집성이 표층에 실현된 문법적 의존 관계임에 비해 통일성은 심층의 의미 관련성인 것이다.

(38) 수은주가 영하로 내려갔다. 단단히 차려 입고 나서는 것이 좋겠다.

(38)에서 두 발화 간에는 표층적으로는 아무런 의존 관계가 나타나지 않는다. 그러나 우리는 일상적인 세상사에 대한 지식을 바탕으로 이들이 의미상으로 관련되어 있는 것으로 해석한다. 수은주가 영하로 내려갔다는 것은 날씨가 상당히 차가워졌음을 의미하고, 이는 단단히 차려 입고 나서야 하는 까닭이 되기 때문이다.

담화의 통일성은 이처럼 언어 기호에 의해 전달되는 의미와 발신자 및 수신자의 배경 지식이 조응함으로써 생성된다. 다음과 같이 느슨한 발화 연쇄가 통일성 있는 담화로 해석되는 것도 배경 지식의 작용에서 기인한다.

(39) 젊은이는 톱밥 난로를 쬐면서 창 밖을 물끄러미 바라보고 있다. 중년 사내는 낡은 벽에 새겨진 희미한 글씨를 들여다보고 있다. 농부는 농약값이며 아들 녀석 대학

---

12 보그란데와 드레슬러(Baugrande & Dressler, 1981/김태옥·이현호 공역, 1991: 82)에서는 이를 '의의의 연속성(continuity of sense)'으로 개념화한다.

등록금이며를 생각하며 한숨을 쉬고 있다. 서울 여자 명심이는 눈썹을 찡그리며 거울을 들여다보고 있다.

(39)의 발화들은 각기 다른 주체의 행위를 진술하고 있다. 그러나 우리는 배경 지식에 기대어 이들 행위가 동일하거나 또는 인접한 상황 맥락에서 일어나고 있으며, 각 발화는 행위 주체의 삶의 한 단면을 드러내고 있다고 이해할 수 있다.[13]

발신자와 수신자의 배경 지식이 동일하다면 의의의 연속성은 쉽게 확보되지만 실제의 의사소통에서는 그렇지 않은 경우가 대부분이다. 글말 대화는 더욱 그러하다. 그러므로 발신자는 담화를 구성할 때 철자적 의미 관련성을 고려해야 할 뿐만 아니라 수신자의 배경 지식을 고려해야 한다. 수신자 역시 담화가 생성된 맥락, 발신자의 배경 지식 등을 고려하여 담화의 의미를 해석해야 한다.

13 보그란데와 드레슬러(Baugrande & Dressler, 1981/김태옥·이현호 공역, 1991: 9)는 하나의 담화 세계를 온전히 이해하기 위하여 자기 자신의 지식을 부가시키는 것을 추론(inferencing)이라 부른다.

3.2.3. 의도성(intentionality)과 수용가능성(acceptability)

응집성과 통일성이 담화의 언어 중심적 특성이라면 의도성과 용인성은 참여자 중심 특성이다. 의도성이란 화자나 필자의 태도와 관련되며, 용인성은 청자나 독자의 태도와 관련된다.

먼저, 의도성이란 화자 또는 필자가 자신의 의사소통 목적을 달성하고자 하는 의도를 지니고 일련의 발화를 구성했을 때 비로소 그것이 담화로 성립함을 의미한다.

(40) 음 … 거기서 누가 나왔는데 …. 야, 너 지금 내 말 듣고 있니? 지나가다가 우연히 봤는 데 …. 아–누구 닮았던데, 참 답답하네.

(40)의 발화 연쇄는 통일성의 기준으로 보면 담화성이 결여되어 있다. 두 번째 발화는 상대방의 태도를 문제 삼고 있어서, 화자가 자신의 경험에 대하여 이야기하고 있는 다른 발화들과 의미가 통하지 않는다. 그렇지만 이 발화 연쇄는 다른 설명 없이도 하나의 담화로 자연스럽게 녹아든다. 이는 둘째 발화가, 화자가 자신의 발화를 계속 이끌어 나가기 위해 상대방의 주의를 환기시키기 위해 말한 것이기 때문이다. 이후 화자는 전체 담화의 주요 내용으로 다시 돌아와 발화를 이어나감으로써 통일성을 저해하는 발화가 있음에도 불구하고 위의 발화 연쇄는 하나의 담화를 구성한다.

의사소통이 성공하려면 발신자의 의도를 담은 언어 행위는 상대 참여자에게 수용되고 해석되어야 하는데 이를 수용가능성(acceptability)이라고 한다.

(41) 코이너씨가 문체에 관해 언급한 유일한 것은 이러하다: "그것은 인용될 만한 것이어야 할 것이다. 인용이란 비인칭적이다. 무엇이 가장 훌륭한 아들인가? 아버지를 잊게 만 드는 그런 아들![14]

글말 담화인 (41)은 뒤의 두 발화가 선행 발화들과 문법적 의존 관계를 맺고 있지도 않고 통일성도 충분하게 확보되지 않아서, 독자는 이 담화를 해석하는 데 어려움을 겪을 수 있다. 그렇지만 독자가 이것이 유의미한 담화로 인식하고 적극적으로 이해를 하면 뒤의 두 발화에서 다루어지고 있는 '아들–아버지'의 관계를 '문체–저자'의 관계에 대한

---

14 이는 브링커(Brinker, 1985/ 이성만 역, 1994: 42)에서 인용하고 있는 예의 일부를 다시 인용한 것이다.

비유로 해석할 수 있다. 수용가능성이 낮을 경우 의사소통은 성공할 확률이 낮으므로 발신자는 자신의 의도가 수신자에게 충분히 전달될 수 있도록, 즉 용인될 수 있도록 담화의 구성을 달리하여야 한다.

3.2.4. 정보성(informativity)

정보성은 담화 내용의 알려진 정도 또는 예측 정도와 관련이 있다. 일반적으로 수신자는 예측하지 못한 새로운 정보를 담고 있는 담화일수록 흥미를 느낀다. 그렇지만 전적으로 새로운 정보를 전달하는 담화일 경우, 수신자는 과도한 인지적 부담으로 담화를 회피할 수도 있다. 그러므로 발신자는 수신자의 배경 지식, 맥락 등을 고려하여 정보성의 정도를 적절하게 조절할 필요가 있다.

모든 텍스트는 최소한의 정보성이 있어야 한다고 말하는 연구자도 있지만[15] 반드시 그렇지는 않다. 입말 담화에서는 특별히 새로운 정보가 없는 경우도 있다. 담화 행위 그 자체가 중요한 맥락도 존재하는 것이다.

(42) 민주: 오랜만에 공기가 맑네요.

　　　선해: 요 며칠 놀이터도 조용했지요?

　　　민주: 미세먼지 때문에 애들을 밖에 내보내기가 겁나요.

　　　선해: 다들 그래요.

　　　민주: 아, 저기 버스가 오네요.

　　　선해: 조심해서 다녀오세요.

위 예는 이웃 주민인 두 참여자가 버스 정류장에서 만나 나누는 대화이다. 이 대화에는 아무런 새로운 정보가 없다. 버스가 온다는 민주의 세 번째 발화도 정보성이 유의미하게 있다고 보기 어렵다. 두 사람이 상황 맥락을 공유하고 있으므로 선해도 버스가 오는 것을 알 수 있다. 정보성이 이렇듯 낮음에도 불구하고 자연스러운 담화가 성립되는 것은 이들의 대화가 정보의 소통보다는 상대방과의 사회적 관계 형성과 유지를 위한 대화 자체를 목적으로 하고 있기 때문이다.

참여자가 모두 알고 있는 정보로 구성된 담화에서는 화자가 전달하고자 하는 참정보

---

15 보그란데와 드레슬러(Beaugrande & Dressler, 1981)가 대표적 예이다.

가 언어 기호 뒤에 숨어 있기도 하다.

(43) 민주: 나도 사람이야.

선해: 그래 너도 사람이지.

(43)의 대화에서 민주('나')가 사람임은 참여자 두 사람이 모두 알고 있는 사실이다. 이 담화에서 참여자들이 의도하는 것은 표층 언어 기호로 전달되는 정보가 아니다. 민주의 발화 "나도 사람이야."는 맥락에 따라 내가 그 정도로 염치가 없지는 않다, 나도 화를 낼 줄 알아 등의 정보를 전달하고, 선해의 발화 "그래 너도 사람이지."는 민주의 발화에 담긴 그러한 정보에 상응하는 의미로 해석된다.

3.2.5. 상황성(situationality)

앞서 담화의 의미가 상황에 달리 이해될 수 있음을 살폈는데, 이는 발화 연쇄는 그것이 유의미하게 해석될 수 있는 적절한 상황이 부여될 때 담화성을 얻게 된다고 환언될 수 있다. 일련의 언어 기호를 유의미하게 하는 상황 요인, 이를 상황성이라 한다.

(44) ㄱ. (출입문 앞) 주차 금지

ㄴ. (소설책 표지) 주차 금지

ㄷ. (식당 장식용 그림) 주차 금지

(44)는 상황 요인이 담화성에 어떻게 관련되는지를 잘 보여준다. 출입문 앞이라는 상황이 부여되면 "주차 금지"는 주차를 하지 말라는 주의의 의미로 해석되고, 그것이 소설책의 표지에 쓰이면 소설의 제목으로 해석됨으로써 담화성을 획득한다. 그러나 (44ㄷ)처럼 식당의 벽에 걸린 그림의 일부라면 그것은 담화라고 할 수 없다.

글말 담화는 입말 담화와 달리 발신자의 상황과 수신자의 상황이 다른 것이 보통이다. 따라서 발신자는 자신의 글을 점검하고 조정하면서 상황 요인의 차이에도 불구하고 자신의 의도가 정확하게 전달될 수 있도록 해야 한다.

3.2.6. 상호텍스트성(intertextuality)

담화를 생산하거나 해석할 때 참여자들은 이전에 경험한 다른 담화로부터 얻은 지식에 의존하는바, 이를 상호텍스트성이라고 한다. 담화의 유형에 대한 인식, 다른 담화와의 관계 등이 그 예이다. 가령, 신문 기사를 작성하고자 할 때 발신자는 기존 신문 기사를 참조하고 그것의 전형적 특징에 크게 의존한다. 수신자가 기사의 표제를 보고 기사의 내용을 짐작하는 것 또한 이전의 신문 기사 읽기 경험에 의존하여 표제의 구실을 익히 인식하고 있기 때문이다. 경문왕의 이야기라고 전해지는 '임금님 귀는 당나귀 귀'에 대한 지식이 있는 참여자라면 사회 관계망 서비스(Social Network Service)인 '대나무숲'의 성격을 잘 이해할 수 있다. 글을 읽을 때 제목을 보고 글의 내용이나 성격을 유추하는 것도 이전에 글말 담화 읽기 경험을 통해 제목이 글의 내용을 함축하고 있음을 알기 때문이다. 다음은 상호텍스트성이 담화의 생산에 적극적으로 개입한 예이다.

(45) 막차는 좀처럼 오지 않았다.

　　대합실 밖에는 밤새 송이 눈이 쌓이고

　　흰 보라 수수꽃 눈 시린 유리창마다

　　톱밥 난로가 지펴지고 있었다.

　　그믐처럼 몇은 졸고

　　몇은 감기에 쿨럭이고

　　그리웠던 순간들을 생각하며 나는

　　한 줌의 톱밥을 불빛 속에 던져 주었다.

　　(하략)

　　　　　　　　　　　　　　　　　　　　　　　－ 곽재구, '사평역에서'에서

(46) 막차는 좀처럼 오지 않았다.

　　별로 복잡한 내용이랄 것도 없는 장부를 마저 꼼꼼히 확인해 보고 나서야 늙은 역장은 돋보기 안경을 벗어 책상 위에 놓고 일어선다.

　　벌써 삼십 분이나 지났군.

　　출입문 위쪽에 붙은 낡은 벽시계가 여덟 시 십오 분을 가리키고 있다. 하긴 뭐 벌써라는 말을 쓰는 것도 새삼스럽다고 그는 고쳐 생각한다. 이렇게 작은 산골 간이역에서 제시간에 정확히 도착하는 완행열차를 보기가 그리 쉬운 일은 아님을 익히 알고 있는 탓이다. 더구나 오늘은 눈까지 내리고 있지 않은가.

　　(중략)

대학생은 문득 고개를 들어 말없이 모여 있는 그들의 얼굴을 하나하나 눈여겨본다. 모두의 뺨이 불빛에 발갛게 상기되어 있다. 청년은 처음으로 그 낯선 사람들의 얼굴에서 어떤 아늑함이랄까 평화스러움을 찾아내고는 새삼 놀라고 있다. 정말이지 산다는 것이란 때로는 저렇듯 한 두름의 굴비, 한 광주리의 사과를 만지작 거리며 귀향하는 기분으로 침묵해야 하는 것인지도 모른다.

청년은 무릎을 굽혀 바께스 안에서 톱밥 한 줌을 집어든다. 그리고 그것을 난로의 불빛 속에 가만히 뿌려넣어 본다. 호르르르 삐비꽃이 피어나듯 주황색 불꽃이 타오르다가 이내 사그라져들고 만다. 청년은 그 짧은 순간의 불빛 속에서 누군가의 얼굴을 본 것 같다. 어머니다. 어머니가 주름진 얼굴로 활짝 웃고 있었다.

(하략)

– 임철우, '사평역'에서

예 (46)은, (45)와 동일하게 "막차는 좀처럼 오지 않았다."를 도입부로 하고 있을 뿐만 아니라 눈 내리는 겨울밤, 막차, 톱밥 난로 등 (45)의 모티브를 그대로 사용하고 있다. 무엇보다 (46)의 제목 '사평역'은 (45)와의 상호텍스트성을 단적으로 드러내고 있음을 볼 수 있다.

4. 담화의 구조

담화의 구조는 **문법적 구조**와 **의미적 구조**의 두 층위로 나누어 생각할 수 있는데, 여기서는 의미 구조에 초점을 둔다. 문법적 구조는 담화의 하위 부분들 간의 표층적 관계이므로 앞서 살핀 응집성 분석에 기대어 설명될 수 있기 때문이다.

담화성의 요건 중 하나인 통일성을 떠올리면 담화의 의미 구조란 곧 담화의 중심 의미인 **주제 전개 구조**를 말하며, 담화의 의미 구조를 분석하는 목적은 담화의 주제를 규명하는 일임을 알 수 있다. 연구자에 따라 주제 전개 구조를 분석하는 방법이 상이한데, 아래에서 대표적인 유형 몇 가지를 살핀다.

4.1. 주제부 - 설명부 구조

기능적 문장 시점에서 시작된 **주제부 - 설명부 구조** 분석은 본디는 문장 단위에서의 정보 배분 현상을 설명하는 것이 목적이었다. 문장을 설명되어야 할 대상(주제부)와 설명의 내용(설명부) 부분으로 분석하여 개별 언어의 어순의 규칙성을 규명하려는 시도이다.

담화의 구조 분석에 이러한 분석 방법을 적용한 것은 끌어온 것은 다네쉬(F. Daneš, 1976)이다. 주제부-설명부 분석이 담화의 주제 전개 양상을 보여 줄 수 있다고 생각하기 때문인데,[16] 그는 담화에 나타난 주제관계들의 복합구조인 주제 전개가 텍스트의 골격을 명시해 준다는 설명과 더불어 다음 다섯 가지 주제 전개의 유형을 제시한다.

첫째, **단순 선형식 전개**로, 앞 문장의 설명부가 다음 문장의 주제부로 연결되는 유형이다. 이것은 다음과 같이 주제부-설명부(주제부)-설명부(주제부)-설명부의 전개 형태로 나타난다.

(47) 민수(T₁)는 기타를 샀다(R₁). 그 기타(T₂=R₁)는 거실 한 켠에 있다(R₂). 거실에는 (T₃=R₂) ⋯

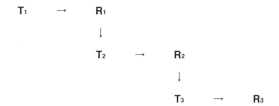

둘째, **주제 순환식 전개**로, 각 발화의 주제부는 동일하고 새로운 설명부가 부가되는 유형이다. 다음 예처럼 첫 문장의 주제부 '기타'가 뒤따르는 각 발화의 주제부에 대용 표현으로 인용되고 새로운 설명이 계속 추가된다.

(48) 민수의 기타는(T₁) 새 것이다(R₁). 그것은(T₁) 어머니께서 생일 선물로 주신 것이다

---

16 다네쉬(F. Daneš, 1976)의 주제부-설명부 분석은 하이네만과 피이베거(Heinemann & Viehwege1991/백설자 역 2001: 41), 브링커(Brinker, 1985/이성만 역,1994), 파터(Vater, 1992/이성만 역, 1995: 92)를 참조하였다. 주제 전개에 대한 다네쉬의 설명은 다음과 같다.
　"텍스트의 실제적인 주제구조는 주제들의 연쇄성과 접속성, 주제들의 교체관계와 계층성, 텍스트단락과 텍스트전체 및 상황과의 관계를 말한다. 텍스트에 나타난 주제관계들의 이러한 전체적인 복합구조를 주제전개라 부르겠다. 이러한 전개는 텍스트구성의 골격을 명시해 준다."

(R₂). 그것은(T₁) 거실 한 켠에 있다(R₃).

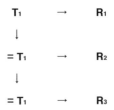

셋째, 하나의 상위 주제로부터 하위 주제들이 파생되는 **상위 주제 파생식 전개** 유형이다. 다음과 같이 첫 발화에서 상위 주제로 '기타'가 제시되고, 다음 발화들에서는 기타의 한 부분이 주제부로 도입되고 그에 대한 설명부가 나타난다.

(49) 민수는 다음 이유로 자기 기타를(HT/상위주제) 매우 아낀다. 그것의 몸체는(T₁) 우아한 유선형이다(R₁). 사운드홀은(T₂) 가장자리가 단정하게 자개로 장식이 되어 있다(R₂). 무엇보다 현이(T₃) 쇠줄이지만 소리가 날카롭지 않고 부드럽다(R₃). 넥도(T₄) 넓이가 ⋯⋯.

(HT)
$$\downarrow$$

$$T_1 \rightarrow R_1 \qquad T_2 \rightarrow R_2 \qquad T_3 \rightarrow R_3$$

넷째, 설명부 하나가 뒤따르는 발화에서 다수의 주제로 분할되는 **설명부 분할식 전개** 유형이다. 아래 예를 보면 첫 발화의 설명부에 나타난 두 명의 남자가 다음 발화에서 각각 주제부로 나타난다.

(50) 그날 버스 정류장에는(T₁) 두 명의 남자가 있었다(R₁=R₁'+R₁''). 한 명은(T₂'=R₁') 짙은 색 외투를 걸치고 있었고(R₂'), 다른 한 명은(T₂''=R₁'') 가벼운 운동복 차림이었다(R₂'').

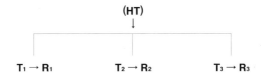

다섯째, 주제 연쇄에서 맥락을 참조하여 보충가능한 성분이 생략되는 **주제 비약식 전개** 유형이다. 아래에서 두 번째 발화와 세 번째 발화를 비교하면 주제가 '거실'에서 '벽'으로 비약되는데, 이는 '벽'이 '거실'로부터 쉽게 추론될 수 있기 때문이다.

(51) 민수는(T₁) 거실로 안내되었다(R₁). 그곳은(T₂=R₁) 예스런 가구들로 장식되어 있었다(R₂). 벽도(T₄) 황토벽지로 발라 놓았다.(R₄).

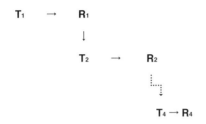

이들 주제 전개 유형은 실제 담화에서 다양하게 혼합되어 사용되며, 단순한 담화에는 유용한 도구로 활용될 수도 있다. 그러나 주제부–설명부 전개 유형은 주제부와 설명부의 구분이 항상 명확하지는 않다는 약점이 있다. 설명이 되는 주제부는 알려진 정보이고 설명부는 주제에 대한 새로운 정보이므로 보충질문법으로 주제부와 설명부를 구분할 수 있다고는 하지만 설득력이 약하다.

(52) ㄱ. 그는 동생에게 책을 주었다.

ㄴ. 그는 누구에게 책을 주었는가?

ㄷ. 누가 동생에게 책을 주었는가?

ㄹ. 그는 동생에게 무엇을 주었는가?

보충질문법에 따르면 (52ㄱ)은 (52ㄴ)의 "그는 누구에게 책을 주었는가?"라는 질문에 대한 대답이므로 '동생에게'는 설명부에 해당한다. 그러나 (52ㄱ)은 (52ㄷ) 또는 (52ㄹ)의 질문에 대한 답이기도 하다. (52ㄱ)이 (52ㄷ)의 대답이라면 '그는'이 설명부가 되고, (52ㄹ)에 대한 대답이라면 '책을'이 설명부가 된다. 그러므로 보충질문법으로는 주제부와 설명부를 명확하게 구분할 수 없다. 아울러 주제부–설명부 구조 분석은 담화의 표층 발화 단위를 중심으로 행하여지므로 담화의 총괄적인 의미 구조를 보여주는 데는 한계가 있다고 하겠다.

4.2. 거시 구조

담화의 의미 구조 분석에서 널리 알려진 다른 관점은 반 다이크(van Dijk, 1980)에서 논의된 **거시 구조**이다. 주제부−설명부 전개 유형이 담화의 표층에 실현된 인접 발화들의 관계, 즉 미시 구조를 분석 대상으로 삼음에 비해 거시 구조는 일군의 발화 또는 그보다 더 큰 발화덩이 간의 의미 관계가 분석의 대상이 된다. 거시 구조는 다음과 같이 계층적 구조를 가지는 상대적인 개념이다.

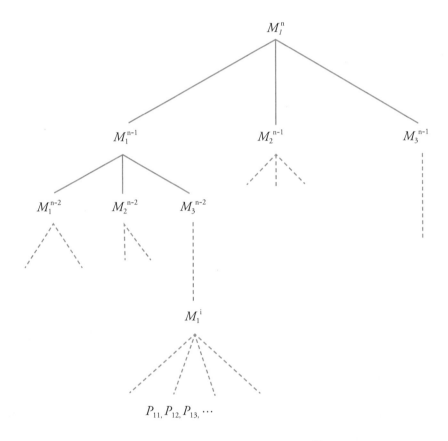

그림 8−1 **담화의 거시구조**[17]

거시 구조는 담화의 총괄적 의미 구조의 성격을 띠는데, 이 때 작용하는 것이 **거시 규칙**이다. 일종의 바꿔쓰기 규칙인 거시 규칙은 최종적인 거시 명제를 유도하기까지 반복

---

17 〈그림 8−1〉과 (53)의 거시 규칙은 반 다이크(van Dijk, 1980/ 정시호 역, 1995)에서 제시된 내용이다.

적으로 적용되며, 최상위의 거시 명제는 담화의 주제에 상응한다. 곧, 거시 규칙은 담화로부터 주제를 유도해 내는 우리의 언어 능력을 형식적으로 재구성한 것이다. 그 내용은 다음과 같다.

(53) 거시 규칙

    ㄱ. 생략: 비핵심적이거나 잉여적인 정보의 생략

    ㄴ. 선택: 핵심적인 정보를 선택, 일반적 지식에 의해 복원될 수 있는 그 외 정보는 생략

    ㄷ. 일반화: 공통적인 상위 개념으로 대체

    ㄹ. 구성(또는 통합): 더 보편적이고 총괄적인 개념으로 대체

앞의 둘은 중요하지 않은 정보를 제거한다는 점에서 **삭제 규칙**으로, 뒤의 둘은 상위 개념 또는 총괄적인 개념으로 바꾸어 쓴다는 점에서 대체 규칙으로 구분될 수 있다.

생략 규칙은 핵심적이지 않거나 잉여적인 정보는 건너뛸 수 있음을 뜻한다. 예를 들어 아래 발화 연쇄 중 담화의 다른 부분을 해석할 때 그 아이가 모자를 썼다는 것과 그 모자가 노란 색이었다는 것이 핵심적으로 알아야 할 내용이 아니라면 생략 규칙을 적용하여 (54ㄱ)은 (54ㄴ)으로 축소된다.

(54) ㄱ. 한 아이가 지나갔다. 그 아이는 모자를 쓰고 있었다. 그 모자는 노란색이었다.

    ㄴ. 한 아이가 지나갔다.

선택 규칙은 생략과 반대로 핵심적이거나 근본적인 정보를 선택하고, 그 외 일반적 지식에 의해 복원될 수 있는 정보는 생략하는 것이다.

(55) ㄱ. 우리 가족은 식당으로 들어갔다.

    ㄴ. 우리는 차림표를 보았다.

    ㄷ. 우리는 비빔밥을 주문했다.

위 발화는 선택 규칙을 적용하면 (55ㄷ)이 선택되고 (55ㄷ)의 선행 조건인 (55ㄱ)과 (55ㄴ)은 제거된다. 식당에서 특정한 음식을 주문하려면 식당에 들어가서 차림표를 보는 일이 선행되어야 함은 우리의 일상적 지식이기 때문이다.

일반화 규칙은 공통적인 상위 개념으로의 대체이다. 일반화의 결과로 본질적인 정보 또는 일상적 지식에 의거하여 복원할 수 없는 정보도 생략될 수 있다. 이는 생략 규칙과 선택 규칙이 부수적인 정보를 제거하는 것과 비교된다. 아래 (56ㄱ)은 (56ㄴ)으로 일반화하여 바꾸어 쓸 수 있는데, 바꾸어 쓴 (56ㄴ)으로부터 (56ㄱ)을 복원하기는 어렵다.

(56) ㄱ. 동네 어귀에 개나리가 활짝 피었다. 동네 어귀에 진달래가 활짝 피었다.

　　ㄴ. 동네 어귀에 꽃이 활짝 피었다.

일반화 규칙을 적용할 때는 직접 상위 개념으로 대체하도록 주의해야 한다. '무궁화'와 '동백'을 '꽃'으로 바꾸어 쓸 수는 있지만 '식물' 또는 '생물'로 일반화하여서는 안 된다.

구성(또는 통합) 규칙은 새로운 총괄적인 개념으로 대체하는 것이다. 아래 예에서 (57ㄱ)은 시외로 가는 버스를 이용하려면 당연히 거쳐야 하는 과정을 기술하고 있다. 그러므로 이때에는 (57ㄴ)처럼 통합하여 바꾸어 써도 충분히 정보를 전달할 수 있다.

(57) ㄱ. 나는 시외버스 정류장으로 갔다. 나는 버스표를 샀다. 나는 타는 곳 3번으로 갔다. 버스가 떠났다.

　　ㄴ. 나는 버스를 탔다.

거시 규칙은 핵심적인 정보와 부차적인 정보를 어느 정도 구분하게 해 준다. 때로는 여러 참여자들이 규칙의 적용을 다양하게 할 수 있기 때문에 거시 규칙을 적용한 결과 두 가지 거시 구조가 생길 수 있다. 이 경우 해당 담화는 다의적 구조를 지닌, 두 가지 해석이 가능한 담화가 된다.

반 다이크(van Dijk, 1980)에서는 담화의 유형을 나타내는 총괄적 구조로 초구조를 제시하기도 하였다.[18] 초구조는 특정한 담화가 어떤 담화 유형과 관련되어 있는지를 나타내는바, 담화의 생산 도식이자 해석 도식으로 작용한다. 서사 구조, 논증 구조 등이 널리 알려진 **초구조**이다. 우리가 어떤 담화를 접했을 때, 그것이 서사 담화인지 논증 담화인지를 구분할 수 있는 것은 분명하므로 담화의 유형적 특징이 존재한다는 것을 부정할 수는

---

18 반 다이크(van Dijk, 1980/정시호 역, 1995: 208)은 비유적 표현임을 전제로 초구조는 일종의 텍스트 형식이라고 말한다.

없다. 그러나 우리의 경험에 비추어 보면 담화의 유형적 특징은 고정되어 있는 것이 아니고 변형되기도 하는 것이어서 초구조의 구성 범주를 특정하기는 어렵다. 가령, 논증 구조에서는 '결론'이 중요한 범주로 제시되지만 아래 담화처럼 결론을 명시적으로 제시하지 않는 경우도 많은 것이다.

(58) 영선: 오늘 음악회 같이 갈래?
　　　진선: 감기 걸렸어.

5. 담화의 기능

5.1. 발화의 기능

인간은 언어를 사용하여 여러 가지 실제적인 행위를 할 수 있다. 특정한 의사소통 상황에서 행하여진 발화는 손이나 발을 움직여서 행하는 것보다 더 강력한 힘을 발휘하기도 한다.[19]

예를 들면, "다음 시간까지 윤동주의 생애에 대해 조사해 오기 바랍니다."라는 교사의 발화는 학생들에게 다음 시간에 공부할 내용에 대한 정보를 전달하고 자신의 바람을 표현하는 데 그치는 것이 아니라 학생들의 행위를 구속하는 기능을 한다. 학생들은 다음 시간까지 윤동주의 생애를 조사하는 실제적인 활동을 행하여야 하는 것이다. 이처럼 발화는 명령, 요청, 질문, 제안, 약속, 경고, 축하, 위로, 협박, 선언, 칭찬, 비난 등의 행위를 수반하기도 하는 것이다.

발화를 통하여 행위를 유발하는 방법으로는 직접적인 방법과 간접적인 방법이 있다. 발화자의 의도가 말하여진 것, 즉 발화를 구성하는 언어 요소의 의미 총합과 일치하는 경우도 있고 그렇지 않은 경우도 있는 것이다. 상대방에게 무엇인가를 요구하기 위해서는 일반적으로 명령문을 이용하여 의도를 직접 표현하지만, 늘 그런 것은 아니다. 평서문이나 의문문을 통하여 간접적으로 자신이 요구하는 바를 표현하기도 하는 것이다. 방 안에

---

19 '발화'라는 용어 자체가 언어를 정적인 구조물이 아니라 동적인 행위로 간주함을 함축하고 있다.

물건을 이리저리 어수선하게 늘어놓은 아이에게, 어머니는 "방을 깨끗이 정리해라."라고 명령문을 발화함으로써 자신의 의도를 직접 표현할 수 있다. 그리고 이와는 달리 "방이 너무 어수선하구나."라든지 "방이 너무 어수선하지 않니?"라고 말함으로써 자신의 의도를 넌지시 표현할 수도 있다.

직접 발화 행위[20]란 앞의 경우처럼 발화된 내용과 발화자의 의도가 일치하는 것, 즉 발화자가 자신의 의도를 직접 표현하는 행위를 말한다. 우리말에서는 종결 어미가 발화자의 의도를 표현하는 구실을 하므로, 상대방에게 어떤 행동을 하라고 요구하고자 한다면 명령의 종결 어미를 쓰는 등 적절한 종결 어미를 선택함으로써 자신의 의도를 직접 표현할 수 있다. 또, '약속하다, 요청하다, 명령하다, 제안하다, 질문하다' 등 서술어를 사용하는 것도 발화자가 자신의 의도를 직접 드러내는 방법이 된다.[21]

(59) 협의한 내용을 성실하게 이행하기로 약속합시다.

(60) 이 문제를 해결해 줄 것을 요구한다.

발화 (59)와 (60)은 모두 발화자의 의도를 직접 표현하는 서술어를 사용한 예이다. (59)에서는 발화자가 '약속합시다'라는 서술어를 씀으로써 앞으로 자신과 상대방이 취할 행위에 대해 다짐을 하고 있으며, (60)에서는 '요구한다'라는 서술어를 사용하여 상대방에게 궁금한 사항을 밝혀 줄 것을 직접 요구하고 있다.

이에 비해 **간접 발화 행위**란 관련된 언어적 표현을 직접 쓰지 않으면서도 발화자의 의도를 드러내는 방법을 말한다. 간접 발화의 수행력은 장면에 의해 결정된다. 가령 (61), (62)를 보자.

(61) 협의한 내용을 성실하게 이행해야 한다.

(62) 이 문제를 그대로 둘 거니?

20　입말을 주된 연구 대상으로 하는 화용론에서는 이를 '직접 언어 행위'라고 일컫는다. 그러나 이 글에서는 학교 문법의 용어 체계를 따라 '직접 발화 행위'로 대신하여 쓴다. 물론 이 때 발화란 앞에서 정의한 바와 같이 입말과 글말을 모두 포괄하는 용어이다.

21　직접 발화에서는 '〜을 { 약속하다, 요청하다, 명령하다, 제안하다, …}'처럼 발화 의도를 표현하는 서술어가 상위문을 이루는데, 이를 화용론에서는 수행문(performative sentence)이라고 한다.

이 두 발화를 철자 그대로만 이해하면 (61)은 발화자가 자신의 생각을 진술하는 평서문이고, (62)는 상대방에게 대답을 요구하는 의문문이다. 그러나 이 두 발화에 적절한 의사소통 상황이 부여되면 위의 (59), (60)과 각각 동일한 수행력을 발휘할 수 있다. 먼저 (61)에, 평소 협의 내용을 잘 지키지 않는 불성실한 동업자에게 새로운 협의서를 작성하면서 건네는 말이라는 상황을 부여해 보자. 이런 상황이라면 (61)은 당위적 사실의 진술이 아니라 (59)과 마찬가지로 상대방에게 협의한 내용을 성실하게 이행하자고 다짐하는 기능을 수행하는 발화가 된다. (62)도 장면에 따라 (60)과 동일한 기능을 수행할 수 있다. 상대방에게 그대로 두겠다거나 그대로 두지 않겠다는 대답을 원하는 것이 아니라 문제를 해결할 것을 요구하는 기능을 수행하기도 하는 것이다.

직접적인 발화는 그 기능이 서술어를 통하여 표면에 구체적으로 드러나므로 말하는 이와 듣는 이 사이에 오해나 갈등이 생길 소지가 없다. 그러나 간접적인 발화에서는 발화자의 의도가 이면에 숨어 있기 때문에 발화가 수행되는 상황을 정확하게 파악해야만 의사소통이 원활하게 이루어질 수 있다. 예를 들어 위의 (62)도 상황에 따라 또 다른 여러 가지 의미로 이해될 수 있다. 문제의 해결 방법이 무엇인지를 말하라는 의도를 담고 있을 수도 있고, 이후로는 이런 문제를 일으키지 말라는 경고의 의미를 담고 있을 수도 있는 것이다.

아래 예를 한 가지 더 들어 보자.

(63) ㄱ. (약속 시간보다 한 시간 늦게 온 친구에게) 지금 몇 시니?

　　　　 - 기능: 늦게 온 친구를 비난

　　 ㄴ. (시계가 없어서 시간을 알기 위해) 지금 몇 시니?

　　　　 - 기능: 시간을 알려 달라는 요청

"지금 몇 시니?"라는 질문은 (63)에서 보듯이 상황에 따라 친구에 대한 비난의 기능을 수반할 수도 있고, 시간을 알고 싶다는 요청의 기능을 수반할 수도 있다. 만일 (63ㄱ)과 같은 상황에서 늦게 온 친구가 "지금 10시 20분이야."라고 대답한다면 의사소통이 제대로 이루어졌다고 말하기 어렵다.

간접적인 발화는 이처럼 언어로 실현된 꼴은 동일하다 하더라도 의사소통의 상황에 따라 다른 기능을 수행하기도 한다. 또, 반대로 간접적인 발화에서는 동일한 의도가 여러 가지 다양한 표현으로 나타날 수도 있다.

(64) (늦은 밤에 음악을 크게 틀어 놓은 옆집 사람에게 조용히 해 달라고 할 때)

ㄱ. 음악 소리 좀 줄여 주세요. - 명령문

ㄴ. 잠 좀 잡시다. - 청유문

ㄷ. 지금 몇 시인지 알고 있습니까? - 의문문

ㄹ. 우리 집에 수험생이 있습니다. - 평서문

우리는 흔히 상대방에게 무엇인가를 요청하는데, 요청의 기능은 일반적으로는 (64ㄱ) 처럼 명령문의 형태로 실현된다. 그러나 때로는 간접적으로 (64ㄴ) 또는 (64ㄷ)처럼 청 유나 의문의 형태를 취하기도 한다. 나아가 (64ㄹ)처럼 정중하게 상대방에게 그러한 요 구를 하게 된 배경을 진술한 평서문이 요청의 기능을 수행하기도 한다. 이처럼 간접적인 발화는 상황에 따라 다양한 형태로 실현될 수 있으며 발화자는 자신의 의도에 따라 여러 표현 중에서 가장 적절하다고 여기는 것을 가려내어 쓰게 된다.

의사소통의 효율성이라는 측면에서 보면 직접적인 방법이 간접적인 방법보다 훨씬 더 발화자의 의도를 정확하게 전달할 수 있는 유용한 방법이다. 그런데 실제의 언어생활을 살펴보면 직접 발화 못지않게 간접 발화를 많이 사용하고 있다. 간접 발화에는 발화자의 의도가 숨어 있기 때문에 더 복잡하고 세심한 추론의 과정이 필요함에도 불구하고 간접 발화를 흔히 사용하고 있는 것이다. 그 까닭은 무엇일까? 다음의 예를 보자.

(65) ㄱ. 조용히 해라.

ㄴ. 좀 시끄럽지 않니?

위의 두 발화가 사용되었음직한 장면을 비교해 보면 간접 발화를 사용하는 이유를 짐 작할 수 있다. (65ㄱ)의 직접 발화는 청자에게 선택의 여지를 남겨두지 않는 표현으로 손 아래 사람이나 무람없이 친근한 이에게 쓸 수 있다. 이에 비해 (65ㄴ)은 보다 부드럽고 완곡한 표현으로, 직접 발화를 사용하기 어려운 상황에서 사용된다. (65ㄴ)은 청자가 "글 쎄요.", "괜찮은데요." 또는 "별로 시끄럽지 않은데요." 등으로 자신의 의견을 말할 여지가 있다. 즉, 간접 발화인 (65ㄴ)은 수행 여부를 화자의 판단에 맡기는 것이다. 의사소통의 장면에 따라 때로는 이런 간접적이고 우회적인 표현이 직접적인 표현보다 더 효과적으 로 힘을 발휘하기도 하는 것이다.

이처럼 직접 발화와 간접 발화는 쓰임이 다르므로 발화자는 상대방과 의사소통 상황을 충분히 고려하여 적절한 표현을 가려서 써야만 발화의 의도를 달성할 수 있다.

 화용론: 말은 곧 행위이다

'말은 곧 행위이다.'라는 견해는 오스틴(Austin, 1962)에 의해 처음 제기되었다. 화용론에서는 발화가 단순히 어떤 사실을 진술하거나 의문을 나타내는 것뿐 아니라 구체적인 행위를 할 수 있다는 점을 강조하며, 발화 행위를 다음과 같이 세 가지 측면으로 구분하여 설명하였다.

가. 발화 행위(locutionary act): 무엇인가를 말하는 행위.

나. 발화수반 행위(illocutionary act): 언어 행위의 특정한 선언적 측면, 즉 문장을 발화할 때 그 문장과 결부되어 있는 관습적인 힘에 의해 진술이나 제의, 약속 등이 일어나게 되는 것.

다. 발화 효과 행위(perlocutionary act): 문장을 발화함으로써 발화의 환경에 특별한 결과들을 초래하는 것.

가령 "바람이 많이 들어오네."라는 문장을 생성하는 것은 발화 행위이며, 발화수반 행위란 "바람이 많이 들어오네."라는 발화를 함으로써 무엇인가를 진술(statement)하거나 또는 선언(declaration)하게 되는 것을 말한다. 그리고 이러한 발화의 결과 창문을 닫게 하는 등 추가로 얻은 결과는 발화 효과 행위에 해당한다.

5.2. 담화의 기능

발화에 행위를 유발하는 기능이 있다는 것은 담화에도 그대로 적용될 수 있다. 발화의 연쇄가 바로 담화이고, 담화 역시 의도적인 의사소통 행위이므로 목적(의도)이 있게 마련인 것이다.

(66) 이제 충의(忠義)의 선비들만이 분기하여 왜적과 싸우려는 생각을 할 뿐 아니라, 노복(奴僕)과 같은 천인(賤人)들까지 마음 아프게 여겨 저들을 죽이려 꾀하고 있습니다. 그런데 그대들만이 무슨 마음으로 하늘을 함께 하는 사람으로서 어정거리고 있습니까?

더구나 그대들은 놀고먹는 무리들로서 우리의 사민(士民)과 농국(農 國)을 의지하여 살았으며 나라의 은혜도 많이 받아 왔지 않소? 그러므로 이같이 위급할 때, 그대들은 나라의 공을 만분의 일이라도 갚아야 할 것입니다.

– 조헌, '승려에게 통유(通諭)함'에서

예 (66)은 임진왜란 당시 의병 대장 조헌이 승려들에게 왜적에 맞서 싸우기를 설득하려고 쓴 글이다. 선비는 물론이고 천인들까지도 싸움에 나서고 있다는 것을 먼저 상기시키고 다음으로 승려들 역시 나라의 은혜를 입지 않았느냐고 되묻는다. 그리고 이런 이유로 승려들도 왜적과의 싸움에 나설 것을 촉구하고 있다. '요청한다, 요구한다' 또는 '명령한다' 등의 표현이 사용되지 않았지만 우리는 이러한 필자의 의도, 즉 담화의 기능을 충분히 짐작할 수 있다.

담화의 기능은 대개 다음의 다섯 가지로 나누어진다.

(67) 담화의 기능

    ㄱ. 제보 기능: 무엇에 관한 정보나 지식을 전달하는 기능

             (뉴스, 보고서, 안내문 등)

    ㄴ. 호소 기능: 상대방의 마음을 움직여 무엇인가를 하도록(주로 발신자가 의도하는

             바) 유도하는 기능 (광고문, 연설문, 각종 법규 등)

    ㄷ. 약속 기능: 일정한 행위를 수행하겠노라고 약속하는 기능

             (서약서, 계약서, 합의서 등)

    ㄹ. 사교 기능: 친근감이나 감사, 미안함 등 심리적 상태를 표현하는 기능

             (인사말, 문안 편지, 조문 등)

    ㅁ. 선언 기능: 세상일에 어떤 새로운 사태를 불러일으키는 기능

             (임명장, 판결문, 유언장, 선전 포고문 등)

얼핏 주제를 파악하기만 하면 그 담화의 기능은 알 수 있다고 생각하기 쉽다. 그러나 간접 발화에서 여러 가지 다른 형태의 발화가 동일한 기능을 수행할 수도 있고, 역으로 동일한 발화가 상황이나 참여자들의 관계에 따라 다른 기능을 수행할 수도 있었던 것을 상기하면, 담화 역시 그러하리라는 것을 짐작할 수 있다.

(68)   자연이 맺어준 웰빙 파트너 !

                        천연 성분 건강 세제, ○○○○

자연에서 얻은 설탕, 올리브유로 만들어 맨손으로 식기를 씻어도 피부에 자극없이 -

세탁 후 아기, 여성 피부에도 부드럽게 -

욕실 청소에도 안정하고 깔끔하게 -

당신의 주방이, 세탁실이, 욕실이 더 건강해집니다.

예 (68)은, 언어화된 내용만을 보면 '○○○○'은 천연 성분 건강 세제로 연약한 피부에도 자극을 주지 않는 안전한 제품이라는 점을 설명하고 있으므로 '○○○○' 세제에 대한 정보를 전달하는 제보 기능을 지닌 것으로 간주할 수 있다. 그렇지만 의사소통의 상황을 고려하면 이 담화의 기능을 단순히 제보적인 것으로 보기 어렵다. 이것은 한 여성 잡지의 광고란에 실려 있다. 따라서 예 (65)는 제품의 안전성을 앞세워 주요 독자인 주부들의 마음을 움직여 '○○○○' 세제를 사도록 유도하는 것이 목적이다. 의사소통의 상황을 고려하면, 이것은 호소 기능의 담화로 이해되어야 한다는 것이다.

이처럼 담화의 기능도 의사소통의 상황 속에서 결정되므로 일상생활에서 말을 하거나 글을 쓸 때에는 상대방과 상황을 고려하여 가장 효과적인 담화의 구성 방법이나 내용을 선택하여야 의사소통의 목적을 성취할 수 있다. 또한 말을 듣거나 글을 읽을 때에도 언어로 표현된 내용의 뒤에 숨어 있는 발신자의 의도를 이해해야 해당 담화의 기능을 정확하게 파악할 수 있다. 더구나 입말에서는 언어 이외에 눈짓이나 몸짓, 표정 등의 요소들이 때로는 더 중요하게 작용하기도 하므로 한층 더 주의를 기울여야 한다.

참고문헌

교육부(2015), 『국어과 교육 과정』, 교육부 고시 제2015-74호.

김광해 외(1999), 『국어 지식 탐구』, 박이정.

김종택(1982), 『국어 화용론』, 형설출판사.

김태옥·이현호 공역(1991), 『담화·텍스트 언어학 입문』, 양영사.

남기심·고영근(1993), 『표준 국어 문법론』, 탑출판사.

박용익(2001), 『대화분석론』, 역락.

백설자 역(2001), 『텍스트 언어학 입문』, 역락.

서울대학교 국어교육연구소(1999), 『국어교육학사전』, 대교출판.

송영주 역(1993), 『담화 분석』, 한국문화사.

이관규(2003), 『학교 문법론』, 월인.

이상태(1993), 『국어교육의 길잡이』, 한신문화사.

이성만 역(1994), 『텍스트언어학의 이해』, 한국문화사.

이성범 역(1996), 『화용론』, 한신문화사.

이성영(1994), 『표현 의도의 표현 방식에 관한 화용론적 연구』, 서울대학교 박사학위 논문.

이원표 역(1997), 『담화연구의 기초』, 한국문화사.

이은희(1993), 『접속 관계의 텍스트언어학적 연구』, 서울대학교 박사학위 논문.

이재원(2018), 『텍스트 언어학사』, 한국외국어대학교 지식출판원.

이창덕·임칠성·심영택·원진숙(2000), 『삶과 화법』, 박이정.

임칠성 역(1997), 『대인의사소통』, 한국문화사.

정시호 역(1995), 『텍스트학』, 민음사.

주경희(1994), 『국어 대명사의 담화 분석적 연구』, 서울대학교 박사학위 논문.

진영내(1993), "텍스트 안에서의 지시관계들", 『텍스트언어학』 1, 한국텍스트언어학회, 37-58쪽.

한국텍스트언어학회(2004), 『텍스트언어학의 이해』, 박이정.

현대언어학연구회 역(1984), 『언어, 의미와 상황맥락』, 한신문화사

황미향(1998), 『한국어 텍스트의 계층구조와 결속표지의 기능 연구』, 경북대학교 박사학위논문.

황미향(2018), "한국에서의 텍스트 의미 연구 현황과 과제", 『텍스트언어학』 45, 한국텍스트언어학회, 307-334쪽.

Brinker. K.(1985), Linguistische Textanalyse, Berlin: Erich Schmidt. (이성만 역(1994), 『텍스트

언어학의 이해-언어학적 텍스트분석의 기본 개념과 방법-』, 한국문화사.)

Brown, G.& G. Yule(1983), *Discourse Analysis*, Cambridge Univ. Press.

Carrell, P. L. (1982), Cohesion is not coherence. *TESOL quarterly* 16(4): 479-488.

de Beaugrande, R. & W. U. Dressler(1981), *Introduction to Text Linguistics*, London: Longman. (김태옥·이현호 공역(1991), 『담화·텍스트 언어학 입문』, 양영각.)

Dressler, W.(1973), *Einführung in die Textlinguistik*, Tübingen. (이재원 역(2004), 『텍스트언어학 개론』, 한국문화사.)

Givón, T. (1993), *Coherence in text, coherence in mind.* Pragmatics & Cognition 1(2): 171-227.

Halliday, M.A.K. & R. Hasan(1976), *Cohesion in English*, London: Longman.

Heinemann, W. & D. Viehweger(1991), *Textlinguistik: eine Einführung*, Tübingen: Niemeyer. (백설자 옮김(2001), 『텍스트언어학 입문』, 역락)

Sanders, T. J. & L. G. Noordman (2000), The role of coherence relations and their linguistic markers in text processing. *Discourse processes*, 29(1), 37-60.

Shiffrin, D.(1987), *Discourse Markers*, Cambridge Univ. Press.

van Dijk, T. A.(1980), *Textwissenschaft: eine interdisziplinäre Einführung*, Walter de Gruyter. (정시호 역(1995), 『텍스트학』, 민음사.)

Vater, H.(1992), *Einführung in die Textlinguistik*, München. (이성만 옮김(1995), 『텍스트언어학 입문』, 한국문화사.)

01. 문장과 발화는 어떤 점이 같고 어떤 점이 다른지 설명해 보자.

02. 다음의 발화가 쓰일 수 있는 다양한 상황을 설정해 보고, 그 기능을 설명해 보자.

> (가) 왜 이렇게 늦었니?
>
> (나) 눈이 오네.
>
> (다) 나 너 싫어.
>
> (라) 글쎄, 오늘 오후에 회의가 다섯 번이나 있었어.

03. 다음 발화에서 생략된 성분을 복원해 보자. 그리고 그것을 바탕으로 생략의 조건을 생각해 보자.

> (가) 그는 언제나 잠을 잔다. 잠에 취한 채 심부름도 간다.
>
> (나) 경찰이 그 곳에 도착했을 때, 범인들은 이미 사라지고 없었다.
>
> (다) 과장: 사장님, 이번 분기에는 매출도 올랐으니 사원들 사기도 좀 올려 주십시
>
>   오. 사원들이 사장님 인색하다고 말들이 많습니다.
>
>   사장: 내가 인색하다고?

04. 다음 자료는 담화의 요소에 대하여 수업을 하기 위해 수집한 자료이다. 이 자료를 활용하여 두 가지의 학습 목표를 세워 수업을 진행하고자 한다. 계획표의 빈 곳을 채워 보자.

> 맏며느리: 애, 오늘 음식 준비해야 하는 거 몰랐니?
>
> 작은 며느리: 미안해, 회의가 길어져서.
>
> 맏며느리: 나, 너 서운해.
>
> 작은 며느리: 형님, 정말 미안해요.
>
> 맏며느리: 다음부턴 안 봐 줄 거야.
>
> 작은 며느리: 알았어요. 형님, 고마워요.

학습 목표	학습 내용
높임 표현의 다양한 실현 양상과 기능을 안다.	

05. 우리말에서 발신자의 심리적 태도를 표현하는 문법 형태로 어떤 것들이 있는지 찾아 가지런하게 정리해 보자.

06. 다음 자료를 보고 물음에 답해 보자.

> 일찍이 완당 김정희 선생은 "난초를 그림에 있어서 법이 있다는 것도 안 될 말이지만, 법이 없다는 것도 또한 안 될 말이다."라고 하였다. 과연 ㉠ (이러하다, 그러하다, 저러하다). <u>위에서 말한 바와 같이</u>, 문장이란 것은 뜻과 마음과 사상과 인격의 근본 생명을 살리는 것으로 족할 따름이요, 반드시 거기 어떠한 법과 기술을 알지 않으면 안 된다는 이론은 없다. <u>그러나</u> 그렇다고 하여 ㉡ (이, 그, 저) 말이 결코 법과 기술을 무시해야 한다는 말은 아니다. <u>아니</u>, 오히려 그보다는 그 문장 속에 뜻과 사상을 여실히 잘 나타내어 남에게 그대로 전하기 위해서의 필요 때문에, 법과 기술을 알아야 하는 것이니, 표현 기술을 논하는 진정한 이유도 실상은 ㉢ (여기, 거기, 저기)에 있다.

(가) ㉠과 ㉡, ㉢에서 적절한 지시 표현을 선택하고, 그 이유를 설명해 보자.
(나) 밑줄 친 연결어들의 기능을 설명해 보자.

07. 다음은 담화의 구조를 학습하기 위한 자료인데, 지도 계획을 세우기 이전에 먼저 담화의 구조를 분석해 보고자 한다. 물음에 답해 보자.

> 온돌은 치밀하게 계산된 난방법이 아니면서도 오랜 경험에서 취득된 합리성, 합목적성을 가진 한국인 특유의 과학 사고의 단면이 담겨져 있다. 의식주 생활전반을 지배하면서 한문화(漢文化)를 형성하는 기틀이 되었으며, 그 생명력은 오늘날에도 퇴색하지 않고 면면히 이어져 오고 있다.
> 온돌은 아궁이에 불을 때면 화기가 방 밑을 지나 방바닥 전체를 덥게 하는 난방 장치이다. 이것은 우리나라 고유의 방법으로 우리 민족의 생활 습관과 밀접한 관계

장치이다. 이것은 우리나라 고유의 방법으로 우리 민족의 생활 습관과 밀접한 관계가 있고 거의 모든 민가에 사용되고 있다. 채난(採暖)원리는 열전도를 이용한 것으로, 방바닥 밑에 깔린 구들장에 화기를 도입시켜 온도가 높아진 돌이 방출하는 열로 난방 하는 것이다. 온돌은 이부자리와도 관계가 있다. 이부자리는 온돌 생활의 묘한 동반자이다. 온기만을 목적으로 한다면야 이불은 필요 있으되 요는 필요치 않다. 요는 온돌 자체의 온기를 차단하는 일종의 차단막이기 때문이다. 그런데 이게 또 그렇지 않다. 마치 옥상가옥(屋上加屋) 같은 요의 역할은 우선 방바닥의 온기를 솜으로 빨아들여 적당한 온도를 장시간 유지시켜 주며, 동시에 바닥까지 보온시키는 일석이조의 효과를 발휘한다.

구들장 즉 온돌을 차지하는 데도 서열이 있었다. 대가족일 경우에는 윗자리(아랫목)에 제일 웃어른이 앉고, 그 맞은 편에 장남이 앉는다. 어른이 먼저, 남자가 먼저인 사회에서 며느리의 푸념은 물레를 돌리며 애잔히 이어진다. 그녀의 일터는 여전히 냉골이다. 하지만 '고초당초'보다 더 매운 시집살이의 하나인 빙돌려앉기에 이력이 생기면 어느덧 집안의 화합, 친족의 융화가 싹튼다.

– 이심, '한옥의 재발견'에서

(가) 담화의 내용 구조를 그림으로 그려 보자. 그리고 '통일된 주제'의 조건을 충족시키고 있는지 평가해 보자.

(나) 발화들을 통일성 있고 자연스러운 담화가 되도록 연결하는 수단으로 어떤 것들이 쓰였는지 가려내고, 각각의 기능을 설명해 보자.

9장

중세국어 문법

이끄는 말

    1991년부터 제5차 교육과정이 적용됨에 따라 고등학교『문법』교과서의 부록편에 '옛말의 문법'이 실리면서, 중세국어 문법을 고등학교에서 체계적으로 가르치기 시작했다. '옛말의 문법'이라면 당연히 고대국어를 포함한 우리 옛말의 문법 현상 전반을 다루는 것이 마땅하나, 고등학교『문법』에서는 '중세국어 문법', 그 가운데서도 훈민정음 창제 이후의 자료를 바탕으로 문법을 기술하고 있어서, 엄밀히 말하면 '후기 중세국어 문법'이란 말이 정확한 명칭이다.

    후기 중세국어는 그 이전의 국어와 달리, 우리말을 그대로 적을 수 있는 문자인 훈민정음으로 기록이 되었기 때문에, 그 당시 국어의 모습을 비교적 정확히 알 수 있다는 데 큰 의의가 있다. 또한 이 후기 중세국어와 현대국어를 비교 연구함으로써 현대 국어의 특질과 형성 과정을 보다 잘 이해할 수 있게 되었다는 점도 다행한 일이 아닐 수 없다. 여기서는 후기 중세국어 문법에 대해 하나하나 살펴보기로 한다.

1. 문자, 표기법, 음운

1.1. 문자

1.1.1. 훈민정음의 창제

한글의 원래 이름은 '훈민정음'이다.[1] 훈민정음은 1443년 세종 25년에 완성되었고, 이를 해설한 책『훈민정음』은 1446년에 완성되었다. 훈민정음이 1443년에 완성되었다는 사실은『세종실록』계해(癸亥, 1443년) 12월조의 기록 "상감께서 친히 언문(諺文) 스물여덟 자를 지으시니, 그 글자는 옛날 전자(篆字)를 본뜨고, … 글자는 비록 간단하고 요긴하나 글자를 조합해서 씀이 무궁하니, 훈민정음이라 일컫는다.(上親制諺文二十八字 其字倣古篆 … 字雖簡要轉換無窮 是謂訓民正音)"를 통해 확인할 수 있는데, 이것이 '훈민정음'에 관한 최초의 기록이다. 그리고『세종실록』병인(丙寅, 1446년) 9월조 "이 달에 훈민정음이 완성되었다.(是月訓民正音成)"라는 기록과,『훈민정음』정인지 서의 "정통 십일년(1446년) 구월 상한(正統十一年 九月 上澣)"이라는 기록으로 보아,『훈민정음』이 완성된 것은 1446년임을 알 수 있다.

1.1.2. 초성 글자

『훈민정음』해례본의 예의(例義)에 따르면, 훈민정음의 글자 수는 초성 17자, 중성 11자로 모두 28자인데, 이것을 다시 두 글자 혹은 세 글자씩 합쳐 쓸 수 있어서 실제로는 얼마든지 필요한 글자를 만들어 쓸 수 있었다.

초성은 발음기관의 모양을 본떠서 만들되, 성리학 이론인 오행(五行)과 결부시켜 기본 글자를 만들고, 나머지 글자는 획을 더하거나 모양을 약간 바꾸어서 만들었다.

---

[1] 훈민정음은 두 가지 의미로 사용되었다. 첫째는 우리나라 글자(letter) 이름으로서의 의미이고, 둘째는 한글의 창제원리를 설명한 책 이름으로서의 의미이다. 책『훈민정음』은 예의(例義-어제서와 본문), 해례(解例-해설), 정인지 서(鄭麟趾序) 등을 담고 있다. 여기서는 글자 이름일 때는 '훈민정음'으로, 책 이름일 때는『훈민정음』으로 표기하기로 한다.

5음(五音)	기본자	상형(象形)	가획(加劃)	이체(異體)	오행(五行)
어금닛소리(牙音)	ㄱ	象舌根閉喉之形	ㅋ	ㆁ	木
혓소리(舌音)	ㄴ	象舌附上腭之形	ㄷ, ㅌ	ㄹ	火
입술소리(脣音)	ㅁ	象口形	ㅂ, ㅍ		土
잇소리(齒音)	ㅅ	象齒形	ㅈ, ㅊ	ㅿ	金
목청소리(喉音)	ㅇ	象喉形	ㆆ, ㅎ		水

표 9-1 초성의 제자 원리

조음방식 조음위치	전청(全淸)	차청(次淸)	불청불탁(不淸不濁)	전탁(全濁)
아음(牙音)	ㄱ 君	ㅋ 快	ㆁ 業	ㄲ 虯
설음(舌音)	ㄷ 斗	ㅌ 呑	ㄴ 那	ㄸ 覃
순음(脣音)	ㅂ 彆	ㅍ 漂	ㅁ 彌	ㅃ 步
치음(齒音)	ㅈ 卽, ㅅ 戌	ㅊ 侵		ㅉ 慈, ㅆ 邪
후음(喉音)	ㆆ 挹	ㅎ 虛	ㅇ 欲	ㆅ 洪
반설음(半舌音)			ㄹ 閭	
반치음(半齒音)			ㅿ 穰	

표 9-2 초성 17자 및 전탁 6자의 음가

　아음, 설음, 순음, 치음, 후음, 반설음, 반치음 등은 이들 소리가 만들어지는 장소에 따른 분류이며, 전청, 차청, 불청불탁, 전탁 등은 이들 소리를 발음하는 방식에 따른 분류인데, **전청**은 예사소리[平音], **차청**은 거센소리[激音], **불청불탁**은 울림소리[有聲音], **전탁**은 된소리[硬音]와 일치한다.

　『훈민정음』의 예의에 제시되어 있는 초성 17자는 그 당시 국어의 현실음과 똑같지는 않았다. 예컨대, 'ㅸ'은 당대의 실제 음소였으나 기본 초성 체계에 들어 있지 않았다. 하지만 'ㆆ'은 고유어 단어의 초성으로 쓰인 적이 없으나 초성 17자 중 하나로 설정이 되어 있는데, 이는 동국정운식 한자음의 표기를 위한 것이었다. 또한 초성 17자 내에 포함되어 있지도 않고, 우리말 어두의 초성으로 쓰인 일도 없는 'ㄲ, ㄸ, ㅃ, ㅉ, ㅆ, ㆅ' 등의 전탁자를 『훈민정음』의 예의 부분에서 굳이 설명을 하고 있다는 점, 초성 17자의 음가 모두를 '君, 斗, 彆, 卽' 등의 한자를 예로 들어 설명하고 있다는 점, 그리고 『훈민정음』의 예의 부분에 제시되어 있는 전탁 6자를 포함한 초성 23자가 『동국정운』의 한자음 자모와 정확히 일치한다는 점 등을 미루어 볼 때 결국 훈민정음을 창제한 여러 목적 가운데 하나가 우리나라 한자음의 정리, 즉 동국정운식 한자음 체계를 정립시키기 위한 것이었음을 알 수 있다.

1.1.3. 중성 글자

중성은 성리학적 원리에 따라 하늘과 땅과 사람의 모양을 본떠서 기본글자 'ㆍ, ㅡ, ㅣ'를 만들고, 나머지 글자는 이들을 합하여 만들었다. 즉 중성 11개는 기본자 세 개(ㆍ, ㅡ, ㅣ)와 초출자(ㅗ, ㅏ, ㅜ, ㅓ) 재출자(ㅛ, ㅑ, ㅠ, ㅕ) 여덟 개로 되어 있다.

기본자	상형	초출자	재출자
ㆍ	形之圓 象乎天		
ㅡ	形之平 象乎地	ㅏ, ㅗ, ㅓ, ㅜ	ㅑ, ㅛ, ㅕ, ㅠ
ㅣ	形之立 象乎人		

표 9-3 중성의 제자 원리

이 가운데 'ㆍ, ㅡ, ㅣ, ㅗ, ㅏ, ㅜ, ㅓ' 등 7개는 단모음이고, 나머지 'ㅛ, ㅑ, ㅠ, ㅕ'는 반모음 'ㅣ(j)'를 앞세운 이중 모음이다. 'ㅛ, ㅑ, ㅠ, ㅕ' 외에도 당시의 이중 모음에는 'ㆎ, ㅐ, ㅚ, ㅔ, ㅟ, ㅢ, ㅘ, ㅝ' 등이 더 있었다.

1.1.4. 종성 글자

종성은 별도로 글자를 만들지 않고, 초성 글자를 다시 쓰도록 했다.

(1) 종성으로는 다시 초성을 쓴다.(終聲復用初聲)

하지만 (1)의 규정은 초성 글자 모두를 종성으로 쓸 수 있다는 뜻은 아니다. 왜냐하면 『훈민정음』의 해례(解例) 종성해(終聲解)의 설명에 따르면, 'ㄱ, ㆁ, ㄷ, ㄴ, ㅂ, ㅁ, ㅅ, ㄹ'의 여덟 글자만으로도 충분히 종성표기를 할 수 있다(八終聲可足用)고 설명하고 있기 때문이다.

1.1.5. 글자의 운용

예의(例義)에는 이 외에 아래와 같은 글자 운용에 관한 몇 가지 규정이 더 언급되어 있다.

연서(連書)는 (2)와 같이 두 입술에 의해서 조음되는 양순음(兩脣音) 'ㅂ, ㅍ, ㅃ, ㅁ' 아래 'ㅇ'을 이어쓸 수 있다는 규정이다. 즉 'ㅸ, ㆄ, ㅹ, ㅱ' 등의 글자를 만들 수 있다는 것이다.

(2) 'ㅇ'을 순음 아래 이어 쓰면 순경음이 된다.(ㅇ連書脣音之下 卽爲脣輕音)

그러나 실제로 고유어를 표기하는 데는 'ㅸ'만이 쓰였고, 'ㅹ, ㅱ'은 한자음을 표기하는 데 쓰였지만 'ㆄ'이 쓰인 예는 전혀 찾을 수 없다.

병서(竝書)는 (3)과 같이 두 개 이상의 글자를 가로로 나란히 합쳐 쓰는 것을 말한다.

(3) 초성을 합쳐 쓰려면 병서할 것이니, 종성도 마찬가지다.(初聲合用 卽竝書 終聲同)

'ㄲ, ㄸ, ㅃ, ㅆ, ㅉ, ㆅ'처럼 같은 글자를 합해서 쓰는 것을 각자병서(各字竝書)라 하고, 'ㅲ, ㅺ, ㅴ'처럼 서로 다른 것을 합해서 쓰는 것을 합용병서(合用竝書)라 한다.

부서(附書)는 초성과 종성을 합해서 한 글자로 쓸 때, 이들의 위치를 규정해 놓은 것이다. 초성과 중성의 배합 위치를 중성의 모양에 따라 합리적으로 규정해 놓았다.

(4) 'ㆍ, ㅡ, ㅗ, ㅜ, ㅛ, ㅠ'는 초성의 아래에 붙여 쓰고, 'ㅣ, ㅏ, ㅓ, ㅑ, ㅕ'는 초성의 오른편에 붙여 쓰라.(ㆍ, ㅡ, ㅗ, ㅜ, ㅛ, ㅠ 附書初聲之下, ㅣ, ㅏ, ㅓ, ㅑ, ㅕ 附書於右)

이른바 **성음법(成音法)**은 (5)에서 보듯이, 초성, 중성, 종성이 합해져서 음절을 형성한다는 점을 밝힌 규정이다.

(5) 무릇 모든 글자는 합해져야 소리를 이룰 수 있다.(凡字必合而成音)

방점(傍點)은 초분절음소 중 하나인 소리의 높낮이를 표기하기 위한 것이었다. (6)에서 보듯이, 훈민정음에서는 성조에 따라 방점을 찍는 방법과 그 소릿값에 대해 자세히 기술하였으며, 당시에 간행된 대부분의 문헌에는 방점이 일관성 있게 표기되어 있다.

(6) 왼편에 한 점을 찍으면 거성이요, 둘이면 상성, 없으면 평성이요, 입성은 점을 더함은 같
    으나 촉급하다.(左加一點 即去聲 二即上聲 無即平聲 入聲加點 同而促急)(예의)

평성은 낮은 소리이고 거성은 높은 소리이다. 상성은 처음이 낮고 나중이 높은 소리이
며, 따라서 평성과 거성이 합쳐진 복합성조라 할 수 있다.

방점 표기는 16세기까지 지속되다가 근대국어부터는 없어졌으며, 현대국어에는 경상
방언과 함경방언 그리고 강원도 동해안 방언에 성조가 남아 있다.

1.2. 표기법

1.2.1. 종성 표기

중세국어 표기법은 주로 음소적(音素的) 표기 원리를[2] 채택하고 있었기 때문에 현대국
어와 많이 달랐다. 다음은 종성 표기에 대한 훈민정음의 기록인데, 종성 표기에는 8자만
으로 충분하다는 사실을 밝히고 있다.

(7) 그러나 (종성은) 'ㄱ, ㆁ, ㄷ, ㄴ, ㅂ, ㅁ, ㅅ, ㄹ'의 여덟 자만으로도 충분히 쓸 수 있다. 이
    화(梨花)에 해당되는 '빗곶'과, 호피(狐皮)에 해당되는 '엿의 갗'은 ㅅ자로 통용할 수 있
    기 때문에, 오직 ㅅ자를 쓰는 것과 같은 것이다.(然ㄱㆁㄷㄴㅂㅁㅅㄹ 八字可足用也 如
    빗곶爲梨花 엿의갗爲狐皮 而ㅅ字 可以通用 故只用ㅅ字)

(7)은 『훈민정음』 해례(解例)의 종성해(終聲解) 부분의 **'팔자가족용(八字可足用)' 규
정**인데, '빗곶, 엿의 갗'은 '빗곳, 엿의 갓'으로 적을 수 있다는 말이다. 이것을 고려하면 종
성 위치에서 대립되는 자음은 위의 8개였던 것으로 보인다. 그렇다면 15세기 중엽에는
음절말 위치에서 현대어처럼 평음–유기음(ㄷ–ㅌ 등)의 대립이나 'ㅅ, ㅈ, ㅊ'의 대립이

---

2 '음소적 표기 원리'란 각 음소를 발음되는 모습 그대로 적는 것을 말한다. 이 원리에 따른 표기의 가장 대표적
   인 것이 8종성법이다. 음소적 원리는 표음적(表音的) 원리라고 불리기도 한다. 한편 지금의 한글맞춤법에서는
   형태음소적 원리를 채택하고 있는데, 이는 실제 발음보다는 형태의 원래 모습을 그대로 표기에 반영하는 것으
   로 '표의적(表意的) 원리'라 할 수 있다.

이미 중화되었다고 할 수 있다. 『훈민정음』, 『석보상절』, 『능엄경언해』 등 대부분의 중세국어 문헌이 이 규정을 따르고 있다.

그런데 『용비어천가』와 『월인천강지곡』에는 '곶(花), 맛나ᅀᄫᅵ니(逢), 빛(光), 좇거늘(從), 낱(箇), 깊고(深), 높고(高), 닢(葉), 붚(敲)' 등과 같이 (7)의 규정과는 다른 표기법을 보여주는 예가 많이 있다. 하지만 이것은 위의 두 책에서만 발견되는 예외적 현상일 뿐이다. 이들은 현대국어의 표기법에서처럼 단어의 원래 형태를 밝혀서 적은 것으로 다분히 형태음소적 표기법이라 할 수 있다.

이 외에 종성으로 '엿의 갓, ᄀᆞ 업스시니, 낫나치'처럼 'ㅿ'이 쓰이기도 했고, '훍구들, 옮거늘, 넓듯'처럼 겹받침이 쓰이기도 했다.

1.2.2. 연철과 분철

자음으로 끝난 체언이나 용언의 어간 뒤에 모음으로 시작되는 조사나 어미가 오면, 종성이 다음 음절의 초성으로 쓰였는데, 이를 **연철**(連綴, 이어적기)'이라 한다. 예컨대, '말ᄊᆞ미, 말ᄊᆞᄆᆞᆯ, 말ᄊᆞ믜, 기프샤(深), 기퍼서, 기프니'처럼 표기하는 것을 말하는데, 이는 한 음절의 표기를 원래의 문법 형태를 밝혀서 적지 않고, 발음이 되는 대로 적은 것이다.

그러나 『월인천강지곡』에는 **분철**(分綴, 끊어적기)'을 한 형태가 많이 발견된다. 곡용의 경우는 '손ᄋᆞ로, 일울, 몸이, 죵ᄋᆞᆯ, 즁을' 등과 같이 체언이 불청불탁의 유성자음 'ㄴ, ㄹ, ㅁ, ㆁ, ㅿ'으로 끝날 때 분철을 하고 있으며, 활용의 경우는 '안ᄋᆞ시니이다, 감아ᄂᆞᆯ' 등과 같이 용언의 어간이 'ㄴ, ㅁ'으로 끝날 때 분철을 하고 있다. 그렇지만 중세국어에서는 발음된 결과를 중시하여 연철(連綴)을 하는 것이 일반적이었다고 할 수 있다.

연철은 체언이나 용언의 내부에서도 발견되는데, 이는 아주 특이한 예가 아닐 수 없다. 예컨대, 종성 'ㅅ'은 '다까(修), 어여쓰다(憫)'와 같이 다음 음절의 첫 소리가 합용병서가 가능한 'ㄱ, ㄷ, ㅂ, ㅅ'일 경우에 한해서 다음 음절에 내려쓸 수 있었다. 그리고 합성명사나 합성구를 만들 때 사용된 사이시옷은 앞 단어의 종성으로 쓰이는 것이 원칙이었으나, '엄쏘리, 혀쏘리, 입시울쏘리, 니쏘리, 두 鐵圍山 ᄊᆞᅵ' 등과 같이, 다음 단어의 첫소리에 내려 쓸 수도 있었다.

1.2.3. 사잇소리 표기

현대국어에는 사잇소리로 'ㅅ'만 쓰이지만, 중세국어에서는 'ㄱ, ㄷ, ㅂ, ㅸ, ㅅ, ㅿ, ㆆ' 등 다양한 글자들이 사용되었다. 그리고 현대국어에서는 합성명사의 선행어가 받침이 없을 때 사이시옷이 사용되지만, 중세국어에서는 받침이 있을 때도 사용되었다.

(8) ㄱ. 엄쏘리, 혀쏘리, 입시울쏘리 ; 빗곶

　　ㄴ. 부텻 말, 아바니믜 뒤, 긼ㄱ새 ; 님긊 德, ㄱ샛 百姓, 魯ㅅ 사룸, 두 鐵圍山 쓰싀

　　ㄷ. 나랏 일훔, 바룴 우희 ; 英雄△ 알핑, 天子△ ㅁ솜, 世子△ 位

(8ㄱ)은 고유어 합성명사, (8ㄴ)은 고유어끼리 혹은 고유어와 한자어로 이루어진 구에
사잇소리 'ㅅ'이 쓰인 경우이다. (8ㄷ)은 유성음 사이에서 '△'이 쓰인 것을 보여 주는데,
『용비어천가』에 이런 표기가 잠시 쓰이다가 뒤에 모두 'ㅅ'으로 통일되었다.
이 외에 'ㄱ, ㄷ, ㅂ, ㅸ, ㆆ' 등이 사잇소리 표기에 사용되기도 했다.

(9) 洪(홍)ㄱ 字, 平生(평싱)ㄱ 뜯 ; 君(군)ㄷ 字, 몃 間(간)ㄷ 집 ; 覃(땀)ㅂ 字, 侵(침)ㅂ 字 ;

　　虯(뀰)ㅸ 字, 斗(듛)ㅸ 字 ; 快(쾡)ㆆ 字, 那(낭)ㆆ 字 ; 彆(볋=별)ㆆ 字, 하늟(=늘ㆆ) 뜯

이러한 형태의 사잇소리는 『훈민정음』 언해본과 『용비어천가』에만 쓰였는데, 후행 명
사의 첫소리가 무성음이고, 선행 명사의 끝소리가 모음이거나 'ㆁ, ㄴ, ㅁ, ㄱ, ㅇ'과 같은
불청불탁자(不淸不濁字)인 경우, 그들과 같은 조음위치의 전청자(全淸字)인 'ㄱ, ㄷ, ㅂ,
ㅸ, ㆆ'을 사잇소리로 표기하였다. 그러나 이러한 표기법은 일반화되지 못했으며, 가장
많이 사용되던 'ㅅ'으로 통일되었다.

1.2.4. 붙어쓰기

현대국어와 달리, 중세국어의 한글 문헌은 띄어쓰기를 하지 않았다.

(10) ㄱ. 나랏말ㅆ미中國에달아文字와로서르ㅅ뭇디아니훌씨(훈민, 예의)

　　ㄴ. 쏘나룰조쳐도바펴라ᄒ더시이다(석보 23 : 31)

현대국어라면 (10)은 '나랏말ㅆ미 中國에 달아 文字와로 서르 ㅅ뭇디 아니훌씨', '쏘
나룰 조쳐 도바 (내 ㄱ르쵸물) 펴라 ᄒ더시니이다'로 띄어쓰기를 해야 한다.
그러나 『훈민정음』 언해본의 '예의'에서 '나랏말ㅆ미/듕귁에달아/문쫑와로서르ㅅ뭇디
아니훌씨' 등으로 구절을 나누어서 주해를 한 점, 그리고 『용비어천가』에 '海東六龍이ᄂ

르샤 일마다天福이시니。古聖이同符ㅎ시니'처럼 'ㅇ'표를 붙인 점으로 보아 구절 의식은 있었던 것으로 생각된다.

1.2.5. 한자어의 표기

한자어를 한글로 표기하는 데는 두 가지 방식이 있었다.

(11) ㄱ. ㅋ는 牙ᅟᅡᆼ音ᅟᅳᆷ이니 如ᅌᅧ 快ᅟᅰᆼ*ㅎ*字ᄍᆼ 初총發ᄫᅡᇙ聲셩 ㅎ니라(훈민 예의)

　　 ㄴ. 하阿僧ᄉᆞᆼ끼祇 쪈前세世겁劫에 님금위位ㄹ ᄇ리샤 정精샤舍애 안잿더시니(월곡 3)

(11ㄱ)은 한자를 앞에 크게 쓰고, 해당 한자의 음을 한글로 작게 쓴 방식이고, (11ㄴ)은 반대의 방식인데, 중세국어 문헌에서는 대부분 전자의 방식으로 표기하였으며, 후자의 방식은 『월인천강지곡』에만 쓰였다. 또한 이렇게 한자어와 한글 표기가 함께 쓰인 경우에는 한자음을 동국정운식 교정음으로 표기해 놓은 것도 중요한 특징이다. 그러나 한자로 적지 않을 때에는 한자어라 할지라도 당시의 현실음으로 표기했다.

그리고 『용비어천가』와 『두시언해』 등에서는 (12)와 같이 아예 해당 한자에 한글로 음을 달지 않았는데, 이를 전형적인 **국한문 혼용체**라 할 수 있다.

(12) ㄱ. 千世 우희 미리 定ㅎ샨 漢水 北에 累仁開國ㅎ샤 ㅏ年이 ᄀᆞᆯ 업스시니(용가 124)

　　 ㄴ. 한 病에 얻고져 ㅎ논 바는 오직 藥物이니 져구맛 모미 이 밧긔 다시 므스글 求ㅎ리오(두初 7:4)

1.3. 음운

1.3.1. 자음 체계

앞 시기와 비교할 때, 중세국어 초성체계에 있어서의 가장 큰 변화는 된소리(硬音) 계열의 등장이라 할 수 있다. 된소리는 전기 중세국어 단계에서 나타났는데, 처음에는 단어나 형태소의 결합과정에서 생겨나서 점차 어두에까지 쓰이게 되어 자음체계 내에 확고히 자리를 잡게 되었다. 그래서 후기 중세국어 시기에는 '평음-격음-경음'의 세 계열이 확립되었으며, 이러한 것이 훈민정음 초성체계에 반영되었다고 할 수 있다. 그러면 이를 바탕으로 훈민정음의 **초성 체계**를 검토해 보기로 하자.

(13) ㄱ. ㄱㅋ ㆁ; ㄷ ㅌ ㄴ; ㅂ ㅍ ㅁ; ㅅ ㅊ ㅈ; ㆆ ㅎ ㅇ; ㄹ; △

　　ㄴ. ㄲ ㄸ ㅃ ㅆ ㅉ ㆅ; ㆀ ㅥ

　　ㄷ. ㅲ ㅄ ㅴ ㅳ; ㅅ ㅺ ㅼ ㅽ; ㅴ, ㅵ

　　ㄹ. ㅸ

(13ㄱ)은 단일 구성으로 되어 있는 초성 17자이다. 앞의 〈표9-2〉에 따르면 이들은 차
례대로 아음, 설음, 순음, 치음, 후음, 반설음, 반치음에 해당되는데, 현대국어와 비교할
때 주목해야 할 자음은 'ㆁ, ㆆ, ㅇ, △'이다.

'ㆁ'의 음가는 현대 국어의 종성 'ㅇ[ŋ]'과 같았으나 '바올(毬), 보오리(峰), 오시니잇고'
등에서 보듯이 초성에도 사용되었다는 점이 현대국어와 다르다. 그러나 현대국어와 마찬
가지로 단어의 첫머리에는 쓰이지 않았다.

'ㆆ'은 중세국어에서 매우 제한적으로 쓰이다가, 『원각경언해』(1465년)부터는 쓰이지
않았다.

(14) ㄱ. 니르고져 홇 배, 太平을 누리싫 제, 그삙 仙慧라 홇 仙人이

　　ㄴ. 步(뽕)ㆆ 字, 彌(밍)ㆆ 字, 하ᄂᆞᆶ(=늘ㅎ) 뜯

　　ㄷ. 牙音(앙흠), 大愛道(땡ᄒᆡᆼ똫), 便於日用(뼌헝싫용)

　　ㄹ. 初發聲(총벓셩), 吉慶(긿켱), 七步(칧뽕)

(14ㄱ)은 관형사형 어미 '-ㄹ' 아래에서 된소리 부호 혹은 절음(絶音)을 위한 휴지 부
호로 'ㆆ'이 쓰인 것이고, (14ㄴ)은 사잇소리로, (14ㄷ)은 동국정운식 한자음의 영모(影
母)자 표기를 위해 쓰인 것이다. (14ㄹ)은 소위 **이영보래(以影補來)**라 하는 표기법으로
서 '-t'계 입성 운미가 약화되어 '-l'로 발음되는 것을 'ㄷ'으로 교정하는 대신 'ㆆ'을 'ㄹ'
다음에 표기함으로써 이를 입성에 가깝게 발음하라는 표시를 한 것이다.

'ㅇ'에는 두 종류가 있었다.

(15) ㄱ. 여듧, 어엿비, 아니홀ᄊᆡ

　　ㄴ. 文字(문ᄍᆞᆼ), 而(ᅀᅵᆼ)는, 爲此憫然(윙충민션)

　　ㄷ. 살거늘 → 살어늘 → *사러늘, 달아 → *다라, 울이ᄂᆞ니 → *우리ᄂᆞ니

　　ㄹ. ᄀᆞᆶ애 → *ᄀᆞ래, 앙이 → *아ᅀᅵ

ㅁ. 여희고 → 여희오 → *여희요, 이거늘 → 이어늘 → *이여늘

(15ㄱ)의 'ㅇ'은 단어의 첫음절이 모음임을 나타내거나, 단어 중의 두 모음 간에 쓰여서 두 모음이 다른 음절에 속한다는 사실을 나타낸다. (15ㄴ)은 모든 한자음을 초성, 중성, 종성 세 소리를 갖춘 모습으로 표기하기 위해 'ㅇ'을 형식적으로 사용한 것이어서 실질적인 음가를 가진 것으로 볼 수는 없다. 하지만 (15ㄷ-ㅁ)은 'ㅇ'이 특정한 음가를 가진 음소임을 추정케 한다. 즉 (15ㄷ,ㄹ)의 경우 'ㅇ'이 어떤 음가를 가지지 않았다면 연철(連綴)이 되었겠고, (15ㅁ)은 'ㅣ'모음 동화가 일어났어야 하지만, 이런 예는 찾아볼 수 없다. 'ㅇ'의 음가는 'ㅇ'이 후음의 불청불탁음에 속한다는 것을 고려하면 후두유성마찰음, 즉 유성음 [ɦ]로 볼 수 있다. 이 후두유성마찰음은 'ㄹ, ㅿ, ǐ(j)'와 이에 후행하는 모음 사이에 나타나며, 16세기 중엽 이후에는 소멸했다.

'ㅿ'은 『훈민정음』 해례에 '불청불탁의 반치음'으로 규정되어 있으며, 그 음가는 'ㅅ'에 대립되는 치조 유성마찰음 [z]인 것으로 보인다.

(16) 스싀, ᄆᆞᅀᆞᆷ ; 미샹, 새삼 ; 한숨, 한삼 ; 오늘ᅀᅡ, 프ᅀᅥ리(草間) ; 몸ᅀᅩ, 남ᅀᅵᆫ, 명ᅀᅵᆯ; 앗이 ; 웃이다 ; 웃브니 ; 오ᄂᆞᆲ 나래, 님긂 믈ᄯᅳᆷ, 世子ㅿ 位, 後ㅿ 날

'ㅿ'은 주로 모음과 모음 사이 혹은 유성자음 'ㄴ, ㄹ, ㅁ, ㅇ, ㅸ'과 모음 사이에 쓰였으며, 16세기 중반에 국어에서 완전히 소멸했다.

이제 (13ㄴ-ㄹ)에 대해 살펴보기로 한다. (13ㄴ-ㄹ)은 두 글자 이상이 모여서 만들어진 복합 글자이다. (13ㄴ)은 같은 글자를 결합한 각자 병서(各字並書)이고, (13ㄷ)은 다른 글자를 결합한 합용병서(合用並書)이다. 각자 병서인 'ㄲ ㄸ ㅃ ㅉ, ㅆ, ㆅ'은 주로 '虯字(ᄀᆔᇴ 쭝), 覃字(땀ㅂ 쭝), 便安(뼌한), 文字(문ᄍᆞᆼ), 常談(쌍땀), 皇帝(ᅘᅪᆼ뎨)' 등에서처럼 동국정운식 한자음 표기에 사용되었다. 고유어 표기의 경우에는 '마쯔비, 도ᄅᆞᅘᅧ' 등의 단어 표기에 아주 드물게 사용되기도 했지만, 주로 '아ᅀᅡ 몷까, 흟ᄯᅵ니, 몯홇 ᄲᅦ니, 어릴 씨라, 그듸 가 들 ᄶᅵ비'에서처럼 관형사형 어미 'ㅡㄹ' 뒤에 사용된 것이 대부분이어서, 결과적으로 이들 글자는 고유어 표기에는 매우 제한적으로 사용되었음을 알 수 있다.

하지만 'ㅆ, ㆅ'은 앞에서 살펴본 것처럼 동국정운식 한자음 표기에 사용되었을 뿐만 아니라, '德 싸ᅘᅧ 샤미, 帝王 써르 니스시늘, 무덤 쎠리예, 토ᄇᆡ로 ᅘᅧ 주기니, 蘇油燈을 ᅘᅧ 딕'처럼 고유어 단어의 어두에도 아주 드물게 쓰였다. 'ㆅ'은 반모음 'ǐ(j)' 앞에서만 쓰였

으며, 그 음가는 [ɕ]와 비슷했던 것으로 보인다.

'ㆀ'은 '혀여, 괴여, 쥐여, 얽미여'에서처럼 사동과 피동접사로 사용되었으며, 반모음 'ĭ(j)' 앞에서 쓰였는데, 된소리라기보다는 'ㅇ'보다 좀더 긴장된 음으로 발음하라는 것이 아닌가 한다. 'ㄶ'은 '닿ᄂ니라〉다ᄔ니라, 잃ᄂ니라〉일ᄔ니라, 딓ᄂ니라〉디ᄔ니라'에서처럼 'ㅎ'자음이 역행동화된 것으로, 된소리가 아니라 'ㄴ'의 장음 [nː]이었을 것으로 추정된다.

다음으로 (13ㄷ)에 대해 살펴보자. (13ㄷ)의 합용병서에는 '떨다(拂), 뜨다(開) ᄠ로(殊), 쁘다(用, 苦), ᄢ다(織), ᄣ다(雙), ᄩ다(彈)'와 같은 'ㅂ-'계, 'ᄭ리(尾), ᄭ다(夢), ᄯ리다(忌), ᄮ히(壯丁), ᄯ또(亦), ᄲ다(擣), ᄯ썩(餠), ᄲ새(骨), ᄲᆞ르다(急), ᄲᆞᆯ(角)'과 같은 'ㅅ-'계, 'ᄢ꿀(蜜), ᄲᅮ다(借), ᄲᅳ리다(破), ᄢᅢ(時)'와 같은 'ㅄ-'계의 세 종류가 있는데, 이들이 모두 된소리를 적은 글자였는지, 아니면 자음군(子音群)을 적은 글자였는지 단언하기 어렵다. 다만 'ㅂ-'계는 '메ᄡᆞᆯ'(粳米)의 현대어 '멥쌀'이 'ㅂ'을 보유하고 있는 점, '흔ᄢᅴ(一時)〉홈ᄭᅴ'와 같은 변화가 일어난 점, 그리고 현대국어에서 '휩쓸다, 사립짝, 몹쓸놈, 부릅뜨다, 입때, 접때' 등이 어두 'ㅂ'의 흔적을 가지고 있는 점 등으로 보아서 **자음군 표기**였을 가능성이 높다.

'ㅅ-'계 합용병서는 자음군으로 볼 만한 증거도 남아 있지만 그 당시에 이미 된소리로 발음된 것으로 보아야 할 증거도 많아서 그 음가를 단정하기가 쉽지 않다. 'ㅅ'이 음가와 관계 없이 사이시옷으로 사용된 점, 'ㅅ-'계 합용병서의 'ㅅ'을 예로부터 '된시옷'으로 불러 온 점 등은 'ㅅ-'계 합용병서의 'ㅅ'이 제 음가대로 발음되지 않았을 가능성을 보여주고, 어두 된소리 발달의 변화를 보이는 '그스다(牽)〉ᄭᅳ스다'나 '딓다(擣)〉찧다'와 같은 예는 'ㅅ-'계 합용병서가 된소리 표기였을 가능성을 높여준다. 'ㅅ-'계 합용병서가 쓰였던 단어들이 현대 국어에서 'ㅂ-'계와 같은 흔적을 거의 보여주지 않는다는 점도 'ㅅ-'계를 된소리로 보게 하는 근거가 된다.

끝으로 (13ㄹ)에 대해 살펴보기로 한다. (13ㄹ)의 연서법에 의해 만들어진 순경음 'ㅸ'의 음가는 양순 유성 마찰음 [ß]이었다. '사ᄫᅵ(蝦), 글ᄫᅡᆯ(詞), 늣두ᄫᅦ(臉), 굴ᄫᅡ쓰면, 웃ᄫᅳ리'에서처럼 주로 모음 사이 및 'ㄹ, ㅿ'과 모음 사이에 쓰였고, '漂표ᇢᄫᅻ字ᄍᆞᆼ'에서처럼 사잇소리로 쓰이기도 했다. 이 글자는 15세기에 이미 쓰이지 않는 예가 있는 것으로 보아 훈민정음 창제 당시가 이 음소의 최후 순간이었던 것으로 보인다. 'ㅸ'은 '글ᄫᅡᆯ〉글왈, 더ᄫᅥ〉더워, 스ᄀᆞᄫᆞᆯ〉스ᄀᆞ올(鄕)' 등에서 보듯 대부분 'w(오/우)'로 변했다.

종성 글자는 별도로 다시 만들지 않고 초성을 쓰도록 했다. 하지만 모든 초성자가 종성으로 쓰이지는 않았는데, 'ㄱ, ㆁ, ㄷ, ㄴ, ㅂ, ㅁ, ㅅ, ㄹ'의 8글자만을 쓰도록 했다. 이것이 이른바 **8종성법**이다. 여기서 문제는 'ㄷ'과 'ㅅ'의 음가가 어떠했겠느냐 하는 것인데, 현대국어에서는 음절 끝소리 자리에서 이 둘이 [ㄷ]로 중화되어 변별이 되지 않지만, 중세국어 종성표기에서 이 둘을 굳이 구분했다는 것은 결국 두 글자의 음가(音價)가 달랐음을 나타낸다. 실제로 중세국어에서는 '곧(處)-곳(所), 닫(異)-닷(五), 몯(莫)-못(池)'처럼 'ㄷ'과 'ㅅ'이 구별되어 쓰였다.

1.3.2. 모음 체계

중성글자도 단일구성과 복합구성 글자로 나눌 수 있는데, (17ㄱ)은 『훈민정음』 예의에 규정되어 있는 11글자이다.

(17) ㄱ. ㆍ ㅡ ㅣ ; ㅗ ㅏ ㅜ ㅓ ; ㅛ ㅑ ㅠ ㅕ

　　 ㄴ. ㅘ ㅝ ; ㆎ ㅢ ㅚ ㅐ ㅟ ㅔ ㅢ ㅖ ㆌ ㅖ ; ㅙ ㅞ

이 가운데 'ㆍ ㅡ ㅣ ; ㅗ ㅏ ㅜ ㅓ'는 단모음이었고, 나머지는 모두 이중 모음이었다. 그리고 'ㆍ, ㅗ, ㅏ'는 양성모음, 'ㅡ, ㅓ, ㅜ'는 음성모음, 그리고 'ㅣ'는 중성모음이었다. 활용을 하거나 곡용을 할 때, 양성모음은 양성모음끼리 음성모음은 음성모음끼리 어울리고, 중성모음은 두 계열의 모음과 모두 어울릴 수 있었으나 음성모음과 더 잘 어울렸다. 이런 현상을 **모음조화(母音調和)**라 하는데, 중세국어에서는 현대국어에 비해 이 모음조화가 더 엄격하게 지켜졌다.

'ㆍ'는 현대 국어에서 사용이 되지 않는다. 이 글자의 음가는 『훈민정음』 예의에 "呑자의 중성과 같다(如呑字中聲)"로, 해례 제자해(制字解)에 "혀는 오그라지고 소리는 깊다(舌縮而聲深)"로 규정되어 있어서, 'ㅏ'와 'ㅗ'의 중간음, 즉 후설 저모음 [ʌ]로 보는 것이 일반적이다. 'ㆍ'는 두 단계를 거치면서 변천 및 소실되었는데, 그 첫 단계는 15세기 중엽에서 16세기 말에 '나ᄀᆞ내〉나그내, 기ᄅᆞ마〉기르마'처럼 비어두 음절에서 'ㆍ〉ㅡ'로 변했으며, 둘째 단계는 18세기 중엽까지 'ᄀᆞ슬〉ᄀᆞ을〉가을, ᄀᆞ래나모〉가래나모'처럼 어두 음절에서 'ㆍ〉ㅏ'로 변했다.

그 외에 'ㅛ ㅑ ㅠ ㅕ'는 반모음 'ǐ(j)'를 가진 상향 이중 모음으로서 그 음성적 특징이 현대국어와 동일하다. (17ㄴ)의 글자들도 모두 이중 모음이었는데, 'ㆎ'는 현대국어에서는 쓰이지 않는다. 'ㅐ, ㅔ, ㅚ, ㅟ'는 반모음 'ǐ(j)'가 뒤에 오는 하향 이중 모음이었는데,

근대국어 시기에 모두 단모음으로 변했다.

1.3.3. 운소체계

중세국어의 운소는 **성조**였다. 이 시기에는 평성(낮은 소리), 거성(높은 소리), 상성(낮다가 높아지는 소리)의 세 성조소가 있었다. 성조는 글자의 왼쪽에 방점을 찍어 표시했는데, 거성에는 한 점, 상성에는 두 점을 찍었고 평성에는 점을 찍지 않았다. 성조체계는 근대국어를 거치면서 소멸하고 중부지역어를 비롯한 대부분의 방언에서는 음장체계가 발달하였다.

2. 단어

2.1. 단어의 구성과 유형

중세국어의 단어와 형태소의 결합방식은 대체로 현대국어와 같다. 그러나 ㄱ곡용, 양성모음과 음성모음에 따른 조사의 선택, 선어말 어미 '-오-'의 쓰임, 모음교체나 영접사(零接辭)에 의한 파생 등 세부적으로는 다른 점이 많다.

(18) ㄱ. 나랏말ᄊᆞ미듕귁에달아문ᄍᆞ와로서르ᄉᆞᄆᆞᆺ디아니ᄒᆞᆯᄊᆡ(훈민, 예의)

　　　ㄴ. 나랏말ᄊᆞ미, 듕귁에, 달아, 문ᄍᆞ와로, 서르, ᄉᆞᄆᆞᆺ디, 아니ᄒᆞᆯᄊᆡ

중세국어 자료는 (18ㄱ)에서 보는 바와 같이 띄어쓰기가 되어 있지 않은데, 이를 현대국어의 어법에 따라 나누면 (18ㄴ)처럼 7개의 어절로 나눌 수 있다. 이들은 다시 단어로 분석하면 다음과 같다.

(19) 나랏말ᄊᆞᆷ, 이, 듕귁, 에, 달아, 문ᄍᆞ, 와로, 서르, ᄉᆞᄆᆞᆺ디, 아니ᄒᆞᆯᄊᆡ

의미, 형태, 기능 등을 기준으로 공통된 성질을 가진 단어들끼리 묶어놓은 것을 '품사'라 하는데, 중세 국어도 현대 국어와 마찬가지로 명사, 대명사, 수사 ; 동사, 형용사 ; 관형사, 부사 ; 감탄사 ; 조사 등의 9개 품사로 나눌 수 있다. 학교문법에서는 '조사(助詞)'는 단어로 인정하고, '어미(語尾)'는 단어로 인정하고 있지 않기 때문에 (18)은 (19)와 같이 10개의 단어로 구성되어 있다고 할 수 있다.

(19)에서 '나랏말씀, 듕귁, 문쫑'는 명사, '스뭇디, 아니홀씨'는 동사, '달아'는 형용사, '서르'는 부사, '이, 에, 와로'는 조사이다.

(19)를 형태소로 분석하면 (20)과 같다.

(20) 나라, ㅅ, 말씀, 이, 듕귁, 에, 다ᄅᆞ-, -아, 문쫑, 와, 로, 서르, 스뭇-, -디, 아니ᄒᆞ-, -ㄹ씨

여기서 '나라, 말씀, 듕귁, 문쫑, 서르'는 다른 형태소의 도움없이 홀로 쓰일 수 있는 자립형태소이고, 'ㅅ, 이, 에, 다ᄅᆞ-,-아, 와, 로, 스뭇-, -디, 아니ᄒᆞ-, -ㄹ씨'는 항상 다른 형태소와 결합되어야 쓰일 수 있는 의존 형태소이다. 그리고 '나라, 말씀, 듕귁, 다ᄅᆞ-, 문쫑, 서르, 스뭇-, 아니ᄒᆞ-'는 구체적인 대상이나 상태, 동작 등의 의미를 지닌 실질 형태소이고, 나머지 것들은 모두 실질 형태소에 붙어서 문법적 관계나 형식적 의미를 더해주는 형식 형태소이다.

중세국어 단어도 현대국어와 마찬가지로, '뫼(山), ᄀᆞᄅᆞᆷ(江), 하ᄂᆞᆯ(天), ᄇᆞᄅᆞᆷ(風)'과 같이 하나의 어근으로 이루어진 단일어(單一語), '들기름(蘇油), 티디르다(衝), 불무질(鍛), 날이다(飛)'와 같이 어근과 접사로 이루어진 파생어, 그리고 '밤낮(晝夜), 너덧(四五), 죽살다(生死), 거두들다(摳), 나날(每日)'과 같이 둘 이상의 어근으로 이루어진 합성어 등으로 나눌 수 있다.

2.2. 파생법

어근(語根, root)에 접사(接辭, affix)를 붙여서 단어를 만드는 방법을 **파생법**이라 하고, 이렇게 만들어진 단어를 파생어(派生語, derived word)라 하는데, 여기에는 '굴가마괴, 티츠다' 등과 같이 '접두사(prefix)+어근' 형식의 접두 파생법과, '숑아지, 몸소, 수고롭다, 살이다' 등과 같이 '어근+접미사(suffix)' 형식의 접미 파생법이 있다.

파생명사를 만드는 접미사에는 '-ᄋᆞᆷ/음, -억, -옹, -쟝이' 등이 있다. 여기서는 중세국어의 특징을 잘 드러내는 것을 중심으로 살펴보기로 한다.

	명사화 접미사	사용 조건	용례
ㄱ	−옴/움	동사 어간 + −옴/움	춤, 우숨, 우룸
ㄴ	−이/의	형용사 어간 + −이/의	노픠, 기픠, 킈, 너븨, 기릐

표 9-4 **명사 파생법**

〈표9-4: ㄱ〉은 동사 어간에 명사형 어미 '−옴/움'이 결합된 어형들이 파생명사로 굳어진 예들이다. 따라서 중세 국어에서 '옴/움'이 붙은 용언은 파생명사인지 명사형인지 잘 구분할 필요가 있다.

(21) ㄱ. 안좀 걷뇨매 어마님 모ㄹ시니(월석 16)

ㄴ. 큰 구데 ㅼ러디다 호ㅁ 惡道애 ㅼ러디다 ㅎ듯흔 마리라(석보 13: 45)

ㄷ. 말ᄉᆞᆷ과 우수믈 넌즈시 흔듸 ㅎ라(두初 9: 6)

ㄹ. 놀애 브르며 춤 츠며 롱담ᄒᆞᄫᅡ(월석 1:44)

(21ㄱ,ㄴ)의 '안좀 걷뇨매, ㅼ러디다 호ㅁ'은 '앉고 거닒에, 떨어진다고 함은'의 의미로 서술어 '앉−, 걷니−, ㅎ−'가 '서술성'을 그대로 지니고 있기 때문에 '앉−+−옴, 걷니−+−옴, ㅎ−+−옴'의 '−옴'은 모두 명사형 어미라 할 수 있다. 그러나 (21ㄷ,ㄹ)의 '우숨, 춤'은 '서술성'을 이미 상실했기 때문에 그에 통합되어 있는 '−옴/움'은 명사 파생 접미사라 할 수 있다.

〈표9-4: ㄴ〉은 형용사 어간에 '−이/의'를 붙여 파생명사를 만든 것인데, 다만 형용사 '길다'의 경우에는 '−이'를 붙여서 '기리' 형태의 명사를 만들기도 했다.

더 알아보기

 중세국어의 파생명사와 명사형

현행 학교문법에서는 명사화 접미사로 '−옴/움'을 설정해 놓고 있다. 즉 '춤, 우룸' 등은 '츠−+−움, 울−+−움'이 통합된 것으로 보고 있는 셈이다.

그러나 중세국어에서는 명사형(동명사)와 파생명사를 구별하는 것이 일반적이다.

이기문(1961=1981: 147)에서는 파생명사는 '동사 어간+(-ᄋ/으-)+-ㅁ'의 형태를, 동명사는 '동사 어간+-오/우-+-ㅁ'의 형태를 취한다고 했다. 예컨대 동사 '열(實)-'에 '-으-+-ㅁ'이 연결된 '여름'(果, 과일)은 파생명사이고, '-우-+-ㅁ'이 연결된 '여룸'은 명사형, 즉 동명사이다. 이때 명사형 어미 '-ㅁ'은 선어말 어미 '-오/우-'를 반드시 동반한다.

하지만 중세국어에서 '춤(舞, 츠-+-우-+-ㅁ), 우숨(笑, 웃-+-우-+-ㅁ), 우룸(泣, 울-+-우-+-ㅁ)' 등과 같이 명사형이 그대로 파생명사로 굳어진 경우도 있다. 그러나 명사 파생접사 '(-ᄋ/으-)+-ㅁ'이 연결된 형태가 명사형으로 쓰인 경우는 없다.

① 파생명사

됴ᄒᆞᆫ 여름 여루미(월석 1: 2), 스믈 아홉차힌 거름 거루미(월석 2: 57), 나랏 사룸울 다 뫼ᄒᆞ시니(월곡 38), 步ᄂᆞᆫ 거르미라(월석 2: 34) 등

② 명사형(동명사)

行ᄒᆞ요ᄆᆞᆫ 샹녯 이룰 조차 ᄒᆞᄂᆞᆫ 무ᅀᆞ미오(석보 19: 25), 둥어리 뫼요ᄆᆞᆯ 미히 뼈 天子ᄭᅴ 받ᄌᆞ왐직ᄒᆞ니(두初 7: 13), 부텨 ᄃᆞ외요미 업순디라(목우 3) 등

그리고 명사 자체가 어떤 파생 접미사도 취하지 않고, 그대로 동사 어간으로 파생된 것이 있는데, 이를 영접미사에 의한 파생 동사화라 부른다.

접미사	사용 조건	용례
-∅-	명사+-∅-+-다	ᄀᆞ물다, 깃다, ᄯᅴ다, 신다, 품다 등

표 9-5 동사 파생법

〈표9-5〉의 'ᄀᆞ물다, 깃다, ᄯᅴ다, 신다, 품다' 등은 명사 'ᄀᆞ물(旱), 깃(巢), ᄯᅴ(帶), 신(履), 품(懷)' 등에 동사화 영접미사 '-∅-'가 결합된 것이다.

접미사	사용 조건	용례
-ᄫᆞ/브/ᄇᆞ/브/ᄫ-	동사 어간+ -ᄫᆞ/브- + -다	그리븐, 웃븨, 믿브게, 저픈, 믜븐, 깃버, 골ᄑᆞ거든, ᄉᆞ랑홉다, 感動홉다 등

표 9-6 형용사 파생법

〈표9-6〉은 동사 어간에 '-병/브-'와 같은 파생 접미사를 붙여서 형용사를 만든 것으로, '-병/브-'의 이형태로는 '-ㅂ/ㅂ-, -병-' 등이 있는데, 동사 어간의 말음이 모음이면 '-병-'이 사용되며, '△'이면 '-병/브-'가, 그 외의 자음이면 '-ㅂ/ㅂ-'가 사용된다. 예를 들면 '그리븐(慕, 그리+-병-+-은), 웃비(笑, 웃-+-브-+-이), 믿브게(信, 믿-+-브-+-게), 저픈(畏, 젛-+-브-+-ㄴ)' 등이 있다. 또 '웃브-'는 동사 어간 '웃-'에 형용사화 접미사 '-브-'가 결합된 것으로 '우습다'의 의미를 지니고 있다. '명사+ᄒ다'형 동사인 '스랑ᄒ-, 감동ᄒ-, 노(怒)ᄒ-' 등의 어간에 '-병-'이 결합되어 '스랑ᄒᆞᆯ→스랑ᄒᆞ다, 感動ᄒᆞᆯ→感動ᄒᆞ다, 노ᄒᆞᆯ→노ᄒᆞ다' 등의 형용사가 파생되었는데, 이들은 '사랑스럽다, 감동스럽다, 노엽다'는 의미를 지니고 있다.

다음으로 **부사 파생법**에 대해 살펴보자.

	접미사	사용조건	용례
ㄱ	-이/ㅣ	형용사 어간+-이	올히, 조비, 드므리, 어디리, 아름다비, 수비, 키, 해 ;노피, 머리, 새로이, 오래, 샐리, 슬피 등
ㄴ	-∅	형용사 어간+-∅	ᄉᆞ뭇(通), 비릇(始), 지즐(壓), 마초(適) ; 브르(飽), 곧(如), 해(多), 더듸(遲), ᄇᆞ루(正), 그르(誤) 등

표 9-7 부사 파생법

〈표9-7: ㄱ〉의 '-이'는 형용사 뒤에 붙어 형용사를 부사로 파생시키는 기능을 지니고 있는데, 중세국어에서 파생부사를 만드는 데 가장 생산적으로 사용되었다. '올히(正, 옳-+-이), 조비(峽, 좁-+-이), 해(多, 하-+-ㅣ), 오래(久, 오라-+-ㅣ), 달이(다ᄅᆞ-+-이), 슬피(悲, 슬프-+-이), 게을이(懶, 게으르-+-이), 키(大, 크-+-ㅣ)' 등과 같이, 형용사 어간 말음이 자음이면 '-이'를, 모음이면 '-ㅣ'를, 그리고 'ᆞ, ᅳ'이면 이 모음을 탈락시키고 '-이'를 붙였다. '올히()옳게), 드므리()드물게), 아름다비()아름답게) ; 노피()높이), 머리()멀리), 샐리()빨리)' 등에서 보듯이, 중세국어의 부사 파생접사 '-이'는 현대국어의 '-게'처럼 굴절접사의 기능을 갖기도 하고, '-이'처럼 파생접사의[3] 기능을 갖기도

---

3 부사형성 접사 '-이'가 현대국어보다 중세국어에서 더 생산적으로 쓰인 까닭은 굴절접사와 파생접사의 기능을 함께 가지고 있었기 때문이다. 중세국어의 '-게'는 '-게 ᄒᆞ다, -게 ᄃᆞ외다' 등과 같은 사동 및 피동표현에 주로 사용되었다. 중세국어 부사어 형성 접사 '-이'의 통사적 기능 및 현대국어로의 변천에 대해서는 김종록(1989) 참조.

했다.

〈표9-7〉은 동사나 형용사 어간이 그대로 부사로 파생된 것인데, 이들을 영접미사에 의한 파생부사화 혹은 '어간형 부사'라 부른다. '〈믓(通, 〈믓-+-∅), 비릇(始, 비릇-+-∅)' 등은 동사 어간이, '브르(飽, 브르-+-∅), 굳(如, 굳-+-∅), 하(多, 하-+-∅)' 등은 형용사 어간이 부사화한 것이다.

모음교체(母音交替)에 의해서 단어가 파생되기도 하는데, '마리-머리, 늙다-늙다, 묽다-묽다' 등과 같이 단어가 파생되기도 하는데, 이와 같은 모음교체에 의한 새 단어의 형성은 현대국어보다 중세국어에서 더 많이 확인된다.

2.3. 합성법

둘 또는 그 이상의 어근(語根, root)을 결합하여 새로운 단어를 만드는 방법을 **합성법**(合成法)이라 하고, 이렇게 만들어진 단어를 합성어(合成語, compound word)라 하는데, 이 합성어에는 통사적 합성어와 비통사적 합성어가 있다.

중세국어 **합성명사**의 경우는 통사적 합성어(syntactic compound word)만 발견된다. '손발, 옷밥, 똥오좀(糞尿)' 등은 대등 합성어이고, '므쇼(믈+쇼), 쇠붚(鐘), 외딱, 요〈쇠 ; 늘그니, 즈믈쇠' 등은 종속 합성어이며, '히둘(세월), 밤낮(항상)' 등은 융합 합성어이다.

용언에서는 통사적 합성어와 비통사적 합성어(asyntactic compound word)가 모두 발견된다. '믈들다(染), 빗나다(光), 힘세다(强), 말굳다[訥言], 맛나다[甘味], 슬지다(肥), 힘세다(强) [주어-서술어 구조] ; 길잡다[導], 녀름짓다[農事], 맛보다[試味], 뒤좇다[追跡] [목적어-서술어 구조] ; 앞셔다[先頭], 굿나다[新生], 믈잠다[水沈] [부사어-서술어 구조] ; 나가다(進), 도라보다(顧), 도라가다(還) [서술어-서술어 구조]' 등은 통사적 합성어이고, '듣보다, 오르누리다 [대등적 합성동사] ; 거두들이다, 뛰놀다, 빌먹다, 잡쥐다, 감프르다, 검븕다, 됴쿶다 [종속적 합성동사]'는 비통사적 합성어이다. 중세국어에서는 현대국어보다 비통사적 합성어가 매우 많았다.

합성부사는 그 수가 많지 않았고 구성도 다양하지 않으나 '몯다, 못내, 내내, 잘몯 [부사+부사] ; 나날[日日], 낫낫[一一] [명사+명사] ; 외뜨로 [관형사+부사]' 등이 있으며, 반복합성어 형태로는 '슬금슬금, 구석구석[구석마다], 다풀다풀/다풀다풀[重重, 겹겹이], 믈곳믈ㄱ[맑게, 환하게], 아득아득 ; 허허[笑聲]'와 같은 것들이 있다.

합성관형사의 경우에는 '온갖 [수사+명사] ; 흔두, 두서, 서너 [(수)관형사+(수)관형사] ; 여라믄, 스므나믄, 쉬나믄 [수사/(수)관형사+용언의 관형사형], 아니한 [부사+용언의 관형사형]' 등이 있기는 하나, 합성부사와 마찬가지로 그 구성 형태가 다양하지 않을 뿐더러 수도 많지 않았다.

3. 품사

품사란 단어들을 문법적 성질이 비슷한 것끼리 갈래지어 놓은 것을 말하는데, 현대국어와 마찬가지로 중세국어도 형태와 기능, 의미에 따라 9가지 품사로 나누는 것이 일반적이다.

체언에는 명사, 대명사, 수사가, 수식언으로는 관형사와 부사, 용언에는 동사와 형용사, 관계언에는 조사, 독립언에는 감탄사가 있다. 이를 표로 제시하면 다음과 같다.

형태	기능	품사	용례
불변어	체언	명사	여름(實), 나모(木), 솅죵(世宗), 아난(阿難)
		대명사	나, 너, 그듸, 즈갸, 아모, 이어긔, 그어긔
		수사	ᄒᆞ나ᄒᆞ(一), 둘ㅎ, 온, 즈믄, ᄒᆞ나차이, 둘차이
	수식언	관형사	새, 므슷, 어누, 여라믄(十餘)
		부사	ᄆᆞᆺ, 더욱, 아니, 몯, 아마도, 그러나
	독립언	감탄사	익, 아으, 아소, 에에[哭聲]
가변어	관계언	조사	이, ᄅᆞᆯ/를, ᄋᆞ로/으로, ᄂᆞᆫ/는, 도, 와/과
		(서술격 조사)	이라/ㅣ라/Ø라
	용언	동사	가다, ᄒᆞ다(爲), 맛나다, 놀다(遊), 듣다, 살다
		형용사	하다(多), 크다, 프르다, 둏다(好), 좋다(淨)

표 9-7 **품사의 분류**

3.1. 체언: 명사, 대명사, 수사

3.1.1. 명사

중세국어에서도 명사는 그 쓰임의 범위에 따라 고유명사와 보통명사로, 자립성 여부에 따라 의존명사와 자립명사로 나눌 수 있다.

(22) ㄱ. 블근 새 그를 므러 寢室 이페 안즈니(용가 7)

　　ㄴ. 셔봀 使者를 꺼리샤 바르를 건너싫 제(용가 18)

　　ㄷ. 拘尸城엣 남진 겨지비 阿難이ᄃ려 ᄉᆞᆳ봃 法을 무러늘(석보 23: 22)

(22ㄴ,ㄷ)의 밑줄친 단어처럼 특정한 사람이나 사물 지역 등에 붙여진 이름을 고유명사라 한다. 고유명사는 '*셔봀들, *참 拘尸城, *세 阿難'에서 보듯이 복수접미사 '-들'과 통합되어 쓰일 수 없을 뿐만 아니라, 관형사의 수식을 받기도 어렵다. **고유 명사**는 현대국어에서와 마찬가지로 '阿難이ᄃ려, 阿難이를, 阿難이는, 阿難이와'에서처럼 받침이 있는 사람 이름에 접미사 '-이'를 붙여서 친근하게 부르는 경우가 있었다.

중세국어 명사 가운데는 격조사나 보조사, 서술격 조사, 의문 보조사 '-가, -고' 등이 결합되면, 'ㅎ'이 나타나는 명사가 있었다. 명사뿐만 아니라 대명사와 수사에도 이런 것들이 있는데, 이들을 'ㅎ종성 체언'이라고 한다.[4]

(23) ㄱ. 돌ㅎ(石): 돌히, 돌흘, 돌ㅎ로, 돌콰, 돌흔, 돌토

　　ㄴ. ᄒᆞ나ㅎ(一): ᄒᆞ나히, ᄒᆞ나흘, ᄒᆞ나ㅎ로, ᄒᆞ나콰, ᄒᆞ나흔, ᄒᆞ나토

이와 같은 'ㅎ' 종성체언의 'ㅎ'은 체언의 일부로 보는 것이 일반적이다. 현대국어에서는 이런 현상이 사라져 버렸으나, '살코기, 수캐, 안팎, 암탉, 머리카락' 등 일부 복합어에 그 흔적이 화석화되어 남아 있다.

다음으로, 중세국어에는 조사와 결합할 때 일정한 자음이 첨가되거나 끝 모음이 탈락하는 등 불규칙한 곡용의 양상을 보여주는 체언이 있다.

4　'ㅎ종성 체언'에는 '갈ㅎ(刀), 겨슬ㅎ(冬), 고ㅎ(鼻), 네ㅎ(四), 짜ㅎ(地), 수ㅎ(雄), 이ㅎ(此), 하늘ㅎ(天)' 등 약 90여 개가 있다. 복수접미사 '-들ㅎ'도 이와 같은 곡용현상을 보이고 있다. 이는 현대 국어에서 '들'이 복수접미사의 기능뿐만 아니라, 의존명사의 기능도 가지고 있는 것과 관련이 있다고 할 수 있다.

순서	어미\조사	주격	목적격	부사격			서술격	보조사	
				처소	도구	공동		대조	동일
ㄱ	나모(木)	남기	남ᄀᆞᆯ	남기	남ᄀᆞ로	나모와	남기라	남ᄀᆞᆫ	나모도
ㄴ	구무(穴)	굼기	굼글	굼긔	굼그로	구무와	굼기라		구무도
ㄷ	ᄒᆞᄅᆞ(一日)	흘리	흘ᄅᆞᆯ	흘리		ᄒᆞᄅᆞ와	흘이라	흘ᄅᆞᆫ	ᄒᆞᄅᆞ도
ㄹ	ᄆᆞᄅᆞ(宗)	몰리	몰ᄅᆞᆯ			ᄆᆞᄅᆞ와		몰ᄅᆞᆫ	ᄆᆞᄅᆞ도
ㅁ	노ᄅᆞ(獐)	놀이	놀ᄋᆞᆯ	놀이		노ᄅᆞ와	놀이라		노ᄅᆞ도
ㅂ	ᄂᆞᄅᆞ(津)	눌이	눌ᄋᆞᆯ	눌이				눌ᄋᆞᆫ	ᄂᆞᄅᆞ도
ㅅ	아ᅀᆞ(弟)	앗이	앗ᄋᆞᆯ	앗이		아ᅀᆞ와	앗이라	아ᅀᆞᆫ	아ᅀᆞ도
ㅇ	여ᅀᆞ(狐)	엿이	엿을	앗이(의)		여ᅀᆞ와	엿이라	엿ᄋᆞᆫ	여ᅀᆞ도

표 9-9 **불규칙한 곡용의 양상**

〈표9-9: ㄱ,ㄴ〉은 모음으로 시작되는 조사 앞에서 명사의 마지막 모음이 탈락하고, 'ㄱ'이 첨가되는 이른바 'ㄱ곡용 체언'으로, 이 외에 '녀느(他), 불무(冶) 등이[5] 있다. 〈표 9-9: ㄷ~ㅂ〉은 모음으로 시작되는 조사 앞에서 명사의 끝 모음 'ᄋᆞ/으'가 탈락하는 현상을[6] 보이는 것인데, 〈표9-9: ㄷ, ㄹ〉은 'ᄋᆞ/으'가 탈락하면서 'ㄹ'이 덧나는 경우이고, 〈표 9-9: ㅁ,ㅂ〉은 'ㄹ'이 덧나지 않는 경우이다. 그리고 〈표9-9: ㅅ,ㅇ〉은 모음으로 시작되는 조사 앞에서 명사의 끝 모음 'ᄋᆞ, 으, 우'가 탈락하는 경우인데, 'ᄢᅴ(時), 무수(菁)' 등이 이에 속한다.

한편 '아비(父)+의〉아븨, 톳기(兎)+의〉톳긔, 늘그니(老)+의〉늘그늬' 등과 같이 'ㅣ'로 끝나는 명사 뒤에 관형격 조사 '의/의'가 연결되면 명사의 끝 모음 'ㅣ'가 탈락하는 현상이 있었다. 이 현상은 '아기(兒), 한아비(祖父), 할미(祖母), 올히(鴨), 져므니(少) 그려긔(雁), 고기(魚)' 등과 같은 유정명사에서 나타났다.

의존 명사에는 주어, 목적어, 서술어 등으로 두루 쓰일 수 있는 보편성 의존명사, 부사어로 쓰이는 부사성 의존명사, 그리고 수량의 단위를 나타내는 단위성 의존명사가 있다.

---

5 이와 유사한 현상을 보이는 것으로는 '밧(外), 돗(帆), 숫(炭), 잇(苔), 므스(何)' 등이 있다. 그러나 이들의 단독 형태를 '밝, 돍, 슭, 잀, 므슥' 등으로 잡으면 규칙적 현상으로 설명할 수 있다.

6 자음이나 휴지(pause) 앞에서는 원래 형태대로 쓰였다. 예) ᄒᆞᄅᆞᆺ밤, ᄒᆞᄅᆞᆺ 아ᄎᆞ미 正ᄒᆞ니(두初 8: 17), 초ᄒᆞᄅᆞ 삭(朔), ᄒᆞᄅᆞ 몃 리를 녀시ᄂᆞ니잇고(석보 6: 23)

(24) ㄱ. 어린 빅셩이 니르고져 홇 배 이셔도(훈민, 예의)

　　ㄴ. 말ᄊᆞᆷ 슬ᄫᅳ리 하디(용가 13)

　　ㄷ. 내 지븨 이싫 저긔(석보 6: 7)

　　ㄹ. 西ㅅ 녀글 허리노라(두初 7: 13)

　　ㅁ. 釋迦佛 ᄃᆞ외싫 둘 普光佛이 니ᄅᆞ시니이다(월곡 5)

(24ㄱ)의 '바'는 사물, (24ㄴ)의 '이'는 사람, (24ㄷ)의 '적'은 시간, (24ㄹ)의 '녁'은 장소, (24ㅁ)의 'ᄃᆞ'는 위의 여러 의미를 두루 나타내는바 이들은 모두 **보편성 의존 명사**이다. 이 외에 보편성 의존명사로는 '이, 것, 줄[사물] ; 이, 분, 놈[사람] ; ᄢᅴ, 제, 즈슴[시간] ; 듸, 곧, 맡[장소]' 등이 있다.

한편, 현대국어의 '뿐, 따름'은 서술성 의존명사이지만, 이들의 중세국어 형태인 'ᄲᅮᆫ, ᄯᆞ름'은 아래의 (25)에서 보듯이 여러 문장 성분으로 두루 쓰일 수 있어서 보편성 의존명사라 할 수 있다.

(25) ㄱ. 누니 빗고 고히 고ᄃᆞᆫ 모미 千萬 佛 ᄲᆞᄅᆞ미 아니라(금삼 2: 33)

　　ㄴ. 便安킈 ᄒᆞ고져 홇 ᄯᆞᄅᆞ미니라(훈민 예의)

　　ㄷ. 흔 부텻 일훔 念홀 ᄲᅮ네 이런 功德 됴흔 利를 어드리오(석보 9: 27)

　　ㄹ. 흔 낱 터럭 ᄲᅮᄂᆞᆯ 供養功德에 涅槃을 得ᄒᆞ야니(월곡 92)

부사성 의존 명사에는 (26)과 같이 '다이/다비, 다히, 대로, 둣, 동, 만, 양, 자히' 등이 있으며, **단위성 의존 명사**에는 '가지(種), 낫/낱(個), 동[토막], 됴(株), 디위(回), 번(番), ᄇᆞᆯ(丈), 리(里), 치/츠/칙(寸)' 등이 있다.

(26) ㄱ. ᄀᆞᄅᆞ치샨 다비 修行ᄒᆞ야(월석 14: 61)

　　ㄴ. 듣고도 몯 드른 ᄃᆞ시 ᄒᆞ며(월석 10: 20)

　　ㄷ. 셜흔 여슷 디위를 오ᄅᆞᄂᆞ리시니(월석 1: 20)

　　ㄹ. 젼 ᄆᆞ리 현 버늘 딘들 三十年 天子ㅣ 어시니(용가 31)

이 외에 중세국어 의존명사에는 아주 다양하게 쓰인 'ᄉᆞ, ᄃᆞ'가 있다. 'ᄉᆞ, ᄃᆞ'는 현대국어의 '것, 줄'과 기능이 비슷한데, '이유, 장소, 시간' 등의 의미를 나타낸다. 그리고 이들이 주격과 서술격 조사와 통합되면 명사의 모음 'ᄋᆞ'가 탈락되어 '시, 씨, 시라 ; 디, 디라' 등으로 실현된다.

명사	주격(ㅣ)	목적격(ᄋᆞᆯ)	서술격(이라)	보조사(ᄋᆞᆫ)
ᄉᆞ	시, 씨	슬, 쏠	시라, 씨라	손, 쏜
ᄃᆞ	디	돌	디라	돈

표 9-10 'ᄉᆞ, ᄃᆞ'의 실현 양상

3.1.2. 대명사

현대국어와 마찬가지로, 중세국어의 대명사도 사람 이름 대신 쓰이는 **인칭 대명사**와, 사물 이름 대신 쓰이는 **지시 대명사**로 나눌 수 있다.

	1인칭	2인칭	3인칭	부정칭	미지칭	재귀칭
단수	나	너, 그듸/그ᄃᆡ		아모	누	저, ᄌᆞ갸
복수	우리/우리ㅎ	너희/너희돌ㅎ				저희/저희돌ㅎ

표 9-11 인칭 대명사

현대국어와 달리 1인칭 낮춤말 '저'는 쓰이지 않았다. 그래서 신분이나 지위가 낮은 사람이 높은 사람에게 이야기할 때도 '나'나 '우리'를 사용했다. 2인칭 '그듸'는 '그디, 그ᄃᆡ'와 함께 쓰이다가 오늘날에는 '그대'로 변했는데, '너'보다는 약간 높임의 뜻을 지녔으며, 현대국어의 '자네' 정도에 해당된다. 2인칭 복수 형태로는 '너'에 복수접미사 '-희'가 첨가된 '너희'가 쓰이기도 하고, 여기에 또 복수 접미사 '-돌ㅎ'이 첨가된 '너희돌ㅎ'이 쓰이기도 했다.

가리키는 대상이 일정하지 않은 부정칭(不定稱) 대명사로는 '아모'가, 누구인지 모르는 사람을 가리키는 미지칭(未知稱) 대명사로는 '누'가 쓰였는데, 현대국어의 '아무, 누구'와 그 쓰임이 거의 같다.

'저, ᄌᆞ갸'는 재귀 대명사로서, 앞에 나온 3인칭 주어가 되풀이 되는 것을 피하기 위해 사용하는 '도로 가리키는 인칭 대명사'이다.

(27) ㄱ. 제 올호라 ᄒᆞ고 ᄂᆞ믈 외다 ᄒᆞ야(석보 9: 14)

ㄴ. 廣熾 깃거 제 가져 가아 ㅂㄹㅅ봉니(월석 2: 9)

ㄷ. 天人師ㅣ 시고 즈갸와 눔과 覺이 ㅊ실씨(법화 1: 93)

ㄹ. 도라옳 軍士ㅣ 즈갓긔 黃袍 니피ㅿ봉니(용가 25)

(27ㄷ)의 '즈갸'는 '天人師'를, (27ㄹ)은 송나라 태조 '조광윤'을 나타낸다. 그런데 (27ㄷ)에는 서술어에 주체높임 선어말 어미 '-시-'가 사용되었고, (27ㄹ)에는 객체높임 선어말 어미 '-ㅿ-'이 사용된 것을 보면 '즈갸'는 '저'보다 높임말로 사용되었음을 알 수 있다.

지시 대명사에는 아래와 같이 사물을 대신하는 것과 처소를 대신하는 것 등이 있다.

	근칭	중칭	원칭	부정칭	미지칭
사물	이	그	뎌	아모 아모것	어느/어ᄂᆞ, 어늬, 므슥, 므섯, 므슴, 므스, 므스것, 현마/언마/언머, 엇뎨
처소	이어긔, 여긔, 이에, 예	그어긔, 그에, 게	뎡어긔, 뎌어긔, 뎌에, 뎌긔	아모ᄃᆞ 아모듸	어듸, 어듸메,

표 9-12 지시 대명사

중세국어의 **사물 지시 대명사** '이, 그, 뎌'는 '것' 없이도 그대로 지시 대명사로 사용되기도 했다.

(28) ㄱ. 어늬 구더 兵不碎ᄒ리잇고(용가 47)

　　ㄴ. 正法 像法 末法이 현매라 ᄒ샤미라(능엄 1: 17)

미지칭 대명사 '어느/어ᄂᆞ'는 (28ㄱ)에서 보듯이 '어느 것'의 의미를 지니며, '얼마'의 의미를 지니고 있는 (28ㄴ)의 '현마'는 '언마, 언머' 형태로도 쓰였다.

3.1.3. 수사

사물의 수량이나 순서를 나타내는 단어를 수사라 하는데, 여기에는 사물의 개수를 나타내는 양수사(量數詞)와 순서를 나타내는 서수사(序數詞)가 있다.

갈래	용례
양수사	[고유어계]: 하나ㅎ, 둘ㅎ, 세ㅎ, 네ㅎ, 다ᄉᆞᆺ, 여슷, 닐굽, 여듧, 아홉, 열ㅎ, 스믈ㅎ, 셜흔, 마ᅀᆞᆫ, 쉰, 여쉰, 닐흔, 여든, 아흔, 온[百], 즈믄[千] ; ᄒᆞᆫ두[1–2], 두서ㅎ[2–3], 서너ㅎ[3–4], 너덧[4–5], 다엿[5–6], 여닐굽[6–7], 닐여듧[7–8], 엳아홉[8–9], 여나믄[11–12;十餘] ; 몇, 여러ㅎ[여러]
	[한자어계]: 一, 二, 三, 四, 五, 六, 七, 八, 九, 十, 二十, 三十, 四十, 五十, 六十, 七十, 八十, 九十, 一百
서수사	[고유어계]: ᄒᆞ낟재/ᄒᆞ나차히, 둘재/둘차히, 세차히, 네차히, 다ᄉᆞᆺ차히, 여슷차히, 닐굽차히, 여듧차히, 아홉차히, 열차히, 스믈차히, 셜흔차히, 온차히, 즈믄차히
	[한자어계]: 第一, 第二, 第三, 第四, 第五, 第, 第七, 第八, 第九, 第十

표 9–13 수사의 종류

양수사와 서수사 모두 고유어 계통과 한자어 계통이 있었다. 양수사 중에서 '온, 즈믄' 이외에는 현대국어에 그대로 사용되고 있으며, 'ᄒᆞ나ㅎ, 둘ㅎ'처럼 'ㅎ'종성을 가진 것이 여럿 있었다. 그리고 'ᄒᆞᆫ두, 두서ㅎ, 서너ㅎ' 등과 같이 어림수를 나타내는 관형사 형태가 여럿 있었다는 점이 아주 특이하다.

고유어계 서수사는 양수사 뒤에 현대 국어의 '–째'에 해당하는 '–차히, –자히, –재, –채' 등을 붙여서 만들었으며, 한자어계 서수사는 양수사 앞에 '第–'를 붙여서 만들었다.

(29)에서 보듯이, 중세 국어에서도 수사가 그것이 지시하는 명사구의 뒤에 놓이는 경우가 있었다.

(29) ㄱ. 弟子 ᄒᆞ나홀 주어시든 말 드러 이르ᅀᆞᄫᅡ지이다(석보 6: 22)

ㄴ. 솑바올 닐굽과 이븐 나모와 투구 세 사리 네도 또 잇더신가(용가 89)

ㄷ. 西方애 힌 므지게 열둘히 南北으로 ᄀᆞ른 ᄲᅦ여 잇더니(석보 23: 22)

3.2. 관계언: 조사

중세국어의 조사도 현대국어와 마찬가지로 격조사, 접속조사, 보조사로 나눌 수 있다. 그러나 선행 체언의 끝소리가 자음이냐 모음이냐에 따라, 그리고 선행 체언의 모음이 양성모음이냐 음성모음이냐에 따라 형태가 교체 되었다는 점은 현대국어와 다르다. 그리고 〈표9–4〉에서 살펴보았듯이 'ㄱ곡용 체언'의 경우에는 조사가 통합되면 선행 체언의 형태가 달라지기도 했다.

3.2.1. 격조사

격조사는 주격, 목적격, 보격, 서술격, 관형격, 부사격, 호격 조사로 나눌 수 있으며, 체언 뒤에 붙어서 주로 서술어와 체언 간의 문법적 관계를 나타낸다.

주격 조사는 선행 체언을 문장의 주어가 되게 하는 기능을 지니고 있는데, '이, ㅣ, Ø' 등이 쓰였으며, 현대국어에 나타나는 주격조사 '가'는 그 당시에 쓰이지 않았다.

(30) ㄱ. 어린 百姓이 니르고져 홇 배 이셔도(훈민, 예의)

　　　ㄴ. 부톄 目連이드려 니르샤딕(석보 6: 1)

　　　ㄷ. 불휘 기픈 남ᄀᆞᆫ ᄇᆞᄅᆞ매 아니 뮐씨(용가 2)

　　　ㄹ. 우리 始祖ㅣ 慶興에 사ᄅᆞ샤(용가 3)

　　　ㅁ. 南宗六祖ㅣ셔 날씨(원각 序: 7)

(30ㄱ–ㄴ)처럼 '이'는 자음으로 끝난 체언 뒤에, 'ㅣ'는 'ㅣ' 이외의 모음으로 끝난 체언 뒤에, 그리고 (30ㄷ)의 '불휘+Ø'처럼 'Ø'는 'ㅣ'모음으로 끝난 체언 뒤에 사용되었다. (30ㄹ)처럼 주어가 한자(漢字)로 표기되었을 때는, 한자 다음에 'ㅣ'[딴이]를 붙여서 'ㅣ'가 앞음절과 축약되어 반모음이 되었음을 표시했다. 존칭 주격으로는 '긔셔'가 쓰였는데, 현대국어의 '께서'에 해당된다.

서술격 조사에는 '이다, ㅣ다, Ø다' 등이 있는데, 이들은 '쁘디니(쁟+이니), 부톄시거니(부텨+ㅣ-+-시거니), 흔 가지라(흔 가지+Ø+-라)'에서와 같이 주격조사와 그 분포 환경이 같다. 다만, '이도다(이-+-도다)→이로다, 이더라(이-+-더-+-라)→이러라, 이고(이-+-고)→이오' 등에서처럼 서술격 조사 '이-' 뒤에 'ㄷ'으로 시작되는 형태가 오면 그 'ㄷ'이 'ㄹ'로 변하고, 'ㄱ'으로 시작되는 형태가 오면 그 'ㄱ'이 탈락된다는 점이 다르다.

보격 조사는 서술어 '아니다, 되다' 앞에서 '이, ㅣ, Ø'로 나타나며, 분포 환경은 역시 주격조사와 같다.

(31) ㄱ. 司直은 冗雜흔 벼스리 아니언마른(두初 22: 39)

　　　ㄴ. 입시울 가빅야볼 소리 드외ᄂᆞ니라(훈민, 예의)

목적격 조사에는 '룰/를, 울/을, ㄹ'이 쓰였는데, '말ᄊᆞ물(말ᄊᆞᆷ+을), 님그믈(님금+을), 나ᄅᆞᆯ(나+룰), 너를(너+를), 하나빌(하나비+ㄹ)'에서와 같이 체언의 끝소리가 자음이냐 모음이냐, 그리고 체언의 끝 모음이 양성모음이냐 음성모음이냐에 따라 달리 선택되었다.

'ᄆᆞᅀᆞᆯ, 나ᄅᆞᆯ ; 수를, 부텨를 ; 머리룰, 이바디를' 등에서처럼 선행모음이 양성모음이면 '올, 룰'이, 음성모음이면 '을, 를'이 쓰였으며, 이른바 중성모음인 'ㅣ' 뒤에는 '룰, 를'이 모두 쓰일 수 있었다. 그러나 이 원칙이 항상 엄격하게 지켜진 것은 아니어서, 서로 섞여 쓰인 예도 많았다.

한편 (32ㄱ)처럼 목적격 조사가 거듭 쓰이는 경우가 있는데, 이때 '년글'의 '을'은 수여 부사격인 '(남)에게'의 의미를 지니게 된다. (32ㄴ,ㄷ)은 종속절의 주어에 목적격 조사가 쓰인 아주 특이한 경우이다.

(32) ㄱ. 四海룰 년글 주리여 ᄀᆞᄅᆞ매 빈 업거늘(용가 20)

　　　ㄴ. 사ᄅᆞ미 이룰 다봇 옮듯 호ᄆᆞᆯ 슬노니(두初 7: 16)

　　　ㄷ. 오직 똥을 들며 ᄡᅮ믈 맛볼 거시라(번소 9: 32)

관형격 조사에는 '익/의, ㅅ'이 있다. 일반적으로 '사ᄅᆞ미 ᄠᅳᆮ, 아기아ᄃᆞ리 각시 ; 官吏의 닷, 거부븨 터리 ; 나랏 말ᄊᆞᆷ, 世尊ㅅ 神力' 등에서처럼, '익/의'는 유정 명사 뒤에, 'ㅅ'은 무정 명사 혹은 높임의 의미를 지닌 명사 뒤에 쓰였다. '고기(고기+익), 톳기(톳기+익), 그려긔(그려기+의), 어버ᅀᅴ(어버ᅀᅵ+의)'에서 보듯이 선행 체언의 끝소리가 'ㅣ'일 때는, 체언의 끝 모음 'ㅣ'가 탈락되고 '익/의'가 통합된다.

'ㅅ'은 '사잇소리'라고도 하며, 이미 예문 (9)에서 살펴본 바 있듯이 선행 체언의 음성적 환경에 따라 'ㄱ, ㄷ, ㅂ, ᄫ, ᅙ, ㅿ'이 쓰였다. 이들은 모두 선행 체언의 끝소리가 유성음이었다는 점이 '익/의'와 다르다. '익/의'는 선행 체언 끝소리의 유·무성에 관계없이 쓰였다.

형태상 주격조사와 동일한 'ㅣ'가 관형격 조사의 의미 기능을 가지기도 한다.

(33) ㄱ. 臣下ㅣ 말 아니 드러 正統애 有心홀씨(용가 98)

　　　ㄴ. 제 님금 背叛ᄒᆞ야 내 모딜 救ᄒᆞᅀᆞᄫᅡ늘(용가 105)

(33ㄱ)의 '臣下+ㅣ'는 '신하의', (33ㄴ)의 '저+ㅣ'는 '자기의', '나+ㅣ'는 '나의'라는 의미

를 지니고 있다.

(34) ㄱ. ᄒᆞᄅᆞ 二十里를 녀시ᄂᆞ니 轉輪王의 녀샤미 ᄀᆞᆮ시니라(석보 6: 23)

ㄴ. 어믜 간 짜(월석 21: 21)

ㄷ. 그딋 혼 조초ᄒᆞ야 뉘읏븐 ᄆᆞᅀᆞ믈 아니 호리라(석보 6: 8)

ㄹ. 부텻 니ᄅᆞ샤믈 듣ᄌᆞᆸ고(아미 29)

(34ㄱ-ㄹ)처럼 종속절, 특히 관형절이나 명사절의 주어가 관형격 조사 '의/의, ㅅ'를 취하는 경우가 있다. 이 관형격 조사와 결합된 체언은 실질적으로 종속절 서술어의 행위자, 즉 논리적 주어로서의 기능을 지니고 있다. 15세기 국어에서는 관형절과 명사절 서술어의 주어가 주격 조사와 결합하기보다는 위와 같이 관형격 조사와 결합하는 것이 더 보편적 현상이었다.

부사격 조사는 선행 체언을 부사어가 되게 하는 조사이다. [처소]의 부사격 조사로는 '애, 에, 예, 익, 의, 애셔, 익셔, 의셔, ᄋᆞ로셔, (ᄋᆞ/으)로' 등이 사용되었으며, [시간]의 부사격 조사로는 '애, 에'가, [원인, 이유]로는 '로, 애'가, [재료, 도구, 방법]으로는 '(ᄋᆞ/으)로, (ᄋᆞ/으)로써'가, [자격]으로는 '(ᄋᆞ/으)로, (ᄋᆞ/으)로셔'가, [변화]로는 '로'가, [비교]로는 '와/과, 이, 두고, 도곤/두곤, 라와/ᄋᆞ라와/이라와, ᄋᆞ론, 에, 에셔, 익게'가, [비유]로는 '뎌로/톄로, 만치'가, [유래]로는 '에셔, 로셔, 로브터'가, [수여, 수취]의 부사격 조사로는 '익/의게, 익손대/의손대, 익그에, 에, 씌, ᄃᆞ려, 익게' 등이 사용되었다.

(35) ㄱ. 님금 位ㄹ ᄇᆞ리샤 精舍애 안잿더시니(월석 1: 2)-[처소]

ㄴ. 勸進之日에 平生ㄱ ᄠᅳᆮ 몯 일우시니(용가 12)-[시간]

ㄷ. 이런 젼ᄎᆞ로 어린 百姓이 니르고져(훈민 예의)-[원인, 이유]

ㄹ. 漢字로 몬져 그를 밍ᄀᆞᆯ오(월석 1: 26)-[재료, 도구, 방법]

ㅁ. 天尊ᄋᆞ로 겨샤 侍病ᄒᆞ샤(월석 10: 15)-[자격]

ㅂ. 實로 히로 變ᄒᆞ며 엇뎨 히로 變홀 싸니리잇고(능엄 2: 7)-[변화]

ㅅ. 나랏 말ᄊᆞ미 中國에 달아(훈민, 예의)-[비교]

ㅇ. 안즘을 키톄로 말며(소언 3: 11)-[비유]

ㅈ. 나실 나래 하늘로셔 셜흔 두 가짓 祥瑞 ᄂᆞ리며(석보 6: 17)-[유래]

ㅊ. 夫人씌 供養ᄒᆞᅀᆞᆸ며(월석 2: 30)-[수여]

호격 조사에는 '하, 아, 여/야' 등이 있는데, '하'는 존칭호격으로서 지위가 높은 유정명사 뒤에, '아, 야'는 비존칭 호격으로서 지위가 낮은 유정명사 뒤에 쓰였는데, '아'는 (36 ㄷ,ㄹ)처럼 선행 체언이 자음이든 모음이든 상관이 없으나, '야/여'는 모음 뒤에만 쓰일 수 있었다. 그리고 '이여'는 유·무정 명사를 가리지 않으며, [영탄]의 의미를 지닌다.

(36) ㄱ. 님금하 아ᄅᆞ쇼셔 洛水예 山行 가 이셔(용가 125)

　　 ㄴ. 如來하 우리 나라해 오샤(석보 6: 21)

　　 ㄷ. 瞿曇아 나는 一切衆生이 다 부톄 ᄃᆞ외야(석보 6: 46)

　　 ㄹ. 佛子 文殊아 모ᄃᆞᆫ 疑心을 決ᄒᆞ고라(석보 13: 25)

　　 ㅁ. 셟고 애ᄇᆞᆺᄇᆞᆫ ᄠᅳ디여 누를 가ᄌᆞᆯ빛가(월곡 143)

3.2.2. 접속 조사

접속조사는 둘 또는 그 이상의 체언을 대등하게 이어서 하나의 성분이 되도록 하는 기능을 지니고 있으며, '와/과, 하고, 이며/이여' 등이 이에 속한다.

(37) ㄱ. 아ᄃᆞᆯ이 ᄆᆞᅀᆞᆷ과 힘괄 기료ᄆᆞᆫ(법화 2: 213)

　　 ㄴ. 입시울와 혀와 엄과 니왜 다 됴ᄒᆞ며(석보 19: 17)

　　 ㄷ. 네 迦毗羅國에 가아 아바닚긔와 아ᄌᆞ마닚긔와 아자바님내ᄭᅴ 다 安否ᄒᆞᅀᆞᆸ고

　　 　(월석 6: 1)

　　 ㄹ. 夫人도 목수미 열둘ᄒᆞ고 닐웨 기터 겨샷다(월석 2: 13)

　　 ㅁ. 眷屬은 가시며 子息이며 죠ᇰ이며 집앗 사ᄅᆞᆷ 다 眷屬이라 ᄒᆞᄂᆞ니라(석보 6: 5)

　　 ㅂ. 張개여 李개여 ᄒᆞᆫ보로 다 닐온 마리라(금삼 2: 33)

접속조사 '와, 과'의 교체 양상은 현대 국어와 다소 차이가 있어서, 선행 체언이 자음 'ㄹ'로 끝난 경우에도 '와'가 쓰였다. 그리고 (37ㄱ,ㄴ)의 '…과 …과+ㄹ(목적격 조사),…와 …와 …와+이(주격조사)'와 같이, 중세국어에서는 원칙적으로는 접속되는 마지막 체언에도 '와/과'를 붙이고, 여기에 다시 격조사를 붙여서, '와'가 통합된 구(phrase)가 문장 속에서 어떤 기능을 하는지를 나타냈다. 하지만 현대국어에서는 접속되는 마지막 체언에 '와/과'를 덧붙이지 않는 것이 일반적이다. 물론 중세 국어에서 (37ㄷ)처럼 마지막 체언에 '와'를 덧붙이지 않은 경우도 있었다.

(37ㄹ)의 '하고'는 '그 위에 더하여 또'라는 의미를 지니고 있으며, (37ㅁ)의 '…이며 …이며 …이며'는 [나열]의 의미기능을 지니고 있다. '이며'는 '와'와 마찬가지로 연결되는 체언마다 반복해서 '이며'를 붙이는 것이 원칙이지만 때로는 붙이지 않는 경우도 있다. (37ㅂ)의 '이여'도 '이며'와 비슷한 기능을 한다.

3.2.3. 보조사

보조사(補助詞)는 체언이나 용언의 연결형, 부사, 격조사 등에 두루 통합되어, 그 선행하는 말에 일정한 의미를 더해 주는 기능을 지니고 있다. 중세국어 보조사도 현대국어에 준해서 체계화할 수 있다.

(38) ㄱ. 主人의 恩惠는 얻디 몯ᄒ리로다(두初 7: 10)

　　ㄴ. 흔 말도 몯ᄒ야 잇더시니(월석 6: 6)

　　ㄷ. 燈마다 술위띠만 크기 ᄒ야(월석 9: 5)

　　ㄹ. 梵天의 비츨 듣ᄌᆸ고ᅀᅡ 實을 아ᅀᆞᄫᆞ니(월곡 106)

　　ㅁ. 너옷 信티 아니ᄒ거든(월석 9: 35)

　　ㅂ. 王ㅅ ᄆᆞᅀᆞ매 아모ᄃᆡ나 가고져 ᄒ시면(월석 1: 26)

　　ㅅ. 사ᄅᆞᆷ마다 히여 수ᄫᅵ 니겨 날로 ᄡᅮ메(훈민, 예의)

　　ㅇ. 근본을 傷ᄒ면 가지조차 업ᄂᆞ니라(소언 3: 1)

　　ㅈ. 이ᄂᆞᆫ 賞가 罰아 흔 가지아 아니아(능엄 99)

　　ㅊ. 엇뎨 일훔이 般若오(금강 序: 8)

(38ㄱ)의 'ᄂᆞᆫ'은 [대조]의 의미를 나타내며, 'ㄴ, 은/은, 는' 등의 이형태가 있다. (38ㄴ)의 '도'는 [역시], (38ㄷ)의 '만'은 [만큼]의 의미를 나타낸다. (38ㄹ)의 'ᅀᅡ'는 [필연] 혹은 [당위]의 의미를 지니며 현대국어의 '야'로 발달되었다. (38ㅁ)의 '옷/곳'은 [강세], (38ㅂ)의 '(이)나'는 [최후 선택], (38ㅅ)의 '마다'는 [각자], (38ㅇ)의 '조차'는 [한계]의 의미를 지니고 있다.

(38ㅈ, ㅊ)의 '아/가, 오/고'는 [의문]의 보조사이다. '아/가'는 옳고 그름의 판정을 요구하는 '판정 의문'에 사용되며, '오/고'는 '엇디, 어느, 언맛, 므슥' 등의 의문사와 항상 함께 쓰여 이 의문사가 나타내는 의문에 대한 설명을 요구하는 '설명 의문'에 사용된다. 특히 '가, 고'는 모음이나 'ㄹ', 반모음 'ㅣ(j)'로 끝나는 체언 뒤에서는 '아, 오'로 바뀐다.

중세국어 보조사에는 (38)에 제시된 것 외에도 '브터, 셔, 곰, 이쑨, (이)ᄃ록' 등이 더 있다.

3.3. 용언: 동사, 형용사

3.3.1. 동사와 형용사의 갈래

현대국어와 마찬가지로 중세국어 용언도 동사, 형용사로 나눌 수 있다. 동사와 형용사를 구별하는 기준이 여럿 있지만, 먼저 중세국어에서 현재시제 선어말 어미 '-ᄂ-' 및 [목적]관계 연결어미 '-라'와의 통합가능 여부로 쉽게 이 둘을 구별할 수 있다.

(39) ㄱ. 瞿曇이 弟子ㅣ 두리여 몯 오ᄂ이다(석보 6: 29)

ㄴ. 點 더우믄 ᄒ 가지로ᄃ 섈ᄅ니라(훈민, 예의)

ㄷ. 金輪王 아ᄃ리 出家ᄒ라 가ᄂ니(석보 6: 9)

(39ㄱ)은 주어인 '弟子'가 현재 두려워서 오지 못한다는 뜻인데, 이 때 현재시제 선어말 어미 '-ᄂ-'가 동사 '오-'에 통합되어 있다. 동사에 '-ᄂ-'가 통합되어 [현재]를 나타내는 예는 중세국어 문헌에서 쉽게 찾을 수 있다. (39ㄴ)의 '섈ᄅ(促急)-'는 형용사이기 때문에 선어말 어미 '-ᄂ-'가 통합될 수 없었다. 이는 중세국어에서는 형용사에 '-ᄂ-'가 통합될 수 없었다는 것을 뜻한다. (39ㄷ)은 [목적]관계 접속어미 '-라'와 동사 '출가ᄒ-'가 통합되어 있고, 또 후행절 서술어인 동사 '가-'에 '-ᄂ-'가 통합되어 있다. 이런 통합 예는 형용사에는 보이지 않는다.

하지만 (40ㄴ)처럼 형용사에도 '-ᄂ-'가 통합되는 듯한 경우가 있다.

(40) ㄱ. 곶 됴코 여름 하ᄂ니(용가 2)

ㄴ. 새 머릿 骨髓로 ᄇᄅ면 즉재 됻ᄂ니라(구방 上: 8)

(40ㄱ)의 '됴코'는 형용사, (40ㄴ)의 '됻ᄂ니라'는 동사로 사용된 것인데, 이처럼 한 단어가 형용사와 동사로 두루 사용될 수 있는 것들이 다수 있다. 그러나 형용사로 쓰인 경우에는 '(꽃이) 좋다'는 의미로 선어말 어미 '-ᄂ-'가 통합될 수 없지만, 동사로 쓰인 경우에는 '(병환이) 좋아지다/낫는다'는 의미로 '-ᄂ-'가 통합될 수 있어서, 이들이 동사·

의미적으로 구별됨을 알 수 있다.

중세국어에서도 동사는 자동사와 타동사로 나뉜다. 자동사와 타동사는 목적어를 필요로 하느냐 하지 않느냐에 따라 구분되는데, 타동사는 반드시 목적어를 필요로 한다. 아래 (41ㄱ)의 '닙다'는 목적어 '머구므를'을 필요로 하므로 '타동사'이고, (41ㄴ)의 '니다'는 그렇지 않으므로 '자동사'이다.

(41) ㄱ. 佛祖도 오히려 뎌의 머구므를 <u>닙버니</u>(금삼 2: 60)

　　 ㄴ. 어셔 도라 <u>니거라</u>(월석 8: 101)

자동사와 타동사는 선어말 어미 '-아-'와 '-거-'의 통합여부에 따라 구별되기도 한다. 즉 (41ㄱ)의 '닙다'는 타동사로서 '-아-'와 통합되어 있고, (41ㄴ)의 '니다'는 자동사로서 '-거-'가 통합되어 있다. 이처럼 선어말 어미의 통합에 따라 자동사와 타동사를 구별하는 것은 현대국어에서 없어졌다.

그리고 동일한 형태의 동사가 자동사와 타동사로 쓰이는 경우도 있다. 이런 동사를 '능격동사'라 하는데, 현대국어보다 중세국어에 이런 특성을 지닌 동사가[7] 훨씬 많았다. '글다(替)'가 아래 (42ㄱ)에서는 타동사로, (42ㄴ)에서는 자동사로 사용되었다.

(42) ㄱ. 識文을 몰라 보거늘 나랏 일훔 <u>그르시니</u>(용가 85)

　　 ㄴ. 時節이 <u>글어든</u> 어버시를 일흔둣 ᄒᆞ니라(월석 序: 16)

중세국어의 형용사도 현대국어와 마찬가지로 '깊다, ᄲᆞᄅᆞ다, 검다, 둏다, 서늘ᄒᆞ다, 블다, 즐겁다, 없다, 아니다' 등과[8] 같이 '사물의 성질이나 모양, 상태, 감각, 대상에 대한 평가, 심리상태, 사물의 수량, 존재여부, 부정표현' 등을 나타내는 성상 형용사(性狀形容詞)와, '이러ᄒᆞ다 ; 그러ᄒᆞ다 ; 뎌러ᄒᆞ다 ; 엇더ᄒᆞ다(미지칭), 아ᄆᆞ라타/아ᄆᆞ라ᄒᆞ다(부정칭)' 등과 같이 지시되는 '사물의 모양, 상태, 성질' 등을 나타내는 지시 형용사(指示形容詞)로

7　중세국어 능격동사에는 '져다, ᄢᆡ다, 글다, 닫다, 버히다, 홀다' 등 매우 다양하다. 국어의 능격성에 대한 논의는 고영근(1986) 참조.

8　'잇다, 없다, 겨시다' 등은 동사적인 특성과 형용사적인 특성을 두루 가지고 있어서, 품사 분류를 하기가 매우 어렵다. 그래서 '존재사(存在詞)'라고 부르기도 한다. 그러나 전반적인 활용 양상으로 봤을 때, '잇다, 겨시다'는 동사에 가깝고, '없다'는 형용사에 가깝다. 현대국어의 학교문법에서는 이들 모두를 형용사로 처리하고 있다.

나눌 수 있다.

중세국어 보조용언은 보조동사와 보조형용사로 나눌 수 있는데, 현대국어만큼 그 갈래가 다양하지는 않았다. 통시적으로 볼 때, 표현 욕구가 다양해짐에 따라 현대국어에서 보조용언의 수가 늘어났다고 할 수 있다.

보조동사에는 진행(-어 가다/오다, -고 잇다), 시행(-어 보다), 봉사(-어 주다), 종결(-어 내다/브리다), 보유(-어 두다/놓다), 피동(-게 드외다), 사동(-게/긔 ᄒᆞ다), 부정(-디 아니ᄒᆞ다/몯ᄒᆞ다), 금지(-디/어 말다), 당위(-어사 ᄒᆞ다), 가식(-ㄴ 양ᄒᆞ다), 실수(-ㄹ 번ᄒᆞ다) 등이 있으며, 보조형용사에는 희망(-고 식브다, -어 지다), 부정(-디 아니ᄒᆞ다/몯ᄒᆞ다), 추측(-ᄂᆞᆫ 듯ᄒᆞ다, -인 양ᄒᆞ다), 상태(-어 잇다/겨시다) 등이 있는데, 보조용언의 갈래 및 해당 보조용언의 수는 분류 기준에 따라 조금 달라질 수 있다.

3.3.2. 규칙활용과 불규칙 활용

규칙용언은 활용(活用)을 할 때, 어간과 어미의 형태가 일정하거나, 변하더라도 규칙적으로 변하는 용언을 말하며, 불규칙용언은 어간과 어미가 불규칙적으로 변해서 일반적인 형태음운규칙으로 설명하기 어려운 용언을 말한다.

(43) ㄱ. ① 뽀차시고(逐, 뽗-)/뽗던 ; ② 업스니(無, 없-)/업고, 업더니

　　 ㄴ. ① 프고(堀, 프-)/파, 쓰시니이다(書, 쓰-)/써도 ② 비스고(飾, 비스-)/빗어

　　 ㄷ. 사ᄅᆞ시리잇고(居, 살-)/사ᄂᆞ니, 사더니, 사ᅀᅡᆸ다가

(43)은 모두 **규칙 활용**을 하는 것으로 설명되는 예이다. (43ㄱ)의 ①은 8종성 이외의 자음이 모음 앞에서는 제 음가대로 발음되지만, 자음이나 휴지 앞에서는 8종성의 자음으로 변하는 것이며, ②는 겹받침이 홑받침으로 변하는 것이다. (43ㄴ)의 ①은 모음 앞에서 어간 모음 'ᄋ, 으'가 탈락하는 것이며, ②는 '스'의 모음 '으'가 탈락하고 초성 'ㅿ'이 앞음절의 종성으로 이동하는 것이다. (43ㄷ)은 어간의 'ㄹ'이 'ㄴ, ㄷ, ㅿ'으로 시작되는 어미 앞에서 탈락하는 것을 보여 준다. 이들의 경우에 나타나는 어간 또는 어미의 변화는 일정한 환경에서는 예외없이 자동적으로 나타나는 것이어서, 당시의 형태음운 규칙으로 설명이 가능하다. 그래서 이런 변화를 '자동적 교체'라고도 한다.

이제부터는 **불규칙 활용**에 대해 살펴보자. 아래의 표는 용언이 활용할 때 어간의 모습

이 달라지는 것들을 모아 놓은 것이다.

구분	교체 내용	불규칙 용언 용례	비교
ㄱ	ㅅ → ㅿ	닛다(續): 니ᅀᅡ도, 니ᅀᅩᄆ	솟다(湧): 소사, 소ᄉᆞ니
ㄴ	ㅂ → ㅸ	돕다(輔): 도ᄫᅡ, 도ᄫᅩ미	잡다(執): 자ᄇᆞᄂᆞᆯ, 자ᄇᆞ시니
ㄷ	ㄷ → ㄹ	묻다(問): 무러ᅀᅡ, 무르샤ᄆᆞᆯ	얻다(得): 어더셔, 어두니
ㄹ	'으'탈락, 'ㄱ'첨가	시므다(植): 심거, 심구ᄃᆡ	시므ᄂᆞᆫ, 시므고
ㅁ	이시- → 잇-	이시다(在): 잇고, 잇더니	이시며, 이시나
ㅂ	녀- → 니-	녀다(行): 니거시든, 니거ᄂᆞᆯ	녏, 녀실

표 9-14 어간이 바뀌는 불규칙 용언

〈표9-14〉 (ㄱ~ㄷ)의 'ㅅ, ㄷ, ㅂ' 불규칙 활용은 모음으로 시작되는 어미 앞에서 용언의 어간말 자음 'ㅅ, ㄷ, ㅂ'이 'ㅿ, ㄹ, ㅸ'으로 바뀌는 현상이다. (ㄹ)은 '시므-'의 어간말 모음 '으'가 모음으로 시작되는 어미 앞에서 탈락되고, 그 음절의 두음인 'ㅁ'이 선행 음절의 종성으로 이동하며, 이와 동시에 'ㄱ'이 덧나는 현상이다. 그리고 (ㅁ)은 '이시-'가 자음으로 시작되는 어미 앞에서 '잇-'으로 바뀌는 현상이고, (ㅂ)은 '녀-'가 '-거든/거시든, -거늘, -거시니, -거ᅀᅡ, -거라' 등 선어말 어미 '-거-'나 '-거'로 시작되는 어미 앞에서 '니-'로 바뀌는 현상이다. (ㄹ~ㅂ)은 위에 제시된 것 외에는 다른 용례가 없는 것으로 미루어 볼 때 개별 어휘에 국한된 현상임을 알 수 있다.

구분	교체 내용	용례
ㄱ	-아 → -야	ᄒᆞ다(爲): ᄒᆞ야, ᄒᆞ야ᅀᅡ, ᄒᆞ야시ᄂᆞᆯ, ᄒᆞ약, ᄒᆞ얌직
ㄴ	'ㄷ'계통 → 'ㄹ'계통	ᄒᆞ다(爲): ᄒᆞ리라, ᄒᆞ리러니, ᄒᆞ리로다
ㄷ	'ㄱ'계통 → ㅇ	알어늘, ᄃᆞ외오, ᄃᆞ외어늘, 하놀히어늘
ㄹ	'오'계통 → '로'계통	이다: 이로되, 이로라
ㅁ	-아/어- → -거/나-	앉거늘, 앉거나: 오나ᄂᆞᆯ, 오나다

표 9-15 어미 변화 불규칙 용언

〈표9-15〉의 (ㄱ)은 현대국어의 '여'불규칙 활용의 소급형으로, 'ᄒᆞ다' 및 'ᄉᆞ랑ᄒᆞ다, 議論(의론)ᄒᆞ다, 採取(채취)ᄒᆞ다'와 같은 'ᄒᆞ다' 통합형 용언에 '-아/어'로 시작되는 어미

대신 '-야' 계통의 어미가 붙는 현상을 보여준다.

(ㄴ)은 '-다, -더니, -더라, -도다' 등 'ㄷ'계통의 어미가 선어말 어미 '-리-' 혹은 서술격조사 '이-' 뒤에서 '*ᄒᆞ리다/ᄒᆞ리라, *ᄒᆞ리더니/ᄒᆞ리러니, *ᄒᆞ리도다/ᄒᆞ리로다, *ᄒᆞ리단/ᄒᆞ리란, *ᄒᆞ리던댄/ᄒᆞ리런댄, *ᄒᆞ리도소니/ᄒᆞ리로소니 ; *이다/이라, *이도소니/이로소니, *이다니/이라니, *이더니/이러니' 등과 같이 'ㄹ'계통의 어미로 바뀌는 현상이다.

(ㄷ)은 '-거늘, -거니, -거니와, -거든, -고, -겨뇨' 등 'ㄱ'으로 시작하는 어미가 'ㄹ'과 이중 모음의 반모음 'ǐ(j)', 서술격조사 '이-' 아래에서 '*알거늘/알어늘, *알거뇨/알어뇨, *ᄃᆞ외고/ᄃᆞ외오, *ᄃᆞ외거늘/ᄃᆞ외어늘, *하ᄂᆞᆯ히거늘/하ᄂᆞᆯ히어늘' 등과 같이 'ㄱ'이 후두유성마찰음 'ㅇ'으로 바뀌는 현상이다.

(ㄹ)은 '-오되, -오라, -오니, -오이다, -온' 등 선어말 어미 '-오-'가 서술격조사 '이-' 아래에서 '*이오되/이로되, *이오라/이로라, *이오니/이로니, *이오이다/이로이다, *이온/이론' 등과 같이 '로'로 교체되는 현상이다.

(ㅁ)은 '바다늘(받-+-아늘), 바다다(받-+-아다); 머거늘(먹-+-어늘), 머거다(먹-+-어다)' 등의 타동사에 쓰이는 선어말 어미 '-아/어-'가 자동사 혹은 '오다' 뒤에 오면, '*안저늘/앉거늘, *안저든/앉거든 *안저다/앉거다 ; *오아늘/오나늘, *오아든/오나든 *오아다/오나다' 등과 같이 '-거-'나 '-나-'로 바뀌는 현상이다.

3.3.3. 어미

중세 국어에서도 어미는 어말 어미와 선어말 어미로 나눌 수 있다. 어말 어미에는 종결 어미, 연결 어미, 전성 어미 등이 있다. 선어말 어미는 용언의 어간과 어말 어미 사이에 쓰여서 문장에 특정한 문법적 의미를 더해 주는 기능을 지니고 있다.

3.3.3.1. 선어말 어미

중세국어 선어말 어미는 현대국어보다 다양하게 발달되어 있었다. 먼저 높임을 위한 선어말 어미부터 살펴보자.

갈래	기본형태	이형태 및 사용조건	용례
주체 높임	-(으)시-	-시-: 자음 앞	가시고, 가시면, 가시뇨, 가시니이다, 가시던
		-샤-: 모음 앞	가샤, 가샤티, 업스샷다, 지스샨, 올마샴
객체 높임	-ᅀᆞᆸ-	-ᄉᆞᆸ-: ㄱ,ㅂ,ㅅ,ㅎ 뒤	막ᄉᆞᆸ고, 업ᄉᆞᆸ써늘, 돕ᄉᆞᆸ고, 좃ᄉᆞ바뇨, 저ᄉᆞᆸ바(절-+-ᄉᆞᆸ-+-아)
		-ᄌᆞᆸ-: ㄷ,ㅈ,ㅊ,ㅌ 뒤	듣ᄌᆞᆸ고, 안쪼바시니(앉-+-ᄌᆞᆸ-+-아시니), 조짜바(좇-+-ᄌᆞᆸ-+-아), 곧ᄌᆞᆸᄂᆞ니라(곧-+-ᄌᆞᆸ-+-ᄂᆞ니라)
		-ᅀᆞᆸ-: 유성음 뒤	보ᅀᆞᆸ건댄, 말이ᅀᆞᆸ거늘, 안ᅀᆞ바, 아ᅀᆞ바(알-+-ᅀᆞᆸ-+-아)
상대 높임	-(으)이-	-이-: 평서형	아니이다, 잇ᄂᆞ이다, 오소이다
		-잇-: 의문형	그러ᄒᆞ리잇가, ᄒᆞ니잇가, ᄒᆞ시ᄂᆞ니잇고

표 9-16 높임 선어말 어미

주체 높임법은 문장의 주어를 높이는 표현법인데, 자음 앞에서는 '-(으)시-'가, 모음 앞에서는 '-(으)샤-'가 사용되었다. '가샴(가-+-샤-+-옴)', '올마샴(옮-+-ᄋᆞ-+-샤-+-옴)' '업스샷다(없-+-으-+-샤-+-옷다)', '펴샤늘(펴-+-샤-+-아늘)'에서는 '-시-' 뒤에 붙는 어미의 일부인 '오, 아'가 탈락했다. '-(으)시-'는 '묻ᄌᆞᄫᆞ샤ᄃᆡ, 받ᄌᆞᄫᆞ시니, 받ᄌᆞᄫᆞᆺ더시닛가'에서처럼 '-ᄌᆞᆸ-' 다음에 놓인다. 그리고 일반적으로 '-(으)시-'는 선어말 어미 '-거-, -더-' 뒤에 놓인다.

객체 높임법은 목적어, 부사어로 지시되는 사람이나 물건, 일 등을 높이는 표현법인데, 'ㄱ, ㅂ, ㅅ, ㅎ' 뒤에는 '-ᄉᆞᆸ-'이, 'ㄷ, ㅈ, ㅊ' 뒤에는 '-ᄌᆞᆸ-'이, 'ㄴ, ㄹ, ㅁ, 모음' 등의 유성음 뒤에는 '-ᅀᆞᆸ-'이 사용되었다. 그리고 '-ᄉᆞᆸ-, -ᄌᆞᆸ-, -ᅀᆞᆸ-' 뒤에 모음이나 매개모음 '-ᄋᆞ-'가 오게 되면 '-ᄉᆞᄫᆞ-, -ᄌᆞᄫᆞ-, -ᅀᆞᄫᆞ-'로 바뀌었으며, 'ㅸ'이 반모음으로 바뀌면서 이들은 '-ᄉᆞ오-, -ᄌᆞ오-, -ᅀᆞ오-'로 바뀌었고 오늘날에는 '-사오-'만 남아 있다.

상대 높임법은 말 듣는이, 즉 청자(聽者)를 높이는 표현법인데, 평서문에는 '아니이다, 잇ᄂᆞ이다, 오소이다'에서처럼 '-이-'가, 의문문에는 '그러ᄒᆞ리잇가, 엇더니잇고'에서처럼 '-잇-'이 사용되었다.

다음으로 시간표현 선어말 어미를 살펴보자.

갈래	형태	용례
현재	-ᄂᆞ-	가ᄂᆞ니, 묻ᄂᆞ다, 브르시ᄂᆞ다, 돕노니(돕-+-ᄂᆞ-+-오-+-니)
과거	-더-	ᄃᆞ외더라, 잇더니, 나ᅀᅡ오던뎬, 後ㅣ러라(後ㅣ-+-더-+-라); ᄒᆞ다니
미래	-리-	슬펴보리라, 어드리오, 사ᄅᆞ미리오, 가시리여, 여희리이다

표 9-17 시간표현 선어말 어미

'-ᄂᆞ-'는 현재시제를 표시하는데, 특히 어떤 행동이나 상태가 지금 눈앞에 나타나고 있는 것, 즉 [현재][직설]의 의미를 가진다. 이런 것을 '현실법'이라고 부르기도 한다. '돕노니'에서처럼 선어말 어미 '-오-'와 통합되면 '-노-'의 형태가 된다.

'-더-'는 과거시제를 표시하는데, 과거의 어느 때의 일 또는 화자 자신이 경험한 것을 회상하여 기술할 때, 즉 [과거][회상]에 쓰인다. 'ᄒᆞ다니'에서처럼 선어말 어미 '-오-'와 통합되면 '-다-' 형태가 된다.

'-리-'는 미래시제를 표시하는데, 장차 일어날 일 또는 추측적인 사실을 기록할 때 즉 [미래][추정]에 쓰이거나, 화자의 의지를 표현할 때 즉 [미래][의지]에 쓰인다.

이 외에 중세국어에는 현대국어에서는 볼 수 없는 '-오-, -거-, -니-, -돗-' 등의 특수한 선어말 어미가 몇 개 더 있었다.

(44) ㄱ. 내 이룰 爲ᄒᆞ야 … 새로 스믈여듧 字룰 밍ᄀᆞ노니(훈민, 예의)

　　 ㄴ. 내 어저ᄭᅴ 다ᄉᆞᆺ 가짓 ᄭᅮ믈 ᄭᅮ우니(월석 1: 17)

　　 ㄷ. 五百弟子ㅣ 各各 第一이로라 일ᄏᆞᄂᆞ니(월석 21: 199)

　　 ㄹ. ᄒᆞ욣 바룰 아디 몯ᄒᆞ다니(월석 序: 10)

　　 ㅁ. 父母하 出家ᄒᆞᆫ 利益을 이제 ᄒᆞ마 得ᄒᆞ과이다(석보 11: 37)

　　 ㅂ. 舍利佛이 須達이 밍ᄀᆞ론 座애 올아앉거늘(석보 6: 30)

　　 ㅅ. 나랏 衆生이 니블 오시 ᄆᆞᅀᆞ매 머거든(월석 8: 65)

선어말 어미 '-오-'는 (44ㄴ)처럼 음성모음 아래서는 '-우-'로, 서술격 조사 '이(다)' 아래서는 (44ㄷ)처럼 '-로-'로 나타나며, 선어말 어미 '-더-'와 통합되면 (44ㄹ)처럼 '-다-'로, 선어말 어미 '-거-'와 통합되면 (44ㅁ)처럼 '-과-'로 나타난다. '-오-'는 평서형 종결어미 '-라'와 연결어미 '-니', 관형사형 어미 '-ㄴ, -ㄹ' 앞에 주로 쓰이는데, 평서형 종결어미와 연결 어미에 통합되는 '-오-'는 문장의 주어가 [화자]임을 나타냄과 동시에 화자의 강한 [의도]를 나타내는 기능을 지니고 있다. 그리고 관형사형 어미 '-ㄴ, -ㄹ' 앞에 쓰인 '-오-'는 (44ㅂ,ㅅ)처럼 관형절이 꾸미는 명사가 관형사형 어미가 통합되어 있는 용언의 의미상의 목적어(대상)이거나 부사어일 경우가 많다.

(45) ㄱ. 比丘ᄃᆞ려 닐오ᄃᆡ 뎌 즁아 닐웨 ᄒᆞ마 다ᄃᆞ거다 (석보 24: 15)

　　ㄴ. ᄆᆞᄎᆞᆷ내 제 ᄠᅳ들 시러 펴디 몯홇 노미 하니라 (훈민 예의)

　　ㄷ. 엇뎨 올이돗던고 ᄒᆞ더라 (삼강 烈: 14)

(45ㄱ)의 선어말 어미 '-거-'는 [확인]의 의미를 나타낼 때 쓰이는데, 반모음 'ĭ(j)'나 'ㄹ' 아래에서는 '가리어다, ᄲᅮ이어다, 골외어늘' 등에서처럼 '-어'로 나타나고, 선어말 어미 '-오-'와 통합되면 '즐겁과라, 언과라, 너기가니'처럼 '-과-, -가-' 형태가 된다. '오다'와 통합되면 '오나다' 형태로 나타난다. 그러나 '-거-'가 모두 선어말 어미인 것은 아니다. 예컨대 '-거늘/어늘'의 '-거-'는 '-거-'가 탈락된 형태인 '-늘'이 연결 어미로 쓰인 일이 없기 때문에 전체를 하나의 형태로 보아야 한다.

(45ㄴ)의 선어말 어미 '-니-'는 [원칙]의 의미를 나타낼 때 쓰인다. 현대국어의 '갑니다, 먹습니다'의 '-니-'와 동일한 기능을 지니고 있으며, 'ᄒᆞ니라, 엇더ᄒᆞ니오, 됴ᄒᆞ니잇가, 오시니잇고, ᄒᆞ노닛가, ᄎᆞᆷ시ᄂᆞ니잇가'처럼 상대높임의 선어말 어미 '-이-'와 통합될 때는 앞에 쓰이고, 그 외의 다른 선어말 어미와 통합될 때는 항상 뒤에 쓰인다.

(45ㄷ)의 '-돗-'은 [감동]의 의미를 나타낼 때 쓰인다. 'ᄒᆞ도소이다, ᄒᆞ도소녀, ᄒᆞ도ᄉᆞ녀, ᄒᆞ도다' 등에 나타나는 '-돗-, -도-'가 이에 해당된다. 그리고 '알리로다, 劫이로소니, 말(言)이롯더라'처럼 미래시제 선어말 어미 '-리-', 서술격조사 '이(다)' 아래서는 '-로-, -롯-'의 형태로 변한다. 이 외에 [감동]을 나타내는 선어말 어미로는 'ᄒᆞ놋다, 오ᄅᆞ놋도다, ᄒᆞ소라, 겨시닷다, 더으리랏다, ᄒᆞ리랏다, 듣ᄌᆞ오샷다, 업스샷다' 등에서 보듯이 '-옷-, -ㅅ-'이 있다.

선어말 어미 '-오/우-'의 통사 · 의미적 기능

학교문법에서는 "주어 대명사가 화자 자신(1인칭)일 때 이에 일치하여 서술어에 '-오-'가 나타난다."(고등학교 『문법』 303쪽)라고 기술되어 있다. 하지만 선어말 어미 '-오/우-'의 통사 · 의미적 기능이 꽤 복잡해서 그 기능을 함부로 속단하기는 어렵다.

선어말 어미 '-오/우-'는 선어말 어미 '-리-', 종결어미 '-라, -ㄴ가', 연결 어미 '-니', 관형사형 어미 '-ㄴ, -ㄹ', 명사형 어미 '-ㅁ' 앞에 쓰이며, 그 기능은 다음과 같다.

① 1인칭 주체 · 화자 표시

　내 혜여호니 이제 世尊이 큰 法을 니르시며 (석보 13: 26)

　내 롱담호다라 (석보 6: 24)

　내 녀 이거슬 怪異히 너기가니 (두初 25: 29)

　내 이제 훤히 즐겁과라 (법화 2: 137)

　우리도 得호야 涅槃애 다드론가 호다소니(석보 13: 43)

② 내포문의 목적어, 즉 대상 표시

　衆生이 니불 오시(월석 8: 65)

　나혼 子息이 양지 端正호야 본 사루미 깃거호며 (석보 9: 26)

　化人은 世尊ㅅ 神力으로 두외의 호샨 사루미라 (석보 6: 7)

③ 명사형 어미 앞

　사룸마다 히여 수비 니겨 날로 뿌메 便安킈 호고져 훓 쓰루미니라 (훈민, 예의)

　안좀 걷뇨매 어마님 모루시니(월곡 16)

④ 일부 연결어미 앞

　入聲은 點 더우믄 혼 가지로딕 쓰루니라 (훈민, 예의)

　그듸 精舍 지수려 터흘 곳 始作호야 되어늘 (석상 6: 35)

3.3.3.2. 어말 어미

어말어미에는 종결 어미, 연결 어미, 전성 어미가 있다. **종결 어미**는 문장을 끝맺게 하는 어미로서, 화자의 진술 태도나 목적에 따라 평서형, 의문형, 명령형, 청유형, 감탄형으로 나눌 수 있다. 종결 어미는 상대높임의 등급과 함께 알아보는 것이 효과적이다. 중세국어의 종결표현을 상대높임의 등급에 따라 정리하면 다음과 같다.

갈래			ᄒᆞ라체	ᄒᆞ야쎠체	ᄒᆞ쇼셔체	반말
평서형			−다, −니라 −(오)마(약속)	−닝다	−이다	−니, −리
의문형	직접의문	1,3인칭	〈판정〉 −녀(−니여,−니야, −니아) −려(−리여,−리야,−리아) 〈설명〉 −뇨(/−니오), −료(/−리오)	−닛가 −릿가	〈판정〉 −니잇가, −리잇가 〈설명〉 −니잇고, −리잇고	−니 −리
		2인칭	−ㄴ다 −ㅭ다			
	간접의문		〈판정〉−ㄴ가, −ㅭ가 〈설명〉−ㄴ고, −ㅭ고			
명령형			−라	−어쎠	−쇼셔	−고라
청유형			−져/−쟈, −져라		−사이다	
감탄형			−도다 −ㄴ뎌, −ㄹ쎠 −게라/−에라/−애라	−ㄴ뎌		

표 9−18 종결 어미의 종류

중세국어의 상대 높임법에는 아주낮춤에 해당되는 'ᄒᆞ라체', 예사높임에 해당되는 'ᄒᆞ야쎠체', 아주높임에 해당되는 'ᄒᆞ쇼셔체' 그리고 '반말체'로[9] 나눌 수 있다.

평서형 '−다'는 서술격조사 '이(다)'나 선어말 어미 '−더−, −리−, −과−, −니−, −오−'와 통합되면 '이라, −더라, −리라, −과라, −니라, −오라' 등과 같이 '−라'로 바뀐다.

---

9 최현배(1937=1980)에 따라 학교문법에서는 아주높임, 예사높임, 예사낮춤, 아주낮춤, 반말 등으로 분류하고 있다. 〈표9−18〉에는 예사낮춤인 '하게체'가 빠져있는데, '하게체'는 17세기에 형성된 것으로 알려져 있다. 위의 표에 제시되어 있는 종결어미에는 일부 선어말 어미가 포함되어 있다.

중세국어의 **의문형** 어미에는 '-아'형과 '-오'형이 있는데, '-아'형은 판정 의문문에, '-오'형은 설명 의문문에 쓰인다. 그리고 '-이쪼, -이쑨녀, -이쑨니잇가' 등은 수사의문문을 만든다. 한편, 현대국어에는 없는 2인칭 의문형이 중세국어에 별도로 있었는데, '-ㄴ다, -ㅭ다'가 그것이다.

명령형 어미 '-라'는 'ᄒ거라, ᄒ야라'와 같이 선어말 어미 '-거-/-어-'를 앞세우는 경우가 있었지만 흔하지 않았으며, '-고라'는 '-고려'의 형태로 쓰이기도 하며 'ᄒ라체'와 'ᄒ야쎠체' 사이 정도의 높임을 나타낸다.

연결 어미는 현대국어와 같이 대등적, 종속적, 보조적 연결어미로 나눌 수 있다.

갈래	세부 갈래	어미 용례
연결어미	대등적 연결어미	-고, -며, -며셔; -거나 ~-거나 ; -나, -ㄴ마른 등
	종속적 연결어미	-니, -매 ; -면. -거든; -거늘, -ㄴ듸 ; -라, -려, -고져 등
	보조적 연결어미	-아/-어; -게/-에, -긔/-의, -기/-이 ; -디; -고

표 9-19 **연결 어미의 분류**

연결 어미는 종류가 많고, 그 의미 기능도 다양해서 체계를 세우기가 매우 어렵다. 일반적으로 [나열], [선택], [대립] 관계의 의미 기능을 지닌 어미는 **대등적 연결 어미**로, 이외에 [인과], [조건], [의도] 관계 등의 의미 기능을 지닌 어미는 모두 **종속적 연결 어미**로 분류하고 있다. **보조적 연결 어미**는 'ᄒ다, 아니ᄒ다, 몯ᄒ다' 등의 보조용언을 연결하는 데 쓰이는 연결 어미인데, '업게, ᄃ외게>다외에, ᄌᄆ기, 便安킈(便安ᄒ-+-긔), 알긔>알의' 등과 같이 '-게 ; -긔/기'는 자음 'ㄹ', 반모음 'ǐ(j)', 모음 'ㅣ' 아래에 쓰이면 'ㄱ'이 탈락하여 '-에 ; -의/이'로 바뀌었다. '-디'는 부정의 대상이 되는 용언 뒤에 통합되어 항상 '-디 아니ᄒ다/몯ᄒ다'의 형태로 쓰였으며, 현대국어에는 구개음화된 '-지' 형태가 쓰이고 있다.

갈래	세부 갈래	어미 용례
전성어미	명사형 어미	-옴/-움; -기; -디
	관형사형 어미	-ㄴ; -ㄹ

표 9-20 **전성 어미의 종류**

전성 어미는 명사형과 관형사형으로 나눌 수 있다. **명사형 어미**로 가장 많이 쓰인 것은 '-옴/움'이다. '뿜(用, 쓰-+-움), 안줌(앉-+-옴), 흔 가지로몰(흔 가지+이(다)+-롬+-올), 가샴(가-+-샤-+-옴)' 등에서처럼, 서술격 조사 뒤에서는 '-롬'이, 주체높임 선어말 어미 '-시-'와 통합하면 '샴'이 된다. 반면에 명사형 어미 '-기'는 아주 드물게 쓰였다. '-기'와 비슷한 의미기능을 지닌 명사형 어미로는 '-디'가 있었는데, '가져가디 어려 볼씨(월석 1: 13), 나가디 슬ᄒ야(삼강 열녀: 16), 보디 됴ᄒ니라(번박 上: 5)'처럼 대부분 '-디 어렵다/슬ᄒ다/둏다' 형태로 사용되었다.

관형사형 어미의 경우에는 '블근(븕-+-ᄋ-+-ㄴ), 즐거본(즐겁-+-으-+-ㄴ), 업던(없-+-더-+-ㄴ), 오ᄂᆞᆫ(오-+-ᄂᆞ-+-ㄴ), 디나건(디나-+-거-+-ㄴ), 딩ᄀ론(딩ᄀᆞᆯ-+-오-+-ㄴ)'에서처럼, 자음으로 끝난 어간 뒤에서는 매개모음 '-ᄋ/으-'와 '-ㄴ'이 결합된 '-ᄋᆫ/은' 형태로 쓰였으며, 선어말 어미 '-ᄂᆞ-, -더-, -거-' 등과 결합된 '-ᄂᆞᆫ-, -던-, -건-' 등의 형태로 쓰이기도 했다. 그리고 선어말 어미 '-오/우-'와 결합되면 '-온/운' 형태가 되기도 했다.

관형사형 어미 '-ㄹ'도 '뻐딜(뻐디-+-ㄹ), 머글(먹-+-으-+-ㄹ), 지술(짓-+-우-+-ㄹ)' 등에서 보는 바와 같이, 어간 말음이 자음일 경우 매개모음 '-ᄋ/으-'와 결합되어 '-올/을' 형태로 쓰였으며, 선어말 어미 '-오/우-'와 결합되면 '-올/울' 형태가 되었다.

간혹 중세국어 관형사형 어미가 명사형 어미처럼 쓰이는 경우, 즉 명사적 용법을 지니는 경우가 있었다.

(46) ㄱ. 德이여 福이라 호ᄂᆞᆯ 나ᄋᆞ라 오소이다 (악학, 동동)

　　　ㄴ. 그딋 혼 조초ᄒ야 뉘읏븐 ᄆᆞᅀᆞᄆᆞᆯ 아니호리다 (석보 6: 8~9)

　　　ㄷ. 다ᄋᆞᆯ 업슨 긴 ᄀᆞᄅᆞᄆᆞᆫ 니섬니서 오놋다 (두初 10: 35)

　　　ㄹ. ᄆᆞᅀᆞ매 서늘히 너기디 아니호ᇙ 아니ᄒ노라(내훈 序: 5)

(46ㄱ,ㄴ)의 '호ᄂᆞᆯ, 혼'은 'ᄒ-+-오-+-ㄴ-+-ᄋᆯ, ᄒ-+-오-+-ㄴ'이 통합된 것으로 관형사형 어미 '-ㄴ'이 명사형 어미 '-ㅁ'처럼 쓰이고 있으며, (46ㄷ,ㄹ)의 '다ᄋᆞᆯ, 아니호ᇙ'은 '다ᄋ-+-ㄹ, 아니ᄒ-+-ㄹ'이 통합된 것으로 관형사형 어미 '-ㄹ'이 명사형 어미처럼 쓰이고 있다. 그러나 이러한 용법은 16세기부터는 문헌에 나타나지 않는다.

3.4. 수식언: 관형사, 부사

현대국어와 마찬가지로 중세국어에도 관형사와 부사와 같은 수식언이 있는데, 이 수식언은 불변어이고 용언처럼 활용하지 않으며, 조사와 결합되지 않는다. 다만, 부사에는 일부 보조사가 결합되어 사용될 수 있다.

3.4.1. 관형사

관형사는 체언 앞에서 그 체언을 꾸며주는 기능을 하며, 지시 관형사, 성상 관형사, 수 관형사가 있는데, 현대국어와 마찬가지로 그 수가 매우 적은 편이다.

(47) ㄱ. 이 곧 뎌 고대 後ㅿ 날 다ᄅᆞ리잇가 (용가 26)

　　ㄴ. 眞金은 진딧 金이라 (월석 7: 29)

　　ㄷ. 連環은 두 골희 서르 니슬씨라 (능엄 1: 22)

(47ㄱ)의 '이'와 '뎌'는 뒤에 오는 체언 '곧[場所]'을 꾸며주는 지시 관형사로 이 외에도 '그, 어누(어느), 어느, 므스, 므슷, 므슴' 등이 있다. (47ㄴ)의 '진딧[참, 진짜]'은 뒤에 오는 체언의 성질이나 상태를 자세하게 나타내는 성상 관형사로 이 외에 '새, 헌, 옛, 외, 샹' 등이 있다. 이 가운데 '새'는 '헌 옷도 새 ᄀᆞᆮ ᄒᆞ리니(월석 8: 100), 새를 맛보고(두초 15: 23)'에서는 명사로 사용되기도 했다. (47ㄷ)의 '두[二]'는 수 관형사로 'ᄒᆞᆫ, 세/서/석, 네/넉/너, 닷[五], 엿[六], 첫/첫' 등이 있다.

3.4.2. 부사

부사는 용언 앞에서 그 용언의 의미를 구체화하는 기능을 하며, 크게 성분 부사와 문장 부사로 나눌 수 있다. **성분 부사**는 다시 성상 부사, 지시 부사, 부정 부사로 나눌 수 있다.

(48) ㄱ. 去聲은 ᄆᆞᆺ 노푼 소리라 (훈언 13)

　　ㄴ. 그르 알면 外道ㅣ오 (월석 1: 51)

　　ㄷ. 使者ㅣ 더욱 急히 자바 (월석 13: 16)

　　ㄹ. 제 간ᄋᆞᆯ 뎌리 모ᄅᆞᆯ씨 (월곡 기: 40)

　　ㅁ. 諸佛도 出家ᄒᆞ샤ᅀᅡ 道理ᄅᆞᆯ 닷ᄀᆞ시니 나도 그리 호리라 (석보 6: 12)

ㅂ. 불휘 기픈 남ᄀᆞᆫ ᄇᆞᄅᆞ매 아니 뮐ᄊᆡ (용가 2)

ㅅ. 五年을 改過 몯 ᄒᆞ야 先考ㆆ 뜯 몯 일우시니 (용가 12)

(48ㄱ-ㄷ)의 'ᄆᆞᆺ, 그르, 더욱'은 성분 부사 가운데 성상 부사로 뒤에 오는 용언 또는 부사 '높다, 알다, 급히' 의 성질이나 상태를 구체화하는 기능을 가지고 있는데, 이러한 성상부사에는 'ᄡᅮ로, 모ᄃᆡ, 어루, 절로, ᄀᆞ장' 등이 있다. (48ㄹ,ㅁ)의 '이리, 그리'는 지시부사이며, (48ㅂ,ㅅ)의 '아니, 몯'은 부정부사로 현대국어에서와 마찬가지로 의도 부정에는 '아니'가 쓰였고 능력 부정에는 '몯'이 쓰였다.

(49) ㄱ. 모로매 모딘 ᄠᅳ들 그치고 (월석 6: 2)

ㄴ. 아마도 福이 조ᅀᆞᄅᆞᄫᆡ니 아니 심거 몯 호ᇙ 꺼시라 (석상 6: 37)

ㄷ. 그러나 뎌 부텻 ᄠᅳ다히 淸淨하고 (석상 9: 10)

ㄷ. 그러면 太子ㅅ ᄠᅳ다히 호리니 (월석 11: 20)

(49ㄱ,ㄴ)의 '모로매, 아마도'는 **문장 부사** 가운데 화자의 태도를 나타내는 양태부사로 후행하는 문장 전체의 의미를 한정하는 기능을 지니고 있으며, (49ㄷ,ㄹ)의 '그러나, 그러면'은 접속부사로 앞 문장과 뒷 문장을 연결해 주는 기능을 지니고 있다. 하지만 접속 부사는 현대국어에서만큼 그 수가 다양하지 않았다.

3.5. 독립언: 감탄사

독립언(獨立言)은 문장 속에서 다른 성분들에 직접적으로 얽매이지 않고 비교적 자유롭게 사용되는 말로, 여기에는 '놀람, 기쁨, 슬픔'과 같은 느낌이나 감정을 나타내거나 '부름, 대답' 같은 응답을 나타내는 감탄사가 있다.

현대국어와 마찬가지로 감탄사는 불변어이고 조사나 어미가 결합하지 않으며, 문장 내의 다른 성분과 직접적인 제약 관계를 가지고 있지는 않으나, 감탄형 종결어미를 취하기도 한다.

(50) ㄱ. ᄋᆡ 슬프다 (영가서 15)

ㄴ. ᄋᆡ 男子아 엇던 이를 爲ᄒᆞ야 이 길헤 든다 (월석 21: 118)

ㄷ. 잉 ᄒᆞ올시이다 (석상 13: 47)

ㄹ. 아소 님하 도람 드르샤 괴오쇼셔 (악학, 정과정)

ㅁ. 德이여 福이라 호ᄂᆞᆯ 나ᅀᆞ라 오소이다 아으 動動다리 (악학, 동동)

(50ㄱ)의 '이'는 슬픔의 감정을 나타내는 '아!'이고, (50ㄴ)의 '이'는 '놀라움'을 나타내는 '아!'이며, (50ㄷ)의 '잉'은 긍정의 대답으로서의 '예'에 해당된다. (50ㄹ)의 '아소'는 아쉬움의 '맙소사', (50ㅁ)의 '아으'는 '아이구, 아아!' 정도에 해당된다.

4. 문장

4.1. 문장의 성분

중세국어도 현대국어와 마찬가지로 문장 성분을 주성분인 '주어, 서술어, 목적어, 보어'와 부속성분인 '관형어, 부사어', 그리고 독립성분인 '독립어'로 나눌 수 있다.

4.1.1. 주어

중세국어의 주어는 명사, 구, 절에 주격 조사 '이, ㅣ, Ø' 또는 '애 이셔' 등을 붙여서 만들 수 있다.

(51) ㄱ. 나랏 말ᄊᆞ미 中國에 달아 (훈민 예의)

ㄴ. 耶輸ㅣ 그 긔별 드르시고 (석상 6: 2)

ㄷ. ᄒᆞᆫ 龍ᄋᆞᆯ 지스니 머리 열히러니 (석상 6: 32)

ㄹ. 니르고져 홇 배 이셔도 (훈민 예의)

ㅁ. 이틄 나래 나라해 이셔 도ᄌᆞ기 자쳐 바다 가아 (월석 1: 6)

(51ㄱ)은 자음으로 끝난 체언 '말ᄊᆞᆷ'이 이끄는 구에 주격 조사 '이'가 쓰인 것이고, (51ㄴ)은 모음으로 끝난 체언 '耶輸' 뒤에 주격 조사 'ㅣ'가 쓰인 것이며, (51ㄷ)은 모음 'ㅣ'로 끝난 체언 뒤에 'Ø' 형태의 주격 조사가, (51ㄹ)은 '니르고져 홇 바'라는 절 뒤에 주격

조사 'ㅣ'가 쓰인 것이다. (51ㅁ)은 '애 이셔'가 쓰이고 있는데, 이는 현대국어의 집단이나 단체를 나타내는 체언 뒤에 쓰이는 주격 조사 '-에서'의 소급형이라 할 수 있다.

물론 주격 조사를 생략하고 그 대신 보조사 'ᄂᆞᆫ/는/은, 도, ᅀᅡ' 등을 써서 주어를 나타낼 수도 있다.

(52) ㄱ. 저ᄂᆞᆫ ᄠᅳ디 업다니 엇뎨ᄒᆞᇰ뇨 (월석 13: 35)

　　 ㄴ. 十方佛도 아ᄅᆞ시ᄂᆞ니라 (석상 13: 43)

　　 ㄷ. 이ᅀᅡ 眞實ㅅ 精進이며 (월석 18: 30)

중세국어에서도 주어가 선어말 어미 '-시-, -오-' 등의 선어말 어미와 호응을 이루고 있는 경우가 있다.

(53) ㄱ. 昭憲王后ㅣ 榮養ᄋᆞᆯ 셜리 ᄇᆞ려시ᄂᆞᆯ (월석 서: 10)

　　 ㄴ. 내 이ᄅᆞᆯ 爲ᄒᆞ야 어엿비 너겨 새로 스믈여듧 字ᄅᆞᆯ ᄆᆡᇰᄀᆞ노니 (훈민 예의)

　　 ㄷ. 내 롱담 ᄒᆞ다라 (석상 6: 24)

　　 ㄹ. 내 이제 훤히 즐겁과라 (법화 2: 137)

(52ㄱ)에서는 높임의 의미자질을 지닌 '소헌왕후'와 선어말 어미 '-시-'가 서로 호응을 하고 있으며, (52ㄴㄹ)에서는 1인칭 주어 '나'와 선어말 어미 '-오-(ᄆᆡᇰᄀᆞᆯ-+-ᄂᆞ-+-오-+-니, ᄒᆞ-+-더-+-오-+-다, 즐겁-+-거-+-오-+-다)'가 호응하고 있는데, 이는 현대국어와 크게 다른 점이다.

중세국어에서도 (53)과 같이 이중주어 문장이 많이 나타나는데, 이에 대해서는 서술절을 안은 문장, 대주어-소주어 등을 포함한 다양한 설이 있다.

(53) ㄱ. 大愛道ㅣ 善ᄒᆞᆫ ᄠᅳ디 하시며 (월석 10: 19)

　　 ㄴ. 일훔난 됴ᄒᆞᆫ 오시 비디 千萬이 ᄊᆞ며 (석상 13: 22)

4.1.2. 서술어

현대국어에서와 마찬가지로 중세국어에서도 서술어는 주어의 동작이나 성질, 상태 등을 나타내는 기능을 지니고 있으며, '동사, 형용사, 체언+서술격 조사'로 실현된다. 서술격 조사 '이다'는 선행하는 체언의 음성 환경에 따라 'Ø라, 이라, ㅣ라' 등의 이형태로 실현된다.

(54) ㄱ. 大王아 네 이 두 아두룰 보는다 몯 보는다 (법화 7: 147)

　　ㄴ. 곶 됴코 여름 하느니 (용가 2)

　　ㄷ. 猶는 오히려 ᄒᆞ는 마리라 (월석 서: 23)

중세국어에서 그 수가 많지는 않지만 '잇다, 두다, 보다, 내다, ᄇᆞ리다, 몯ᄒᆞ다, ᄒᆞ다' 등이 보조용언 구성에서 사용되었다.

(55) ㄱ. 됴ᄒᆞᆫ 차반 먹고 이쇼ᄃᆡ (석상 24: 28) – [진행]

　　ㄴ. 目連이 耶輸ㅅ 宮의 가 보니 (석상 6: 2) – [시행]

　　ㄷ. 勞度差ㅣ 쏘 ᄒᆞᆫ 쇼룰 지서 내니 (석상 6: 32) – [완료]

　　ㄹ. 地獄을 붓아 ᄇᆞ려 (월석 21: 181) – [완료]

　　ㅁ. 하늘해 지여 둄과 ᄀᆞᆮ디 아니ᄒᆞ리라 (두初 16: 56) – [부정]

　　ㅂ. 누는 보디 몯ᄒᆞᄆᆞᆯ 잢간도 아디 몯ᄒᆞ도다 (능 1: 65) – [부정]

　　ㅅ. 날로 ᄡᅮ메 便安킈 ᄒᆞ고져 ᄒᆞᇙ ᄯᆞᄅᆞ미니라 (훈민, 예의) – [사동]

　　ㅇ. 드트리 두외이 붓아 디거늘 (석상 6: 30) – [피동]

4.1.3. 목적어

중세국어의 목적어도 현대국어와 마찬가지로 명사, 대명사, 수사, 명사구, 명사절에 목적격 조사 '올/을, 롤/를, ㄹ' 등을 붙여서 만들 수 있다.

(56) ㄱ. 내 부텨를 조쪼와 듣ᄌᆞ오라 (능엄 1: 23)

　　ㄴ. 날 여희여 가느니 (석상 16: 29)

　　ㄷ. 弟子 ᄒᆞ나홀 주어시든 말 드러 이르ᅀᆞᄫᅡ지이다 (석보 6: 22)

(56ㄱ-ㄷ)은 명사 '부텨', 대명사 '나', 수사 'ᄒᆞ나ᄒᆞ' 뒤에 목적격 조사 '올, 를, (으)ㄹ'이 붙어서 타동사 '좇다, 여희다, 주다'의 목적어가 된 것이다.

물론 목적격 조사를 생략하고 그 대신 보조사 '은, ᄋᆞ란, 도, ᅀᅡ' 등을 써서 목적어를 나타낼 수도 있다.

(57) ㄱ. 싸호 그듸 모기 두고 남ㄱ란 내 모기 두어 (석상 6: 26)

　　ㄴ. 安樂國이는 아비를 보라 가니 어미도 몯 보아 시름이 더욱 깁거다 ᄒ야ᄂᆞᆯ

　　　　(월석 8: 101)

　　ㄷ. 우리들히 이러틋흔 妄量앳 授記사 쓰디 아니호리라 ᄒ더니 (석상 19: 30)

(57ㄱ)은 명사 '싸ㅎ, 나모'에 [대조]의 보조사 '은, ᄋᆞ란'이 붙은 것이며, (57ㄴ)은 '어미'에 [역동]의 보조사 '도'가, (57ㄷ)은 '授記'에 [강조]의 보조사 '사'가 붙은 것으로, 현대국어와 마찬가지로 보조사와 결합되면 그곳에 쓰이던 격조사는 생략된다.

　　중세국어에서도 이중 목적어 구문이 많이 쓰였다.

(58) ㄱ. 四海를 년글 주리여 (용가 20)

　　ㄴ. 如來ㅅ 像 닐구블 밍ᄀᆞᆸ고 (석상 9: 32)

(58ㄱ)의 '년글'은 현대국어라면 수여 부사격 조사 '-에게'가 쓰일 자리에 목적격 조사가 쓰인 것이고, (58ㄴ)은 목적격 조사가 생략된 '如來ㅅ 像'과 수량 명사구 '닐굽'에 목적격 조사가 쓰인 것으로 이는 현대국어와 일치하는 현상이다.

(59) ㄱ. 오직 ᄯᅩᆼ을 둘며 ᄲᅮ믈 맛볼 거시라 (번소 9: 31)

　　ㄴ. 사ᄅᆞ미 이를 다봇 옮듯 호믈 슬노니 (두初 7: 16)

(59)의 'ᄯᅩᆼ, 일'은 안긴 문장에서 '둘며 ᄲᅮᆷ, 옮듯 홈'의 주어로 실현되는 것들인데, 이들이 안긴 절 밖에서 'ᄯᅩᆼ을, 이를'과 같이 목적어로 쓰여서 결과적으로 이중 목적어 구문을 형성하고 있다. 이러한 구문 형태는 현대국어에 나타나지 않는다.

4.1.4. 보어

보어는 개념을 어떻게 설정하느냐에 따라 달라질 수 있으나, 이 책에서는 현행 학교문법에 따라 'ᄃᆞ외다〉 되외다, 아니다' 앞에 나오는 문장 성분만을 보어로 보고자 한다. 중세국어에서는 보격 조사로 '이, ㅣ, Ø'가 사용되었다.

(60) ㄱ. 나를 도라보딘 늘거 기동애 스는 客이 아니로니 (두初 15: 35)

ㄴ. 이는 우리 허므리라 世尊ㅅ 다시 아니시다ㅅ이다 (법화 2: 5)

ㄷ. 다 威王이 나믄 功 아니가 (법화 서: 17)

ㄹ. 山익 草木이 軍馬ㅣ 드빅니이다 (용가 98)

ㅁ. ㅇ를 입시울 쏘리 아래 니서 쓰면 입시울 가빅야볼 쏘리 드외ᄂᆞ니라 (훈민, 예의)

(60ㄱ~ㄷ)은 명사 '客, 닷, 功'에 보격조사 '이, Ø'가 붙어서 '아니다'의 보어가 된 것이며, (60ㄹ,ㅁ)은 '軍馬, 소리'에 보격조사 'ㅣ, Ø'가 붙어서 '드빅다, 드외다'의 보어로 쓰이고 있다.

물론 매우 제한적이기는 하지만 보격조사 대신 '샌'과 같은 보조사가 쓰였으며, 이때는 보격 조사가 생략된다.

(61) ㄱ. 幻術이 입게 드욀씨 神力降服샌 아니라 願爲沙門이 幾千萬이어뇨
(월인 상: 61)

ㄴ. 오놌날샌 아니라 迦尸國 救ᄒᆞ신 둘 比丘ᄃᆞ려 니르시니 (월인 상 66)

4.1.5. 관형어

중세국어의 관형어도 현대국어와 마찬가지로 체언을 꾸며주는 성분으로 관형사, 체언+관형격 조사, 용언어간+관형사형 어미, 관형절 등의 형태로 만들어진다. 그러나 관형격 조사와 어미의 실현이 현대국어와 사뭇 달랐다.

(62) ㄱ. 새 조흔 옷 닙고 (능엄 7: 6)

ㄴ. 사르미 몸 드외요미 어렵고 (석상 9: 28)

ㄷ. 나랏 말ᄊᆞ미 中國에 달아 (훈민, 예의)

ㄹ. 우는 聖女ㅣ여 슬허 말라 (월석 21: 21)

ㅁ. 부텻 니르샤믈 듣ᄌᆞᆸ고 (아미 29)

ㅂ. 迦葉의 能히 信受ᄒᆞ물 讚歎ᄒᆞ시니라 (월석 13: 57)

ㅅ. 沙門은 ᄂᆞ미 지순 녀르믈 먹ᄂᆞ니이다 (석보 24: 22)

ㅇ. 父母의 나혼 모믈 두르혀 보디 (능엄 3: 108)

ㅈ. 諸子ㅣ 아비의¹⁰ 便安히 안존 둘 알오 (법화 2: 138)

ㅊ. <u>그딋 혼</u> 조초ᄒ야 뉘읏븐 ᄆᅀᆞᄆᆞᆯ 아니 호리라 (석보 6: 8~9)

ㅋ. <u>迦葉이</u> 能히 信受호미 이 希有호미라 (월석 13: 57)

(62ㄱ)은 관형사 '새'가 관형어로 쓰인 것이고, (62ㄴ,ㄷ)은 명사 '사름, 나랏'에 각각 관형격조사 '익, ㅅ'이 붙어서 그리고 (62ㄹ)은 동사 어간 '울-'에 관형사형 어미 '-ᄂᆞᆫ'이 붙어서 관형어로 쓰인 것이다.

그런데, 중세국어에서는 특히 (62ㅁ,ㅂ)처럼 명사절에서 의미상 주어가 관형격 조사 '익/의'나 'ㅅ'을 취하거나, (62ㅅ-ㅊ)처럼 관형절에서 의미상 주어가 '익/의'나 'ㅅ'을 취하는 경우가 있다. 물론 (62ㅋ)처럼 의미상의 주어가 주격 조사를 취하는 경우가 있기 때문에, 안긴 절의 의미상 주어가 반드시 관형격 조사를 취해야 하는 것은 아니다. 그러나 중세국어에서는 주격 조사를 취하는 것보다 관형격 조사를 취하는 것이 더 보편적이었다.

관형격 조사 'ㅅ'은 아래와 같이 조사나 종결어미와 통합되어 쓰이기도 했다.

(63) ㄱ. <u>漆沮 ᄀᆞ샛</u> 움흘 後聖이 니르시니(용가 5)

　　 ㄴ. <u>楚國엣</u> 天子氣를 行幸ᄋᆞ로 마ᄀᆞ시니(용가 39장)

　　 ㄷ. 聖子ᄂᆞᆫ <u>聖人엣</u> 아ᄃᆞ리라(월석 2: 23)

　　 ㄹ. 아바님 <u>命엣</u> 절을 天神이 말이ᅀᆞᄫᆞᆯ씨 (월곡 32)

　　 ㅁ. 廣熾ᄂᆞᆫ 너비 光明이 <u>비취닷</u> ᄠᅳ디오 (월석 2: 9)

　　 ㅂ. 디나건 無量劫에 修行이 니그실씨 몯 <u>일우옳갓</u> 의심이 업스시나 (월곡 기: 53)

(63ㄱ-ㄹ)은 처소의 부사격 조사 '에/애'와 관형격 조사 'ㅅ'이 결합되어 그에 선행하는 성분을 관형어가 되게 하는 예인데, (63ㄱ,ㄴ)은 '漆水와 沮水 두 강가에 있는 움, 楚나라에 있는 天子氣'으로 해석되기 때문에 '샛, 엣'은 '에 있는'의 의미를 지니고 있음을 알 수 있다. 이와 달리 (63ㄷ,ㄹ)의 '聖人, 命'처럼 사람이나 시간, 추상적 의미를 지닌 명사일 경우에는 '의' 또는 '에 의한'라는 의미를 지닌다. (63ㅁ)은 평서형 어미 '-다'에, (63

10　일반적으로 관형격 조사 앞에서는 유정명사(有情名詞)의 말음 'ㅣ'가 '아비+의 → 아븨'처럼 탈락하는 것이 원칙이지만, (62ㅈ)에서와 같이 내포절의 주어가 될 때에는 'ㅣ'가 그대로 유지될 수 있다.

ㅂ)은 의문형 어미 '-ㅭ가'에 관형격 조사 'ㅅ'이 붙어서 관형절을 만들고 있다.

때로는 'ㅣ'가 관형격 조사로 쓰이는 경우도 있다.

(64) ㄱ. 空生ᄋᆞᆫ 本來 이 師子ㅣ 삿길ᄊᆡ (금삼 2: 21)

　　　ㄴ. 臣下ㅣ 말 아니 드러 正統애 유심ᄒᆞᆯᄊᆡ (용가 98)

(64)의 '師子ㅣ, 臣下ㅣ'는 '師子의, 臣下의' 형태로 쓰일 자리인데 관형격 조사 'ㅣ'가 쓰인 것으로 앞에 오는 체언이 모음으로 끝난 경우에 한했다. 이들이 대명사 '나, 너, 누' 뒤에 붙으면 관형어로서의 '내, 네, 뉘'의 형태가 되었다.

4.1.6. 부사어

부사어는 용언이나 다른 부사를 꾸며주는 성분으로 부사, 체언+부사격 조사, 용언 어간+부사형 어미, 부사절 등의 형태로 만들어진다.

(65) ㄱ. 왼녁 피 닫 담고 올ᄒᆞᆫ녁 피 닫 담아 (월석 9: 7)

　　　ㄴ. 神力이 이리 세실ᄊᆡ (월곡 40)

　　　ㄷ. ᄇᆞᄅᆞ매 아니 뮐ᄊᆡ (용가 2)

　　　ㄹ. 三年이 몯 차이셔 (석보 6: 4)

　　　ㅁ. 모디 서르 업디 몯ᄒᆞ야 (석상 9: 18)

(65ㄱ~ㄹ)은 성분 부사로 '닫[따로, 달리]'은 성상 부사, '이리[이렇게]'는 지시 부사, '아니, 몯'은 부정 부사이며, (65ㅁ)의 '모디'는 문장 부사로서 '반드시'의 의미를 지니고 있다.

(66) ㄱ. 이 經을 너비 펴며 (월석 9: 61)

　　　ㄴ. 大集은 키 모들 씨니 (석상 6: 46)

　　　ㄷ. 그르 알면 外道ㅣ오 (월석 1: 51)

　　　ㄹ. 國人 ᄠᅳ들 어느 다 ᄉᆞᆯᄫᆞ리 (용가 118)

　　　ㅁ. 돈 업시 帝里에 살오 (두初 20: 37)

(66ㄱ,ㄴ)의 '너비[널리], 키[크게]'는 형용사 '넙다, 크다'에서 파생된 부사이며, (66 ㄷ)의 '그르[잘못, 그릇되게]'는 형용사 어간 '그르'의 어간이 그대로 부사가 된 영파생 (Ø)으로 중세국어에서는 이러한 형태가 많이 사용되었다. (66ㄹ)의 '어느[어떻게]'는 의 문 대명사로 쓰이기도 하나 여기서는 부사로 사용되었다. (66ㅁ)의 '돈 업시'는 부사절이 쓰인 것이다.

부사어는 아래와 같은 다양한 의미를 지닌 부사격 조사를 써서 만들 수도 있다.

(67) ㄱ. 世尊이 象頭山애 가샤 (석상 6: 1)

　　ㄴ. 이본 남ㄱ 새 닢 나니이다 (용가 84)

　　ㄷ. ᄒᆞ룻 아ᄎᆞᄆᆡ 終命ᄒᆞ야 (월석 6: 3)

　　ㄹ. ᄀᆞ슬히 霜露ㅣ 와 (월석 서: 16)

　　ㅁ. 菩薩이 生前애 지순 罪로 이리 受苦ᄒᆞ시니라 (월석 1: 6)

　　ㅂ. 뭀 盜賊에 도라갈 길히 업스니 (두初 8: 13)

　　ㅅ. 般若智로ᄡᅥ 얼굴 삼고 萬行 고ᄌᆞ로ᄡᅥ 文을 사ᄆᆞ니 (금삼 2: 15)

　　ㅇ. 天尊ᄋᆞ로 겨샤 侍病ᄒᆞ샤 (월석 10: 15)

　　ㅈ. 實로 히로 變ᄒᆞ며 엇뎨 히로 變ᄒᆞᆯ 싸니리잇고 (능엄 2: 7)

　　ㅊ. 웃 사ᄅᆞᆷ두고 더은 양 ᄒᆞ야 (석상 9: 14)

　　ㅋ. 나실 나래 하ᄂᆞᆯ로셔 셜흔 두 가짓 祥瑞 ᄂᆞ리며 (석상 6: 17)

　　ㅌ. 부톄 地藏菩薩ᄃᆞ려 니르샤ᄃᆡ (월석 21: 48)

　　ㅍ. 世尊끠 請ᄒᆞᅀᆞᄫᅩᄃᆡ (월석 7: 48–49)

　　ㅎ. 世間앳 이른 눌와 다못 議論ᄒᆞᄂᆞ뇨 (두初 21: 23)

(67ㄱ,ㄴ)에는 [처소]의 부사격 조사 '애, ᄋᆡ'가 쓰였으며, 처소의 부사격 조사는 앞선 체언이 어떤 것이냐에 따라 다양한 형태가 사용되었다. (67ㄷ,ㄹ)에는 [시간]의 부사격 조사 'ᄋᆡ', (67ㅁ,ㅂ)에는 [원인, 이유]의 '로, 에', (67ㅅ)에는 [도구]의 '로ᄡᅥ', (67ㅇ)에 는 [자격]의 'ᄋᆞ로', (67ㅈ)에는 [변화]의 '로', (67ㅊ)에는 [비교]의 '두고', (67ㅋ)에는 [유래]의 '로셔', (67ㅌ, ㅍ)에는 [수여]의 'ᄃᆞ려, 끠', (67ㅎ)에는 [동반]의 '와'가 쓰였는데, 현대국어의 부사격 조사와 마찬가지로 매우 다양한 형태가 사용되었다.

(68) ㄱ. 뒤헤는 모딘 도죽 알ᄑᆡᄂᆞᆫ 어드븐 길헤 (용가 30)

ㄴ. 放逸ᄒᆞᆫ 지조로도 親히 그르슬 싯고 (두初 15: 37)

ㄷ. 바ᄆᆞ도 세 ᄢᅦ 說法ᄒᆞ더시다 (월석 2: 27)

현대국어에서와 마찬가지로 매우 다양한 형태의 복합 조사가 사용되었는데, (68ㄱ)에는 [처소]의 부사격 조사와 [대조] 보조사가 결합된 '에/의+ᄂᆞᆫ'이 사용되었고, (68ㄴ)에는 [도구]의 부사격 조사와 [역동] 보조사가 결합된 '로+도', (68ㄷ)에는 [시간]의 부사격 조사와 [역동] 보조사가 **결합된** '익+도' 형태가 사용되었다.

4.1.7. 독립어

독립어는 감탄사, 체언+호격 조사의 형태로 만들어진다.

(69) ㄱ. 익 슬프다 (영언, 서: 15)

　　ㄴ. 아소 님하 도람 드르샤 괴오쇼셔 (악학, 정과정)

　　ㄷ. 佛子 文殊아 모든 疑心을 決ᄒᆞ고라 (석보 13: 25)

　　ㄹ. 님금하 아르쇼셔 (용가 125)

(69ㄱ)의 '익'는 감정을 나타내는 감탄사가, (69ㄴ)의 '아소'는 의미를 나타내는 감탄사가 독립어로 쓰인 것이며, (69ㄷ,ㄹ)은 체언에 호격 조사 '아, 하'가 붙어서 독립어로 쓰인 것이다.

4.2. 겹문장의 짜임새

현대국어와 마찬가지로, 중세국어의 겹문장도 안은 문장과 이어진 문장으로 나눌 수 있다.

4.2.1. 안은 문장

중세국어의 안은 문장은 안긴 문장이 어떤 형식의 절(節)로 바뀌어서 안겨 있느냐에 따라 그 성격이 달라진다. 현대국어와 마찬가지로 안긴 절에는 명사절, 서술절, 관형절, 부사절, 인용절 등이 있다.

앞에서 살펴보았듯이, **명사절**로 안길 때에는 명사형 어미 '-옴/움, 기, -디' 등이 사용되었다.

(70) ㄱ. 부톄 授記ᄒ·샤미 글 ᄡᅮ미 ᄀᆞᆮ고 (월석 8: 96)

　　ㄴ. 太子ㅣ 글 빈호기 始作ᄒ·샤 (석보 3: 8)

　　ㄷ. 내 겨지비라 가져 가디 어려블ᄊᆡ (월석 1: 13)

(70ㄱ-ㄷ)의 안긴 절의 '授記ᄒ·샤미, ᄡᅮ미, 빈호기, 가져 가디'는 주어인 '부톄, 太子, 나'의 안긴 문장의 서술어로서의 기능을 지니고 있으며, 이들은 각각 '-옴/움, -기, -디'에 의해 명사절을 형성하고 있다. (70ㄱ)의 '授記ᄒ·샤미'는 '수기하심이'의 의미를 지니면서 주어의 역할을 하고 있고, 'ᄡᅮ미'는 '쓰는 것'의 의미를 지니고 있고 부사어의 역할을 하고 있다. (70ㄴ)의 '빈호기'는 '시작ᄒ·샤'의 목적어 역할을, (70ㄷ)의 '가져 가디'는 '어려블ᄊᆡ'의 주어의 역할을 하고 있다.

(71) ㄱ. 일훔난 됴ᄒᆞᆫ 오시 비디 千萬이 ᄊᆞ며(석보 13: 22)

　　ㄴ. 太子ㅣ 性 고ᄫᆞᆺ샤 (월석 21: 211)

　　ㄷ. 大愛道ㅣ 善ᄒᆞᆫ ᄠᅳ디 하시며 (월석 10: 19)

(71ㄱ-ㄷ)은 **서술절**을 안은 문장이다. 이를 이중주어문이라 해야 할지, 아니면 서술절을 안은 문장이라 해야 할지 논란의 여지가 있다. 현대국어와 마찬가지로 형용사문이 서술절을 많이 가지고 있다.

(72) ㄱ. 식미 기픈 므른 ᄀᆞᄆᆞ래 아니 그츨ᄊᆡ (용가 2)

　　ㄴ. 우는 聖女ㅣ 여 슬허 말라 (월석 21: 21)

　　ㄷ. 그 지븨셔 차반 ᄆᆡᆼᄀᆞᆯ 쏘리 워즈런ᄒᆞ거늘 (석상 6: 16)

　　ㄹ. 히롤 자보ᄆᆞᆫ 智慧 너비 비췰 ᄂᆞ지오 (월석 1: 18)

(72ㄱ,ㄴ)은 관형사형 어미 '-(ᄋᆞ/으)ㄴ'에 이끌리는 **관형절**을 안은 문장으로 수식을 받는 명사 '믈'이 관형절 속의 한 성분과 동일지시 관계에 있기 때문에 관계 관형절이고, (72ㄷ,ㄹ)은 관형사형 어미 '-(ᄋᆞ/으)ㄹ'에 이끌리는 안은 문장으로 수식을 받는 명사 '소리, 늦'이 관형절 속의 한 성분과 동일지시 관계에 있는 것이 아니라 서로가 동일한 의

미를 나타내는 방식이기 때문에 동격 관형절이라 할 수 있다.

(73) ㄱ. 廣熾는 너비 光明이 비취닷 뜨디오 (월석 2: 9)

　　ㄴ. 衆生 濟渡ㅎ노랏 ᄆᆞᅀᆞ미 이시면 (금삼 2: 13)

(73)은 종결형 어미 '-다, -노라' 아래 관형격 조사 'ㅅ'을 덧붙여서 관형절을 만든 것인데, 후행하는 명사 '뜯, ᄆᆞᅀᆞᆷ'을 수식하고 있다. 현대국어에서는 '-(고 하)는'과 같은 형태로 나타난다.

(74) ㄱ. 돈 업시 帝里예 살오 (두初 20: 37)

　　ㄴ. 처엄 듫 적브터 百千劫에 니르리 一日一夜애 萬死萬生ᄒᆞ야 (월석 21: 46)

(74)는 부사를 형성하는 접사 '-이'가 붙어서 **부사절**이 된 것인데, 이와 같은 형태가 현대국어에서도 동일하게 쓰이고 있다.

(75) ㄱ. 그저긔 世尊이…니ᄅᆞ샤ᄃᆡ 너희 一切 天人大衆이 내 紫磨 黃金色앳 모ᄆᆞᆯ 보라 ᄒᆞ시니 (석보 23: 8~9)

　　ㄴ. 如來 샹녜 우리ᄅᆞᆯ 아ᄃᆞ리라 니ᄅᆞ시ᄂᆞ니이다 (월석 13: 32~33)

(75)는 **인용절**을 안은 문장인데, 중세국어에는 인용표지인 인용의 부사격 조사가 나타나지 않는다. (75ㄱ)은 직접 인용문이고, (75ㄴ)은 간접 인용문이다. 대명사와 상대높임법의 쓰임을 통해 이 둘을 구별할 수 있다. (75ㄴ)에서는 직접인용 표현인 '너희 내 아ᄃᆞ리라'를 '우리ᄅᆞᆯ (ᄌᆞ개) 아ᄃᆞ리라'로 화자의 관점으로 바꾸어 표현하고 있기 때문에 간접 인용 표현이 쓰였음을 알 수 있다.

4.2.2. 이어진 문장

중세국어의 이어진 문장도 연결 어미와 접속 조사에 의해 만들어진다. 앞에서 살펴보았듯이, 연결어미에는 대등적 연결어미, 종속적 연결 어미, 그리고 보조적 연결 어미가 있는데,[11] 여기서는 중세국어 연결 어미의 특징을 잘 드러내는 것을 중심으로 살펴보기로 한다.

4.2.2.1 대등적으로 이어진 문장

대등적으로 이어진 문장에는 나열, 대립, 선택 관계의 세 가지가 있다.

(76) ㄱ. 善은 됴홀 씨오 逝는 갈 씨오 解는 알 씨니(석보 9: 3)

　　ㄴ. 츨히 說法 마오 涅槃애 어서 드사 ᄒᆞ리로다(석보 13: 58)

　　ㄷ. 죽곡 주그며 나곡 나 (능엄 4: 30)

　　ㄹ. 들고도 몯 드른 ᄃᆞ시 ᄒᆞ며 보고도 몯 본 ᄃᆞ시 홀씨오 (월석 10: 20)

　　ㅁ. 눌 더브러 무러사 ᄒᆞ리며 뉘사 能히 對答ᄒᆞ려뇨 (석보 13: 35)

　　ㅂ. 아래브터 부텻긔 이런 마를 몯 듣ᄌᆞᇦ며 四衆돌토 다 疑心ᄒᆞᄂᆞ니 (석보 13: 44)

(76)은 [나열]관계 연결어미에 의해 연결된 문장인데, (76ㄱ)에서처럼 '-고'는 서술격 조사 '이(다)', 자음 'ㄹ', 그리고 반모음 'ǐ(j)' 뒤에서 '-오'로 바뀐다. 그러나 때로는 (76ㄴ)처럼 어간 말음 'ㄹ'마저 탈락하는 경우도 있다. (76ㄷ)에서와 같이 연결어미 '-고'에 강조의 접사 'ㄱ'이 덧붙여 쓰이기도 했고, (76ㄹ)에서처럼 보조사가 덧붙여 쓰이기도 했다. (76ㅁ, ㅂ)에서와 같이 연결 어미에 선어말 어미 '-리-, -ᄌᆞᇦ-' 등이 통합되어 쓰이기도 했다.

(77) ㄱ. 祥瑞도 하시며 光明도 하시나 ㅿ 업스실씨 오늘 몯 숨네 (월석 2: 45)

　　ㄴ. 나도 ᄯᅩ 僧粲과 慧可롤 스승ᄒᆞ간마른 모미 오히려 禪寂에 ᄆᆡ엿노라 (두初 16: 1)

(77)은 [대립] 관계 연결 어미 '-으나, -ㄴ마른'에 의해 연결된 문장인데, 선어말 어미

---

11 중세국어 연결어미의 통사·의미적 특성에 대해서는 허웅(1975), 연결어미의 통시적 변천에 대해서는 리의도 (1990), 권재일(1998: 193-220) 참조.

'-시-, -거-' 등과 통합될 수 있었으며, '-어도, -건뎡, -디비' 등도 [대립] 관계 어미로 사용되었다.[12]

(78) ㄱ. 소눌 드웁거나 잢간 머리를 수기숩거나 ᄒᆞ야 像을 공양ᄒᆞᅀᆞᄫᅥ며 (석보 13: 53)

ㄴ. 시혹 내 허므를 보거시나 내 罪를 듣거시나 시혹 내 犯을 疑心커시나 어엿비
너겨 ᄀᆞ장 니ᄅᆞ쇼셔 (월석 23: 94)

ㄷ. 오나 가나 다 새 지비 兼ᄒᆞ얫도소니 (두初 7: 16)

(78)은 [선택] 관계 연결어미 '-거나, -나'에 의해 연결된 문장인데, 선어말 어미 '-숩-, -시-, -거-' 등과 통합되어 사용되었다. 그러나 현대국에서 사용되는 '-든지' 형태는 나타나지 않았다.

4.2.2.2 종속적으로 이어진 문장

종속적으로 이어진 문장은 현대국어에서와 마찬가지로 매우 다양한 의미관계를 나타 냈다.

(79) ㄱ. 내 願을 아니 從ᄒᆞ면 고졸 몯 어드리라 (월석 1: 12)

ㄴ. 불휘 기픈 남ᄀᆞᆫ ᄇᆞᄅᆞ매 아니 뮐씨 곶 됴코 여름 하ᄂᆞ니 (용가 2)

ㄷ. 비록 사ᄅᆞ미 무레 사니고도 즁ᄉᆡᆼ마도 몯호이다 (석상 6: 5)

ㄹ. 그듸 精舍 지수려 터흘 ᄀᆞᆺ 始作ᄒᆞ야 되어늘 (석상 6: 35)

ㅁ. 나라해 빌머그라 오시니 (월석 1: 5)

ㅂ. 婢 ᄒᆞᆫ 아ᄃᆞᆯ 나ᄒᆞ니 사ᄋᆞᆯ 몯 차셔 말ᄒᆞ며 (월석 21: 55)

ㅅ. 말ᄒᆞ며 우숨 우스며셔 주규믈 行ᄒᆞ니 (두언 6: 39)

ㅇ. ᄂᆞ미 겨집 ᄃᆞ외노니 출히 뎌 고마 ᄃᆞ외아지라 (법화 2: 28)

ㅈ. 여희옛다가 다시 서르 맛보니 (두언 22: 22)

ㅊ. 한 劫이 남ᄃᆞ록 닐어도 몯 다 니르리어니와 (석보 9: 10)

ㅋ. 사괴ᄂᆞᆫ ᄠᅳ든 늘글스록 ᄯᅩ 親ᄒᆞ도다 (두언 21: 15)

ㅌ. 요주ᅀᅮᆷ 누녯 가시 아ᅀᅡ 브리ᄃᆞ시 그 샤옹ᄋᆞᆯ 벙으리와ᄃᆞ니 (두언 25: 9)

---

12 '-디비'의 통사·의미적 기능 및 통시적 변천 과정은 김종록(1997) 참조.

ㅍ. 올리락 도로혀 ᄂ리오락 흔다 (朴重中 6)

(79ㄱ)의 '-면'은 [조건]이나 [가정]관계를 나타내며, 이외에 '-거든/거든, -ㄴ댄,
-ㄴ덴, -온딘, -란딕' 등이 있었다. (79ㄴ)의 '-ㄹ씨'는 [이유]나 [원인]관계를 나타내는
것으로는 '-니, -관딕, -매, -라' 등도 있다. (79ㄷ)의 '-고도'는 [양보]관계 어미이며,
'-아도/어도, -건뎡, -건마른, -ㄹ션뎡, -ㄴ들' 등도 사용되었다. (79ㄹ)의 '-려'를 비롯
한 '-고져, -과뎌'는 [의도]관계를 나타내는 어미이며, 특히 (79ㅁ)의 [목적]관계를 나타
내는 데는 '-라'를 사용하였는데 이때는 후행절에 '가다, 오다' 등의 이동동사가 필수적
으로 뒤따른다. (79ㅂ)의 '-ᄋ니'는 [설명]관계 어미이며, '-오딕/우딕, -거늘/어늘' 등
도 이러한 관계를 나타내었다. (79ㅅ)의 '-며셔, -다가며'는 [동시]관계를 나타내며, 이
외에 '-다가며'도 [동시]관계를 나타냈다. (79ㅇ)의 '-노니'는 [비교]관계, (79ㅈ)의 '-
다가'는 [전환]관계, (79ㅊ)의 '드록'은 [정도], (79ㅋ)의 '-을ᄉ록'은 [비례], (79ㅌ)의 '-
드시'는 [비유], (79ㅍ)의 '-락'은 [반복]관계를 나타낸다.

4.3. 문법 요소의 기능과 의미

4.3.1. 문장 종결 표현

중세국어의 문장 종결법은 현대국어와 마찬가지로 평서문, 의문문, 명령문, 청유문, 감
탄문으로 나눌 수 있다. 국어는 상대 높임법이 발달되어 있기 때문에 이 상대 높임법 체
계와 문장 종결어미를 관련지어서 문장 종결법을 체계화하면 앞의 〈표9-13〉과 같다.

4.3.1.1 평서형 종결 어미

현대국어어와 마찬가지로 기본적인 평서형 어미는 '-다'이며, 선어말 어미 '-오/우-,
-과-, -니-, -리-, -더-'나 서술격 조사의 어간 '이-'와 결합되면 '-라'의 형태로 나타
난다.

(80) ㄱ. 舍利弗을 須達이 조차 가라 ᄒ시다 (석상 6: 22)

　　　ㄴ. 내 이제 네 어믜 간 싸홀 뵈요리라 (월석 21: 21)

　　　ㄷ. 집앗 사ᄅ믈 다 眷屬이라 ᄒᄂ니라 (석상 6: 5)

　　　ㄹ. 그리 아니라 부텨와 즁과를 請ᄒᅀᆞᆸ보려 ᄒ닝다(석상 6: 5)

ㅁ. 기픈 ᄆᆞᅀᆞ미 念호ᄆᆞᆯ 부톄 아ᄅᆞ시리이다 (월석 14 : 42)

ㅂ. 오ᄂᆞᆳ 나래 내내 웃ᄇᆞ리 (용가 16)

ㅅ. 七寶 바리예 供養ᄋᆞᆯ 담ᄋᆞ샤미 四天王이 請이ᅀᆞᄫᆞ니 (월곡 상, 기 87)

(80ㄱ-ㄷ)은 ᄒᆞ라체의 평서형 종결 어미로 (80ㄱ)은 어간에 '-다'가 결합되기도 하고, (80ㄴ,ㄷ)처럼 '-리-, -ᄂᆞ-' 등과 같은 선어말 어미와 결합되기도 했는데 이때는 '-라' 형태로 교체되어 쓰였다. (79ㄹ)의 '-ᅌᅵ다'는 ᄒᆞ야쎠체의 평서형 종결 어미로 현대국어 에서 예사높임에 해당되며, (79ㅁ)의 '-이다'는 ᄒᆞ쇼셔체로 아주높임형이다. (79ㅂ,ㅅ)의 '-리, -니'는 반말체 평서형 종결 어미이다.

(81) ㄱ. 니르라 내 드로마 (번노상 5)

　　　ㄴ. 五百銀 도ᄂᆞ로 다ᄉᆞᆺ 줄기를 사아지라 (월석 1 : 10)

(81ㄱ)의 '-마'는 [약속]의 평서형 어미로 주어가 항상 1인칭이어야 하기 때문에 선어 말 어미 '-오-'가 결합된 '-오마' 형태를 취한다. (81ㄴ)의 '-아/어지라'는 [소망/희망]의 의미를 지닌 평서형 종결 어미이다.

4.3.1.2 의문형 종결 어미

중세국어 의문형 어미는 〈표9-13〉에 나타나 있는 것과 같이, 설명 의문문이나 판정 의 문문이냐에 따라, 그리고 높임의 등급에 따라 매우 다양한 형태가 사용되었다. 이 가운데 판정 의문문과 설명 의문문을 만드는 방법이 현대국어와 달랐다는 점이 주목할 만하다.

	갈래	종결어미
ㄱ	설명 의문문	(의문사)… -고, -잇고 ; -뇨 ; -ㄴ고(간접의문)
ㄴ	판정 의문문	-가/아, -잇가 ; -녀/(니)여 ; -ㄴ가, -ᅙᅡ가(간접의문)
ㄷ	공통	-ㄴ다, -ᅙᅡ다(2인칭)

표 9-21 판정 의문과 설명 의문의 종결어미

위의 〈표9-20 : ㄱ〉은 **설명 의문문(說明疑問文)**을 만드는 종결 어미인데, (82)와 같이 그 앞에 항상 '누, ᄆᆞ슴, 엇뎨, 엇던, 몇' 등의 의문사가 함께 쓰인다.

(82) ㄱ. 이 므슴 相고(금삼 2: 22)

　　　ㄴ. 므슷 이를 겻고오려 ᄒ시ᄂ고(석보 6: 27)

　　　ㄷ. 므슴 病으로 命終ᄒ뇨(월석 9: 36)

　반면에 〈표9-20: ㄴ〉은 **판정 의문문(判定疑問文)**을 만드는 종결 어미로서 문장 내용이 (83)과 같이 참인지 거짓인지 판정을 요구할 때 쓰인다.

(83) ㄱ. 이ᄂ 賞가 罰아(몽산 53)

　　　ㄴ. 이 大施主의 功德이 하녀 젹그녀(석보 19: 4)

　　　ㄷ. 무르샤ᄃ 네 겨지비 고ᄫ녀여(월석 7: 10)

　　　ㄹ. 가샴 겨샤매 오늘 다ᄅ리잇가(용가 26)

　중세국어에서는 특이하게도 주어가 2인칭인 의문문에는 '-ㄴ다'를 사용하였다.

(84) ㄱ. 네 信ᄒᄂ다 아니 ᄒᄂ다 (월석 9: 46)

　　　ㄴ. 그 어미 무로ᄃ 네 엇뎨 안다 (월석 23: 74)

　(84)에 쓰인 의문형 어미 '-ㄴ다'는 모두 'ᄒ라체'에서 2인칭 주어 대명사에 일치하여 쓰이는 것으로, (84ㄱ)은 판정 의문문이고 (84ㄴ)은 설명 의문문이다. '-ㄴ다'에 선어말 어미 '-ᄂ-, -더-, -리-' 등이 오면 '-ᄂ다, -던다, -ㅭ다' 형태가 된다.

(85) ㄱ. ᄒ다가 밧ᄀ로 브터 올딘댄 몬져 당다이 ᄂ츨 보려니ᄯ(능엄 1: 64)

　　　ㄴ. 菩薩ᄋ 일후믈 드러도 그지업슨 福을 어드리어니 ᄒ믈며 ᄉ외 보미ᄯ녀
　　　　(월석 8: 37)

　　　ㄷ. ᄒ믈며 阿羅漢果를 得게 호미ᄯ니잇가(월석 17: 49)

　(85)의 '-이ᄯ, -이ᄯ녀'는 'ᄒ라체', '-이ᄯ니잇가'는 'ᄒ쇼셔체'의 반어적 의문형 어미로, '-이랴, -이겠느냐, -일까보냐'의 의미를 지니고 있다. 이 반어적 의문형 어미는 중세국어에 있었던 특이한 형태였으며 근대국어에서는 소멸되었다.

4.3.1.3 명령형 종결 어미

중세국어 명령형 어미도 높임의 등급에 따라 '-라, -아쎠/-어쎠, -쇼셔' 등의 다양한 형태가 사용되었다.

(86) ㄱ. 어울워 뚫디면 글바쓰라 (훈민 언)

　　　ㄴ. 머리 혜혀 얼에 비서라 (번박 상: 44)

　　　ㄷ. 엇뎨 부톄라 ᄒᆞᄂᆞ닛가 그 ᄠᅳ들 닐어쎠 (월석 6: 16)

　　　ㄹ. 이 ᄠᅳ들 닛디 마ᄅᆞ쇼셔 (용가 110)

(86ㄱ)에는 ᄒᆞ라체의 명령형 종결 어미 '-(ᄋᆞ/으)라'가 쓰였고, (86ㄴ)에는 '-아/어라'가 쓰였다. (86ㄷ)에는 ᄒᆞ야쎠체의 '-어쎠'가 쓰였는데 들을이를 약간 높이는 것이기 때문에 '권고'의 의미로 해석될 수도 있다. (85ㄹ)에는 아주높임에 해당하는 ᄒᆞ쇼셔체의 '-쇼셔'가 쓰였다.

(87) ㄱ. 佛子 文殊아 모든 疑心을 決ᄒᆞ고라 (석보 13: 25)

　　　ㄴ. 내 아기 위ᄒᆞ야 (됴ᄒᆞᆫ 싸ᄅᆞᆯ) 어더 보고려 (석보 6: 13)

(87)의 '-고라, -고려'는 반말체의 명령형 종결 어미로 우회적 지시나 권유 정도의 의미로 사용되었다.

4.3.1.4 청유형 종결 어미

중세국어 명령형 어미로는 현대국어의 '-자'에 해당하는 ᄒᆞ라체의 '-쟈/져'와 '-읍시다'에 해당하는 ᄒᆞ쇼셔체의 '-사이다' 정도가 있었다.

(88) ㄱ. 五欲을 ᄆᆞᅀᆞᆷ ᄀᆞ장 편 後에ᅀᅡ 出家ᄒᆞ져 (월석 7: 1)

　　　ㄴ. 淨土애 ᄒᆞᆫᄃᆡ 가사이다 (월석 8: 100)

4.3.1.5 감탄형 종결 어미

중세국어 명령형 어미로는 ᄒᆞ라체의 '-ㄴ뎌, -ㄹ쎠, -게/애/에라'와 ᄒᆞ쇼셔체의 '-도소이다'가 있었다.

(89) ㄱ. 六祖ㅅ 큰 오은 뜨들 보디 몯ᄒᆞᄂᆞ뎌 (육조언 서: 7)

　　　ㄴ. 摩耶ㅣ 如來ᄅᆞᆯ 나쓰ᄫᆞ실쎠 (석상 11: 24)

　　　ㄷ. 目連이 닐오ᄃᆡ 몰라 보애라 (월석 23: 86)

4.3.2. 사동 표현

중세국어의 사동 표현도 현대국어와 마찬가지로 사동 접미사를 붙이는 방법과, 보조적 연결어미 '-아/어, -게/긔'와 보조용언의 결합에 의한 방법이 있다.

갈래	짧은 사동	긴 사동
형태	자동사/타동사/형용사 어근 + -이-, -히-, -기-, -오/우-, -호/후-, -ᄋᆞ/으- 등	-게/에 ᄒᆞ다 -긔/의/이 ᄒᆞ다

표 9-22 **사동법의 종류**

'머기거늘(먹-+-이-+-거늘), 살이고(살-+-이-+-고), 자피리라(잡-+-히-+-리-+-라), 벗기고져(벗-+-기-+-고져), 뷔우디(뷔-+-우-+-디), 머추니(停, 멎-+-후-+-니), 사ᄅᆞ시니(生, 살-+-ᄋᆞ-+-시-+-니)' 등은 사동 접미사에 의해 만들어진 **사동사(使動詞)**이다.

그러나 동일한 용언에 서로 다른 사동 접미사를 붙이면 그 의미가 달라지는 경우가 있다.

(90) ㄱ. 僧을 살요ᄆᆞ 八正道애 마ᄌᆞ니라 (월곡 17: 39)

　　　ㄴ. 주기며 사ᄅᆞ며 ᄒᆞᄂᆞ (번소 10: 17)

　　　ㄷ. 세 번식 돌이며 (번소 10: 32)

　　　ㄹ. 비ᄅᆞᆯ 도ᄅᆞ디 아니 ᄒᆞ놋다 (두初 23: 54)

(90ㄱ)의 '살이다(살-+-이-+-다)'는 '使居, 거주하게 하다'의 의미를 지니는 반면, (90ㄴ)의 '사ᄅᆞ다(살-+-ᄋᆞ-+-다)'는 '使生, 살리다'의 의미를 지니고 있다. (90ㄷ)의 '돌이다(돌-+-이-+-다)'는 '돌리다'의 의미를, (90ㄹ)의 '도ᄅᆞ다(돌-+-ᄋᆞ-+-다)'는 '돌이키다, 돌아오게 하다'의 의미를 지니고 있다.

그리고 '사기게 ᄒᆞ야, 두외에 ᄒᆞ라, 닛긔 ᄒᆞ니, 알의 ᄒᆞᄂᆞᆫ' 등은 '-게/에/긔/의/이 ᄒᆞ다'에 의한 사동표현인데, '-게 ᄒᆞ다'는 동사, 형용사, 서술격조사 등 모든 용언과 통합되어 사동 표현을 만들 수 있었다. 이러한 것은 현대국어와 차이가 없다.

그러나 (91ㄱ,ㄴ)에서와 같이 '일케 ᄒᆞ다'는 대상을 목적어나 부사어로 나타내는 것이 일반적이기는 하나 (91ㄷ)과 같이 주어로 나타내는 경우도 있었다.

(91) ㄱ. 내 아ᄃᆞ리 <u>목수믈</u> 일케 ᄒᆞ야늘 (월석 21: 219)

　　ㄴ. <u>衆生ᄋᆞ로</u> … 法을 다 듣ᄌᆞᄫᅡ 알에 호리라 (석상 13: 27)

　　ㄷ. <u>菩薩이</u> 어느 나라해 ᄂᆞ리시게 ᄒᆞ려뇨 (월석 2: 10)

4.3.3. 피동 표현

중세국어의 피동 표현도 현대국어와 마찬가지로 피동 접미사를 붙이는 방법과, 보조적 연결어미 '-아/어, -게/긔'와 보조용언의 결합에 의한 방법이 있다.

갈래	짧은 사동	긴 사동
형태	타동사 어근 +−이−, −히−, −기−	−아/어 디다 −게/긔/기/의 ᄃᆞ외다

표 9-23 **피동법의 종류**

'ᄉᆞ이ᄂᆞ니라(燒, 술−+−이−+−ᄂᆞ−+−니−+−라), 자피여(잡−+−히−+−어), 감겨(감−+−기−+−어)' 등은 타동사에 피동 접미사가 통합되어 만들어진 **피동사(被動詞)**이다. 그리고 '뫼히여 돌히여 다 노가 디여(월석 1: 48), 우리 어ᅀᅵ아ᄃᆞ리 외롭고 입게 ᄃᆞ외야(석보 6: 5)' 등은 '−어 디다, −게 ᄃᆞ외다'에 의한 피동 표현으로서, '−어 디다'보다는 '−게 ᄃᆞ외다'가 더 널리 쓰였다.

한편 (92ㄱ, ㄴ)과 같이, 접미사에 기대지 않고 피동문이 되는 것도 있다.

(92) ㄱ. 날와 밤과애 서르 <u>ᄀᆞ러늘</u> 잢간도 아로미 업ᄂᆞ니(능엄 10: 82)

　　ㄴ. 時節이 <u>ᄀᆞ러든</u> 어버ᅀᅵ 일흔 ᄃᆞᆺ ᄒᆞ니라(월석 序: 16)

　　ㄷ. 나랏 일훔 <u>ᄀᆞᄅᆞ시니</u>(용가 85)

　　ㄹ. 須達이 깃거 香湯애 沐浴ᄒᆞ고 새 옷 <u>ᄀᆞ라</u> 닙고(석보 6: 27)

예컨대 동일한 형태의 'ᄀᆞᆯ다(替)'가 (92ㄱ,ㄴ)에서는 자동사로서 '바뀌다(바ᄭᅮ−+−이

−+−다)'의 의미로, (92ㄷ,ㄹ)에서는 타동사로서 '바꾸다'의 의미로 쓰이고 있다. 이와 같은 동사에는 '꺼다(折), 박다(釘), 버히다(斬), 흩다(散)' 등이 있다. 그러나 이들 가운데도 '바키다(釘), 열이다(開)' 등의 형태가 나타나기도 했는데, 이는 능동사와 피동사를 구분하고자 하는 의식이 확대되고 있음이 반영된 것이라 할 수 있다.

4.3.4. 부정 표현

중세국어 부정문도 현대국어와 크게 다르지 않다.

의미	긴 부정	짧은 부정
의지 부정/중립 부정	−디 아니ᄒ다	아니 + 용언
능력 부정	−디 몯ᄒ다	몯 + 용언
금지	−디 말다	

표 9−24 **부정법의 종류**

위에서 보듯이, 중세국어에서도 부정문은 **짧은 부정문**과 **긴 부정문**으로 나눌 수 있다.

(93) ㄱ. 내 게으르디 아니 호ᄆ로 正覺을 일우오라(석보 23: 13)

ㄴ. 나랏 말ᄊᆞ미 中國에 달아 文字와로 서르 ᄉᆞᄆᆞᆺ디 아니ᄒᆞᆯᄊᆡ(훈민, 예의)

ㄷ. 나도 現在 未來 一切 衆生을 시름 아니 호리라 (월석 21: 13)

ㄹ. 불휘 기픈 남ᄀᆞᆫ ᄇᆞᄅᆞ매 아니 뮐ᄊᆡ(용가 2)

ㅁ. ᄆᆞᄎᆞᆷ내 제 ᄠᅳ들 시러 펴디 몯ᄒᆞᇙ 노미 하니라(훈민, 예의)

ㅂ. 부텨 供養ᄒᆞ기 外예 년듸 몯 쓰리니 쓰면 부텻 것 도죽혼 罪 ᄃᆞ외리라

(석보 23: 3)

(93ㄱ,ㄴ)은 '−디 아니ᄒᆞ−'에 의해 만들어진 **긴 부정문**으로서, (93ㄱ)은 세존(世尊)이 마지막으로 아난(阿難)에게 당부한 말로서 '내'는 바로 '世尊'이고 의지 부정문이며, (93ㄴ)은 중립 부정문, 즉 객관적 사실에 대한 부정으로서 주어의 의지가 문제되지 않을 때 쓰인다. (93ㄷ,ㄹ)은 부정 부사 '아니'에 의한 짧은 부정문으로서 (93ㄷ)은 의지 부정문이고 (93ㄹ)은 중립 부정문이다. (93ㅁ)은 '−디 몯ᄒᆞ−'에 의해 만들어진 긴 부정문으로서 능력 부정문이고 (93ㅂ)은 부정 부사 '몯'에 의한 능력 부정문인데, 능력 부정은 일반적

으로 주체의 능력이 부족함 또는 주체가 능력을 발휘할 수 없는 상황임을 나타낼 때 쓰인다.

(94) ㄱ. 게으른 뜯 먹디 마아라 (석보 23: 13)

ㄴ. 서리와 이슬로 히여 사라미 오슬 저지게 마롤 디니라 (두언 15: 44)

ㄷ. 橫射애 즐어 디디 마오져 브라미오 (법화언 5: 155)

(94ㄱ~ㄷ)은 '-디/게 말-'에 의한 부정문으로서 [금지]의 의미를 지니고 있으며, (94ㄱ)처럼 주로 부정명령문에 쓰인다. 그러나 (94ㄴ)처럼 [명령]의 뜻을 포함하고 있거나 (94ㄷ)처럼 [희망]의 의미를 포함하고 있을 때는 평서문에 쓰이기도 했다.

4.3.5. 높임 표현

중세국어의 높임표현도 현대국어와 마찬가지로 주체 높임, 객체 높임, 상대 높임의 세 가지가 있다.

4.3.5.1 주체 높임

주체 높임은 서술어의 주체에 해당하는 주어나 주체를 높이는 높임방식으로 선어말어미 '-(으)시/샤-'가 붙어서 실현된다. 그러나 현대국어에 쓰이는 주체 높임 격조사 '-께서' 형태는 나타나지 않았다.

(95) ㄱ. 이제 世尊이 큰 法을 니르시며 큰 法雨를 비흐시며 큰 法雨를 비흐시며

(석보 13: 26)

ㄴ. 太子ㅅ 모미 傷ᄒᆞ야 命이 머지 아니ᄒᆞ시이다 (월석 21: 218)

ㄷ. 野人ㅅ 서리예 가샤 野人이 굴외어늘 德源 올ᄆᆞ샴도 하ᄂᆞᆶ 뜨디시니 (용가 4)

(95ㄱ)은 본용언에 주체 높임의 '-(ᄋᆞ/으)시-'를 써서 주체인 '世尊'을 높인 경우이고 (95ㄴ)은 보조용언에 '-시-'를 써서 '명(命)'을 높인 경우이다. (95ㄷ)은 '-(ᄋᆞ/으)샤-'를 써서 주체를 높인 경우인데 그 주체가 문면에 나타나 있지는 않지만 용비어천가의 배경설화에 의하면 '익조(翼祖)'에 해당된다.

주체 존대의 '-(ᄋᆞ/으)시-'는 높임의 대상이 되는 주어뿐만 아니라, 그 주어와 관계되

는 물건이나 일을 높이는 데 쓰이기도 한다.

(96) ㄱ. 太子ㅅ 모미 傷ᄒᆞ야 命이 머디 아니ᄒᆞ시이다 (월석 21: 218)

ㄴ. 부텻 뎡바깃 쌔 노ᄑᆞ샤 뽄머리 ᄀᆞᄐᆞ실씨 (월석 8: 34)

ㄷ. 海東六龍이 ᄂᆞᄅᆞ샤 일마다 天福이시니 (월석 21: 219)

(96ㄱ)에서 '아니ᄒᆞ시다'의 높임 대상은 '太子'가 아니라 '(太子의) 命'이고, (96ㄴ)에서는 '노ᄑᆞ샤, ᄀᆞᄐᆞ실씨'의 높임의 대상은 '부텨'가 아니라 '부텻 뎡바기쌔'이며, (96ㄷ)에서는 '海東六龍'이 아니라 '(海東六龍의) 일'이다. 이와 같이 높임의 대상과 관련되어 있는 물건이나 신체의 일부 그리고 그 일을 높이는 것을 주체 높임법의 **간접 높임**이라 할 수 있다.

4.3.5.2 객체 높임

객체 높임은 서술어의 객체, 즉 목적어와 부사어에 해당하는 목적어나 부사어가 지시하는 대상을 높이는 방식으로, 서술어에 선어말 어미 '-ᅀᆞᆸ/ᅀᆞᆸ/ᄌᆞᆸ/-'을 붙이거나 부사격 조사 '-ᄭᅴ(ㅅ긔)/ㅅ그에'가 쓰였다.

(97) ㄱ. 大慈悲 世尊ㅅ긔 버릇 업ᄉᆞᆸ던 일ᄋᆞᆯ 魔王이 뉘으츠니이다 (천강곡 상, 기 75)

ㄴ. 大瞿曇이 슬허 ᄢᅳ리어 관에 녀ᄌᆞᆸ고 (월석 1: 7)

ㄷ. 須達이 世尊 뵈ᅀᆞᆸ고져 너겨 (석보 6: 45)

ㄹ. 勝鬘이 부텻 功德을 듣ᄌᆞᆸ고 깃거 偈ᄅᆞᆯ 지ᅀᅥ (석보 6: 40)

(97ㄱ)에는 '-ᄉᆞᆸ-'이 쓰여서 부사어 '세존(世尊)'을 높이고 있는데, '-ᄉᆞᆸ-'은 'ㄱ, ㅂ, ㅅ, ㅎ' 뒤에 사용되었으며, (97ㄴ)에서와 같이 'ㅎ' 뒤에서는 'ㅎ'과 'ㅅ'이 결합하여 대개 '-ᄊᆞᆸ-'의 형태로 나타난다. (97ㄷ)에는 '-ᅀᆞᆸ-'이 쓰여서 높임의 대상이 되는 목적어 '세존'을 높이고 있고, '-ᅀᆞᆸ-'은 '모음'이나 유성자음 'ㄴ, ㄹ, ㅁ' 뒤에 사용되었다. (97ㄹ)에서는 '-ᄌᆞᆸ-'을 써서 '공덕'을 높이고 있는데, '-ᄌᆞᆸ-'은 'ㄷ, ㅌ, ㅈ, ㅊ' 아래 쓰였다.

(98) ㄱ. 벼슬 노ᄑᆞᆫ 臣下ㅣ 님그믈 돕ᄉᆞᄫᅡ (천강곡 상, 기 75)

ㄴ. 눈에 보논가 너기ᅀᆞᄫᆞ쇼셔 (월석 1: 1)

ㄷ. 如來ㅅ 일후믈 듣ᄌᄫᆡᆮ단디면 (석보 9: 16)

(98)에서와 같이 모음으로 시작되는 어미 앞에는 '-ᅀᆞᆸ/습/ᄌᆞᆸ-' 대신 이들이 유성음화
된 형태인 '-ᅀᆞᇦ/ᅀᆞᇦ/ᄌᆞᇦ-'가 사용되었다.

(99) ㄱ. 太子 진짓 奇特ᄒᆞ실ᄊᆡ 우리 父母ㅣ 太子ᄭᅴ 드리ᅀᆞᄫᆞ시니 (석보 6: 7)
      ㄴ. 將軍이 엿ᄌᆞ와 닐오ᄃᆡ (이륜重 14)

현대국어에서와 마찬가지로 '드리다, 뫼시다. 뵈다, 숩다, 엳줍다, 저숩다' 등의 특정한
어휘를 써서 목적어나 부사어에 해당되는 객체를 높이기도 했다. (99ㄱ)에서는 높임의
의미를 지닌 '드리다' 외에, 부사격조사 '의긔/ᄃᆞ려/'의 높임형인 'ᄭᅴ', 객체 존대 선어말
어미 '-ᅀᆞᇦ-'이 함께 쓰여서 '태자'를 높이고 있고, (9ㄴ)에서는 '묻다'의 겸손형인 '엳줍
다'를 써서 대상을 높이고 있다.

4.3.5.3 상대 높임

현대국어에서와 달리 중세국어에는 아주 높임의 ᄒᆞ쇼셔체, 예사 높임의 ᄒᆞ야쎠체, 안
높임의 ᄒᆞ라체가 있었으며, 이에 더하여 청자를 높이기도 그리고 낮추기도 어려운 애매
한 때 쓰이는 반말체가 있었다. 현대국어의 예사 낮춤에 해당되는 '하게체'는 17세기에
형성된 것으로 알려져 있다.

(100) ㄱ. 太子ㅣ 出家ᄒᆞ시면 子孫이 그츠리이다 (천강곡 상, 기 36)
      ㄴ. 내 이제 엇뎨 ᄒᆞ야ᅀᅡ 地獄 잇ᄂᆞᆫ 싸해 가리잇고 (월석 21: 25)
      ㄷ. 가히ᄂᆞᆫ 佛性이 잇ᄂᆞ니잇가 업스니잇가 (몽산 11)
      ㄹ. 王이 부텨를 請ᄒᆞᅀᆞᄫᆞ쇼셔 (석보 6: 38)
      ㅁ. 淨土애 ᄒᆞᆫᄃᆡ 가 나사이다 (월석 8: 100)
      ㅂ. 出家ᄒᆞ시면 正覺을 일우시리로소이다 (월석 2: 23)

'**ᄒᆞ쇼셔체**'는 들을이를 아주 많이 높이는 데 사용되었으며 현대국어의 하십시오체 정
도에 해당된다. 평서형으로는 (100ㄱ)에서와 같이 선어말 어미 '-(으)이-'와 종결 어미
'-다'가 결합된 형인 '-이다'가 쓰였다. 의문형에는 두 가지가 있었는데 설명 의문에는

(100ㄴ)처럼 '-잇고'가 쓰였고, 판정 의문에는 (100ㄷ)처럼 '-잇가'가 쓰였다. (100ㄹ~ㅂ)처럼 명령형에는 '-(으)쇼셔', 청유형에는 '-사이다', 그리고 감탄형에는 '-도소이다'가 쓰였다.

(101) ㄱ. 므슴 차바ᄂᆞᆯ 손소 ᄃᆞᆫ녀 밍ᄀᆞ노닛가 (석보 6: 16)

ㄴ. 그리 아닝다 (석상 6: 16)

ㄷ. 婚姻 위ᄒᆞ야 아ᅀᆞ미 오나ᄃᆞᆫ 이바도려 ᄒᆞ노닛가 (석상 6: 16)

ㄹ. 그리 아니라 부텨와 즁과를 請ᄒᆞᅀᆞ보려 ᄒᆞ닝다 (석상 6: 16)

ㅁ. 엇뎨 부톄라 ᄒᆞᄂᆞ닛가 그 ᄠᅳ들 닐어쎠 (석상 6: 16)

'ᄒᆞ야쎠체'는 들을이를 존중하여 높이는 데 사용되었으며 현대국어의 하오체와 해요체 정도에 해당된다. 『석보상절』 권 6에 수달(須達)과 호미(護彌)의 대화로 잘 나타나 있는데, (101ㄴ, ㄹ)에 평서형으로 '-잉다'가 쓰이고 있고, (101ㄱ, ㄷ)에 의문형으로 '-잇가', (101ㅁ)에 명령형으로 '-어쎠'가 쓰이고 있다.

(102) ㄱ. 곧 如來와 ᄀᆞᆮ줍ᄂᆞ니라 (능엄 2: 45)

ㄴ. 太子 무로ᄃᆡ 앗가ᄫᆞᆯ 뜨디 잇ᄂᆞ니여 (석보 6: 25)

ㄷ. 네 반ᄃᆞ기 子細히 드르라 (능엄 2: 27)

ㄹ. 後에ᅀᅡ 出家ᄒᆞ져 (월석 7: 1)

ㅁ. 이스리 ᄆᆞᄅᆞ디 아니ᄒᆞ얫도다 (두언 6: 5)

'하라체'는 들을이를 낮추는데 사용되었으며 대체로 현대국어의 해라체와 해체 정도에 해당된다. (102ㄱ)에는 평서형의 '-니라'가 쓰였다. (102ㄴ)에는 의문형 '-니여'가 쓰였는데 이 외에도 '-려, -뇨, -료, -ㄴ다' 등이 있다. (102ㄷ)에는 명령형 '-라'가, (102ㄹ)에는 청유형 '-져' 그리고 (102ㅁ)에는 감탄형 '-도다'가 쓰였으며, 이 외에 '-ㄴ뎌, -게라/에라/애라' 등이 감탄형으로 쓰였다.

(103) ㄱ. 곶 됴코 여름 하ᄂᆞ니 (용가 2)

ㄴ. 聖子ㅣ 나샤 正覺 일우시리 (석보 6: 25)

ㄷ. 佛子 文殊아 모ᄃᆞᆫ 疑心을 決ᄒᆞ고라 (석보 13: 25)

'**반말체**'에는 ᄒᆞ야셔체와 ᄒᆞ라체의 사이의 높임 정도로 추정되며, 현대국어에서는 하오체, 하게체, 해체 등급을 포괄하는 것으로 여겨진다. (103ㄱ,ㄴ)에는 평서형 종결 어미 '-니, -리'가 쓰였고, (103ㄷ)에는 명령형 종결 어미 '-고라'가 쓰였다.

5. 담화

문장의 의미는 문장 그 자체가 담고 있는 요소에 의해 결정되기도 하지만, 그 문장 밖의 요소, 즉 그 문장의 앞이나 뒤에 있는 문장, 나아가 그 문장이 쓰인 전체 이야기 속에서 그 의미가 결정되기도 한다. 그리고 때로는 문맥(文脈)을 고려하지 않으면, 도대체 그 문장의 의미를 파악할 수조차 없는 경우도 있다.

특히 중세국어 자료는 문장의 길이가 매우 길고, 주어나 목적어 등의 주성분 및 조사, 접속부사 등의 생략이 많아서 이야기 요소를 도입해 문장을 분석하는 것이 매우 중요하다. 여기서는 중세국어 언해자료를 분석해 봄으로써 중세 국어 이야기의 특성 몇 가지를 살펴보기로 한다.

(104) ㄱ. 阿難이 ᄯᅩ 부텨ᄭᅴ 술ᄫᅩᄃᆡ "부텨 涅槃ᄒᆞ신 後에 므슴 法을 브터 如來ᄅᆞᆯ ᄉᆞᅀᆞᄫᆞ리잇고?"(라고 ᄒᆞ시니),

ㄴ. 부톄 니ᄅᆞ샤ᄃᆡ "轉輪聖王 ᄡᅳ논 法을 브터 ᄒᆞ고, (如來ᄅᆞᆯ) ᄉᆞᆫ 後에 天人 四衆이 舍利로 七寶塔(ᄋᆞᆯ) 셰여 供養ᄒᆞ라 (그러면) (如來ㅣ) 衆生(ᄃᆞᆯ)이 큰 功德을 어더 三界ㅅ 受苦ᄅᆞᆯ 여희에 ᄒᆞ리라."(라고 ᄒᆞ시니라).

ㄷ. 그저긔 釋提 桓因이 부텨ᄭᅴ 술ᄫᅩᄃᆡ "내 이제 부텨ᄭᅴ 半身舍利ᄅᆞᆯ 請ᄒᆞᅀᆞᆸ노이다."(라고 ᄒᆞ시니)

ㄹ. 부톄 니ᄅᆞ샤ᄃᆡ "如來(ᄂᆞᆫ) 衆生ᄋᆞᆯ 다 ᄒᆞᆫ 가지로 羅睺羅(와) ᄀᆞ티 보ᄂᆞ니, 네 半身 舍利ᄅᆞᆯ 請ᄒᆞ미 몯ᄒᆞ리니, (다ᄆᆞᆫ) 이제 (내) 너를 올ᄒᆞᆫ녁 웃니ᄅᆞᆯ 주노니, 天上애 가져다가 塔 일어 供養ᄒᆞ라. (그러면) 네 福德이 그지 업스리라."(라고 ᄒᆞ시니라.)

ㅁ. 그저긔 天人(과) 一切大衆이 슬허 울어늘,

ㅂ. 世尊이 니ᄅᆞ샤ᄃᆡ "너희 天人ᄃᆞᆯ히 하 슬허 말라. 부톄 비록 涅槃ᄒᆞ야도 舍利(ᄂᆞᆫ) 長常 (너희ᄃᆞᆯ과) (ᄒᆞᆷᄭᅴ) 이셔 (너희 天人ᄃᆞᆯ히) 供養ᄒᆞ리며, ᄯᅩ 우 업슨 法寶 修多羅藏

과 毗那耶藏과 阿毗達磨藏이 잇ᄂᆞ니, 이런 因緣으로 三寶(와) 四諦(ㅣ) 샹녜 世間
애 이셔, 衆生이 (부텨ᄭᅴ) 歸依킈 ᄒᆞᄂᆞ니라."(라고 ᄒᆞ시니라)

ㅅ. 그저긔 世尊이 師子床이 겨샤 眞金(빛) 소ᄂᆞ로 니버 겨신 僧伽梨衣ᄅᆞᆯ 아ᅀᆞ시고 紫
磨黃金ㅅ 비쳇 가ᄉᆞᆯ 내샤 大衆(의게) 뵈시며 니ᄅᆞ샤ᄃᆡ "너희 一切 天人 大衆이
내 紫磨黃金色앳 (내) 모ᄆᆞᆯ 보라."(고) ᄒᆞ시니(석보 23: 6-9)[13]

중세국어는 현대국어에 비해 문장의 길이가 현저하게 길다. 심지어 한 문장이 여러 쪽
에 걸친 긴 문장도 있다. 특히 연결어미 '-니, -ㄹ씨, -거늘' 등은 종결 기능으로 사용되
는 경우가 매우 많다. 예컨대 (104ㄹ)의 '舍利ᄅᆞᆯ 請호미 몯ᄒᆞ리니'는 '사리를 달라고 청하
는 부탁을 들어주지 못한다.'는 의미이기 때문에 '-니'가 종결 기능을 지니고 있다고 할
수 있다.

중세국어 언해문은 '주어#니ᄅᆞ샤ᄃᆡ/닐오ᄃᆡ/ᄉᆞᆯ보ᄃᆡ#인용절+인용의 부사격 조사#ᄒᆞ다'
의 구조로[14] 되어 있는데, 중세국어에는 인용의 부사격 조사 '고'가 없었기 때문에 (104)
의 인용문에 인용의 부사격 조사가 쓰이지 않았다. 특히 (104ㄱ-ㄹ,ㅂ)에서처럼 인용문
의 모문동사 'ᄒᆞ다'가 대부분 생략되어 있기 때문에 문장의 완결성이 매우 떨어짐을 발
견할 수 있다. 이것은 이야기글의 **응집성(cohesion)**을 약화시키는 한 요소이다. 그러나
(104ㅅ)의 'ᄒᆞ시니'처럼 모문 동사가 간혹 쓰인 경우도 있다.

그리고 대화체의 경우 주어, 목적어 등의 성분이 생략되는 일이 많은데, (104ㄴ)에서는
'如來ᄅᆞᆯ, 如來ㅣ'가, (104ㄹ)에서는 '내'가, (104ㅂ)에서는 '너희들콰, 너희 天人들히, 부텨
ᄭᅴ'가, (104ㅅ)에서는 '내'가 생략되어 있어서, 문장의 의미를 파악하기가 매우 어렵다.

때로는 조사가 생략되기도 하는데, (104ㄴ)에서는 목적격 조사 '올'이, (104ㄹ)에서는
'와'가, (104ㅁ)에서는 '과'가, (104ㅂ)에서는 보조사 '는'과 접속 조사 '와', 주격 조사 'ㅣ'
가, (104ㅅ)에서는 '의긔' 등이 생략되어 있다. 특히 격조사는 문장 성분을 결정하는 요
소이기 때문에, 격조사가 생략되면 그 성분이 문장 내에서 어떤 역할을 하는지가 불분명
해져서 문장의 의미를 파악하는 데 많은 어려움이 따르게 된다. 그리고 보조사는 의미를
더하는 것 외에 연결어의 기능도 지니고 있기 때문에, 보조사가 정도 이상으로 생략되면,

---

13 띄어쓰기, 문장부호, 밑줄, 괄호 및 괄호 안의 내용 등은 필자가 넣은 것임.

14 이렇게 주어 뒤에 바로 'ᄀᆞᄅᆞ샤ᄃᆡ' 등의 서술어가 오는 것은 한문 문장을 그대로 직역했기 때문이며, 마지막에
다시 대동사 'ᄒᆞ다'를 둔 것은 마지막에 서술어가 오는 국어 문장의 특성을 다시 반영했기 때문으로 보인다. 김
종택(1983) 참조.

이야기 내용의 흐름에 있어서의 의미적 **통일성(coherence)**이 역시 떨어질 수밖에 없다.

또한 문장과 문장 사이에 접속부사가 빠져 있어서 문장의 의미 연결이 자연스럽지 않은 경우가 많이 있다. 예컨대 (104ㄴ)은 '그리면', (104ㄹ)은 '다만, 그러면'을 넣으면 두 문장 간의 연결성이 좋아진다. 중세국어에서는 접속부사가 현대국어만큼 다양하게 발달되어 있지 않기 때문에, 그 기능을 연결어미가 담당하고 있다. 접속부사는 현대국어로 올수록 더 다양하게 발달되었다.

그리고 (104ㄹ)의 '請호미 몯 ㅎ리니'에서 '請호미'의 주어는 '釋提 桓因'이고, '몯 ㅎ리니'의 주어는 '부텨'인데, 이들 주어가 모두 생략되어 있어서 문장의 의미를 파악하기가 매우 어렵다. 중세국어 자료 가운데는 이와 같은 구조로 되어 있는 구문이 매우 많은 것도 한 특징이다.

참고문헌

고영근(1981),『중세국어의 시상과 서법』, 탑출판사.

고영근(2010=2016),『표준 중세국어문법론』, (제3판), 탑출판사.

고영근·구본관(2018),『우리말 문법론』, (개정판), 집문당.

구본관·박재연·이선웅·이진호(2016),『한국어 문법 총론Ⅱ』, 집문당.

권재일(1992),『한국어 통사론』, 민음사.

김동소(2002),『중세 한국어개설』, 대구가톨릭대학교 출판부.

김문웅(1986),『15세기 언해서의 구결 연구』, 형설출판사.

김종록(1989), "부사형 접사 '-이'와 '-게'의 통시적 교체",『국어교육연구』21, 경북대 국어교육
연구회, 115-152쪽.

김종록(1997), "중세국어 접속어미 '-디비'의 통시적 변천과 기능",『문학과 언어』19, 문학과언어학
회, 29-54쪽.

김종록(2010),『외국인을 위한 표준 한국어문법』, 박이정.

남광우(1960=1980),『고어사전』, 일조각.

리의도(1990),『우리말 이음씨끝의 통시적 연구』, 어문각.

서울대 국어교육연구소(2002),『고등학교 문법』, 교육인적자원부.

송창선(1998),『국어 사동법 연구』, 홍문각.

송창선(2010),『국어 통사론』, 한국문화사.

안병희·이광호(1990),『중세국어문법론』, 학연사.

유창균(1993),『훈민정음 역주』, 형설출판사.

유창돈(1964=1985),『이조어사전』(제6판), 연세대 출판부.

이기문(1961=1981),『국어사개설』(개정판), 탑출판사.

이상태(1987), "십오세기의 입겿 달기에 관한 연구",『한국어학과 알타이어학』, 효성여대 출판부.

이문규(2018),『국어 교육을 위한 현대 국어 음운론』(개정판), 한국문화사.

이문규(2017),『국어 성조론』, 한국문화사.

이은규(1993), "『향약구급방』의 국어학적 연구", 효성여자대학교 박사학위논문.

이현규(1995),『국어 형태 변화의 원리』, 영남대 출판부.

이현희(1994),『중세 국어 구문 연구』, 신구문화사.

전정례(1995),『'-오-' 연구』, 한국문화사.

정호완(1987), 『후기 중세국어의 의존명사 연구』, 학문사.

최웅환(2000), 『국어문장의 형성 원리 연구』, 역락.

최현배(1937=1980), 『우리말본』, (제8판), 정음사.

허 웅(1975=1983), 『우리 옛말본』, 샘 문화사.

황미향(1998), 『한국어 텍스트의 계층구조와 결속표지의 기능 연구』, 경북대학교 박사학위논문.

01. 훈민정음 초성 17자의 체계를 도표로 그리고, 그 제자 원리에 대해 설명해 보자.

02. 훈민정음 중성자의 제자 원리와 중성 체계에 대해 설명해 보자.

04. 훈민정음 종성 표기법에 대해 설명해 보자.

05. 훈민정음에 제시되어 있는 연서법, 병서법, 부서법, 성음법, 성조표시법 등에 대하여 설명해 보자.

06. 〈보기〉에 제시된 자료를 바탕으로 중세국어 사잇소리의 특징을 설명해 보자.

> (1) 엄쏘리, 혀쏘리, 입시울쏘리 ; 빗곶
>
> (2) 부텻 말, 아바닚 뒤, 긼 ᄀᆞᅀᅢ ; 님금ㅅ 德, ᄀᆞᄉᆡ 百姓, 魯ㅅ 사ᄅᆞᆷ, 狄人ㅅ 서리
>
> (3) 나랏 일훔, 눉믈, 바룴 우희, 오눐날 ; 英雄ㅿ 알ᄑᆡ, 天子ㅿ ᄆᆞᅀᆞᆷ
>
> (4) 다ᄋᆞᆷ 업슨 : 부텨쎄, 아바닚긔와
>
> (5) 洪(홍)ㄱ 字, 君(군)ㄷ 字, 覃(땀)ㅂ 字, 虯(ᄭᅲᇢ)ᄫ 字, 快(쾡)ㆆ 字, 彆(볋) 字

07. 〈보기〉에 제시되어 있는 체언을 바탕으로 중세국어 곡용의 특성에 대해 설명해 보자.

> (1) 나모[木]: 남기, 남글, 남기, 남▽로, 나모와, 남기라, 남군, 나모도
>
> (2) ᄒᆞᄅᆞ[一日]: 홀리, 홀를, 홀릭, ᄒᆞᄅᆞ와, 홀리라, 홀른, ᄒᆞᄅᆞ도
>
> (3) 노ᄅᆞ[獐]: 놀이, 놀을, 놀익, 노ᄅᆞ와, 놀이라, 노ᄅᆞ도
>
> (4) 아ᅀᆞ[弟]: 앗이, 앗을, 앗익, 아ᅀᆞ와, 앗이라, 아ᅀᆞᆫ, 아ᅀᆞ도

08. 아래 〈보기〉에서 알 수 있는 중세국어 시제법의 특성을 설명해 보자.

> (1) 내 이룰 爲ᄒᆞ야 어엿비 너겨 새로 스믈 여듧 字룰 밍▽노니(훈민, 언해)
>
> (2) 寂寂호미 일후미 긋거늘 엇뎨 法身이라 일홈 지ᄒᆞ뇨(월석 서: 5)
>
> (3) 佛者ㅣ 得ᄒᆞ얌직 ᄒᆞᆫ 거슬 다 ᄒᆞ마 得과이다(월석 13: 37)
>
> (4) ᄇᆞᆯ곰과 어드움과룰 아디 몯 ᄒᆞ리니 엇뎨어뇨(능엄 2: 23)
>
> (5) ᄒᆞ다가 아비옷 겨시던댄 우릴 어엿비 너겨 能히 救護ᄒᆞ시리러니(법화 5: 158)
>
> (6) 菩薩이 城 밧 甘蔗園에 ᄒᆞ오ᅀᅡ 안자 잇더시니(월석 1: 6)

09. 중세국어의 객체높임법에 대해 설명해 보자.

10. 중세국어 상대높임법에 대해 서술해 보자.

11. 중세국어 선어말 어미 '-오-'의 기능에 대해 설명해 보자.

10장

국어의 변화

이끄는 말

  세상의 모든 것과 마찬가지로 사람살이의 가장 근본이 되는 언어도 시대와 사회 환경의 변화에 따라 그 모습을 바꾸어 간다. 우리는 일상에서 매일 똑같은 말을 쓰는 것으로 여기기 쉽지만, 우리가 알아채지 못할 뿐 말은 지금도 조금씩 변해 가고 있다. 이런 사실은, 가깝게는 동시대를 살고 있는 할아버지와 손녀의 말이 다르고, 멀게는 삼국 시대와, 세종대왕 및 정조대왕 시대의 말이 각각 달랐음을 통해서 확인할 수 있다. 경상도에서 태어나서 평생을 사신 할아버지는 묻는 말을 할 때 '-아'형과 '-오'형 종결어미로 판정 의문문과 설명 의문문을 엄격하게 구분하지만 손녀의 말에는 '-오'형의 사용 빈도가 점점 낮아지고 있다. 또한 국어사 연구에 따르면, 고구려 장수왕, 세종대왕, 정조대왕 중 정조대왕만이 우리처럼 '물[水]'을 [mul]이라고 말했으며, 세종대왕은 '믈'[mil]로 발음했고, 고구려 장수왕은 [*mai]라고 했을 것으로 추측된다.

  국어사는, 바로 이와 같은 우리말의 변천 곧, 우리말이 그 시작에서부터 지금까지 시간의 흐름과 공간의 다름에 따라 어떻게 변화해 왔는지를 탐색하여 기술하는 분야이다.

  국어사에 대한 탐구는 국어학만을 위한 것이 아니다. 그것은 궁극적으로 한국인에 대한 탐구인 동시에 우리 문화의 발자취를 더듬어 새로운 문화를 창조하기 위한 첫걸음이라는 의미를 가진다. 아울러 국어 교육적인 면에서도, 각 시기별 우리말의 모습을 이해하고 탐구하는 과정을 통해 삶의 원동력이 되는 여러 가지 힘을 기를 뿐만 아니라, 나아가 겨레말이 지닌 정신을 지키고 창조적으로 발전시키는 씨앗을 잉태하는 일이라는 큰 의미를 띤다.

1. 국어사의 자료

　입말이나 글말 등 언어 현상을 기록한 자료가 없다면, 국어사 기술은 애초에 불가능하다. 우리말의 경우 최초의 녹음 자료가 20세기 초반에야 나타났으니 우리말이 시작된 때부터 20세기 초반까지의 변화 양상은 오로지 글말 자료인 문헌에 남아 있는 기록을 통해서만 살필 수 있다. 이전 시기 문헌 자료로는 '훈민정음'(이하 '한글'이라 함.)으로 적혀진 것과, 한자를 빌려 우리말을 적은 것이 남아 있다. 15세기 중엽에 만들어진 '민족 글자' 한글은 각 시대별로 많은 문헌 자료를 남기게 하였다. 실제로 일반적인 생각과는 달리 임진왜란 중에도 한글로 적혀진 문헌 자료는 끊임없이 간행되었다. 한글이 없던 시기에는 한자를 빌려 우리말을 표기하였는데 이를 '한자 차용 표기' 혹은 줄여서 '차자 표기'라 부른다. 5세기부터 시작된 차자 표기에는[1] 이두, 향찰, 구결 등이 있으며 이들은 주로 고대 국어의 모습을 보여 준다. 이두와 구결은 한글이 만들어진 이후에도 사용되었는데, 특히 이두는 20세기 초반까지 쓰여서 글자살이의 한 축으로 기능하였다.[2]

　문헌 자료를 이용할 때 주의할 점은, 어떤 문헌에 적힌 표기는 흔히 그 문헌이 간행될 때보다 앞선 시기의 언어를 반영하는 경우가 많다는 것이다. 예를 들면, 한글이 만들어진 이후에 기록된 차자 표기 자료는 전통적으로 해 오던 보수적인 표기를 따른 경우가 많기 때문에 표기 당시의 언어를 반영하지 않는 경우가 대부분이다. 이런 현상은 한글 표기 자료도 마찬가지이므로 '문자가 보여 주는 잘못된 정보'에 이끌리지 말아야 한다.

1.1. 한글 자료

　한글이 창제된 이후 간행된 문헌 자료를 시기별로 하나씩만 예를 들어 보면 다음과 같다.

1　차자 표기의 시작을 5세기부터로 보는 것은 '광개토대왕비'의 기록을 근거로 한 것이다. 이는 우리 겨레에 의한 우리말 기록의 시작이라는 의미를 가진다. 최근에 발견된 목간(木簡) 자료에도 차자 표기가 있는데, 이른 것으로는 5세기 경의 기록도 있다고 한다.

2　우리 겨레의 글자살이는 한글, 한문, 차자 표기 등으로 이루어졌는데 이 셋은 시대에 따라 정치·문화·사회적 위상을 달리하였다. 이전 시기에는 대체로 한문이나 이두가 지배 계층의 이념을 담는 그릇이었다면, 한글은 민중의 삶을 나타내는 문자 역할을 담당하였다.

(1) 한글 자료

ㄱ. 『석보상절 6: 4』(1447년)

:나·를 :겨집 :사·ᄆ시·니 ·내 太子·를 셤·기ᅀᆞ·보·ᄃᆡ 하·늘 셤·기·ᅌᅳᆸ·ᄃᆞᆺ·ᄒᆞ·야

ㄴ. 『번역소학 8: 2』(1518년)

·어·딘 :일 조·초·미 노·푼 ·ᄃᆡ 올·옴 ·ᄀᆞ·고 사·오나·온 :일 조·초·미 아·래·로

믈·어:딤 ᄀᆞᆮ·다 ᄒᆞ·니·라

ㄷ. 『현풍 곽씨 언간』(1602년)

요ᄉᆞ이 치위예 대되 엇디 겨으샨고 긔별 모ᄅᆞᄋᆞ와 듀야의 분별ᄒᆞᅌᆞ노이다

ㄹ. 『노걸대언해 상1』(1670년)

큰 형아 네 어드러로셔브터 온다 내 高麗 王京으로셔브터 오롸

ㅁ. 『우마양저염역병치료방』(필사본, 1:3)(1755년)

染염疫역病병은 ᄒᆞ나 알코 둘 세 앎파 서ᄅᆞ 뎐염ᄒᆞᄂᆞᆫ 병이라

ㅂ. 『장수경언해』(필사본, 2ㄴ4)(1898년)

샤후의 아비지옥의 ᄰᅥ러져 큰 형벌을 밧ᄂᆞᆫ다 ᄒᆞ오니

ㅅ. 『감자』(김동인, 1924년)

복녀는 부즈런히 주인ㅅ집일을 보앗지만, 남편의 겨우름은 엇지할수가 업섯다.

한글 자료는 서지 형태에 따라 판본류와 필사본으로 나뉜다. (1ㄱ,ㄴ,ㄹ)과 같은 판본류는 한글 자료의 중심이 된다. 특히 판본류 가운데는 시차를 두고 재간행된[3] 것들이 있어서 언어 변화의 양상을 쉽게 파악할 수 있다. 『번역소학』과 『소학언해』, 『두시언해』의 초간본과 중간본, 『번역노걸대』와 『노걸대언해』 등이 그러하다. 필사본의 대표적인 것으로는 언간이 있다. 편지글은 기록 당시의 언어뿐만 아니라 사람들의 생활 모습까지 생생하게 보여준다는 점에서 문화사적인 가치도 함께 지닌다. 필사본 자료는 대개 앞서 간행된 판본의 내용을 그대로 옮겨 적은 것이 많다. 따라서 필사는 시기적으로 후대에 이루어진 것이 많다.

한글 자료는 간행 시기가 분명히 밝혀져 있는 것이 대부분이다. 그러나 판본류나 필사본을 막론하고 어떤 자료를 국어사적으로 이용하기 위해서는 무엇보다 먼저 서지 분석

---

3 이처럼 다시 간행하면서 내용이 일부 달라지는 것을 '중간(重刊)'이라 한다. 반면, 앞서 간행된 내용을 그대로 동일하게 다시 찍는 것은 '복각(復刻)'이라 한다.

과 표기 및 음운 현상을 면밀히 살펴서 그 자료가 어느 시대의 언어를 반영하고 있는지를 밝혀야 한다. 이런 점에서 필사 연대가 분명하지 않은 필사본을 다룰 때는 특히 주의해야 한다.

1.2. 차자 표기 자료

차자 표기는 우리 글자가 없던 시대에 한자를 빌려와 우리말 고유 명사를 표기하는 데에서 비롯되었다. 글자가 없던 시기의 문자 생활은 우리말을 한문 문장으로 번역하는 것으로 이루어졌을 것인데, 이 과정에서 다른 일반적인 내용은 한문으로 옮기는 것이 어렵지 않았겠지만 고유 명사는 번역하기가 쉽지 않았을 것이다. 예를 들어, '밤골'이라는 지명을 한문 문장 안에 번역해 넣는다고 생각해 보면 그것이 단순하지 않음을 알 수 있다.[4] 결국 한자를 차용해서 우리말을 적는 방법을 생각하지 않을 수 없었을 것이고 그렇게 해서 생겨난 것이 바로 '차자 표기'이다. 여기에는 어휘를 적은 (고유)명사 표기와 문장을 적은 이두(吏讀) 및 향찰(鄕札), 그리고 한문 문장을 번역하기 위한 구결(口訣)이 있다. 각각의 대표적인 예를 들어 살펴보기로 한다[( ) 안은 현대 국어 풀이임].

(2) 어휘 표기

　ㄱ. 買忽 一云 水城, 水谷城 一云 買旦忽, 水入縣 一云 買伊縣『삼국사기 지리지』

　ㄴ. 天曰 漢捺 (하늘), 犬曰 家狶 (개)『계림유사, 12세기』

　ㄷ. 百合 犬伊那里根, 犬乃里花 (개나리), 癮瘮 豆等良只, 置等ㅅ只 (두드러기)[5]
　　　『향약구급방, 13세기』

　ㄹ. 天 哈嫩二 (하늘), 霜 色立 (서리)『조선관역어, 14세기』

4　고유어 지명 '밤골'을 차자 표기로 적어보자. 가장 쉬운 방법은 음독(音讀)하는 것인데, '밤'으로 읽는 한자는 없다. 따라서 제1음절은 석독(釋讀)해야 한다. [밤]이라는 음가를 뜻으로 가진 한자로는 '夜(밤 야)', '栗(밤 율)' 등이 제격이다. 제2음절의 '골'은, [골]로 읽히는 한자로 '骨'이나 '鶻' 등이 있고, 한자의 뜻이 [골]인 '谷(골 곡)'도 있다. 이제 1음절과 2음절의 한자를 조합하면 되는데, '밤골'은 아마도 '밤나무가 많은 동네(골짜기)'라는 뜻일 것이므로 '夜'보다는 '栗'이, '骨'보다는 '谷'이 훨씬 더 잘 어울린다. 따라서 '栗谷'이라는 조합이 가장 적합하다(김동소 2007: 40 참조). 현재 우리나라 행정 지명에 많이 쓰이고 있는 '栗谷里'가 이에서 유래한 것인데, 이들 동네의 토박이 화자는 여전히 '밤골'이라고 부른다.

5　'ㅅ'자는 독음이 [라]인데, 자형이 '羅 〉 ㅈ 〉 ㅅ 〉 ˙'의 변천 과정을 겪었다.

(2ㄱ)은 『삼국사기』의 지명 표기이다. '買忽 一云 水城'은 '買忽은 水城이라고도 한다.' 는 뜻인데 여기서 '水 = 買'의 대응 관계를 확인할 수 있고 이 대응은 나머지 두 예에서 동일하게 나타난다. 두 한자의 음과 뜻을 결합해 보면 '買'는 **음독자**, '水'는 **석독자**일[6] 수 밖에 없으므로 이를 근거로 삼국 시대에는 '물[水]'을 [*mai]라[7] 했을 것으로 추정할 수 있다. 또 (2ㄱ)에서 '忽 = 城'과 '谷 = 旦'의 대응을 확인할 수 있다. 이런 대응을 통해서 고대 국어의 어휘를 재구할 수 있다. 이를테면 『삼국사기』 지명 표기 '永同 = 吉同'을 통 해서 '*kir(길-)'이라는 형용사가 고대 국어에도 있었음을 알 수 있는 것이다.[8] (2ㄷ)은 13세기 중엽에 간행된 『향약구급방』에 차자 표기된 약재명 어휘이다. 현대 국어의 '개나 리'와 '두드러기'의 최고형을 보여 준다. (2ㄴ,ㄹ)은 중국인이 기록한 우리말 차자 표기인 데, 이 두 자료에도 고대 국어 어휘가 많이 기록되어 있다. 한편, 우리 겨레에 의한 차자 표기와 중국인에 의한 그것은 한자로 적혀진 점은 동일하지만 한자의 음과 뜻이 다름을 분명히 하여 해독해야 한다. 우리 겨레에 의한 차자 표기는 우리의 전통 한자음과 뜻으로 읽어야 한다.

(3) 이두(吏讀)

ㄱ. 壬申誓記石(522)

壬申年六月十六日二人幷誓記天前誓今自三年以後忠道執持過失无誓…(임신년 6월 16일 두 사람이 함께 맹세하여 기록한다. 하늘 앞에 맹세한다. 지금부터 삼 년 이후 에 충도를 지녀 과실이 없기를 맹세한다.…)

ㄴ. 葛項寺石塔記(758)

二塔天寶十七年戊戌**中** **立在之** 娚姉妹 三人 業**以** **成在之** (두 탑은 천보 17년 무술 년**에** **세웠다.** 남자매 세 사람이 업**으로** **세웠다.**)

ㄷ. 大明律直解(1395)

凡男女定婚之初**良中** 萬一殘疾老弱**及**妾妻子息收養子息**等乙** 兩邊**弋只** 仔細相知**爲 良只** …(무릇 남녀가 정혼할 즈음**에** 만일 병이 있는 노약자 **및** 첩의 자식이거나 수

---

6 한자의 뜻을 빌리는 것을 '훈독(訓讀)' 혹은 '석독(釋讀)'이라 하는데 후자가 일반적으로 쓰인다.

7 '*' 표시는 역사 언어학에서 '재구형(再構形)'을 의미한다.

8 물론 단순히 '永同 = 吉同'이라는 자료 하나만으로는 재구할 수 없다. 중세 국어의 '길-[長, 永]'과, '車前子 = 吉刑菜實'(『향약구급방』), '吉'의 상고음 및 중고음 'kiet, kiět' 등을 고려해서 '吉'의 음이 '*kir[길]'임을 추정할 수 있다(김동소 2007: 61 - 62 참조).

양 자식**들을** 양쪽**이** 자세히 서로 알도록 **하여**…)

이두는 한자 어휘나 한문 구절을 그대로 이용하기도 했지만 우리말 어순으로 되어 있다는 점이 가장 큰 특징이다. 한문 문장을 우리말 어순으로 바꾼 뒤에 조사나 어미를 비롯해서 때로는 부사와 같은 어휘 형태소도 함께 표기하였다. 즉 차자 표기에 의한 우리말 문장 표기가 이두이다.

이두가 시작된 5세기경부터 7세기까지를 초기 이두라 한다. 이 시기에는 '中, 節, 之' 등 몇 안 되는 문법 형태소만을 보여 주거나, (3ㄱ)처럼 우리말 문법 형태소는 나타나지 않지만, '天前誓', '今自三年以後', '忠道執持', '過失无誓' 등에서 보듯이 문장 전체가 완전한 우리말 어순으로 된 예가 보인다. 이들이 한문이라면 '誓天前', '自今三年以後', '執持忠道' '誓無過失' 등과 같이 되어야 한다. 8세기부터는 (3ㄴ)에서와 같이 문법 형태소가 본격적으로 표기되고 어휘 형태소까지 차자 표기가 되는, 완전한 우리말 문장을 표기한 이두가 나타난다. 이후 이두는 고려 시대를 거치면서 문법 형태의 표기가 더욱 정밀해지고, 조선 초에 이르면 완전한 체계를 갖추게 되어 (3ㄷ)과 같이 정형화된다. 이처럼 이두는 우리말 문법 형태소의 발달 과정을 고스란히 드러낸다. 그래서 차자 표기 자료의 기록 시기를 판단하는 기준이 되기도 한다.

이두는 한글이 만들어진 15세기 중엽 이후에도 계속 사용되었지만 현실 언어와는 어느 정도의 거리가 있었다. 다만 공적·사적인 문서는 이두로 적는 경우가 많았으며 아직도 번역해야 할 엄청난 양의 기록물이 남아 있다. 이처럼 이두는 우리 겨레의 글자살이의 한 축을 담당하면서 조선말까지 사용되었다. 그러나 15세기 이후의 이두는 투식(套式)화된 채 일부 계층에서만 사용되는 것이어서, 어휘적인 면을 제외하면 국어사적으로 큰 의미를 지니지 못한다.[9]

(4) 향찰(鄕札)

　ㄱ. 善化公主 主隱 他 密只 嫁良 置古 薯童 房乙 夜矣 夗乙 抱遣 去如『서동요』

　ㄴ. 善化公主, 主, 他, 密只, 嫁-, 置-, 薯童, 房, 夗, 抱-, 去-

　ㄷ. 隱[은], 良[-아], 古[-고], 乙[을], 遣[-고], 如[-다]

9　현재 알려진 이두의 음가는(예를 들면 '爲臥乎所'를 [ᄒᆞ누온바]'로 읽는 것.) 거의 대부분이 18세기에 간행된 이두 학습서의 기록에 의한 것이다. 고대나 중세의 이두 자료를 읽을 때에는 이 점을 간과해서는 안 된다.

향찰은 차자 표기에 의한 전면적인 우리말 문장 표기로서 (4ㄴ)과 같은 어휘 형태소는 물론이거니와 (4ㄷ)과 같은 문법 형태소까지 완전하게 표기한 것이다. (4ㄷ)의 문법 형태소는 각각 [ ]에 제시된 중세 국어 문법 형태에 대응되는데, 주제 보조사, 목적격 조사, 연결 어미, 종결 어미 등을 확인할 수 있다. 그 외 나머지 부분은 체언, 용언, 수식언 등 어휘 형태소들이다. 예를 들면, '嫁良'의 '嫁'와 '置古'의 '置'는 동사 어간에 해당한다. 그래서 '嫁良 置古'는 '*어라 두고(얼[嫁]-+-아 # 두[置]-+-고)'로 해독된다.

향찰식 차자 표기는 우리말의 첨가어적 성격을 그대로 반영하고 있다. 즉, 모든 어절은 '어휘 형태소 + 문법 형태소'의 순서대로 표기되며, 형식 형태소인 조사와 어미는 체언과 용언 어간 뒤에 차례대로 표기되어 있다. 이두가 한자 어휘나 구절을 그대로 이용하는 경우가 많은 데에 비해서, 향찰은 어휘부까지 완벽하게 차자 표기하고 있다는 점에서 큰 차이를 보인다. 향찰식 표기에 의한 향가는 『삼국유사』와 『균여전』에 모두 25수가 남아 있다. 그런데 향가의 해독은 아직까지도 불완전한 상태이다. 그것은 향찰식 차자 표기가 음 상만을 보여줄 뿐 그에 대응되는 의미는 드러내 주지 않기 때문이다.

(5) 구결

　ㄱ. 『訓民正音』

　　國之語音**이** 異乎中國**ᄒᆞ야** 與文字**로** 不相流通**ᄒᆞᆯᄊᆡ** 故로 愚民**이**…

　ㄴ. 『童蒙先習』

　　天地之間萬物之中**厓** 唯人**伊** 最貴**爲尼** 所貴乎人者**隱** 以其有五倫也**羅**

　ㄷ. 『舊譯仁王經』

　　① 信行乙 具足ッ二か 復ッ1 有ㅂナか 五道ㅂ 一切 衆生॥ 復ッ1

　　　有ㅂナか 他方ㅂ 不놋॥ㅌㅂ 可ㅂッ1 量ノㅎ、衆、

　　② 信行乙 具足ッ二か 復ッ1 五道ㅂ 一切 衆生॥ 有ㅂナか 復ッ1

　　　他方ㅂ 量ノㅎ 可ㅂッ1 不놋॥ㅌㅂ 衆 有ㅂナか

　　③ 信行乙 具足爲示旀 復爲隱 五道叱 一切 衆生是 有叱在旀 復爲隱

　　　他方叱 量乎音 可叱爲隱 不知是飛叱 衆 有叱在旀

　　④ 信行을 具足ᄒᆞ시며 ᄯᅩ흔 五道ㅅ 일체 즁싱이 잇겨며 ᄯᅩ흔

　　　他方ㅅ 혜욤 짓흔 안디이ᄂᆞᆺ 물 잇겨며

　　⑤ 신행을 두루 갖추시며 또한 오도의 모든 중생이 있으며, 또한

　　　타방의 헤아릴 수 없는 무리가 있으며

구결(口訣)은[10] 한문을 번역하기 위한 수단으로 사용된 것이다. 한문 문장을 의미 단위로 나누고, 그 의미 단위들이 문장 내에서 하는 기능에 맞게 우리말 문법 요소를 첨가한 것을 말한다. 구결은 사용 문자에 따라 (5ㄱ)의 한글 구결과 (5ㄴ,ㄷ)의 차자 구결로 나뉘고, 차자 구결은 다시 (5ㄴ)의 '음독(音讀) 구결'과 (5ㄷ)의 '석독(釋讀) 구결'로 갈라진다. **음독 구결**은 한문 원문의 순서대로 읽는데, **석독 구결**은 한문 원문을 우리말 어순으로 바꾸어 읽는다. 그리고 석독 구결은 어절 단위로 구결이 달린다는 것과, 어휘부도 우리말로 번역해서 읽는다는 점이 음독 구결과 다르다. 예를 들어, 한문 원문 '人'에 구결 'ㅋ[ㅁ]'을 기입한 '人ㅋ'이 있으면, 이것은 '人'을 'ㅁ'으로 끝나는 우리말로 읽으라는 뜻이다.[11] 따라서 '人ㅋ'은 [인]이 아니라 [사룸]으로 번역해서 읽게 된다. 이처럼 석독 구결은 음독 구결보다 훨씬 더 많은 문법 형태소를 표기하고 있으며, 철저하게 우리말 어휘와 우리말 어순으로 읽도록 고안된 것으로, 구결이 지시하는 대로만 읽으면 바로 번역문이 된다. (5ㄷ)의 ①은 원문이고 ②는 구결이 지시하는 순서대로 재배열된 것이며,[12] ③은 구결의 원자[原字]를 밝혀 적은 것이다. ④는 ③을 15세기 표기법에 따라 읽은 것이고, ⑤는 현대어로 해석한 것이다. (ㄷ③)을 (4ㄱ)의 향찰 표기와 비교해 보면 둘 사이에 차이를 발견하기 어렵다. 이는 곧 차자 표기 자료의 동질성과 체계성을 말해 주는 것이다.

석독 구결 자료는 이두나 향찰보다 문법 형태소의 표기가 훨씬 자세하다. 따라서 이 자료는 고대 국어의 문법 현상을 풍부하게 담고 있다는 점에서 매우 소중하며, 그동안 고대 국어의 문법 자료가 상대적으로 빈약했다는 점을 고려할 때 문법사 기술에 크게 기여할 수 있다. 현재까지 발견된 석독 구결 자료는 모두 12세기 초에서 13세기 말에 간행된 것들이다.[13]

---

10 언제부터인가 '구결(口訣)'로 통용되고 있지만, 원래 '口訣'은 우리말 '입겿'을 차자 표기한 것이다.

11 음절의 끝소리를 별도의 한자로 밝혀 적는 것을 '말음(末音) 표기'라 하는데, 주로 한자음으로 나타내기 어려운 우리말 음절을 표기할 때 쓰인다. 예를 들면 '곳'은 '庫叱'로 차자 표기하였다. 대표적인 말음 표기자로는 '只[ㄱ]', '隱[ㄴ]', '尸[ㄹ]', '音[ㅁ]', '邑[ㅂ]', '叱[ㅅ]', '次[ㅈ]' 등이 있다.

12 우리말 어순으로 읽게 하는 장치는, 한문의 왼쪽과 오른쪽에(①에서는 각각 위와 아래에) 구결을 구분해서 표기하는 것과 역독점(ヽ)의 사용이다. 이에 따르면 오른쪽 구결을 읽어 내려가다가 왼쪽 구결이 있으면 읽지 않고 건너뛰었다가, 역독점을 만나면 건너뛴 왼쪽 구결로 되돌아가서 읽는다. 중국어와 우리말의 어순 차이를 극복하기 위한 방법이다.

13 한편, 2000년에 '부호(符號) 구결'이 발견되었다. 부호 구결은 인쇄된 책에 뾰족한 것으로 눌러서 표시한 것으로 육안으로는 구분하기 어렵다. 일정한 부호와 점을 정해 두고 사각형 모양으로 된 한자 주변의 일정한 위치에 눌러 표시함으로써 해당 한자의 문장 성분이 무엇인지와 부가되는 문법 형태를 나타내고자 한 것이다. '각필(角筆) 구결' 혹은 '점토(點吐) 구결'이라고도 하며, 그간 여러 자료가 추가로 발견되었다.

현대시를 향가처럼 적을 수 있을까?

차자 표기에 쓰이는 한자는, 한자의 음을 빌리는 '음독자'와 의미를 빌리는 '훈독자'로 나뉜다. 그리고 각각을 한자의 원래 뜻을 살려 쓰는 것[讀]과, 의미를 고려하지 않는 것 [假]으로 나눌 수 있다. 결국 차자 표기 방식은 다음과 같이 네 가지 유형이 된다(남풍현 1981: 11-16 참조.).

① 훈독자(訓讀字): 한자의 훈을 빌리면서 한자의 뜻을 살려 표기하는 것.
② 음독자(音讀字): 한자의 음을 빌리면서 한자의 뜻을 살려 표기하는 것.
③ 훈가자(訓假字): 한자의 뜻은 고려하지 않고 훈만을 빌려 표기하는 것.
④ 음가자(音假字): 한자의 뜻은 고려하지 않고 음만을 빌려 표기하는 것.

한자 '春'을 예로 들면, ① 훈독자는 '春'이라 적고 'spring'이라는 뜻을 가진 [봄]으로 읽는 것이고, ② 음독자는 'spring'이라는 뜻을 가진 [춘]으로 읽는 것을 말한다. ③ 훈가 자는 '春'을 동사 '보[見]-'의 명사형 [봄]으로 읽는 것과 같은 경우이고, ④ 음가자는 우 리말 '삼춘'을 소리나는 대로 적은 '三春'의 '춘'과 같은 경우이다.

이 네 가지 원리를 이용하면 지금도 향가처럼 충분히 적을 수 있다. 두 가지 예를 들어 보기로 한다. ① '나를 버리고 가시는 님은'은 '吾乙 捨是古 去示飛隱 主隱' 쯤이 되겠는 데, '乙'은 목적격 조사로 고대 국어에서도 쓰였고, '捨'는 어간이므로 석독하고, '是'는 고 대 국어에서도 [이]로 읽힌 말음 첨기이므로 '捨是'는 '부리-'로 읽을 수 있다. '古' 역시 향가에 나오는 연결어미 '-고'이다. '去'는 어간이므로 석독해서 '가-'로 읽고, '示'는 주체 존대 '-시-'로, '飛'는 이두나 구결에도 쓰인 '-ᄂ-'이며, '隱'은 관형사형 어미 '-ㄴ'을 적 은 것으로 하면 된다. '主'는 서동요에 쓰인 '님'을 적은 것이고, 마지막의 '隱'은 차자 표 기에서 주제보조사 '은'을 적은 한자이다. 따라서 이 구절의 중세 국어 대응형은 [나롤 부 리고 가시는 니믄]이 된다. 이와 같은 방법으로 ② '이름 없는 꽃이'를 차자 표기하면 '名 音是 無叱隱 花伊' 정도가 되는데, 그 중세 국어 대응형은 [일호미 업슨 고지]가 된다.

2. 국어사의 시대 구분

국어가 언제부터 시작되었는지는 분명하게 말하기 어렵다. 비교 연구를 이용한 국어의 계통 연구가 국내외에서 꾸준히 있어 왔지만, 국어의 조상 언어[祖語]가 어떤 언어인지에 대해서는 아직까지 안심하고 받아들일 만한 이론이 수립되지 못했다. 지금까지 제기된 여러 학설 중 그 어느 것도 확실한 증거를 보여주지 못하고 있다.

국어의 계통을 말한 대표적인 이론이 바로 '**알타이 어족설**'이다. 국어가 '만주–퉁구스어', '몽골어', '튀르크어' 등과 함께 알타이 어족에[14] 속할 가능성이 있다는 것인데 여전히 가설의 단계에 머물러 있다. 이 가설에 따르면, 국어와 함께 일본어도 이 어족에 속한다. 하지만 한국어 및 일본어와 나머지 세 언어와의 관계는 물론이고 한국어와 일본어 두 언어 사이의 관계도 명확하게 밝혀져 있지 않다.

알타이 어족설을 받아들이는 주장에 따르면, 국어는 알타이 조어에서 갈라져 나온 '부여·한 공통 조어'에서 비롯되며, 이 공통 조어는 다시 북방계의 '원시 부여어'와 남방계의 '원시 한어'로 나누어진다. 그리고 원시 부여어는 고구려어, 원시 한어는 백제어와 신라어로 연결되는 것으로 추정하고 있다. 곧, 역사 이전 시대에 한반도에서는 고구려어를 중심으로 한 북방계 언어와, 신라·백제어를 중심으로 한 남방계 언어로 나누어져 있었다고 보는 것이다. 하지만 우리말의 시작 시점부터 삼국 시대에 이르기까지는 우리말의 형성과 변화 과정을 보여주는 자료가 현존하지 않는다. 국어의 구체적인 모습을 살필 수 있는 자료가 나타나기 시작한 것은 삼국 시대 때부터이다. 따라서 이른바 고구려어, 백제어, 신라어로 대표되는 삼국 시대 국어부터 실질적인 국어사 기술이 가능하다.

더 알아보기

 삼국 시대에는 통역관이 필요했을까?

영화 '황산벌'에는 경상 방언과 전라 방언이 흥미진진하게 구사된다. 물론 오늘날의 방언이다. 이 영화를 보면서 우리는 한 가지 의문을 가지게 된다. 과연 고구려 사람과 신라 사람이 만났을 때 통역관이 필요했을까? 이 질문은 삼국의 언어 차이가 '방언적'인 것이

---

14 계통론 분야에는 '알타이 어족설' 자체를 부인하는 'anti-Altaische' 이론도 있다.

었는지 아니면 '언어적' 차이였는지를 묻는 것과 같다. 우리가 '일본어', '독일어', '중국어' 등과 같은 표현은 자연스러운 것으로 받아들이지만, '경상어', '함경어', '전라어' 등과 같은 표현은 사용하지 않는데 이 차이가 바로 '방언'과 '언어'의 차이이다. '언어적' 차이는 학습하지 않으면 대화가 거의 불가능한 경우를 말한다. 현재 국어학계에서는 고구려어와 신라어가 달랐다고 하는 학설과 세 나라의 언어 사이에는 방언적 차이만 있었다는 학설이 대립되어 있다.

국어사에서, 시대 구분은 국어의 변천 과정을 구체적으로 제시하는 기본적인 틀인 동시에 변화 과정을 분석한 결과이기도 하다. 따라서 국어사는 어떤 사관(史觀)으로, 시대 구분을 어떻게 하느냐에 따라 그 결과가 달라진다.

일반적으로 언어사에서는 '체계적이고도 큰 변화'를 기준으로 '고대 국어', '중세 국어' 등과 같이 '~어(語)'라는 말을 붙인다. 세종대왕 시절의 언어를 '중세 국어'라 하고 지금 우리가 쓰는 말을 '현대 국어'라 하여 구분하는 것은, 지금의 우리는 세종대왕 시절의 말을 '학습하지 않으면' 그때의 소리값대로 읽지도 못하고 이해하기도 어렵고, 그 반대도 마찬가지이기 때문이다.

국어사 시대 구분의 기준은 마땅히 우리말의 체계적인 큰 변화에 두어야 한다. 왜냐하면, 국어사는 '말의 역사'이므로 국어와 '관련된' 역사 곧 **언어 외사**(外史)가[15] 아니라 국어 자체의 변화 곧 **언어 내사**(內史)라야 하기 때문이다. 예를 들어, 국어사를 '고대 국어, 중세 국어, 근대 국어'로 시대 구분하였다면 이는 국어가 역사적으로 크게 두 번 바뀌었다는 뜻이 되며, 이런 시대 구분이 타당성을 가지려면 두 번의 큰 변화에 대한 구체적인 국어학적 증거들이 있어야 한다.

삼국 시대 이후 국어는 많은 변화를 겪어 오늘날의 모습을 지니게 되었는데, 그 변화 과정을 크게 나누면 다음과 같다.

(6) 국어사의 시대 구분 (이기문 1998 참조)

    ㄱ. 고대 국어   :   삼국 시대 ~ 통일 신라 멸망 (AD 935까지)

---

15 언어 외사의 대표적인 예가 '왕조의 교체'나 '전쟁'이다. 이런 외사를 기준으로 국어사의 시대 구분을 한 경우도 많았다. 지금까지 이루어진 국어사 시대 구분의 현황과 그 문제점에 대해서는 김동소(2007: 15-28)에 자세히 제시되어 있다.

ㄴ. 전기 중세 국어 : 10세기 초 ~ 14세기 말

ㄷ. 후기 중세 국어 : 15세기 초 ~ 16세기 말

ㄹ. 근대 국어   : 17세기 초 ~ 19세기 말

ㅁ. 현대 국어   : 20세기 초 ~ 현재

(6)에 따르면, 우리말은 네 차례에 걸쳐서 크고 작은 변화를 겪었다. 고대 국어는 고구려, 백제어, 신라어로 출발했지만 신라에 의한 삼국 통일 과정을 겪으면서 신라어를 중심으로 언어도 통일되는 양상을 보이게 된다. 신라어를 중심으로 한 고대 국어는 고려가 건국되는 10세기 초까지 계속된다.

고려의 건국으로 언어의 중심이 경주말에서 개성말로 바뀌게 된다. 즉, '중앙어'가[16] 경주말을 중심으로 한 남부 방언에서 개성말을 중심으로 하는 중부 방언으로 이동했고, 그 결과 국어가 새로운 시기로 접어들게 되는데, 이 때가 바로 중세 국어가 시작되는 시기이다. 중세 국어는 조선 건국과 훈민정음 창제라는 언어 외사를 거치면서 16세기 말엽까지 지속된다.

중세 국어는 다시 고려 시대 국어를 중심으로 한 전기 중세 국어와, 조선 건국 이후의 국어를 중심으로 한 후기 중세 국어로 나누어진다. 이런 언어 외사 말고도, 중세 국어를 전기와 후기로 나눈 것은 이 사이에 우리말 자체가 변화했다고 보기 때문인데, 그 구체적인 증거의 하나가 부분적인 '모음 추이'이다('모음 추이'는 아래 3.2. 참조). 전기 중세 국어 시기에는 고대 국어보다는 비교적 풍부한 차자 표기 자료가 남아 있어서 그 모습을 살피는 데에 많은 도움을 준다. 이와는 달리 '훈민정음'의 창제와 함께 시작된 후기 중세 국어는 한글로 표기된 수많은 자료가 있어서 15·6세기의 국어에 대한 자세한 정보를 얻을 수 있다. 조선 건국에서 비롯된 후기 중세 국어는 16세기 말엽이 되면 국어의 여러 부면에서 또 한 번의 큰 변화를 겪게 되는데, 이 변화를 중시하여 이후의 국어를 근대 국어라 하고 앞 시대와 구분하게 된다.

17세기부터 국어는 음운 체계상의 큰 변화와 함께 어휘, 문법 분야에서도 차츰 중세 국어보다는 현대 국어와 더 가까운 모습을 띠기 시작한다. 일부 음소의 비음운화와 이중 모음의 단모음화 외에도 여러 통시적 음운 변화 현상이 발생하고, 중세 국어 시기의 어휘

---

16 이른바 '중앙어' 문제는 삼국의 언어를 동질적인 것으로 보느냐 아니면 이질적인 것으로 보느냐 하는 관점과 직접 관련된다.

가 일부 소멸됨과 동시에 새로운 어휘가 대량으로 유입되는 등의 어휘 체계의 바뀜과 같은 큰 변화의 구체적인 예들이 있다. 후기 중세 국어와는 다른 모습의 근대 국어는 19세기 말까지 지속되다가 20세기에 접어들면서 현대 국어의 면모를 보여 주게 된다.

20세기 이후의 국어를 근대 국어와 구분하여 현대 국어라 한 것은, 개화기를 기점으로 근대화하면서 국어의 여러 부면에서 다시 변화를 보이기 때문인데, 특히 어휘 체계와 문법 분야에서 크게 달라진 모습을 보인다. 이 시기에는 일본어와 함께 서구어 특히 영어의 직접적인 영향을 받기도 한 시기이다.

더 알아보기

국어사의 시대 구분을 할 때, 흔히 '조선의 건국'이나 '훈민정음의 창제' 그리고 '임진왜란' 등과 같은 언어 외사를 기준으로 하는 경우가 많은데 이는 바른 태도가 아니다. 조선의 수도인 한양은 개성과 함께 같은 중부 방언권에 속하는 지역이고, 한글 창제는 말의 달라짐을 반영한 것이 아니라 단지 말을 표기하기 위한 수단을 만든 것이기 때문이다. 후기 중세 국어와 근대 국어 사이에 있었던 임진왜란도 언어 변화의 큰 원인이 되지는 못한다. 임진왜란 이후에 보이는 국어의 변화된 모습들은 이미 임진왜란 이전에 일어난 것이 사실이다. 국어가 몇 번이나 크게 변화했는지 살펴보는 일은, 철저하게 남아 있는 국어 자료를 바탕으로 해야 한다. 결국 국어사의 시대 구분은, 국어사상에 남아 있는 자료를 어떻게 해석하느냐는 문제와 직결된다.

김동소(2007: 15-28)에서는 이러한 비판적 고찰을 한 뒤 국어사에 남아 있는 자료를 분석한 결과를 바탕으로, 5세기 이래 국어가 크게 두 번 변했다고 보고, 그 시대 구분을 '고대 한국어[자료 출현(414년 광개토대왕비)~13세기 중엽]', '중세 한국어[13세기 후반~18세기 초]', '근대 한국어[18세기 초반~]'와 같이 하였다. 즉, 국어사의 시작을 5세기 우리말 자료의 출현으로 잡고 13세기 중엽까지를 고대 한국어로 하였다. 13세기 말엽에 국어는 자음 체계상의 큰 변화와 부분적인 모음 추이라는 변화를 겪게 되어 고대 한국어와는 많이 달라진 중세 한국어로 넘어가게 되고, 중세 한국어는 17세기까지 지속된다. 근대 한국어의 시작을 18세기 초반으로 한 것은, 이 무렵 자음 체계는 중세 한국어와 크게 달라지지 않았지만, 모음 체계는 일부 모음의 비음운화, 이중 모음의 단모음화를 비롯하여 원순모음화, 구개음화, 전설모음화 등과 같은 체계상의 큰 변화를 겪었고 어휘 체계역시 많은 변화를 겪어 중세 한국어와 크게 달라졌다고 보기 때문이다.

3. 음운의 변화

여기서는 먼저 자음과 모음 체계를 시기별로 비교해 봄으로써 국어의 음운 체계가 역사적으로 어떠한 변화를 겪었는지를 알아보고, 음절 구조의 변화 양상도 함께 살펴본다. 그런 다음 중세 국어와 근대 국어 사이에 일어난, 주요 통시적 음운 변화 현상을 정리해 보기로 한다.

3.1. 자음 체계의 변화

국어사의 각 시기별 **자음 체계**를 정리하면 아래와 같다.[( ) 안에 표기한 것은 현대 국어의 음소 표기임.]

(7) 자음 체계의 변화 (이기문 1998 참조)

ㄱ. 고대 국어　　　: p(ㅂ), t(ㄷ), ts(ㅈ), k(ㄱ), p^h(ㅍ), t^h(ㅌ), ts^h(ㅊ), k^h(ㅋ),
　　　　　　　　　　m(ㅁ), n(ㄴ), r(ㄹ), $ŋ$(ㆁ), s(ㅅ), h(ㅎ)

ㄴ. 전기 중세 국어 : p(ㅂ), t(ㄷ), ts(ㅈ), k(ㄱ), p^h(ㅍ), t^h(ㅌ), ts^h(ㅊ), k^h(ㅋ),
　　　　　　　　　　m(ㅁ), n(ㄴ), r(ㄹ), $ŋ$(ㆁ), s(ㅅ), h(ㅎ),
　　　　　　　　　　p'(ㅃ), t'(ㄸ), ts'(ㅉ), k'(ㄲ), s'(ㅆ), $ß$(ㅸ), z(ㅿ)

ㄷ. 후기 중세 국어 : p(ㅂ), t(ㄷ), ts(ㅈ), k(ㄱ), p^h(ㅍ), t^h(ㅌ), ts^h(ㅊ), k^h(ㅋ),
　　　　　　　　　　m(ㅁ), n(ㄴ), r(ㄹ), $ŋ$(ㆁ), s(ㅅ), h(ㅎ), $ɦ$(ㅇ),
　　　　　　　　　　p'(ㅃ), t'(ㄸ), ts'(ㅉ)[17], k'(ㄲ), s'(ㅆ), $ß$(ㅸ), z(ㅿ)

ㄹ. 근대 국어　　　: p(ㅂ), t(ㄷ), $tɕ$(ㅈ), k(ㄱ), p^h(ㅍ), t^h(ㅌ), $tɕ^h$(ㅊ), k^h(ㅋ),
　　　　　　　　　　m(ㅁ), n(ㄴ), r(ㄹ), $ŋ$(ㆁ), s(ㅅ), h(ㅎ),
　　　　　　　　　　p'(ㅃ), t'(ㄸ), $tɕ'$(ㅉ), k'(ㄲ), s'(ㅆ), $ç'$(ㆅ)[18]

17　후기 중세 국어 문헌에는 [찌]을 적었을 법한 'ㅆ'이 확인되지 않는다. 그렇지만 'ㅈ'의 된소리가 없었다고 말하기는 어렵다. 김동소(2007: 197-199)에서는 'ㅳ'이 그 역할을 했을 것으로 추정하고 있다.

18　근대 국어의 'ㆅ'은 17세기 문헌에 'ㅵ'으로 표기된 예가 '혀' 하나만 나타날 뿐이어서 실재한 음소로 보기 어려운 측면이 있다.

고대 국어의 자음 체계는, 남아 있는 차자 표기 자료와 중세 국어를 근거로 추정할 수 있다. 고대 국어 자음 체계의 가장 큰 특징은 평음과 유기음 계열은 있었지만 된소리 계열은 확인되지 않는다는 점이다.『삼국사기』의 지명 차자 표기 '居柒夫 或云 荒宗'(권44)과 '東萊郡 本 居柒山郡'(권34)을 예로 들면, 여기의 '荒, 萊'의 훈 즉 새김이 '居柒'로 표기되어 있는데 이에 대응하는 중세 국어로 '거츨-'이 있고, 차자로 쓰인 '柒'이 차청자(次淸字)라는 사실이 고대 국어에 유기음이 있었음을 말해 준다. 차청자에 속하는 한자는 중세 국어의 전통 한자음에 모두 유기음으로 반영되어 있기 때문에 이 글자가 유기음으로 읽혔을 가능성이 높은 것이다.

전기 중세 국어에 이르면 고대 국어에 없었던 된소리 계열이 생겨나게 된다. 물론 이 시기에도 된소리 계열의 자음을 확인해 주는 결정적인 자료는 없지만 후기 중세 국어 시기에 된소리 체계가 확립된 것을 고려하면 존재했던 것으로 추정된다. 마찬가지로 후기 중세 국어에 보이는 'ㅸ', 'ㅿ' 등과 같은 **유성 마찰음**이 이 시기에도 있었던 것으로 보인다. 'ㅸ'과 달리 'ㅿ'은 표기에 반영된 예를 찾을 수 있다. 예를 들면, '弟曰了兒'(『계림유사』)의 '了兒'는 중세 국어 '아ᅀᅳ'에 대응되는데 일모자(日母字) '兒'가 쓰였다. 일모자의 초성은 전통 한자음에 'ㅿ'으로 반영되어 있다.

후기 중세 국어의 자음 체계는 전기 중세 국어와 큰 차이를 보이지 않는다. 어두의 병서 표기(ㅆ, ㅼ, ㅺ, ㅆ, ㆅ)를 통해서 된소리의 존재를 명확히 알 수 있다. 다만, 파찰음 'ㅈ'의 된소리 표기인 'ㅉ'은 확인되지 않지만 현실음에는 존재했을 것으로 보인다. 그리고 'ㅿ', 'ㅸ', 'ㅇ' 등은 유성 마찰음 계열을 이룬다. 'ㅸ'은 양순 유성 마찰음 [ß], 'ㅿ'은 치조 유성 마찰음 [z], 'ㅇ'은 후두 유성 마찰음 [ɦ]이다. 'ㅸ'은 15세기 중반부터, '셔볼 > 서울', '더버 > 더워', '쉬본 > 쉬운' 등과 같이, 반모음 [w]('ㅘ, ㅝ'의 'ㅗ, ㅜ')로 바뀌기 시작한다. 'ㅿ'은 'ᄆᆞᅀᆞᆷ > 마음', '처섬 > 처음', '아ᅀᅮ > 아우' 등과 같이 16세기 말에 완전히 소멸되어 17세기 이후 문헌에서는 찾아볼 수 없다.

후기 중세 국어의 자음 가운데 현대 국어와 가장 큰 차이를 보이는 것은 파찰음이다. 고대 국어부터 이 시기에 이르기까지 'ㅈ'은 치조음 [ts]이었으나 차츰 경구개 위치로 옮겨 가서 경구개음 [tɕ]으로 바뀌어 오늘날에 이르게 되었다.

근대 국어로 넘어 오면, 자음 체계는 현대 국어와 유사한 체계를 가지게 되는데, 후기 중세 국어에 존재했던 유성 마찰음 계열의 'ㅸ', 'ㅿ', 'ㅇ'이 없어지고 'ㅉ'이 나타남으로써, 된소리 계열도 완전한 체계를 형성한다. 15세기 후반에 사라진 것으로 보이는 'ㆅ'의 흔적도 보인다.

결국 국어 자음 체계의 변화는, 된소리 계열의 유무와 그 체계의 자리잡기 그리고 유성 마찰음 계열의 존재와 사라짐을 특징으로 한다고 요약할 수 있겠다.

3.2. 모음 체계의 변화

각 시기별 단모음 체계는 다음과 같다. 전체적으로 볼 때, 단모음 체계 변화의 큰 원인은 부분적인 모음 추이, 비음운화, 이중 모음의 단모음화로 요약된다.

(8) 모음 체계의 변화 (이기문 1998 참조)

고대	ㅣ[i]	ㅡ[ɔ̈]	ㅓ[ä]	ㅜ[ü]	ㅗ[u]	·[ɔ]	ㅏ[a]				
전기 중세	ㅣ[i]	ㅡ[ə]	ㅓ[e]	ㅜ[ü]	ㅗ[u]	·[ɔ]	ㅏ[a]				
후기 중세	ㅣ[i]	ㅡ[ɨ]	ㅓ[ə]	ㅜ[u]	ㅗ[o]	·[ʌ]	ㅏ[a]				
근대	ㅣ[i]	ㅡ[ɨ]	ㅓ[ə]	ㅜ[u]	ㅗ[o]		ㅏ[a]	ㅔ[e]	ㅐ[ɛ]		
현대	ㅣ[i]	ㅡ[ɨ]	ㅓ[ə]	ㅜ[u]	ㅗ[o]		ㅏ[a]	ㅔ[e]	ㅐ[ɛ]	ㅟ[ü]	ㅚ[ö]

고대 국어에서 후기 중세 국어까지의 단모음의 수는 7개로 동일했다. 다만, 일부 모음의 음가 즉 조음 위치가 달랐다. 후기 중세 국어의 'ㅡ'와 'ㅓ'에 대응되는 모음의 음가가 고대 국어(ㅡ[ɔ̈], ㅓ[ä])와 전기 중세 국어(ㅡ[ə], ㅓ[e])에서 서로 달랐음을 보여준다. 그리고 전기 중세 국어와 후기 중세 국어는 'ㅜ'와 'ㅗ'의 음가도 서로 달랐다. 이런 변화는 모음 체계상에서 음소의 연쇄적인 자리 옮김이 있었음을 말해 주는 것인데, 이를 **모음 추이**(母音推移, vowel shift)'라 부른다.[19] 이를테면, 15세기의 'ㅗ[o]'는 고대 국어 시기에는 'ㅜ[u]'였다는 것으로, 후기 중세 국어의 '곰곰이'라는 말은 고대 국어부터 전기 중

---

19 모음 추이는 모음 체계 내의 모음의 연쇄 이동으로 체계 전체가 다른 구조로 변화하는 것을 말한다. 전기 중세 국어에서 후기 중세 국어로의 모음 추이는 모음 'ㅓ[ㅕ]'가 뒤쪽으로 밀리면서 시작되어 'ㅡ'의 상성 → 'ㅜ'의 후설화 → 'ㅗ'의 하강 → 'ㆍ'의 하강이 연쇄적으로 일어난 것이다(이기문 1998: 150-151 참조).

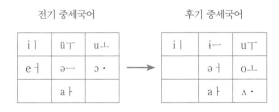

세 국어까지 [*굼굼이]로 발음되었음을 뜻한다. 일반적으로 'ㅟ[ü], ㅗ[u]'가 'ㅜ[u], ㅗ[o]'로 자리를 옮긴 시기를 14세기경으로 보고 있다. 그런데 고대 국어와 전기 중세 국어의 차자 표기 자료에서는 모음 'ㅡ'와 'ㆍ'에 대응되는 자형은 찾아지지 않는다(이기문 1998: 86). 다만 자음의 경우와 마찬가지로 후기 중세 국어를 근거로 추정할 뿐이다.

후기 중세 국어는 한글 자료를 통해서 7모음 체계가 확립되었음을 분명히 확인할 수 있다. 7모음 체계는 근대 국어로 넘어오면서 큰 변화를 겪게 된다. 첫 번째 변화는 'ㆍ'의 비음운화가 일어나 음소 기능을 상실한 것이다. 16세기 무렵 '기ᄅ마[鞍] 〉 기르마', '조ᅀᆞ로이 〉 조소로이', '말ᄆᆡ[由] 〉 말믜' 등과 같이 'ㆍ'는 둘째 음절 이하에서 먼저 'ㅡ'로 바뀌기 시작하여(제1단계 'ㆍ' 비음운화), 이후 'ᄀᆞ래[楸] 〉 가래', 'ᄅᆡ년[來年] 〉 래년' 등과 같이 첫째 음절에서도 'ㅏ'로 변화하였다(제2단계 'ㆍ' 비음운화). 이로 인해 많은 어휘들이 형태 변화를 겪게 되었다. 물론 모든 'ㆍ'가 'ㅡ'나 'ㅏ'로만 바뀐 것은 아니다. 하지만 'ㆍ'는 문자로서의 기능만은 계속 남게 되어 20세기 한글맞춤법이 제정될 때까지 사용되었다. 두 번째 변화는 이중 모음의 단모음화이다. 후기 중세 국어에서는 이중 모음이었던 'ㅔ[əj]'와 'ㅐ[aj]'가 각각 단모음 'ㅔ[e]', 'ㅐ[ɛ]'로 변화하여 단모음 체계 안에 자리잡게 되고 그 결과 단모음은 7모음 체계에서 8모음 체계로 변화한다. 이후 현대 국어에 이르면 이중 모음 'ㅟ[uj]'와 'ㅚ[oj]'도 단모음으로 바뀌게 되어 근대 국어의 8모음 체계는 지금과 같은 10모음 체계로 변화한다.

중세 국어의 **이중 모음**은 현대 국어와 많이 다르다. 중세 국어에는 주모음(主母音)이 부모음(副母音)보다 앞서는 하향 이중 모음이 현대 국어보다 훨씬 많았다. 즉, 중세 국어에서는 'ㅐ[aj], ㅔ[əj], ㅚ[oj], ㅟ[uj], ㅢ[ij], ㅓ[ʌj]' 등이 모두 하향 이중 모음이었다. 이 가운데 'ㅐ[aj], ㅔ[əj], ㅚ[oj], ㅟ[uj]' 등은 위에서 살펴본 대로 단모음으로 바뀌었고, 'ㆎ[ʌj]'는 'ㆍ'의 비음운화로 'ㅢ'로 통합되었다. 다만, 'ㅢ[ij]'만이 현대 국어에서도 하향 이중 모음으로 남아 있을 뿐이다.

중세 국어의 문헌은, 방점(傍點)을 이용하여 성조(聲調)를 표기한 것이 특징이다. 낮은 소리 평성은 점을 찍지 않았으며(곶[花]), 높은 소리 거성은 점 하나를(·플[草]), 낮았다가 높아지는 소리인 상성은 두 점을 찍어 표시하였다(:별[星]).[20] 명사는 성조 표기가 대개 고정적이지만 동사는 연결되는 어미에 따라 변동되기도 하였다. 성조 표기는 16세기 중엽 흔들리기 시작하여 말엽부터는 나타나지 않는데, 이것은 이 시기에 성조가 비

---

20 이런 성조 표기를 근거로 중세 국어를 '성조 언어'라고 단정하는 것은 잘못이라는 비판이 있다.

음운화되었기 때문이다. 평성과 거성은 현대 국어의 짧은 소리로, 상성은 긴 소리로 이어진다. 다만, 현대 국어의 긴소리는 제1 음절에서만 유지된다는 점이 중세 국어와 다르다. 현재 경상도와 함경도 방언 그리고 강원도 일부 방언에서는 여전히 성조가 변별적으로 작용한다.

더 알아보기

현존하는 고대 국어 시기 차자 표기 자료는 국어 음운 체계의 변화 과정을 사뭇 다르게 볼 수도 있음을 보여준다. 김동소(2007: 62-80)의 설명을 예로 하여 비교해 보자.

자음의 경우, '大山 : 泰山'이나 '未照(祖)王 : 未鄒王' 등과 같은 많은 예가, 동일한 형태를 평음과 유기음으로 적고 있는데,[21] 이는 평음과 유기음 계열이 음소로 명확하게 구분되지 않았다는 증거가 될 수 있다. 이런 관점에 따르면, 이른 시기 고대 국어에는 '骨正 : 忽爭'이나 '成忠 : 淨忠' 등의 이표기에서 알 수 있듯이 파찰음과 마찰음이 구분되지 않았고, 'ㅎ'도 이른 시기에는 아직 음소로 존재하지 않았다는 결론에 도달하게 된다. 결국 유기음과 된소리 계열은 중세 국어 시기에 와서 완전한 음소로 확립된다. 여기에 중세 국어의 유성 마찰음을 음소가 아닌 절충식 표기로 보는 관점을 더하면, 이른 시기 고대 국어 자음 체계는 'ㅂ, ㄷ, ㄱ, ㅁ, ㄴ, ㄹ, ㆁ, ㅅ'이 되고 'ㅈ, ㅎ'은 고대 국어 후기에 생성된 것이 된다. 중세 국어에 와서 유기음과 된소리 계열 'ㅋ, ㅌ, ㅍ, ㅊ, ㅽ, ㅼ, ㅺ, (ㅃ), ㅆ'이 음소로 자리를 잡고, 근대 국어는 된소리가 완전한 체계를 형성하여(ㅃ, ㄸ, ㄲ, ㅉ, ㅆ) 현대 국어와 같은 체계를 가지게 된다.

모음의 경우에도 남아 있는 차자 표기 자료는, 중세 국어의 'ㆍ'와 'ㅡ'에 대응하는 한자 용자를 보여 주지 않는다. 더구나 고대 국어 자료에서는 중세 국어의 모음 'ㆍ'가 'ㅏ, ㅗ, ㅜ, ㅣ' 등과 혼기되거나, 'ㅡ'가 'ㅓ'와 혼기되는 예들이 많이 나타난다. 예를 들면, '近品縣 : 巾品縣', '呑(튼) : 旦(단) : 頓(돈)', '思(ㅅ)道 : 息道' 등이 그러하다. 이런 현상에 주목하면 고대 국어의 단모음 체계에 중세 국어의 'ㆍ'와 'ㅡ'에 대응하는 모음을 설정하기 어렵게 된다. 결국 고대 국어의 단모음은 'ㅣ[i], ㅓ[ä], ㅜ[ü], ㅗ[u], ㅏ[a]'의 5모음 체계가 된다. 이후에 중세 국어로 넘어가는 시기에 'ㅡ'가 생성되어 15세기에는 'ㅣ, ㅓ, ㅏ, ㅗ, ㅜ, ㅡ'와 같이 6모음 체계로 변화하게 된다.

---

21 이처럼 같은 어휘를 다른 한자를 이용하여 표기한 것을 이표기(異表記) 또는 복수표기라 하는데, 이표기의 존재는 차자 표기 해독에 정확성을 보장해 준다.

3.3. 음절 구조 제약의 변화

중세 국어 음절 구조의 가장 큰 특징은 현대 국어에는 없는 어두 자음군이 존재했다는 점이다. **어두 자음군**이란, 어떤 단어의 첫소리 위치에서 자음이 두 개 이상 연이어 소리 나는 것을 말한다. 이 시기의 어두 자음군은 '뿔[米]', '뜯[意]', '빼[時]' 등과 같이 'ㅂ'계 혹은 'ㅄ'계 합용 병서로 표기되었는데, 여기의 첫소리 'ㅂ'이 [p]로 실현되었을 것으로 보고 있다. 예를 들면, '흔쁴'는 후대 자료에서 1음절 종성 'ㄴ'이 'ㅁ'으로 변화된 '홈쯰'로 나타나는데, 이런 변화는 2음절 초성 'ㅂ'이 소리가 나지 않고서는 일어날 수가 없다. 이는 'ㅲ'가 [ㅂ]과 [ㄲ]으로 나뉘어 실현되었다는 것을 말한다. 현대 국어의 합성어 '좁쌀, 휩쏠리다' 등에 나타나는 'ㅂ'도 중세 국어 어두 자음군 'ㅄ'의 흔적이다('뿔', '쁠-' 참조). 어두 자음군은 16세기가 지나기 전에 모두 된소리로 바뀌고 만다. 한편, 고대 국어 차자 표기 자료에도 어두 자음군이 있었음을 보여 주는 예는 나타나지 않는다.

『훈민정음』 해례에는 '終聲復用初聲'이라는 설명이 있는데 이를 '모든 초성이 종성 자리에 다시 쓰인다.'라고 해석할 수는 없다. 이 규정은 종성을 적기 위한 글자를 따로 만들지 않는다는 것일 뿐, 모든 초성 자음이 종성 자리에서 제 음가대로 실현된다는 뜻은 아니었다. 실제로 음소적 표기법을 취했던 중세 국어의 표기 양상을 보면 종성에 모든 초성이 다 나타나지 않으며, 이는 현대 국어에서도 마찬가지이다.[22] 예를 들면, '낮, 낱, 났, 낟, 낮, 낳, 낫' 등은 모두 같은 소리 '낟[nat⌐]'으로 중화되어 실현된다. 다만, 후기 중세 국어는 현대 국어와 달리 'ㅅ'도 종성에 표기되었다. 이에 대한 해석은 두 가지로 갈라진다. 먼저, 중세 국어 시기에는 음소적 표기 즉, 소리 나는 대로 적었으므로 종성 위치에 표기된 'ㅅ'은 'ㄷ'과 변별되었다는 주장이 있다. 이에 대하여 '졷ᄌᆞ봐 : 좃ᄌᆞ봐'와 같이 동일 문헌 안에서의 'ㅅ'과 'ㄷ'의 혼기 예가 많다는 점, 음성학적으로 'ㅅ'의 내파음이 어떤 소리인지 판단하기 어렵다는 점 등을 근거로, 종성의 'ㅅ'도 절음(내파)화했다고 보고 그 음가를 [t⌐]이라 하는 경우도 있다.

---

22 고대 국어 시기에는 음절말 위치에서 모든 소리가 변별적이었다고 보는 것이 통설이다. 다시 말하면 음절말의 자음이 외파(explosive)되었다는 뜻이다.

3.4. 통시적 음운 변화

통시적 음운 변화란, 기저형이 바뀌는 음운 현상을 말한다. 위에서 든, 중세 국어의 '흔 ᄢᅴ'는 '홈ᄭᅴ'를 거쳐 '함께'로 바뀐다. 그 과정은, 먼저 공시적 음운 변동인 'ㄴㅂ → ㅁㅂ' 의 교체를 겪어 '홈ᄭᅴ'가 되고, 이것이 기저형으로 굳어지면서 더 이상 '흔ᄢᅴ'는 쓰이지 않게 된다. 이후 '홈ᄭᅴ'는 다시 'ㆍ'의 비음운화와 제2 음절 모음의 변화를 거쳐 새로운 기 저형 '함께'가 된 것이다. 현대 국어 화자들은 '함께'의 제1 음절 종성이 원래 'ㄴ'이었다 고 생각하지 못한다. 여기서는 중세 및 근대 국어 시기에 일어난 주요 통시적 음운 변화 몇 가지를 살펴보기로 한다.

먼저 **치조음 앞의 'ㄹ' 탈락** 현상이 있다. 중세 국어의 치조음 'ㅅ, ㄴ, ㄷ, ㅈ, ㅿ' 등은 [+설정성](coronal) 자질을 가지는데 이들에 선행하는 'ㄹ'은 탈락하는 것이 일반적이었 다. 그런데 고대 국어에서는 이 규칙이 적용되지 않았다. 13세기 자료『향약구급방』에는 약재명 '苦蔘'의 우리말이 '板麻'로 표기되어 있다. 이 어휘의 15세기 대응형이 '너삼'임 을 고려하면, '板[널 판]'과 '麻[삼 마]'는 다 석독자로서 각각 '널'과 '삼'으로 읽혔을 것이 다. 만약 제1 음절이 '너'였다면 '板'자가 아니라, 같은 책의 다른 차자 표기에 사용된 '汝 [너 여]'자를 썼을 것이다. '板'자를 쓴 것은 제2 음절 초성에 치조음이 왔더라도 제1 음절 종성 'ㄹ'이 탈락하지 않았기 때문이며, 결국 이 표기는 '*널삼'으로 읽혔을 것이다. 같은 책에 나오는 '麥門冬'의 우리말 차자 표기 '冬乙沙伊'의 '冬乙'도 '겨슬'로 읽지 않을 수 없 다. '乙'은 종성의 'ㄹ'음을 적는 말음 표기이기 때문이다. '겨슬' 다음에 '사리'가 와서 'ㄹ ㅅ'의 연쇄가 되었음에도 'ㄹ'이 탈락되지 않았음을 보여준다. 15세기의 '겨스사리'와 비 교된다.[23]

따라서,『처용가』에 나오는 '夜入伊遊行如可'의 '遊行'은 '*노니다가'가 아니라 '*놀니 다가'로 재구하는 것이 옳다. 만약 일음절이 '*노'였다면 '遊[놀 유]'자가 아닌 '奴[노예 노]'자를 썼을 가능성이 훨씬 높다. 실제로 '奴'자는 차자 표기에서 주로 '*노'를 적는 데 쓰였다. 결국 치조음 앞의 'ㄹ' 탈락 현상은 후기 중세 국어에 들어와서부터 나타났으며 근대 국어를 거쳐 현대 국어에도 이어지는데, 다만 현대 국어에서는 'ㄴ, ㅅ' 앞에서만 적 용되는 현상으로 축소되었으며, 'ㄷ, ㅈ' 앞에서는 노인 계층이나 일부 방언에서만 일어 나고 있다(이문규 2015: 189−194 참조).

---

23 15세기의 '너삼'과 '겨스사리'는 현대국어의 '너삼'과 '겨우살이'로 변화하였다.

다음으로 **구개음화** 현상을 살펴보자. 구개음화는 'ㄷ', 'ㄱ', 'ㄴ' 음에서 일어났다. 'ㄷ' 구개음화는 'ㅣ' 모음이나 'j'에 선행하는 'ㄷ, ㅌ'이 'ㅈ, ㅊ'으로 바뀌는 것을 말한다. '됴흔 〉죠흔, 디나가는 〉지나가는' 등과 같이 현대 국어와 달리 단어 내부에서도 일어났다. 'ㄷ' 구개음화는 16세기 무렵 남부 방언에서부터 시작하였는데, 17세기 말에 중부 방언에서도 완성된다. 그 결과 18세기부터는 '디, 티' 음절이 '지, 치' 음절로 다 바뀌어 나타나게 된다. 다만, 원래 'ㅢ(ㆌ)' 모음을 가지고 있던 음절들은 구개음화를 입지 않은 채로 현대 국어에 이어진다. 예를 들면, '마듸 〉마디', '디듸다 〉디디다', '부듸 〉부디', '뒷글 〉티끌' 등이 그러하다.

'ㄱ' 구개음화는 중부 방언에서는 일어나지 않았다. 현대 국어에서도 일부 방언에서만 일어나는데, '기름 〉지름, 길다 〉질다' 등이 그 예이다. 'ㄱ' 구개음화 현상에는 '과도 교정'이나 '오교정'이 뒤따르기도 한다. 'ㄱ' 구개음화가 일어난 'ㅈ'형이 표준형이 아니라는 인식 때문에, 원래 형태인 'ㄱ'형으로 되돌리는 교정 현상이 지나치게 확대되어, 'ㄱ' 구개음화가 적용되지 않는 'ㅈ'형까지 'ㄱ'형으로 고치는 것을 '과도 교정'이라 한다. 예를 들면, '짓 〉깃, 치[舵] 〉키' 등이 그러하다. '오교정'은 'ㄷ' 구개음화의 결과를 'ㄱ'형으로 잘못 되돌리는 경우이다. 현대 국어 '김치'는 원래 '딤치'였는데 이 어휘가 'ㄷ' 구개음화를 입어 '짐치'가 되는 것은 정상적인 변화이다. 그런데 이를 'ㄱ' 구개음화인 것으로 보고 '짐'을 '김'으로 바꾸어 '김치'로 '오교정'하는 일이 일어나고 이어 '김치'가 되어 현대 국어의 표준어형이 되었다.

'ㄴ' 구개음화는 16세기에 일어나기 시작하지만 일반화된 것은 20세기 들어서이다. '니르다'가 '이르다'로 된 것은 'ㄴ' 구개음화가 일어난 뒤 두음법칙이 적용된 결과이다. 즉, 구개음화된 'ㄴ[ɲ]'은 어두에 오지 못한다는 두음법칙의 적용에 따라 어두 자리에서 탈락하는 것이다. 그 결과 제1 음절의 '냐, 녀, 뇨, 뉴, 니'가 '야, 여, 요 유, 이'로 바뀌었다.

근대 국어 시기에 일어난 대표적인 음운 현상이 **움라우트**(umlaut)이다. 선행 음절의 모음이 후행 음절의 전설 모음 'ㅣ'에 동화되어 스스로를 전설 모음으로 바꾸는 것으로 'ㅣ'모음 역행 동화로 불린다. '너기- 〉네기-', '주기- 〉쥐기-', '고기 〉괴기' 등이 그 예이다. 이 현상은 '사기온 〉새곤'이나 '어미 〉에미'와 같이 중세 국어에서도 그 예가 소수 발견된다. 움라우트 현상은 남부 방언에서는 광범위하게 적용되었는데, 중부 방언에서는 19세기에 나타난다. 이후 움라우트 현상을 입은 어휘들은 1936년에 있었던 표준말 사정에서 대부분 비표준 형태로 처리되었고 일부만 표준어로 자리하게 되었다.

움라우트 현상은 모음 체계의 변화와 관련된다는 점에서 음운사적으로 큰 의미를 가진다. 즉, 'ㅓ 〉 ㅔ, ㅏ 〉 ㅐ, ㅗ 〉 ㅚ, ㅜ 〉 ㅟ'의 변화가 일어나려면 'ㅔ, ㅐ, ㅚ, ㅟ'가 단순 모음 체계 내에 존재해야 한다. 다시 말하면 근대 국어 시기에 움라우트 현상이 일어났다는 것은 중세 국어 시기에 하향 이중 모음이었던 이들 모음이 단모음화했다는 구체적인 증거가 된다.

근대 국어 시기에 **원순모음화**가 있었다. 이 현상은 양순 자음 다음에 오는 평순 모음 'ㅡ'가 양순 자음의 원순성에 동화되어 원순 모음 'ㅜ'로 변화하는 것이다. 이 변화는 중세 국어 말엽에 이미 일어나기 시작하지만 일반화된 것은 17세기 말이다. 이 변화로 '므, 브, 프, 쁘'의 연쇄가 모두 '무, 부, 푸, 뿌'로 바뀌었다.

이 외에 **전설모음화**와 '**ㅅ' 아래의 반모음 'j' 탈락** 현상이 있었다. 전설모음화는 '슳다 〉 싫다', '승겁다 〉 싱겁다', '즘승 〉 짐승', '즛 〉 짓' 등과 같이 'ㅅ, ㅈ, ㅊ' 등의 자음 아래에서 'ㅡ'가 'ㅣ'로 바뀌는 것을 말하는데, 주로 1880년대에 많이 일어났다. 자음 'ㅅ' 다음에 오는 반모음이 탈락하는 현상은 17세기 말에 나타나기 시작하여 18세기 말에 완성된 것으로 보인다. 이 현상으로 '샤공, 셤기다, 쇼경' 등의 어휘가 '사공, 섬기다, 소경' 등과 같이 현대 국어와 동일한 형태로 바뀌게 되었다. 이와 함께 근대 국어 후기에는 'ㅈ' 다음에 오는 반모음 'j'도 탈락하는 현상이 일어났다.

더 알아보기

 평안도 [낭반]들은 왜 아직도 [덩거당]에 갈까?

기저형을 바꾸는 음운 변화로서의 구개음화 물결은 남부 방언에서 시작하여 북상하다가 평안도에 못 미처 멈추고 말았다. 만약 평안도까지 밀려갔으면, '덩거댱'은 'ㄷ' 구개음화가 적용되어 '졍거쟝'으로 바뀌고, 'ㅈ'음 뒤에서 반모음 'j'가 탈락하여 다른 지역 방언처럼 '정거장'이 되었을 것이다. 그러나 평안도 방언은 구개음화를 거부하였다. 그 결과 '덩거댱'의 'ㄷ'을 내기가 어려워지게 됨에 따라 오히려 반모음 'j'를 탈락시켜 '덩거당'이 된 것이다. '냥반[njaŋban]'도 구개음화의 적용을 받아 [ɲjaŋban]이 된 뒤에 두음법칙에 따라 [ɲ]이 탈락하여 '양반'이 되는 것이 일반적인데, 평안 방언에서는 오히려 처음부터 반모음 'j'가 탈락하여 '낭반'이 된 것도 이런 사정 때문이다.

4. 문법의 변화

문법사는 문법 형태와 그 기능의 변화가 중심이 된다. 새로운 형태소가 생성되거나 있던 형태소가 소멸되기도 한다. 여기서는 격조사 형태의 변화 양상을 먼저 살펴본 뒤, 어말 어미와 선어말 어미에 의해 실현되는 문법 현상 가운데 주요하고 특징적인 것에 한정하여 시기별로 어떻게 변화했는지를 살펴보기로 한다. 아울러 구문 구조가 변화하는 양상도 간략하게 짚어보기로 한다.

4.1. 격조사

국어는 격조사를 통하여 서술어와 문장성분 사이의 관계를 표시하는 언어이다. 그렇기 때문에 중세 국어나 근대 국어뿐만 아니라 고대 국어에서도 격조사는 뚜렷한 체계를 가지고 있다. 다만 각 시기별 격조사 체계는 차이를 보인다.

아래 〈표 10-1〉을 통해서 격조사 체계의 변화 과정을 대표적인 것에 한정하여 살펴보기로 하자. 고대 국어는 대표형만을 제시하였고, 구결에 쓰인 약체자의 원래 한자는 ( ) 안에 표시하였다. 그리고 접속 조사는 격조사가 아니지만 편의상 함께 제시하였다.

구분		고대 국어		중세 국어	근대 국어	현대 국어
주격		是, 亦	*이	이, ㅣ, ø	이, ㅣ, 가	이, 가
		弋只, ㅔ八 (是只)	*익			
목적격		乙, 肹	*을	올, 을, 룰, 를, ㄹ	올, 을, 룰, 를, ㄹ	을, 를, ㄹ
관형격		叱	*ㅅ	ㅅ	ㅅ	의
		矣	*의	의, 이, ㅣ	의, 이, 에	
부사격	처소	良	*아	에, 애, 예, 의, 이	에, 애, 예, 의, 이	에
		中	*긔			
		良中	*아긔			
	수여	亦中	*여긔	이그에, 의	의게, 이게, 에게, 의	에게, 께
	도구	以	*로	ᄋᆞ로, 으로	ᄋᆞ로, 으로	(으)로
	인용	ᐟ(亦)	*여		고, 라고	고, 라고

구분	고대 국어		중세 국어	근대 국어	현대 국어
호격	良	*아	아, 야	아, 야, (이)여	아, 야, (이)여
	下	*하	하		
	也, ;(亦)	*여	(이)여		
접속	果	*과	와, 과	와, 과	와, 과
	也, ;(亦)	*여			

표 10-1 시대별 격조사 비교

주격 조사는 '이'가 고대 국어부터 지금까지 사용되고 있다. '*익(七只)'은 고대 국어에 쓰였지만 그 예가 많지 않고 '이'와의 차이도 뚜렷하지 않다.[24] 중세 국어 시기까지 보이지 않던 '가'는 17세기 중엽부터 본격적으로 쓰이게 되어 지금처럼 '이'의 이형태로 자리 잡았다. **목적격 조사**는 고대 국어에서는 '乙'이 주로 쓰였고 '肹'은 향가에만 보인다. 중세 국어 시기에는 모음조화에 맞추어 '을, 를, 을, 를, ㄹ' 등 여러 이형태를 보이다가 현대 국어에 이르러 '을, 를'로 간소화되었다. **관형격 조사**는 고대 국어에서도 '*ㅅ'과 '*의' 두 가지가 나타나는데 대체로 중세 국어에서의 쓰임과 동일하였다. '의'는 유정 명사와 비존칭에, 'ㅅ'은 무정 명사와 존칭 체언에 결합되었다. 이후 현대 국어로 오면서 'ㅅ'이 소멸되었다. 그리고 중세 국어 시기에는 관형격 조사로 'ㅣ'도 쓰였는데 역시 근대 국어 시기부터는 소멸되었다.[25] **처소 부사격 조사**는 매우 다양한 형태가 쓰였다. 고대 국어의 '*아[良]', '*긔[中]', '*아긔[良中]'는 중세 국어의 '에'에 대응하고, '*여긔[亦中]'는 중세 국어의 '의그에'류와 현대 국어의 '에게'에 대응한다. 역시 중세 국어에서는 모음조화에 맞춘 여러 이형태로 '에, 애, 의, 의' 등이 나타난다. **도구 부사격 조사** '(으)로'는 고대 국어로부터 현대 국어에 이르기까지 한 가지 형태만을 보여주고 있는데, 다만 중세 국어를 거치면서 의미 기능이 다양화되는 경향을 보인다. **인용 부사격 조사**는 중세 국어에는 나타나지 않았다. 고대 국어의 석독 구결에 쓰인 '*여[ㅣ]'가 '~라고'의 뜻을 지닌 인용 부사격 조사로 쓰였다. 현대 국어에 쓰이는 인용 조사 '고'나 '라고' 등은 근대 국어의 후기에 나타나기 시작한 것들이다. **호격 조사**는 존칭의 '하'와 비존칭의 '아'의 구분이 고대 및 중세 국어

---

24 이두 자료 『대명률직해』에 의하면, '*익'[七只]은 주로 주체가 단체나 기관일 때 쓰였다. 현대 국어의 단체 주어에 결합되는 '에서'의 쓰임과 유사하다.

25 중세 국어의 '내(나+ㅣ)'와 '네(너+ㅣ)'의 'ㅣ'는 관형격 조사였는데 근대 국어 이후 어근으로 재분석되어 오늘날의 '내'와 '네'가 되었다.

시기에 있었는데 근대 국어 이후 '하'가 차츰 소멸하여 현대 국어에는 이러한 구분이 없어졌다. '(이)여'는 고대 국어를 비롯하여 큰 변화를 보이지 않는다. **접속 조사**는 중세 국어와 현대 국어가 차이를 보이지 않는다. 고대 국어 시기에 '*여[ㆍ]'가 명사구를 나열하는 접속 조사로 쓰였다.

4.2. 관형사형 어미

　관형사형 어미는 고대 국어의 동명사 어미가 명사형 어미의 기능을 점차 잃어버림으로써 정착되는 변화 과정을 보여준다. **동명사 어미**란, 명사 기능과 관형사 기능을 동시에 가지고 있는 것 즉, 관형사형 어미와 명사형 어미로 다 쓰이는 어미를 말하는데(김동소 2007: 100 참조), 중세 국어로 넘어오면서 명사형 어미의 기능은 소멸되고 일부 잔재만 보여준다.

　(9) ㄱ. 고대 국어

　　　① **去隱** 春 皆理米(*간)『모죽지랑가』

　　　② 民是 **愛尸** 知古如(*ᄉ랑홀)『안민가』

　　ㄴ. 중세 국어

　　　① 沙門은 ᄂ믜 **지순** 녀르믈 먹ᄂ니이다『석보 24: 22』

　　　② 德이여 福이라 **호ᄂᆞᆯ** 나ᅀᅡ라 오소이다『동동』

　　ㄷ. 근대 국어

　　　① ᄀᆞ장 **乾淨ᄒᆞᆫ** 店房을 어더 브리오고『노신 1: 21ㄴ』

　　　② 셔울 **머글** 쎠시 貴賤이 엇더ᄒᆞ더뇨『노신 1: 11ㄴ』

　향가의 '去隱 春'은 '가- + -ㄴ # 봄'으로 분석되어 '隱'이 명사 '봄'을 꾸며주는 관형사형 어미의 구실을 한다. 그런데 '愛尸 知-'는 '愛尸'가 동사 '知-'의 목적어이므로 '사랑하는 것' 정도의 명사로 해석되어야 한다. 이처럼 고대 국어에서는 어미 '-ㄴ, -ㄹ'이 동명사 어미로 쓰였다.

　중세 국어로 오면 'ㄴ, ㄹ'이 가졌던 **명사형 어미**로서의 기능이 거의 소멸되고 흔적만 남게 된다. 명사형 어미 역할은 '-ㅁ, -기'가 담당하게 되고 '-ㄴ, -ㄹ'은 관형사형 어미로 정착된다. 예문의 '지순'의 '-ㄴ'은 후행하는 '녀름'을 꾸미는 관형사형 어미로 쓰인 것이고, '호늘'은 'ㅎ-+-오-+-ㄴ+ 울'로 분석되고 '하는 것을'로 해석되므로 여기의 'ㄴ' 은 동명사형 어미로 쓰인 것이다.[26]

근대 국어의 예 '乾淨ㅎ'의 '-ㄴ'과 '머글'의 '-을'은 각각 후행하는 '店房'과 '것'을 꾸며주는 기능을 하는 관형사형 어미의 쓰임을 보여준다.

4.3. 선어말 어미 '-오-'

선어말 어미 '-오-'의 실현은 역사적으로 고대 국어와 중세 국어에만 나타났던 것으로 근·현대 국어와 구별되는 대표적인 문법 현상이다.

(10) ㄱ. 고대 국어

　① 花肹 折叱可 獻**乎**理音如(*드리오림다)『헌화가』

　② 慕理尸 心未 行**乎**尸 道尸(*녀올)『모죽지랑가』

ㄴ. 중세 국어

　① 내 ㅎ마 命終**호**라『월석 9: 36』

　② 나**혼** 子息이 양진 端正ㅎ야『석보 9: 26』

　③ 義 셰**샤미** 너**붐**과 져**고미** 겨시며『원각 서: 6』

　④ 무**로딕** 그딋 아바니미 잇ᄂ닛가 對答**호딕** 잇ᄂ니이다『석보 6: 14』

　⑤ 부톄 道場애 안ᄌ샤 得ㅎ**샨** 妙法을 닐**오**려 ㅎ시ᄂ가 授記를 **호**려 ㅎ시ᄂ가

　　　『석보 13: 25-26』

　⑥ 須達이 護彌ᄃ려 무로딕 主人이 므슴 차바늘 손소 돌녀 밍ᄀ**노**닛가

　　　『석보 6: 16』

고대 국어에서 '-오-'는, ① '獻乎理 *드리오리-'에서처럼 1인칭 주어와 호응하는 '인칭법', ② '心未 行乎尸 道尸 *ᄆᆞᄉᆞ미 녀올 길'과 같이 관계절의 피수식 명사가 목적어나

26　한편 명사형 어미 '-ㅁ, -기'의 사용 범위도 시기별로 다르다. 중세 국어 시기에는 '-기'형 명사형보다 '-ㅁ' 형 명사형이 훨씬 많이 사용되었다. 그러던 것이 현대 국어에 와서는 '-ㅁ'형 명사형보다 '-기'형 명사형이 더 많이 쓰이게 되었고, 일부 그 의미 기능에서도 차이를 보이는데, 전자는 주로 '이루어진 일'을, 후자는 '이루어질 일'을 나타낸다. 한편 중세 국어 시기에 '-디'가 명사형 어미로 쓰인 경우가 있다. '어렵-', '슬ㅎ-', '둏-'의 세 형용사가 서술어로 쓰일 때 그러한데, 이들 형용사는 '아디 어려본 法'에서처럼 '-디' 명사형 어미를 지배하였다.

부사어임을 나타내는 '대상법'으로 쓰였는데, 피수식 명사가 주어인 경우에는 나타나지 않았다.

이런 점은 중세 국어에서도 마찬가지인데, '命終ᄒ-+-오-+-라'의 '-오-'는 인칭법이고, '낳-+-오-+-ㄴ # 자식'의 '-오-'는 대상법이다. 그 외 명사형 어미 '-옴/움' 앞의 '-오/우-'나(③), 연결 어미 '-오ᄃᆡ/-우ᄃᆡ'와 '-오려/-우려'(④, ⑤)에 결합되는 '-오-'는 그 기능이 무엇인지는 아직 명확하지 않다. 한편, 연결 어미 '-오ᄃᆡ'는 이두의 '-乎矣[*오ᄃᆡ]'나 구결의 '-ㄱ尸ㅿ[*올ᄃᆡ]'처럼 고대 국어에서도 '-오-'가 선행하여 쓰였다.

선어말 어미 '-오-'를 **'인칭법'**이나 **'대상법'**으로 부르는 것은 통사론적 기능에 초점을 둔 것이다. 하지만 ⑥의 '딩ᄀᆞ노닛가'에서처럼 의문문에서는 선어말 어미 '-오-'가 2인칭 청자인 '主人'과 호응한다. 이런 점을 고려하여 의미론적 관점에서 모든 '-오-'를 포괄적으로 **의도법** 선어말 어미'라 부르기도 한다. 이렇게 보면 평서문에서는 화자의 의도를, 의문문에서는 청자의 의도를 나타내는 것이 된다(이기문 1998: 170~172 참조.).

선어말 어미 '-오-'는, 15세기에 이미 예외를 보이면서 그 지위를 잃기 시작하여 관형절에서부터 소멸한다. 이후 16세기 후반에는 명사형 어미나 연결 어미에서도 더 이상 쓰이지 않게 되어 근대 국어 시기에는 나타나지 않는다.

4.4. 종결법

문장 종결법 가운데 평서, 의문, 명령문은 시기별로 다른 양상을 보여준다. 먼저 국어의 평서형 종결 어미는 '-다'로 대표되는데, 이는 고대 국어나 중세 국어는 물론이고 근·현대 국어에서도 마찬가지이다.

(11) 평서형

　ㄱ. 고대 국어

　　① 九世 盡良 禮爲白**齊**(*禮ᄒ습져)『예경제불가』

　　② 此ㅣ 念氵十 十尸 種ㄷ 有ㅌㅓㅣ (*잇겨다)(이 念에 열 가지가 있다.)

　　　『화엄경소 23: 06』[27]

　ㄴ. 중세 국어

27　고대 국어에 인용된 구결 자료는 모두 고려 시대 석독 구결문의 것이다.

① 涅槃 得호ᄆᆞᆯ 부터 ᄀᆞᄐᆞ시긔 ᄒᆞ리이**다** 『석보 6: 4ㄱ』

② 道理 일워ᅀᅡ 도라오리**라** ᄒᆞ시고 『석보 6: 4ㄴ』

ㄷ. 근대 국어

① 앏흘 향ᄒᆞ여 二十 里 남즉ᄒᆞᆫ ᄯᅡ희 人家ㅣ 업ᄉᆞ니**라** 『노신 1: 12ㄴ』[28]

② 네 니ᄅᆞ미 맛치 내 ᄯᅳᆺ과 ᄀᆞᆺ**다** 『노신 1: 13ㄴ』

③ 내 高麗 王京으로셔브터 오**롸** 『노해 상 1ㄱ』

④ 내 도라오면 만히 네게 人事ᄒᆞ**마** 『박해 상 44ㄱ』

⑤ 이제야 門ᄭᆞ지 왓ᄉᆞᆸ**ᄂᆡ** 안ᄒᆡ 계시면 오려 ᄒᆞ여 『첩신 1: 1』

고대 국어에는 '-다'와 함께 어미 '-*져[齊]'가 **평서형 종결 어미**로 쓰였다.[29] 중세 국어에는 '-다'의 이형태 '-라'가 일부 선어말 어미와 서술격 조사 뒤에서 사용되었으나 고대 국어에는 나타나지 않는다. 구결 자료에 쓰인 '*라[罒]'는 연결 어미로 해석된다. '-라'는 근대 국어를 거쳐 현대 국어로 오면서 '-더라' 정도로만 쓰이고 문어체에만 남게 된다. '-*져'는 고대 국어에만 쓰였는데, '당위'나 '권유' 또는 '약한 명령'을 나타내는 것으로 알려져 있으며 향찰과 이두에만 보인다.

근대 국어에는 매우 다양한 형태의 평서형 종결 어미가 나타난다. ③의 '-롸'는 '-다'와 같은 의미로, ④의 '-마'는 약속법으로 쓰인 어미이다. 이 밖에도 '-ㄹ다'나 '-ㄹ와' 등도 평서형 종결 어미로 쓰였다. 이들은 모두 '하라체' 종결 어미이다. ⑤의 '-ᄂᆡ'는 '하오체'에 해당하며 중세 국어의 '-ᄂᆞ이다'에서 유래한 것으로 주로 편지글에 많이 보인다. 이들 외에도 근대 국어 시기에 평서형 종결 어미로 '-데', '-뇌', '-노쇠', '-도쇠' 등도 나타난다. 이들은 각각 중세 국어의 '-더이다', '-노이다', '-노소이다', '-도소이다'에서 '-다'가 탈락한 형태가 일반화된 것이다(이기문 1998: 224 참조).

28 근대 국어 시기의 특이한 표기법인 모음 사이의 유기음 적기에는 세 가지 유형이 있었다. ① '잡피다'처럼 해당 유기음의 평음을 한번 더 적어 주거나, ② '곳출'과 같이 'ㅅ'을 받쳐 적거나, ③ '앏히'처럼 '평음+ㅎ'으로 재분석해서 적는 것 등이다. 그 외 근대 국어 시기 표기법상의 특징으로는, 'ㅴ~ㅺ~ㅲ'와 같이 어두 합용병서의 혼기(예. ᄢᅧ더~ᄭᅧ디니라~ᄲᅧ디니라), 모음 사이의 'ㄹㄹ'을 'ㄹㄴ'으로 적는 것(예. '진실로'를 '진실노', '흘러'를 '흘너'로), 종성의 'ㅅ'과 'ㄷ'을 혼동해서 적는 것(예. '굳고[固]~굿거든', '묻고[問]~뭇디') 등이 있다.

29 고대 국어의 종결어미에 대한 그간의 연구와 논점에 대해서는 최성규(2019: 5–53)에 정리되어 있는데 '-齊'를 '기원/원망(願望)형' 종결 어미로 처리하고 있다.

(12) 의문형

ㄱ. 고대 국어

① 吾隱 去內如 辭叱都 毛如 云遣 去內尼叱**古**(*가ᄂᆞ닛고) 『제망매가』

② 何七ソ1 事乚 作ソ七亻 ソ二ト1リ3七口 ソヒ八二ㄅ(*ᄒᆞ시눈이앗고) 『구역인왕경 2: 19: 23』

③ 第一義七 中3十 世諦 有七丨 ソ口ク令3 不失リク1ヒ3(*ᄒᆞ고오리아 안디이 온ᄂᆞ아)(第一義 가운데 世諦가 있다 하는 것인가 아니라 하는 것인가?) 『구인 14: 18』

ㄴ. 중세 국어

① 그듸 아바니미 잇ᄂᆞ닛**가** 『석보 6: 14』

② 어늬 구더 兵不碎ᄒᆞ리잇**고** 『용가 47』

③ 네 겨집 그려 가**던다** 『월석 7: 10』

④ 네 내 마ᄅᆞᆯ 다 드**를따** 『석보 6: 8』

⑤ 大施主의 功德이 하**녀** 져그**녀** 『석보 19: 4』

⑥ 엇뎨 오ᄂᆞᆯ 믄득 ᄆᆞᅀᆞᆷ 알포미 나거**뇨** 『능엄 5: 72』

⑦ 일훔도 듣디 몯ᄒᆞ리**온** **ᄒᆞ물며** 보**미ᄯᆞ녀** 『영험 5』

ㄷ. 근대 국어

① 네 이제 어ᄃᆡ로 향ᄒᆞ여 가**는다** 『노신 1: 9ㄴ』

② 셔울 ᄆᆞᆯ 갑시 엇더**ᄒᆞᆫ고** 『노신 1: 11ㄱ』

③ 또 뵛갑시 놉흐며 ᄂᆞ즈믈 아**는가** 『노신 1: 11ㄱ』

④ 너를 구품 은을 주미 엇더ᄒᆞ**뇨** 『노해 하57』

고대 국어에서도 판정 의문과 설명 의문이 형태적으로 구분되었다. (ㄱ①,②)에는 설명 의문형 종결 어미 '*고[古]'가 쓰였다. 해당 어절은 각각 [*가ᄂᆞ닛고], [*ᄒᆞ시눈이앗고]로 읽힌다. (ㄱ③)에는 의문 보조사 '*아[3]'가 판정 의문문을 구성하고 있다. 이처럼 **판정 의문문**에는 '-가'형이, **설명 의문문**에는 '-고'형이 쓰이는 현상은 중세 국어에 오면 더욱 분명해지는데, (ㄴ①,②)의 '잇ᄂᆞ닛가'의 '-가'와 'ᄒᆞ리잇고'의 '-고'가 그 예이다. (ㄷ②,③)과 같이 근대 국어에도 이런 구분이 있다가 점차 사라지게 되어 현대 국어에 와서는 경상 방언에만 남게 된다. 경상도 토박이 화자는 여전히 '어디 가는고?'와 '지금 가는가?'와 같이 설명 의문문과 판정 의문문을 형태적으로 분명히 구별한다.

(ㄴ③,④)의 '가던다', '드를따' 그리고 (ㄷ①)의 '가는다'에서 분석되는 '-ㄴ다, -ㅭ다'는 **2인칭 의문형 종결 어미**이다. 고려 말에 이에 대응되는 어미로 '-ㄴ뎌, -ㅭ뎌'가 쓰인 적이 있었다. 이들은 중세 국어 시기에 '하라체'의 1인칭과 3인칭 의문문에 쓰이던 (ㄴ⑤, ⑥)의 '-녀/-려', '-뇨/-료'와 상보적으로 쓰였다. 그러다가 근대 국어 시기에 '-냐/-뇨'형이 (ㄷ④)처럼 2인칭에도 쓰이면서 세력을 잃기 시작해서 '-냐/-뇨'형으로 통일되어 간다. 다만 2인칭으로만 쓰이던 '-ㄴ다'는 근대 국어에 보이다가 현대 국어에 와서는 사라졌으며, '-ㅭ다'는 일부 방언에 남아 있지만 의미 기능이 다르다. 한편, (ㄷ②,③)의 '-ㄴ가/-ㄹ가'와 '-ㄴ고/-ㄹ고'는 간접 의문문을 구성하는 종결 어미로서 중세 국어부터 쓰이기 시작하여 그 형태를 지금까지 유지하고 있다.

(ㄴ⑦)의 '-(이)ㅭ녀' 구문은 중세 국어 시기에 쓰였던 특이한 **수사 의문문**이다. 주로 'X이 ~ 곤(온), ᄒᆞ믈며 ~ Y이ᄯᆞ녀'로 구성되는데 'X도 ~ 하는데, 하물며 Y는 말해서 무엇하겠느냐?'의 뜻을 나타낸다. 따라서 (ㄴ⑦)은 '이름도 듣지 못하는데, 보는 것이야 말해서 무엇하겠느냐?'로 해석된다.

(13) 명령형

　ㄱ. 고대 국어

　　① 慕人 有如 白**遣賜立**(*숩고시셔)『원왕생가』

　　② 人ﾉ 來ﾉﾗﾊ 王ﾗﾄ 白ﾗ 言白ﾅﾉﾌﾞ 大王ﾄ 當ﾊ 知ﾛﾊﾌﾌﾞﾎ(*알고기시셔)

　　　(사람이 와서 왕께 아뢰어 말하기를, "대왕이시여 반드시 아시기 바랍니다.")

　　　『화엄경소 10: 17-18』

　ㄴ. 중세 국어

　　① 帝釋이 世尊끠 請ᄒᆞᅀᆞᄫᆞᄃᆡ 忉利天에 가 어마님 보**쇼셔**『월석 21: 1』

　　② 다시 무로ᄃᆡ 엇뎨 부톄라 ᄒᆞᄂᆞ닛가 그 ᄠᅳ들 닐**어쎠**『월석 6: 16-17』

　　③ 네 바리ᄅᆞᆯ 어듸 가 어든다 도로 다가 두**어라** ᄒᆞ야ᄂᆞᆯ『월석 7: 8』

　　④ 佛子 文殊아 모ᄃᆞᆫ 疑心ᄋᆞᆯ 決ᄒᆞ**고라**『석보 13: 25』

　ㄷ. 근대 국어

　　① 네 또 더려로 오**나라**『노언 상52』

　　② 또 도슬와 볼 거시니 그리 아ᄅᆞ**시소**『첩해 5: 30ㄴ』

　　③ 늙은 어미ᄅᆞᆯ 봉양ᄒᆞ게 ᄒᆞ**쇼셔**『오륜 2: 81』

고대 국어의 명령형 어미로는 '-*셔[立]'가 쓰였는데 중세 국어의 '-쇼셔'에 대응된다. (ㄱ①)의 '*숣고시셔[白遣賜立]'와 (ㄱ②)의 '*알고기시셔[知ㅁ八示立]'의 '*시[賜, 示]'는 주체 높임 선어말 어미이고, '-*셔[立]'가 **명령형 종결 어미**이다. 따라서 고대 국어 명령문의 높임 등급은 '-*시셔'와 '-*셔'의 대립이었던 것으로 추정된다. 중세 국어에 오면 명령형 어미가 높임의 정도에 따라 '-쇼셔, -아쎠, -라'와 같이 세 등급으로 체계화된다. (ㄴ①)의 '-쇼셔'는 아주 높임, (ㄴ②)의 '-어쎠'는 '-쇼셔'보다는 덜 높이는 예사 높임, (ㄴ③)의 '-어라'는 청자를 높이지 않는 것이다. 이외에 중세 국어의 반말체 명령형 어미로 (ㄴ④)의 '-고라'가 있었다. 16세기에 접어들면 '-아쎠'가 사라지고 새로운 명령형 어미 '-소/-오/-조/-소' 등이 그 자리를 대체하게 된다(장윤희 2002: 301-303 참조). (ㄷ②)의 '아ᄅᆞ시소'가 그 예이다. 결국 이런 변화에 따라 명령형 종결 어미의 상대 높임 등급 체계는 15세기의 'ᄒᆞ라-ᄒᆞ야쎠-ᄒᆞ쇼셔'에서 근대 국어의 'ᄒᆞ라-ᄒᆞ소-ᄒᆞ쇼셔'로 변화한다.

(14) 청유형

ㄱ. 중세 국어

① 이 劫 일후므란 賢劫이라 ᄒᆞ**져**『월석 1: 40』

② 淨土애 ᄒᆞᆫᄃᆡ 가 나**사이다**『월석 8: 100』

ㄷ. 근대 국어

① 감히 피ᄒᆞ**쟈** 니ᄅᆞᄂᆞᆫ 이롤 버효리라『동신 충1: 39』

② 書契를 내셔든 보**옵새**『첩해 1: 16』

③ ᄀᆞ장 됴ᄊᆞ오니 그리ᄒᆞ**옵싸이다**『첩해 3: 10』

고대 국어 자료에서는 **청유형 종결 어미**가 보이지 않는다. 중세 국어에서는 ᄒᆞ라체의 '-져'와 ᄒᆞ쇼셔체의 '-사이다'가 있었고 ᄒᆞ야쎠체는 없었다. 근대 국어 시기에 '-져'는 '-쟈'로 바뀌었고 ᄒᆞ쇼셔체의 '-사이다'도 여전히 사용되었다. 아울러 근대 국어 시기에 ᄒᆞ소체에 해당하는 청유형 종결 어미로 '-새'가 새로 나타났다.

(15) 감탄형

ㄱ. 고대 국어

① 脚烏伊 四是**良羅**(*네히어라)『처용가』

② 後句 達阿羅 浮去伊**叱等邪**(*ㅅᄃ야)『혜성가』

ㄴ. 중세 국어

① 슬프다 녯 사ᄅᆞ미 마롤 아디 몯ᄒᆞ**ᄂᆞ뎌**『남명 하30』

② 셜본 일도 이러**ᄒᆞᆯ쎠**『석보 6: 5』

③ 됴ᄒᆞᆫ 거슬 모ᄅᆞᄂᆞᆫ 둧 ᄒᆞ**고나**『박번 상73』

④ 아디 몯**게라** 믈읫 몃 마릿 그를 지스니오『두해초 22: 16』

ㄷ. 근대 국어

① 무어시 우읍관듸 滿山紅綠이 휘드르며 웃ᄂᆞᆫ**고야**『교시조 2831 – 3』

② 덧업시 불가지니 새 날이 되야**괴야**『청구 46』

③ 胡風도 ᄎ도**츌쌰** 구즌비는 므스 일고『해동 38』

고대 국어의 대표적 **감탄형 종결 어미**로는 '-羅[*라]'와 '-叱等邪/叱等耶[*ㅅᄃ야]'가 있다(최성규 2019: 25–26, 44 참조.). 중세 국어에는 감동법 선어말 어미 '-도-(돗/옷/롯/ㅅ)'류와 평서형 종결 어미 '-다'의 결합으로 [감탄]의 의미를 나타내었다. 감탄형 종결 어미로는 (ㄴ①,②)의 '-ㄴ뎌'와 '-ㄹ뎌'가 일반적으로 쓰였고, 현대 국어 '-구나'의 소급형인 '-고나'는 (ㄴ③)에서처럼 16세기 초에 나타난다(이기문 1998: 180 참조). 그 외 (ㄴ④)의 '-게라'가 '-에라/-애라'의 이형태와 함께 ᄒᆞ라체 감탄형 종결 어미로 쓰였다. 근대 국어 시기에는 '-고나'가 (ㄷ①,②)처럼 '-고야' 혹은 '-괴야'의 형태로 감탄을 나타냈으며, 중세 국어의 '-ㄹ쎠'가 (ㄷ③)처럼 '-ㄹ쌰'로 교체되어 나타난다.

4.5. 부정법

부정법은 **장형 부정**과 **단형 부정**으로 나뉜다. 고대 국어는 중세 국어에 비해 부정사가 더 많았으며 장형 부정문은 중세 국어와 다른 통사적 특성을 보인다는 점에서 차이가 난다.

(16) 부정

ㄱ. 고대 국어

① 吾肹 **不喩** 慚肹伊賜等『헌화가』

② 秋察尸 **不冬** 爾屋支 墮米『원가』

③ 不善飮 曰 本道**安理**麻蛇, 面醜 曰 捺翅**沒**朝勤『계림유사』

④ 諸煩惱行ㅎ 動丶 令ㅣㅣㅍ丶 能朱丶 **不**ㅅ ノㅓナㄱㅅ一『금광7: 11: 12』

⑤ **不得**[*몯실]

ㄴ. 중세 국어

① 불휘 기픈 남ㄱ 번ㄹ매 **아니** 뮐씨『용가1: 1』

② 이런 ㄷ로 사ㄹ미게 求호미 제 모매 求홈 ㄹ**디 아니**니라『금삼4: 42』

③ 緣을 조ᄎ며 感애 브트샤미 두루 **아니홇 아니**ᄒ시나『금삼5: 10』

고대 국어의 부정사는 다양한 형태가 나타난다. **의지 부정사**로는 '*안디[不喩], *안ᄃᆞᆯ[不冬], *아니[安理], *안득[不只]' 등이 있고, **능력 부정사**로는 '*몯[沒], *몯실[不得]' 등이 있었다. (ㄱ④) '不ㅅ'은 '*안득'으로 재구된다. 'ㅅ'은 '不'을 'ㄱ'으로 끝나는 우리말로 읽으라는 말음첨기에 해당한다. 이 어형은『훈몽자회』에 나오는 '非'의 새김 '안득'의 소급형이다. 향가나 이두 자료와는 달리 석독 구결문에는 장형 부정이 많이 사용되었다. 그런데 중세 국어의 장형 부정문과는 차이를 보인다. 중세 국어에서는 'ㄹ디 아니-'처럼 '-디 아니-'의 형식을 취하지만, 고대 국어에서는 '菩薩ㅣ 成佛ㅅㅍ 未ㅣㅣㅅㅌㄴ 時十(보살이 성불하지 않은 때에)'(『구역인왕경15: 18』)에서처럼 부정사 앞에 오는 본용언이 반드시 동명사형을 취한다. 이런 장형 부정 구문의 흔적이 (ㄴ③)과 같이 중세 국어의 '-홇 아니ᄒ-'에 남아 있다. 근대 국어나 현대 국어의 부정문은 중세 국어와 큰 차이가 없다.

4.6. 사동법

우리말의 사동법은 접미사 결합에 의한 **파생적 사동**과 '-게 하-'에 의한 **통사적 사동**으로 구분된다. 역사적으로 이 두 유형이 쓰이는 경향이 달라지는 특징을 보인다.

(17) 사동문

ㄱ. 고대 국어

① 一切 衆生ㅎ 功德善根ㄴ 成熟**ㅅㅣ** 爲欲ㅅ 慈悲心ㄴ 發ㅍㅎ(*成熟ᄒ이)

(모든 중생의 공덕선근을 성숙하게 하고자 자비심을 발하여)『금광명경3: 8-9』

ㄴ. 중세 국어

① 城 밧긔 닐굽 뎔 일어 즁 살**이**시고『월석2: 77』

② 化人ᄋᆞᆫ 世尊ㅅ 神力으로 두외**의** ᄒᆞ샨 사ᄅᆞ미라 『석보 6 : 7』

ㄷ. 근대 국어

① 몬져 술 씌**오**ᄂᆞᆫ 탕을 먹고 『노해 하48ㄱ』

② 반ᄃᆞ시 그 덕듕홈을 얻**게 ᄒᆞ**고 『여사 2 : 4ㄴ』

ㄹ. 현대 국어

① 할아버지께서 손자에게 보따리를 들**렸**다.

② 성 밖에 절을 일곱을 지어서 중을 살**게 하**시고

고대 국어의 경우 석독 구결에 사동문이 많이 나타난다. 주로 동사 'ᄒᆞ-'에 사동 접미사 '-이-'가 결합된 사동사 '＊ᄒᆞ이[ㅅㅔ]-'에 의해 이루어진다. 반면 '-게 ᄒᆞ-'와 같은 통사적 사동은 찾아보기 어렵다. 박진호(1998 : 191-193)에 따르면 사동 접미사 '-이-'가 사동사 파생 기능뿐만 아니라 통사적 접미사로서의 기능도 가지고 있었다고 한다. 중세 국어에서는 (ㄴ)과 같이 사동사에 의한 파생적 사동과 '-게 ᄒᆞ-'에 의한 통사적 사동이 모두 나타난다. (ㄴ②)의 '두외의'는 '두외긔[되게]'의 'ㄱ' 탈락형이다. 중세 국어의 파생적 사동과 통사적 사동은 근대 국어나 현대 국어에서도 그대로 이어져 쓰인다. 다만, 두 사동형의 쓰임새가 시대별로 다른 경향을 보인다. 즉 중세 국어에서 현대 국어로 넘어오면서, 접미사에 의한 사동문이 차츰 통사적 사동으로 바뀌어 표현되는 경우가 많아짐으로써 파생적 사동의 쓰임이 상대적으로 줄어들게 되었다(권재일 1998 : 101-117 참조). 예를 들면, (ㄴ①)의 '살이-'는 (ㄹ②)처럼 통사적 사동문으로 옮겨야 자연스럽다.[30] 이런 경우는 '기피다 : 깊게 하다', '살이다 : 살게 하다', '녀토다 : 옅게 하다', 'ᄒᆞ이다 : 하게 하다' 등 많은 예에서 확인할 수 있다. 이런 현상은 근대 국어 시기에 일어난 사동법의 변화이다. 즉, 근대 국어 시기에는 중세 국어 시기의 사동 접미사가 교체되거나, 접미 파생에 의한 사동사의 소멸에 따른 통사적 사동으로의 대치 현상이 있었다(홍종선 1998 : 311-326 참조).[31]

---

30 동일 어근에 다른 사동 접미사가 결합하여 의미가 달라지는 경우도 있다. 동사 '살-[生]'과 '일-[成]'은 각각 '살이-'와 '사ᄅᆞ-', '일우-'와 '이ᄅᆞ-'의 두 가지 사동사를 가졌는데 각각 뜻이 달랐다. '살이-'는 '어떤 곳에 살게 하다[使居]', '사ᄅᆞ-'는 '목숨을 살림[使活]'을 나타냈다. '일우-'는 '(추상적인) 어떤 일을 성취함'을, '이ᄅᆞ-'는 '(구체적인) 집이나 탑을 세움'을 뜻했다(이기문 1998 : 161 참조).

31 예를 들면, 동사 'ᄒᆞ-[爲]'의 사동형은 15세기 'ᄒᆡ-'에서 16세기 'ᄒᆞ이-'로 나타나다가 17세기를 거친 뒤('벼슬 ᄒᆞ이다' 『역어 상12』) 근대 국어 후기에는 '시기-'로('일 식이다' 『한청 2 : 61』) 교체되었다(이기문 1998 : 217 참조).

4.7. 피동법

피동법도 접미사에 의한 **파생적 피동**과, '-어 지-' 결합에 의한 **통사적 피동**으로 구분된다.

(18) 피동문

   ㄱ. 중세 국어

      ① 虛空애 들**이**니 『월석 7: 10』

      ② 法이 ᄒᆞ마 일어든 ᄆᆞᆺ매 마**쾨**미 몯ᄒᆞ리라 『능엄 7: 18』

      ③ 믌 뉘누리는 기펴 ᄆᆞ리 줌**기**고 『두해초 15: 8』

      ④ 드트리 드외이 붓**아디**거늘 『석보 6: 31』

      ⑤ 뫼해 살이 **박**거늘 『월곡 기41』

   ㄴ. 근대 국어

      ① 진짓 정 누론 비치 흙이 모래 석**끼**디 아니ᄒᆞ니로 『두창방 50』

      ② 몽병의 사ᄅᆞ잡**핀** 배 되여 『동신 충1: 21』

      ③ 믈 줌**기**이다 (水淹了) 『역해 상2』

      ④ 즘싱이 죽고 초목이 것**거디**되 『오륜 1: 44』

고대 국어의 피동법은 확인이 어렵다. 석독 구결에 피동을 나타내는 자형이 없는 것을 보면 피동이 문법 범주로 명확하게 자리잡지 못한 것으로 추정된다(김성주 2006: 121 참조). 중세 국어의 피동 접미사는 '-이-, -히-, -기-'가 있었다. (ㄱ)의 '들이-', '막히-', '줌기-'가 그러하다. 또한 (ㄱ④)의 '붓아디거늘'은 '붓-+-아 # 디-'로 분석되는 통사적 피동 구문이다. (ㄱ⑤)의 동사 '박-'은 '박히-'로 해석된다. 이처럼 중세 국어에는 동일한 형태가 자동사와 타동사로 다 쓰이는 경우가 아주 많았다. 이른바 자타양용동사 혹은 능격동사라 부른다. 근대 국어의 파생적 피동도 (ㄴ)처럼 중세 국어와 비슷했다. (ㄴ③)의 '줌기이다'의 '-이-' 역시 피동 접미사로 볼 수 있다. 중세 국어와 다른 점은, '불이 → 불피-[踏]'와 같이 접미사 '-이-'에 의한 파생형이 '-히-'로 교체된 경우가 있다는 것이다. 통사적 피동도 중세 국어와 다를 바 없었다. 중세 국어나 근대 국어 시기에 나타나는 '-아 디-'의 결합형이 파생 동사인지 피동 구문인지 구분하기는 쉽지 않다.

4.8. 높임법

선어말 어미에 의한 높임법 체계도 시기별로 뚜렷한 변화가 있었다. 특히 중세 국어에는 '주체-객체-상대' 높임의 체계가 선어말 어미에 의해 명확히 구분되어 정연한 체계로 쓰였다.

(19) 주체 높임

　ㄱ. 고대 국어

　　① 西方念丁 去**賜**里遣(*가시리고)『원왕생가』

　ㄴ. 중세 국어

　　① 大愛道ㅣ 善훈 쁘디 하**시**며『월석 10: 19』

　　② 우리 父母ㅣ 듣디 아니ㅎ**샨** 고돈『석보 6: 7』

　ㄷ. 근대 국어

　　① 곳금 후비(后妃)의 말을 미미히 말숨ㅎ**셔**『한중 326』

　　② 만사의 두로 쓰리**시**물『첩해 1: 3』

　　③ 션인겨오셔 경계ㅎ**오시**딕『한중 1』

　　④ 그 후의 영정대왕 업**소오시**니 삼 년을 쥭만 머그니라『동신 효3: 82』

　고대 국어에서도 **주체 높임 선어말 어미**는 '-*시[賜, ㅎ]-'였다. 그 기능도 중세 국어와 차이가 없었다. 이 '-시-'가 현대 국어까지 이어져 쓰이고 있는 것이다. 중세 국어에는 '-시-'와 '-샤-'가 있었다. (ㄴ②)의 '아니ㅎ샨'은 '아니ㅎ-+-시-+-오-+-ㄴ'으로 분석되는데, 이처럼 '-시-'는 어말 어미 '-아'나 선어말 어미 '-오-' 즉 모음 앞에서는 '-샤-'로 교체되고, 어미 '-아'와 '-오-'는 탈락하였다. 이런 예는 '가샴, 올ᄆ샴, 가샤' 등에서도 확인된다. 그런데 중세 국어는 이처럼 '-시오-'가 '-쇼-'로 실현되지 않고 반드시 '-샤-'로만 실현되지만, 고대 국어에서는 '-샤-'가 보이지 않으며, 오히려 '說ㅎㅅㅎㅎㅣ[*니르아기시오다](말씀하셨습니다)'(『구역인왕경 02: 21』)에서 보듯이 '*-시오[ㅎㅎ]-' 결합형이 그대로 실현된다는 점에서 차이를 보인다.

　근대 국어에서는 '-시-'만 주체 높임으로 쓰였고, 중세 국어에 쓰인 '-샤-'는 16세기 이후 소멸되어 더 이상 나타나지 않는다. '-샤-'의 소멸은 (ㄷ②)에서 분명히 알 수 있는데 15세기라면 '쓰리샤물'이 되어야 한다. 따라서 (ㄷ①)의 '-셔'는 '-시-+-어'의 결합이다. 이런 현상은 중세 국어의 선어말 어미 '-오-'의 소멸과 관계가 있다. 그리고 (ㄷ③, ④)의 '-오시-'나 '-사오시-'는 이른바 '-습시-'로서 이때의 '-습-'도 화자의 겸양으로 주체를 높이는 용법이다(홍종선 1997: 182 참조).

(20) 객체 높임

　　ㄱ. 고대 국어

　　　　① 九世 盡良 禮爲<u>白</u>齊(*禮ㅎ습저)『예경제불가』

　　　　② 佛足ㄴ、禮ｯ<u>白</u>ㅁ(*禮ㅎ습고)(부처님의 발에 절하고)『금광명경 13: 02』

　　ㄴ. 중세 국어

　　　　① 그 삑 阿那律이 如來를 棺애 녀쑵고 忉利天에 올아 가『석보 23: 27』

　　　　② 그 삑 大臣이 이 藥 밍ㄱ라 大王ㅅ긔 받ㅈᄫ대『월석 21: 218』

　　ㄷ. 근대 국어

　　　　① 반ᄃ시 ᄉ당의 가 <u>뵈</u>고 츌입에 반ᄃ시 고ㅎ더라『동신효 6: 21ㄴ』

객체 높임은 목적어나 부사어를 높이는 것을 말한다. 고대 국어에도 중세 국어와 마찬가지로 **객체 높임 선어말 어미** '-*습[白]-'에 의해 객체 높임법이 실현되었고 그 기능도 동일했다. 물론 고대 국어에서는 예외적으로 주체 높임에 쓰인 경우도 있기는 했다. 그러나 중세 국어에서는 객체 높임법이 엄격하게 지켜졌다. (ㄱ②)의 '禮ㅎ습고'는 '절하고'의 뜻인데 현대 국어와 달리 '-습-'이 개재된 것은 목적어 '佛'이 높임의 대상이기 때문이다. 마찬가지로 (ㄴ①)에서도 '녀쑵고'가 된 것은 '녛-'의 목적어 명사가 높임의 대상 '如來'이기 때문이고, (ㄴ②)에 '-ㅈᄫ-'이 결합된 것은 부사어 '대왕ㅅ긔'가 높임의 대상이기 때문이다.

　　객체 높임법은 근대 국어에 접어들면 그 기능이 상실된다. (ㄷ①)의 '뵈고'가 중세 국어라면 반드시 '-습-'이 결합되어 '뵈ᅀᆞᆸ고'가 되어야 하는데 그렇지 않다. 이 시기부터 객체 높임법 선어말 어미 '-습-'은 '-사오-'의 형태로 남아 상대 높임법으로 변화하게 되었다. 현대 국어의 문어체에 많이 사용하는 '있사오니' 혹은 '하오니' 같은 예가 그러하다. 결국 객체 높임법의 소멸은 선어말 어미에 의한 높임법 체계를 중세 국어의 '주체-객체-상대 높임'에서 근대 국어의 '주체-상대 높임'의 체계로 바꾸는 결과를 가져왔다.

(21) 상대 높임

　　ㄱ. 고대 국어

① 世尊下…我等 會中ゟ 登無漏者十 雖盡諸漏ゝㄌ 今聞如來所說法音ゝ白ロ 尚紆疑悔ゝ所ㄴ丨 [ㅎ소**이**다]『남풍현본 능엄경 4: 1ㄱ15-1ㄴ1』(世尊하…我等은 會中에 登無漏者ㅣ라 雖盡諸漏ㅎ나 今에 聞如來ㅅ 所說法音ㅎ숩고 尚紆疑悔호**이**다)『능엄 4: 3ㄴ』

ㄴ. 중세 국어

① 世尊하 堂애 이셔 如來 보디 몯ㅎ숩고 能히 林泉 보미 이런 고디 업스**이**다. 『능엄 1: 50』

② 瞿曇 安否ㅣ 便安ㅎ시니**잇**가『석보 6: 20』

③ 님금하 아르**쇼셔**『용가 125』

④ 일후믈 薩婆悉達이라 ㅎ숩**사이다**『석보 3: 3』

ㄷ. 근대 국어

① 그러나 可히 오라디 못ㅎ링**이**다『어제내훈 2: 23ㄴ』

② 본딩 먹디 못ㅎ옵건마는 다 먹**숩ㄴ이**다『첩해 3: 6ㄱ』

고대 국어에는 **상대 높임**법의 흔적이 잘 보이지 않는다. 향가나 이두 및 석독 구결에서는 찾을 수 없고, 다만 음독 구결에 일부 예가 보인다. 위의 예 '*ㅎ소이다[ゝ所ㄴㅣ]'는 15세기의 'ㅎ오이다'에 대응하므로 '-이-'가 상대 존대법으로 쓰였음을 알 수 있다. 중세 국어에서도 상대 존대법이 선어말 어미와 종결 어미에 의해 실현되었는데, 평서문에는 '-이-', 의문문에는 '-잇-'으로 나타난다. 이들 **상대 높임 선어말 어미**는 근대 국어에 와서 소멸하게 되어 현대 국어에서는 나타나지 않는다. (ㄴ③,④)처럼 명령형 종결 어미 '-쇼셔'와 청유형 종결 어미 '-사이다'는 모두 가장 높은 등급의 상대 존대이다.

근대 국어 용례 (ㄷ②)의 '먹숩ㄴ이다'는 객체 존대 선어말 어미 '-숩-'이 본연의 기능을 상실한 모습을 보여준다. 여기서는 상대 높임법을 강화하는 역할을 하는데, '子는 내 ㅎ숩시논 쁘디시니라(『훈민정음 언해 2』)', 'ㄱ장 춤히 通ㅎ옵시ㄴ(『첩해 1: 19』)' 등에서와 같이 중세 국어에도 이런 현상이 있었다(위 (19) 주체 높임법 참조).

선어말 어미에 의한 높임법은, 고대 국어의 경우 자료상으로는 후기에 나타나지만, '주체-객체-상대' 높임의 체계가 고대 국어 시기에 정착되어 중세 국어 시기까지 쓰였음을 알 수 있다. 그러다가 근대 국어에 와서 상대 높임 선어말 어미가 사라지고, 중세 국어의 객체 높임 선어말 어미가 상대 높임으로 변화하여, 이후 '주체-상대' 높임의 체계가 정착되어 현대 국어에 이르게 된다.

4.9. 시제법

고대 국어 선어말 어미 가운데 시상과 관련된 형태는 '-*누[ㅏ]-'와 '-*거[ㅅ]-'인 것으로 알려져 있다. '-*누-'는 중세 국어의 '현재'를 나타내는 직설법 선어말 어미 '-ᄂ-'에 대응되는 것으로 추정되며, '-*거[ㅅ]-'는 '과거'나 '완료상'을 나타내는 데에 사용된 것으로 파악되고 있다. 그런데 고대 국어 자료의 선어말 어미들은 그 중세 국어의 대응형과 분포나 기능이 다른 점이 많아서 시상 체계를 분명히 말하기는 어렵다. 그래서 이두의 경우 '-去-' 자리에 분포하는 '-在-[견]'도 시상 선어말 어미로 보기도 한다.

중세 국어의 시상 체계는 선어말 어미 '-ᄂ-', '-더-', '-리-' 그리고 부정법 '-ø-'에 의해 실현되었다. 부정법은 아무런 선어말 어미도 실현되지 않는 것을 말한다. 이에 대한 최동주(1996: 199-203)의 설명을 표로 요약하면 다음과 같다.

구분	과거	현재	미래
동사	부정법(-ø-) -더-	-ᄂ-	-리(ㄹ)-
형용사, 서술격 조사	-더-	부정법(-ø-)	

표 10-2 중세 국어의 시제 체계

중세 국어에서는 동사와 형용사(서술격 조사 포함)가 서로 다른 방법으로 시제를 나타냈음을 알 수 있다. 동사는 부정법이나 '-더-'가 과거를 나타냈으며 현재는 '-ᄂ-'가 담당했다. 형용사의 경우는 '-더-'가 과거를, 부정법이 현재를 나타냈다. 미래 시제는 동사와 형용사 모두 '-리-'가 담당했다. 다음 예에서 밑줄 친 말들은 각각 '지었으니', '하셨습니다', '기다립니다', '겨루겠다' 등으로 해석되는바 이와 같은 시상 체계를 잘 말해 준다.

(22) ㄱ. 내 世尊 위ᄒᆞᅀᆞᄫᅡ 精舍를 ᄒᆞ마 **짓ᄉᆞ보니** 王이 부텨를 請ᄒᆞᅀᆞᄫᆞ쇼셔『석보 6: 38』

　　 ㄴ. 버근 法王이시니 轉法을 조차 **ᄒᆞ더시니이다** 『석보 24: 37』

　　 ㄷ. 이 地獄애 들릴씨 므를 글혀 **기드리ᄂᆞ니라**『월석 7: 13』

　　 ㄹ. 이 後 닐웨예 城 밧 훤ᄒᆞᆫ 싸해 가 沙門과 ᄒᆞ야 직조 **겻구오리라**『석보 6: 27』

근대 국어에 이르면 중세 국어의 시상 체계가 변화한다. 중세 국어에서 '완료'나 '상태 지속'을 나타내던 '-아/어 잇-'이 '-아시/어시-'로 문법화하고 이것이 '-앗/엇-'으로 변화하여 이른바 '과거'를 나타내는 선어말 어미로 쓰이기 시작한 것이 중세 국어와 가장 큰 차이점이라 할 만하다. 아래 〈표 10-3〉을 위의 〈표 10-2〉와 비교해 보자(표는 최동주 2002: 148-149의 것을 인용함).

서술어	과거		현재	미래
동사	-엇-	-∅-	-ᄂ-	-리-
		-더-		
형용사	-더-		-∅-	

표 10-3 전기 근대 국어 종결형의 시제 체계

중세 국어와 비교해 보면, 과거를 나타내는 선어말 어미 '-엇-'이 추가되었다는 점이 다르며 그 외에는 차이가 없다. 이 '-엇-'은 동사에 결합되는 부정법이나 '-더-'와 대립적인 관계를 가지지는 않았다. 아래 예문에서 확인이 되는데, '가니라'는 부정법이, '왓노라'는 '-엇-'이, '못ᄒ더니라'와 '어렵더라'는 '-더-'가 실현되어 과거 시제를 나타내고 있음을 알 수 있다.

(23) ㄱ. 언제 가뇨 어제 **가니라** 『박해 하38ㄱ』

　　ㄴ. 네 언제 온다 굿그젹의 **왓노라** 『박해 상46ㄱ』

　　ㄷ. 내 요ᄉᆞ이 痢疾 알하 일쯥 믈을 트디 **못ᄒ더니라** 『박해 상34ㄴ』

　　ㄹ. ᄌᆞ식 기ᄅᆞ기 ᄀᆞ장 **어렵더라** 『박해 상51ㄴ』

후기 근대 국어에 이르면 과거를 나타내는 선어말 어미가 동사의 경우는 '-엇-', 형용사의 경우는 '-더-'로 정착되고 현재는 동사나 형용사 모두 부정법이 담당하게 된다. 즉, 과거를 나타내는 부정법은 없어지게 되고, 동사에 결합되어 과거를 나타내던 '-더-'의 기능도 없어진다. 그리고 미래를 나타내는 선어말 어미인 '-겟-'이 추가된다.

4.10. 구문 구조의 변화

격 실현의 변화나 교체로 인해서 구문 구조가 달라지는 변화가 우리말의 변천 과정에도 있었다. 즉, 서술어와 논항 사이에 실현되는 격이 시대별로 다른 경우가 있다.

(24) ㄱ. '굳[如]-' 구문

　　　① 出家호 사르몬 **쇼히 굳**디 아니호니『석보 6: 22』

　　　② 출가한 사람은 속인**과 같**지 아니하니

　　ㄴ. '주[與]-' 구문

　　　① 四海를 **년글 주**리여『용가 20』

　　　② 四海를 누구**에게 주**겠는가?

　　ㄷ. '삼[爲]-' 구문

　　　① 엇뎨 므슴므**로** 道**룰 사**ㅁ노『월석 9: 23』

　　　② 나라흔 百姓**으로** 根本**을 삼**곡 고기는 주리면 곳다온 낛바물 費食ㅎᄂ니라

　　　　『두해초 16: 19』

　　　③ 봉산, 재령**을** 주요한 활동무대**로 삼**아 중앙관청으로 올라가는 …『장길산』

'굳-' 구문의 경우, 현대 국어에서는 (ㄱ②)와 같이 비교 논항의 격조사가 '와'로 실현되는 것과 달리, 중세 국어에서는 (ㄱ①)의 '쇼히'와 같이 비교 부사격 조사로 '이'가 주로 쓰였다. 물론 '곧 如來와 굳즙ᄂ니라'(『능엄 2: 45』)에서처럼 '와'도 쓰였지만 그 사용 분포는 '이'가 훨씬 더 넓었다. '쇼히'는 '쇼ㅎ+이'로 분석되고 이 때의 '이'가 현대 국어의 '과'에 대응된다. (ㄴ)의 '주다'도 목적격 조사의 실현이 달라진 예이다. 중세 국어에서 동사 '주-'는 '년ㄱ(〈 녀느) + 을'로 분석되는 '년글'에서 보듯이 목적격 조사 '를'이 실현되었다. 현대 국어라면 '누구 + 에게'가 된다. 물론 중세 국어 시기에는 이른바 여격에 해당하는 조사의 발달이 늦어 목적격 조사 '을/를'이 '에게'로 해석되는 경우가 많았다.

'삼다' 구문도 대상 논항과 결과 논항의 격조사 실현이 바뀐 양상을 보인다. 동사 '삼-'은 대상 논항과 결과 논항을 필요로 하는 세 자리 서술어이다. 고대 국어에서는 석독 구결에 동사 '삼-'이 많이 쓰였는데, 대상 논항에는 항상 대격 '*을[乙]'이 실현되었다. 그런데 중세 국어에서는 (ㄷ①, ②)처럼 대상 논항에는 '-으로'가, 결과 논항에는 '-을'이 나타나 고대 국어와는 다른 'A로 B를 삼-' 구조가 보편적으로 쓰이게 된다. 그런데 이 구문

구조는 근대 국어 후기에 이르면 다시 변화한다. 즉, 중세 국어의 대상 논항과 결과 논항의 격이 서로 교체된 'A를 B로 삼-' 구조가 쓰이게 된다. 이 구조가 이어져 현대 국어에서는 (ㄷ③)과 같은 구문이 일반화되었다.

5. 어휘의 변화

우리말의 여러 분야 가운데 역사적으로 가장 많은 변화를 보인 것이 어휘이다. 어휘는 시대 변화에 따라, 문화의 유입과 충돌에 따라, 그리고 사회의 발달에 따라 전 영역에 걸쳐 양적 팽창과 변화가 동시에 일어나는데, 있던 어휘가 없어지기도 하고 새로 생겨나기도 한다. 동시에 외래어가 쉼없이 유입된다. 그래서 어휘의 변화 양상을 체계화하는 일은 무척 어렵다. 여기서는 먼저 시대별 어휘의 특징을 대략적으로 살펴본 뒤에 개별 어휘의 변화 양상을 간략하게 정리해 보기로 한다.

5.1. 어휘 체계의 변화

고대 국어의 어휘는 주로 인명, 관명, 지명 등 고유 명사가 많이 남아 있다.『삼국유사』,『삼국사기』,『향약구급방』,『계림유사』등의 차자 표기 어휘와, 이두, 향가, 석독 구결 등에서 찾아지는 어휘들이 대표적이다. 김동소(2007: 107-108)에는 고대 국어의 두 문헌 이상에 나타나는 어휘 30개를 제시하고 있는데 이를 간추려 인용하면 다음과 같다.

(25) 고대 국어 어휘

가히[犬]: 家稀, 犬伊	갗[皮]: 葛翅, 加次	구슬[玉]: 古斯, 區戌
나리[川]: 仍利, 川理	납[鉛]: 乃勿, 那勿	누리[世]: 世理, 世呂
바룰[海]: 破珍, 海等	돌[石]: 珍惡, 突	아기[兒]: 阿孩, 阿只
ᄒᆞ나[一]: 一等, 河屯	쇠[鐵]: 素, 歲	아니[不]: 不喩, 安理
고솜[蝟]: 高參, 苦苦	블[火]: 伐, 孛	살-[生存]: 薩, 沙

위 예들은 고대 국어 차자 표기와 그에 대응하는 중세 국어 형태를 비교한 것인데, '가

히'를 비롯하여 '살-'까지 중세 국어에 보이는 기초적인 어휘들이 고대 국어에도 존재했음을 알 수 있다. 다만, 그 음상이 중세 국어와 다른 경우가 있는데 그것은 고대 국어와 중세 국어의 음운 체계가 달랐기 때문이다. 위의 예 외에 이두나 향가에서 찾을 수 있는 어휘들로는 '岩乎(바회)', '心音(ᄆᆞᅀᆞᆷ)', '道尸(길)', '雲音(구룸)', '夜音(밤)' 등이 있다. 그리고 고대 국어에도 중세 국어와 마찬가지로 한자어가 많이 유입되어 사용되었을 것으로 추정된다.

중세 국어 시기 어휘 체계의[32] 특징으로는 우선 **한자어**의 영향을 들 수 있겠다. 한글의 창제는 일시적으로 수많은 고유어의 표기를 가능하게 했으며 이는 중세 국어 문헌에 그대로 반영되어 있다. '즈믄[千]', '온[百]', '뫼ㅎ[山]', '잣[城]', '아ᅀᆞᆷ[친척]' 등이 그 대표적인 예인데, 한글이 아니었으면 이런 말이 있었다는 것조차 알기 어려웠을 것이다. 그러나 이러한 고유어도 한자어의 위세에 밀리게 되고 결국은 사어화되는 일이 많았다. '미르(룡[龍])', 'ᄒᆞ다가(만일에)', '과ᄒᆞ-(칭찬하-)', '샤옹(남편)', '아름뎌(사사로이)', '고마(첩[妾])' 등과 같이 고유어가 한자어로 교체되는 것은 어휘의 전 영역에 걸쳐 일어났으며 이 과정에서 없어진 우리말은 무척 많다. 이와 같은 흐름에서 한자어가 한자음 그대로 한글로 표기되는 일이 잦아져서 마치 고유어처럼 사용되는 경우도 있었다. 예를 들면, '차반(茶飯)', '위두(爲頭)', '딤치(沈菜)', '남진(男人)', '녀편(女便)', '대되(大都)' 등이 그러한데, 이런 현상은 한자어를 더욱 증가시키는 결과를 가져왔다. 이런 어휘 가운데에는 '딤치 〉김치'처럼 국어의 음운 변화를 겪어서 완전히 우리말화한 것도 있다. 한자어와 관련된 불교 관련 어휘가 한자어 형태 그대로 유입되어 쓰였다는 점도 중세 국어 어휘의 한 특징이다. 특히, 15세기 이후 불교 관련 문헌이 대량으로 간행됨으로써 '布施, 三昧, 釋迦, 成佛, 慈悲, 衆生, 解脫' 등과 같은 불교 용어가 국어 어휘 체계 안에 자리잡게 되고 지금까지 이어져 사용되고 있다.

이 시기에는 **차용어**도 많이 유입되어 쓰였다. 특히 중국어와 몽고어 차용어가 대량으로 들어왔다. 중국어 차용어는 문화적인 어휘가 많았는데 의복, 옷감, 기구 등에 관련된 어휘가 대표적이다. 현대 국어로 이어져 표준어로 정착된 중국어 차용어로는, '감토(敢頭 〉감투)', '다홍(大紅)', '먹(墨)', '무궁화(木槿花)', '붇(筆 〉붓)', '비단(匹段)', '빈치(白菜 〉배추)', '사탕(砂糖)', '샹투(上頭)', '죠릭(笊籬 〉조리)', 'ᄌᆞ디(紫的 〉자주)', '투구(頭

---

32 중세 국어 어휘 자료는 김동소(2007: 261-286)을 주로 하고, 이기문(1998: 190-193), 조남호(1996: 116-149) 등을 참조하였다.

盔)' 등이 있다.

13세기 이후 몽고어 차용어 유입도 어휘 체계의 큰 변화를 가져왔다. 대표적인 몽고어 차용어로 알려진 것이 '말[馬]'과 '매[鷹]'에 관한 낱말인데 '가라물(검은 말), 간쟈물(눈 위에 흰 점이 있는 말), 가리온물(갈기와 꼬리가 검은 말), 고라물(꼬리가 검은 밤색 말)' 등과 '갈지게(누른 매), 궉진(늙은 매), 도롱태(작은 매의 일종), 보라, 숑골(매의 일종)' 등이 그 예이다. 이 밖에 '必者赤(서기)', '達魯花赤(진수관, 鎭守官)' 등과 같은 관직 명이나, '火尼赤(양치는 사람)', '時波赤(매 다루는 사람)' 등과 같은 명사도 있다. 이 외에 몽고 차용어임에 틀림없지만 완전히 고유어화한 것으로는 '갈비, 고라니, 구리, (눈)보라, 슈라, 사돈, 오랑캐' 등이 있다.

중국어와 몽고어 이외에 북방어로부터 차용된 것도 있을 것이지만 현재 자료상으로는 여진어(女眞語)의 일부가 남아 있을 뿐이다. 『용비어천가』에 기록된 함경도 지명 '투먼(豆漫)', '워허(幹合)', '퉁컨(童巾)' 등이 그 예이다.

근대 국어 시기 어휘 체계의 특징으로는, 중세 국어 시기 이후 진행된 한자어 증가 현상이 지속된 것, 이와 병행하여 중세 국어 시기에 보이지 않던 고유어가 대량으로 나타난 것, 문학어의 발달과 서구 문물과 관련된 다량의 어휘 유입 등을 들 수 있다. 한자어는 중국을 통해서 들어온 서구 문물과 함께 꾸준히 증가하였다. '억울하다'는 뜻을 가진 '이미ᄒ다(曖昧)'를 비롯해서 '怨抑(억울함)', '放送(석방)', '숑ᄉ(訟事)', '증인(證人)' 등이 그 예이다. 이 시기에 간행된 역학서와 소설이나 시가집과 같은 문학 작품은 이전 시기에 나타나지 않은 수많은 고유어를 보여주고 있는데, '가림자(가리마)', '거멀못', '걱정', '고동어(고등어)', '잘코셔니(잘 되었구나!)', '궁둥이', '구레나롯(턱수염)', '가리다(희롱하다, 날뛰다)', '눈츼(눈치)', '뫼읍다(모시다)', '안좀(아침)', '산알(목숨)', '하리다(병이 낫다)', '클터오다(대담하다)' 등이 그 예이다(김동소 2007: 322-323 참조).

이 시기에도 차용어 유입은 계속되었다. 『역어유해』(1960) 이후 문헌에 나타나는 중국어 차용어로는 '갸즈(架子)', '둔즈(頓子, 가죽옷)', '미라(蜜蠟)', '탕건(宕巾)', '퉁쇼(洞簫)', '풍즈(棚子, 시렁)' 등이 있고, 만주어 차용어로는 '널쿠(비옷의 일종)', '마흐래(冠)', '소부리(언치)', '쿠리매(두루마기)' 등이 있다. 근대 국어를 지나면서 서양 문물이 유입되고, 현대 국어에 와서는 일본어와 영어를 비롯한 서양어가 유입되어 외래어로 정착된 어휘가 많이 생겨났다.

5.2. 개별 어휘의 변화

어휘 형태의 변천 과정과 원인은 어휘마다 달라서 규칙화하기가 어렵기 때문에 '개별 어휘사'가 필요하다. 우선 개별 어휘의 변화는 어휘의 형태가 변하는 경우와 의미가 변하는 경우로 나누어 볼 수 있는데 여기서는 형태가 변화하는 양상을 살펴보기로 한다(의미 변화의 양상은 '6. 의미의 변화' 참조).

어떤 사물을 지칭하는 어형이 일정 기간 동안 사용되다가 다른 형태로 변화하는 것은 다시 크게 두 가지 유형으로 나뉜다. 하나는, 원래의 기본적인 어휘 형태를 유지하면서 어형이 바뀌는 **'어형 변화'**이고, 다른 하나는 기존의 어휘 형태가 아예 다른 어형으로 바뀌는 '어형 교체'이다. 한 예로, 13세기 자료인 『향약구급방』의 약재명 어휘의 경우를 살펴보기로 보자. 아래 예는 동의어의 생성과 그로 인한 경쟁 관계는 고려하지 않고 문헌상에 나타나는 것을 기준으로 정리한 것이다(이은규 2009: 479-481 참조).

구분	한어명	13세기	15세기 이후	19세기 이후
①	括蔞	天叱月乙	하눐ᄃ래 / 하늘타리	하날타리 / 하늘타리
②	馬齒莧	金非陵音	쇠비름	쇠비름
③	浮萍	魚矢食	머구릭밥 / 머구리밥	기구리밥 / 개구리밥
④	細辛	洗心	셰ᄉᆞᆫ불휘	족도리풀불휘 / 족두리풀뿌리
⑤	蟾蜍	豆何非	두터비	둣겁이 / 두꺼비

표 10-4 개별 어휘 변화의 예

위 표의 ①, ②가 '어형 변화'에 해당한다. 이는 국어의 통시적 음운 변화가 반영된 결과이다. '括蔞'와 '馬齒莧'에 대응되는 고유어는 '하늘타리'와 '쇠비름'이다. 이 형태는 13세기 차자 표기에서도 같은 형태로 확인이 된다. 이런 경우는 'ㆍ'의 비음운화나 이중 모음 'ㅚ'의 단모음화와 같은 국어 음운 변화의 과정을 거쳐 지금의 형태가 된 것들이다. 『향약구급방』의 많은 어휘들을 비롯하여 어휘 변화의 대부분이 이 유형에 속한다.

다음으로 **'어형 교체'**는, 새로운 어형이 생성되어 두 어형이 공존하게 되거나 혹은 한 쪽이 소멸되는 것으로 ③, ④, ⑤가 이에 해당한다. 개신형으로의 교체가 일어나 이전 형태가 사라지는 경우가 있다. '浮萍'은 현대 국어에서 한자어 그대로 '浮萍草'라 쓰이기도 하는데, 13세기 차자 표기에서는 후대형 '머구릐밥'이나 '개구리밥'이라는 형태가 확인되지 않는다. '魚矣食'을 15세기 형태로 재구하면 '*고긔밥' 정도가 될 뿐이다. 그런데 문헌상으로 볼 때 15세기 이후 '머구릐밥' 형태가 쓰이다가 19세기 경에 '긔구리밥'(『의종손익』 1860)으로 교체되는 것을 알 수 있다. 결국 이는 '*고긔밥 ∽ 머구릐밥 ∽ 개구리밥'과 같이 음운 변화와 상관없이 새로운 낱말로 교체됨으로써 어휘 변화가 일어난 것이다.[33] '細辛'과 '蟾蜍'도 마찬가지이다. '細辛'은 13세기에서 18세기까지 줄곧 한자어를 그대로 사용했으며, 현대 국어에서도 의학계에서는 '細辛'을 쓰고 있다. 그런데 19세기 경부터 '족도리풀뿌리(『의종손익』 1860)' 형태가 쓰이기 시작한 것으로 추정된다.[34] '蟾蜍'의 13세기 고유어 형태는 '豆何非'로 이는 후대형을 고려하면 '*두가비' 정도로 재구된다. 그런데 15세기 이후 문헌에는 '두터비'만 보이다가 19세기 초 문헌 『물보』에 '둣겁이' 형태가 나타난다. 15세기에 '둗겁다'와 '두텁다'가 동의어로 쓰였는데 '두텁다'에서 기원한 형태가 먼저 나타나고 후에 '둗겁다'에 소급되는 형태가 나타나는 것을 알 수 있다. 이처럼 동의어의 생성은 어휘 체계의 변화를 가져 오기도 한다.

이제 중세 국어 어휘를 가지고 어휘가 소멸하는 경우, 음운 변화를 겪어 형태가 바뀌는 경우, 새로운 단어의 생성으로 교체되는 경우, 형태가 동일한 경우 등을 좀더 자세히 살펴보기로 하자.

(26) 어휘 변화의 유형

    ㄱ. 눈[眼], 펴다, 없다

    ㄴ. 가ᅀᆞ멸다, ᄉᆞᆽ다, 젼ᄎᆞ, 시러곰, 뫼, ᄀᆞᄅᆞᆷ, 녀다, 그위, 마ᅀᆞᆯ, ᄀᆞᇧ알다

    ㄷ. 니르다, ᄃ리[橋], ᄒᆞ다[爲], ᄆᆞᆯ[馬], ᄌ[灰], 시내ㅎ[溪], 티다[打]

(26ㄱ)의 예들은 500년 전의 형태를 현대 국어에서도 그대로 유지하는 경우이다. 명사 '눈'이나 동사 '펴다'는 세종대왕 시절이나 지금이나 그 형태나 의미가 동일하다. 이처럼 형태나 의미가 변하지 않는 것은 대개 '기초 어휘'에 해당하는 경우가 많다.

(26ㄴ)의 예들은 중세 국어 시기에 쓰이다가 후대로 이어지지 못하고 사어(死語)가 된

---

33 '蛙'를 뜻하는 형태는 15세기에 '머구리'가 쓰이다가 16세기 경에 '개고리(『신증유합 상15』)'가 나타남으로써 두 이형이 공존하게 된다. 현대 국어 함경도 방언에도 '머구리'가 남아 있다. 그리고 '참개구리'를 이르는 다른 말로 '잘 우는 개구리'라는 뜻을 나타내는 '악머구리'에도 '머구리'라는 형태가 남아 있다.

34 '족도리'라는 형태는 17세기 초 자료 『계축일기』에 나타난다.

고유어 어휘들이다. '가ᅀᅥ멸다'는 '부유하다', 'ᄉᄆᆾ다'는 '통하다, 꿰뚫다'의 의미로 쓰였는데 사어가 되었다. '젼ᄎᆞ, 시러곰' 등은 한문의 '由'나 '得'을 번역하면서 생긴 말들인데 이들 역시 후대에 이어지지 못했다. 이 유형의 어휘들 가운데는 외래어 특히 한자어가 유입되어 기존의 고유어와 동의어 관계를 형성하여 경쟁하다가 세력을 잃어 소멸된 것이 많다. '뫼'와 '산', 'ᄀᆞᄅᆞᆷ'과 '강'의 관계가 이를 말해 준다. 이외에 '그위, 마ᅀᆞᆯ' 등도 한자어 '관청'에 밀려 사어가 되었고, 'ᄀᆞᄉᆞᆷ알다' 역시 '주관하다'는 한자어에 밀려 사어화되었다. 물론 고유어끼리의 경쟁 관계에 있다가 사어화하는 경우도 있는데 '가다'와 유의 관계에 있던 '녀다'가 사어가 된 것이 그 예가 될 수 있다.[35] 또 문화의 발달로 인해서 더 이상 그 어휘가 필요 없는 경우도 있다. 현대 국어 방언 '봉당'은 1980년대 이후 잘 쓰이지 않게 되었는데 지금쯤 사어화되었다고 보아 무방하다.

(26ㄷ)의 예들은 일반적인 국어 음운 변화 과정을 거친 어휘들이다. '니르다'는 '말하다'는 뜻을 가진 동사였는데 구개음화한 'ㄴ[ɲ]'이 어두에 오지 못하는 제약이 생겨나면서 '이르다'로 형태가 바뀌어 지금에 이른 것이다. 이 유형의 대표적인 예를 'ㆍ'의 비음운화로 인한 형태 변화에 따른 동음어 발생 과정에서 찾을 수 있다. '연기'를 뜻하는 '닛[煙]'가 'ㆍ'의 비음운화를 겪어 '내'가 됨으로 해서 '냄새'를 뜻하는 기존의 '내[臭]'와 동음어 관계를 형성하게 된다. 결국 '연기'를 뜻하는 '내'는 '냄새'를 의미하는 '내'에 밀려 사라지게 되고 그 자리를 '연기'가 채우게 된다. '티다[打]'와 '치다[養]'의 경우도 마찬가지이다. '티다'가 근대 국어 시기에 일어난 구개음화를 겪어 '치다'로 되면서 '치다[養]'와 동음어 관계를 형성하게 되었다. 이처럼 음운 변화를 입는 어휘들도 흔히 동음어를 만들게 되고, 동음어 관계에 있는 어휘들이 경쟁하여 하나는 소멸되거나 의미가 달라지거나 하는 과정을 겪게 된다.

6. 의미의 변화

어휘의 의미 역시 시대의 흐름에 따라 변화한다. 어떤 어휘가 가지고 있던 의미 영역이

---

35 현대 국어의 '예다'가 '녀다'의 후대형이지만 노래 가사 '기러기 울어 예는 하늘 구만 리' 이외에는 거의 사용되지 않는다.

줄어들거나 확장되는 경우도 있으며, 어떤 경우는 전혀 다른 의미로 바뀌는 경우도 있다. 이러한 의미 변화는 기본적으로 '시간'에 의한 역사적 변화 과정을 전제로 한다.

(27) 의미가 확장된 것: 다리[脚], 먹다, 영감(令監)

'다리'는 원래 '사람'이나 '짐승' 즉 유정성([+animate]) 자질을 가지는 명사에만 붙을 수 있는 말인데 그 의미가 확대되어 '상, 책상' 등과 같은 무정성([−animate]) 자질을 가지는 명사에까지 쓰이게 되었다. '먹다'는 구체적인 사물을 목적어로 하는 동사인데 그 의미 영역이 확대되어 '생각', '마음' 등 추상적인 명사를 목적어로 하기도 한다. '영감' 역시 과거에는 당상관 이상의 벼슬을 지낸 사람을 일컫는 말이었으나 오늘날은 일반적인 남자 노인을 가리키는 말로 의미가 확대되었다.

(28) 의미가 축소된 것: 짐승, 여위다, 스랑ᄒ다, 안직, 놈, 계집

'짐승'이라는 말은 생물 전체를 가리키는 불교 용어였다. 그런데 이제는 '사람'을 제외한 동물을 가리키는 말로 그 의미가 축소되었다.[36] '여위다'는 중세 국어 시기에서는 '마르다[渴]'는 의미와 '수척하다[瘦]'는 의미로 쓰였었다. 그런데 현대 국어로 오면서 '마르다'라는 의미를 잃어 버려 의미 영역이 축소되었다. '스랑ᄒ다'는 '사랑하다[愛]'와 '생각하다[思]'라는 두 가지 뜻을 다 가지고 있었는데 현대 국어로 오면서 [思]라는 의미를 '생각하다'에 넘겨주어 그 의미 영역이 줄어들었다. '안직'은 중세 국어에서 '가장[最]'과 '아직[且]'의 두 가지 의미로 쓰인 말이었다. 그런데 이 중 '아직'의 의미는 '안즉'이라는 형태와 공유하고 있었던 영역이었다. 그러다가 '안직'은 '가장'이라는 의미를 상실하게 되었고, 같은 시기에 유의 관계에 있던 '아직'에 밀려 결국은 사어화되었다. '놈'은 보통의 남자를 나타내는 말이었으나 현대 국어에 오면서 '남자를 비하하는 말'로 의미 축소가 일어난 예이다. '계집' 역시 일반적인 여자 전체를 뜻하는 말이었지만 '놈'과 같이 현대 국어에서는 여자를 낮추어 말할 때 쓰는 것으로 의미 영역이 줄어들었다. 그리고 '계집'은 중세 국어 시기에는 '아내'라는 의미도 가지고 있었지만 이 의미는 소멸하였다. '놈'과

---

36 '짐승'은 한자말 '衆生'의 '즁ᄉᆡᆼ'에서 어형이 변화한 말이다. 그런데 15세기에는 '獸ᄂᆞᆫ 기는 즁ᄉᆡᆼ이라(『월석 21: 113장』)'에서처럼 '즁ᄉᆡᆼ이라'을 한글로 표기하면 지금의 '짐승', '慈悲ᄂᆞᆫ 衆生ᄋᆞᆯ 便安케 ᄒᆞ시ᄂᆞᆫ 거시어늘(『석보 6: 5』)'에서처럼 한자로 적으면 지금의 '중생'과 같은 뜻이었다.

'계집'은 의미의 하락을 겪은 대표적인 예이다.

  (29) 전혀 다른 의미로 바뀐 것: 어리다, 어엿브다, 싁싁ᄒ다, 빋, ᄢᅵ니, 쓰다

  의미의 이동이 일어난 어휘도 꽤 있다. '어리다'는 전혀 다른 의미로 바뀐 대표적인 예
이다. 중세 국어 시기 '어리다'는 '어리석다[愚]'는 뜻을 나타냈는데 이것이 '나이가 어리
다[幼]'는 뜻으로 바뀐 것이다. 이를 '졈다[幼]'와의 유의 경쟁에 의한 것으로 설명하기
도 한다(홍사만 2003: 217-245 참조). 이와 같이 어휘의 의미가 전혀 다른 것으로 바뀐
예는 쉽게 찾아볼 수 있다. '어엿브다'는 '불쌍하다'는 뜻에서 '예쁘다, 아름답다'로 바뀌었
고, '싁싁ᄒ다'는 '장식하다, 장엄하다'는 뜻이었는데 현대 국어에서는 '씩씩하다'는 뜻으
로 바뀌었다. '빋'은 원래 '값[價]' 즉, '가치가 있다'는 의미였는데, 전혀 다른 뜻인 '빚[債]'
의 의미로 변화하였다. 'ᄢᅵ니'는 원래 한자 '時'의 새김으로 쓰였듯이 'ᄣᅢ'나 '~ 할 적' 등
과 유의 관계에 있는 말로서 '때'라는 의미를 가졌으나, 현재는 '때에 맞추어 먹는 밥'
이라는 뜻으로 바뀌었다. 방언에 '먹거리'라는 뜻으로 '때거리'가 남아 있고, '밥'이라는
것이 '때에 맞추어 먹는 것'이라는 의미를 내포하고 있기는 하지만 전형적인 '때[時]'의
의미는 더 이상 찾기 어렵다.
  '쓰다'는 '값이 나가다[高價]'는 뜻으로 현대 국어의 '비싸다'에 해당하는 단어였다. 그
런데 '빋 쓰-'와 같이 '값'이라는 뜻을 가진 '빋'과 자주 통사적 관계를 만들게 되면서 이
결합 형태가 '비쓰-'가 되어 '값이 나가다'는 뜻을 나타내게 되었다. 그런 뒤에 '쓰다'는
'비쓰-'에 대립되는 형태·의미가 되어버려 현대 국어의 '싸다'는 의미를 가지게 된 것이
다. 결국 '쓰-'는 '값이 나가다'에서 '값이 낮다[底價]'로 되어 그 의미가 정반대로 변화한
것이다. 즉 '값이 제법 나가다'는 의미였는데 '비쓰-'의 통사적 결합이 '비싸다[高價]'가
되고, '쓰다'는 그 정반대의 뜻인 '싸다[底價]'의 의미가 되었다.

참고문헌

고영근(2010), 『제3판 표준 중세국어문법론』, 집문당.

김동소(2007), 『한국어의 역사』, 형설출판사.

김성주(2006), "석독구결의 피동 표현", 『구결연구』 16, 구결학회, 119-140쪽.

김주원(1997), "구개음화와 과도 교정", 『국어학』 29, 국어학회, 33-49쪽.

김종록(1989), "부사형 접사 '이'와 '게'의 통시적 교체", 『국어교육연구』 21, 국어교육연구회, 115-
149쪽.

김종록(1990), "중세국어 부사형성 접사 '-이/히, -오/우'에 관한 연구, 『문학과언어』 11, 문학과
언어연구회, 29-56쪽.

김종택(1985), "국어사 기술의 원천적 의문", 『국어교육연구』 17, 국어교육연구회, 1-12쪽.

김종택(1992), 『국어 어휘론』, 탑출판사.

김형철(1997), 『개화기 국어 연구』, 경남대 출판부.

남풍현(1981), 『차자표기법 연구』, 단대출판부.

박진호(1998), "고대 국어 문법", 『국어의 시대별 변천 연구3-고대 국어』, 국립국어연구원, 121-
205쪽.

송창선(1998), 『국어 사동법 연구』, 홍문각.

송창선(1999), "중세국어 비통사적 합성용언의 의미관계", 『국어교육연구』 31, 국어교육학회, 203-
220쪽.

송창선(2005), "중세 국어 '-답-'과 '-둡-'의 관계와 그 변천 과정", 『국어교육연구』 38, 국어교육
학회, 71-86쪽.

이관규(2004), 『개정판 학교 문법론』, 월인.

이기문(1977), 『국어 음운사 연구』, 국어학회.

이기문(1998), 『신정판 국어사 개설』, 태학사.

이문규(2018), 『개정판 국어 교육을 위한 현대 국어 음운론』, 한국문화사.

이문규(2017), 『국어 성조론』, 한국문화사.

이승재(2000), "차자표기 자료의 격조사 연구", 『국어국문학』 127, 국어국문학회, 107-132쪽.

이은규(1993), "『향약구급방』의 국어학적 연구", 효성여대 박사학위 논문.

이은규(2004), "석독 입겿문의 동사 '삼-'의 의미 기능", 『언어과학연구』 30, 언어과학회, 177-198쪽.

이은규(2009), "향약명 어휘의 변천 연구", 『국어교육연구』 45, 국어교육학회, 475-520쪽.

참고문헌

이현희(1994), 『중세 국어 구문 연구』, 신구문화사.

임지룡(2018), 『한국어 의미론』, 한국문화사.

장윤희(2002), 『중세국어 종결어미 연구』, 태학사.

조남호(1996), "중세 국어 어휘", 『국어의 시대별 변천·실태 연구 1-중세 국어』, 국립국어연구원, 114-151쪽.

조남호(1997), "근대 국어 어휘", 『국어의 시대별 변천 연구 2-근대 국어』, 국립국어연구원, 109-141쪽.

최동주(1996), "중세 국어 문법", 『국어의 시대별 변천·실태 연구 1-중세 국어』, 국립국어연구원, 152-209쪽.

최동주(2002), "전기 근대국어의 시상체계에 관한 연구", 『어문학』 76, 한국어문학회, 119-152쪽.

최성규(2019), "고대국어 종결어미 연구의 현황과 과제", 『구결연구』 43, 구결학회, 5-53쪽.

홍사만(2003), 『국어 어휘의미의 사적변천』, 한국문화사.

홍종선(1997), "근대 국어 문법", 『국어의 시대별 변천 연구 2-근대 국어』, 국립국어연구원, 143-190쪽.

홍종선 엮음(1998), 『근대국어 문법의 이해』, 박이정.

홍윤표(1994), 『근대 국어 연구 (1)』, 태학사.

황국정(2009), 『국어 동사 구문구조의 통시적 연구』, 제이앤씨.

01. 국어사를 기술하는 데에 이용할 수 있는 자료를 크게 나누면 각각 어떤 것이 있는 지 예를 들어 설명해 보자.

02. 이두, 향찰, 구결이 어떤 것인지 구분하여 자세하게 설명해 보자.

03. 언어 내사와 외사를 예를 들어 설명하고, 국어사의 시대 구분을 직접 해 보자.

04. 다음 차자 표기 자료에서 우리말에 해당하는 표기를 지적하고 그것을 석독자(釋讀字)와 음독자(音讀字)로 구분한 뒤에 그 독음을 추정해 보자.

① 水谷城 一云 買旦忽, 買忽 一云 水城
② 石山縣 本 百濟 珍惡山縣
③ 土山縣 本 高句麗 息達

05. 중세 국어의 어두 자음군의 예를 들고 자세하게 설명해 보자.

06. 다음 문장을 분석하여 '높임'을 나타내는 형태소를 지적하고 그 기능을 설명해 보자.

---

① 엇뎨 부톄라 ᄒᆞᄂᆞ닛가

② 瞿曇 安否ㅣ 便安ᄒᆞ시니잇가

③ 이제 져믄 저그란 안죽 ᄆᆞᅀᆞᆷ장 노다가 어루 法을 비호ᅀᆞᄫᆞ리이다

④ 내 그런 ᄠᅳ들 몰라 ᄒᆞ댕다

---

07. 국어 모음 체계의 변천 과정을 시기별로 비교하면서 설명해 보자.

08. 다음 예문을 분석하여 중세 국어의 시제 체계를 설명하고 그 체계가 근대 국어와

어떻게 다른지를 설명해 보자.

① 이 地獄애 들릴씨 므를 글혀 기드리ᄂᆞ니라

② 내 世尊 위ᄒᆞᅀᆞᄫᅡ 精舍를 ᄒᆞ마 짓ᄉᆞᄫᅩ니 王이 부텨를 請ᄒᆞᅀᆞᄫᆞ쇼셔

③ 무로ᄃᆡ 그딋 아바니미 잇ᄂᆞ닛가 對答호ᄃᆡ 잇ᄂᆞ니이다

④ 이 後 닐웨예 城 밧 훤ᄒᆞᆫ 싸해 가 沙門과 ᄒᆞ야 ᄌᆡ조 겻구오리라

⑤ 舍衛國 中에 뭇 벼슬 놉고 가ᅀᆞ며루미 이 나라해 그듸 ᄀᆞ트니

⑥ 나ᄂᆞᆫ 宮中에 이싫 제 두서 거르메셔 너무 아니 건다니

09. 다음 문장을 중세 국어로 옮겨 보자.

① 아우가 꺾은 나무를 지고 하루를 걸어 집에 와서 부모님을 뵈니

② 너는 어찌 꽃을 심고 돌을 부수어 버리는가?

③ 여기에 있는 사람은 다 망하지 흥하지 못할 것이라, 어떻습니까?

10. 음운 변화로서의 움라우트 현상을 자세히 설명하고 그것이 국어사에서 어떤 의미를 가

지는지를 지적해 보자.

11장

국어의 규범

이끄는 말

우리가 외국어를 배울 때는 철자 하나 발음 하나라도 정확하게 구사하려고 노력한다. 그렇지만 정작 우리말로 말할 때는 이런 것들을 사소한 것으로 여겨 아무렇게나 해도 된다고 생각한다. 우리말을 잘한다는 것은 표준 발음으로 정확하게 발음하고, 표준어를 잘 구사하는 것을 포함한다. 따라서 우리가 교양 있고 품위 있는 국어 생활을 영위하기 위해서는 어문 규범에 대한 지식을 반드시 갖추고 이를 지키려는 노력이 필요하다.

우리나라의 어문 규범에는 '한글 맞춤법', '표준어 규정', '외래어 표기법', '국어의 로마자 표기법' 등이 있다. **한글 맞춤법**은 우리말을 '한글'로 적는 올바른 방법에 대해 규정하였으며, **표준어 규정은** 서로 다른 방언을 사용하는 사람들 사이에 의사소통을 하는 데 불편함이 생기지 않도록 하기 위하여 표준어를 규정한 것이다. **외래어 표기법**은 외래어를 표기하는 방법을 통일하기 위하여 규정을 마련한 것이며, **국어의 로마자 표기법**은 국어를 로마자로 어떻게 적을 것인지를 규정한 표기법이다.

이 어문 규범들은 우리가 올바른 언어생활을 영위하기 위해서는 꼭 필요한 규칙이다. 우리가 언어생활을 할 때는 어문 규범을 지키도록 힘써야 한다.

1. 표준어와 표준 발음

1.1. 표준어와 방언

모든 언어는 시간이 흐름에 따라 끊임없이 변화하는데, 지역에 따라 그 변화의 양상이나 속도가 다를 수 있기 때문에, 같은 언어 내에서도 어떤 지역의 말이 다른 지역의 말과 달라지게 된다. 우리는 이처럼 한 언어 체계 내에서 지리적 요인을 비롯한 여러 가지 이유로 달라진 한 지역의 언어를 방언이라고 한다.

그런데 각 지역의 언어가 다르기 때문에 서로 다른 방언을 사용하는 사람들이 제각기 자기 방언으로 대화를 하게 되면, 의사소통에 불편을 겪게 되는 것은 물론이고 일체감을 느끼기가 어려워지며, 서로가 거부감을 느낄 수도 있다. 이러한 점을 없애기 위하여 표준어를 제정하게 되었다.

표준어는 한 나라의 공용어로서, 국민을 언어적으로 통일시켜 주는 구실을 한다. 따라서 국어 생활을 하는 데 있어서 누구나 기본적으로 표준어를 쓸 수 있어야 한다. 특히 공적인 상황에서는 반드시 표준어를 사용해야 할 것이다. 영국에서는 표준 영어를 표준 발음으로 잘 구사하지 못하면 사회생활에 어려움이 많으며, 모든 교사는 표준 영어를 기본적으로 구사할 수 있어야 한다고 한다.

더 알아보기

표준어의 기능

표준어의 기능에는 통일(統一)의 기능, 우월(優越)의 기능, 준거(準據)의 기능 등이 있다. 첫째, 표준어는 각자의 방언을 쓰는 데서 오는 분리 현상을 막아 주고, 같은 언어를 사용하고 있다는 일체감을 느끼게 하는, 통일의 기능을 지니고 있다. 둘째, 표준어는 우월의 기능을 가진다. 표준어의 사용은 그 사용자에게 우월감과 자부심을 갖게 한다는 것이다. 셋째, 표준어는 일종의 규범이므로, 국민이라면 누구나 마땅히 따르고 지켜야 한다. 표준어는 우리들에게 규범을 바르게 따르도록 하는 태도를 길러 주는, 준거의 기능을 가지고 있다.

1.2. 표준어 규정

표준어 규정은 1988년 1월 19일 문교부 고시 제88-2호로 공포되었으며, 1989년 3월 1일부터 사용되어 오고 있다.

한글 맞춤법과 표준어 규정 개정 경과

1933.	조선어학회에서 '한글 마춤법 통일안' 제정.
1936. 10.	'사정한 조선어 표준말 모음' 발간.
	(총 어휘 9,547개: 표준말 6,231개, 준말 134개, 비표준어 3,082개)
1970. 2.	문교부에서 국어심의회에 '한글 맞춤법 개정 및 표준말 재사정' 연구를 위탁.
1979. 12.	국어심의회에서 시안 마련.
1981.	개정 사업을 학술원으로 이관시킴.
1984.	학술원에서 어문표기법 개정사업의 결과 보고.
1985. 2.	국어연구소에 개정안의 재검토 위탁.
1985. 9.	국어연구소에서 한글맞춤법안 및 표준어규정안 보고.
1987. 10.	국어심의회에서 최종 심의.
1987. 12.	한글 맞춤법 및 표준어 규정 시행안 마련.
1989. 3.	문교부 고시 제88-1호(한글맞춤법), 제88-2호(표준어 규정)로 시행.

현행의 '표준어 규정'은 다음과 같이 구성되어 있다.

제1부 표준어 사정 원칙

    제1장 총칙

    제2장 발음 변화에 따른 표준어 규정

        제1절 자음,   제2절 모음,   제3절 준말

        제4절 단수 표준어,   제5절 복수 표준어

여기서는 '제1부 표준어 사정 원칙'을 각 장 별로 중요한 내용을 중심으로 살펴보고, '제2부 표준 발음법'에 대해서는 다음 절에서 다루기로 한다.

1.2.1. 총칙

'제1장 총칙'에서는 "**표준어**는 교양 있는 사람들이 두루 쓰는 현대 서울말로 정함을 원칙으로 한다."라고 표준어 사정(査定)의 원칙을 밝혀 놓았다. 조선어학회가 1933년에 정한 '한글 마춤법 통일안'에서는 "표준말은 대체로 현재 중류 사회에서 쓰는 서울말로 한다."라고 규정하였는데, '현재'를 '현대'로 바꾼 것은 역사의 흐름에서의 구획을 인식해서이고, '중류 사회'는 그 기준이 모호했기 때문에 세계 여러 나라의 경향을 따라 '교양 있는 사람들'의 말로 바꾸게 되었다.

1.2.2. 발음 변화에 따른 표준어 규정

제2장에서는 발음이 비슷한 경우에 여러 가지 형태 중의 하나(때로는 둘)를 표준어로 채택하는 원칙을 밝혀 두었다.

먼저 제1절의 '자음'(제3항~제7항)에서는 거센소리로 나는 형태를 표준어로 삼는 데 대한 규정, 어원이 분명한 경우에 어원 의식이 남아있는지 여부에 따라 두 형태 중 하나를 표준어로 인정하는 규정, 의미 차이가 있다고 보아 구별해 오던 두 형태 중 하나를 표준어로 삼는 규정을 제시하였다.

제2절의 '모음'(제8항~제13항)에서는 모음조화 규칙과 'ㅣ' 역행동화 현상에 대한 규정을 제시하였으며, 이중 모음을 단모음으로 발음하는 등의 발음 변화를 반영하는 규정

과, 그 동안 혼란을 보여온 '윗-/웃-, 구(句)/귀'에 대한 규정을 제시하였다.

제3절의 '준말'(제14항~16항)에서는 준말과 본말 가운데서 더 널리 쓰이는 것을 표준어로 인정하였으며, 준말과 본말이 다 같이 널리 쓰이면 둘 다 표준어로 인정하였다.

제4절의 '단수 표준어'(제17항)에서는 의미상의 차이는 없고, 비슷하게 발음되는 몇 가지 형태 중에서 한 형태를 표준어로 삼았으며, 제5절의 '복수 표준어'(제18, 19항)에서는 의미 차이가 없고 발음이 비슷한 단어들을 모두 표준어로 삼았다.

위에서 설명한 제2장 '발음 변화에 따른 표준어 규정' 중에서 중요한 항목을 간추려서 제시하면 아래와 같다.

제3항 다음 단어들은 거센소리를 가진 형태를 표준어로 삼는다.

끄나풀(끄나불), 녘(녁) 〈예: 동녘, 새벽녘〉, 칸(간), 살쾡이(삵괭이)

> **보충** '칸막이, 빈칸, 방 한 칸, 일등 칸'에서는 '칸'인데, '초가삼간, 윗간'에는 '간'임.

제5항 어원에서 멀어진 형태로 굳어져서 널리 쓰이는 것은 그것을 표준어로 삼는다.

강낭콩(강남콩), 사글세(삭월세)

제6항 다음 단어들은 의미를 구별함이 없이, 한 가지 형태만을 표준어로 삼는다.

돌(돐), 빌리다(빌다), 둘째(두째), 셋째(세째)

> **보충** '둘째'는 십 단위 이상의 서수사일 때는 '두째'로 한다.
>
>   열두째, 스물두째.

제7항 수컷을 이르는 접두사는 '수'로 통일한다.

수꿩(수퀑, 숫꿩), 수놈(숫놈), 수소(숫소), 수사돈

> **보충** 다만 '숫양, 숫염소, 숫쥐'의 경우에는 '숫'으로 쓴다.

제8항 양성모음이 음성모음으로 바뀌어 굳어진 다음 단어는 음성모음 형태를 표준어로 삼는다.

깡충깡충(깡총깡총), −둥이(−동이)〈예:쌍둥이〉, 오뚝이(오똑이), 주추(주초:柱礎)
〈예: 주춧돌〉

> **보충** 다만 '오순도순, 오손도손'은 모두 표준어로 인정하고, '부조, 사돈, 삼촌'은 양성
> 모음 형태만 표준어로 삼는다.

제9항 'ㅣ'역행동화 현상에 의한 발음은 원칙적으로 표준 발음으로 인정하지 아니하되, 다만 다음 단어들은 그러한 동화가 적용된 형태를 표준어로 삼는다.

−내기(−나기) 〈예: 서울내기, 풋내기〉, 냄비(남비)

'아지랑이'는 'ㅣ'역행동화가 일어나지 아니한 형태를 표준어로 삼으며, 기술자에게는 '-장이', 그 외에는 '-쟁이'가 붙는 형태를 표준어로 삼는다.

미장이, 유기장이, 멋쟁이, 소금쟁이, 담쟁이덩굴

제10항 다음 단어는 모음이 단순화된 형태를 표준어로 삼는다.

괴팍하다(괴퍅하다), 미루나무(미류나무), 으레(으례), 케케묵다(켸켸묵다)

제11항 다음 단어에서는 모음의 발음 변화를 인정하여, 발음이 바뀌어 굳어진 형태를 표준어로 삼는다.

상추(상치), 주책(주착, 主着), 미숫가루(미싯가루), 지루하다(지리하다), 바라다(바래다)

보충 '바라다'가 표준어이고 '바래다'는 비표준어이므로, 그 명사형은 '바람(所望)'이며, '바램'으로 쓰지 않는다.

제12항 '웃-' 및 '윗-'은 명사 '위'에 맞추어 '윗-'으로 통일한다.

윗니, 윗도리, 윗몸, 윗입술, 윗목, 윗자리

보충 다만 '위쪽, 위층, 위채'처럼 된소리나 거센소리 앞에서는 '위-'로 하며, '웃돈, 웃어른, 웃옷, 웃비'처럼 '아래, 위'의 대립이 없는 단어는 '웃-'으로 발음되는 형태를 표준어로 삼는다.

제13항 한자 '구(句)'가 붙어서 이루어진 단어는 '귀'로 읽는 것을 인정하지 아니하고, '구'로 통일한다.

구절(句節), 결구(結句), 대구(對句), 어구(語句)

보충 '글귀'의 경우에만 예외적으로 '귀'로 적는다.

제14항 준말이 널리 쓰이고 본말이 잘 쓰이지 않는 경우에는, 준말만을 표준어로 삼는다.

무(무우), 똬리(또아리), 생쥐(새앙쥐), 솔개(소리개)

제17항 비슷한 발음의 몇 형태가 쓰일 경우, 그 의미에 아무런 차이가 없고 그 중 하나가 더 널리 쓰이면, 그 한 형태만을 표준어로 삼는다.

귀고리(귀엣고리), 귀띔(귀뜸), 귀지(귀에지), 꼭두각시(꼭둑각시), -습니다(-읍니다), 봉숭아(봉숭화),[1] 천장(천정), 서, 너(세, 네) 석, 넉(서/세, 너/네)

보충 '-돈, -말, -발, -푼'에는 '서 돈, 너 말, 서 발, 너 푼'처럼 '서, 너'를 쓰고, '-냥, -되, -섬, -자'에는 '석 냥, 넉 되, 석 섬, 넉 자'처럼 '석, 넉'을 쓴다.

---

1 '봉숭아, 봉숭화' 중에서 '봉숭아'를 표준어로 삼았으며, '봉숭아'와는 발음이 다른 '봉선화'도 별개의 표준어로 인정한다.

제18항 다음 단어는 모두 표준어로 한다.

네/예, 쇠-/소-〈예: 쇠고기/소고기〉, 괴다/고이다, 쐬다/쏘이다.

더 알아보기

 '없습니다'가 표준어라면, '없슴'이 표준어인가?

위 규정 제17항에 따르면 '-읍니다'는 표준어가 아니고, '-습니다'만 표준어이다. 그렇다면 그 명사형은 '없음'인가 '없슴'인가?

표준어 규정이 바뀌면서 '-읍니다'로 쓰면 틀리고, '-습니다'라고 써야 된다는 것을 알게 된 어떤 사람들은 그 명사형도 함께 바뀐 것으로 착각하여, 명사형 어미도 '-음'에서 '-슴'으로 바뀐 것으로 생각하기도 했다. 그래서인지 '없음'을 '없슴'으로 잘못 쓴 예를 간혹 볼 수 있다.

그렇지만 명사형 어미는 '-음'이며 '-슴'으로 바뀌지 않았기 때문에 '먹슴, 없슴'으로 쓰면 안 된다. '죽음'을 '죽슴'이라고 쓰지 않는 것과 마찬가지이다.

한편, 어간이 'ㄹ'받침으로 끝나는 경우인 '살다, 알다, 만들다'의 명사형은 '삶, 앎, 만듦'이 된다.

1.2.3. 어휘 선택의 변화에 따른 표준어 규정

제3장에서는 발음상의 변화가 아니라 어휘적으로 형태를 달리하는 단어들을 대상으로 하였는데, 의미는 동일하면서 형태가 다른 경우에 둘 이상의 형태 중에서 하나(때로는 둘)를 표준어로 채택하는 원칙을 밝혀 두었다.

먼저 제1절의 '고어'(제20항)에서는 널리 쓰이지 않는 단어를 고어로 처리하였으며, 제2절의 '한자어'(제21, 22항)에서는 고유어와 한자어의 대응관계에서 더 널리 쓰이는 쪽을 표준어로 삼는다는 원칙을 제시하였으며, 제3절의 '방언'(제23, 24항)에서는 방언이던 단어가 널리 쓰일 때 표준어로 인정하는 원칙을 제시하였다.

제4절의 '단수 표준어'(제25항)와 제5절의 '복수 표준어'(제26항)에서는 의미가 똑같은 형태가 여러 개 있을 때 그 중에서 하나(단수 표준어) 혹은 둘 이상(복수 표준어)을 표준어로 인정하였다.

제3장 '어휘 선택에 따른 표준어 규정' 중에서 중요한 항목을 간추려서 제시하면 아래와 같다.

제20항 사어(死語)가 되어 쓰이지 않게 된 단어는 고어로 처리하고, 현재 널리 사용되는 단어를 표준어로 삼는다.

애달프다(애닯다), 자두(오얏), 오동나무(머귀나무)

제22항 고유어 계열의 단어가 생명력을 잃고 그에 대응하는 한자어 계열의 단어가 널리 쓰이면, 한자어 계열의 단어를 표준어로 삼는다.

겸상(맞상), 수삼(무삼), 양파(둥근파), 칫솔(잇솔), 총각무(알무, 알타리무)

제23항 방언이던 단어가 표준어보다 더 널리 쓰이게 된 것은, 그것을 표준어로 삼는다. 이 경우 원래의 표준어는 그대로 표준어로 남겨두는 것을 원칙으로 한다.

멍게/우렁쉥이, 물방개/선두리, 애순/어린순

제24항 방언이던 단어가 널리 쓰이게 됨에 따라 표준어이던 단어가 안 쓰이게 된 것은, 방언이던 단어를 표준어로 삼는다.

귀밑머리(귓머리), 빈대떡(빈자떡), 생인손(생안손)

제25항 의미가 똑같은 형태가 몇 가지 있을 경우, 그 중 하나가 압도적으로 널리 쓰이면, 그 단어만을 표준어로 삼는다.

고치다(낫우다), 국물(멀국, 말국), 샛별(새벽별), 손목시계(팔목시계, 팔뚝시계), 손수레(손구루마), 안절부절못하다(안절부절하다)

제26항 한 가지 의미를 나타내는 형태 몇 가지가 널리 쓰이며 표준어 규정에 맞으면, 그 모두를 표준어로 삼는다.

가뭄/가물, 넝쿨/덩굴, 만큼/만치, 벌레/버러지, 보조개/볼우물, 생/새앙/생강, 여태/입때, 옥수수/강냉이, 우레/천둥, 가였다/가엽다, 감감−소식/감감−무소식, 것/해〈예: 내 것, 네 해〉, 모쪼록/아무쪼록, 서럽다/섧다, 여쭈다/여쭙다, 돼지감자/뚱딴지, −거리다/−대다, −뜨리다/−트리다, −이에요/−이어요

'−이에요'와 '−이어요', '−이예요'

'−이에요'와 '−이어요'는 쓸 수 있지만, '−이예요'라고 쓸 수는 없다. 위에서 보듯이 '−이에요'와 '−이어요'는 복수 표준어로 인정하고 있다. 그런데 모음으로 끝나는 체언 뒤에 붙을 때에 '−이에요'는 '−예요'로 줄어들 수 있고, '−이어요'는 '−여요'로 줄어들 수 있다.

사과이에요. → 사과예요.   사과이어요. → 사과여요.

그렇지만 '사과이예요'로 될 수는 없다. '이에'가 줄어서 '예'가 되는데, 그 앞에 줄어든 '이'가 하나 더 있을 수가 없기 때문이다.

먹   + -이에요. → 먹이에요.   그   + -이에요. → 그예요.

먹이 + -이에요. → 먹이예요.   그이 + -이에요. → 그이예요.

더 알아보기

1. 최근에 추가한 표준어 목록

1) 같은 뜻으로 추가된 것 (추가된 표준어 – 원래 표준어)

간지럽히다 – 간질이다	개기다 – 개개다
걸판지다 – 거방지다	까탈스럽다 – 까다롭다
꺼림직하다 – 꺼림칙하다	꼬시다 – 꾀다
남사스럽다 – 남우세스럽다	두리뭉실하다 – 두루뭉술하다
딴지 – 딴죽	마실 – 마을
맨날 – 만날	맨숭맨숭/맹숭맹숭 – 맨송맨송
복숭아뼈 – 복사뼈	삐지다 – 삐치다
새초롬하다 – 새치름하다	속앓이 – 속병
쌉싸름하다 – 쌉싸래하다	아웅다웅 – 아옹다옹
오손도손 – 오순도순	엘랑 – 에는
이쁘다 – 예쁘다	이크 – 이키
잎새 – 잎사귀	주책이다 – 주책없다
찰지다 – 차지다	추켜세우다 – 치켜세우다
추켜/치켜올리다 – 추어올리다	푸르르다 – 푸르다
허접쓰레기 – 허섭스레기	허접하다 – 허접스럽다
흙담 – 토담	

---

2   국립국어연구원에서 1999년에 『표준국어대사전』을 발간한 후, 2011년부터는 국어심의회의 심의를 거쳐서 『표준국어대사전』의 표제어 내용을 수정하거나 표준어 목록을 종종 추가해 왔다.

2) 별도의 표준어로 인정된 것

　－길래('-기에'의 구어적 표현)

　개발새발(개의 발과 새의 발)　　　※괴발개발(고양이의 발과 개의 발)

　나래('날개'의 문학적 표현)

　내음(향기롭거나 나쁘지 않은 냄새)

　눈꼬리(눈의 귀 쪽으로 째진 부분)　　※눈초리(눈에 나타나는 표정)

　먹거리(사람의 음식을 통틀어 이름)　　※먹을거리

　메꾸다(시간을 적당히 흘러가게 하다)　　※메우다

3) 두 가지 표기를 모두 표준어로 인정한 것

　택견 – 태껸　　　품새 – 품세　　　짜장면 – 자장면

 2.「표준국어대사전」에 추가한 표제어 목록

금쪽같이, 도긴개긴, 랍스터(lobster), 묵은지, 사부(님)[師夫–, 스승의 남편],
양반다리, 주책맞다, 주책스럽다, 차시(가르치는 시간), 햄스터(애완용 쥐)

1.3. 표준 발음

　표준어의 발음이 사람마다 달라지게 되면 의사소통에 큰 지장을 초래하는데, 이러한
지장을 없애기 위해 '표준 발음법'을 정하게 되었다. **표준 발음법**은 표준어를 발음할 때
의 표준을 정해 놓은 규범이다.

　현행의 '표준 발음법'은 모두 7장 30항으로 구성되어 있다.

　그 중 '제1장 총칙'에서는 "표준 발음법은 표준어의 실제 발음을 따르되, 국어의 전통
성과 합리성을 고려하여 정함을 원칙으로 한다."라고 규정하였다. 이 원칙은 서울말의 실
제 발음을 따르되, 서울말에서도 여러 가지로 발음되는 경우에는 '국어의 전통성과 합리
성'을 고려하여 표준 발음을 정한다는 뜻이다. 예를 들면 서울의 젊은 세대가 '밤[夜]'과
'밤[栗]'을 구별하지 않고 모두 짧게 발음하기도 하지만 역사적으로 국어는 소리의 길이
를 구별해 온 전통이 있으므로 이를 따른다는 것이다. 아울러 '알다[알:다]'와 같이 긴소

리를 가진 단음절 용언 어간은 대개 모음으로 시작하는 어미와 결합하면 '알아[아라]'처럼 짧게 발음하는데, 이처럼 짧게 발음하는 어법을 규정한 것은 어법상의 합리성을 고려한 것이다.

'제2장 자음과 모음'은 자음과 모음의 발음을 규정에 따라 정확히 발음하게 하기 위하여 만들었는데, 특히 모음의 경우 단모음과 이중 모음 사이의 혼동을 막는 데 주안점을 두었다. 단모음 10개(ㅏ, ㅐ, ㅓ, ㅔ, ㅗ, ㅚ, ㅜ, ㅟ, ㅡ, ㅣ)는 발음할 때 발음 기관의 모양이 바뀌지 않아야 하는데, 그 중 'ㅚ, ㅟ'는 원칙적으로는 단모음이지만 이중 모음으로 발음하는 것도 허용하였다. 단모음과 마찬가지로 이중 모음도 음가대로 발음해야 하며, 따라서 'ㅢ'도 원칙적으로 [의]로 발음해야 한다. 그러나 현실적으로 이중 모음으로 발음하지 않는 경우를 고려하여, 자음을 첫소리로 가지고 있는 음절의 'ㅢ'는 [ㅣ]로 발음하며(예: 희망[히망], 무늬[무니]), 단어의 첫음절 이외의 '의'는 [ㅣ]로, 조사 '의'는 [ㅔ]로 발음하는 것을 허용한다고 하였다(예: 주의[주의/주이], 우리의[우리의/우리에])

'제3장 음의 길이'는 모음의 장단이 혼란스러워지는 것을 막기 위한 규정이며, '제4장 받침의 발음'에서는 음절 끝소리 규칙에 따른 받침소리의 발음에 관한 것과 함께, 겹받침의 발음이 세대에 따라, 또는 방언에 따라 상당한 차이를 보이므로, 겹받침의 발음에 대한 규정을 마련하였다.

① 겹받침 'ㄼ'은 어말 또는 자음 앞에서 [ㄹ]로 발음한다.(여덟[여덜])
   다만 '밟-'은 자음 앞에서 [밥]으로 발음한다.
      밟다[밥:따], 밟는[밥:는 → 밤:는]
② 겹받침 'ㄺ, ㄻ, ㄿ'은 어말 또는 자음 앞에서 [ㄱ, ㅁ, ㅂ]으로 발음한다.
      닭[닥], 맑다[막따], 젊다[점:따], 읊고[읍꼬], 읊다[읍따]
   다만, 용언의 어간 말음 'ㄺ'은 'ㄱ' 앞에서 [ㄹ]로 발음한다.
      맑게[말께], 얽거나[얼꺼나]

또한 '맛있다'와 같이 받침 뒤에 모음으로 시작되는 실질 형태소가 연결될 경우, 대표음으로 바꾸어서 뒤 음절 첫소리로 옮겨 발음하는 '마딛따'를 원칙으로 하는데, 실제 발음을 고려하여 '[마싣따]'도 표준 발음으로 허용하였다. 이와 더불어 한글 자모의 이름에 대한 발음 규정도 하였는데, '디귿이[디그시], 지읒이[지으시], 치읓이[치으시], 키읔이[키으기], 티읕이[티으시], 피읖이[피으비], 히읗이[히으시]'와 같이 현실 발음을 반영하였다.

　'제5장 음의 동화'는 구개음화, 비음 동화 등의 자음 동화에 대한 발음법을 규정하였으며, '제6장 경음화'는 된소리로 발음되는 경우를 규정하였다. 마지막으로 '제7장 음의 첨가'에서는 합성어와 파생어에서 'ㄴ'이 첨가되는 경우와, 사이시옷이 붙은 단어의 발음에 대한 규정을 하였다.

2. 한글 맞춤법

　우리말을 '한글'로 적는 방법에는 소리 나는 대로 적는 방법과, 의미가 잘 드러나도록 어법에 맞게 적는 방법의 두 가지가 있다. 훈민정음 창제 당시에는 소리 나는 대로 적는 표음주의를 원칙으로 하였기 때문에 (1ㄱ)처럼 적었다. **표음주의**는 소리 나는 대로 적기 때문에 쓰기에는 편하지만, 읽어서 그 뜻을 해독하는 데는 매우 불편하다. 만약 그 당시에 어법에 맞게 적는 표의주의를 따랐다면 (1ㄴ)처럼 적었을 것이다. **표의주의**는 어법에 따라 원형을 밝혀 적어서 그 뜻을 파악하기가 쉽다. 그렇지만 원형을 밝혀서 적기 때문에 발음과는 동떨어진 표기가 많아서, 표기의 원리를 학습을 통해 터득해야 한다.

　(1) ㄱ) 시미 기픈 므른 ᄀᆞ마래 아니 그츨씨 내히 이러 바ᄅᆞ래 가ᄂᆞ니 (용비어천가 2장)

　　　ㄴ) 심이 깊은 믈은 ᄀᆞ믈애 아니 긏을씨 내히 일어 바를애 가ᄂᆞ니

　표음주의 원칙은 훈민정음 창제 당시부터 계속 지켜지다가, 1933년 '한글 마춤법 통일안'이 제정되면서 표의주의로 나아가게 되었다. 한글 맞춤법 통일안에서는 "표준말을 소리대로 적되, 어법에 맞도록 함으로써 원칙으로 한다."라고 하였다. 한글은 음운 문자이므로 소리 나는 대로 적는 표음주의를 반영하되, 어법에 따라 원형을 밝혀 적는 표의주의를 기본 원리로 하였던 것이다.

　1988년에 제정된 현행의 '한글 맞춤법'도 표의주의 원칙을 그대로 따르고 있다. 한글 맞춤법 제1항에서는 "표준어를 소리대로 적되, 어법에 맞도록 함을 원칙으로 한다."라고 하였으며, 제2항에서는 "문장의 각 단어는 띄어 씀을 원칙으로 한다."라고 하였다.

분철 표기와 연철 표기

한글 맞춤법에서는 체언과 조사, 어간과 어미의 결합에서는 분철(分綴) 표기를 하는, '형태 중심의 표기' 원칙을 취하고 있다.

그런데 두 개의 용언이 결합할 때, 앞말의 본뜻이 유지되고 있으면 그 원형을 밝혀 적고, 그 본뜻에서 멀어진 것은 원형을 밝혀 적지 않고 어미와 연철(連綴)하여 적는다.

	분철 표기 (어법에 따라 적음)	연철 표기 (소리 나는 대로 적음)
어간 + 어미	늘어나다, 돌아가다 넘어지다, 떨어지다	드러나다, 나타나다 쓰러지다, 사라지다

또한 어근에 접미사가 결합하는 경우에도 분철의 원칙을 지키고 있으나, 그 어근의 뜻과 멀어진 것은 원형을 밝혀 적지 않고, 접미사와 연철하여 적는다.

	분철 표기 (어법에 따라 적음)	연철 표기 (소리 나는 대로 적음)
어근 + 명사화 접미사	먹이, 믿음, 얼음	목도리, 고름(膿), 노름(賭)
어근 + 사동 접미사	붙이다(우표), 굳히다	부치다(편지), 고치다

현행의 '한글 맞춤법'은 다음과 같이 구성되어 있다.

제1장 총칙

제2장 자모

제3장 소리에 관한 것

      제1절 된소리,   제2절 구개음화,   제3절 'ㄷ'소리 받침

      제4절 모음,   제5절 두음법칙,   제6절 겹쳐 나는 소리

제4장 형태에 관한 것

      제1절 체언과 조사, 제2절 어간과 어미,   제3절 접미사가 붙어서 된 말

      제4절 합성어 및 접두사가 붙는 말,   제5절 준말

제5장 띄어쓰기

      제1절 조사,   제2절 의존명사, 단위를 나타내는 명사 및 열거하는 말 등

제3절 보조 용언,　제4절 고유 명사 및 전문 용어

제6장 그 밖의 것

〈부록〉 문장 부호

2.1. 총칙과 자모

한글맞춤법 제1장 '총칙'(제1항~제3항) 중 제1항에서는 "한글맞춤법은 표준어를 소리대로 적되, 어법에 맞도록 함을 원칙으로 한다."라고 하였으며, 제2항에서는 "문장의 각 단어는 띄어 씀을 원칙으로 한다."라고 하였고, 제3항에서는 "외래어는 '외래어 표기법'에 따라 적는다."라고 하였다. 제1항은 앞에서도 설명하였듯이 한글맞춤법의 대원칙을 정한 것이다.

제2장 '자모'(제4항)에서는 한글 자모의 명칭과 순서를 정하였다.

2.2. 소리에 관한 것

제3장 '소리에 관한 것'(제5항~제13항)에서는 된소리 현상, 구개음화 현상, 두음법칙에 대해 규정하였고, 모음 'ㅖ'와 'ㅢ'를 적는 방법 등에 대해 규정하였다.

소리에 관한 규정 중에서 중요한 것만 간추리면 다음과 같다.

제11항 한자음 '랴, 려, 례, 료, 류, 리'가 단어의 첫머리에 올 적에는, 두음 법칙에 따라 '야, 여, 예, 요, 유, 이'로 적는다.

　　양심(良心), 역사(歷史), 예의(禮儀), 이발(理髮)

　　[붙임 1] 단어의 첫머리 이외의 경우에는 본음대로 적는다.

　　　　개량(改良), 선량(善良)

　　[붙임 1]다만, 모음이나 'ㄴ' 받침 뒤에 이어지는 '렬, 률'은 '열, 율'로 적는다.

　　　　실패율(失敗率), 백분율(百分率), 생존율(生存率), 내재율(內在律)

　　　　보충 '외형률(外形律), 합격률(合格率), 성공률(成功率)'은 '률'로 쓴다.

제13항 한 단어 안에서 같은 음절이나 비슷한 음절이 겹쳐 나는 부분은 같은 글자로 적는다.

　　밋밋하다, 연연불망(戀戀不忘), 유유상종(類類相從), 누누이(屢屢−)

2.3. 형태에 관한 것

현행의 한글맞춤법은 체언과 조사, 용언 어간과 어미, 어근과 접사 등을 분리하여 표기하는 형태주의 표기법을 택하고 있다.

제1절 '체언과 조사'(제14항)에서는 체언과 조사를 구별하여 적는다고 규정하였으며, 제2절 '어간과 어미'(제15항～18항)에서는 용언의 어간과 어미를 구별하여 적는 데 대해 규정하였다. 제3절 '접미사가 붙어서 된 말'(제19항～제26항)에서는 어간에 접미사가 결합할 때 어간의 원형을 밝혀 적는지 여부에 대해 규정하였으며, 제4절 '합성어 및 접두사가 붙는 말'(제27항～제31항)에서는 합성어 및 파생어의 원형을 밝혀 적는 데 대해 규정하였으며, 사이시옷을 정확하게 표기할 수 있도록 상세히 규정하였다. 제5절 '준말'(제32항～제40항)에서는 체언과 조사, 용언 어간과 어미가 어울려 줄어지는 경우에 대해 규정하였다.

형태에 관한 규정 중에서 중요한 것만 간추리면 다음과 같다.

제15항 용언의 어간과 어미는 구별하여 적는다.

[붙임 2] 종결형에서 사용되는 어미 '-오'는 '요'로 소리 나는 경우가 있더라도 그 원형을 밝혀 '오'로 적는다.

이것은 책이오.　　이리로 오시오.　　이것은 책이 아니오.

[붙임 3] 연결형에서 사용되는 '이요'는 '이요'로 적는다.

이것은 책이요, 저것은 붓이요, 또 저것은 먹이다.

제17항 어미 뒤에 덧붙는 조사 '-요'는 '-요'로 적는다.

읽어요,　　　　참으리요,　　　좋지요

더 알아보기

 '오시오'가 맞는가, '오시요'가 맞는가?

일상생활을 하다 보면, '-오'와 '요'를 잘 구분하지 못하여 틀리게 쓰는 경우를 종종 볼 수 있다. '-오'는 문장을 끝맺는 종결어미이고, '요'는 보조사이기 때문에, '-오'와 '요'는 반드시 구별해서 사용해야 한다.

먼저 '요'는 보조사이기 때문에 삭제해도 아무 문제가 없을 때 쓴다. '왔어요? 좋지요? 올까요? 올게요.'에서 보듯이 보조사 '요'를 삭제해도 '왔어? 좋지? 올까? 올게.'처럼 아무 문제가 없다. 이와 마찬가지로 '참으리요?'의 경우에도 '요'를 뺀 '참으리?'가 가능하기 때문에 '*참으리오?'로 쓰면 안 되는 것이다.

그렇지만 '-오'는 종결어미이기 때문에 이 '-오'를 삭제할 수가 없다. '오시오.'나 '오십시오.'의 경우에서 확인할 수 있듯이 '-오'를 뺀 '*오시.'와 '*오십시.'가 성립되지 않는데, 이 경우에는 '-오'를 붙인다. 요컨대 '-오'나 '요'를 붙이지 않아도 괜찮으면 '요'를 쓰고, 붙이지 않으면 이상해질 때는 '-오'를 쓴다.

제25항 **'-하다'가 붙는 어근에 '-히'나 '-이'가 붙어서 부사가 되거나, 부사에 '-이'가 붙어서 뜻을 더하는 경우에는 그 어근이나 부사의 원형을 밝히어 적는다.**

　1. '-하다'가 붙는 어근에 '-히'나 '-이'가 붙는 경우

　　급히, 꾸준히, 도저히, 딱히, 어렴풋이, 깨끗이

　2. 부사에 '-이'가 붙어서 역시 부사가 되는 경우

　　곰곰이, 더욱이, 오뚝이, 일찍이

> **보충** '-하다'로 끝나는 말을 부사로 만들 때는 '조용히, 급히, 얌전히'와 같이 접미사 '-히'를 붙인다. 그런데 '어렴풋하다, 깨끗하다, 반듯하다'와 같이 어근의 끝소리가 'ㅅ'인 경우에는 부사화 접미사 '-이'가 쓰여서 '어렴풋이, 깨끗이, 반듯이'와 같이 된다. 이때 새로 만들어진 부사의 형태에도 유의해야 하지만, 이를 발음할 때도 세심한 주의를 기울여야 한다. [어렴푸시, 깨끄시, 반드시]

제28항 **끝소리가 'ㄹ'인 말과 딴 말이 어울릴 적에 'ㄹ' 소리가 나지 아니하는 것은 아니나는 대로 적는다.**

　다달이, 따님, 마소(말-소), 바느질(바늘-질), 부나비(불-나비), 부삽(불-삽), 소나무(솔-나무), 싸전(쌀-전), 화살(활-살)

제29항 **끝소리가 'ㄹ'인 말과 딴 말이 어울릴 적에 'ㄹ' 소리가 'ㄷ' 소리로 나는 것은 'ㄷ'으로 적는다.**

반짇고리(바느질~), 사흘날(사흘~), 삼짇날(삼질~), 섣달(설~), 숟가락(술~)

더 알아보기

 '젓가락'과 '숟가락'의 받침이 다른 까닭은?

영화 '번지 점프를 하다'에서 남녀 주인공이 함께 식사를 하다가 여자 주인공이 국문과 학생인 남자 주인공에게 왜 '젓가락'은 'ㅅ'받침을 쓰는데, '숟가락'에만 'ㄷ' 받침을 쓰느냐고 묻는다. 이런 질문을 받을 때, 어떻게 대답해야 할까?

'젓가락'은 '저'와 '가락'이 결합된 합성어인데, 뒷 말의 첫소리가 된소리로 나기 때문에 사이시옷을 붙인 것이다. 그런데 '숟가락'은 '수'와 '가락'이 결합된 합성어가 아니다. '숟가락'은 '술'(예: 밥 한 술)과 '가락'이 결합된 합성어인데, 끝소리 'ㄹ'이 'ㄷ'으로 바뀐 것으로서 위에서 든 '한글 맞춤법 29항'에 따라 '숟가락'으로 적게 된 것이다.

제30항 사이시옷은 다음과 같은 경우에 받치어 적는다.

    1. 순 우리말로 된 합성어로서 앞말이 모음으로 끝난 경우

        (1) 뒷말의 첫소리가 된소리로 나는 것

            귓밥, 나룻배, 나뭇가지, 냇가, 맷돌, 부싯돌, 잿더미

        (2) 뒷말의 첫소리 'ㄴ, ㅁ' 앞에서 'ㄴ' 소리가 덧나는 것

            아랫니, 아랫마을, 뒷머리, 잇몸, 빗물

        (3) 뒷말의 첫소리 모음 앞에서 'ㄴㄴ' 소리가 덧나는 것

            뒷일, 베갯잇, 깻잎, 나뭇잎

    2. 순 우리말과 한자어로 된 합성어로서 앞말이 모음으로 끝난 경우

        (1) 뒷말의 첫소리가 된소리로 나는 것

            귓병, 샛강, 자릿세, 찻잔, 텃세, 핏기

        (2) 뒷말의 첫소리 'ㄴ, ㅁ' 앞에서 'ㄴ' 소리가 덧나는 것

            곗날, 제삿날, 훗날

        (3) 뒷말의 첫소리 모음 앞에서 'ㄴㄴ' 소리가 덧나는 것

            예삿일, 훗일

    3. 두 음절로 된 다음 한자어

곳간(庫間), 셋방(貰房), 숫자(數字), 찻간(車間), 툇간(退間), 횟수(回數)

 어떤 경우에 사이시옷을 붙이는가?

일반적으로 합성어의 앞말이 모음으로 끝난 경우에, ① 뒷말의 첫소리가 된소리로 날 때, ② 'ㄴ' 소리가 덧날 때 사이시옷을 붙인다.

예를 들어, '바닷가'의 경우에는 명사 '바다[海]'에 명사 '가[邊]'가 결합한 경우, [바다까]로 소리나기 때문에 사이시옷을 써야 하지만, 명사 '바다'에 주격조사가 결합된 경우에는 [바다가]로 소리 나므로 '바다가'로 쓴다. 이와 마찬가지로, 나무로 만든 배는 [나무배]로 소리 나므로 '나무배'로 쓰고, '나무를 싣고 나르는 배'는 [나무빼]로 소리 나므로 사이시옷을 써서 '나뭇배'로 적는다.

또한 '비'와 '물'이 결합한 경우 'ㄴ'소리가 덧나서 [빈물]로 소리 나므로 '빗물'과 같이 사이시옷을 적고, '나무'와 '잎'이 결합하는 경우에도 'ㄴㄴ' 소리가 덧나서 [나문닙]으로 소리 나기 때문에 사이시옷을 붙이는 것이다.

다만 한자어의 경우에는 위의 6개로만 한정하기 때문에 다른 한자어에는 사이시옷을 적을 수 없다. 즉 '초점(焦點), 허점(虛點), 이점(利點), 대가(代價), 대구(對句), 개수(個數)' 등에는 사이시옷을 적지 않는다.

한편 뒷말의 첫소리가 원래부터 된소리이거나 거센소리인 경우에는 사이시옷을 받치어 적을 수 없다. 따라서 '윗층, 뒷채, 뒷뜰, 뒷풀이, 나룻터'로 쓸 수 없고 '위층, 뒤채, 뒤뜰, 뒤풀이, 나루터'로 써야 한다.

제35항 모음 'ㅗ, ㅜ'로 끝난 어간에 '-아/-어, -았-/-었-'이 어울려 'ㅘ/ㅝ, ㅘㅆ /ㅝㅆ'으로 될 적에는 준 대로 적는다.

[붙임2] 'ㅚ' 뒤에 '-어, -었-'이 어울려 'ㅙ, ㅙㅆ'으로 될 적에도 준 대로 적는다.

> 되어 → 돼, 뵈어 → 봬, 되었다 → 됐다, 뵈었다 → 뵀다

> **보충** '되-'에 '-어, -었-'이 결합하면 '되어, 되었다, 되어라'가 되는데, 이들은 '돼, 됐다, 돼라'로 줄어들 수 있다. 그렇지만 어말어미 '-어'가 결합하지 않은 '*되, *됐다, *되라'와 같은 형태는 쓰일 수 없다.

제40항 어간의 끝음절 '하'의 'ㅏ'가 줄고 'ㅎ'이 다음 음절의 첫소리와 어울려 거센소리로 될
적에는 거센소리로 적는다.

간편하게 → 간편케, 다정하다 → 다정타

[붙임 2] 어간의 끝음절 '하'가 아주 줄 적에는 준 대로 적는다.

거북하지 → 거북지, 생각하건대 → 생각건대

[붙임 3] 다음과 같은 부사는 소리대로 적는다.

기필코, 무심코, 아무튼, 요컨대, 하마터면, 하여튼, 한사코

더 알아보기

 '요컨대'와 '요컨데', 어느 것이 맞는가?

'요컨대'가 맞다. '요컨대'는 '요약하건대'라는 뜻으로, '요하다'에 어미 '-건대'가 결합된
것이다. '돌이켜 보건대, 짐작하건대, 미루어 보건대'에서 보듯이 '-건대'라는 어미가 많
이 쓰이며, 이와 유사한 어미 '-대'도 '가라사대, 가로되'에서 쓰인다.

'요컨대'를 '그런데, 왔는데'와 관련이 있는 것으로 혼동을 하여 '요컨데'라고 쓰기 쉬
운데, 이는 어법에 맞지 않는다. 요컨대 우리말에는 '-건데'라는 형태의 어미는 존재하지
않는다.

2.4. 띄어쓰기

제5장 '띄어쓰기'(제41항~50항)에서는 조사는 그 앞말에 붙여 쓰고, 의존 명사와 단
위 명사는 띄어 쓰며, 보조 용언은 띄어 씀을 원칙으로 하되 붙여 쓰는 것도 허용한다는
등의 규정을 제시하였다. 아울러 성과 이름, 성과 호는 붙여 쓰고, 이에 덧붙는 호칭어,
관직명은 띄어 쓴다고 하였다.

제42항 의존 명사는 띄어 쓴다.

아는 것이 힘이다.   어찌할 바를 몰랐다.   고향을 떠난 지 삼 년이 되었다.

보충 '-는바, -(으)ㄴ바, -던바' 등은 어미로 다루기 때문에 붙여 쓰고, '-는지,
-(으)ㄴ지, -(으)ㄹ지'도 어미이므로 의존 명사 '지'와 혼동하지 말아야 한다.

내가 서류를 검토하였는바 몇 가지 미비한 사항이 발견되었다.

무엇이 틀렸는지 답을 맞춰 보자. 무엇부터 해야 할지 모르겠다.

제47항 보조 용언은 띄어 씀을 원칙으로 하되, 경우에 따라 붙여 씀도 허용한다.

비가 올 듯하다/올듯하다. 그 일은 할 만하다/할만하다. 일이 될 법하다/될법하다.

비가 올 성싶다/올성싶다.　아는 척한다/아는척한다.

다만, 앞말에 조사가 붙거나 앞말이 합성 동사인 경우, 그리고 중간에 조사가

들어갈 적에는 그 뒤에 오는 보조 용언은 띄어 쓴다.

읽어도 보았다.　떠내려가 버린다.　올 듯도 하다.　아는 체를 한다.

2.5. 그 밖의 것

제6장 '그 밖의 것'(제51항~제57항)에서는 부사화 접미사 '-이'와 '-히'를 구별하여 적는 것과, 한자어에서 본음으로 나는 경우와 속음으로 나는 경우를 밝혀 적는 것 등에 대해 규정하였다. 아울러 '-던지'와 '-든지'를 구별하여 적는 등, 음상이 비슷한 말들을 구별하여 표기하는 데 대해 규정하였다.

제6장에서 우리가 알아야 할 내용을 들면 다음과 같다.

제53항 다음과 같은 어미는 예사소리로 적는다.

-(으)ㄹ걸, -(으)ㄹ게, -(으)ㄹ세라, -올시다

다만, 의문을 나타내는 다음 어미들은 된소리로 적는다.

-(으)ㄹ까? -(으)ㄹ꼬? -(스)ㅂ니까? -(으)리까? -(으)ㄹ쏘냐?

더 알아보기

 '먹을께.'라고 쓰면 안 된다.

많은 사람들이 '이따가 갈께.' 혹은 '내가 할께.'와 같이 'ㄴ(으)ㄹ께' 형태가 맞춤법에 맞는 것으로 착각을 해서 잘못 쓰고 있다. 이 경우 '이따가 갈게.' 혹은 '내가 할게.'라고 써야 한다.

'먹을 것이야.'에서 알 수 있듯이 굳이 된소리로 표기하지 않아도 [꺼시야]로 소리 난다. 이것이 줄어든 '먹을 거야'의 경우도 마찬가지다. 'ㄹ' 다음 소리가 된소리로 나는 것은 예측할 수 있기 때문이다.

제56항 '-더라, -던'과 '-든지'는 다음과 같이 적는다.

1. 지난 일을 나타내는 어미는 '-더라, -던'으로 적는다.

지난 겨울은 몹시 춥더라.   그렇게 좋던가?   얼마나 놀랐던지 몰라.

2. 물건이나 일의 내용을 가리지 아니하는 뜻을 나타내는 조사와 어미는 '(-)든지'로 적는다.

배든지 사과든지 마음대로 먹어라.   가든지 오든지 마음대로 해라.

제57항 다음 말들은 각각 구별하여 적는다.

늘이다 (길이)	고무줄을 늘인다.
늘리다 (수량)	수출량을 더 늘린다.
마치다	벌써 일을 마쳤다.
맞히다[3]	여러 문제를 더 맞혔다.
-(으)로서(자격)	사람으로서 그럴 수는 없다.
-(으)로써(수단)	닭으로써 꿩을 대신했다.
-(으)므로(어미)	그가 나를 믿으므로 나도 그를 믿는다.
(-ㅁ, -음)으로(써)(조사)	그는 믿음으로(써) 산 보람을 느꼈다.

---

3   한글 맞춤법 제 57항에서는 '마치다'와 '맞히다'를 구별하여야 함을 규정하였는데, 일상적인 언어생활에서는 오히려 '맞히다'와 '맞추다'를 혼동하는 사람들이 많다. 이 둘은 아래와 같은 차이를 보인다.
　맞히다 (적중)   열 문제 중에서 아홉 문제를 맞혔다.
　맞추다 (대조)   내 답이 맞는지 모범 답안과 맞추어 보았다.

혼동하기 쉬운 표기

1. 육개장 (○), 육계장 (×)

2. 찌개 (○), 찌게 (×)

3. 떡볶이 (○), 떡뽁이 (×), 떡볶기 (×)

4. 먹을는지 (○), 먹을런지 (×)

5. 잡을게. (○), 잡을께. (×)

6. 왠지 (○), 웬지 (×)

7. 웬 사람 (○), 왠 사람 (×)

8. 문제를 맞히다 (○), 문제를 맞추다 (×)

9. 얼마나 기뻤던지 (○), 얼마나 기뻤든지 (×)

10. 어찌 슬프지 않으리요? (○), 어찌 슬프지 않으리오? (×)

3. 외래어 표기법과 국어의 로마자 표기법

3.1. 외래어 표기법

외래어 표기법은 외래어를 표기하는 방법을 통일하기 위하여 규정을 마련한 것인데, 조선어학회의 '외래어 표기법 통일안'(1940), '로마자의 한글화 표기법'(1958)을 거쳐서 1986년에 '외래어 표기법'을 제정하였다.

외래어 표기법을 외국어 표기법과 혼동하기도 하는데,[4] 외래어 표기법은 외국어를 표기하기 위한 규정이 아니라는 점에 유의할 필요가 있다. 외래어 표기법에서 제시한 용례 중에 현재 외래어가 아닌 것도 포함되어 있는데, 이는 현재 외래어가 아니지만 앞으로 국어에 새로 들어올 말들을 통일성 있게 표기할 수 있는 방안을 마련하고자 했기 때문이다.

---

4 이관규(2003: 477)에서는 외래어 표기법의 '외래어'라는 말은 '외국어'를 지칭한다고 하였다.

제1항 외래어는 국어의 현용 24 자모만으로 적는다.

외래어는 국어의 일부로 쓰이고 있으므로 군이 24 자모 외에 특별한 자모나 기호를 만들어서까지 그 원음에 충실하게 표기할 필요는 없다. 즉 국어에는 없는 [f, v, ʃ, tʃ, dʒ] 등을 적기 위한 별도의 글자를 만들지 않겠다는 것이다.

제2항 외래어의 1 음운은 원칙적으로 1 기호로 적는다.

외국어의 한 가지 소리를 하나의 기호로 적어야 기억과 표기가 용이하기 때문이다. 외국어의 한 가지 소리를 외래어로 받아들일 때 두 가지로 적는 것은 국어 사용자에게 불편을 준다. 영어 'f'의 경우 'fantasia, family, file'은 '환타지, 훼밀리, 화일'처럼 'ㅎ'로 적고 'film, fan'은 '필름, 팬'과 같이 'ㅍ'으로 적는 것을 막기 위하여, [f]의 근사음인 'ㅍ'으로 적기로 하였다.

제3항 받침에는 'ㄱ, ㄴ, ㄹ, ㅁ, ㅂ, ㅅ, ㅇ'만을 쓴다.

외래어 표기에도 국어의 음절의 끝소리 규칙을 적용한다는 뜻인데, 국어에서는 음절의 끝에서 발음되는 자음은 'ㄱ, ㄴ, ㄷ, ㄹ, ㅁ, ㅂ, ㅇ'의 일곱이다. 외래어의 표기에서는 'ㄷ'이 아닌 'ㅅ'을 쓰는 이유는, 'racket'이 [라켇]으로 발음되지만 '라켓이[라케시], 라켓을[라케슬]'로 변동되기 때문이다. 이와 마찬가지로 'chocolate, supermarket'은 '초콜릿, 슈퍼마켓'으로 적는다.

제4항 파열음 표기에는 된소리를 쓰지 않는 것을 원칙으로 한다.

유성, 무성의 대립이 있는 파열음을 한글로 표기할 때, 유성 파열음은 예사소리(ㅂ, ㄷ, ㄱ)로 적고, 무성 파열음은 거센소리(ㅍ, ㅌ, ㅋ)로 적기로 하였다. 영어, 독일어의 무성 파열음은 된소리보다는 거센소리에 가깝고, 프랑스어, 러시아어, 이탈리아어, 일본어의 무성 파열음은 된소리에 가깝다. 그렇지만, 정확한 발음 전사는 어차피 어렵기 때문에 간결성을 살리기 위하여, 외래어의 표기에서는 된소리를 쓰지 않기로 하였다. 그리하여 'Paris'는 '빠리'로 적지 않고 '파리'로 적으며, 'cafe, conte'는 '까페, 꽁트'가 아니라 '카페, 콩트'로 적는다.

> **보충** '삐라(bill), 껌(gum), 빨치산(partizan)'의 경우에는 예외적으로 된소리를 쓴다. 한편, '짜장면'은 중국어 '炸醬[zhajiang]'에서 온 말이므로 '자장면'으로 표기해야 하지만, 현실음을 고려하여 2011년부터는 '짜장면'도 인정하게 되었다.

제5항 이미 굳어진 외래어는 관용을 존중하되, 그 범위와 용례는 따로 정한다.

영어의 'model[mɔdl]'은 규정 표기로는 '모들'이지만 관용을 존중하여 '모델'로 쓴다. 'system'도 '시스팀'으로 쓰지 않고 '시스템'으로 쓰며, 'camera'도 '캐머러'가 아니라 '카메라'로 쓴다.

> **보충** 'cut'은 인쇄의 도판일 때는 '컷'으로 쓰고, 정구나 탁구에서 공을 깎아서 치는 것은 '커트'라고 하여, 둘 다 허용하였다.

3.1.2. 외래어 표기 세칙

표기 세칙에서는 영어, 독일어, 프랑스어, 에스파냐어, 이탈리아어, 일본어, 중국어 등의 표기에 대한 세부 사항을 규정하였는데, 그 중에서 특기할 사항은 다음과 같다.

어말의 [ʃ]는 '시'로 적고, 자음 앞의 [ʃ]는 '슈'로, 모음 앞의 [ʃ]는 뒤따르는 모음에 따라 '샤, 섀, 셔, 셰, 쇼, 슈, 시'로 적는다. 즉 'flash'는 '플래시'로, 'Einstein'은 '아인슈타인'으로, 'fashion, shopping'는 '패션, 쇼핑'으로 적는다. 또한 어말 또는 자음 앞의 [ʒ]는 '지'로 적고, 모음 앞의 [ʒ]는 'ㅈ'으로 적는다. 즉 'badge, message'는 '배지, 메시지'로, 'vision, juice'는 '비전, 주스'로 적는다.

3.1.3. 인명, 지명 표기의 원칙

외국의 인명, 지명도 외래어 표기 규정에 따라야 하지만, 고유 명사라는 특수성 때문에 그 표기 기준을 따로 정하였다. 그 중에서 '제2절 동양의 인명, 지명 표기' 부분을 숙지할 필요가 있다.

1. 중국 인명은 과거인과 현대인을 구분하여 과거인은 종전의 한자음대로 표기하고, 현대인은 원칙적으로 중국어 표기법에 따라 표기하되, 필요한 경우 한자를 병기한다.

　　　과거 인명: 두보, 이태백,

　　　현재 인명: 쑨원(孫文), 마오쩌뚱(毛澤東), 장제스(蔣介石), 장쩌민(江澤民),

　　　　　　　　후진타오(胡錦濤), 시진핑(習近平)

> **보충** 중국 인명에 대한 과거와 현대의 구분은 신해 혁명을 분기점으로 한다. 다만 현대인이라 하더라도 우리 한자음으로 읽는 관행이 있는 인명은 '손문, 모택동, 장개석'과 같

이 관용으로 허용한다.

2. 중국의 역사 지명으로서 현재 쓰이지 않는 것은 우리 한자음대로 하고, 현재 지명과 동일한 것은 중국어 표기법에 따라 표기하되, 필요한 경우 한자를 병기한다.

> **보충** 중국의 인명, 지명은 고전을 통하여 우리 생활 속에 깊이 스며들어 있어서 우리 한자
> 음으로 읽는 전통이 서 있지만, 일본은 문화 교류상 그런 예가 매우 적기 때문에, 중국
> 과 일본을 달리 처리하였다.

3. 일본의 인명과 지명은 과거와 현대의 구분 없이 일본어 표기법에 따라 표기하는 것을 원칙으로 하되, 필요한 경우 한자를 병기한다.
　　이토 히로부미(伊藤博文), 도요토미 히데요시(豊臣秀吉)
　　오사카(大阪), 규슈(九州), 오키나와(沖繩)

4. 중국 및 일본의 지명 가운데 한국 한자음으로 읽는 관용이 있는 것은 이를 허용한다.

> **보충** 중국의 지명 가운데 '哈爾濱'은 '합이빈'이라 하지 않고 '하얼빈'이라 하며, 일본의 '鹿
> 兒島'를 '녹아도'라 하지 않고 '가고시마'라고 한다. 그렇지만 한국 한자음으로 읽는 관
> 용을 존중하여 '東京'은 '도쿄, 동경'으로, '上海'는 '상하이, 상해'로 읽도록 허용하였다.
> 　한편, 외래어 표기법에 "'해', '섬', '강', '산' 등이 외래어에 붙을 때에는 띄어 쓰고, 우
> 리말에 붙을 때에는 붙여 쓴다."라는 규정이 있어서 '카리브 해, 발리 섬'처럼 띄어 쓰
> 다가, 2017년에 이 조항을 삭제함에 따라 '카리브해, 발리섬'과 같이 붙여 쓰게 되었다.

3.1.4. 틀리기 쉬운 외래어 표기

까페 → 카페, 도너츠 → 도넛, 디스 → 디스켓, 디지탈 → 디지털, 레이져 → 레이저, 렌트카 → 렌터카, 로보트 → 로봇, 로얄 → 로열, 로케트 → 로켓, 맘모스 → 매머드, 맛사지 → 마사지, 매니아 → 마니아, 메세지 → 메시지, 바베큐 → 바비큐, 바오밥 → 바오바브(baobab), 밧데리 → 배터리, 뱃지 → 배지, 부페 → 뷔페, 샵 → 숍, 센타/쎈터 → 센터, 색스폰 → 색소폰(saxophone), 쇼윈도우 → 쇼윈도, 쇼파 → 소파, 수퍼마켓 → 슈퍼마켓, 스치로폼 → 스티로폼, 스탭 → 스태프, 스페샬 → 스페셜, 싸이즈 → 사이즈, 쏘세지 →

소시지, 악세사리 → 액세서리, 알콜 → 알코올, 앵콜 → 앙코르, 자스민 → 재스민, 쟝르 → 장르, 쵸콜렛 → 초콜릿, 카운셀러 → 카운슬러, 칼라 → 컬러, 캣츠 → 캐츠, 커텐 → 커튼, 컨셉/컨셉트 → 콘셉트, 컨츄리 → 컨트리, 컨텐츠 → 콘텐츠, 컷 → 커트(머리), 케익/케잌 → 케이크, 코메디 → 코미디, 크럽 → 클럽, 크리닉 → 클리닉, 타올 → 타월, 탈렌트 → 탤런트, 테입 → 테이프, 팀웍 → 팀워크, 포탈 싸이트 → 포털 사이트, 프라자 → 플라자, 프로포즈 → 프러포즈

> **보충** 그 동안 'lobster'를 '로브스터'로 써 왔으나 '랍스터'도 인정하였으며, 'radar'의 경우 그 동안 '레이더'만 인정해 왔으나 원어 발음이 [reɪdɑː(r)]이므로 '레이다'를 기본적인 표기로 인정하고 '레이더'도 함께 인정하였다.

3.2. 국어의 로마자 표기법

국어의 로마자 표기법은 국어를 로마자로 어떻게 적을 것인지를 규정한 표기법이다. 국어를 로마자로 적는 방법에는 **전자법**(轉字法, transliteration)과 **전음법**(轉音法, transcription)의 두 가지가 있다.

전자법은 국어 단어의 글자대로 전사하는 방법으로, 한글로 적은 것을 그대로 로마자로 옮기면 되기 때문에, 쓰기에 편리하고 로마자 표기를 한글로 복원하기도 쉽다. 그렇지만 발음을 비슷하게 유도하기가 어렵다는 단점이 있다. '독립문'의 표기를 'Doklibmun'으로 적는데, [동님문]이라는 원래 발음을 내지 못하고 '도그리브문'으로 읽기 쉽다.

전음법은 국어 단어의 발음대로 전사하는 방법으로, 우리말의 발음에 따라 적었기 때문에 우리말을 모르는 사람도 읽기가 쉽다. 그렇지만 원래 국어 철자를 알기 어려울 뿐만 아니라, 음운 변화를 반영해서 적어야 하기 때문에 일반인들이 쓰기에는 어려워서 불편함이 따른다. '독립문'을 'Dongnimmun'으로 적는데, 발음은 [동님문]으로 내기가 쉽지만, 원래 표기를 알기는 쉽지 않다.

1959년 문교부 안은 전자법을 따랐으나, 1984년 문교부 안에서는 전음법을 채택하였으며, 현행의 로마자 표기법도 전음법을 따르고 있다.

3.2.1. 로마자 표기법 제정의 역사

우리나라에서 로마자 표기법을 제정해 온 역사는 다음과 같다.

1939년	머큔(McCune)과 라이샤워(Reischauer)가 공동으로 만든 '머큔-라이샤워안'(MR 안)이 만들어짐.
1940년	조선어학회에서 '조선어음 라마자 표기법'을 만듦.
1948년	문교부에서 '한글을 로오마자로 적는 법' 공포.
1959년	문교부에서 '한글의 로마자 표기법' 공포.
1984년	문교부에서 '국어의 로마자 표기법' 공포.
2000년	문화관광부에서 '국어의 로마자 표기법' 개정 공포.

3.2.2. 현행 표기의 기본 원칙

국어의 로마자 표기법의 '제1장 표기의 기본 원칙'에서는 다음 두 가지를 제시하였다.

제1항 국어의 로마자 표기는 국어의 표준 발음법에 따라 적는 것을 원칙으로 한다.
제2항 로마자 이외의 부호는 되도록 사용하지 않는다.

제1항은 로마자 표기법이 국어의 인명, 지명, 상호 등 고유명사를 로마자로 표기하였을 때, 외국인들이 읽기에 편리하도록 하기 위해 전음법 방식을 택하였다.[5] 제1항에서는 '한글 맞춤법'에 따라 적는다고 하면 전자법을 택하는 것이 되지만, '표준 발음법'에 따라 적는다고 하였기 때문에 전음법을 택한 것을 분명히 밝혀 놓았다.

제2항에서는 종전의 표기법에서 사용하던 반달표(˘)와 어깻점(')과 같은 특수 부호를 사용하지 않는다는 점을 규정하였다. 종전에는 '어, 으'를 'ŏ, ŭ'로 표기하였으며, 'ㅋ, ㅌ, ㅍ, ㅊ'를 'k', t', p', ch''로 적었지만, 부호의 뜻을 알기가 어렵고 타자하기에 불편한 단점이 있었다. 그리하여 현행의 표기법에서는 특수부호를 사용하지 않고 오직 로마자만을 사용하기로 하여, '어, 으'를 'eo, eu'로, 'ㅋ, ㅌ, ㅍ, ㅊ'를 'k, t, p, ch'로 적게 되었다.

---

5 다만 외국 도서관에서 우리말로 된 서적의 목록을 작성할 때나, 언어학자들이 외국어로 우리말에 대한 연구 논문을 쓸 때는 한글 맞춤법에 따른 로마자 표기가 필요하다. 이런 경우를 위하여 제3장 제8항에서 전자법 체계를 따로 마련해 놓았다.

모음은 다음과 같이 적는다.

ㅏ	ㅓ	ㅗ	ㅜ	ㅡ	ㅣ	ㅐ	ㅔ	ㅚ	ㅟ	ㅑ	ㅕ	ㅛ	ㅠ	ㅒ	ㅖ	ㅢ	ㅘ	ㅝ	ㅙ	ㅞ
a	eo	o	u	eu	i	ae	e	oe	wi	ya	yeo	yo	yu	yae	ye	ui	wa	wo	wae	we

자음은 다음과 같이 적는다.

ㄱ	ㄲ	ㅋ	ㄷ	ㄸ	ㅌ	ㅂ	ㅃ	ㅍ	ㅈ	ㅉ	ㅊ	ㅅ	ㅆ	ㅎ	ㄴ	ㅁ	ㅇ	ㄹ
g,k	kk	k	d,t	tt	t	b,p	pp	p	j	jj	ch	s	ss	h	n	m	ng	r,l

보충 'ㄱ, ㄷ, ㅂ'은 모음 앞에서는 'g, d, b'로, 자음 앞이나 어말에서는 'k, t, p'로 적으며, 'ㄹ'은 모음 앞에서는 'r'로, 자음 앞이나 어말에서는 'l'로 적고, 'ㄹㄹ'은 'll'로 적는다.

독도 Dokdo,　　　부산 Busan,　　　호법 Hobeop,　　　벚꽃 beotkkot,

한밭 Hanbat,　　　설악 Seorak,　　　울릉 Ulleung,　　　대관령 Daegwallyeong

더 알아보기

 표기상의 유의점

1. 음운 변화가 일어날 때에는 변화의 결과에 따라 다음과 같이 적는다.

　ㄱ) 자음 동화: 백마[뱅마] Baengma, 신문로[신문노] Sinmunno,

　　　신라[실라] Silla

　ㄴ) 'ㄴ, ㄹ' 첨가: 학여울[항녀울] Hangnyeoul, 알약[알략] allyak

　ㄷ) 구개음화: 해돋이[해도지] haedoji, 같이[가치] gachi

　ㄹ) 'ㄱ, ㄷ, ㅂ, ㅈ'이 'ㅎ'과 합하여 거센소리로 나는 경우

　　　좋고[조코] joko, 놓다[노타] nota, 잡혀[자펴] japyeo

다만 체언에서는 '집현전 Jiphyeonjeon'과 같이 'ㅎ'을 밝혀 적으며, 된소리되기는 '압구정 Apgujeong, 샛별 saetbyeol'과 같이 표기에 반영하지 않는다.

2. 발음상 혼동의 우려가 있을 때에는 음절 사이에 붙임표(‐)를 쓸 수 있다.

중앙 Jung‐ang, 반구대 Ban‐gudae

참고문헌

국립국어연구원(1999), 『표준국어대사전』, 두산동아.

국립국어원(2019), 『한글 맞춤법 표준어 규정 해설』, 휴먼컬처아리랑.

김광해 외(1999), 『국어 지식 탐구』, 박이정.

리의도(1999), 『이야기 한글 맞춤법』, 석필.

문교부(1992), 『국어 어문 규정집』, 대한교과서주식회사.

민현식(1999), 『국어 정서법 연구』, 태학사.

서울대학교 국어교육연구소(2002ㄱ), 『고등학교 문법』, 교육인적자원부.

서울대학교 국어교육연구소(2002ㄴ), 『고등학교 교사용 지도서 문법』, 교육인적자원부.

안병희(1988), "한글 맞춤법의 역사", 『국어생활』 13, 국어연구소, 8-16쪽.

이관규(2003), 『학교 문법론』, 월인.

이광호·장소원(1994), 『국어 정서법』, 한국방송통신대학교.

이익섭(1988), "국어 표준어의 형성과 변천", 『국어생활』 13, 국어연구소, 17-23쪽.

이희승·안병희(1989), 『한글 맞춤법 강의』, 신구문화사.

01. 한글 맞춤법에서는 분철 표기를 원칙으로 하는데, 아래 〈보기〉를 보면 이 원칙에 어긋난 연철 표기를 한 경우를 볼 수 있다. 〈보기〉에 제시된 자료를 바탕으로 하여 분철 표기와 연철 표기의 기준이 무엇인지 설명해 보자.

(가) 넘어지다, 늘어나다 – 사라지다, 드러나다

(나) ① 붙이다(풀로) – 부치다(편지를)

　　② 묻히다(먼지를) – 무치다(나물을)

02. 〈보기〉에 제시된 자료를 바탕으로 하여 우리말의 사이시옷 규정에 대하여 설명해 보자.

(가) 귓병, 맷돌, 부싯돌, 뱃길, 아랫방, 자릿세

(나) 아랫니, 잇몸, 제삿날, 훗날

(다) 뒷일, 나뭇잎, 예삿일, 사삿일

(라) 곳간, 셋방, 숫자, 찻간, 툇간, 횟수

(마) 초점, 이점, 허점, 대가

(바) 위층, 뒤풀이, 뒤뜰, 나무꾼, 나루터

03. 학생에게서 "'젓가락'은 받침을 'ㅅ'으로 적는데, 왜 '숟가락'은 받침을 'ㄷ'으로 적습니까?"라는 질문을 받았다고 할 때, 이에 대한 교사의 답변을 아래 〈보기〉를 참고하여 기술해 보자.

반짇고리,　　　사흗날,　　　삼짇날,　　　섣달

---

04. 우리 주변을 둘러보면 '–오'와 '요'의 차이를 잘 몰라서 구별하지 못하는 예를 종종 볼 수 있다. 아래 〈보기〉에 제시된 예를 바탕으로 하여 '–오'를 쓰는 경우와 '요'를 쓰는 경우의 차이를 설명해 보자.

오시오 – 오시요,　　　　　가십시오 – 가십시요
아니오 – 아니요,　　　　　참으리오 – 참으리요

---

05. 현행의 외래어 표기법에서 파열음 표기의 원칙을 설명해 보자.

06. 우리말을 로마자로 적는 방법에는 전음법과 전자법의 두 가지가 있다. 이 두 가지 방법을 간략하게 설명하고, 현행의 로마자 표기법은 어느 쪽을 따르고 있는지 밝혀 보자.

07. 다음 중 한글 맞춤법이나 표준어 규정에 따른 것을 찾아 보자.

(가) 미숫가루, 미싯가루

(나) 총각무, 알타리무, 알타리무우

(다) 왔을는지, 왔을런지

(라) 참으리오? 참으리요?

(마) 왠지, 웬지

(바) 문제를 (맞추다, 맞히다).

(사) 얼마나 (반갑던지, 반갑든지)

(아) 오늘 국어 시험을 (치뤘다, 치렀다).

(자) 학교에 가는 길에 우리집에 잠깐 (들렀다, 들렸다).

08. 다음을 국어의 로마자 표기법에 맞게 적어 보자.

(가) 거북선   (나) 나뭇잎

(다) 해돋이   (라) 속리산

09. 다음 중 외래어 표기법에 어긋나는 것을 찾아서 바르게 고쳐 보자.

> 바오밥나무,　　　사랑의 밧데리,　　　커피숍,　　　로얄 제리

10. 다음에서 '번'과 '바'를 붙여 쓰는 경우와 띄어 쓰는 경우를 구분하여 설명해 보자.

> (가) ① 우리는 한 잔의 차를 나누어 마셨다.
>
> 　　② 조만간 만나서 술 한잔 하세.
>
> (나) ① 우리의 나아갈 바를 밝혔다.
>
> 　　② 자료를 검토한바, 그것이 사실임이 밝혀졌다.

12장

국어생활과 문화

이끄는 말

우리 겨레는 '한국어'라는 고유의 말을 가지고 있고, 또 이 말을 쉽고 정확하게 표기할 수 있는 '한글'을 가지고 있다. 우리는 이 말과 글자를 통해 우리 겨레 고유의 문화를 만들어 왔으며, 이렇게 만들어진 겨레의 문화는 우리 겨레를 겨레답게 만드는 데 중요한 역할을 했다. 이와 같은 의미에서 우리말은 우리 문화의 가장 중요한 핵(核)이라고 해도 과언이 아니다.

우리의 전통적인 언어문화를 잘 드러내 주는 것으로는 속담, 격언, 금기어, 친족어 등이 있고, 현대의 언어문화를 잘 드러내 주는 것으로는 누리 소통망(SNS)을 비롯한 다양한 매체언어와 유행어 등이 있는데, 이들은 우리의 현재의 삶을 잘 반영하고 있다.

역사적으로 볼 때 국어는 우리 겨레의 삶과 늘 함께해 왔다. 우리 겨레의 문화가 꽃필 때는 우리 국어도 발전했고 우리 문화가 쇠락할 때는 국어도 어려움을 겪었다. 특히, 남북한의 분단에 따른 정치체제의 차이는 언어문화 면에서도 큰 변화를 가져왔을 뿐 아니라 통일을 준비하는 우리에게 커다란 숙제를 안겨 주었고, 게다가 오늘날에는 세계화와 더불어 우리나라의 국력이 신장되면서 한국어를 배우고자 하는 외국인들이 많이 늘어나고 있는데 이들의 언어문화에 대해서도 특별한 관심을 가지고 살펴볼 필요가 있다.

이 장에서는 우리 겨레의 삶의 발자취가 고스란히 묻어 있는 우리말의 모습을 살펴봄으로써, 우리 겨레가 어떠한 언어문화 생활을 해오고 있고, 또 이것이 어떤 의미를 가지고 있는지에 대해 살펴보기로 한다.

1. 국어와 우리의 삶

　　우리 겨레는 적어도 5,000년 이상 우리말을 써왔으며, 이 말을 통해 우리 겨레만의 고유한 문화와 사상을 만들어 왔다. 그 결과 우리말 속에는 우리 겨레의 문화적 특성이 잘 담겨져 있을 뿐만 아니라, 우리 겨레의 의식구조, 즉 세계관이 나타나 있다.

　　독일의 언어철학자 훔볼트(W. Humboldt)는 "언어는 에르곤(ergon)이 아니라 에네르게이아(energeia)이다."라고 했는데, 이것은 언어가 단순히 사회 구성원 간의 의사소통을 위한 도구적 기능만을 가지고 있는 것이 아니라, 그 언어 사용자 개인의 됨됨이 및 그 언어공동체의 문화를 만드는 적극적 기능도 가지고 있음을 밝힌 것이라 할 수 있다.

　　특히 우리 겨레는 단일민족으로 이루어져 있고, 한반도라는 한 지역 내에서 오랫동안 살아왔으며, 한국어라는 하나의 언어를 사용해 왔기 때문에, 다른 나라와는 아주 다른 독특한 언어문화를 만들어 왔다. 여기서는 이러한 우리 겨레의 문화적 특성을 잘 드러내는 언어문화 현상에 대해 살펴보기로 한다.

1.1. 국어와 전통문화

　　국어 속에는 우리의 **전통문화**와 **겨레정신**이 담겨져 있다. 그 가운데서도 속담, 격언, 금기어, 친족어, 성별표현, 계절 표현 등에는 우리 겨레의 생활양식과 언어문화가 잘 나타나 있다.

1.1.1. 속담

　　흔히 **속담(俗談)**을 '말의 꽃, 민중이 낳은 생활의 시(詩)'라고 한다. 이것은 속담 속에 민중들의 진솔한 삶과 문화, 그리고 지혜가 담겨 있으며, 이것이 우리의 삶을 풍성하게 해 주기 때문일 것이다. 속담은 하루아침에 생겨난 것이 아니라, 오랜 세월에 걸쳐 우리 겨레 모두의 공감을 통해 생겨난 역사적 사회적 산물이기 때문에 우리 민족의 정서와 전통문화, 그리고 시대상, 세계관 등을 그대로 담고 있다. 호우웰은 속담이 갖추어야 할 세 요소로 간결성, 지적인 의미, 쾌감미를 제시한 바 있고, 김종택(1981: 372-373)에서는 속담을 "추상관념을 구체적 사실로, 고도의 논리를 평이한 직관으로, 범상한 설명을 돌발적인 상징으로 드러냄으로써 쾌감을 얻고 절실한 표현 효과를 나타내는 것"이라고 규정하고 있다.

우리 속담에는 여러 가지 뜻이[1] 담겨져 있는데, 그 가운데 가장 두드러진 것은 우리 자신을 반성하고 깨우치고자 하는 뜻이 담겨 있다는 것이다. "가는 말이 고와야 오는 말이 곱다.", "물은 건너 보아야 알고 사람은 지내 보아야 안다."라고 함으로써 '말을 함부로 하지 말라.', '사람을 외모로만 판단하지 말라'고 가르친다. 둘째, 화자의 의도를 비유적·우회적으로 표현하고자 하는 뜻이 들어 있다. 자식이 많으면 걱정과 근심이 많기 마련임을 "가지 많은 나무 바람 잘 날 없다."라고 나무에 빗대어 나타냄으로써 비유적으로 표현하고 있다. 셋째, 여러 설명이 필요한 말을 간결하게 나타내고자 하는 뜻이 들어 있다. 하잘것없다거나 너는 나의 상대가 되지 않는다는 의미의 여러 말보다는 "새 발의 피다."라는 한 마디가 더 효과적이다. 넷째, 개인이나 사회, 사건 등을 풍자적으로 나타내고자 하는 뜻이 들어 있다. "냉수 먹고 이빨 쑤신다.", "빈 수레가 요란하다."는 허세를 부리는 것을 비꼬는 말이며, "토끼를 다 잡으면 사냥개 잡는다."는 은혜를 모르는 배신 행위를, "초록은 동색이고 가재는 게 편이다."는 끼리끼리 모여서 자신들의 이익을 취하는 행위를 비판하는 표현이다. 다섯째, 상황을 합리화하고자 하는 뜻이 담겨져 있다. "아는 것이 병이다."라는 말이 있는가 하면 "모르는 게 약이다."라는 말도 있다. 이는 상황에 따라 사태의 해석이 달라질 수 있기 때문에 주어진 삶을 긍정적으로 해석하게 한다.

요컨대, 속담은 우리 겨레의 모든 삶의 현장에 늘 존재해 왔을 뿐 아니라, 그러한 삶을 살아온 우리 겨레의 세계관과 인생관, 사회관, 언어관 등이 담겨 있기 때문에 소중한 우리의 문화자산이라 할 수 있으며, 지금도 현실의 의식이 담겨있는 새로운 속담이 생겨나고 있다고 할 수 있다. 따라서 속담은 우리 겨레의 삶과 정신문화 자체라고 해도 과언이 아니다.

1.1.2. 금기어

"쌀 먹으면 어미 죽는다.", "밤중에 다듬이질 하면 삼 이웃 망한다.", "불장난 하면 자다가 오줌 싼다." 등과 같은 것을 금기어라고 하는데, 이 속에는 '쌀을 먹지 말라.', '밤중에는 다듬이질 하지 말라.', '불장난 하지 말라'는 뜻이 담겨 있다. 예전에는 먹거리가 귀하던 시대였으니 쌀을 무척 아껴야 했을 것이고, 밤중에 다듬이질을 하면 이웃들이 밤잠을 설치기 마련이었을 것이며, 아이들이 불장난 하다 집에 불이라도 나면 큰일이 아닐 수 없

---

[1] 김종택(1981: 371-386), 김종록 엮음(1997: 91-92) 참조.

었을 것이다. 그래서 이런 것들을 규제하기 위해 우리 선인들은 금기어를 만들어 냈다.

금기어는 그 시대 사람들의 생활을 합리적으로 이끌기 위한 한 방편으로서의 역할, 즉 실제적인 삶과 관련된 교훈을 주는 기능을 지니고 있었기 때문에, '조상, 귀신, 사체(死體), 동물, 식물, 자연물' 등 일상생활과 관련된 거의 모든 것이 금기어의 소재로 쓰였으며, 우리 삶의 각 분야마다 금기어가 있어서 그것을 사용하는 사람들의 생각과 삶의 방향을 제시하는 기능을 했다. 따라서 금기어는 단순히 말로서 존재하는 것이 아니라, 그 당시 사람들의 거의 모든 일상생활을 규제하고 주의를 주기도 했기 때문에 그 당시의 민속과도 밀접한 관련이 있었다.

즉 "옷을 짓다가 해(年)를 넘기면 해롭다. 처녀가 문지방에 걸터앉으면 논둑 터진다.", "살아서 아내 때리면 죽어서 장작 껍질만 벗긴다." 등과 같이, 금기어는 특정한 행위를 하지 못하게 하는 뜻을 담고 있다. 또한 "짐승을 너무 좋아하면 자식이 귀하다. 임신 중에 오리고기 먹으면 아이 발가락이 붙는다." 등과 같이 어떤 일에 대해 주의를 할 필요가 있음을 알려 주기도 한다. 그리고 "숙지황 먹고 생무 먹으면 머리가 센다. 돌베개를 베고 자면 입이 삐뚤어진다." 등과 같이 약과 음식을 잘못 먹으면 탈이 나거나 얼굴을 찬 바닥이나 베개에 대고 잘못 자면 구안와사에 걸릴 수 있다는 것을 알려주는 과학적인 지혜가 들어있는 것도 있었다.

따라서 금기어는 우리 민족의 행위의 방향성을 제시하는 직접적인 법금(法禁)이었을 뿐 아니라 우리 선인들의 사고방식과 전통적인 언어문화를 잘 알 수 있게 해 주는 중요한 자산이라 할 수 있다.

1.1.3. 친족 표현

우리 겨레는 씨족 단위로, 한 지역에서 집단적으로 오래 생활을 해 왔기 때문에 다른 언어에 비해 **친족어휘**가 매우 발달되어 있는 편이다. 예컨대 '아버지·아빠/부친(父親), 어머니·엄마/모친(母親), 할아버지/조부(祖父), 할머니/조모(祖母), 고조할아버지/고조부(高祖父), 고조할머니/고조모(高祖母), 아들/자(子), 딸/녀(女), 아들딸/자녀(子女)' 등에서처럼 고유어 계열과 한자어 계열이 있었으며, 남성과 여성을 철저히 구분하였을 뿐만 아니라, 항렬(行列)에 따라 위−아래를 분명히 나누었다.

그리고 '어버이/부모, 조부모, 형제, 자매, 형제자매, 아우/동생' 등과 같이 둘을 아우르는 말이 있고, '오빠, 누나'처럼 부르는 이의 성별에 따라 달리 부르는 말이 있으며, '부자간, 모자간, 모녀간, 숙질간(叔姪間)' 등과 같이 '−간(間)'이란 접미사를 붙여서 서로의 관계를 나타내는 말도 널리 만들어 쓰고 있다.

또한 친가냐 외가냐를 구별하기도 하는데, '외할아버지/외조부(外祖父), 외할머니/외조모(外祖母), 외숙모-외삼촌, 이모(姨母)-이모부(姨母夫)'처럼 '외(外)-, 이(姨)-'라는 접두사를 붙여서 어머니 계열의 친족명칭을 만들었다. 그리고 '외손자-외손녀'에서처럼 시집간 딸의 경우에도 역시 '외(外)-'라는 접사를 붙임으로써 출가외인, 즉 우리 사회가 남성 중심의 부계 문화를 만들어 왔음을 알 수 있다.

그리고 시집을 온 여성은 남편의 친인척을 '시(媤)아버지-시어머니-시부모, 시동생'처럼 접사 '시(媤)-'를 붙이고, 장가간 남성은 아내의 친인척을 '처조부(妻祖父)-처조모, 처남-처남댁, 처남-처형'처럼 접사 '처(妻)-'를 붙임으로써 친가와 처가, 시가를 구별했는데, 이것도 결국은 부계 문화와 관련이 깊다고 할 수 있다.

이처럼 친족 어휘가 발달되어 있는 것은 혈연을 중심으로 한 씨족 단위의 집단생활을 오랫동안 해왔기 때문일 것이다. 그러나 현대에 이르러서는 이러한 씨족 혹은 대가족 단위의 생활양식이 개인 및 소가족 단위로 재편되면서 친족 용어를 사용할 기회가 줄어들고, 또 자녀의 수가 급격히 줄어들어 친족관계 자체가 잘 만들어지지 않음으로써 친족 용어가 점차 사라지고 있고, 결과적으로는 친족과 관련된 언어문화가 많이 바뀌고 있다고 할 수 있다.[2]

1.1.4. 성별 표현

우리나라 사람은 '한국어'라는 동일한 언어를 사용하고 있다. 그가 남성이든 여성이든, 동일한 한국어권 내에 있는 한, 동일한 한국어를 평등하게 사용하고 있는 것처럼 보인다. 그러나 따지고 보면 남성과 여성은 언어문화적인 면에서 볼 때, 평등한 관계를 지니고 있지 못하다. 이러한 남성 우위의 의식과 세계관은 어휘에 잘 반영되어 있다.

'고등학교/여자고등학교, 군인/여군, 선생/여선생, 사원/여사원, 작가/여류작가' 등과 같이 형태론적인 면에서 볼 때, 여성을 가리키는 명사는 남성을 가리키는 명사에 접사 '여(女)-'를 붙여서 만들었으며, 그 역은 거의 성립되지 않는다.[3] '여(女)-'를 붙이지 않

2　게다가 친족어를 용법에 맞지 않게 사용하는 경우도 아주 많아졌다. 요즘 젊은 세대들은 자기의 남편을 '오빠' 라 하고, 시아버지와 시어머니를 '아빠, 엄마'라 하고, 시아버지와 시어머니는 며느리의 이름을 직접 부르기도 한다. 실제로 친인척 관계가 아닌데도 불구하고 젊은 여자를 '이모'라고 부르고, 젊은 남자를 '삼촌'이라고 부르는 것 등은 친밀감을 표현하는 한 방법이기는 하지만 언어문화가 예전과 많이 달라졌음을 나타낸다.

3　단지 '간호사/남자 간호사', '미용사/남자 미용사', '영양사/남자 영양사' 등 여성 고유의 직종이라고 생각되는 몇 개에 한해 '남자'라는 표지를 달어서 표현할 뿐이다.

은 무표적(unmarked)인 단어는 당연히 남성을 지칭하는 명사로 쓰이는데, 이러한 명사의 의미적 불균형도 역시 우리 사회가 남성 중심 또는 남성 우위의 부계 문화를 이루어 왔음을 단적으로 드러내는 증거이다.

"암탉이 울면 집안 망한다.", "여편네 셋이 모이면 접시 구멍 뚫는다." 등과 같은 여성과 관련된 속담은 대부분 부정적 이미지를 담고 있다. 반면에 남성을 부정적으로 표현한 속담은 거의 찾아볼 수 없으며, 오히려 남성이 행한 언어적 혹은 비언어적 실수까지도 미화되기 일쑤였다. 이와 같은 표현들도 결국 우리 사회가 전통적으로 남성 중심의 사회문화 구조를 지니고 있음을 나타낼 뿐 아니라 그러한 전통적인 언어문화의 한 단면을 드러내는 것이라 할 수 있다.

그러나 요즈음에는 여성의 사회적 지위가 높아지고 **페미니즘 운동**이 확산되면서 이와 같은 남녀 차별이 심한 표현을 없애거나 바꾸려는 노력이 확산되고 있는데 이에 대해서도 눈여겨 볼 필요가 있다.

1.1.5. 절기와 계절 표현

우리말에는 절기와 계절을 나타내는 어휘와 표현이 매우 많은데, 이는 우리 겨레가 전통적으로 **농경문화** 속에 살았음을 나타낸다. 절기(節氣)는 시령(時令) 혹은 절후(節侯)라고도 하는데, 음력에 따라 한 해를 스물넷으로 나눈 기후의 표준점으로 24절기가 있고, **계절**은 봄, 여름, 가을, 겨울의 4계절이 있는데, 이 절기와 계절은 모두 농사를 짓는 일과 밀접한 관련이 있다.

절기에는 입춘(立春), 청명(淸明), 곡우(穀雨), 하지(夏至), 입추(立秋), 처서(處暑), 백로(白露), 추분(秋分), 대설(大雪), 동지(冬至)' 등이 있는데, 이 절기는 계절의 흐름과 밀접한 관련을 가지고 있어서 계절적 특성을 잘 반영하고 있고, 이 계절적 특성은 농사일을 하는 데 필요한 정보를 제공해 주기 때문에 농경 사회에서는 항상 이 절기의 흐름에 관심을 가질 수밖에 없었으며 이러한 것이 우리 선인들의 전통적인 언어문화 속에 그대로 반영이 되어 있다.

절기와 관련된 속담도 여러 가지가 있다. "우수 경칩에 대동강 물 풀린다(봄이 왔다).", "한식에 죽으나 청명에 죽으나(별 차이가 없다).", "곡우에 가물면 땅이 석 자가 마른다.", "하지 지나면 발 물고에 담그고 산다(농사일이 바빠진다).", "동지 지난 지 열흘이면 해가 노루 꼬리만큼 길어진다.", "처서에 비가 오면 독의 곡식도 준다.", "추운 소한은 있어도 추운 대한은 없다.", "대한이 소한 집에 가 얼어 죽는다." 등은 모두 그 절기가 속해 있는 계절의 특성을 나타냄과 동시에 그 시기에 행할 농사일을 비롯한 일상적 전통 생활과 관련이 깊다고 할 수 있다.

1.2. 현대국어와 소통 매체의 변화

현대는 신문, 라디오, 텔레비전, 인터넷 등의 대중 매체의 시대라 해도 과언이 아닐 만큼 이들의 영향력이 커지고 있고, 이들에 의해 우리의 국어생활도 많이 변하고 있다.

최근에는 컴퓨터와 휴대전화의 보급이 급격히 늘어나고, 인터넷의 사용이 일상화됨으로써 우리의 언어문화가 획기적으로 변하고 있다. 특히 인터넷은 사람과 사람, 정보와 정보를 연결하는 매개체로서의 통합적 기능을 해 왔을 뿐만 아니라, 새로운 시대에 걸맞은 지식을 만들어 내고, 나아가 현대 사회와 문화를 변혁시키는 도구의 기능도 수행하고 있다.

그동안 라디오, 신문, 텔레비전 등의 음성매체와 문자매체 그리고 전통적인 영상매체가 독자와 시청자를 단순히 수동적 위치에 머물게 했다면, 이제는 인터넷, 컴퓨터, 휴대전화를 비롯한 여러 통신기기와 뉴미디어(new media)가 결합되어 전자우편(E-mail), 쪽지창(messenger), 누리 소통망(SNS), 블로그(blog), 유튜브(You-Tube), 개인방송(UCC) 등의 새로운 통신매체가 등장함으로써 매체자료의 생산과 수용이 쌍방향으로 이루어지게 되었고, 결국에는 네티즌(netizen)들이 거대 담론의 적극적인 참여자가 될 수 있도록 했다.

지금까지는 정보의 생산자가 주로 우리 사회에서 기득권을 가진 '남성, 장년층, 전문가'였다면 이제는 대중 모두로 바뀌었고, 지식의 생산자와 소비자가 분리되어 있던 것이 이제는 하나가 되었다. 다시 말하면, 소수의 몇 사람, 특정한 계층에 의해 정보가 생산되고 독점되던 시대가 지났을 뿐 아니라, 대중 모두가 정보의 생산자이자 수용자가 되었으며, 여론 형성의 주역이 되었다는 점에서 진정한 의미의 지식 대중화 시대를 열었다고 할 수 있을 것이다.

특히 청소년들을 비롯한 젊은 층이 사회의 전면에 나서게 됨으로써, 우리 사회가 이들의 변화 요구를 수용하지 않을 수 없게 되었고, 그 결과 이들의 사회 문화적 욕구가 우리 대중문화의 한 축을 이루게 되었다.

또한 이러한 인터넷을 기반으로 하는 **통신언어**는 단순히 음성과 문자만을 사용하는 것이 아니라, 그림, 숫자, 사진, 동영상 등을 다양하게 사용함으로써 **복합양식성**을 지니고 있다고 할 수 있으며, 이 복합양식성은 현대 국어문화의 한 특징으로 규정할 수 있다.

이러한 복합양식성은 현대인들의 의사소통을 보다 쉽고 빠르고 정확하게 할 수 있도록 만들었을 뿐 아니라, 시공간적 제약을 벗어나게 함으로써 의사소통의 범위를 획기적으로 넓혔으며, 대중들이 부담없이 의사소통의 장에 참여할 수 있는 다양한 길을 열었다는 점에서 큰 의의가 있다고 할 수 있다.

이러한 복합양식으로서의 통신언어는 생산자와 수용자가 주어지는 정보를 스스로 선택하고, 선택한 그 자료와 정보를 자신의 뜻에 맞게 재구성하게 되었으며, 이모티콘(emoticon)을 비롯하여 다양한 문자와 숫자를 사용하여 본인의 느낌까지도 전할 수 있게 됨으로써 보다 직접적이고 감성적인 의사소통, 즉 자칫 딱딱하고 무미건조한 통신언어에 감성을 불어넣을 수 있게 되었다는 점에서 특기할 만하다.

하지만 인터넷 통신언어는 위와 같은 장점이 있음에도 불구하고 전통적인 언어형식을 파괴하고 한글맞춤법을 비롯한 국어규범을 무너뜨릴 수 있다는 점에서 문제가 있다. 즉 언어형식의 창조적 변용을 넘어서는 수준인 **외계어(外界語)**의 사용은 현재의 일상언어와 건전한 통신언어의 발전에 큰 장애물이 될 수 있을 뿐 아니라 개인간, 세대간의 언어소통면에서의 단절을 가져올 수 있다는 우려를 낳는다.

게다가 지나친 연철표기와 음운 탈락과 음운첨가, 음절축약 등은 국어규범을 이미 익힌 사용자라면 문제가 적을 수 있지만 제대로 국어규정을 익히지 않은 유소년이라면 자칫 이와 같은 잘못된 통신언어의 사용으로 인해 사회생활에 적응해 가는 데 큰 문제가 생길 수 있으며, 결국에는 그 사회가 국어규범을 건전하게 유지하고 발전시켜가는 데도 나쁜 영향을 줄 수 있다.

그 외에 비속어, 은어, 폭언이 담긴 통신언어의 사용은 우리 사회의 미풍양속을 크게 해칠 수 있으며, 글쓰기 윤리를 지키지 않는 행위나, 표절이나 위조, 변조를 하는 행위는 바람직한 여론형성에 지장을 줄 수 있다.

따라서 네티즌들은 인터넷을 통해 자유롭게 의사소통을 하되, 우리말의 규범 안에서 그 표현을 다양화하고 자신이 사용하고 있는 자료와 정보의 사실여부를 검증한 후에 그것들을 사용함으로써 아름답고 건전한 국어문화를 만들어 가는 데 힘을 모아야 할 것이다.

인터넷 통신 언어의 몇 가지 특성

인터넷 통신 언어가 일반적으로 지니고 있는 특성에 대해 살펴보기로 하자. 통신언어가 가지고 있는 가장 중요한 특성으로는 정보 전달의 신속성과 담화의 간결성과 평등성, 그리고 주제의 다양성, 담화 정보와 자료의 재생산성(再生産性) 등을 들 수 있다.

첫째, 전달의 신속성이란, 문자언어인 통신언어를 '입말(spoken language)'처럼 만들어서 입말만큼이나 빨리 자신의 의사를 전달하는 것이다. 이러한 전달의 신속성 즉, 입력 속도를 높이기 위해 '인가니(←인간이)'와 같이 연철표기를 하거나, '시러(←싫어)'와 같이 소리 나는 대로 표기를 하기도 했으며, '어솨요(←어서 와요), 쌤(←선생님)'과 같이 음절을 줄이기기도 했다.

전달의 신속성을 높이기 위해 컴(←컴퓨터)'와 같이 음절수를 줄이거나, '갑분싸(←갑자기 분위기가 싸늘해지다), 소확행(←작지만 확실한 행복)' 등과 같이 원래 형태를 알아보기 어려울 정도로 음절을 줄이기도 했으며, 'ㅎㅎ(←하하), ㅇㅈ(←인정)'과 같이 음절을 극도로 줄여서 자음만 남기기도 했다.

둘째, 표기의 다양성을 들 수 있다. 인터넷에는 'One-stop 서비스, Click하다'와 같이 국어와 영어를 비롯한 여러 언어가 다양한 형태로 쓰이는 점이 주목된다.

셋째, 표현의 상징성이다. '^^[웃는 모습] ; -_-[슬퍼하는 모습], @_@[당황한 모습], ㅠㅠ[눈물 흘리는 모습]' 등과 같이, 네티즌들은 자신의 감정을 보다 직접적으로 표현하기 위해서 이모티콘(emoticon)을 만들어 내고 있다.

넷째, 의미의 강조성과 표현의 은어성을 들 수 있다. '싫따(←싫다), 멋찌다(←멋지다)' 등과 같이 의미를 강조하기 위해 된소리와 거센소리를 사용하거나, '가즈아, 놀즈아~!'와 같이 모음의 긴소리를 사용하며, 때로는 '삽질하네, 개쩐다(매우 대단하다)'와 같이 은어와 비어까지 사용하고 있다.

다섯째, 표현의 탈지역성을 들 수 있다. '긍게 아그들아! 못하니께로 ; 모르겠는디유, 허유 ; 안 하는교, 어여 와여, 개안타! 넌 우예 생긴노? 이 뭐꼬?'에서와 같이 통신언어는 서울 중심의 표준어와 더불어 각 지역의 방언들이 많이 사용된다.

2. 남북한 언어의 이질화와 통일시대의 국어

  광복 후 곧 남북한이 정치적인 이유로 인해서 분단되어 남북한이 각각 독자적인 정치체제를 구축하게 되었고, 그 결과 그 정치체제를 공고히 하기 위해서 남북한이 독자적으로 새로운 언어규범을 만들고 언어정책을 달리함으로써 우리 민족의 언어인 국어가 적잖은 차이를 보이고 있을 뿐 아니라 우리 겨레의 언어문화 또한 다른 길을 걷게 되었다.

  그러나 우리는 여전히 하나의 말과 글을 사용하고 있고, 또 앞으로도 하나의 말과 글로 살아 갈 수밖에 없으며, 하나의 아름다운 문화 공동체를 만들어 가야 할 당위성이 있기에, 겨레 모두가 국어의 동질성을 회복하고 남과 북이 언어문화적 공감대를 이루어서 우리 민족의 통일을 앞당겨 가야 할 것이다. 따라서 여기서는 남북한의 언어가 달라지게 된 원인과 실태에 대해 살펴보고 그 해결책을 모색해 보기로 한다.

2.1 남북한 언어 이질화의 원인

  남북한 언어 이질화의 주원인은 언어관 및 언어정책의 차이에 있다. 남한에서는 **자연주의적 언어관**에 따라 언어를 인간의 의사표현의 도구이자 의사소통의 수단으로 보고, 맞춤법, 표준어 규정, 외래어 표기법 이외에는 인위적으로 바꾸지 않고 언어의 자생적 변화에 따른 정책을 펼쳐왔다. 그 결과 1933년 조선어학회에서 제정한 '한글 마춤법 통일안'을 몇 차례에 걸쳐 현실에 맞게 약간의 수정을 가했을 뿐 대부분 거의 그대로 사용해 왔다.

  그러나 북한에서는 '언어가 사회주의 혁명과 건설의 힘 있는 무기'라는 **유물론적 언어관**에 근거하여 언어규범을 만들었으며, 민족 교육의 강화, 근로자의 문맹 퇴치, 한자 폐지, 민족어의 구체적 발전과 어휘 정리, 언어생활 미풍의 확립, 말과 글의 규범성 정립, 문자 개혁, 남한의 언어 문제에 대한 대책 수립 등의 분야에서 사회주의 국가 건설을 위한 도구로써 언어를 사용해 왔을 뿐 아니라, 구체적으로는 주체 언어이론이 이를 직접 뒷받침하고 있다.

2.2 남북한 언어의 차이

여기서는 남북한에서 가장 최근에 제정한 『국어 어문 규정집』(1988, 대한민국 문교부), 『조선말 규범집』(1987, 조선민주주의 인민공화국 국어사정위원회)를 비교 검토함으로써 남북한 언어 규범의 차이점을 개략적으로 살펴보기로 한다.

첫째, 먼저 한글 자음의 명칭 및 자모의 배열순서가 다르다. 먼저, 자음의 명칭 중 남한의 '기역(ㄱ), 디귿(ㄷ), 시옷(ㅅ)'을 북한에서는 '기윽, 디읃, 시읏'으로 달리 부르고 있다. 그리고 남한의 '쌍기역(ㄲ), 쌍디귿(ㄸ), 쌍비읍(ㅃ), 쌍시옷(ㅆ), 쌍지읒(ㅉ)'을 북한에서는 '된기윽, 된디읃, 된비읍, 된시읏, 된지읒'으로 달리 부르고 있다. 그리고 사전 표제어의 배열순서도 아래와 같은 차이가 있다.[4]

(1) ㄱ. 남한 사전의 자음(초성)과 모음의 배열 순서

자음: ㄱ, ㄲ, ㄴ, ㄷ, ㄸ, ㄹ, ㅁ, ㅂ, ㅃ, ㅅ, ㅆ, ㅇ, ㅈ, ㅉ, ㅊ, ㅋ, ㅌ, ㅍ, ㅎ

모음: ㅏ, ㅐ, ㅑ, ㅒ, ㅓ, ㅔ, ㅕ, ㅖ, ㅗ, ㅘ, ㅙ, ㅚ, ㅛ, ㅜ, ㅝ, ㅞ, ㅟ, ㅠ, ㅡ, ㅢ, ㅣ

ㄴ. 북한 사전의 자음(초성)과 모음의 배열 순서

자음: ㄱ, ㄴ, ㄷ, ㄹ, ㅁ, ㅂ, ㅅ, ㅈ, ㅊ, ㅋ, ㅌ, ㅍ, ㅎ, ㄲ, ㄸ, ㅃ, ㅆ, ㅉ, (ㅇ)

모음: ㅏ, ㅑ, ㅓ, ㅕ, ㅗ, ㅛ, ㅜ, ㅠ, ㅡ, ㅣ, ㅐ, ㅒ, ㅔ, ㅖ, ㅚ, ㅟ, ㅢ, ㅘ, ㅝ, ㅙ, ㅞ

둘째, 한자어의 낱말 첫머리의 'ㄹ, ㄴ'의 발음과 규정에도 차이가 있다. 이는 남북한 방언의 차이를 그대로 반영한 것인데, 북한의 경우 두음법칙이 없기 때문에 '려관(旅館), 력사(歷史), 루각(樓閣), 녀사(女史), 뇨소(尿素)'처럼 발음되는 대로 적도록 하고 있다.

셋째, 사이 'ㅅ' 쓰기도 매우 다르다. 남한 사전은 순수 우리말로 된 합성어로서 앞말이 모음으로 끝난 다음 경우에는 사이시옷을 쓰도록 하고 있으나, 북한의 문화어 규정에서는 아래의 어떤 경우에도 사이시옷을 쓰지 않도록 하고 있다. 따라서 남과 북이 '나룻배/나루배, 나뭇가지/나무가지, 아랫니/아래니, 잇몸/이몸, 뒷일/뒤일, 나뭇잎/나무잎' 등과 같이 달리 표기하고 있다.

넷째, 띄어쓰기 가운데 일부가 달라졌다. 남한에서는 '아는 것이 힘이다, 연필 한 자루

---

4 종성의 경우 남한에서는 'ㄱ, ㄲ, ㄳ, ㄴ, ㄵ, ㄶ, ㄷ, ㄹ, ㄺ, ㄻ, ㄼ, ㄽ, ㄾ, ㄿ, ㅀ, ㅁ, ㅂ, ㅄ, ㅅ, ㅆ, ㅇ, ㅈ, ㅊ, ㅋ, ㅌ, ㅍ, ㅎ'로, 북한에서는 'ㄱ, ㄳ, ㄴ, ㄵ, ㄶ, ㄷ, ㄹ, ㄺ, ㄻ, ㄼ, ㄽ, ㄾ, ㄿ, ㅀ, ㅁ, ㅂ, ㅄ, ㅅ, ㅇ, ㅈ, ㅊ, ㅋ, ㅌ, ㅍ, ㅎ, ㄲ, ㅆ'로 하여 그 배열 순서를 달리하고 있다.

를 사가지고 왔다'와 같이 의존명사, 단위명사는 띄어 쓰도록 하고 있으나, 북한에서는
'아는것이 힘이다, 연필 한자루를 가가지고 왔다'와 같이 붙여 쓰도록 규정하고 있다.

다섯째, '귀속말/귀엣말, 낮잠자다/낮밥시다, 더럽다/티껍다, 깔보다/눌러보다[남한/북
한]' 등과 같이 의미는 동일하지만 형태가 달라진 것이 있는데, 이는 어느 정도 방언적인
차이를 반영하는 것으로 생각된다.

여섯째, 북한에만 혹은 남한에만 있는 어휘가 있다. 이는 남북한의 말다듬기의 결과로
비롯된 것이 많다. '합병증/따라난병, 각선미/다리매, 돌연변이/갑작변이, 비스킷/바삭과
자, 원피스/달린옷[남한/북한]'과 같이 남북한의 언어가 말다듬기로 인해 더 이질화되는
결과를 초래했으며, 신조어 중 일부는 국어 어휘 체계를 혼란시키는 결과를 낳기도 했다.

일곱째, 체제와 이념이 다른 데서 오는 문화와 생활의 차이 때문에 생겨난 말들이 있
다. 예컨대, '밥공장, 복수기록장, 토끼곰, 량권, 작식대, 후비대, 가두배추, 굽인돌이, 내킬
성, 돌서덕' 등은 북한에만 있는 어휘이며, '달동네, 새마을운동, 연립주택, 섞어찌개, 쥐
포, 춤바람, 치맛바람, 전투경찰, 큰손, 괘씸죄, 깡통계좌, 제비족, 밭떼기, 오빠부대, 대포
알숫, 파출부' 등은 남쪽에서만 있는 어휘이다.

여덟째, 관용표현이 달라진 경우도 있다. 예를 들면, 북한에서는 감동을 준다는 의미를
'가슴벽을 두드리다'로, 심금을 울린다는 의미를 '가슴벽을 울리다'라고 표현하며, 억지를
쓰는 것이 다른 사람에게 부탁하는 것보다 낫다는 의미를 '떼가 사촌보다 낫다'라고 표현
하고 있다.

2.3 통일시대의 국어

지금까지 남북한 말과 글이 달라진 것을 살펴보았다. 그러나 남북한의 언어가 여러 측
면에서 이질화된 것은 사실이지만, 의사소통을 하기에 아직 불편한 점이 그리 많지 않음
을 보면 역시 **동질성**이 더 많음을 알게 된다. 또 남북한 언어의 이질화 현상의 책임이 북
한에만 있는 것은 아니기 때문에 남북한 언어의 하나됨을 위하여 함께 노력해야 할 것이
다. 이를 위해 남북한의 학자들이 함께 모여 서로의 장점을 살려서 합리적인 국어와 관련
된 여러 통일안을 만들고, 이를 바탕으로 국어 통일사업에 앞장서야 할 것이다.

정치적 이념과 체제의 차이에도 불구하고, 1990년대에 남한과 북한, 그리고 중국의 한
인교포 교수들이 주로 중국에서 만나 국제학술대회를 여러 차례 개최하였는데, 남북 언
어 동질성 회복과 정보화 시대에 따르는 민족어의 통일적 발전, 언어정보의 산업표준화,

국어 어문규범 통일, 방언자료의 수집과 활용 등에 대해 논의하였다. 이러한 교류를 통하여 우리말에 대한 민족어의 의식에 대해 공감하고 민족어의 발전을 위한 진지한 의지를 확인하였음에도 불구하고 남북의 현실적인 언어생활과 언어관의 차이 때문에 합의 사항이 실제로 실현되지는 못하였다.

하지만 남북한이 힘을 합쳐 『겨레말 큰사전』을 공동으로 편찬해 오고 있는 일은 매우 고무적인 일이 아닐 수 없다. 2004년 4월 남한의 '통일맞이'와 북한의 '민족화해협의회'가 중국 연길에서 사전편찬의향서를 체결하였고, 2005년 2월에는 금강산에서 '『겨레말 큰사전』남북공동 편찬위원회' 결성식이 있었다. 이 기구는 민간 주도의 비정부 기구였으나 남북한 각 지역어, 20세기 이후의 문헌어, 해외의 우리말까지 망라해 30만 개의 표제어를 수록한 이 겨레말 큰사전 편찬사업은 70여 년간 단절된 우리말의 통일을 준비하기 위한 역사적 사업이었다고 할 수 있다.[5]

남북한 간의 정치적 어려움 때문에 이마저도 중단되어 있는 상황이기는 하지만, 통일이 되면 그 동안 남한과 북한에서 남북한 언어 때문에 일어날 혼란을 줄이고, 민족어로서의 국어를 발전시켜 나가기 위해서는 이 『겨레말 큰사전』편찬사업을 이념을 초월하여 조기에 마무리를 해야 할 것이고, 이를 위해서 남북한이 머리를 맞대고 긍정적인 계속해서 방안을 찾아가야 할 것이다.

이와 아울러 남북한을 대표하는 학자들을 중심으로 통일 한국어의 발전을 위해 어떤 국어정책을 펴나가는 것이 바람직하고, 또 이에 따라 어떻게 맞춤법, 표준어, 외래어 표기법, 국어의 로마자 표기법 등의 국어규정을 정비할 것인가 그리고 통일시대를 대비하여 남북한의 초중등학교에서 어떻게 국어교육을 하는 것이 바람직한가에 대해 논의해 가는 것도 시급한 시급한 과제가 아닐 수 없다.

---

5   남북한이 공동 사전 만들기를 하면서 2008년 경 자모의 명칭, 사전에 올릴 적 배열순서 등에서 차이점을 서로 절충하여 합의안을 정한 바 있다고 한다. 예를 들면, (초성) 자음의 경우 'ㅅ' 다음에 'ㅇ'을 두는 남쪽 방식을 북쪽이 수용하고, 된소리를 모두 'ㅎ' 뒤에 두는 북한 방식을 남쪽이 수용하여 'ㄱ,ㄴ,ㄷ,ㄹ,ㅁ,ㅂ,ㅅ,ㅇ,ㅈ,ㅊ,ㅋ, ㅌ,ㅍ,ㅎ,ㄲ, ㄸ, ㅃ, ㅆ, ㅉ'와 같은 합의안을 만들었다고 한다.

3. 세계 속의 한국어

한국이 1948년 건국 이후 경제발전과 민주화를 성공적으로 달성함에 따라 한국의 위상이 높아지면서 외국인들이 자연스럽게 한국의 역사와 문화에 관심을 갖게 되었고, 특히 최근에는 드라마와 K-팝, 예능방송을 중심으로 한 **한류(韓流)**가[6] 세계인의 주목을 받으면서 한국어를 배우고자 하는 외국인들의 수가 많아지고 있다.

외국인을 대상으로 하는 **한국어능력시험(TOPIC)**의 경우, 1997년 첫해 응시자 수가 2,692명에 불과했으나 21년이 지난 2018년에는 329,224명으로 대폭 늘었으며, 이 능력시험에 응시한 누적 지원자 수가 2018년 12월 현재 216만 5,542명으로 집계되었다. 이 한국어능력시험은 75개국과 국내 52개 지역에서 매년 6회 시험이 치러지고 있다.

이와 같이 한국어를 배우고자 외국인 많아지면서 한국어를 교육하는 기관과 학교가 늘어나고, 한국어 교육을 비롯한 다양한 한국의 역사와 문화에 대한 교육 프로그램도 늘어나게 되었다. 예컨대, 한국정부의 세종학당재단에서는 2019년 6월 현재 세계 60개 국에 180개의 '세종학당'을 운영하고 있을 뿐 아니라 계속 더 증설해 가고 있고, 세계 각국의 대학에서 그 수를 헤아릴 수 없을 정도로 한국학과 또는 한국어교육 프로그램을 운영하고 있다.[7]

교육부의 2018년 해외 초·중등학교 한국어반 개설 현황에 따르면, 한국어를 제2외국어로 배우고 있는 학생은 13만 6,866명으로 2017년에 비해 5만 54명(58.4%) 증가했으며, 정규수업과 방과 후 수업에서 한국어를 제2외국어로 채택해서 가르치는 학교도 28개국에 1,495개나 되었다. 현재 동남아지역에서는 자국어를 제2외국어로 채택하도록 하기 위한 한·중·일의 경쟁이 치열한 상황을 고려하면 이와 같은 초중등학교에서의 한국어반 개설 증가는 매우 고무적인 일이 아닐 수 없다.

여기서 그치지 않고, 미국 SAT와 프랑스의 바칼로레아 등을 포함한 여러 나라에서 한국어를 대학입시 교과목으로 채택함으로써 한국어의 위상이 한층 높아지고 있다.

---

6 한국국제교류재단에서 발간한 '2018 지구촌 한류현황'에 따르면, 2018년 12월 현재 전 세계 94개국에 1,843개의 한류 동호회가 결성되어 있고 회원 수는 8,919만 3,766명으로 집계되었는데, 이는 2017년 7,322만 4,523명에 비해 22퍼센트가 증가한 것으로 이러한 추세가 앞으로도 계속될 것으로 전망된다.

7 미국 하버드대학의 East Asian Studies, 영국의 SOAS, 호주 시드니대학의 Korean Studies를 비롯하여 세계 각처에서 한국어 교육이 실시되고 있고, 특히 중국은 북경대를 비롯한 200여 개 대학에 한국학과가 설치되어 있는 것으로 보고되고 있다.

이와 함께 문자가 없는 나라에 한글을 보급하고 있는데, 2009년 인도네시아 술라웨시주의 부톤섬 바우바우시에 거주하는 찌아찌아족의 말을 한글로 적을 수 있도록 했다. 2016년에는 남태평양에 있는 섬나라 솔로몬제도의 과달카날주와 말라이타주가 그들의 고유어를 적을 수 있는 문자가 없을 뿐 아니라 70여 부족 간의 의사소통에 사용하는 피진어 사용자가 많지 않아서 모어 교육에 어려움이 많았는데, 한글을 고유어 표기의 수단을 채택함으로써 그 문제를 해결해 가고 있다. 그 외에 태국의 라후족, 중국의 소수민족인 호마족과 오르첸족, 동티모르의 매뚬족의 고유어를 한글로 표기하려는 노력이 이어져 오고 있다.

이로써 음소문자이자 자질문자로서의 한글이 그 표기면에서 우수할 뿐 아니라 매우 과학적인 문자라는 것이 입증이 되고 있으며, 앞으로도 이와 같은 한글 수출은 늘어날 것으로 보인다.

한국의 국제적 위상이 높아짐에 따라 한국어 교육이 더욱 확대될 것으로 보이며, 이를 위해 국립국어원을 비롯한 세종학당재단, 국제교육진흥원, 한국국제교육재단 등에서 한국어교육과 보급정책을 마련할 뿐 아니라 교재와 프로그램도 개발하고 있고, 이와 아울러 한류가 계속 확산되고 있는 추세에 있기 때문에 한국어의 세계화도 더욱 촉진될 것으로 보인다.

4. 국어생활의 실천

겨레가 수난을 당할 때마다 겨레말도 수난을 당했다. 일제침략기에는 우리 겨레의 성과 이름을 일본말로 바꾸기를 강요당했고, 급기야는 우리말과 글을 빼앗겨 버렸다. 그런데 오늘날에는 우리 스스로 우리말과 글을 규정에 맞지 않게 제멋대로 사용할 뿐 아니라 온갖 외국어와 뒤섞어 씀으로써 국어를 더럽혀 가고 있는데, 이제는 그런 어리석음에서 벗어나 우리말과 우리글을 돌아보고 아름답게 가꾸면서 수준 높은 국어문화를 만들어 갈 때가 되었다.

요즘 여성들의 옷, 화장품, 가게, 음식이름 등과 컴퓨터 통신언어를 비롯한 매체언어 등이 외래어 투성이다. 또한 의약학, 건축학, 컴퓨터공학, 경제학 등 각 학술 분야에서도 영어를 비롯한 외국어로 된 전문용어를 번역하지 않고 외국어 그대로 사용함으로써, 우리말을 더욱 황폐화 시키고 있는 실정이다. 또한 이것은 세계화라는 이름으로 당연시되고, 오히려 이렇게 하는 것을 자랑스러워하는 이들이 많아서 우리 국어의 토양이 더 척박해져 가고 있다. 이러한 행위들은 결국 우리말의 발전을 저해하고, 결과적으로 우리말을 더욱 혼란 속에 빠뜨릴 뿐만 아니라, 우리 겨레의 정신마저도 병들게 한다.

'국어순화'란 바로 위와 같은 것을 바로잡는 것에서부터 시작된다. 그렇다고 해서 국어를 순화한다는 것이 국어를 무조건 증류수처럼 깨끗하게 하자는 '순화(純化)'를 의미하는 것이 아니다. 오히려 적극적인 의미에서 국어순화는 국어를 어법에 맞게 쓰고 효과적으로 사용함으로써, 국어생활을 보다 아름답고 풍성하게 하자는 '순화(醇化)'의 의미를 지니고 있다. 말과 글은 어느 개인의 것이 아니라, 겨레 한 사람 한 사람 혹은 겨레 모두의 정신작용과 밀접한 관련이 있기 때문에, 각 나라는 자기 나라의 말과 글을 다듬고 가꾸는 일을 꾸준히 해오고 있다.

4.1. 한자어의 순화

아래 문장은 1958년에 제정된 우리나라 민법(民法)의 한 부분인데, 현재까지 11차례에 걸쳐 부분적으로 개정되었다. 제정 당시 우리나라 민법은 일본의 민법을 바탕으로 만들어졌기 때문에, 일본 민법을 직역한 것이 총 1,106개 조문 가운데 659개인 59.5%나 된다. 그 결과 국어답지 못한 표현의 수는 헤아릴 수 없을 정도로 많다.

(7) 債務者(채무자)가 債務(채무)의 履行(이행)을 遲滯(지체)한 境遇(경우)에 債權者(채권자)가 相當(상당)한 其間(기간)을 定(정)하여 履行(이행)을 催告(최고)하여도 그 其間內(기간내)에 履行(이행)하지 아니하거나 遲滯後(지체후)의 履行(이행)이 債權者(채권자)에게 利益(이익)이 없는 때에는 債權者(채권자)는 受領(수령)을 拒絕(거절)하고 履行(이행)에 갈음한 損害賠償(손해배상)을 請求(청구)할 수 있다.(민법 395조)

→ 채무자가 채무의 이행을 지체한 경우에, 채권자가 적절한 기간을 정하여 이행을 재촉하는 통지를 하여도 그 기간∨내에 이행하지 않거나, 지체∨후의 이행이 채권자에게 이익이 없을 때에는 채권자는 수령을 거절하고 이행을 대신한 손해배상을 청구할 수 있다.

(7)에 쓰인 '相當한'의 사전적 의미는 '어느 정도에 가깝거나 알맞다' 또는 '어지간히 많다'이기 때문에 중의성을 가질 수 있다. 따라서 '상당한'을 '적절한'으로 바꾸면 문장의 의미가 분명해진다. 그리고 '최고(催告)'는 법률분야에서만 쓰는, 국어사전에도 실려 있지 않은 특수한 단어이다. '재촉하는 통지' 정도로 바꾸면 일반인들이 이해하기 쉬울 것이다. '없는 때'도 비문법적인 표현이다. '없다'와 의존명사 '때'가 통합될 경우에는 관형사형 어미로는 항상 '-을'이 사용되어야 한다. '과거'의 상황을 나타내고자 할 때에는 '없었을 때' 혹은 '없으면' 정도가 적절하다. 법률문장에 이와 같이 관형사형 어미가 잘못 쓰이는 경우가 많은데, 이는 '시간'을 보다 명확하게 나타내려 했기 때문인 것 같다. 그러나 국어 문법을 어겨가면서까지 이런 표현을 써서는 안 된다. 왜냐하면 법률문장도 결국 국어라는 일반문법의 토대 위에 설정되는 것이기 때문이다.

요컨대 우리 민법에는 일본어식 표현, 우리나라에는 쓰이지 않거나 지나치게 어려운 용어나 표현, 비문법적인 문장, 지나치게 길고 복잡한 문장, 모호해서 의미를 파악하기 어려운 문장, 한문투의 문어체 문장, 불충분한 정보나 부정확한 정보를 제공하는 문장, 어려운 한자어나 일본식 용어, 과다한 명사나 명사구의 나열, 조사와 어미의 과도한 생략, 균형이 맞지 않는 접속구성, 띄어쓰기 부족 등 헤아릴 수 없을 정도로 잘못이 많아서, 과연 이 법령문이 누구를 위한 것인지 의심스러울 정도이다. 광복이 된 지도 반세기가 넘게 지났다. 이제 일본식의 법령을 과감히 벗어던지고, 우리말의 아름다움을 한껏 살린 읽기 쉽고 이해하기 편한 법령을 만들 때가 됐다.

4.2. 외래어의 순화

사실 외국으로부터 새로운 문물이 유입되면, 그에 따른 이름이나 표현 또한 자연스럽게 유입될 수밖에 없다. 이때 새로운 문물과 함께 들어온 외국어를 모국어 체계에 맞게 바꾸는 과정을 거치게 되는데, 그에 맞는 적절한 단어와 표현을 찾아내거나 새로 만드는 것은 결코 쉽지 않다. 그러나 이런 노력을 게을리하거나 포기한다면, 결국 외래어에 의한 국어의 오염을 막을 수가 없기 때문에, 새로운 문물이 유입되면 정부 차원에서 가능한 한 빨리, 적절한 국어 명칭을 부여하고 널리 퍼뜨리는 노력을 해야 한다.

예컨대, '파워와 스피드에서/힘과 속도에서, 공격 템포/속도, 패스 미스/실수, 블록당합니다/저지당합니다.'와 같이 외래어를 굳이 쓸 필요가 없음에도 굳이 외래어를 사용한다거나, 'How to 뷰티 정보, 빅3 TOUR CONCERT!, 파일 download 및 upload, 내일 '스타트', serious하다'와 같이 영어와 한글을 섞어 쓰거나, '레스빠(레스토랑 + 빠), 패스토랑 (패스트푸드 + 레스토랑), 헤어토피아(헤어 + 유토피아)'와 같이 외래어 단어들의 일부를 잘라 무분별하게 결합시킨 혼성어(混成語)를 사용한다거나 하는 것은 국어를 오염시키고 혼란스럽게 만드는 한 원인이 될 수 있다.

(8) Gentle rain is coming down 하늘도 나처럼 잊었다.

　　생각한 너는 나를 놔주질 않아 울고 있네.

　　Gentle rain is coming down 나를 적시네.

　　내 어깰 가려 주었던 너의 따뜻한 손은 없으니깐

　　I wish I sing I wish I sing to you 우리 지난 기억들

　　I wish I dance I wish I dance with you 이 빗속에서

　　너 행복하도록 I wish you good-bye.

(8)은 가수 클래지콰이의 'Gentle Rain'이라는 노래의 노랫말을 그대로 옮긴 것인데, 영어와 국어 문장이 혼용되어 국적 불명의 노래가 되었다. 국가 간의 교류가 많아지면 많아질수록 외래어가 국어에 더 많이 유입될 수밖에 없고, 그럴수록 우리의 일상생활에 외래어가 더 많이 사용될 수밖에 없다. 그러나 문제는 외래어가 필요 이상으로 많이 사용되고, 또 어법에 맞지 않게 잘못 사용되는 경우가 많다는 데 있다.

참고문헌

고영근(1994),『통일시대의 어문문제』, 길벗.

구현정(2002), "통신언어-언어문화의 포스트모더니즘",『국어학』39집, 국어학회, 251-280쪽.

김문오·홍사만(2003),『쉽게 고쳐 쓴 우리 민법』, 국립국어연구원.

김종록(1995), "스포츠 관련 어휘의 형태·의미론적 분석",『국어교육연구』27, 국어교육연구회, 29-57쪽.

김종록 엮음(1997),『한국언어문화론』, 영한문화사.

송철의(1998), "외래어의 순화 방안과 수용 대책",『새국어생활』8-2호, 국립국어연구원, 21-40쪽.

신각철(1995), "법령에서 쓰이고 있는 일본식 표기 용어의 정비",『새국어생활』5-2, 국립국어연구원, 108-125쪽.

신현숙(2014),『문법과 문법교육(한국어 특강3)』, 푸른사상.

신호철(2005), "인터넷 통신언어 속의 외계어에 대한 고찰",『국제어문』34, 국제어문학회, 5-31쪽.

유창호(2003), 민법 개정안의 법률용어와 문장의 순화 방안』, 한국법제연구원.

이기동(2008), "북한의 언어정책과 연구내용에 대한 고찰",『우리어문연구』31, 우리어문학회, 43-68쪽.

이기문(1981),『개정한 속담사전』, 일조각.

이병혁(1993),『한국사회와 언어사회학』, 나남.

이정복(2003),『인터넷 통신언어의 이해』, 월인.

임규홍(2000), "컴퓨터 통신언어에 대하여",『배달말』27, 배달말학회, 23-59쪽.

조선일보사·국립국어연구원(1991),『우리말의 예절』, 조선일보사.

한글학회(2009),『한글학회 100년사』, 한글학회.

한동완(2003), "언어매체적 특성으로 본 인터넷 통신언어",『어문연구』31, 한국어문교육연구회, 353-375쪽.

홍재성·권오룡 옮김(1994),『언어와 이데올로기』, 역사비평사.

홍종선(2013), "민족어의 통합 통일과 〈겨레말큰사전〉 남북 공동 편찬",『민족문화연구』59, 고려대학교 민족문화연구원, 291-313쪽.

황병순(1996),『말을 알면 문화가 보인다』, 태학사.

01. 동일한 사건, 상황도 언어마다 표현하는 방식이 다르다. 표현구조와 문화면에서 국어와 외국어의 차이를 예를 들어 설명해 보자.

02. 한국어와 외국어의 색채어를 찾아 그 특성을 비교해 보자.

03. 국어에서 친족을 표현하는 말의 특성을 설명해 보자.

04. 국어에서 남성과 여성, 어른과 아이 등과 관련된 표현을 찾아 비교해 보고, 이와 관련된 우리 사회의 인식에 대해 설명해 보자.

05. 인터넷 통신언어가 가지고 있는 특성을 설명해 보자.

06. 국어 순화 운동의 효과적인 방안을 제시해 보자.

07. 텔레비전 드라마에서 남편과 아내, 부모와 자녀, 형제와 자매 사이에 오가는 대화를 분석해 보고, 어떤 특징이 있는지 설명해 보자.

08. 우리나라 문자 정책에 대한 여러 가지 견해를 비교 · 정리해 보자

09. 우리나라에서 몇 년 전부터 영어를 공용어로 하자는 주장이 제기되고 있다. 영어 공용화의 장단점을 비교 설명해 보자.

10. 남북한의 이념 차이에 따른 언어 변화 양상에 대해 설명해 보자.

13_장

문법 교육의
목표와 내용

이끄는 말

언어 교육의 일환으로 문법을 가르치는 것을 '문법 교육'이라고 하는데, 우리나라에서도 일찍부터 국어과 교육의 한 영역으로 문법을 가르쳐 왔다. 어느 분야의 교육이든, 어떤 내용을 어떤 목적으로 가르칠 것인가 하는 데 대한 인식을 바로 하는 일이 중요한데, 문법 교육도 예외가 아니다. 이 장에서는 국어과 교육의 틀 안에서 이루어지는 문법 교육의 목표와 내용, 즉 문법 교육이 추구하는 지향점 및 교수·학습의 직접적인 대상이 되는 내용 체계를 검토해 보기로 한다.

문법 교육의 목표에 대해서는 서로 다른 몇 가지 견해가 있다. 이 장에서는 먼저 이들을 간략히 소개하고 지금의 교육과정이 바탕을 두고 있는 관점을 중심으로 설명하고자 한다. 문법 교육의 내용은 주로 현행 2015년 개정 국어과 교육과정을 중심으로 〈국어〉 과목의 문법 영역과 〈언어와 매체〉 과목의 언어 관련 내용 체계 및 성취 기준을 살피는 방식을 취하기로 한다.

1. 문법 교육의 성격과 목표

1.1. 학교 문법과 문법 교육

학교 문법의 가장 중요한 특징은 그것이 국어과 교육의 한 내용 영역으로 포함되어 교수·학습의 대상이 된다는 데 있다. 즉, 학문으로서의 문법이 객관적이고 이론적인 접근을 통해 도출된 가공의 지식 체계인 반면, 학교 문법은 이런 학문 문법이 제도 교육의 내용 영역이나 교과 중 하나로 편입되어 재구성된 상태의 문법이라고 할 수 있다. 학문 문법은 언어학의 성과물로서 그 자체가 이 학문의 목표가 되는 존재이지만, 학교 문법은 교육 이념과 철학을 바탕으로 수립된 교육 목표를 달성하기 위해 지도되는, 교육의 대상인 것이다.

학교 문법을 교수·학습의 대상으로 삼는 분야, 다시 말해 문법 지도를 핵심으로 하는 일련의 교육적인 과정과 행위를 **문법 교육**이라 하는데, 우리나라에서는 전통적으로 이 분야가 국어과 교육의 한 부분으로 다루어져 왔다. 교수 요목기로부터 제3차 교육과정기까지는, 문법 분야가 교육 내용에는 포함되었으면서도 국어과의 하위 영역으로 독립되지는 않았다. 그러다가 제4차 교육과정에 와서 이 분야가 언어 영역으로 독립하여 표현·이해 영역 및 문학 영역과 대등하게 되었다. 아울러, 이 영역만을 다루는 국어과의 하위 과목으로 〈문법〉이 등장한 것도 이때부터이다. 그 이후 5차, 6차에 와서 '표현·이해'가 '말하기, 듣기, 읽기, 쓰기'로 세분되면서 언어는 국어과의 여섯 영역 중 하나의 위상을 가지게 되었는데, 특히 6차 교육과정기에는 〈국어〉 과목에서는 언어 영역으로 다루어지고 고등학교 심화 선택 과목으로는 〈문법〉이 자리 잡게 되었다. 제7차 교육과정기에는 명칭이 국어 지식으로 바뀌어, 〈국어〉 과목의 국어 지식 영역과 심화 선택 과목인 〈문법〉으로 교수·학습되었다. 그리고 2007년 개정 교육과정에서는 명칭이 다시 문법으로 바뀌어, 〈국어〉 과목의 문법 영역과 〈문법〉 과목이 되었다가, 2009년과 2011년 개정 교육과정기에는 〈국어〉 과목의 문법 영역과 〈독서와 문법〉의 문법 영역이 되었고, 현행 2015년 개정 교육과정에서는 초·중·고 공통 〈국어〉의 문법 영역과 고등학교 선택 과목인 〈언어와 매체〉의 언어 영역으로 교수·학습되고 있다.

1.2. 언어 지식의 교육적 가치

문법 교육을 계획하고 실천하는 일련의 과정에서 가장 우선적으로 이루어져야 할 일은 그 목표와 방향을 정하는 것이다. 이것은 '문법을 왜, 무엇을 위해 가르치는가?'라고 하는 물음에 대한 답을 찾는 일과 같다. 이 물음에 대한 답을 찾기 위해서는 먼저 문법 교육의 중심 내용인 언어 지식이 지니는 교육적 가치를 따져보아야 한다.

인간의 삶과 관련지어 볼 때, 언어는 본질적으로 복합적인 성격을 지닌다. 언어는 인간의 의사소통을 가능하게 하는 매체이지만 동시에 학문적 탐구 대상이 되는 하나의 체계이기도 하다. 뿐만 아니라 언어는 인간 문화 창조의 가장 중요한 도구인 동시에 그 자체로 문화의 결정체이기도 하다. 그러므로 언어를 이해한다는 것은 언어 사용의 주체인 인간 자신에 대한 이해를 깊게 하고 과학적 탐구 대상물인 언어에 대한 기본 소양을 갖추며, 언어를 통한 의사소통 과정이 더욱 정확하고 효과적으로 이루어지도록 하는 능력의 바탕을 닦을 뿐만 아니라 나아가 언어문화를 전승하고 창조하며 국어를 발전시키는 데 필요한 태도와 자질을 확보하는 과정이라고 할 수 있다.

먼저, 인간은 이 세계의 모든 존재와 현상에 대해 순수한 궁금증을 가지고 탐구하여 그 본질을 알아내려고 노력하는데, 그 결과물은 동시대인 혹은 후대인에게 전수되어, 학문적으로는 후속 연구의 출발점이 되고 일반인에 대해서는 정신세계를 살찌우는 교양의 일부가 된다. 언어와 국어에 대한 지식은 역사나 과학, 수학 등 다른 여러 분야의 지식과 함께 학생들의 사고력을 키우고 정신세계의 폭을 넓힘으로써 이들이 다양한 분야의 지식을 골고루 갖춘 교양인으로 성장하는 데 기여할 수 있다. 다음으로, 언어에 대한 체계적인 이해는 그것을 매체로 하는 의사소통 능력을 키우는 데 도움을 준다. 인간은 놀라운 언어 능력을 가지고 있어서, 태어나 일정한 기간이 지나면 누구나 언어로 의사소통을 할 수 있게 된다. 그렇지만 그 능력을 갈고 다듬어 더 정확하고 효과적으로 사용하는 데에는 언어 자체에 대한 이해가 필요하다. 예를 들어, 우리가 말소리를 정확하게 발음하고, 어휘를 적절하게 선택하거나 이해하며, 어법에 맞는 표현력을 갖추는 데에는 언어에 대한 이해 여부가 중요한 관건이 될 수 있다는 것이다. 맞춤법이나 발음법, 표준어 및 어법 등 국어 사용의 각종 규범 역시 맹목적으로 암기하거나 연습하기보다는, 그것을 정할 때 적용된 언어학적 원리나 규칙에 대한 지식을 바탕으로 수련해야 살아있는 언어 능력으로 발전시킬 수 있다.

또한 언어는 문화의 반영체인 동시에 그 자체로 문화의 일부이다. 우리말에는 우리 겨레의 역사와 삶이 녹아들어 있다. 우리말의 옛 모습이나 변천 과정은 그 자체로 겨레의 소중한 문화유산이다. 따라서 우리말의 구조와 체계, 역사를 공부한다는 것은 곧 우리의 언어문화를 계승하고 창조하는 데 필요한 지식을 쌓고 우리말을 대하는 합당한 태도를 기르는 일이라 할 수 있다. 아울러, 우리말의 과거와 현재 모습을 이해함으로써 국어를 가꾸고 발전시켜 나가는 데 필요한 태도와 자질을 길러줄 수도 있다.

한편, 언어 지식의 학습은 학습자의 사고력을 계발하는 데도 큰 도움을 줄 수 있다. 언어 지식은 언어의 구조와 체계, 규칙과 원리를 중심으로 이루어지는데, 이것을 제대로 이해하기 위해서는 과학적인 방법론을 따라 탐구하는 과정을 경험하도록 하는 것이 가장 효과적이다. 이렇게 언어 지식을 탐구하는 과정을 경험함으로써 학습자는 지식을 수동적으로 받아들이는 것이 아니라 능동적으로 발견하거나 구성하는 힘을 기를 수 있고 **탐구적 사고력**을 자연스럽게 길러나갈 수 있다.

위에서 보듯이, **언어 지식의 교육적 가치**는 여러 층위에서 다양하게 발견된다. 그러나 이들이 모두 문법 교육의 직접적인 목표로 설정되느냐 하는 것은 다른 차원의 문제이다. 즉, 언어 지식을 가르침으로써 얻을 수 있는 이점이 많다고 하더라도 그것이 국어과 교육의 일부로 교수·학습될 때에는 이 교과 전체의 이념과 목표에 따라 정선되어야 하기 때문이다.

아래에서는 위에서 살핀 언어 지식의 교육적 가치가 국어과 문법 교육의 목표로 수용되는 것과 관련되는 문제에 대해 대립하고 있는 학계의 몇 가지 관점을 먼저 검토하고 난 뒤에 현행 교육과정의 관점을 소개하고자 한다.

1.3. 문법 교육의 목표에 대한 몇 가지 관점

문법 교육의 성격과 목표에 대하여 그 동안 국어 교육학계에는 다음과 같은 상반된 두 주장이 있어 왔다.[1]

(1) ㄱ. 국어과 교육에서 언어 지식의 가치는, 국어 사용 기능의 신장에 도움을 줄 수 있다는 데 있다. 따라서 문법 교육의 목표와 방향은 이러한 가치를 효과적으로 실현시킬

---

[1] 문법 교육의 성격과 목표에 대한 이러한 논의를 '문법 교육의 가치론'이라고 부르고, 아래의 두 관점을 각각 '통합적 가치론'(1ㄱ)과 '독자적 가치론'(1ㄴ)이라고 부른다.

수 있는 쪽으로 잡아야 한다.

ㄴ. 언어 지식에 대한 이해가 국어 사용 기능 신장의 바탕이 된다는 사실과는 별개로, 이 분야의 지식은 그 지식 체계 자체만으로도 교육적 가치가 충분하다. 따라서 문법 교육의 목표에는 이러한 사실이 반영되어야 한다.

먼저, (1ㄱ)에는 두 가지 판단이 담겨 있다. 하나는 우리말 자체를 더 잘 알수록 그것을 더 잘 쓸 수 있다는 것이고, 다른 하나는 국어과 교육의 본질적인 목표는 듣기, 말하기, 읽기, 쓰기 등 우리말을 더 잘 부려 쓰는 능력을 길러주는 데에 있다는 것이다. 즉, 문법을 가르침으로써 얻을 수 있는 것은 여러 가지이지만, 그것이 국어과 교육의 일부가 될 때에는 그 본질적인 목표인 국어 사용 기능을 길러주는 데 기여한다는 점에서만 의미가 있다고 본다. 따라서 이 영역의 가치를 최대한 실현하기 위해서는 문법 교육의 목표를 국어 사용 능력 신장에 도움을 주는 것으로 구체화해야 한다고 본다.

이에 반해 (1ㄴ)은 기본적으로 **국어 사용 기능**을 신장시키는 일이 국어과 교육의 유일한 목표라는 데에 동의하지 않는 관점이다. 이 관점은 국어과 교육의 가장 중요한 목표는 우리말을 더 잘 사용할 수 있는 능력을 길러주는 데 있지만, 이와 함께 우리말을 더 잘 알게 하는 것, 즉 우리말 자체에 대한 체계적인 지식을 가지게 하는 것도 국어과 교육이 해야 할 일이라는 믿음을 가지고 있다. 이를 문법 교육의 처지에서 생각해보면, 언어 지식을 가르치는 일은 우리말을 올바르고 아름답게 사용하는 능력을 기르는 데 꼭 필요할 뿐 아니라, 이와는 별개로 우리말에 대한 **언어학적 소양**을 갖추는 것 자체가 다양한 분야에 폭넓은 지식을 갖춘 교양인이 되는 데 꼭 필요하며, 우리말에 담겨있는 언어문화의 전승과 창조를 위해서도 필요하기 때문에 문법 교육은 이런 다양한 교육적 가치를 함께 추구해야 한다고 본다.

문법 교육에 대한 위의 두 관점은 국어과 교육에 대한 철학이나 이념 등 보다 근본적인 문제에 대한 견해의 차이를 바탕으로 하고 있기 때문에, 단선적인 비교를 통해 어느 한 쪽이 전적으로 옳다는 판단을 내리기는 어려워 보인다. 아울러 이 두 관점 중 어느 한 쪽만을 극단적으로 추구하는 것은 문법 영역뿐 아니라 국어과 교육 전체를 위해서도 좋지 못하다는 판단[2]에서 위의 두 관점을 통합적으로 수용하는 새로운 관점이 모색되었다.

---

2 즉, (1ㄱ)과 같은 관점만을 따르게 되면 언어 사용 기능에 직접적인 도움이 되지 않는 많은 지식들이 국어 교육의 범위에서 부당하게 제외될 수가 있고, (1ㄴ)만을 따르게 되면 도구 교과로서의 국어과 교육의 정체성을 확보하는 데 어려움을 겪을 수 있다.

이 새 관점은 문법 교육이 국어 사용 능력의 신장이라고 하는 국어과 교육의 상위 목표를 추구하는 일에 유기적으로 참여하면서도, 언어 지식의 교육적 가치를 최대화할 수 있다는 생각을 바탕으로 하고 있다. 예를 들어, 문법 지식이 지닌 교육적 가치를 폭넓게 인정하되, 개별 지식의 성격에 따라서 그 지도의 초점과 방향을 달리하도록 하자는 제안이 나왔다. 즉, 국어 사용의 기초가 될 수 있는 문법 지식은 언어 사용 기능과 관련지어 지도하고, 그렇지 않은 것들이 있다면 그 나름의 가치를 살려 가르치자는 것이다(이성영 1995 참조). 또한 전체적으로는 언어 지식의 위상을 국어 사용 기능 영역과 대등하게 인정하되, 학습자의 발달 단계에 따라 그 비중을 달리함으로써 위 (1)과 같은 대립 국면을 해소하자는 제안도 있었다. 즉 국어과 교육의 영역을 크게 기능 요소(국어 사용 기능)와 문화 요소(언어 지식, 문학, 국어 문화)로 나누어 놓고 볼 때, 항상 이 둘을 같은 비중으로 가르칠 것이 아니라, 학습자의 발달 단계에 따라 학습의 초기에는 기능 요소의 비중을 높게 하다가 차츰 문화 요소의 비중을 높여가도록 하자는 것이다. 이렇게 하면 국어과 교육 안에서 기능 요소와 문화 요소를 동등하게 인정할 수 있을 뿐 아니라, 언어 지식의 교육적 가치에 대한 위와 같은 대립 국면도 해소할 수 있다고 보는 것이다(김광해 1997: 5-8 참조).

언어 지식의 교육적 가치와 국어과 교육에의 수용 방안에 대한 위와 같은 생각은 '포괄적 가치론'이라고 불리는데, 이 관점은 문법 교육의 목표와 국어과 교육 전체 목표와의 관계 설정 문제를 해결할 수 있을 뿐 아니라 언어에 대한 지식을 가르침으로써 얻을 수 있는 다양한 이점들을 모두 이 영역 교육의 직접적인 목표로 삼을 수 있게 해 준다. 즉, 우리말에 대한 체계적인 이해를 통한 언어적 소양의 증진, 그리고 그 활용을 통한 국어 사용 능력의 신장 등은 물론이고 국어 문화의 전승 및 창조, 탐구적 사고력의 개발과 같은 여러 층위의 가치들이 문법 교육의 목표에 포함될 수 있게 된 것이다. 이제 이 새로운 관점에 따라 **문법 교육의 목표**를 정리해 보면 다음과 같다.

(2) ㄱ. 우리말에 대한 체계적인 지식을 이해함으로써 교양인으로서의 소양을 갖추게 한다.

　　ㄴ. 국어 생활을 바르고 효과적으로 영위하는 데 필요한 바탕 지식을 갖추게 한다.

　　ㄷ. 국어 문화를 계승하고 창조하며 국어를 발전시키는 데 필요한 자질과 태도를 갖추게 한다.

　　ㄹ. 우리말의 구조를 탐구하는 과정을 경험하게 함으로써 사고력을 기르게 한다.

(2ㄱ)은 언어학적 지식 체계의 이해에 초점을 둔 것으로 이 영역 고유의 목표이고, (2 ㄴ)은 언어 지식과 국어 사용 기능 영역과의 관계를 염두에 둔 목표이다. (2ㄷ)은 국어 문화 및 국어에 대한 태도와 관련된 목표인데, 이것은 사실 문법만이 아니라 국어과의 전 영역이 함께 추구해야 할 공동의 목표라고 할 수 있다. (2ㄹ)은 문법 영역은 물론 국어과 교육만의 목표로 보기도 어려운 범교과적인 차원의 것이지만, 문법 교육이 함께 추구해 야 할 목표이다. 문법 교육에 대한 위의 새로운 관점은 이 네 가지 목표에 대해서 문법 영 역이 일정한 몫을 담당할 수 있어야 하며, 또 그렇게 할 수 있다는 믿음을 바탕으로 하고 있다.

물론, 위의 목표 체계는 문법 교육 전반을 위한 것으로 이 분야의 모든 내용에 대해서, 그리고 학교급에 관계없이 일률적으로 추구될 성질은 아니다. 즉, 학습 내용에 따라 추구 하는 목표를 달리하거나 학습자의 발달 단계에 따라 네 가지 하위 목표의 비중을 다르게 정하는 방법이 마련될 수 있을 것으로 본다.

먼저, 내용의 성격에 따라서는 언어 지식 자체의 이해에 초점을 두는 내용과 탐구 과정 의 경험에 초점을 두는 내용, 지식의 활용에 초점을 두는 내용, 국어 문화 및 국어에 대한 태도 기르기에 초점을 두는 내용 등으로 나누어 각각 목표 추구의 방향을 차별화할 수 있을 것으로 본다. 다만, 어떤 경우에도 언어 지식 자체의 이해가 교수·학습 과정의 중심 축이 되도록 배려해야 한다는 점이 강조될 필요가 있다. 예를 들어, 탐구 과정의 경험이 중요하지만 그 결과는 언어 지식에 대한 체계적인 이해로 나타나야 하고, 지식의 활용 능 력 신장 및 태도 형성 역시 우리말에 대한 올바른 이해를 바탕으로 해야 한다는 것이다.

학습자의 발달 단계를 고려한다는 것은, 초등학교 단계에서는 주로 위의 목표 (2ㄴ) 에 초점을 두어 올바른 국어 능력을 기르는 데 도움을 주는 쪽으로 가르치고, 중학교, 고 등학교로 올라가면서 차츰 (2ㄱ)의 비중을 높여가서, 마지막으로 고등학교 〈문법〉 과목 에 이르면 국어의 구조와 역사에 대한 전반적이고 체계적인 지식 자체를 과학적인 방법 으로 탐구할 수 있도록 하자는 것이다. 이에 반해 목표 (2ㄷ, ㄹ)은 발달 단계에 관계없이 지속적으로 추구하되, 자료나 대상의 수준을 차츰 높여가는 방법을 취하는 것이 좋겠다.

1.4. 교육과정에 제시된 문법 교육의 성격과 목표

현행 2015 개정 국어과 교육과정에 나타난 **문법 교육의 성격과 목표**에 대한 관점도 기 본적으로는 위와 같이 언어 지식의 가치를 폭넓게 인정하는 입장을 바탕으로 하고 있다.

그러나 언어 지식의 이해가 탐구 과정을 통해 이루어지는 것이 좋다는 점, 언어의 본질에 대한 지식을 실제 의사소통에 통합적으로 활용하는 능력과 태도를 길러 주는 데 목적이 있다는 점을 강조함으로써, 이 분야 교육의 성격과 목표가 지식 자체의 이해에만 머무르는 것이 아니라는 점을 분명히 하고 있다.

앞에서도 말했듯이 2015 개정 국어과 교육과정의 체제에서는 문법 교육은 공통 과목인 〈국어〉의 '문법' 영역과 고등학교 선택 과목인 〈언어와 매체〉를 통해 이루어진다. 따라서 교육 과정에서 추구하는 문법 교육의 성격과 목표는 이 두 과목의 문법 관련 진술 내용을 통해 확인할 수 있다. 먼저 〈국어〉와 〈언어와 매체〉의 '성격'에 대한 진술을 살펴보기로 한다.

(3) ㄱ. '국어'의 하위 영역은 듣기·말하기, 읽기, 쓰기, 문법, 문학이다. 학습자는 이들 영역에 관한 지식을 갖추고 각 영역의 수행에 필요한 기능과 태도를 기름으로써 '국어'의 목표를 달성할 수 있다. 이를 위하여 '국어'는 담화나 글, 작품을 정확하고 비판적으로 이해하고 생각과 느낌, 경험을 효과적이고 창의적으로 표현하는 활동과, 국어가 쓰이는 실제 현상을 탐구하여 국어를 깊이 있게 이해하고 반성적으로 인식하는 활동, 그리고 문학 작품을 수용하거나 생산하면서 인간의 다양한 삶을 이해하고 정서를 함양하는 활동으로 내용을 구성하였다.

ㄴ. 언어는 인간을 인간답게 만드는 조건이자 인류가 문화적인 존재로 존속할 수 있게 해 주는 기반이다. 정확한 언어 사용을 위해서는 문법이 필수적이며, 학습자는 문법을 통해 국어 능력의 기저가 되는 지식 체계를 갖추고 차원 높은 의사소통을 할 수 있게 된다. 학습자는 국어의 구조와 운용 원리를 바탕으로 하여 원활한 의사소통에 필요한 규칙과 규범을 익히고, 스스로의 국어 생활을 비판적으로 성찰하며 창의적이고 풍부한 국어 생활을 함으로써 수준 높은 국어 사용의 주체가 될 수 있다.

(3ㄱ)은 〈국어〉 과목의 '성격' 중 한 부분이다. 이 진술을 통해 우리는 문법이 듣기·말하기, 읽기, 쓰기, 문학과 함께 〈국어〉 과목의 한 내용 영역으로서, 학습자들이 국어에 대해 깊이 있게 이해하고 국어 현상을 탐구하는 능력을 기르며 국어 사용의 실제 현상을 반성적으로 인식하도록 하는 데 중점을 둔 영역으로 그 성격이 규정되고 있음을 확인할 수 있다. 문법 교육이 국어에 대한 지식을 갖추게 하는 일뿐 아니라 국어 현상을 탐구하는 능력 및 국어 생활을 반성적으로 인식하는 태도를 길러주어야 한다는 점을 분명히 한

것이다. (3ㄴ)은 〈언어와 매체〉 과목의 '성격' 중 한 부분이다. 여기서는 문법 교육이 국어의 구조와 운용 원리에 대한 이해를 일차적인 목표로 하면서도 정확하고 원활한 의사소통, 창의적이고 풍부한 국어 생활을 영위하는 수준 높은 **국어 사용의 주체**를 기르는 데 중점을 두고 있음을 밝히고 있다. (3)을 통해, 현행 국어과 교육과정은 문법 교육을, 국어 현상에 대한 탐구를 통해 국어를 더 깊이 이해하게 하고, 이를 올바른 국어 생활에 활용할 수 있도록 하는 능력, 그리고 국어 및 국어 사용에 대한 태도를 길러주는 분야로 규정하고 있음을 알 수 있다.

다음으로 〈국어〉와 〈언어와 매체〉 과목의 목표에 대한 교육과정의 진술 내용을 검토해 보기로 한다. 먼저, 공통 과목인 〈국어〉의 '목표'를 살펴보자.

(4) 국어로 이루어지는 이해·표현 활동 및 문법과 문학의 본질을 이해하고, 의사소통이 이루어지는 맥락의 다양한 요소를 고려하여 품위 있고 개성 있는 국어를 사용하며, 국어 문화를 향유하면서 국어의 발전과 국어 문화 창조에 이바지하는 능력과 태도를 기른다.

　가. 다양한 유형의 담화, 글, 작품을 정확하고 비판적으로 이해하고 효과적이고 창의적으로 표현하며 소통하는 데 필요한 기능을 익힌다.

　나. 듣기·말하기, 읽기, 쓰기 활동 및 문법 탐구와 문학 향유에 도움이 되는 기본지식을 갖춘다.

　다. 국어의 가치와 국어 능력의 중요성을 인식하고 주체적으로 국어 생활을 하는 태도를 기른다.

국어과 교육의 목표를 지식, 기능, 태도의 세 요소를 기준으로 영역 통합적으로 제시하고 있지만, 전체 문맥을 분석적으로 살펴보면 문법 영역의 목표에 대한 교육과정의 관점을 알아내는 데는 큰 어려움이 없다. 이를 종합하면, 문법의 본질을 이해하고 문법 탐구에 필요한 기본 지식을 갖추어 국어 사용 및 국어 문화 향유에 활용하면서 국어 발전과 국어 문화 창조에 기여하는 능력과 태도, 주체적으로 국어 생활을 하는 태도를 기르는 것을 문법 교육의 목표로 삼고 있음을 알 수 있다. 문법 교육의 목표를 문법 지식 이해와 국어 사용 능력 향상 및 국어 생활에 대한 태도 함양으로까지 넓혀 잡고 있음을 알 수 있다.

〈언어와 매체〉 과목의 '목표'에는 문법 교육의 목표가 좀 더 구체적으로 드러난다.

(5) 국어 문법과 매체 언어의 특성을 바탕으로 하여 국어와 매체 언어를 정확하고 효과적으로 사용하고 개인적·사회적 소통 능력과 태도를 길러 국어 문화의 발전에 기여한다.

    가. 언어 운용 원리로서의 문법과 사회적 소통에 복합적으로 작용하는 매체 언어의 특성을 체계적으로 이해한다.

    나. 다양한 국어 자료를 통해 언어의 본질과 국어의 구조를 탐구하고 이를 자신의 언어 생활 개선에 활용하는 능력을 기른다.

    다. 매체 자료를 비판적으로 수용하고 창의적으로 생산하며 사회적 소통과 문화 형성에 참여하는 능력을 기른다.

    라. 국어 생활과 매체 언어생활에 대해 성찰하고 국어와 매체 문화를 발전시키는 태도를 기른다.

(5)에는 문법과 매체를 아우르는 과목 전체의 교육 목표가 제시되어 있는데, 이 중에서 문법에 해당하는 것을 따로 뽑아 보면 다음과 같다.

(6) ㄱ. 언어 운용 원리로서의 문법에 대해 이해하기

    ㄴ. 언어의 본질과 국어의 구조를 탐구하고 언어생활 개선에 활용하는 능력 기르기

    ㄷ. 국어 생활을 성찰하고 국어 문화 발전을 위한 태도 기르기

표현에는 차이가 있으나, 핵심이 문법에 대한 이해와 탐구, 언어생활에의 활용, 국어 생활 및 국어 문화에 대한 태도 기르기라는 점에서 위의 〈국어〉 과목에서 제시한 문법 교육의 목표와 크게 다르지 않음을 알 수 있다. 마찬가지로, 언어 지식의 이해가 탐구 과정을 통해 이루어져야 하고 그 과정 및 결과가 언어생활 개선, 국어 생활 성찰, 국어 문화 발전에 대한 태도 기르기로 이어져야 한다고 본 점은 언어 지식의 교육적 가치에 대한 포괄적 관점을 통해 본 바와 같다.

요컨대, 현행 교육과정의 문법 교육의 목표는 탐구를 통한 언어 지식의 체계적인 이해와 국어 생활에의 활용력 신장, 국어 문화의 전승·창조와 국어 발전에 대한 태도 함양 등을 포괄적으로 추구하되, 이들 하위 목표가 서로 유기적인 관계를 맺는 방향을 추구하고 있는 것으로 볼 수 있다.

2. 문법 교육의 내용

문법 교육의 내용은 교육과정의 '**내용 체계**'를 통해 그 체계가 제시되고 이를 기반으로 도출된 학년군별 '**성취 기준**'을 통해 세부 내용 항목들이 제시되며, 최종적으로는 교과서 단원이라는 형태로 구현된다. 이 장에서는 공통 과목인 〈국어〉의 문법 영역과 선택 과목인 〈언어와 매체〉를 나누어 각각 내용 체계와 성취 기준을 검토하는 방식으로 현행 교육과정의 문법 교육 내용을 살피고자 한다.

2.1. 〈국어〉 과목 문법 영역의 내용 체계와 성취 기준

현행 교육과정의 〈국어〉 과목에서는 그 내용 영역을 듣기·말하기, 읽기, 쓰기, 문법, 문학의 다섯 영역으로 나누어 내용 체계와 성취 기준을 이들 하위 영역별로 제시하였다. 먼저, 내용 체계는 '핵심 개념─일반화된 지식─학년(군)별 내용 요소─기능'의 체제로 구성하였다. 다음은 문법 영역의 내용 체계표이다.

핵심 개념	일반화된 지식	학년(군)별 내용 요소					기능
		1~2 학년군	3~4 학년군	5~6 학년군	중학교 1~3 학년군	고등학교 1학년	
• 국어의 본질	국어는 사고와 의사소통의 수단이 되는 기호체계로서, 언어의 보편성을 바탕으로 고유한 국어 문화를 형성하여 발전한다.			• 사고와 의사소통의 수단	• 언어 기호	• 역사적 실체	• 문제 발견하기 • 자료 수집하기 • 비교· 분석하기 • 분류· 범주화하기 • 종합· 설명하기 • 적용· 검증하기 • 언어생활 성찰하기
• 국어 구조의 탐구와 활용 ·음운 ·단어 ·문장 ·담화	국어는 음운, 단어, 문장, 담화로 구성되며 이들에 대한 탐구를 통해 국어 지식을 얻고 이를 언어생활에 활용할 수 있다.		• 낱말의 의미관계 • 문장의 기본 구조	• 낱말 확장 방법 • 문장 성분과 호응	• 음운의 체계와 특성 • 품사의 종류와 특성 • 문장의 짜임 • 담화의 개념과 특성	• 음운의 변동 • 문법 요소의 특성과 사용	

핵심 개념	일반화된 지식	학년(군)별 내용 요소					기능
		1~2 학년군	3~4 학년군	5~6 학년군	중학교 1~3 학년군	고등학교 1학년	
• 국어 규범과 국어생활 · 발음과 표기 · 어휘 사용 · 문장 · 담화의 사용	발음·표기, 어휘, 문장·담화 등 국어 규범에 대한 이해를 통해 국어 능력을 기르고 바른 국어생활을 할 수 있다.	• 한글 자모의 이름과 소릿값 • 낱말의 소리와 표기 • 문장과 문장부호	• 낱말 분류와 국어 사전 활용 • 높임법과 언어 예절	• 상황에 따른 낱말의 의미 • 관용 표현	• 단어의 정확한 발음과 표기 • 어휘의 체계와 양상의 활용 • 한글의 창제 원리	• 한글 맞춤법의 원리와 내용	
• 국어에 대한 태도 · 국어 사랑 · 국어 의식	국어의 가치를 인식하고 국어를 바르게 사용할 때 국어 능력이 효과적으로 신장된다.	• 글자·낱말·문장에 대한 흥미	• 한글의 소중함 인식	• 바른 국어 사용	• 통일 시대의 국어에 대한 관심	• 국어 사랑과 국어 발전 의식	

표 13-1 〈국어〉 문법 영역의 내용 체계

이 내용 체계표에는, 모두 29개의 교육 내용 항목이 4개의 '핵심 개념'으로 범주화되고 5개 학년(군)으로 단계화되어 제시되었다. '국어의 본질'에는 언어 일반론과 국어의 역사가, '국어 구조의 탐구와 활용'에는 음운, 단어, 문장, 담화 등 언어 단위에 대한 탐구 및 이해가, '국어 규범과 국어 생활'에는 발음·표기, 어휘, 문장·담화 등 층위별 국어 규범에 대한 이해와 바른 국어 생활에 대한 내용이, '국어에 대한 태도'에는 국어사랑 및 국어 의식 관련 내용이 포함되어 있다.

이 내용 체계표에서 우리가 눈여겨 볼 것은 각 범주별로 어떤 내용 항목이 선정되었는지, 그리고 어느 학년군에 제시되었는가 하는 점이다. 먼저, 언어 일반론에 해당하는 언어의 본질과 특성에 대한 내용이 각각 초등학교 5~6학년군과 중학교 1~3학년 군에 제시되었고, 국어의 역사는 고등학교 1학년에 제시되었다. 음운에 대한 내용은 음운 체계와 변동의 둘로 나뉘어 각각 중학교 1~3학년군과 고등학교 1학년에 제시되었고, 형태 관련 내용은 초등학교 3~4학년군과 중학교 1~3학년 군에 품사에 대한 항목이, 단어 형성에 대한 항목은 초등학교 5~6학년군에 제시되었다. 그리고 통사 관련 내용은 모두 넷으로 나뉘어 1~2학년군을 제외한 나머지 네 학년(군)에 하나씩 제시되었다. 의미 관련 내용으로 분류할 수 있는 항목은 모두 셋(낱말의 의미 관계, 상황에 따른 낱말의 의미, 관용 표현)이 선정되었는데 모두 초등학교 단계에 제시되었고, 어휘와 담화 관련 내용 항목은 중학교 1~3학년군에 제시되었다. 국어 규범 관련 교육 내용 중에는 기초 문식성에 대한 항목이 초등학교 1~2학년군, 한글 맞춤법의 원리와 내용에 대한 항목이 고등학교 1학년에 제시된 것이 눈에 띄고, 높임법과 언어 예절 관련 내용 항목이 초등학교 3~4학년군에 제시된 것과 통일 시대의 국어에 대한 항목이 중학교 1~3학년군에 제시된 점도 주목된다. 네 개의 범주를 기준으로 살펴보면, 초등학교 1~2학년군에는 '국어 규범과 국어 생활'과 '국어에 대한 태도'의 두 범주에 속하는 내용 항목만 선정되었고, 3~4학년군에는 '국어의 본질'을 제외한 나머지 세 범주에 속하는 내용 항목들이 선정되었으며, 중학교 1~3학년군과 고등학교 1학년에는 네 범주의 내용 항목이 모두 선정되었다.

위의 내용 체계에 제시된 내용 항목은 각 학년(군)별 성취 기준으로 구체화되는데, 이를 통해 우리는 〈국어〉 문법 영역의 교육 내용을 더 상세하게 파악할 수 있다. 다음은 현행 교육과정 〈국어〉 과목에서 **문법 영역의 성취 기준**으로 제시된 것들을 가져와 모은 것이다.

(7) [2국04-01] 한글 자모의 이름과 소릿값을 알고 정확하게 발음하고 쓴다.

[2국04-02] 소리와 표기가 다를 수 있음을 알고 낱말을 바르게 읽고 쓴다.

[2국04-03] 문장에 따라 알맞은 문장 부호를 사용한다.

[2국04-04] 글자, 낱말, 문장을 관심 있게 살펴보고 흥미를 가진다.

[4국04-01] 낱말을 분류하고 국어사전에서 찾는다.

[4국04-02] 낱말과 낱말의 의미 관계를 파악한다.

[4국04-03] 기본적인 문장의 짜임을 이해하고 사용한다.

[4국04-04] 높임법을 알고 언어 예절에 맞게 사용한다.

[4국04-05] 한글을 소중히 여기는 태도를 지닌다.

[6국04-01] 언어는 생각을 표현하며 다른 사람과 관계를 맺는 수단임을 이해하고 국어 생활을 한다.

[6국04-02] 국어의 낱말 확장 방법을 탐구하고 어휘력을 높이는 데에 적용한다.

[6국04-03] 낱말이 상황에 따라 다양하게 해석됨을 탐구한다.

[6국04-04] 관용 표현을 이해하고 적절하게 활용한다.

[6국04-05] 국어의 문장 성분을 이해하고 호응 관계가 올바른 문장을 구성한다.

[6국04-06] 일상생활에서 국어를 바르게 사용하는 태도를 지닌다.

[9국04-01] 언어의 본질에 대한 이해를 바탕으로 하여 국어 생활을 한다.

[9국04-02] 음운의 체계를 알고 그 특성을 이해한다.

[9국04-03] 단어를 정확하게 발음하고 표기한다.

[9국04-04] 품사의 종류를 알고 그 특성을 이해한다.

[9국04-05] 어휘의 체계와 양상을 탐구하고 활용한다.

[9국04-06] 문장의 짜임과 양상을 탐구하고 활용한다.

[9국04-07] 담화의 개념과 특성을 이해한다.

[9국04-08] 한글의 창제 원리를 이해한다.

[9국04-09] 통일 시대의 국어에 관심을 가지는 태도를 지닌다.

[10국04-01] 국어가 변화하는 실체임을 이해하고 국어 생활을 한다.

[10국04-02] 음운의 변동을 탐구하여 올바르게 발음하고 표기한다.

[10국04-03] 문법 요소의 특성을 탐구하고 상황에 맞게 사용한다.

[10국04-04] 한글 맞춤법의 기본 원리와 내용을 이해한다.

[10국04-05] 국어를 사랑하고 국어 발전에 참여하는 태도를 지닌다.

위 내용 체계표에 제시되었던 29개의 내용 항목들이 각각 하나의 성취 기준으로 선정되어 학년(군)별로 제시되었음을 확인할 수 있다.

초등학교 1·2학년군의 성취 기준은 주로 기초 문식성을 습득하게 하는 데 초점을 두어, 한글 자모를 익히고 낱말과 문장, 문장 부호를 바르게 사용하며 말과 글에 대한 관심을 갖게 하는 내용으로 구성하였다. 초등학교 3~4학년군의 성취 기준은 주로 기초적인 국어 사용 능력을 기르는 데 초점을 두어, 낱말 분류하기, 낱말의 의미 관계 이해하기, 기본적인 문장의 짜임 알기, 높임법 바르게 사용하기, 한글을 소중히 여기는 태도 갖기 등의 내용으로 구성되었다.

초등학교 5·6학년군의 성취 기준은 낱말과 문장 차원의 이해와 활용 능력을 신장하고 바람직한 국어 문장과 표현을 사용하는 태도를 기르는 데 중점을 두어 구성하였다. 여기에는 언어의 기능, 합성과 파생 등 단어 형성법, 낱말의 의미, 관용 표현, 문장 성분 및 호응 관계, 바른 국어 사용을 위한 태도 등이 포함되었다.

중학교 1~3학년군의 성취 기준은 언어와 국어에 대한 종합적인 이해와 탐구 능력, 그리고 태도를 기르는 데 필요한 내용들로 구성하였다. 여기에는 언어의 본질적 특성, 음운 체계, 표준 발음법, 품사, 어휘 체계, 문장의 짜임, 담화의 개념과 특성, 한글 창제의 원리,

통일 시대의 국어 등이 포함되었다.

고등학교 1학년의 성취 기준은 상대적으로 국어와 국어 규범에 대한 수준 높은 이해가 필요한 항목들로 구성되었다. 중세국어를 포함한 국어의 역사, 음운 변동, 문법 요소, 한글 맞춤법의 원리, 국어 발전에 대한 태도 등이 포함되었다. 주목할 만한 사항으로는 음운 변동에서 다룰 대상으로 '비음화, 유음화, 된소리되기, 구개음화, 두음 법칙, 모음 탈락, 반모음 첨가, 거센소리되기'의 8개를, 문법 요소에서 다룰 대상으로는 높임 표현, 시간 표현, 피동 표현, 인용 표현을 예시하였다는 점이다. 이것은 학습량 및 수준을 적정화하면서도 언어 지식에 대한 학습이 지식 습득에서 머물 것이 아니라 국어 생활의 향상에 기여할 수 있도록 유도하기 위한 의도가 반영된 결과로 보인다. 이것은 현행 교육과정의 문법 교육 내용 선정이 문법 교육의 가치론 중 '포괄적 가치론'에 바탕을 두고 있음을 보여주는 것으로 해석할 수 있다.

2.2. 〈언어와 매체〉 과목의 문법 교육 내용 체계와 성취 기준

〈언어와 매체〉 과목의 내용 체계는 과목의 성격상, 언어 즉, 문법에 대한 것과 매체에 대한 것이 통합적으로 제시되어 있다.

영역	핵심 개념	일반화된 지식	내용 요소	기능
언어와 매체의 본질	• 언어와 인간 • 매체와 소통	• 언어는 인간의 사고와 문화를 반영하는 기호 체계이며, 국어는 세계 속에서 주요 언어로서의 위상을 지니고 있다. • 매체는 현대 사회에서 중요한 의사소통 수단으로서, 물리적 특성에 따라 다양한 유형과 소통 방식이 있다.	• 언어와 국어의 특성 • 국어의 위상 • 매체의 유형 • 매체 소통의 특성	• 문제 발견하기 • 맥락 이해 · 활용하기 • 자료 수집 · 분석하기
국어의 탐구와 활용	• 음운 · 단어 · 문장 · 담화 • 국어 자료의 다양성	• 국어는 음운, 단어, 문장, 담화의 체계로 구성된다. • 국어 구조에 대한 이해는 올바른 발음, 단어와 문장의 정확한 사용, 담화의 효과적인 구성에 활용된다. • 다양한 국어 자료에 대한 이해는 국어 자료를 비판적으로 수용하고 창의적으로 자료를 생산하는 데 활용된다.	• 음운의 체계와 변동 • 품사와 단어의 특성 • 단어의 짜임과 새말 형성 • 의미 관계와 어휘 사용 • 문장의 짜임과 활용 • 문법 요소의 효과와 활용 • 담화의 특성과 국어생활 • 시대 · 사회에 따른 국어 자료 • 매체 · 갈래에 따른 국어 자료 • 국어의 규범과 국어생활	• 자료 활용하기 • 지식 구성하기 • 지식 적용하기 • 내용 구성하기 • 표현 · 전달하기 • 비평하기 • 성찰하기 • 소통하기 • 점검 · 조정하기

영역	핵심 개념	일반화된 지식	내용 요소	기능
매체 언어의 탐구와 활용	• 인쇄 매체 • 전자 매체 • 대중 매체 • 복합 양식성	• 매체 언어는 소리, 음성, 이미지, 문자, 동영상 등 다양한 기호가 함께 어우러져 의미를 만들어 내는 복합 양식의 특성을 지닌다. • 매체 언어에 대한 이해는 인간관계 형성 및 정보 사회와 문화의 이해에 도움을 준다. • 다양한 매체 자료에 대한 이해는 매체 자료를 비판적으로 수용하고 창의적으로 생산하는 데 활용된다.	• 매체의 소통 방식 • 매체 자료의 수용 • 매체 자료의 생산 • 매체 언어의 표현 방법 • 매체의 영향력과 가치 • 매체 문화의 향유	
언어와 매체에 관한 태도	• 국어생활 • 매체 문화	• 자신의 국어생활과 매체 언어생활을 비판적으로 성찰할 때 국어 능력과 매체 언어 능력이 효과적으로 신장된다.	• 국어생활 성찰 • 매체 언어생활 성찰 • 언어와 매체 문화의 발전	

표 13-2 〈언어와 매체〉의 내용 체계

이 내용 체계표는 네 개의 내용 영역으로 나누어져 있지만, 문법만을 따로 떼 내어 보면 '언어의 본질', '국어의 탐구와 활용', '언어에 대한 태도'의 세 영역으로 되어 있다고 볼 수 있다. '본질' 영역에는 언어의 특성과 국어의 위상에 대한 내용 항목이 선정되어 있고, '국어의 탐구와 활용' 영역에서는 음운, 단어, 문장, 담화 등 언어 단위별 국어의 탐구와 활용, 국어 자료와 국어 규범과 관련된 내용 항목이 선정되었으며, '태도' 영역에서는 국어 생활의 비판적 성찰, 국어 문화 발전에 대한 태도 관련 항목이 선정되었다. 전반적으로 '매체'와의 균형을 고려하여, 언어 일반론에 대한 이해, 국어의 구조 및 역사에 대한 탐구와 활용, 국어에 대한 태도 함양이라는 세 내용 영역으로 구성된 점이 〈국어〉의 문법 영역 내용 체계와 차이가 있다. 그러나 국어 규범과 생활에 대한 것이 '탐구와 활용' 영역에 포함되었다는 점을 고려하면, 이 내용 체계에 나타나는 문법 교육 내용의 하위 범주는 〈국어〉의 문법 영역과 크게 다르지 않는 것으로 볼 수 있다. 즉, 〈언어와 매체〉 과목의 '문법' 관련 내용 체계는 문법 교육을 언어 및 국어에 대한 지식을 탐구를 통해 이해하고 이를 국어 생활 및 국어에 대한 태도로 연결시킬 수 있도록 구성되어 있다고 할 수 있다.

〈언어와 매체〉 과목의 문법 교육 내용도 영역별 성취 기준을 통해 더 구체적으로 드러난다. 다음은 이 과목의 성취 기준 22개 중에서 문법에 대한 것이거나 문법이 포함된 것만 뽑아 정리한 것이다.

(8) 〈언어와 매체〉 과목의 문법 관련 성취 기준

[12언매01-01] 인간의 삶과 관련하여 언어의 특성을 이해한다.

[12언매01-02] 국어의 특성과 세계 속에서의 국어의 위상을 이해한다.

[12언매02-01] 실제 국어 생활을 바탕으로 음운의 체계와 변동에 대해 탐구한다.

[12언매02-02] 실제 국어 생활을 바탕으로 품사에 따른 개별 단어의 특성을 탐구한다.

[12언매02-03] 단어의 짜임과 새말의 형성 과정을 탐구하고 이를 국어 생활에 활용한다.

[12언매02-04] 단어의 의미 관계를 탐구하고 적절한 어휘 사용에 활용한다.

[12언매02-05] 문장의 짜임에 대해 탐구하고 정확하면서도 상황에 맞는 문장을 사용
한다.

[12언매02-06] 문법 요소들의 개념과 표현 효과를 탐구하고 실제 국어 생활에 활용한다.

[12언매02-07] 담화의 개념과 특성을 탐구하고 적절하고 효과적인 국어 생활을 한다.

[12언매02-08] 시대 변화에 따른 국어 자료의 차이에 대해 살피고 각각의 자료에 나타
나는 언어적 특성을 이해한다.

[12언매02-09] 다양한 사회에서의 국어 자료의 차이를 이해하고 상황에 맞게 국어 자
료를 생산한다.

[12언매02-10] 다양한 갈래에 따른 국어 자료의 특성을 이해하고 적절하게 국어 자료
를 생산한다.

[12언매02-11] 다양한 국어 자료를 통해 국어 규범을 이해하고 정확성, 적절성, 창의
성을 갖춘 국어 생활을 한다.

[12언매04-01] 자신의 국어 생활에 대해 성찰하고 문제점을 개선하려는 태도를 지닌다.

[12언매04-03] 현대 사회에서 언어와 매체 언어의 가치를 이해하고 언어문화와 매체
문화의 발전에 참여하는 태도를 지닌다.

(8)에서 앞의 둘([12언매01-01], [12언매01-02])과 뒤의 둘([12언매04-01], [12언
매04-03])은 각각 '언어와 매체의 본질'과 '언어와 매체에 관한 태도' 영역에 해당하는
것이고 나머지는 모두 '국어의 탐구와 활용' 영역에 해당하는 성취 기준이다.

먼저, '본질' 영역의 두 성취 기준은 언어의 특성을 인간과의 관계 속에서 이해하도록
하고, 개별 언어로서의 국어가 가지는 특성과 세계 여러 언어 속에서 차지하는 위상에 대

해 이해하도록 하는 데 중점이 있는 것들이다. 언어와 사고, 언어와 사회, 언어와 문화, 국어의 특성, 국어의 위상 등이 주요 학습 요소가 된다.

'국어의 탐구와 활용' 영역에서 제시된 성취 기준들은 현대국어의 공시적 구조와 시대·사회·갈래에 따른 국어 자료의 특성을 탐구하고, 국어 규범에 대해 깊이 있게 이해하는 데 중점을 두어 설정하였다. 국어의 구조에 대한 내용으로는 음운 체계와 음운 변동, 품사 분류, 단어의 짜임과 새말의 형성, 단어의 의미 관계, 문장의 짜임과 문법 요소, 담화 등 모든 언어 단위가 포함되었는데, 역시 탐구를 통한 이해와 국어 생활에 대한 활용이 강조되고 있음을 확인할 수 있다. 나머지 넷은 각각 국어의 역사, 사회방언학, 갈래별 국어 사용의 특성, 국어 규범에 대한 이해를 목표로 선정되었는데, 모두 언어 자료를 이해하고 생산하는 실제적인 활동을 강조하였다.

'태도' 영역의 두 성취 기준은 각각 국어 생활의 성찰과 개선, 언어의 가치 및 언어문화의 발전에 대한 태도 함양을 목표로 선정되었다. 문법을 공부하는 일이 국어에 대한 문법적 지식을 갖추고 이를 언어생활에 활용하는 것뿐 아니라, 자신의 국어 생활을 성찰하고 개선하려는 태도를 지니고, 우리의 삶에서 언어의 가치를 이해하고 언어문화의 발전에 참여하는 태도를 함양하는 일로 이어져야 함을 알 수 있다.

참고문헌

역대 초·중·고 국어 교과서 및 고등학교 문법 교과서, 교사용 지도서.

역대 국어과 교육과정 및 해설서.

고춘화(2010), 『국어교육을 위한 문법 교육론』, 역락.

권재일(1995), "국어학적 관점에서 본 언어 지식 영역의 지도의 내용", 『국어교육연구』2, 서울대
학교 사범대학 국어교육연구소, 159-175쪽.

김광해(1997), 『국어지식 교육론』, 서울대학교 출판부.

김수업(1989), 『국어교육의 원리』, 청하.

김은성(2006). "국어 문법 교육의 태도 교육 내용 연구", 서울대학교 박사학위논문.

김창원(2011), "국어과 교육과정의 생태학 (1): 2011년 교육과정 개정에 관한 성찰", 『국어교육』
136, 한국어교육학회, 325-355쪽.

남가영(2008). "문법 탐구 경험의 교육 내용 연구". 서울대학교 박사학위논문.

신명선(2007), "문법교육에서 추구하는 교육적 인간상에 관한 연구", 『국어교육학연구』28, 국어
교육학회, 423-458쪽.

이문규(2002), "국어지식 교육과 문화 창조", 『한국초등국어교육』20집, 한국초등국어교육학회,
44-82쪽.

이문규(2010), "문법교육론의 쟁점과 문법 교육의 내용", 『국어교육』133, 한국어교육학회. 109-
144쪽.

이문규(2011), "2011년 개정 국어과 교육과정과 문법 교육", 『국어교육연구』50, 국어교육학회,
295-324쪽.

이문규(2017), "문법교육의 내용 재구성 연구", 『국어교육연구』65, 국어교육학회, 113-138쪽.

이상태(2010), 『사고력 함양을 위한 국어교육 설계』, 박이정.

이성영(1995), "언어 지식 영역 지도의 필요성과 방향", 『국어교육연구』2, 서울대학교 사범대학
국어교육연구소, 97-124쪽.

임지룡, 임칠성, 심영택, 이문규, 권재일(2010), 『문법교육론』. 역락.

정준섭(1995), 『국어과 교육과정의 변천』, 대한교과서주식회사.

주세형(2006), 『문법 교육론과 국어학적 지식의 지평 확장』, 역락.

최웅환(2009), "한국어 문법 지식의 변환-품사를 중심으로-", 『언어와 문화』5-2, 한국언어문화

교육학회, 227-247쪽.

최웅환(2011), "국어 품사론의 교육적 접근", 『언어과학연구』 56, 언어과학회, 219-238쪽.

황미향(2013), "문법 교육에서 '탐구'의 의미", 『국어교육연구』 53, 국어교육학회, 269-290쪽.

01. 국어 교육을 통해 우리말에 대한 문법적인 지식을 가르쳐야 하는 이유나 필요성에 대해 자신의 생각을 정리하고 이를 다른 관점과 비교해 보자.

02. 지금의 국어과 교육과정에서 문법 교육의 가치나 성격에 대해 진술한 부분을 모두 찾아 정리하고 이들을 앞의 (1)에서 소개한 두 관점과 비교해 보자.

03. 학교 문법의 구체적인 지도 내용과 방향은 문법 교육의 가치에 대한 관점의 차이에 따라 크게 달라진다. 다음과 같은 음운 변동 자료를 보고 아래의 활동을 해 보자.

> ㄱ) 신문 → [심문], 준비 → [줌:비], 디근만 → [디금만], 낮부터 → [납뿌터],
> 꽃보다 → [꼽뽀다], 밭만 → [밤만]
> ㄴ) 손가락 → [송까락], 준공 → [중:공], 앉고 → [앙꼬], 많고 → [망:코],
> 걷기 → [걱:끼], 숟가락 → [숙까락], 곶감 → [곡깜], 맡기다 → [막끼다]
> ㄷ) 감기 → [강:기], 밥그릇 → [박끄], 숨고 → [숭꼬], 임금 → [잉:금],
> 잡곡 → [작꼭], 삶고 → [상:꼬]

1) 우리말에 대한 지식 체계의 탐구에 초점을 두는 경우와 이러한 지식을 국어 사용 기능의 신장에 활용하도록 하는 데 초점을 두는 경우로 나누어, 위의 음운 변동을 가르치기 위한 교과서 단원을 구성해 보자.
2) 중·고등학교 교과서의 음운 변동 관련 단원을 찾아 그 내용 전개 및 지도의 방향을 살펴 보자.

04. 중·고등학교 〈국어〉 과목의 문법 영역의 내용 체계와 학년별 내용, 교과서 해당 단원의 내용을 연관 지어 검토해 보자.

05. 〈언어와 매체〉 과목의 내용 체계와 영역별 내용 중 문법에 대한 것을 골라서 교과서 해당 단원의 내용과 연관 지어 검토해 보자.

06. 국어의 발전을 위해 문법 교육이 해야 할 일이 무엇인지에 대하여 생각해 보자.

14장

문법 교육의
방법과 평가

이끄는 말

앞 장에서 문법 교육의 목표와 성격, 그리고 구체적 내용 등을 두루 살펴보았다. 교육 활동의 과정을 생각해 볼 때 교과 교육의 목표가 설정되고 그에 따라 교육 내용이 선정되면 다음에 할 일은 그러한 내용을 구체화하여 교실 수업에 적용하는 일이다. 그래서 이 장에서는 문법의 교수·학습에 대하여 살피고자 한다.

문법 교육은 국어과 교육의 한 부분으로 그것의 교수·학습 방법도 크게는 국어과 교수·학습 방법의 틀 안에 있다. 그래서 먼저 국어과 교수·학습 방법의 변천을 간략하게 살피고, 이후 현행 교육과정의 〈국어〉와 〈언어와 매체〉 과목을 중심으로 문법 영역 교수·학습 방법을 검토하고자 한다. 다음으로 평가의 방법은 어떠해야 하는지를 역시 교육과정을 중심으로 살펴본다.

1. 문법의 교수·학습 방법

1.1. 국어과 교수·학습 방법의 변천

교육 목표를 설정하고 그것을 성취하기 위한 내용을 선정하는 등 일련의 교육 활동이 결실을 맺는 자리는 교사와 학생이 직접 대면하여 이루어지는 교실 수업이다. 그러므로 교과별 교육 활동의 준거가 되는 교육과정[1]은 교과 교육의 목표와 내용은 물론이고, 그러한 내용을 교수·학습하고자 할 때 어떠한 점에 유의해야 하는지, 또 어떤 방법으로 교수·학습해야 하는지를 안내해야 한다.

교육과정의 내용을 시기별로 살펴보면 국어과 교육에서 교수·학습 활동의 중요성에 대하여 구체적으로 인식하기 시작한 것은 제6차 교육과정부터이다. 제6차 교육과정에서는 교수·학습에 관련된 내용만을 따로 떼어 '방법' 항을 설정하고 교수·학습 계획 및 지도에 관한 사항과 교수·학습 자료 편찬에 관한 사항을 그 이전 시기에 비해 비교적 자세하게 드러내었다. 다양한 교수·학습의 원리를 창의적으로 활용할 것을 권장하면서 동시에 다음과 같이 교수·학습 원리를 구체적으로 제시하는데, 이는 잘 알려진 바대로 '직접 교수법'이다.

(1) 제6차 교육과정 〈국어〉의 '4. 방법'에서

　나. 국어 사용 능력을 더욱 효과적으로 신장시키기 위해서는, 다음과 같은 교수·학습 원리를 적용하여, 표현 및 이해 기능 수행의 세부 과정을 명시적으로 드러내어 지도하도록 한다.

　　(1) 설명하기 단계에서는 주어진 학습 목표 또는 과제를 달성하는 데 필요한 지식, 원리, 과정 등에 대하여 구체적으로 설명한다.

　　(2) 시범보이기 단계에서는 주어진 학습 과제를 성취하는 데 필요한 사고의 과정을 구체적이고 단순한 예를 통하여 교사가 직접 시범을 보여 주거나 모형을 제시한다.

　　(3) 질문하기 단계에서는 설명한 내용 및 시범 보인 내용을 보다 구체적으로 이해

1　교육과정에 대한 정의는 다양한데, 여기에서는 좁은 의미로 문서화되고 공식화된 것을 의미한다.

시키기 위하여, 주어진 학습 과제를 성취하는 데 필요한 지식, 원리 과정 등에 관하여 세부 단계별로 질문하고 대답하는 활동을 한다.

(4) 활동하기 단계에서는 주어진 학습 목표를 달성하기 위하여, 이미 학습한 지식 및 원리를 사용하여 일정한 절차에 따라 실제로 이해하거나 표현하는 활동을 한다.

제7차 교육과정은 교수·학습 방법의 면에서는 괄목할 만한 변화를 보인다. 교수·학습에 관련된 내용을 '방법' 항목 아래 펼쳤다. '방법'은 다시 '교수·학습 계획', '교수·학습 방법', '교수·학습 자료'의 세 부분으로 나누고 각각 구체적인 지침을 제시하였다. 먼저 '교수·학습 계획'에서 의미 있는 국어 학습 경험, 개인차를 해소할 수 있는 방안, 국어활동의 총체성 등을 고려하여 계획을 세울 것을 권장하는데, 이는 이후 현행 교육과정에 이르기까지 지속적으로 강조된다. 다음으로 '교수·학습 방법'에서는 직접 교수법[2], 문제 해결 학습[3]을 직접 소개하고, 그 외에 학습 내용과 학습 목표에 따라 강의, 토의, 토론, 현장 학습, 협동 학습 등의 방법을 적절히 적용해야 함을 제시한다.[4]

2007 개정 교육과정과 2011 개정 교육과정에서는 직접 교수법, 문제 해결 학습법과 더불어 다양한 교수·학습 방법을 구체적으로 제시하면서 학습 목표 및 내용을 고려하여 적절하게 활용하라고 말한다. 이 두 시기 교육과정에서 제시한 교수·학습 방법은 다음과 같다.

(2) 2007 개정 교육과정 및 2011 개정 교육과정에서 제시하는 교수·학습 방법

직접 교수법, 문제 해결 학습법, 창의성 계발 학습법, 반응 중심 학습법, 탐구 학습법, 토의·토론 학습법, 협동 학습법, 현장 학습법, *개별화 학습법*, ICT 활용 학습법, *가치 탐구 학습법* 등[5]

---

2 직접 교수법은 제7차 교육과정에서는 마지막에 '자기점검과 평가'를 더하여 다섯 단계로 제시하였다.

3 문제 해결 과정으로 '문제 인식, 문제 이해, 해결 계획 수립, 해결 시행, 반성'을 제시하고, 덧붙여 문제 해결 결과뿐 아니라 해결 과정과 그 방법도 중시해야 한다고 강조한다.

4 국어과 교육과정을 해설한 『제7차 고등학교 교육과정 해설서』에서는 이외에 보충 학습에 효과적으로 이용될 수 있는 교수·학습 방법으로 소집단 학습과 협력 학습도 소개하였다.

5 기울여 쓴 것은 2007 개정 교육과정에만 해당되는 내용이다.

2015 개정 교육과정은 기본적으로는 위의 다양한 교수·학습 방법을 그대로 수용하면서도 학습자 참여형 교수·학습 방법의 선택을 강조한다. 학습자 참여형 교수·학습에 대하여 교육과정에서 지침으로 제시하는 바는 다음과 같다.

(3) 2015 개정 교육과정 〈국어〉의 '4. 가. 교수·학습 방향'에서[6]

   3) 학습 활동 과정에서 의미 있는 배움이 일어날 수 있도록 학습자 참여형 교수·학습을 계획하고 운용한다.

   ① 학습자가 자기 주도적으로 수업에 참여하게 하기 위하여 학습자의 요구를 수용하고 학습자 스스로 활동을 선택하도록 한다. 이 과정에서 '국어'의 교육 목표 달성에 필요한 지식, 기능 태도를 기르는 데 중점을 둔다.

   ② 학습자가 흥미를 느끼고 몰입하여 유의미한 언어 사용 경험을 쌓을 수 있도록 학습자의 수준, 관심과 흥미, 적성과 진로, 언어와 문화 배경 등의 개인차와 학교 및 교실 환경 등의 물리적 조건을 고려하여 '국어' 수업 활동을 계획한다.

   ③ 학습자가 배우고 익혀야 할 내용과 과정을 구조화·위계화하여 제시하고, 나아가 '국어'와 다른 교과를 통합하여 학습자의 배움이 창의적으로 심화·확장되도록 한다.

   ④ '국어'의 교육 목표와 성취 기준의 성격을 고려하여 직접 교수법, 토의·토론 학습, 탐구 학습, 문제 해결 학습, 프로젝트 학습, 역할놀이 학습, 거꾸로 학습 등 적절한 교수·학습 방법을 선택하여 운용하되, 학습자 참여형 교수·학습이 되도록 한다.

   ⑤ 학습자 스스로 자신의 수업 활동을 점검할 수 있도록 학습 목표와 학습 요소를 매 차시 환기하고, 학습자가 창의적으로 주도하는 활동을 적극적으로 조력하며, 수업에 참여하는 동기를 높인다.

교육과정에서 명시적으로 드러내지는 않았지만 위 내용으로부터 학습자 참여형 교수·학습은 학습자가 자기주도적으로 수업에 참여하여 몰입함으로써 유의미한 배움이 일어나는 학습을 의미함을 알 수 있다. 이는 2015 개정 교육과정이 '역량', 즉 '할 수 있음'에 방점을 두는 것과 상통한다. 역량이란 학습자가 자신의 흥미와 관심, 적성과 진로

---

6 2015 개정 교육과정은 성취 기준 항목에서 개별 성취 기준에 대한 해설과 함께 교수·학습 방법 및 유의사항, 평가 방법 및 유의 사항을 두고 있다. 여기서는 개별 성취 기준에 따른 교수·학습 방법이나 평가 방법은 살피지 않고 '4. 교수·학습 및 평가의 방향'에 총괄적으로 기술된 내용을 주로 참조한다.

등 자신의 삶 속에서 문제를 발견하고 이것을 실제로 해결하는 과정에서 길러질 수 있기 때문이다. 따라서 위의 ⑤항에서도 제시하고 있듯이, 교사는 가르치는 이보다는 도우는 이가 되어야 한다.

2015 개정 교육과정에서는 또한 ③항에서 보듯이 다른 교과와의 통합을 권장한다. 이전 교육과정과 비교하면 영역 통합에서 교과 통합으로 통합의 범위가 확대된 것인데, 이 역시 의미 있는 배움 또는 역량의 함양과 무관하지 않다. 국어는 삶과 무관한 추상적 기호가 아니라 학습자들이 실제 삶에서 만나는 다양한 문제 상황에서 그 문제를 해결하기 위하여 사용하는 유용한 도구이기 때문이다. 도구를 사용하는 능력은 다양한 상황에서 그 도구를 실제로 사용해 봄으로써 효과적으로 길러짐을 우리는 익히 알고 있다.

직접 교수법, 토의·토론 학습, 탐구 학습, 문제 해결 학습 등 이전 시기 교육과정에서 제시된 교수·학습 방법에 더하여 프로젝트 학습, 역할놀이 학습, 거꾸로 학습 등이 2015 개정 교육과정에서 소개된다. 프로젝트 학습과 거꾸로 학습은 특히 다른 교과와 통합하여 교수·학습을 설계하고 펼칠 때 유용하다. 교육과정 시기에 따라 다양한 교수·학습 방법이 소개되는데, 이들은 목적이 아니라 하나의 도구임을 이해할 필요가 있다.

1.2. 문법 교수·학습 방법

1.2.1. 교육과정으로 본 문법의 교수·학습 방법

앞 절에서 언급되었듯이 국어과 교육에서 교수·학습 방법에 대한 인식이 확립된 것은 제6차 교육과정이고, 문법의 교수·학습 방법에 대한 인식의 단초가 보이는 것도 이 시기이다. 교수·학습 방법만을 기준으로 문법 교육의 역사를 구분한다면 크게 두 시기, 제6차 교육과정 이전과 이후로 나누어도 될 만하다. 제5차 교육과정까지는 문법 교육에서 지식을 강조하였고, 이에 따라 교사의 강의 중심 수업이 당연시 되었다.

제6차 교육과정에서 제시한 주요한 문법 교수·학습 방법은 '탐구'이다. 다음처럼 중학교 〈국어〉 과목과 고등학교 〈문법〉 과목의 '방법' 항목에서 공통적으로 단순한 지식의 전달이나 주입보다는 지식을 도출하는 탐구 과정 중심으로 교수·학습이 이루어져야 함을 강조한다.

(4) 제6차 교육과정 중학교 〈국어〉의 '4. 방법'에서
　　다. '언어' 영역의 교수·학습은 언어 지식을 직접 제시하거나 설명하기보다는 구체

적인 국어 자료로부터 언어 지식을 도출하는 탐구 과정 중심으로 이루어지도록 하고, 언어 지식을 활용하여 국어를 정확하게 사용하도록 한다.

(5) 제6차 교육과정 고등학교 〈문법〉의 '4. 방법'에서

　가. '문법' 과목은 단순한 지식의 전달 및 주입이 아니라 원리나 법칙을 발견해 내는 탐구 과정을 중시하되, 언어 현상에 관한 흥미와 관심이 증진되도록 지도한다.

제7차 교육과정에 이르면 교수·학습의 전개에서 탐구 과정을 강조하는 데 그치지 않고, 〈국어〉 과목에서 각 하위 영역의 성격을 규정하면서 "'국어 지식' 영역의 학습은 언어 현상에서 규칙을 찾아내는 탐구 학습 활동 중심으로 하되, 학습한 지식을 국어 사용 상황에 적용하는 활동을 강조한다."[7]라고 탐구 학습을 뚜렷이 드러낸다. 또한 학년별 내용 선정의 토대가 되는 '내용 체계'의 범주에 '국어의 이해와 탐구'가 상위 범주로 설정된다.

2007 개정 교육과정에서는 탐구의 위상이 더욱 공고해진다. 이 시기에도 〈국어〉 과목의 문법 영역 내용 체계에 '탐구'가 상위 범주로 설정된다.

국어 사용의 실제			
− 음운	− 단어	− 문장	− 담화/글
지 식 ○언어의 본질 ○국어의 특질 ○국어의 역사 ○국어의 규범		**탐 구** ○관찰과 분석 ○설명과 일반화 ○판단과 적용	
맥 락 ○국어 의식　　○국어 생활 문화			

표 14–1 2007 개정 교육과정 〈국어〉의 문법 영역 내용 체계

제7차 교육과정에서 '국어의 이해와 탐구' 범주의 하위 내용이 전통적인 문법 연구의 단위인 '음운, 낱말, 어휘, 문장, 의미, 담화'로 이루어졌던 것과 달리 2007 개정 교육과정에서는 탐구의 절차가 하위 내용으로 구성되어 있다. 국어과 교육과정에서 '내용 체계' 항목의 기능을 상기하면, 이는 앞 시기의 교육과정에서는 탐구가 문법 지식을 발견하는 절차적 지식(방법)으로 수용됨에 비해 2007 개정 교육과정에서는 내용으로 다루어지고

7　『제7차 국어과 교육 과정』(교육인적자원부 1998: 29) 참조.

있음을 의미한다.

2007 개정 교육과정의 〈문법〉 과목에서는 **탐구 학습**의 절차가 다음과 같이 구체적으로 제시된다.

(6) 2007 개정 교육과정 〈문법〉의 '4. 교수·학습 방법'에서

　(10) 학습자가 다음과 같은 절차로 탐구 학습을 수행하여 문법 규칙이나 원리를 찾아낼 수 있게 지도하되, 내용 요소의 성격이나 상황에 따라 협동 학습, 토의·토론식 학습, 역할놀이 학습 등 다양한 교수·학습방법을 활용한다.

　　(가) 주어진 자료에 대한 논제를 이해하고 문제를 제기한다.

　　(나) 해당 논제에 대하여 가설을 설정한다.

　　(다) 가설을 검증하기 위해서 적절한 국어 자료를 수집한다.

　　(라) 자료를 이용하여 합리적 과정에 따라 규칙이나 원리를 도출한다.

　　(마) 도출된 규칙이나 원리의 적절성을 확인하거나 반례를 든다.

'문제 제기 – 가설 설정 – 가설 검증 – 규칙 또는 원리 도출 – 적용'의 절차로 요약되는 탐구 학습의 절차는 이후 교육과정에서 그대로 수용된다.[8] 2011 개정 〈국어〉 교육과정에서는 한 걸음 더 나아가 '탐구와 적용' 범주의 하위 내용으로 '국어 생활의 점검과 문제 해결'을 추가함으로써 탐구와 실제 언어생활의 연계를 의도한다.[9]

2015 개정 〈국어〉 교육과정은 내용 체계 구성이 이전 시기와 매우 다르지만 탐구에 대한 강조는 변함이 없다. 문법 영역 '핵심 개념' 중의 하나로 '국어 구조의 탐구와 활용'이 선정되어 있다. 하위 내용이 '음운, 단어, 문장, 담화'로 구성되어 제7차 교육과정과 유사한 듯도 하지만 '기능' 항을 보면 탐구 학습의 위상이 여전함을 알 수 있다.

8　2007 개정 『초·중학교 국어과 교육과정 해설』의 부록에서는 국어과 교육과정의 주요 용어 중 하나로 탐구 학습법을 들고, 어떤 문제를 해결하거나 특정 주제의 자발적 학습을 위해 교사가 학생들의 능동적인 탐구 행위를 자극하는 수업 형태라고 설명한다.

9　2011 개정 교육과정 〈독서와 문법〉에서는 탐구 학습의 과정을 문제 제기, 가설 설정, 가설 증명, 결론 도출, 결론의 일반화로 제시한다.

핵심 개념	일반화된 지식	학년(군)별 내용 요소	기능
• 국어 구조의 탐구와 활용 　• 음운 　• 단어 　• 문장 　• 담화	국어는 음운, 단어, 문장, 담화로 구성되며 이들에 대한 탐구를 통해 국어 지식을 얻고 이를 언어생활에 활용할 수 있다.	…	• 문제 발견하기 • 자료 수집하기 • 비교 · 분석하기 • 분류 · 범주화하기 • 종합 · 설명하기 • 적용 · 검증하기 • 언어생활 성찰하기

표 14-2 2015 개정 교육과정 〈국어〉의 문법 영역 내용 체계

'기능' 항에는 문제 발견하기, 자료 수집하기 등 7가지의 하위 기능이 제시되어 있다. 그런데 수집한 자료를 비교하고 분석하고 분류하고 범주화하는 활동이 가설 설정을 위한 활동임을 생각하면 '문제 발견하기'에서 '적용 · 검증하기'까지의 기능이 탐구 학습에서 요구하는 기능과 상응함을 알 수 있다. 즉 2015 개정 〈국어〉 교육과정은 탐구 능력을 문법 학습에서 성취해야 할 기능으로 분명하게 요구하고 있는 것이다. 아울러 '언어생활 성찰하기'를 하위 기능으로 두어 국어 운용의 원리를 탐구하는 데 그치지 않고 탐구의 결과를 학습자 자신의 언어생활을 성찰하는 데 활용할 것을 강조한다.[10] 활용의 강조는 〈언어와 매체〉 과목에서도 동일하게 나타난다. '내용 체계'에서 문법에 해당하는 영역명이 '국어의 탐구와 활용'이며, '기능' 항의 하위 기능으로 탐구 기능이 제시된다.

요컨대 탐구 학습은 제6차 교육과정에서 필요성이 제기되고, 제7차 〈국어〉 교육과정에서는 '내용 체계'에 '국어의 이해와 탐구'라는 상위 범주로 설정된다. 이후 2015 개정 〈국어〉 교육과정에 이르기까지 '탐구-탐구와 적용-국어 구조의 탐구와 활용'으로 변화하면서 문법 영역의 주요한 교수 · 학습 방법으로 자리매김하고 있다.

1.2.2. 탐구 학습의 개념과 실제

과학과나 사회과에서 적용되던 탐구 학습이 문법 교육에 도입된 것은 문법 교육의 정체성 다지기와 관련이 있다. 국어과 교육에 기능주의적 관점이 도입된 제5차 교육과정 시기에 문법 교육은 심각한 기로에 서게 된다. 심지어는 문법 교육의 폐지를 주장하는 이

---

10 2015 개정 교육과정에서 '핵심 개념'은 교과의 기초 개념이나 원리, '일반화된 지식'은 학생들이 해당 영역에서 알아야 할 보편적인 지식, '기능'은 수업 후 학생들이 할 수 있거나 할 수 있기를 기대하는 능력으로 교과 고유의 탐구 과정 및 사고 기능을 포함하는 것으로 설명한다.

까지도 있었다. 그러나 다행히도 1990년대 후반기에 학문 문법과는 다른 학교 문법의 특성을 강조하는 여러 논의들이 나오면서[11] 문법 교육의 필요성과 내용, 방법 등에 대해 다각도로 관심이 쏟아졌다. 그 결과 제7차 교육과정에 와서 국어는 우리가 가꾸어야 한 문화적 자산이라는 인식이 일반화되기에 이르렀다. 그리고 문화적 자산으로서의 국어의 가치를 이해하도록 하는 것이 바로 문법 교육의 중요한 목적임을 강조하게 되고, 따라서 국어과 교육 내에서 문법 교육의 위상도 어느 정도 확고해졌다.

그런데 이런 변화의 과정에서 문법 교육에서 반드시 해결해야 할 문제 중 하나로 떠오른 것은 문법 교육의 지루함이었다. 이는 그 동안 문법 교육이 국어학적인 지식을 요약하여 교사가 일방적으로 설명하고 암기하는 방식으로 이루어졌기 때문이다. 탐구 학습이 문법의 교수·학습 방법으로 도입되는 데도 이러한 상황이 크게 작용하였다. 탐구란 학생들이 스스로 원리나 법칙을 발견해 내는 활동이므로 수동적으로 교사의 강의를 암기할 때보다는 적극적이고 자발적으로 학습에 임하게 될 것이라는 인식에서 탐구 학습을 적극 도입하게 된 것이다. 더욱이 원리나 규칙을 바르게 도출해 내려면 논리적으로 사고하고 판단을 내려야 하므로 탐구 학습을 통해서 사고력을 기르는 효과도 함께 얻을 수 있어 문법 교육에서 더욱 강조하고 있다.

탐구 학습(Inquiry Learning)에 대해서는 여러 사람이 정의를 내린 바 있는데, 그 중 국어과 교육에서 참고해 온 몇 가지 들면 다음과 같다.

(7) 탐구 학습의 정의

ㄱ. 이홍우(1995): 교사가 학생들에게 사실을 일러 주는 것이 아니라 학생이 스스로 그 사실의 의미를 알아보도록 하는 방법

ㄴ. 김광해(1997): 경험 과정을 통하여 의미를 찾아내기 위해 자기 스스로 문제를 해결해 나가는 학습 전략

ㄷ. 이관규(2001): 어떤 현상에 대하여 스스로 따져 보고 사고하여 알게 되는 학습 유형

ㄹ. 한국교육과정평가원: 문제 상황을 설정하고 최대한 학생들 스스로 문제 해결을 위한 계획을 세우고 문제를 풀어나가는 과정에서 어떤 사실이나 개념, 문제 해결 방법 등을 발견해 나가는방법[12]

11　김광해(1997), 박영순(1998), 이관규(1999) 등이 그 예이다.

12　이후 탐구 학습과 관련된 한국교육과정평가원 자료는 모두 한국교육과정평가원/교수−학습개발센터/국어과 교수학습길잡이/국어과교수−학습방법(http://classroom.kice.re.kr/kice/content07)에서 내려받아 참조하였다.

위 정의에서 공통적으로 인정하고 있는 바는 탐구 학습은 첫째, 학습의 주체는 학생이고, 둘째, 완성된 지식이 아니라 탐구의 자료가 과제로 주어지며, 셋째, 귀납적 절차를 통해 문제 해결 방법이나 규칙을 찾아낸다는 특징을 지닌다는 점이다.[13]

이러한 특징은 곧, 탐구 학습이란 학생들로 하여금 국어학자들이 현상을 통하여 국어의 고유한 규칙 체계를 발견하는 것과 동일한 경험을 하게 하는 것임을 의미한다. 그렇다면 탐구 학습의 절차는 학자들이 규칙을 발견하는 과정에서 유추할 수 있다. 용어의 차이는 있지만 탐구 학습의 절차는 대개 '문제 규정-가설 형성-탐색 활동-가설 증명-결론 도출-일반화'의 단계로 제시한다.

문법 교육에서 가장 잘 알려진 탐구 학습의 모형은 김광해(1997)에서 제시한 것인데, 그는 먼저 탐구 학습의 구성 요소로 지식, 태도, 과정의 셋을 들고 다음과 같은 절차를 제안하였다.

(8) 김광해(1997)의 탐구 학습 절차

　ㄱ. 문제의 정의: 문제, 의문 사항의 인식, 문제에 의미 부여, 문제의 처리 방법 모색

　ㄴ. 가설 설정: 유용한 자료 조사, 추리, 관계 파악, 가설 세우기

　ㄷ. 가설의 검증: 증거 수집, 증거 정리, 증거 분석

　ㄹ. 결론 도출: 증거와 가설 사이의 관계 검토, 결론 추출

　ㅁ. 결론의 적용 및 일반화: 새로운 자료에 결론 적용, 결과의 일반화 시도

한편 한국교육과정평가원에서는 이 중 셋째와 넷째 단계를 하나로 합하여 다음과 같이 네 단계로 탐구 학습 절차를 제시하였다. 여기서는 구체적인 교실 수업을 염두에 두고 탐구 학습을 적용한 모형을 이용한 한 차시 수업의 시작과 끝을 모두 보여준다.

13　이관규(2001)은 탐구 학습의 특징으로 자발성, 자료성, 명료성, 논리성, 과정성, 가설성을 들었다. 그런데 이 다섯 중 논리성, 과정성, 가설성은 귀납적 절차로 포괄할 수 있다.

과 정	주 요 활 동
문제 확인하기	탐구 분위기 조성하기 학습 절차 확인하기 학습 과제 확인하기 관련 지식 및 개념 익히기/ 선수 학습 확인 문제 상황 제시 문제 진단 및 발견하기
문제 탐구하기	문제 분석하기 가설 설정하기 가설 진술하기
문제 해결하기	문제 해결 방법 탐색하기 필요한 자료 모으기 자료 분석, 평가하기 가설 검증하기/ 규칙성 발견하기 해결 과정에 대해 설명하기/ 토의하기
적용하기	유사한 상황에 적용하기 일반화 가능성 탐색하기 일반화 하기 일상의 언어 상황에 적용하기 학습 활동 평가 및 정리

표 14-3 한국교육과정평가원의 탐구 학습 절차

문제 확인하기는 탐구 과정에서 처리해야 할 문제를 정확하게 확인하는 단계이다. 그러기 위해서는 우선 탐구 분위기를 조성한 다음 탐구 학습의 절차를 간단하게 설명하는 것이 좋다. 그런 다음 학습 과제를 간단하게 설명한다. 학습 과제 해결에 필요한 지식이나 개념은 이 때 확인하며, 만일 과제 해결에 필요한 개념이나 지식이 있으면 이 단계에서 학습한다. 그 후 본격적으로 문제 상황을 제시하고 이를 검토하여 해당 시간에 학습해야 할 문제가 무엇인지 분명히 파악하는데, 교사가 설명하기보다는 적절한 질문을 함으로써 학생들이 스스로 이러한 활동을 할 수 있도록 유도하는 것이 좋다. 너무 큰 과제는 학생들이 해결하기 어려우므로 몇 부분으로 나누어 그 중 어느 하나를 과제로 제시하는 것이 좋다.

둘째 단계인 문제 탐구하기는 문제를 여러 모로 분석한 후에 가설을 설정하고 그것을 명확하게 문장으로 진술하는 단계이다. 가설이란 의문에 대한 잠정적인 해답이나 대안이 될 만한 해결책을 의미하는데, 가설은 구체적이고 명확할 뿐만 아니라 어느 정도는 검증 가능한 것이어야 한다.

문제 해결하기 단계에서는 본격적으로 가설을 검증해 나가는 활동을 한다. 가설을 검증하기 위해서는 우선 어떤 방식으로 가설을 검증할 수 있는지를 생각하고 계획을 세우는 것이 중요하다. 그런 다음 계획에 따라 자료를 수집하고, 이들 자료를 자세히 분석하고 평가하여 그 결과를 정리하는데, 이 과정에서 가설이 검증된다. 자료를 분석하고 평가하다 보면 경우에 따라서는 가설을 일부 수정할 수도 있다. 가설이 검증되었으면 이를 좀 더 분명하게 이해하고, 결과를 공유하기 위해 가설 검증의 과정과 결과를 설명하거나 토의해 보게 한다.

적용하기 단계에서는 검증된 가설을 유사한 상황에 적용해 보는 활동을 한다. 지금까지의 활동으로 얻은 결론을 유사한 상황에도 적용하여 설명할 수 있으면 탐구 과정이 성공하였음을 의미한다. 만일 적용이 되지 않는다면, 가설이 잘못된 것인지, 아니면 상황을 잘못 설정했거나 혹은 상황은 적절하나 적용을 잘못 했는지를 면밀하게 살펴보고, 잘못된 단계로 돌아가 그 단계에서부터 활동을 다시 해야 한다. 적용을 해 본 다음에는 이를 일반화 할 수 있는지 탐색하는데, 문법 학습에서는 특히 예외 사항을 조사한다. 예외가 있으면 그것을 인정하되 일반화할 수 있는 여지가 있는지를 파악한 후에 일반화 한다. 일반화의 결과는 문장으로 써 보게 하는 것이 좋다.

탐구 학습에서 유의해야 할 점 중 하나는 일련의 탐구 과정이 선조적으로 한 번 진행되고 끝나는 것이 아니라 회귀적이라는 것이다. 때로는 마지막 단계에서 애초에 문제 정의가 잘못 되었음이 판명되는 수도 있다. 이럴 때는 처음의 단계로 돌아가 탐구 과정을 다시 되풀이해야 한다. 그러나 일반적으로는 학생들의 배경 지식이나 언어적 경험이 전문 학자나 교사에 비해 한정되어 있어 스스로 오류를 스스로 발견하기가 힘들다. 그러므로 교사는 학생들의 활동을 시종일관 관찰하면서 탐구 과정상의 오류를 그냥 지나치지는 않는지 주의를 기울여야 한다.

문법 교육에서의 탐구 학습은 탐구의 특성을 익히는 것이 목적이 아니므로 2015 개정 〈언어와 매체〉 교육과정에서도 언급되었듯이 탐구의 형식적 절차를 엄격하게 따라야 하는 것은 아니다.

(9) 2015 개정 교육과정 〈언어와 매체〉 '4.가. 교수·학습 방향'에서

탐구의 형식적인 절차에 얽매여 지나치게 단계화하는 것은 바람직하지 않으며, 지나치게 어려운 탐구 활동 주제를 정하지 않도록 한다. 일련의 언어 활동의각 과정에서 학습이 일어날 수 있도록 지도한다.

탐구 학습은 어느 만큼의 기초적인 지식과 사고 기능을 필요로 하므로 처음에는 교사가 탐구 자료를 제공하면서 탐구 과정을 안내하고, 이후 학습이 계속되면 차츰 학습의 책임을 학습자에게 이양하는 것이 바람직하다.

	1수준	2수준	3수준	4수준
문제 제기	교사가 제기	교사가 제기	교사가 제기	학생이 제기
가설 설정/검증	교사의 안내	교사의 안내	학생 주도	학생 주도
규칙 도출/적용	교사의 안내	학생 주도	학생 주도	학생 주도

표 14-4 탐구의 수준에 따른 탐구 학습의 유형[14]

교사의 안내가 주가 되어 문제로부터 규칙을 도출하는 탐구의 과정을 경험하는 1수준의 탐구에서 시작하여 학생이 스스로 문제를 제기하고 탐구의 전 과정을 주도적으로 수행하는 4수준의 탐구까지 점차로 탐구 활동의 수준을 높여가는 감으로써 탐구의 즐거움과 탐구 능력의 함양을 도모할 수 있다. 엄밀하게 보면 1수준의 탐구는 탐구라고 하기 어렵고, 4수준의 이상적인 열린 탐구를 교실 수업에서 기대하기는 어렵다. 보다 중요한 것은 탐구 학습을 어떤 수준으로 적용하든 문법 현상에 대한 호기심과 그러한 현상을 탐구해 보고자 하는 적극적 태도를 함양하는 데 목적을 두고 교수·학습을 계획하고 실천하는 것임을 기억해야 한다.

2. 문법의 평가

2.1. 국어과 평가관의 변화

교육이란 특정한 목표 아래 행해지는 의도적인 활동이므로 일련의 활동이 이루어진

---

14 이 표는 한국교육심리학회 편(2000: 428)의 내용을 수정한 것이다. 한국교육심리학회 편(2000: 427)에서는 교사의 안내로 이루어지는 탐구는 안내된 탐구(guided inquiry)로서 발견(discovery)과 동일한 의미로 사용될 수 있다고 설명한다.

후에는 당초의 목표를 얼마나 성취했는지에 대한 평가가 따르게 마련이다. 그러므로 교수·학습 방법과 마찬가지로 평가의 방법도 교육의 목표에 매이게 된다. 지식의 주입이 목적이라면 학습한 지식을 얼마나 잘 암기하고 있는지를 잴 수 있도록 평가 방법을 설계해야 할 것이고, 사고력 신장이 목표라면 사고력을 잴 수 있도록 평가 방법을 설계해야 할 것이다.

국어과 교육과정에서 평가 관련 내용이 명시적으로 제시된 것은 제4차 교육과정에서이다. 이전의 교육과정에 있었던 '지도상의 유의점'이 제4차 교육과정에 와서 '지도 및 평가상의 유의점'으로 바뀌면서 교육과정상에 평가 관련 내용이 미미하게나마 반영된다. 그리고 평가의 내용이 교육 목표와 관련된 것이어야 한다는 정도의 원론적인 내용이 반영된 것도 제5차 교육과정에 이르러서이다. 이 시기까지 국어과에서 행해진 평가는 선택형 지필 검사가 대부분이었던 것이다. 제6차 교육과정에 이르면, 제4차와 제5차 교육과정에서 희미하게 윤곽이 그려졌던 실기 평가가 교육과정에서 명시적으로 드러난다. 국어과 평가는 지식, 기능, 태도의 세 측면을 모두 포괄할 수 있어야 하며, 그렇게 되려면 영역별로 실기 평가와 지필 평가를 적절하게 활용해야 한다고 규정한 것이다.[15] 이 시기에 활발하게 진행된 평가 방법에 대한 논의는 제7차 교육과정에 이르면 결실을 맺어 영역별로 다양한 평가 방법이 개발·제시되기에 이른다.

그 동안 국어 교육과 인접한 여러 학문 분야의 변화가 국어 교육 전반에 영향을 끼쳤으며, 따라서 국어과 평가에도 이러한 변화가 반영되어 평가 관련 내용이 체계화되고[16] 다양한 평가 방법이 개발·적용되게 된 것이다. 특히 인지주의적 방법론이나 구성주의 학습 이론 등이 국어과 교육에 수용되면서 오랫동안 국어과의 주된 평가 방법으로 채택되었던 선택형 지필 검사에 대한 반성적 고찰이 활발하게 진행되었다.

국어과 교육에서 오랫동안 실시되었던 선택형 지필 검사는 채점의 객관성과 공정성을 확보할 수 있으며, 비교적 적은 비용으로 짧은 시간에 성취도를 파악할 수 있다는 장점이 있다. 그러나 선택형 지필 검사는 본질적으로 양적 평가인 까닭에 문항에 대한 특정한 반응의 이면에 숨어 있는 학생들의 복잡한 인지 구조나 이해 정도에 대한 질적인 정보를 얻기 어렵다. 가령 어떤 문항에 대해 오답을 선택했을 경우 그런 선택을 한 이유를 알 수

---

15 제6차 〈국어〉 교육과정의 '5. 평가' 중 '마' 항에 '국어과의 평가는 영역별 성격에 따라 실기 평가와 지필 평가를 적절하게 활용하도록 한다.'로 명시하였다.

16 제7차 〈국어〉 교육과정의 '5. 평가' 항은 '가. 평가 계획, 나. 평가 목표와 내용, 다. 평가 방법, 라. 평가 결과의 활용'으로 구성되어 체계상으로 안정되어 있다.

없고, 심지어 정답을 선택했을지라도 우연일 가능성을 배제할 수 없다. 평가의 결과로 얻은 90점이라는 점수가 학습자의 진정한 성취 수준이나 학습 능력에 대한 정보를 구체적으로 알려 주지 못한다는 것이다. 게다가 선택형 지필 검사에서 학생이 할 일이란 제시된 몇 개의 선택지 중에서 정답이라고 여겨지는 것 하나를 수동적으로 선택하는 데 그침으로써 학생의 창의성이나 문제 해결능력 등 고등 사고 기능을 측정하기 어렵다. 그뿐만 아니라 제시된 정답보다 더 적절한 답을 알고 있어도 그런 능력을 드러낼 수 있는 기회가 없다.

교육 전반에 걸친 패러다임의 변화와 더불어 국어 교육에서도 선택형 지필 검사가 가진 이러한 문제점에 대한 인식이 선명해지고, 1990년대 중반부터 대안적인 평가 방법에 대한 탐색이 다양하게 이루어진다. 그리고 그러한 논의와 탐색의 결과는 새로 입안된 교육과정에 반영되어 제7차 국어과 교육과정은 평가 관련 내용에서 이전의 교육과정과는 훨씬 구체적이고 풍부한 내용을 담게 된다. 그 중 특히 주의를 끄는 것으로 다음과 같은 점이 있다.

첫째, 대안적 평가인 수행 평가(遂行評價, performance assessment)[17]를 적극 권장하였다는 점이다. 제7차 교육과정에서는 학습자의 지식, 기능, 태도 등을 균형있게 평가해야 하며, 양적 평가와 질적 평가를 적절하게 활용하고, 학습 과정과 결과를 모두 중시하여 평가할 것을 평가 계획을 수립하는 지침으로 제시한다. 그리고 이러한 지침에 따라 수행 평가를 적극 권장하였다.[18]

수행 평가란 '학생 스스로가 자신의 지식이나 기능이나 태도를 나타낼 수 있도록 답을 작성(서술 혹은 구성)하거나, 발표하거나, 산출물을 만들거나, 행동으로 나타내도록 요구하는 평가 방식'[19]이다. 제7차 국어과 교육과정에서 각 영역별로 권장하고 있는 관찰법, 면접법, 토론법, 자기 평가 및 상호 평가, 보고서, 포트폴리오, 관찰, 면담 등은 정도의 차이는 있지만 모두 수행 평가의 본질에 부합하는 평가 방법들이다. 1990년대 초 우리의 교육에 도입되기 시작한 수행 평가가 제7차 교육과정기에 이르러 국어과 교육에도 도입

---

17 제5차 교육과정이나 제6차 교육과정에서도 수행 평가의 성격을 지닌 실기 평가를 제안하기는 했지만 수행 평가를 직접 언급하고 강조한 것은 제7차 교육과정에 와서의 일이다.

18 '5. 평가 다. 평가 방법'에서 "국어 사용 능력의 평가는 간접 평가와 직접 평가를 적절하게 활용하되, 가급적 수행 평가를 적극 활용한다."라고 수행 평가를 직접 언급하면서 적극 활용을 권장하였다.

19 이 때 '행동'이란 단순히 신체를 움직이는 것만을 의미하는 것이 아니라 자신의 지식이나 기능, 태도 등을 드러내기 위해 말하거나, 듣거나, 쓰거나, 그리거나, 만들거나, 더 나아가서 그것을 계획하고 준비하는 과정까지도 포함하는 인간의 모든 활동을 의미한다. (백순근, 1998: 34)

된 것이다.

국어과 평가에 수행 평가가 이렇듯 도입된 것은 국어과 교육의 성격 변화에 따른 것이다. 제7차 국어과 교육과정에서는 언어 활동을 통한 실제 국어 사용 능력의 신장을 국어과 교육의 최상위 목표로 강조하고 있으며, 내용 체계에도 이를 반영하여 '본질, 원리, 태도'를 '실제'와 관련을 맺도록 구성하였다. 이러한 국어과 교육의 성격과 내용 체계의 변화는 이에 부합하는 평가 방법을 모색하게 하였고, 그 결과 실제 언어 수행을 강조하는 수행 평가를 강조하게 된 것이다.

둘째, 평가 목표와 평가 상황에 따라 필요한 경우에는 영역 통합적 평가 방법을 활용할 수 있다고 한 점이다. 국어과의 영역이 여섯 영역으로 나누어져 있기는 하지만, 이들 여섯 영역은 학습 목표나 학습 내용에서 서로 관련된 부분도 상당히 있다. 그러므로 이때에는 영역 통합적 평가 방법을 활용하면 여러 영역을 동시에 효과적으로 평가할 수 있다. 또한 영역 통합적 평가는 실제의 국어 생활과도 더 부합한다. 실제 국어 생활의 장면을 떠올려보면, 듣기만 하거나 읽기만 해야 하는 상황도 물론 있지만 그보다는 상대방의 말을 듣고 난 후 자신의 생각을 말하고, 또 무엇인가를 읽고 난 다음에 그에 대해 말하거나 쓰는 것이 더 일반적이다.

셋째, 평가 대상 영역의 확장이다. 제7차 교육과정에서는 학습자를 대상으로 하는 성취도 평가뿐만 아니라 교수·학습 자료가 학습 목표에 적절했는지, 적절한 평가 도구를 사용했는지에 대해서도 평가해야 한다고 강조한다. 그래서 평가의 결과는 학습자의 학습 과정상의 문제를 해결하는 데 활용될 뿐만 아니라 전체적인 교수·학습의 질을 높이는 데도 활용되어야 함을 밝혔다.

제7차 교육과정의 이러한 평가 관점은 2015 개정 교육과정에 이르기까지 그대로 유지되면서 더욱 구체화된다. 2015 개정 〈국어〉 교육과정에서 '평가 방향' 중 주요 내용을 요약하면 다음과 같다.

(10) 2015 개정 교육과정 〈국어〉의 평가 주안점
- 평가 목적, 내용, 상황 등을 고려하여 양적 평가와 질적 평가, 형식 평가와 비형식 평가, 간접 평가와 직접 평가, 과정 평가와 결과 평가, 지필 평가와 수행 평가 등을 적절히 활용하여 평가 계획 수립하기.
- 구술 평가, 서술형 평가, 논술형 평가, 연구 보고서 평가, 포트폴리오 평가, 관찰 평가, 컴퓨터 기반 평가 등 다양한 평가 방법을 적절하게 활용하여, 평가 과정에서도

배움이 일어날 수 있도록 평가 계획 수립하기.

• 학습 과정과 결과를 균형 있게 평가하기.

• 국어 사용의 실제성이 드러나도록 평가 과제, 평가 상황을 실제 삶의 맥락에서 설정하여 평가하기.

• 평가 목적, 내용, 상황을 고려하여 교사 평가 이외에 자기 평가, 상호 평가를 적극적으로 활용하기.

2015 개정 교육과정은 특정한 평가 방법을 강조하기보다는 다양한 평가 방법을 제시하고 평가 목적, 내용, 상황을 고려하여 적절하게 활용할 것을 권장한다. 그러나 평가 과제와 평가 상황이 실제 삶의 맥락에 닿아 있어야 함과 자기 평가, 상호 평가 등에 대하여 강조하는 점을 고려하면 기존의 간접 평가보다는 직접 평가, 지필 평가보다는 다양한 형태의 수행 평가에 더 비중을 두고 있음을 알 수 있다. 2015 개정 교육과정의 초점인 역량의 함양과 그를 위한 학습자 참여형 교수·학습의 설계와 운영 역시 직접 평가, 과정 평가 등 새로운 평가 패러다임을 요구한다.

교육과정을 중심으로 국어과 평가관의 변화 내용을 간략히 정리하면 다음 표와 같다.

평가 방법	간접 평가, 선택형 지필 평가 ⇒ 직접 평가, 수행 평가
	양적 평가, 결과 평가 ⇒ 질적 평가, 과정 평가
	영역별 평가 ⇒ 영역 통합적 평가
평가 내용	지식 ⇒ 지식, 기능, 태도
평가 목적	학생의 성취도 ⇒ 학생의 성취도, 교수·학습 자료의 적절성, 평가 도구의 적절성 등

표 14-5 국어과 평가관의 변화

더 알아보기

 수행 평가에 대한 이해

한국교육과정평가원(1999)는 국내외 여러 논자들이 제시한 수행평가의 정의에서 공통적으로 강조되는 개념을 종합하여 수행평가(遂行評價)를 '평가자가 학습자들의 학습 과제 수행 과정 및 결과를 직접 관찰하고, 그 관찰 결과를 전문적으로 판단하는 평가 방식'으로 정의하였다. 그리고 '학습 과제', '수행', '관찰'에 대해서는 다음과 같이 설명하였다.

(가) 학습 과제: 학습자들에게서 성취되기를 기대하는 교육 목표와 관련되는 것으로, 가능한 한 실제 생활에서 보다 의미있고, 중요하고, 유용한 과제

(나) 수행: 학생이 단순히 답을 선택하는 것이 아니라, 학생 스스로 답을 구성하는 것, 산출물이나 작품을 만들어내는 것, 태도나 가치관을 행동으로 드러내는 것 등을 모두 포함하는 의미

(다) 관찰: 학습자가 수행하는 과정이나 그 결과를 평가자가 읽거나, 듣거나, 보거나, 느끼거나 하는 활동을 모두 포함하는 의미

이러한 수행 평가의 정의에서 특히 강조하는 것은 교수·학습의 결과뿐만 아니라 학습 과제를 수행하는 과정, 다시 말해 학생의 구성적 반응이 평가의 대상이라는 점이다. 이는 구성주의적 인식론에 근거한 것으로, 학습의 결과를 누가 얼마나 잘 재인·재생(simple regurgitation)하는가를 주로 측정하였던 종래의 평가와는 달리 학생들이 자유롭게 하나의 학습 과제에 대하여 탐색하고 자신의 생각을 창조적으로 구성해 나가는 과정과 결과물을 평가해야 한다는 것이다. 그러므로 국어과의 수행 평가에서는 지금까지 주로 이용되던 선택형 지필검사가 아니라 실제로 글을 쓴다든지, 특정한 주제에 대하여 토론을 한다든지 하는 등의 구성적 활동이 평가 대상이 된다.

백순근(1998)과 교육과정평가원(1999)을 종합하여 수행 평가가 종래 선택형 지필 검사와 다른 점을 요약하면 다음과 같다.

첫째, 학생의 지식이나 지능 등을 평가함에 있어 교사의 전문적 판단에 크게 의존한다.

둘째, 학생이 문제의 정답을 선택하게 하는 것이 아니라 자기 스스로 답을 작성(서술 혹은 구성)하거나 행동으로 나타내도록 한다.

셋째, 교육목표의 달성 여부를 가능한 한 실제 상황 하에서 파악하고자 한다.

넷째, 교수·학습의 결과뿐만 아니라 교수·학습의 과정도 함께 중시한다.

다섯째, 단편적인 영역에 대해 일회적으로 평가하기보다는 학생 개개인의 변화·발달 과정을 종합적으로 평가하기 위해 전체적이면서도 지속적으로 평가한다.

여섯째, 개개인을 단위로 해서 평가하기도 하지만 집단에 대한 평가도 중시 한다.

일곱째, 학생의 학습과정을 진단하고 개별학습을 촉진하려는 노력을 중시한다.

여덟째, 학생의 인지적인 영역뿐만 아니라, 행동발달 상황이나 흥미·태도 등 정의적인 영역, 그리고 운동기능 영역에 대하여 종합적이고 전인적인 평가를 한다.

아홉째, 기억, 이해 등의 단순 사고능력보다는 창의, 비판, 종합 등과 같은 고등 사고능력의 측정을 중시한다.

2.2. 문법 평가 방법

선택형 지필 검사 위주의 국어과 평가가 안고 있던 일반적인 문제점은 문법 평가에도 그대로 나타난다. 문법 교육과 관련된 인접 학문의 연구 결과인 명제적 지식을 먼저 습득한 교사가 설명하고 학생들은 그 내용을 암기하는 것 위주로 문법 교육이 이루어지던 시기에는 학습 결과에 대한 평가 역시 암기의 정도를 측정하면 그만이었다. 명제적 지식의 암기 정도를 측정하는 데는 선택형 지필 검사만으로도 충분했던 것이다. 그러나 탐구 학습의 강조에서도 드러나듯이 제7차 교육과정 이후 문법 교육은 이른 시기의 문법(또는 국어 지식) 교육과는 성격과 내용이 판이하게 달라졌다.

앞서 보았듯이 2015 개정 교육과정에서 핵심 개념의 하나가 '국어 구조의 탐구와 활용'이고, 학습의 결과로 학생들이 지니게 될 능력인 기능이 바로 탐구 과정에서 요구되는 기능이다. 그러므로 평가 패러다임의 전환이 요구되는 것이다. 가령, 2015 개정 교육과정 〈국어〉에서 고등학교 1학년 성취 기준과 관련된 '평가 방법 및 유의 사항'을 보면, 다음과 같다.

(11) 2015 개정 교육과정 〈국어〉의 '3.나.(라) 평가 방법 및 유의사항'
   ① 실제 언어생활에서 산출되는 다양한 언어 자료에서 국어의 규칙성을 탐구할 수 있고, 자신의 언어생활에서 문법을 활용할 수 있는지를 평가하는 데 중점을 둔다.
   ② 선택형 평가나 서술형 평가를 할 때에는 단순한 지식의 이해에서 더 나아가 지식의 탐구와 활용 능력을 평가하는 데 중점을 둔다.
   ③ 음운의 변동, 한글 맞춤법, 문법 요소의 특성과 관련된 평가에서는 문법 현상에 대한 깊이 있는 탐구와 활용 능력을 평가하되, 일상생활 속의 언어 사용 실태를 조사하고 분석하는 과제를 제시하여 평가할 수 있다.
   ④ 국어의 변화와 관련된 평가에서는 시대별 언어의 특징에 대한 지식을 묻기보다 현대 국어와의 차이를 알고 언어가 변화하는 것임을 깨닫는 데 중점을 둔다.
   ⑤ 국어 사랑과 국어 발전에 참여하는 태도에 대해 평가할 때에는 자기 평가, 관찰을 통해 국어와 문법에 대한 관심, 국어 발전에 적극적으로 참여하려는 태도 등을 평가할 수 있다.

두 번째 항을 보면 선택형 평가나 서술형 평가를 할 때조차도 지식의 이해보다는 지식의 탐구와 활용 능력을 평가하는 데 중점을 두어야 함을 요구하고 있다. 평가의 자료로는 실제 생활에서 산출되는 언어 자료, 일상생활 속의 언어 사용 실태 등을 활용할 것을 권장하고, 태도 평가의 방법으로 자기 평가, 관찰 평가 등 새로운 평가 방법을 제시한다.

2015 개정 교육과정 〈언어와 매체〉 과목에서도 이러한 평가의 방향이 동일하게 유지된다. 지식 탐구의 과정이나 활용 능력 중심의 평가를 권장함과 동시에 학습자가 산출한 자료에 대한 수시 평가, 태도에 대한 수시 평가 등을 권장한다. 탐구 기능이나 활용 능력이 일회적 경험으로 완성되기는 어려우므로 수시 평가의 강조는 당연하다 하겠다.

(12) 2015 개정 교육과정 〈언어와 매체〉의 '4.나. 평가 방향'에서

    4) '언어와 매체'를 평가할 때에는 특히 다음 사항에 유의한다.

        ① 언어 영역을 평가할 때에는 언어 운용 원리로서의 문법 지식을 직접적으로 평가하기보다는 지식을 탐구해 가는 과정이나 실제 언어생활에 활용하는 능력을 중심으로 평가하도록 한다.

        ② 언어 영역을 평가할 때에는 정기적인 지필 평가 외에도 퀴즈나 면담 평가 등을 통해 학습자가 산출한 자료를 수시 평가를 통해 종합적으로 반영하는 평가를 할 수도 있다.

        ⑤ 일회적으로 평가를 실시하기보다는 학습자가 수시로 자신의 언어 사용과 매체 사용 습관을 점검하고 성찰하도록 하되, 이 과정에서 언어와 매체 활동에 대한 흥미를 떨어뜨리지 않도록 유의한다.

문법 교육의 지향이 지식의 전달뿐만 아니라 탐구 기능, 활용 능력, 태도 등의 함양으로 확대됨으로써 평가 방법에서도 학습자의 문법 지식을 양적으로 평가하는 지필 평가 이외에 다양한 평가 방법이 요구되고 있음을 알 수 있다. 아래 능력이나 태도 등의 평가에 유용한 방법을 몇 가지 제시한다.

• 포트폴리오 평가

포트폴리오 평가는 주로 활동 결과물을 서류철의 형식으로 정리하여 평가하는 방식으로 이루어지지만 탐구의 과정을 직접 평가하는 데도 유용하다. 문제와 문제를 해결하기 수집한 자료, 자료를 비교·분석하고 범주화한 내용과 그것으로부터 도출한 문법 규칙 등을 포트폴리오의 내용으로 구성하면 탐구의 과정에서 수집한 자료와 사고의 내용을

관찰하고 평가할 수 있다. 탐구 과정을 담은 포트폴리오는 탐구 과정에 대한 학생의 자기 평가나 동료 간 상호 평가 자료로 활용하기에도 유용하다.

• 관찰 평가

관찰 평가란 학습자들이 탐구를 수행하는 과정이나 탐구 결과를 일상생활에서 활용하는 양상을 관찰하면서 평가하는 방법이다. 세부적으로는 탐구 과정에서 일어난 의미 있는 사건을 있는 그대로 기술하는 일화기록법, 사전에 평가 기준을 정하고 관찰 결과를 기록하는 체크리스트법, 비디오 녹화 한 후 분석하는 방법 등이 있다.

• 면접 평가

면접 평가는 학습자와의 대화를 통해 문법 지식의 학습 정도나 탐구 활동의 내용, 탐구 과정에서 겪는 어려움 등 교사가 원하는 자료나 정보를 수집하여 평가하는 방법이다. 면접 평가는 교사의 관찰이나 학생의 기록물에는 나타나지 않는 사고 과정, 태도 등에 대한 정보를 얻을 수 있는 장점이 있다.

• 자기 점검법

자기 점검법은 평가 항목을 준거로 학습자가 자신의 탐구 활동이나 언어 사용을 점검하는 방법이다. 평가의 목적에 따라 점검해야 할 내용은 사전에 정하고 반성적 성찰을 통해 한 항목씩 점검해 보는 방법으로, 학습자의 사고 과정이나 일상의 언어생활은 학습자 자신이 가장 잘 알고 있음을 고려하면 유용성을 짐작할 수 있다. 다만 자신에 대한 평가인 까닭에 객관성이 결여될 수 있으므로 동료 간 상호 평가 등의 방법으로 평가 자료를 다양하게 수집하여 보완할 필요가 있다.

선택형 지필 검사를 주로 하던 시기에는 흔히들 평가란 교실에서의 수업이 끝난 후에 이루어지는 활동으로 생각하였고, 이로 인해 평가가 수업을 왜곡하기도 하였다. 그런데 일련의 교육 활동에서 평가의 역할을 생각해 보면 평가 계획은 교수·학습을 계획하는 단계에서 이루어지는 것이 마땅하다. 더욱이 학습자 참여 중심 교수·학습과 지식을 생성하는 탐구 활동을 강조하게 되면 후속 학습을 위한 피드백을 위한 과정 평가가 필수 요건이 된다. 그러므로 피드백을 위한 자료 수집 계획, 즉 과정 평가 계획이 교수·학습 계획 단계에서 함께 이루어져야 한다.

참고문헌

역대 초·중·고 국어 교과서 및 고등학교 문법 교과서, 교사용 지도서.

역대 국어과 교육과정 및 해설서.

고영근(1988), "학교문법의 전통과 통일화 문제", 『선청어문』 16·17, 서울대학교 국어교육과, 1-22쪽.

교육과정평가원(1998), 『국가 교육과정에 근거한 평가기준 및 도구 개발 연구-고등학교 국어-』, 연구보고 RRE 98-3-3.

교육과정평가원(1999), 『고등학교 국어과 수행평가의 이론과 실제』, 연구보고 RRE 99-1-2.

교육인적자원부(2002), 『제7차 교육과정에 따른 성취 기준과 평가기준-고등학교 국어-』, 교육과정 자료 131.

국어교육학사전편찬위원회(1999), 『국어교육학사전』, 대교 출판.

국어연구소(1984), "학교 문법 교과서의 변천 과정", 『국어생활』 창간호, 30-37쪽.

권재일(1995), "국어학적 관점에서 본 언어 지식 영역의 지도 내용", 『국어교육연구』 2, 서울대학교 국어교육연구소., 159-175쪽.

김광해(1997), 『국어지식 교육론』, 서울대 출판부.

김인식 외(1996), 『최신 교육 과정 및 평가』, 서울: 교육과학사.

남가영(2008), 『문법 탐구 경험의 교육 내용 연구』, 서울대학교대학원 박사학위논문.

노명완 외(1990), 『언어와 교육』, 한국방송통신대학출판부.

민현식(2002), "국어지식의 위계화 방안 연구", 『국어교육』 108, 한국국어교육연구학회, 71-129쪽.

박덕유(2002), 『문법교육의 탐구』, 한국문화사.

박영목 외(1995), 『국어과 교수·학습 방법 탐구』, 교학사

박영순(2002), 『한국어 문법교육론』, 박이정 출판사.

박진희 외(2018), "문법탐구와 과학탐구의 비교 분석 연구-탐구 과정에 관한 교육적 논의를 중심으로-", 『문법 교육』 32, 한국문법교육학회, 33-68쪽.

백순근(1998), 『수행평가의 이론과 실제』, 원미사.

양세희(2018), "문법 탐구 학습을 위한 학습자의 질문 구성 연구", 『문법 교육』 33, 한국문법교육학회, 71-100쪽.

이관규(2001), "학교 문법 교육에 있어서 탐구학습의 효율성과 한계점에 대한 실증적 연구", 『국어교육』 106, 한국국어교육연구학회, 31-63쪽.

참고문헌

이대규(1994), "문법 수업 설계의 방법"『선청어문』22, 서울대 국어교육과, 415-455쪽.

이문규(2011), "2011년 개정 국어과 교육과정과 문법 교육",『국어교육연구』50, 국어교육학회, 295-324쪽.

이문규(2017), "문법교육의 내용 재구성 연구",『국어교육연구』65, 국어교육학회, 113-138쪽.

이상태(1993),『국어교육의 길잡이』, 한신 문화사.

이성영(1998), "교육문법의 체제 연구",『국어교육학연구』8, 국어교육학회, 199-243쪽.

이은희(1995), "언어 지식 영역 교수 학습 방법 연구",『국어교육』87, 한국국어교육연구회, 143-161쪽.

이홍우(1995),『교육 과정 이론』, 한국방송통신대학 출판부.

임규홍(2012), "탐구학습을 통한 담화문법 지도 방법",『문법 교육』16, 한국문법교육학회, 297-326쪽.

조진수 외(2017), "탐색적 요인분석을 통한 문법 탐구의 구인 탐색 – 고등학교 학습자의 자기 인식을 중심으로– ",『국어교육』157, 한국어교육학회, 37-67쪽.

최선희(2016), "문법 탐구 학습 모형의 비판적 고찰",『새국어교육』109, 한국국어교육학회, 419-451쪽.

최웅환(2018), "문법교육 내용범주의 체계화에 대하여",『어문학』142, 한국어문학회, 505-531쪽.

최은정·조용기(2015), "문법 탐구 능력 평가 방안 연구",『국어교육』148, 한국어교육학회. 175-210쪽.

한국교육심리학회 편(2000),『교육심리학 용어사전』, 학지사.

황미향(2013), "문법 교육에서 '탐구'의 의미",『국어교육연구』53, 국어교육학회, 269-290쪽.

황정규(1998),『학교학습과 교육평가』, 교육과학사.

01. 탐구 학습의 단계와 각 단계별 주요 활동은 무엇인지 정리해 보자.

02. 조사 '은/는'의 기능에 대하여 탐구 학습을 하려고 한다. 다음 물음에 답해보자.

> 가. 선수 학습이 필요한 관련 개념이나 지식으로 어떤 것이 있는가?
> 나. 문제 상황으로 제시할 조사 '은/는'의 용례로 어떤 것이 있는가?

03. 탐구 학습을 진행할 때 교사가 특히 유의해야 할 점으로 어떤 것이 있을지 토의해 보자.

04. 다음을 자료로 제시하고 '단어의 짜임'을 학습하고자 한다. 탐구 활동 중심의 수업 안을 작성해 보자.

> 첫눈, 눈사람, 높푸르다, 드높다, 드나들다, 장미꽃, 시냇가, 멋쟁이

05. 다음에 제시하는 순서에 따라 수업안을 작성하고 평가 도구를 개발해 보자.

> 가. 〈언어와 매체〉 교과서에서 대단원 하나를 선택한 후 대단원 학습 계획 수립하기
>
> 나. 대단원 학습 목표 및 학습 내용을 분석하여 평가 계획 세우기
>
> 다. 대단원 학습 계획 중 어느 한 차시 분의 수업(탐구학습)안 작성하기
>
> 라. '다'에서 설정된 학습 목표의 성취 수준을 판단하기 위한 평가 도구 개발

찾아보기

:: 집필진 소개

임지룡
경북대학교 사범대학 국어교육과 명예교수
주요 논저: 『한국어 의미론』, 『국어지식탐구』 외 다수
전자 우편: jrlim@knu.ac.kr

이은규
대구가톨릭대학교 사범대학 국어교육과 교수
주요 논저: 『고대 한국어 차자표기 용자 사전』, "석독 입곁문의 동사 '삼-'의 의미 기능" 외 다수
전자 우편: malhim@hanmail.net

김종록
한동대학교 글로벌리더십학부 교수
주요 논저: 『외국인을 위한 표준 한국어 동사활용사전』, 『외국인을 위한 표준 한국어문법』 외 다수
전자우편: kjr@handong.edu

송창선
경북대학교 사범대학 국어교육과 교수
주요 논저: 『국어 사동법 연구』, 『국어 통사론』 외 다수
전자우편: songcs@knu.ac.kr

황미향
대구교육대학교 국어교육과 교수
주요 논저: 『비판적 사고와 교실 수업』(공저), "동음이의어 교육의 실태와 대안" 외 다수
전자우편: hwangmh@dnue.ac.kr

이문규
경북대학교 사범대학 국어교육과 교수
주요 논저: 『국어교육을 위한 현대국어 음운론』, 『형태소 성조형 중심의 국어 성조론』 외 다수
전자우편: lemok@knu.ac.kr

최웅환
안동대학교 사범대학 국어교육과 교수
주요 논저: 『국어 문장의 형성 원리 연구』, 『미디어교육과 사귐』(공저) 외 다수
전자우편: uhchoi@anu.ac.kr